वैष्णव सम्प्रदायों की अल्पज्ञात-अज्ञात पाण्डुलिपि सम्पदा

वैष्णव सम्प्रदायों से हमारा अभिप्राय उन सगुण साधना पद्धतियों से है, जो मध्यकाल में भक्ति आन्दोलन के रूप में विकसित हुईं जिनके उपास्य विष्णु एवं उनके अवतार राम तथा कृष्ण हैं। प्राचीन भारत में प्रचलित 'भागवत धर्म' इन सम्प्रदायों के उद्‌गम का मूल स्रोत हैं। नवीं शताब्दी से लेकर सोलहवीं शताब्दी तक भारत का धार्मिक इतिहास भक्ति आन्दोलन कहलाता है। हम इसे शास्त्रीय दृष्टि से आचार्य युग कह सकते हैं। इस युग के आचार्य वैष्णव आचार्य कहलाए और इनके सिद्धान्तों पर आधारित उपासना पद्धतियाँ विविध वैष्णव सम्प्रदायों के रूप में विकसित हुईं। इन सभी वैष्णव सम्प्रदायों के आचार्यों एवं भक्त कवियों ने उपासनात्मक और दार्शनिक स्तर पर विपुल भक्ति-साहित्य रचा है। जिसने मध्यकाल में भारत के सांस्कृतिक जीवन को अत्यन्त गहराई से प्रभावित किया है और तत्कालीन समाज में एक नवीन ऊर्जा का संचार किया। यह साहित्य आज भी जनआस्था एवं श्रद्धा का केन्द्र है। लगभग पाँच शताब्दियों से वैष्णव सम्प्रदायों में पारम्परिक रूप से निरन्तर रचा गया यह विशाल भक्ति साहित्य आज हमारे सामने लाखों पाण्डुलिपियों के रूप में विद्यमान है, जो देश भर के ग्रंथागारों, संग्रहालयों, मंदिरों, मठों तथा व्यक्तिगत संग्रहों में संग्रहीत हैं, लेकिन इन पाण्डुलिपियों का एक बड़ा हिस्सा आज भी अप्रकाशित एवं अज्ञात है।

राष्ट्रीय पाण्डुलिपि मिशन, संस्कृति मंत्रालय, भारत सरकार ने इस अज्ञात साहित्यिक धरोहर के महत्त्व को समझा है और ब्रज संस्कृति शोध संस्थान, वृन्दावन इस अज्ञात साहित्य को प्रकाश में लाने के लिए प्रयत्नशील है, किन्तु यह कार्य अत्यन्त व्यापक है और इसके लिए अखिल भारतीय स्तर पर प्रयास करने की आवश्यकता है। इसलिए संस्थान ने राष्ट्रीय पाण्डुलिपि मिशन के सहयोग से वैष्णव सम्प्रदायों की अल्पज्ञात-अज्ञात पाण्डुलिपि सम्पदा की ओर देश भर के विद्वानों, अध्येताओं एवं पाण्डुलिपिविदों का ध्यान आकर्षित करने के लिए विगत वर्ष 19, 20 एवं 21 मार्च, 2014 को तीन दिवसीय राष्ट्रीय संगोष्ठी को वृन्दावन में आयोजित किया।

इस संगोष्ठी के आयोजन का उद्देश्य था वैष्णव सम्प्रदायों की अल्पज्ञात-अज्ञात साहित्यिक धरोहर के प्रति विद्वानों, अध्येताओं और पाण्डुलिपिविदों के बीच एक संवाद स्थापित करना, इससे पूर्व वैष्णव भक्ति साहित्य के अज्ञात-अप्रकाशित ग्रंथों पर केन्द्रित कोई राष्ट्रीय स्तर की संगोष्ठी आयोजित नहीं हुई थी, इसलिए यह संगोष्ठी देश में अपने तरह का पहला आयोजन था। देश एवं विदेश के ख्याति प्राप्त पाण्डुलिपिविदों और अध्येताओं ने इस संगोष्ठी में सहभागिता प्रदान कर इस आयोजन को सार्थक किया।

यह पुस्तक उक्त संगोष्ठी में विद्वानों द्वारा प्रस्तुत किए गये शोध पत्रों में से चयनित किये गये कुछ निबन्धों का संग्रह है। आशा है यह पुस्तक अध्येताओं के साथ-साथ जिज्ञासु पाठकों को भी वैष्णव भक्ति साहित्य के अब तक अप्रकाशित संसार से परिचित करायेगी।

ब्रज संस्कृति के अनालोचित एवं अल्पज्ञात पक्षों की खोज तथा उच्च स्तरीय अध्ययन केन्द्र की दृष्टि से स्थापित ब्रज संस्कृति शोध संस्थान, वृन्दावन में सचिव पद पर सेवाएँ देते हुए लक्ष्मीनारायण तिवारी ने ब्रज संस्कृति के अध्ययन को नई दिशाएँ दी हैं। एक नव दृष्टि के साथ ब्रज के इतिहास, पुरातत्व एवं मुद्राशास्त्रीय अध्ययन पर एकाग्र 'धरोहर', ब्रज लोक संस्कृति पर आधारित प्रकल्प 'ब्रज लोकश्री' तथा पाण्डुलिपियों के संरक्षण एवं पाठन पर एकाग्र शोध परियोजना **''पोथी निधि''** के माध्यम से आप ने आज ब्रज क्षेत्र को एक नई पहचान के साथ स्थापित किया है। ब्रज के बिखरे ऐतिहासिक व सांस्कृतिक सन्दर्भों को न केवल राष्ट्रीय स्तर पर अभियान चलाकर संकलित किया बल्कि यूरोपीय ग्रंथागारों में विद्यमान ब्रज सम्बंधित दुर्लभ अभिलेखीय सामग्री पर एकाग्र डिजिटल संग्रह की स्थापना का स्वप्न आपकी दूरदर्शिता का उदाहरण है जिससे देशी-विदेशी शोध अध्येता एक ही पटल पर ब्रज संस्कृति का अधिकाधिक ज्ञानलाभ ले सकेंगे।

पुरालिपियों व पुराग्रंथों (पाण्डुलिपियों) को पढ़े जाने के निमित्त आपके द्वारा चलाया जा रहा अभियान देश में अपनी तरह का पहला उदाहरण है जिसे विद्वत समाज ने खुले मन से सराहा है।

Samīkṣikā Series
No. 9

General Editor
VEENA JOSHI

The Samīkṣikā Series is aimed at compiling the papers presented by the various scholars during the seminars organized by the National Mission for Manuscripts. The seminars provide an interactive forum for scholars to present to a large audience, ideas related to the knowledge contained in India's textual heritage.

In keeping with the title, the Samīkṣikā (research) Series is concerned with research papers of distinguished scholars and specialists in different intellectual disciplines of India.

वैष्णव सम्प्रदायों की अल्पज्ञात-अज्ञात पाण्डुलिपि सम्पदा

सम्पादक

लक्ष्मीनारायण तिवारी

राष्ट्रीय पाण्डुलिपि मिशन

॥ विज्ञानमुपास्व ॥

National Mission for Manuscripts

Dev Publishers & Distributors

Published by:
National Mission for Manuscripts
Indira Gandhi National Centre for the Arts
11 Man Singh Road
New Delhi 110 001
Phone: 91 11 2307 3387
E-mail: directornamami@nic.in
Website: www.namami.nic.in

and Co-published by:
Dev Publishers & Distributors
2nd Floor, Prakash Deep,
22, Delhi Medical Association Road,
Darya Ganj,
New Delhi-110002
Phone : 011-43572647
E-mail: devbooks@hotmail.com
Website: www.devbooks.co.in

ISBN 81-904029-6-X (Series)
ISBN 978-93-80829-38-8 (vol. 9)
First published 2016

Price : ₹ 600

अनुक्रमणिका

भूमिका

वैष्णव सम्प्रदायों से हमारा अभिप्राय उन सगुण साधना पद्धतियों से है, जो मध्यकाल में भक्ति आन्दोलन के रूप में विकसित हुईं जिनके उपास्य विष्णु एवं उनके अवतार राम तथा कृष्ण हैं। प्राचीन भारत में प्रचलित 'भागवत धर्म' इन सम्प्रदायों के उद्‌गम का मूल स्रोत है। वैष्णव धर्म को अनेक नामों से अभिहित किया गया है उनमें 'भागवत' नाम परम प्रसिद्ध है। वैदिककाल से लेकर आज तक का भारत में धर्म का इतिहास एक प्रकार से भागवत धर्म का ही इतिहास है। इस धर्म के तत्त्व वेदों में भी मिलते हैं। महाभारत के शान्ति पर्व के नारायणीयोपाख्यान में भागवत धर्म का सुन्दर विवेचन हुआ है। भागवत धर्म वैदिक तत्वज्ञान को सर्वजन सुलभ करने का सुन्दर उपाय प्रस्तुत करता है, वैदिक और अवैदिक, ब्राह्मण और ब्राह्मणेतर, आर्य और निषाद संस्कृतियों का सुन्दर सुखद संगम इस में है। श्रीमद्‌भगवद्‌गीता में भी इस धर्म का सार संग्रहीत है।

भागवत धर्म सम्पूर्ण भारत वर्ष में फैलकर कई शाखाओं में विभक्त हो गया था। सात्वतों के सम्पर्क से संभवतः भागवत धर्म 'पांचरात्र' मत भी कहलाया। अनेक विदेशियों ने इस धर्म को स्वीकार कर गौरव और गर्व का अनुभव किया जिसके प्रमाण आज भी उपलब्ध होते हैं। बेसनगर का शिलालेख और घोसुन्दी का शिलालेख इस तथ्य के प्रमाण हैं। हूण, शक, आन्ध्र, पुलिन्द, पुलकस, आभीर, यवन, खस आदि जातियों के लोग भी इस धर्मध्वज के आश्रय में पवित्र माने गए हैं। भागवत महापुराण में उल्लेख मिलता है-

किरात-हूणान्ध्र-पुलिन्द पुलकसाः।
आभीर-कंका-यवनाः खसादयः।।
येऽन्येत्र पापाः यदुपाश्रयाश्रयाः।
शुध्यन्ति तस्यै प्रभविष्णवे नमः।।

भागवत धर्म के उपास्य महाभारत काल से ही वासुदेव रहे हैं जो स्वयं विष्णु और नारायण रूप हैं। विष्णु के वासुदेव रूप में भी भागवत के विग्रह की कल्पना पूर्ण हुई है। पांचरात्र का सबसे पहले प्रतिपादन महाभारत के शान्ति पर्व में हुआ है फिर इसकी व्याख्या विविध पांचरात्र ग्रंथों में अनेक प्रकार से की गई है। वैष्णव भक्ति के संदर्भ में पांचरात्र साहित्य अत्यन्त महत्त्वपूर्ण है। इस साहित्य में ब्रह्म, माया और जीव का भी बड़े विस्तार से विवेचन हुआ है। इस में ब्रह्म के सगुण और निर्गुण दोनों ही भाव स्वीकार किये गए हैं, सगुण रूप में भगवान षाड्गुण्य विग्रह वाले हैं। इन षड्गुणों में सर्वोत्कृष्ट ज्ञान है और शेष शक्ति आदि पाँच गुण ज्ञान से सम्बद्ध हैं। भगवान की शक्ति लक्ष्मी हैं, जो दो रूप धारण करती हैं— क्रिया शक्ति और भूति शक्ति। इन छह गुणों में से दो-दो गुणों की प्रधानता होने पर तीन व्यूहों की सृष्टि होती है। अर्थात् ज्ञान और बल की प्रधानता से संकर्षण, ऐश्वर्य और वीर्य की प्रधानता से प्रद्युम्न तथा शक्ति और तेज की प्रधानता से अनिरुद्ध। वासुदेव को मिलाकर इन्हें चतुर्व्यूह कहा जाता है। पांचरात्र मत में अवतार भावना का वैशिष्ट्य है।

नवीं शताब्दी में शंकराचार्य ने जाति-पाँति की संकीर्ण परिधि को हटाकर तथा बौद्ध एवं जैन मतों का खण्डन कर अपने मत की स्थापना की। यह एक प्रकार की क्रांति थी जिसने परम्परागत दोषों को दूर कर भारतीय समाज को एक नवीन आलोक दिखाने का सराहनीय कार्य किया। शंकर के मायावाद का प्रचार सम्पूर्ण भारत में फैल चुका था, पर साथ ही भक्ति के बीजों के लिए भी एक उपयुक्त भूमि तैयार हो चुकी थी। नवीं शताब्दी से लेकर सोलहवीं शताब्दी तक भारत का धार्मिक इतिहास भक्ति आन्दोलन कहलाता है। हम इसे शास्त्रीय दृष्टि से आचार्य युग कह सकते हैं। इस युग के आचार्य वैष्णव आचार्य कहलाए और इनके सिद्धान्तों पर आधारित उपासना पद्धतियाँ विविध वैष्णव सम्प्रदायों के रूप में विकसित हुईं। पद्मपुराण में सर्व प्रथम वैष्णव सम्प्रदायों का संकेत प्राप्त होता है-

श्री ब्रह्मारुद्र सनका वैष्णवाः क्षितिपावनाः।
चत्वारस्ते कलौ भाव्या हयुत्कले पुरुषोत्तमात्।।

'प्रमेय रत्नावली' में इन चारों सम्प्रदायों के प्रवर्तक-आचार्यों का उल्लेख इस प्रकार हुआ है-

रामानुजं श्रीः स्वीचक्रे मध्वाचार्य चतुर्मुखः।
श्री विष्णुस्वामिनं रुद्रो निम्बादित्यं चतुः सनः।।

इस प्रकार रामानुजाचार्य श्री सम्प्रदाय के, मध्वाचार्य ब्रह्मा सम्प्रदाय के, विष्णु स्वामी रुद्र सम्प्रदाय के और श्री निम्बार्काचार्य सनक सम्प्रदाय के प्रवर्तक माने जाते हैं। मध्यकाल में इन सम्प्रदायों को चतुः वैष्णव सम्प्रदाय कहा जाने लगा था। इन सम्प्रदायों में भगवान विष्णु और उनके अवतार मुख्यतः राम और कृष्ण तथा इनके अलग-अलग लीला रूपों को आराध्य माना गया। नाभादास ने अपने प्रसिद्ध ग्रंथ भक्तमाल में इन चार वैष्णव सम्प्रदायों और इनके आचार्यों का वर्णन इस प्रकार किया है-

चौबीस प्रथम हरि बपु धरे, त्यों चतुर्व्यूह कलियुग प्रगट।
'श्रीरामानुज' उदार, सुधानिधि, अवनि कल्पतरु।
'विष्णु स्वामी' बोहित्थ सिन्धु संसार पार करु।।
'मध्वाचारज' मेघ भक्ति सर ऊसर भरिया।
'निम्बादित्य' आदित्य कुहर अज्ञान जु हरिया।।
जनम करम भागवत धरम सम्प्रदाय थापीं अघट।
चौबीस प्रथम हरि बपु धरे, त्यों चतुर्व्यूह कलियुग प्रगट।।
रमा पद्धति रामानुज, विष्णु स्वामि त्रिपुरारि।
निम्बादित्य, सनकादिका, मधुकर, गुरु मुखचारि।।

वैष्णवाचार्यों में सबसे पहले रामानुज ने शंकर के सिद्धान्त का खण्डन किया। उन्होंने 'अद्वैत' ज्ञान के स्थान पर 'विशिष्टाद्वैत' और संन्यास के स्थान पर 'भक्ति' की प्रतिष्ठा कर दोनों में भेद किया, परन्तु आचार दृष्टि से भक्ति को ही अन्तिम निष्ठा अंगीकार किया। यह सम्प्रदाय श्रीसम्प्रदाय के नाम से भी प्रसिद्ध है जिसमें रामानुज से पूर्व आलवार वैष्णव भक्त हुए हैं और इनकी रचनाएँ वैष्णव भक्ति साहित्य की विशिष्ट निधि हैं। रामानुजाचार्य के प्रभाव से कन्नड़ और तेलुगु भाषा में ऐसे साहित्य का निर्माण हुआ जिसके कारण वह युग भाषा का 'स्वर्णयुग' कहा जाता है। कुमार व्यास, कुमार बाल्मीकि तथा चाटु विट्ठलनाथ के प्रसिद्ध ग्रंथों के अतिरिक्त उन वैष्णव भक्तों का, जो दास नाम से साहित्य में विख्यात हैं, साहित्य भी बहुत ही उच्च कोटि का है,

पुरंदरदास, कनकदास, विट्ठलदास, वेंकटदास, विजयदास तथा कृष्णदास के पद आज भी चिरनवीन हैं।

रामानुज सम्प्रदाय के बाद दूसरा उल्लेखनीय वैष्णव सम्प्रदाय माध्व है जिसके प्रवर्तक मध्वाचार्य थे। इस सम्प्रदाय के द्वारा वैष्णव भक्ति भावना को विशेष बल मिला। वस्तुतः व्यवहार पक्ष में यह भक्तिवादी सम्प्रदाय है और आध्यात्म पक्ष में भेदवादी या द्वैतवादी। इस सम्प्रदाय का प्रचार दक्षिण भारत विशेष कर कर्नाटक और महाराष्ट्र में हुआ। उत्तर भारत में बंगाल इस सम्प्रदाय का प्रधान केन्द्र बना। गौड़ीय वैष्णव सम्प्रदाय या चैतन्य सम्प्रदाय इसी का बंगला रूप है, पर इसका व्यावहारिक पक्ष माध्व सम्प्रदाय से भिन्न है। चैतन्य महाप्रभु का आविर्भाव भक्ति के क्षेत्र में एक चमत्कार था। यह एक विचित्र संयोग है कि चैतन्य महाप्रभु की जन्मभूमि एवं कर्मभूमि बंगाल थी, पर उनके सम्प्रदाय का ब्रजभूमि से विशेष सम्बन्ध रहा। वास्तव में चैतन्य मत का शास्त्रीय विवेचन ब्रजभूमि में ही हुआ। इस मत को शास्त्रीय रूप देने का श्रेय चैतन्य के शिष्य षड् गोस्वामियों रूप, सनातन, रघुनाथ दास, रघुनाथ भट्ट, गोपाल भट्ट और जीव गोस्वामी) को ही है। माध्वमत की शाखा होने पर भी चैतन्य मत का दार्शनिक दृष्टिकोण स्वतंत्र है। माध्व सम्प्रदाय का मूलाधार द्वैतवाद है जबकि चैतन्य का 'अचिन्त्य भेदाभेद'।

चैतन्य महाप्रभु का प्रभाव बंगाल के अतिरिक्त उत्कल में भी पड़ा। हालाँकि भगवान जगन्नाथ की प्रतिष्ठा के कारण यह प्रदेश वैष्णव भक्ति का पहले से ही पुण्य स्थल था। यहाँ वैष्णव धर्म प्राचीनकाल से प्रचलित था जिसके प्रमाण कुछ शिलालेखों से मिलते हैं। हाथीगुफा का शिलालेख विशेष रूप से उल्लेखनीय है। चैतन्य के प्रभाव से उत्कल साहित्य में पाँच महान वैष्णव कवि हुए जो पंच सखा कहे जाते हैं–बलरामदास, अनन्तदास, यशवन्तदास, जगन्नाथदास और अच्युतानन्ददास। इन सखाओं ने उड़िया भाषा में अनेक ग्रंथ रचे और ये सखा चैतन्य महाप्रभु के लीला परिकर माने जाते हैं। बंगाल से आगे असम प्रदेश में भी महाप्रभु चैतन्य के वैष्णव धर्म का प्रभाव पड़ा। यद्यपि वैष्णव धर्म का प्रचार यहाँ शंकरदेव और माधवदेव ने किया। शंकरदेव महापुरुष कहलाते थे। इस लिए उनसे प्रचारित धर्म को आज भी महाधर्म या महापुरुष धर्म कहते हैं। सिद्धान्त रूप से तो ये अद्वैतवादी थे और आचरण रूप में पूर्ण भक्त। इनका भक्ति रत्नाकर और भक्ति रत्नावली ग्रंथ बड़े अद्भुत हैं असमियाँ भाषा में असंख्य कीर्तन पदों की रचना शंकरदेव ने की। कुछ ग्रंथ ब्रजबुलि में

लिखे गए।

सनक सम्प्रदाय के प्रवर्तक आचार्य निम्बार्क माने जाते हैं। निम्बार्क वैष्णवों का साधना स्थल ब्रजमण्डल रहा है। वृन्दावन और गोवर्धन पर्वत के पास निम्बग्राम आज भी इनका तीर्थ स्थान है। इस सम्प्रदाय का सिद्धान्त द्वैताद्वैत कहलाता है। निम्बार्काचार्य के सिद्धान्त बड़े सूक्ष्म और सरल हैं। केवल दस श्लोकों में उनके सिद्धान्तों का विवेचन हुआ है।

रुद्र सम्प्रदाय के प्रवर्तक विष्णुस्वामी का इतिहास अभीतक अन्धकार में है। इस सम्प्रदाय के आचार्य बिल्वमंगल ने महाप्रभु वल्लभाचार्य को स्वप्न में विष्णुस्वामी की शरण में आने का उपदेश दिया था। रुद्र सम्प्रदाय को नवीन स्फूर्ति और शक्ति महाप्रभु वल्लभाचार्य के सम्पर्क से प्राप्त हुई। महाप्रभु के उपास्य कुल देवता गोपालकृष्ण थे, इन्होंने भक्ति सिद्धान्त की बड़े व्यवस्थित ढंग से व्याख्या की और वैदिककाल से चली आ रही भक्ति परम्परा का शास्त्रीय ढंग से उन्नयन किया। विष्णुस्वामी के सम्प्रदाय को नवीन साँचे में ढाल कर इसका नाम उन्होंने 'शुद्धाद्वैत' रखा जिसे पुष्टि सम्प्रदाय भी कहा जाता है। इस सम्प्रदाय का प्रधान केन्द्र ब्रज मण्डल रहा है जिसके अन्तर्गत अष्टछाप के भक्त कवियों (कुंभनदास, सूरदास, परमानन्ददास, कृष्णदास, नन्ददास, छीतस्वामी, गोविन्दस्वामी, चतुर्भुजदास) के साथ ही रसखान एवं ताज जैसे मुसलमान भक्तों ने भी ब्रजभाषा में अद्वितीय कृष्ण भक्ति साहित्य रचा है।

वैष्णव धर्म के ऐतिहासिक विकास में महाराष्ट्र के वैष्णव पंथों ने महत्त्वपूर्ण योगदान दिया। यहाँ का पुराना वैष्णव पंथ 'महानुभाव' या 'मानभाव' या 'महात्मा' पंथ है। गुजरात में इसे 'अच्युत पंथ' कहते हैं और पंजाब में 'जयकृष्ण' पंथ। इस पंथ के उपास्य देवता श्रीकृष्ण और दत्तात्रेय हैं। इस पंथ के कुछ लीलापरक ग्रंथ मराठी भाषा में मिलते हैं, कुछ मंगल गीत भी रचे गये हैं। जाति व्यवस्था के विरोध में इस पंथ का उदय हुआ था। इसका सिद्धान्त द्वैताद्वैत की ओर है और भक्ति भावना योग से समन्वित है। महाराष्ट्र का एक दूसरा वैष्णव सम्प्रदाय 'बारकरी पंथ' भी कहलाता है। इस पंथ के उपास्य विठ्ठलदेवजी हैं जो श्रीकृष्णचन्द्र के बाल रूप हैं। पण्ढरपुर इनका तीर्थ स्थान है। संत तुकाराम एवं ज्ञानदेव ने इस सम्प्रदाय को व्यवस्थित रूप दिया। ज्ञानदेव ने गीता की ज्ञानेश्वरी टीका लिखी। ज्ञानदेव के साथ-साथ नामदेव का नाम भी उल्लेखनीय है, नामदेव ने सगुण और निर्गण का सुन्दर सामाजस्य किया है।

महाराष्ट्र में इस सम्प्रदाय के अतिरिक्त रामदासी सम्प्रदाय का भी प्रचार है जिसके प्रवर्तक शिवाजी के गुरु समर्थ रामदासजी थे। स्वामीजी के प्रसिद्ध ग्रंथ 'दासबोध' में इस सम्प्रदाय के सिद्धान्तों का विवेचन हुआ है।

महाराष्ट्र की भाँति गुजरात में भी स्वतंत्र रूप से वैष्णव धर्म का विकास हुआ। ऐतिहासिक तथ्यों से यह ज्ञात होता है कि गुजरात में भागवत धर्म का प्रसार प्राचीनकाल से है। यहाँ के दो वैष्णवपीठ प्रसिद्ध हैं-द्वारका और डाकोरजी मध्ययुग में राधाकृष्ण की भक्ति के प्रचार का श्रेय नरसी मेहता और मीराँ वाई को है। वैष्णव भक्ति के प्रचार हेतु गोस्वामी विठ्ठलनाथजी ने भी छः बार गुजरात की यात्राएँ कीं, जिससे वहाँ पुष्टि सम्प्रदाय का अत्यन्त प्रसार हुआ।

स्वामी रामानन्दजी राम भक्ति के सर्व प्रथम आचार्य माने जाते हैं और कहा जाता है कि वे दक्षिण से ही राम भक्ति को उत्तर में लाये थे। इस सम्बन्ध में कबीर के नाम से एक साखी प्रचलित है-

भक्ति द्राविड़ ऊपजी लाए रामानन्द।
परगट करी कबीर ने सात दीप नौ खण्ड।।

वे सबसे पहले आचार्य थे जिन्होंने भक्ति के द्वार अन्त्यजों के लिए खोल दिये, इन्होंने लक्ष्मी-नारायण के स्थान पर सीताराम को अपना इष्ट देव स्वीकार किया। उत्तर भारत में वैष्णव भक्ति के दो प्रमुख केन्द्र विकसित हुए-काशी और मथुरा। काशी को रामानन्दी सम्प्रदाय ने रामभक्ति के प्रचार का केन्द्र बना दिया और मथुरा (ब्रज मंडल) कृष्णभक्ति के प्रसार का केन्द्र बना।

पद्मपुराण के अन्तर्गत भागवत महापुराण के माहात्म्य में नारद और भक्ति के संवाद का प्रसंग आता है जिसमें भक्ति के दो पुत्रों-ज्ञान और वैराग्य का उल्लेख है। वह सभी कलिकाल से महान दुखी थे। इस प्रसंग में भक्ति स्वयं अपने जन्म एवं विकास का वर्णन करती है। वास्तविकता में यह भक्ति के भौगोलिक प्रसार का विवरण है, जो मध्यकाल में वैष्णव सम्प्रदायों के माध्यम से हुआ-

उत्पन्ना द्रविडे साहं वृद्धिं कर्णाटके गता।
क्वचित्क्वचिन्महाराष्ट्रे गुर्जरे जीर्णतां गता।।
तत्र घोरकलेर्योगात्पाखण्डैः खण्डितारुका।
दुर्बलाहं चिरं याता पुत्राभ्यां सह मन्दताम्।।
वृन्दावनं पुनः प्राप्य नवीनेव सुरूपिणी।
जाताहं युवती सम्यक्श्रेष्ठरूपा तु साम्प्रतम्।।

भक्ति द्रविड़ प्रदेश में जन्मी, कर्णाटक में बढ़ी एवं महाराष्ट्र में सम्मानित हुई तथा गुजरात में वृद्ध हो गई, लेकिन वृन्दावन में आकर पुनः नवयुवती हो गई–

वृन्दावनस्य संयोगात्पुनस्त्वं तरुणी नवा।
धन्यं वृन्दावनं तेन भक्तिर्नृत्यति यत्र च।।

यहाँ वृन्दावन की कुछ वैष्णव सम्प्रदायों की चर्चा करना परम आवश्यक है। मध्यकाल में ब्रज भूमि पर निम्बार्क, वल्लभ और चैतन्य सम्प्रदायों के अलावा अन्य दो सम्प्रदाएँ प्रमुख रूप से वृन्दावन में विकसित हुईं जिन्हें रसिक सम्प्रदाएँ कहा जाता है। यह सम्प्रदाएँ हैं राधावल्लभ सम्प्रदाय एवं सखी (हरिदासी) सम्प्रदाय। इनके तीन प्रमुख आचार्य श्रीहित हरिवंश, स्वामी श्रीहरिदास एवं श्रीहरिराम व्यास, जो 'रसिकत्रयी' या 'हरित्रयी' के नाम से सुप्रसिद्ध हुए। राधावल्लभ सम्प्रदाय के प्रवर्तक गोस्वामी हित हरिवंश हैं एवं सखी (हरिदासी) सम्प्रदाय के प्रवर्तक स्वामी हरिदास को माना जाता है। हरिराम व्यास को हरिवंश का ही अनुयायी माना गया है। इनकी विशिष्ट मान्यताओं के कारण किसी पूर्ववर्ती वैष्णव सम्प्रदाय के अंतर्गत न रखकर इन्हें स्वतंत्र सम्प्रदाय ही माना गया है। इनकी उपासना विशुद्ध रूप से वृन्दावनी उपासना है। राधावल्लभ सम्प्रदाय की भक्ति का आधार 'प्रेमतत्त्व' है जिसे 'हित' की संज्ञा दी गई है। इस सम्प्रदाय में प्रेम का जो स्वरूप मान्य है, वह अन्य सम्प्रदायों से कहीं अधिक व्यापक एवं विलक्षण है। प्रेम एक परात्पर तत्त्व है। भगवान और भक्ति तथा भक्त इसी के विविध नाम-रूप हैं। इस प्रकार समस्त विश्व इस प्रेम देवता का ही लीला-विलास है। हरिवंश गोस्वामी को प्रेम स्वरूपा श्रीराधा से प्रेममंत्र की दीक्षा प्राप्त हुई थी अतः उनको प्रेम का दर्शन गुरु रूप में प्राप्त हुआ। उन्होंने कृष्ण की अपेक्षा राधा को ही अपनी उपासना में अधिक महत्त्व दिया है। इनकी उपासना को मधुर भाव की उपासना भी कहा जाता है। यद्यपि अपभ्रंश साहित्य में हमें राधा सम्बन्धी अनेक गेय पद प्राप्त होते हैं, जयदेव का गीत गोविन्द विद्यापति, और चंड़ीदास के पद भी इसी परम्परा के हैं, पर इस परम्परा को उपासना का रूप वृन्दावन में ही प्राप्त हुआ है। हरिवंशजी के समकालीन स्वामी हरिदासजी थे, उन्होंने प्रेम भक्ति का दूसरा मत प्रचलित किया जिसमें सखी भाव की उपासना को प्रमुखता दी गई है। राधा कृष्ण के युगल को अपनी उपासना का आधार बनाया है और उसकी रसक्रीड़ा को 'नित्य निकुंज लीला' अथवा 'नित्य विहार' की संज्ञा दी है। इन रसिक सम्प्रदायों में युगल उपासना

का विशाल साहित्य सृजित हुआ है, जो 'वाणी साहित्य' के नाम से प्रसिद्ध है। इनके अलावा उत्तर मध्यकाल में दो रसिक सम्प्रदाएँ और विकसित हुईं। जिनमें से एक है शुक सम्प्रदाय, जो संत चरणदास द्वारा प्रवर्तित है और दूसरी ललित सम्प्रदाय जिसके प्रवर्तक वंशी अलिजी हैं।

इन सभी वैष्णव सम्प्रदायों के आचार्यों एवं भक्त कवियों ने उपासनात्मक और दार्शनिक स्तर पर विपुल भक्ति-साहित्य रचा है। जिसने मध्यकाल में भारत के सांस्कृतिक जीवन को अत्यन्त गहराई से प्रभावित किया है और तत्कालीन समाज में एक नवीन ऊर्जा का संचार किया। यह साहित्य आज भी जनआस्था एवं श्रद्धा का केन्द्र है। लगभग पाँच शताब्दियों से वैष्णव सम्प्रदायों में पारम्परिक रूप से निरन्तर रचा गया यह विशाल भक्ति साहित्य आज हमारे सामने लाखों पाण्डुलिपियों के रूप में विद्यमान है, जो देशभर के ग्रंथागारों, संग्रहालयों, मंदिरों, मठों तथा व्यक्तिगत संग्रहों में संग्रहीत हैं, लेकिन इन पाण्डुलिपियों का एक बड़ा हिस्सा आज भी अप्रकाशित एवं अज्ञात है।

राष्ट्रीय पाण्डुलिपि मिशन, संस्कृति मंत्रालय, भारत सरकार ने इस अज्ञात साहित्यिक धरोहर के महत्त्व को समझा है और ब्रज संस्कृति शोध संस्थान, वृन्दावन इस अज्ञात साहित्य को प्रकाश में लाने के लिए प्रयत्नशील है, किन्तु यह कार्य अत्यन्त व्यापक है और इसके लिए अखिल भारतीय स्तर पर प्रयास करने की आवश्यकता है। इस लिए संस्थान ने राष्ट्रीय पाण्डुलिपि मिशन के सहयोग से वैष्णव सम्प्रदायों की अल्पज्ञात-अज्ञात पाण्डुलिपि सम्पदा की ओर देश भर के विद्वानों, अध्येताओं एवं पाण्डुलिपिविदों का ध्यान आकर्षित करने के लिए विगत वर्ष 19, 20 एवं 21 मार्च, 2014 को तीन दिवसीय राष्ट्रीय संगोष्ठी को वृन्दावन में आयोजित किया।

इस संगोष्ठी के आयोजन का उद्देश्य था वैष्णव सम्प्रदायों की अल्पज्ञात-अज्ञात साहित्यिक धरोहर के प्रति विद्वानों, अध्येताओं और पाण्डुलिपिविदों के बीच एक संवाद स्थापित करना, जिससे अज्ञात पाण्डुलिपियों से सम्बन्धित खोजपूर्ण सूचनाओं का परस्पर आदान-प्रदान हो सके तथा इन पाण्डुलिपियों के संरक्षण, शोध अध्ययन व प्रकाशन का मार्ग प्रशस्त किया जा सके। इससे पूर्व वैष्णव भक्ति साहित्य के अज्ञात-अप्रकाशित ग्रंथों पर केन्द्रित कोई राष्ट्रीय स्तर की संगोष्ठी आयोजित नहीं हुई थी, इस लिए यह संगोष्ठी देश में अपने तरह का पहला आयोजन था। देश एवं विदेश के ख्याति प्राप्त पाण्डुलिपिविदों और अध्येताओं ने इस संगोष्ठी में सहभागिता प्रदान कर इस आयोजन को सार्थक किया।

यह पुस्तक उक्त संगोष्ठी में विद्वानों द्वारा प्रस्तुत किए गये शोध पत्रों में से चयनित किये गये कुछ निबन्धों का संग्रह है। आशा है यह पुस्तक अध्येताओं के साथ-साथ जिज्ञासु पाठकों को भी वैष्णव भक्ति साहित्य के अब तक अप्रकाशित संसार से परिचित करायेगी।

लक्ष्मीनारायण तिवारी
सचिव
ब्रज संस्कृति शोध संस्थान
वृन्दावन-281121, मथुरा (उत्तर प्रदेश)

Foreword

Vaishnava Sampradaya is the worshipper of Lord Vishnu. Sri Rama and Sri Krishna are said to be the incarnation of Lord Vishnu. This Sampradaya is the propounder of the Path of Devotion (Bhakti). The followers of the Vaishnava school regard devotion as the essential and the most effective means to the realisation of Supreme Lord. Though many schools had emerged in Vaishnava Sampradaya due to the mode of explanation of the supreme theory by the respective Acharyas, but the principle doctrine is same in all the Bhakti schools. Here God does not compel attention through His omnipotence so that He is obeyed under compulsion and for fear of His displeasure but becomes the object of constant meditation of the devotee through His loving affection and charming feature.

The present volume, ninth in the Samikshika series is a compilation of informative articles presented by the participant scholars in the seminar on the treasure-trove of little known and unknown manuscripts of different Vaishnava Sampradaya organized by the Mission in collaboration with Braj Samskriti Sodh Samsthan, Vrindavan under the supervision of Dr. Laxmi Narayan Tiwari.

Excepting two articles,[1] i.e. B.R. Gopalacharya's paper (Sanskrit) and Demian Martins' (English), all are presented in Hindi.

R. Saurirajan seeks to establish in his paper that the Bhaktivāda or Path of Devotion had its roots in Tamil

literature prior to the Aryans' but Tamil Vaishnava manuscripts never got highlighted as it should be. **B.R. Gopalacharya** talks about unpublished palm leaf manuscripts of Madhava Vaishnava school which are found in Karnataka. **Laxmi Narayan Tiwari** draws our attention to some important eighteenth century manuscripts of Ballava-Vaishnava school which are kept in Braj-Samskriti-Sodha-Samsthan. **Upendranath Rai** informs us about the manuscript having the genealogy of Sri Ballabhacharya, the great Vaishnava Acharya of sixteenth century. Gaudiya Chaitanya Vaishnava school had flourished in Bengal. **Usha Goel** in her article has mentioned of some Chaitanya-Vaishnava literature that are coined in Braj language. **Demian Martins'** article speaks about his research on some unpublished manuscripts of Baladeva Vidyabhusana, the great Gaudiya-Vedanta-Acharya of late seventeenth and early eighteenth centuries. Vāṇī literature is also called Kṛṣṇa-literature impregnated with Rasa-tattva. **Jayesh Khandelwal** wants to draw our attention to some of such unidentified Vāṇī literature. **Vishnumohan Nagarcha** points to the valuable commentaries of the work "Rādhāsudhānidhi" of Srihita Harivaṁsaji. The work contains two hundred and seventy slokas dedicated to Shri Rādhā. **Krishnachandra Goswami** informs us about the oldest available manuscript of Sri Vyāsavāṇī. The article of **Sarvesh Kumar Sharma** gives an account of Sri Rangilal Goswami who belongs to Radhavallava-Vaishnava-school of Vrindavan. His contribution to the Vaishnava literature has been acknowledged in the article.

Vrindavan is the place of Radha-Krishna-leela. The devotees and followers of Vaishnava school find important old manuscripts in this holy land. **Rajesh Kumar Sharma** takes us to this storehouse of important Vaishnava manuscripts. Vaishnava literature is not complete without "Bhaktamāl" and the related literature. That has been highlighted in the articles of **Brajendra Kumar Singhal** and **Pragati Sharma**. This particular literature of Chandradāsī-Sampradāya is brought

forth by **Manhar Gopal Bhargava.** Meerabai, the great woman devotee of Sri Krishna is alive amongst us through her devoted lyrics. More than five hundred years have passed but Meera-bhajans are most popular devotional songs till date. **Satyanarayan Samdani** draws our attention to the manuscripts of devotional lyrics of Meerabai. Ramananda-Sampradaya of Vaishnava school had flourished in sixteenth century. **Uday Pratap Singh** talks about the contribution of this Sampradaya to Vaishnava literature especially by their written commentaries of important Vaishnava treatises. **Uday Shankar Dubey** and **Omprakash Lal Srivastava** bring forth the important manuscripts of Bundelkhand. The contents of these manuscripts are dedicated to Sri Ramachandra. Sri Ramachandra, the incarnation of Lord Vishnu is justly epitomised through the writings of the great devout Tulsidasa. **Imri Bangha's** paper is a research article on the works of Tulsidasa. **Sunita Sharma** presents the rare Vaishnava manuscripts in Gurumukhi script. **Soofiya Yasmin** gives an account of some rare Bengali manuscripts available in Asiatic Society, Kolkata. Here she has pointed out that although Sri Rāma and Sri Krishna both are the incarnation of Lord Vishnu but interestingly the rituals of their worship were different from one another as is revealed in these manuscripts. **Rajesh Sarkar** discovered some Vaishnava manuscripts in Sanskrit in the Punjab University, Lahore (Pakistan). Nāgarī-prachāriṇī-sabhā was established at Varanasi in 1893 with the aim of propagating Hindi language and Nāgarī script. **Devendra Kumar Singh** presents to us some unidentified Vaishnava manuscripts in custody of this Sabhā. In **Ranjana's** paper we are aware of some rare Vaishnava manuscripts that are kept in Sukarakṣetra-sodha-samsthan. Sukarakṣetra is the birthplace of Tulsidāsa, the author of "Rāmcharitmānasa." **Surendra Babu** highlights the illustrated manuscripts of Bhāgavata Purāṇa which are found in a very old Vishnu temple in Sukarakṣetra.

Our sincere thanks go to Dr. Laxmi Narayan Tiwari for compiling and editing the articles. The seminar creates a platform where the scholars share their research-oriented knowledge with others. I do hope this publication will make an interesting reading for scholars as well as readers in general.

VEENA JOSHI
Director & Joint Secretary,
National Mission for Manuscripts,
New Delhi

Jhoolan Purnima
18 August, 2016

1

तमिल का अल्पज्ञात वैष्णव साहित्य और उसके ग्रन्थ

आर. शौरिराजन

संस्कृति विकासशील प्रबुद्ध जनसमुदायों की पारंपरिक थाती है। आर्य-संस्कृति के समान तमिल संस्कृति भी प्राचीन, समृद्ध और परंपराबद्ध है दोनों संस्कृतियाँ धर्मसापेक्ष हैं, दर्शन और सभ्यता की जननी भी हैं।

तमिल संस्कृति और सभ्यता का सर्वप्रथम परिचायक प्राचीन लक्षणग्रंथ 'तोलकाप्पियम्' है, रचयिता का नाम तोलकाप्पियर है। रचनाकाल ईस्वी पूर्व चौथी शती का है। इसके पूर्व भी तमिल संस्कृति समुन्नत रही और साहित्य समृद्ध रहा, किन्तु विपुल जलप्रलय हो जाने से सारे प्रमाण विनष्ट हो गये। उपलब्ध प्रमाण तोलकाप्पियम् मात्र है। इसमें तमिल भाषा के स्वरूप, व्याकरण, निवासों-निवासियों का वर्णन, जीवन प्रणालियाँ, संस्कृति, परवर्ती प्रभाव आदि विषय व्यक्त किये गये हैं।

ध्यान देने की बात है कि तमिल भाषा उस समय (ई.पूर्व चौथी शती में) एक उत्तम लक्षणग्रन्थ रचने योग्य समृद्ध दशा में थी। तोलकाप्पियम् के तीन भाग हैं-अक्षराधिकरण, शब्दाधिकरण और लक्ष्याधिकरण (एलुत्ततिकारय्, चोललतिकारय्, पोरुलतिकारय्)। तीसरे लक्ष्याधिकरण में 657 सूत्र हैं। इसमें तमिल जनता के समाजिक जीवन, साहित्य, संस्कृति, पारिवारिक जीवन आदि का परिचय मिलता है। तत्कालीन तमिल जनों के पांच निवास स्थान (जनपद) पर्वत प्रदेश, वन प्रदेश, कृषि प्रदेश, समुद्रतट तथा बंजर प्रदेश थे। इसके निवासी वनचर, व्याध (शिकारी) कृषक, मछुए एवं डाकू-लडाकू लोग थे, सामाजिक वर्णव्यवस्था-विद्वान, शासक, वणिक, के रूप में की गयी। (वर्णव्यवस्था कालांतर में परिवर्तित वैदिकधर्मी आर्यों के प्रभाव से अपनायी गयी।)

पूर्वोक्त पाँच जनपदों को ऐंतिणै निलम् (पाँच आचार प्रधान प्रदेश) कहते हैं, वे हैं—1. कुरुंचि निलम् (पहाड़ी प्रदेश), 2. मुललै निलम् (वन प्रदेश), 3. मरुद निलम् (कृषि प्रदेश) 4. नेयूदत निलम् (समुद्र तट प्रदेश), 4. पाले निलम् (बंजर प्रदेश)। यहाँ के आराध्य देवता हैं-1. शेयोन (स्कन्द देव, कार्तिकेय) 2. पायोन् (विष्णु) 3. वेन्दन (देवराज इन्द्र) 4. वरुणम् (वरुण, सूर्य नंदन) 5. कोट्रवै (दुर्गादेवी)

भारतीय परंपरा में, धर्म और संस्कृति संयुक्त रूप से एक दूसरे के पोषक, पूरक रहते आये हैं। धर्म उसे कहते हैं, जो व्यक्ति और समाज को धारण करता है और उनका आधार है, तथा जो धारण किया जाता है, वह भी धर्म है। प्रायः धर्म का अधिष्ठान देवता की स्वीकृति में है। भक्तिवाद आर्यों के पूर्व द्रविड़ों (तमिलों) में भी प्रचलित था। भक्ति है, आस्था, अनुराग को विकास-विस्तार देने वाली चित्तवृत्ति, इसी चित्तवृत्ति ने मानवीय प्रकृति के अनुरूप अनेक देवी देवताओं की परिकल्पना और स्थापना के मार्ग प्रशस्त किये। एक मूल देवता को स्वीकारते हुए, अनेक देवता स्वरूपों की आराधना में संतृप्ति पाना भक्ति का विस्तार रहा है। इस दैवी भावना की सुंदर अभिव्यक्ति यजुर्वेद (26.12) सूक्त में मिलती है-

"यस्येमे हिमवन्त्रो महिरवा यस्य
समुद्रं रसया सहाहुः।
यस्येये दिशो मस्य बाहू
कस्मै देवाय हविथा विधेम।।"

-(जिसकी महिमा हिमालय आदि पर्वत प्रकट करते हैं, जिसका यशोगान समुद्र अपनी संगिनी नदियों के साथ कर रहा है, और ये विशाल दिशाएँ जिसकी बाहुओं के समान हैं, उस प्रभु को हम प्रणाम करते हैं।)

तोलकाप्यिम् में भी सर्वव्यापी, सर्वनियन्त्रा सर्वेश्वर का निर्देश इस प्रकार किया गया है-

"तेभ्वय् उणाने मा परम् पुक् परै
शेय्दि याकिन् पभुतियोडु तोकैइ
अव वके चिरवुय् करुवन मोकिप।"

-(दैव-देवता, भोजन, जानवर, वृक्ष, पक्षी, ढोल, पटह, उद्गम (कार्यकलाप),

गीत इत्यादि उत्पन्न वस्तुएँ हैं, जो मूल पदार्थ काल और स्थल के वाद विकासक्रम से हुए हैं।)

तोलकाप्पियर महर्षि अगस्त्य के बारह शिष्यों में से प्रमुख थे। अगस्त्य तमिल भाषा के प्रथम वैयाकरण और संवर्धक के रूप में प्रशस्त थे। वे आर्य और द्राविड़ जातियों के समन्वयकारी हितैषी वैदिक महर्षि थे। तोलकाप्पियर के समय में आर्य (वैदिक) संस्कृति का प्रारंभिक प्रभाव आदर के साथ अपनाया जाने लगा।

अगस्त्य महर्षि ऋग्वेद के प्रमुख प्रशस्त यंत्रद्रष्टा थे। भारतीय संस्कृतियों में समन्वय, जातिवर्गों में स्नेह सौजन्य, भाषाओं में (बोलियों में) प्रभावी विकास लाने वाले सर्वप्रथम, आदर्श महामानव थे। अगस्त्य ने ही उत्तर और दक्षिण को जोड़ा। उत्तर भारत से कहीं अधिक आदर उन्होंने दक्षिण में पाया। आज भी कई दक्षिण भारतीय देवालयों में महर्षि अगस्त्य की मूर्ति पूजी जाती है। उसके समन्वयी व्यक्तित्व का परिचय इस ऋचा से प्राप्य है-

"अगस्त्यः खनमानः खनित्रैः प्रजाभरयं बलमिच्छमानः,
उभौ वर्णौ ऋषिभिसग्रः पुयोष सत्या देवेषु आशिषों जगाय।"

—(ऋग्वेद 1,179, 6)

अगस्त्य के मार्गदर्शन में दो तमिल संघम (साहित्य परिचय) आयोजित किये गये। प्रथम संघम पांडिय नरेश काय्चित् बलुति के तत्वाधान में स्थापित हुआ। कई वर्षों तक यह चला। इस संघय के कुलपति शिव, कुबेर, अगस्त्य, पुरुकन् (स्कंददेव), कवि मुटिनाग नाद आदि थे। इस परिषद काल में साहित्य रचानाकारों की संख्या 4449 थी। इस दीर्घकालीन तमिल साहित्य संघम के संरक्षक पांडिय वंशीय 89 राजा थे। इस काल खण्ड में अगस्त्य का प्रामाणिक लक्षण ग्रन्थ 'अगत्रियम्' प्रणीत और प्रशस्त हुआ। इस अवधि में पेरुप, परियाडल, मुदुनारै है मुदकुकु आदि सैकड़ों काव्यग्रन्थ, स्तवनगाथाएं, युक्तक प्रबंध रचे गये जो संघम परिषद द्वारा मान्यताप्राप्त थे। परिषद का स्थान दक्षिण मदुरै था, जो वर्तमान मदुरै महानगर से सैकड़ों मील दक्षिण में बसा हुआ था कालान्तर में यहां खंडप्रलय हो जाने से सब विनष्ट हो गये। इस प्रथम संघय का काल रामायण (इतिहास) काल का परवर्ती (ई. पू. छठी शती) माना जाता है।

द्वितीय तमिल संघम-पांडिय राजधानी उक्त दक्षिण मदुरै के नष्ट हो जाने के बाद में कवाटपुरम् नामक स्थान पर राजधानी बसायी गयी। यह भी आज के मदुरै

महानगर से सुदूर दक्षिण में थी। यहां दूसरे तमिल संघम (परिषद) की स्थापना ईस्वी पूर्व पांचवी शती में अगस्त्य के मार्गदर्शन पर पांडिय नरेश वेणतोल् चेलियन ने की। इस संघम के अध्यक्ष क्रमशः अगस्त्य, तोलकात्यिपर, कसंकोलि योग्शयार कीरन्तै आदि 59 विद्वान, कविवर, प्राचार्य रहे, परिषद-संरक्षक 59 पांडित नरेश थे। 3700 कवि, विद्वान, रचनाकार थे। इस काल में तोलकाप्यिम् (लक्षणग्रन्थ) रचा गया और प्रशस्त हुआ। इस संघम-काल में भी पूर्ववत् घोर जलप्रलय हुआ। परिषद केन्द्र कवाटपुरम् पूरा नष्ट हो गया। इस संघम काल में विरचित अनेक ग्रन्थों में मात्र तोलकाप्यियम् ही बचा है जो उपलभ्य प्रथम प्राचीनतम तमिल ग्रन्थ है।

तृतीय तमिल संघम-वर्तमान मदुरै महानगर से थोड़ी दूर दक्षिण में पांडिय नरेश मुडतिरूमारन ने संघम परिषद को स्थापित किया था। इसके वशंज राजाओं ने इस संघम परिषद का संरक्षण किया। अंतिम संरक्षक राजा का नाम था उक्किर पेरूवलुंति। इस परिषद के पंडितवर्य अध्यक्षों के मार्गदर्शन में तमिल साहित्य की अच्छी वृद्धि प्रसिद्धि हुई। यह संघम अनेक वर्ष तक चला। तमिल साहित्य का यह प्राचीन मौलिक युग था। इसी की संघमकाल कहते हैं। इस काल की रचनाएं अब समग्र रूप में उपलभ्य हैं, जो संकलित ग्रन्थ हैं। इन्हीं को संघम साहित्य कहते हैं। इसका काल ईस्वी पूर्व तीसरी शती से ईस्वी दूसरी शती तक का है इस काल की रचनाएं मुक्तक पद्यों के आठ संग्रहों, दस प्रबंध काव्यों के रूप में ईस्वी चौथी शती में संकलित किये गये थे।

संघम काल के बाद तमिल साहित्य संघमोत्तर काल (ईस्वी 200 से ईस्वी 600 तक) भक्ति, साहित्यकाल (ई. 600 से 900 तक) काव्य पुराण काल (ई. 800 से ई. 1200 तक) प्रशस्तिग्रन्थकाल (ई. 1200 से ई. 1800 तक), आधुनिक काल (ई. 1800 से ई. 1950 तक) नवोन्मेषकाल (ई. 1950 से अब तक) उस काल परम्परा में विकास, विस्तार, वैविध्य और परिवर्धन के सहारे बढता आ रहा है तमिल साहित्य।

तमिल में वैष्णव भक्ति, साहित्य का विकास

प्रथम संघम काल से पूर्व ही (ईस्वी सातवीं शती) तमिल प्रदेश में, वन प्रदेश निवासी व्याघ, शिकारी, ग्वाले, गडरिये आदि प्रजाजनों के आराध्य देवता भगवान विष्णु थे। कालान्तर में अन्य प्रदेशों में भी स्कन्द, वरुण, इंद्र के साथ विष्णु की भी पूजा आराधना लोकप्रिय हुई। संघम कृतियों में विष्णु को तिरूपाल, मायोन,

नाम से उल्लेख किया गया है। विष्णु की आराधना में कुरवैक्कूत्तु नामक सामूहिक नृत्य गाने बजाने के साथ होता था। इस नृत्य के लिए विशिष्ट गीत, राग, ताल, जाति गति प्रकार ऐसे उल्लासपूर्ण पूजापर्व का वर्णन संघमकृतियों में— कलित्तोकै अकनानूरु, पुरानानूरु, मलैपटुकटाय में पाया जाता है। शिकारी लोग अपने आराध्य देवता विष्णु की प्रीति के लिए वरिक्कूत्तु (सामूहिक नृत्य) नाच-गान के साथ मानते थे। ई. तीसरी रीती के तमिल महाकाव्य शिल्पयतिकारम् में इसका विशद वर्णन है।

ईस्वी प्रारंभिक शतियों में तमिल देश में बौद्धों के प्रभाव से विहार, चैत्य और जैनों के प्रभाव प्रसार से पलित (शिक्षणकेन्द्र), जिनालय आदि निर्मित हुए। कुछ शतियों के उपरांत बौद्धों, जैनों का बोलवाला उत्तर भारत से आये वैदिक सनातन धर्माचार्यों, यादवों, साधु-संतों के सहयोग से समाप्त किया गया। सनातन वैदिक धर्म संप्रदाय की शाखाएँ पुनः राजाश्रय एवं प्रजा के मध्य पनपने लगीं उनका विकास-विस्तार होने लगा। इस परिवर्तित परिस्थिति के फलस्वरूप, शिव, विष्णु, स्कन्द, दुर्गा, भुवनेश्वरी के सुविशाल मंदिर दक्षिण भारत के गाँवों नगरों पर निर्मित हुए। तमिलनाडु के देवमंदिर ई. चौथी शती से सोलहवीं शती तक पल्लव चोल, पाण्डिय, नायक वंशीय राजाओं ने निर्मित किये हैं। इनमें विष्णु मंदिर ही अधिक हैं, जो विष्णुभक्तों की बहुलता के प्रतीक हैं।

आस्था, अनुराग और आदर को विकसित करनेवाली चित्तवृत्ति है भक्ति। भक्तियोग का विकास भारत के सभी भागों में हुआ और पूरे भारत को जोड़ने का श्रेय भक्तियोग को है। भक्तिमार्ग की दो प्रमुख धाराएँ (परंपराएं) अधिक प्रशस्त हुईं— शिवभक्ति धारा और विष्णु भक्ति धारा। इन दोनों के अंतर्गत अनेक देवी देवताओं की उपासनास आराधना की परंपराएँ प्रचलित हुईं। भक्ति को परम प्रतिष्ठा दक्षिण के शैव-वैष्णव आचार्यों, संतों, कवियों के द्वारा प्राप्त हुई।

ऋग्वेदकाल में विष्णु को दिव्य श्रेष्ठ देवता के रूप में पूजते थे। इतिहास (रामायण) काल में मर्यादा पुरुषोत्तम, अवतारी सर्वेश्वर के रूप में विष्णु का महत्त्व बढ़ गया। वैष्णवाचार्यों ने उस महत्व धारणा को शास्त्र सम्मत बनाया। उनकी घोषणा थी— ''नारायणः परं ब्रह्म तत्त्वं नारायणः परम्, नारायणः परं ज्योतिः आत्मा नारायणः पदः अन्तर्वहिश्च तत्सर्वम् व्याप्य नारायणास्थितः तैत्तरीय उपनिषद की इस वैष्णव धारणा का व्यापक प्रचार तमिल देश के वैष्णव संत कवि आलवारों ने और उनके अनुयायी बैष्णव आचार्यों ने खूब किया। यही श्रीवैष्णव सम्प्रदाय के रूप में प्रशस्त हुआ। इसका विकसित परिव्याप्त स्वरूप है प्रवत्तिमार्ग। यह सभी

जाति कुल वालों को विष्णुभक्त (वैष्णव) के नाते एक ही परिवार के बंधु-बांधव मानने की उदारता का प्रवर्तक है।

आद्य शंकराचार्य ने ई. अठारहवीं शती में बौद्ध धर्म सिद्धांतों का खण्डन किया, बौद्ध मायावाद से उभरकर सगुणभक्ति एवं मूर्ति पूजा को प्रशस्त किया। कौमारम् (स्कंददेव), शाक्तम् (पराशक्ति देवी दुर्गा) गाणायात्यम् (गणपति विनायक) शैवम (शिव) वैष्णवम् (विष्णु) इन सम्प्रदायों को प्रवर्तित कराया।

वैष्णव भक्ति धारा को सार्वजनिक बनाने का श्रेय तमिल देश के संत भक्तकवि आलवारों को है। ये ई. दूसरी शती से आठवीं शती तक के काल खंड में आविर्भूत हुए। अपने भक्ति पुंज विष्णुभक्ति गीतों से (चार हजार गीत) विष्णु के दशावतारों का वर्णन किया। इसके नाम पोय्कै आलवार (सरस्य मुनि), भूतत्तुआलवार (भूत मुनि) पेयालवार (महत् मुनि) तिरुमलिशै आलवार (भक्तिसार मुनि) नम्यालवार (परांकुश मुनि), मधुर कवि आलवार (यतीन्द्र मुनि) कुलशेखर (चेर राजा) आलवार पेरियालवार (विष्णुचित्त भट्टनाथ मुनि), श्री आण्डाल् (गोदादेवी), तोण्डरडिप्पोडि आलवार (भक्तं घ्रिरेणु मुनि) तिरुप्पाणालवार (योगिवाहन मुनि), तिरूमंके आलवार (परकाल नायक)।

इन बारह आलवरों को द्रमिडाचार्य, दिव्यसूरी विष्णुप्रियाचार्य, आदि भक्त ज्ञानी कहते हैं। इनके गाये वैष्णव भक्तिगीत कुल चार हजार हैं। इन्हें दिव्य प्रबंधम् चतुर्वेदसार, द्राविड वेद अरुलिश्रेल् (अनुग्रही प्रसाद) कहते हैं भारत-भर में स्थित प्रमुख 108 विष्णु मंदिरों में विराजमान श्रीमन्नारायण के अवतारी मुर्तों की मधुर स्तुति वंदना उन गीतों में की गयी है।

भक्तियोगी आलवारों के चार हजार पद्यों वाले दिव्य प्रंबधम् को संग्रहीत कर राग तालबद्ध गेय पदों के रूप में प्रशस्त किया श्री वैष्णवाचार्य, श्री नाथमुनि ने ई. नौवीं शती में साथ ही दिव्यप्रबंधम् की वैष्णव संप्रदायी व्याख्याएँ लिखवायीं अपने शिष्यों से अपने संस्कृत में योग रहस्यम्, न्याय तत्त्वम् आदि ग्रन्थ लिखे। श्री नाथमुनि ने नम्मालवार को अपने आचार्य श्री वैष्णवधर्म का कुलपति घोषित किया।

श्री नाथमुनि के शिष्य श्री उय्यकोणडार पुत्र श्री ईश्वरमुनि आदि ने दिव्य प्रबंधम् का प्रचार-प्रसार बढ़ाया। श्री ईश्वर मुनि के सुपुत्र श्रीयामुनाचार्य महापंडित प्राचार्य निकले। इन्होंने सिद्धित्रयम्, आगम प्रामाण्यम् गीतार्थ संग्रहम महापुरुष निर्णयम् चतुश्लोकी, वेदोत्तररत्नम् आदि वैष्णग्रंथों की रचना संस्कृत में की, श्रीयामुनाचार्य जो आलवन्तार के नाम से विख्यात रहे आपके शिष्य थे, पेरियनंबी तिरुकोट्टियूर नंबि तिरुमलै नंबि, तिरुमलै आण्डाल, तिरुक्कन्ति नंबि— इन पांचों संत ज्ञानियों ने श्रीवैष्णव

सम्प्रदाय एवं आलवारों के दिव्यप्रबंधम् को प्रवचनों के द्वारा लोकप्रिय बनाया।

इनके बाद, इनके शिष्य के रूप में श्री वैष्णव परमाचार्य श्री रामानुज का (ई. 1017 में) अभ्युदय हुआ। श्रीरामानुजाचार्य ने विशिष्टाद्वैत वैष्णव सिद्धांत का प्रवर्तन किया और पूरे भारत में फैलाया। आपने वेदान्त संग्रहम्, श्री भाष्यम्, गीता भाष्यम्, वेदान्त दीपम्, वेदान्त सारम् आदि ग्रन्थों की रचना की। साथ ही दिव्य प्रबंधम् को वेदों से समान लोकसमादर प्राप्त कराया। इनके अनुगामी आचार्यों ने-लोकाचार्य निगमान्त महादेशिक, मणवाल मायुनि, नंजीयर नंणिललै पेरियवाचान पिललै आदि श्रीवैष्णव आचार्यों ने मणिप्रवाल तमिल में दिव्य प्रबंधम् की व्याख्याएं रचकर प्रशस्त किया।

अल्पज्ञात एवं सुप्राप्य तमिल वैष्णव साहित्य ग्रन्थ

1. पेरूम् परिपाडल्—प्रथम संघम-काल में (ई. पूर्व छठी शती) विरचित यह गेय पद्यग्रन्थ विष्णु की गरिमा महिमा का परिचायक है। इसके रचयिताओं के नाम अज्ञात हैं, ग्रन्थ भी अप्राप्य है। जलप्रलय में विनष्ट हो गया। अनेक कवियों के वैष्णव पद्य और इन्द्र स्कंद परक पद्य इसमें संकलित किये गये थे। उस काल में अगस्त्य महर्षि के माध्यम से बालमीकि रामायण, ऋग्वेद का पुरुषसूक्तम् आदि वैष्णव साहित्य का परिचय तमिल कवियों, विद्वानों को मिला है। ओम् नारायणम् विद्महे वासुदेवाय धीमहि, तन्नो विष्णुः प्रचोदयात्!'' का मंत्र विष्णु भक्तों के मन-मस्तिष्क में गुंजायमान रहा। उक्त ग्रन्थ में पद्य, वाङ्यम के रूप में जनमानस में अंकित रहने के कारण, तृतीय संघम काल में (ई. पूर्व तीसरी शती से ई. दूसरी शती तक) पूर्वोक्त परिपाडल् नाम से संकलित पद्य ग्रन्थ निकला है, जो अब पूरा प्राप्य है। उसमें चौदह कवियों के 33 गेय पद्य हैं। इसमें 16 विष्णु, 10 स्कंददेव और 7 वैकै (कृतमाला) नदी के वर्णन में रचित हैं। एक विष्णुगान-

''क्षीर सागर में शेषशय्या पर विराजमान परंधाम प्रभु! तुम अग्नि में तपन हो, पुष्प में सुगंध हो, शिला में मणिक हो, वचन में सत्य हो, धर्म में प्रेम हो, शौर्य में साहस हो, वेदों में तत्व हो, भूतों में मूल पृथ्वी हो, सूर्य में धूप हो, चन्द्रमा में शीतल शोभा (चांदनी) हो। तुम्हीं सब हो। सब पदार्थो के बीज अंकुर भी तुम्हीं हो। अतः आधार और आधेय नाम के दो पदार्थ नहीं हैं। जन्म, जन्मदाता, जन्म पानेवाला-सब तुम्हीं हो।''

इस स्तुतिगीतकार का नाम कडुवन् इलवेयिनार

2. रामानुजार्य दिव्य चरितै-श्रीवैष्णवदर्शन, विशिष्टाद्वैत सिद्धान्त द्राविडवेद दिव्यप्रबंधम के लोकसमादर के प्रवर्तक, प्रसारक परमाचार्य श्री रामानुज यतिराज का सांगोपांग जीवन-चरित, धर्म संप्रदाय के संवर्धक विवरण सहित। यह मणिप्रवात (तमिल संस्कृत मिश्रित) शैली में ई. सोलहवीं शती के श्री पितलैलोकम् जीयर (यति) नामक श्री वैष्णव आचार्य द्वारा विरचित है। इसका प्रथम संस्करण ई. 1886 में ग्रन्थाकार प्रकाशित हुआ, बीसवीं शती के पूर्वार्ध तक बहुज्ञात यह ग्रन्थ तदनंतर अल्पज्ञात हो चला। इस प्रामाणिक दिव्य चरित के संपादक, प्रकाशक महापंडित चित्रकूटम् कंताडै तिरुवेंकटाचार्य थे। मद्रास के श्री सरस्वती भण्डार मुद्राक्षर शाला में सन् 1886 जनवरी में मुद्रित हुआ है। इसका पुनर्मुद्रण अब तक हुआ नहीं। इसके आधार पर संक्षिप्त संपादित ग्रन्थ शुद्ध तमिल शैली में कुछ पुस्तकें निकली हैं। उस मूल ग्रन्थ की मणिप्रकाल तमिल भाषा का छोटा सा उदाहरण—

श्रीरामनुज के जन्म होने का प्रसंग है-" · · · नीर् वण्णन् नीर् मलै अरुकानताय्, पेरिय एदियै उडैय पेरुम्यूतूरिले, श्रीमानान रामानुज दिवाकरनुम्, 'आविर्भूतम् महात्मना'— एन्स चोललुकिर पडिये, श्री भूमि चिराट्टियार तिरुउदरत्तिले तो नरि असलिनार् · · · ।"

3. नालायिर दिव्य प्रबन्ध व्याख्यानम्— पेरियवाच्चान पिललै असलिय मणिप्रवाल व्याख्या सहितम्)

इस तमिल वैष्णव सहित्य ग्रन्थ को पुरानी पांडुलिपि से ग्रन्थाकार में प्रकाशित किया है। तर्कतीर्थ माडपूशि श्रीरामान्दुजाचारी ने साथ ही प्रतिपदार्थ भी लिखा है। प्रथम संस्करण सन् 1901 में श्री वैष्णव मुद्राणक सभा चेन्नई ने छापा है। उस जमाने में सुप्रसिद्ध रहा तमिल वैष्णव साहित्य ग्रन्थ बीसवीं शती के उत्तरार्ध से अल्पज्ञात और लुप्तप्राय-सा होने लगा। इसका पुनर्प्रकाशन अब तक हुआ नहीं। संभवतया मणिप्रवाल-तमिल के ग्रन्थ होने के कारण पाठक, प्रकाशक आगे नहीं बढ़ पाते।

4. गुरुपरम्परा प्रभावम्-गुरुपरम्परा विवरण समेत— यह तमिल वैष्णव संप्रदाय ग्रन्थ है जो मणि प्रवाल तमिल में पिन्पलकिय पेरुयाल जीयर (मति) नामक आचार्य द्वारा 19वीं शती में रचित ग्रन्थ है। इसका संशोधित परिमार्जित संस्करण सन् 1905 में निकाला गया। तीन श्रीवैष्णवाचार्य, उभयवेदान्त— विद्वानों के संयुक्त सम्पादकत्व में प्रकाशित किया गया। वे थे वैत्यानिधि मुटुंवै श्रीनिवास अप्पंकार स्वामी, चे. कृष्णमाचार्य वै. मु. गोपलकृष्णयाचार्य।

इस ग्रन्थ में बारह अलवारों, नौ श्रीवैष्णवाचार्यों के जीवन चरित्र कृतित्व विवरण एवं वैष्णव धर्म विवेचन प्रतिपादित हुए हैं। आचार्यों में नाथमुनि उय्यकोण्डार, मणक्कालनंबि, यामुनाचार्य, रामनुजाचार्य, एम्पार, पराशर भट्ट, नंजयिर, नंचिललै यहां लिए गये हैं। अंत में गुरुपरंपरा-विवरण प्रमुख जीवन प्रसंगों के वर्णन के रूप में प्रस्तुत किया गया है। यह आजकल अल्पज्ञात महत्वपूर्ण तत्त्वग्रंथ है।

5. गद्यत्रय व्याख्यानम्– (परम कारुणिक पेरिवाच्चान पिल्लै द्वारा विरचित शरणागति व्याख्या समेत)

श्रीरामानुजाचार्य द्वारा विरचित तीन गद्य प्रबंधों– शरणागति गद्य, श्रीरंग गद्य और श्रीवैकुण्ठ गद्य का मणि प्रवाल तमिल में लिखित श्रीवैष्णव संप्रदाय परक विशद व्याख्या। यह सन् 1912 में प्रकाशित हैं। इसका पुनर्मुद्रण अब तक नहीं हुआ। वैष्णव भक्त आम पाठकों के लिए सुगम ग्राह्य नहीं हैं यह प्रौढ़ ग्रन्थ।

6. ब्रह्म विद्या आठ भाग (पृष्ठ संख्या 2070)– श्रीरामानुजाचार्यम् के श्री भाष्यम् (ब्रह्मसूत्रों की व्याख्या) की श्रीवैष्णव सिद्धान्त परक विवेचन विश्लेषण के साथ विशद व्याख्या मणिप्रवाल तमिल में विरचित हैं। यह ग्रन्थ सन् 1989 में प्रकाशित हुआ है। इस उपादेय गन्थ का स्वागत हुआ। किन्तु अपेक्षाकृत प्रसार न हो पाया। प्रशस्त श्रीवैष्णवाचर्यों द्वारा विरचित यह ग्रन्थ सरल सुबोध न होने के कारण सामान्य पाठकों की पहुँच के बाहर हुए हैं इसलिए यह अल्पज्ञात ग्रन्थ रहा है।

7. त्रिवेणी रामायणम् (पाँच भाग); तुलसी मानस रामायणम् (पाँच भाग)– विद्वान श्रीनिवास जगन्नारायजम् ने शुद्ध तमिल में लिखकर स्वयं प्रकाशित किया सन् 1972 में। त्रिवेणी रामायण में वाल्मीकि कम्बन (तमिल) तुलीसदास की रामायणों का समान्तर प्रस्तुतीकरण किया गया। यह महत्वपूर्ण साहित्य साधना मानी जानी चाहिए। श्रीवैष्णव संप्रदाय के तत्त्वों का प्रसंगानुकूल विवेचन भी किया गया। फिर भी विष्णु भक्त तमिल पाठकवर्ग का अभिभावन कम ही मिला। ये ग्रंथ अब अप्राप्य हैं,

8. तिरूवाय्मोलि वाचकयालै यह नट्याल वार के तिरुवायमोलि– (एक हजार पद्य) की मणिप्रवाल तमिल में विरचित विशद व्याख्या है। तेहरवीं शती में कोनेरी दास्या नामक विदुषी ने इस श्रीवैष्णव व्याख्या ग्रन्थ की रचना की थी। इसे तंजाअर महानगर में स्थित सरस्वती महल ग्रन्थागार ने 1960 में प्रकाशित किया। संपादक थे पंडितवर्ण नावलपाक्कय् एस देवनाथाचार्या। (अब दिंवगत हैं।) यह ग्रन्थ अल्पज्ञात और अप्राप्य भी है।

9. अध्यात्मचिन्तामणि— संस्कृत में विरचित यह व्याख्याग्रन्थ है। ई. तेरहवीं शती में जीवित वादिकेसरी अलकिया मणवाच जीयर (यति) ने जो मणवाल मामुनि, रम्यजामातृ मुनि नामों से प्रशस्त हुए 'अध्यात्म चिन्ता' नामक श्री वैष्णव सिद्धान्त ग्रन्थ की रचना की। उन्नीसवीं शती के श्री नारायण मुनि ने उक्त 'अध्यात्म चिन्ता' की व्याख्या के रूप में इस ग्रन्थ (अध्यात्मचिन्तामणि) की रचना की। आप प्रसिद्ध श्री वैष्णव अहोबिल मठ के दूसरे मठाधीश थे। मूल तथा व्याख्या ग्रन्थों में प्रमुख वैष्णव सिद्धांत रहस्य त्रयम् का विशद विवेचन विश्लेषण किया गया है। श्रीवैष्णव तारक मंत्रों में तीन प्रमुख हैं। उन्हें 'रहस्यत्रयम्' कहते हैं। वे तीन हैं अष्टाक्षरम् द्वयम् चरय श्लोकय्। इनकी विशद व्याख्या उक्त ग्रंथों में की गयी है अष्टाक्षरम् 'ओम नमो नारायणाय' मंत्र है द्वयम्—'श्रीमन्नारायण चरणौं शरणं प्रपद्ये, श्रीमते नारायणाय नमः' मंत्र है।

चरय श्लोकम्—'सर्वधर्मान परित्यज्य मामेकं शरणं व्रज। अहं त्वा सर्वपापेभ्यो मोक्षयिष्यामि मा शुचः।।'

इन दोनों ग्रन्थों के अनुकरण में अनेक तमिल ग्रन्थ निकले हैं।

उक्त दोनों संस्कृत ग्रन्थ कई वर्षों से अल्पज्ञात रहे। तंजाउर महाराजा सरफोजी सरस्वती महल ग्रन्थागार ने सन् 2005 में 'अध्यात्म चिन्तामणि' का नया संस्करण प्रकाशित किया है।

10 यतिराजविजयम्— कांचीपुरम् निवासी श्री वात्सल्य वरदाचार्य (ई. चौदहवीं शती) का विरचित नाटक ग्रन्थ है, जो श्री रामानुजाचार्य के जीवनवृत्त और श्री वैष्णव सिद्धांतों के आधार पर है। संस्कृत में विरचित इस नाटक के तमिल और हिन्दी रूपांतर भी निकले हैं। अरसे से अल्पज्ञात इस वैष्णव साहित्य को सरस्वती महल ग्रन्थागार ने सन् 1995 में प्रकाशित किया है।

11. शेष अय्यंकार कीर्तनै— श्री शेष अय्यंकार नामक श्रीवैष्णव कवि, गीतकार ने उन्नीसवीं शती में दो सौ गेय पदी कीर्तनों की रचना की। ये भगवान श्री राम श्रीकृष्ण, श्रीरंगमधाम के श्रीरंगनाथ, नम्मालवार, तोण्डरडियोमि अडिलवार, श्रीरामनुजाचार्य श्रीरम्य जामातृयोगी आदि श्रीवैष्णवाचार्यों पर तमिल में गाये गये स्तवनकीर्तन हैं, संगीताचार्य श्री दामोदर ने 1910 में ताल-राग-बद्धरूप में प्रकाशित किया। प्रकाशक सरस्वती महल ग्रन्थागार है। यह गेय पद ग्रंथ अब अप्राप्य है।

12. विहगेन्द्र संहिता दो भाग चतुर्विंशति मूर्ति लक्षणम्-दो भाग श्री वैरवानसय् परीचि विमानार्चन कलपम्, नित्यार्चन विधि (पाँच वैरवानस आगम ग्रंथ)—

ये अल्पज्ञात विशिष्ट ग्रंथ मूल संस्कृत तमिल भावार्थ सहित सरस्वती महल

ग्रन्थागार द्वारा 1965 में प्रकाशित किये गये हैं, इन वैष्णव वैखानस आगम ग्रन्थों की उपादेयता वैष्णव भक्ति, दर्शन, सिद्धान्त के अनुसंधाताओं के लिए आवश्यक है।

13. पांचरात्र नूल् विक्रक्कम् (पांचरात्र आगम ग्रन्थों का विवरण परिचय)– चेन्नई के पांचरात्र परिशोधन परिवाद द्वारा सन् 1967 में प्रकाशित विशिष्ट संदर्थ ग्रंथ है। इस ग्रन्थ का संपादन् संकलन किया है डा. हेच. डेनियल स्मिथ (अमेरीका) के– के.ए. बैंकटाचारी (चेन्नई) ने। विष्णु मंदिरों के कार्यकलाप भूसंग्रह, कर्षण प्रसाद, प्रतिमा, दीक्षा, उत्सव, प्रायश्चित मंत्र आचार संस्कार आदि से संबंधित शास्त्र विधान 108 पांचरात्र-आगस्त्य संहिताओं में वर्णित हुए हैं। उनमें से 104 संहिताओं का संक्षिप्त परिचय (तमिल में) यहां दिया गया है। अगस्त्य संहिता अनन्ताख्या संहिता, अनिरुद्ध संहिता, ईशान संहिता, कृष्ण संहिता, कपिंजल संहिता, कपिल संहिता, आदि 104 पांचरात्र-आगम संहिताएँ यहाँ निर्दिष्ट हैं, यह विशष्टि अल्पज्ञात ग्रन्थ अब अप्राप्य है।

14. निगमान्त महादेशिक श्रीवैंकटाचार्य के लुप्तप्राय और अल्पज्ञात वैष्णवग्रंथ – उत्तर शारवीय श्री वैष्णवों के परमाचार्य के रूप में सुविख्यात थे उभय वेदान्त महाविद्वान श्री निगमान्त महादेशिकन् स्वामी, आप सन् 1268 में जन्मे और 80 वर्ष तक जीवित रहे। संस्कृत, प्राकृत और तमिल के प्रकांड पण्डित थे। उद्भट तार्किक, उत्कृष्ट कविवर थे। बहुमुखी प्रतिभाशाली वैष्णवाचार्य थे।

आपने ह्यग्रीव स्तोत्रम, यज्ञावतार स्तोत्रम आदि 28 स्तोत्र ग्रंथ, शुभाषितनीवी यादवाभ्युदयम्, पादुका सहस्रम्, हंस संदेशम् ये चार काव्यग्रंथ; एक नाटक संकल्पसूर्योदयम्; मीमांसा पादुका शतदूषणी, वादित्रय खंडनम्, द्रमिडोपनिषद सारम् आदि 14 वेदान्त ग्रंथ, चतुश्लोकी भाष्यम्, तात्पर्य चंद्रिका, सवार्थसिद्धि आदि 8 व्याख्याग्रंथ, भगवदाराधनविधि यज्ञोपवीत प्रतिष्ठा विधि ये दो अनुष्ठान ग्रंथ– संप्रदाय परिशुद्धि तत्त्वरत्नावली परमत भंगम्, परमपदसोपानम् आदि 32 दर्शन- सिद्धांत ग्रंथ संस्कृत में विरचित किये। साथ ही, अमृतरंजनी अधिकार संग्रह्म श्रीवैष्णव दिनचरि (दिनचर्या) आहार नियमम् आदि 24 प्रबंधग्रंथों को शुद्ध तमिल में लिखा।

श्री देशिकाचार्य के संस्कृत ग्रंथों का प्रसार-प्रभाव उत्तर भारत में भी फैला है। भारतेन्दु हरिश्चन्द्र ने अपने हरिश्चन्द्र मैगज़ीन में यह सूचना दी– श्रीवैष्णव ग्रंथों में परीक्षा-वैष्णवों के समाज ने निम्नलिखित पुस्तकों में तीन श्रेणियों में परीक्षा नियत की है .... जिन लोगों को परीक्षा देनी हो काशी में श्री हरिश्चन्द्र गोकुल

चंद्र को लिखें . . . . . ''

भारतेन्दु वैष्णव धर्म के भक्त सेवक थे आप संस्कृत प्रेमी थे, स्वंय वैष्णव सर्वस्यतदीय सर्वस्य, चतुश्लोको, वैष्णवता और भारतवर्ष आदि वैष्णवग्रंथो की रचना की है। आपके प्रयास से संस्कृत परीक्षा-श्रेणी प्रविष्ट, प्रवीण पारंगत के नाम से बनी थी। परीक्षा पाठयक्रम में निम्बाकीचार्य, श्री रामनुज श्री माध्व, श्री विष्णुस्वामी, निगमान्त महादेशिकार्य संस्कृत ग्रंथ नियत थे। इनमें श्री देशिकाचार्य के यतीन्द्रमत दीपिका शतदूषणी आदि ग्रंथ थे।

अब श्रीदेशिकाचार्य के खंडन परक वेदान्त ग्रन्थ लुप्त प्राय हैं तमिल प्रबंध ग्रन्थों में आठ दस-लुप्त हैं और अधिकांश रहस्य ग्रंथ अल्पज्ञात हो गये हैं इनकी परंपरा अब बढ़ती जा रही है।

2

माध्वसम्प्रदायस्य अल्पज्ञात-अज्ञाततालपत्राणां सम्पदः

बि. आर. गोपालाचार्यः

"कष्टेन लिखितं ग्रन्थं यत्नेन परिपालयेत्" इति तु सुप्रथितं भाषितम्। बहवोऽपि विषयाः अपूर्वतमाः ग्रन्थरूपेण संरक्षिताः सन्ति प्राचीनैः विद्वद्भिः। तदेव खलु 'हस्तप्रति' इति वा आङ्ग्लभाषायां Manuscript इति वा समुदीर्यते। तेषाञ्च हस्तप्रतीनां संरक्षणम् आद्यकर्तव्यं भवति आधुनिकानाम् अस्माकम्। तद्वारैव प्राचीनानां ग्रन्थानां विषयाणां च संरक्षणं संवर्धनं च कर्तुं शक्यते। ग्रन्थसम्पादनविषये मध्वाचार्याणां इयञ्च उक्तिः अतीव प्राधान्यं भजते।

"क्वचिद्ग्रन्थान् प्रक्षिपन्ति क्वचिदन्तरितानपि। कुर्युः क्वचिच्च व्यत्यासं प्रमादात् क्वचिदन्यथा। . . . ग्रन्थसम्पादनविषये अनन्यतमा विवृतिरेषा। ग्रन्थशोधनस्य द्विविधं मुखम् पाठशुद्धिः, अर्थशुद्धिश्चेति। पाठशुद्धिं विना अर्थशुद्धिर्न घटते। इत्यतो शुद्धपाठस्य सङ्ग्रहणं संशोधकस्य प्राथमिकः श्रमः।

पाठशुद्धिस्तु प्रक्षेप-अपक्षेप-व्यत्यास-प्रमादभेदेन चतुर्धा विभज्यते।

केचित्तु स्वकल्पितविषयमेव ग्रन्थेषु प्रतिपादयितुं पुराणादिषु प्रक्षिपन्ति। अन्ये केचन स्वापथ्यभूतान् विषयान् ग्रन्थात् अपक्षिपन्ति च। तथैव बहवः विषयाः व्यत्यस्तात् भवन्ति। तथैव लिपिकारस्य अज्ञानेनापि प्रमादवशात् ग्रन्थव्यत्यासो भवति। ईदृशान् दोषान् संशोध्य शुद्धपाठस्य सङ्ग्रहणम् अहो अतीव क्लेशाय भवति।

एतादृश्यानां समस्यानां परिहाराय प्राचीनाः हस्तप्रतयः एव तिमिरनिरन्तरे कान्तारे खद्योतिका इव उपकरिष्यन्ति। वस्तुतस्तु बहवः ग्रन्था इदानीमेव प्रकटितप्राया एव। तथापि इतोऽप्यधिकाः ग्रन्थाः प्रकटनं निरीक्ष्यमाणा एव सन्ति इत्यपि गमनार्होऽयं विषयः।

दक्षिणप्रदेशेषु, तत्रापि समुद्रतीरे, कर्णाटकस्य उडुपि क्षेत्रे वैष्णवग्रन्थाः बहवः उपलभ्यमानाः संरक्षिताश्च सन्ति इति तु महान् हर्षजनको विषयः। विशेषतः श्रीमन्मध्वाचार्यैः प्रणीताः सर्वमूल इति ख्याताः ये ग्रन्थाः ते सर्वे आचार्याणां साक्षात् शिष्यैः हृषीकेशतीर्थप्रभृतिभिः लिखितास्सन्ति। प्रायशः ते सर्वेऽपि इदनीम् उपलभ्यन्ते। मुद्रिताश्च अनेके। तथापि बहवः अप्रकटिताश्च उपलभ्यन्ते ताळपत्ररूपेण। तेषु केचनग्रन्था एव अत्र उदाह्रियन्ते।

1. अनुव्याख्यानसम्बन्धदीपिका

लिकुचवंशप्रदीपेन शङ्करपण्डिताचार्येण लिखितेषु ग्रन्थेषु अन्यतमोऽयं ग्रन्थः। मध्वगुरुणाम् अनुव्याख्यानग्रन्थस्य विवरणरूपेण ग्रथितोऽयं ग्रन्थः मैसूरुप्रान्तस्य प्राच्यविद्यासंशोधनालये तालपत्ररूपेण उपलभ्यते। किन्तु इदनीमपि अप्रकिटितोऽयं इति तु दुःखावहो विषयः।

2. श्रीमदनुव्याख्यानन्यायविवरणसम्बन्धदीपिका

अयमपि शङ्करपण्डिताचार्येण रचितो ग्रन्थः। श्रीमध्वाचार्यैः यौ च द्वौ सूत्र-सम्बन्धितौ ग्रन्थौ लिखितौ स्तः तयोर्विषये विवरणरूपेण लिखितोऽस्ति अयं ग्रन्थः। अयमपि मैसूरुनगरस्य प्राच्यविद्यासंशोधनालये अप्रकटितरूपेण तालपत्रे सन्दृश्यते।

3. तन्त्रसारसङ्ग्रहस्य गूढकर्तृकव्याख्यानम्

मध्वाचार्येण यद्रचितः तन्त्रसाराख्यः ग्रन्थः तस्य एकं गूढकर्तृकं व्याख्यानम् अद्यापि अप्रकटितं उडुपिक्षेत्रस्य वादिराजसंशोधनप्रतिष्ठाने तालपत्ररूपेण संगृहीतं वर्तते।

4. भागवततात्पर्यनिर्णयप्रकाशः

श्रीनिवासाख्येन आचार्येण रचितमिदं भागवततात्पर्यनिर्णयस्य व्याख्यानं मैसूरुनगरस्य प्राच्यविद्यासंशोधनालये तालपत्ररूपेण वर्तते। केचनभागाः प्रकटिताः अपि बहवः भागाः अप्रकटिताः एव सन्ति।

5. संन्यासविधिः

विष्णुतीर्थयतिकृतः संन्यासपद्धतिः इत्याख्यो ग्रन्थः विद्वत्समाजे प्रसिद्धः। किन्तु वादिराजसंशोधनप्रतिष्ठाने प्राप्ते तालपत्रे अस्यैव ग्रन्थस्य 'संन्यासविधिः' इति नामान्तरं वर्तते। तथैव बहवः अधिकतमाः विषया अपि दरीदृश्यन्ते।

6. संन्यासपद्धतिव्याख्या

विष्णुतीर्थकृतसंन्यासपद्धतेः व्याख्या सुरोत्तमतीर्थीया अपि अधिकविषयोपेता अमुद्रितरूपेण उपलब्धा वादिराजसंशोधनप्रतिष्ठाने।

7. सुधाव्याख्यानम्

श्रीनिधितीर्थयस्य सुधाव्याख्यानस्य केचनभागाः अन्यग्रन्थेषु उदाहृता अपि पूर्णतया न प्रकटितम्। तादृशं च अपूर्वं व्याख्यानं वादिराजसंशोधनप्रतिष्ठाने वर्तते।

8. द्वादशस्तोत्रस्य श्रीविश्वपतितीर्थीया टीका

आचार्यमध्वैः प्रणीतानि द्वादशसंख्याकानि स्तोत्राणि एव द्वादशस्तोत्रम् इति पदेन प्रथितानि। तेषां च विवरणं कृतं विश्वपतितीर्थश्रीपादैः। एषा च टीका व्यासमध्वप्रतिष्ठानेन प्रकटिता एव। किन्तु तत्रापि उत्सन्नाः बहवः विषयाः वादिराजसंशोधनप्रतिष्ठाने प्राप्ते तालपत्रे उपलब्धा इति तु अस्माकं सौभाग्यम्।

9. पदार्थसंग्रहः

पद्मनाभसूरिभिः प्रणीता कृतिरियमिति प्रसिद्धा। किन्तु विजयीन्द्रतीर्थ-श्रीपादैः कृता इत्यपि बहूनां विदुषाम् आशयः। अयमपि ग्रन्थः वस्तुतस्तु प्रकटित एव। किन्तु वादिराजसंशोधनप्रतिष्ठाने या च हस्तप्रतिः संगृहीता तत्र तु विजयीन्द्रतीर्थैः कृतोऽयं ग्रन्थः इति स्पष्टतया लिखितमस्ति।तथैव विंशतिप्रतिशतम् अधिकविषया अपि दरीदृश्यन्ते।

इत्येवं बहवः ग्रन्थाः अमुद्रिताः मुद्रिताः अपि अपूर्णाः सन्ति। महाभारत-लक्षालङ्कारः, महाभारतम्, भागवतम् इत्यादिमुद्रितेषु ग्रन्थेष्वपि अपूर्वाः अधिकतमाः विषयाः वादिराजसंशोधनप्रतिष्ठानेन संगृहीतेषु तालपत्रेषु दरीदृश्यन्ते इति तु हर्षावहो विषयः।

तौळवप्रदेशेति प्रख्यातेऽस्मिन् उडुपिक्षेत्रे इतोऽप्यधिकाः अप्रकटिताः अमूल्याः ग्रन्थाः अनेकेषु मठादिसंस्थानेषु, मन्दिरेषु गृहेष्वपि दरीदृश्यन्ते। किन्तु तेषां महत्त्वज्ञानाभावात् प्रमादेन वा ते प्रायस्सर्वे जीर्णावस्थां प्राप्नुवन्तस्सन्ति। तेषां च संरक्षणद्वारा संस्कृतेरपि संरक्षणम् अस्माकं समेषां कर्तव्यम्।

3

वल्लभ सम्प्रदाय की कुछ अल्पज्ञात पाण्डुलिपियाँ

लक्ष्मीनारायण तिवारी

ब्रज मण्डल राधा-कृष्ण की पवित्र लीला भूमि है, जिसे सोलहवीं शताब्दी में देश भर से आये भक्तों और आचार्यों ने अपनी साधना स्थली बनाया। आचार्यों की अपनी-अपनी उपासना, परम्पराएँ यहाँ विभिन्न वैष्णव सम्प्रदायों के रूप में पुष्पित एवं पल्लवित हुईं। इस से ब्रज वैष्णव भक्ति का प्रसिद्ध केन्द्र बनकर उभरा और अगले लगभग चार सौ वर्षों तक यहाँ साहित्य सृजन की प्रक्रिया निरन्तर चलती रही। जिस के अन्तर्गत विपुल वैष्णव भक्ति साहित्य रचा गया, जो आज हमारे सामने हज़ारों पाण्डुलिपियों के रूप में है। यह पाण्डुलिपियाँ सम्पूर्ण ब्रजमण्डल के देवालयों, मठों एवं व्यक्तिगत संग्रहों में बिखरी पड़ी हैं और दिन-प्रतिदिन धीमे-धीमे नष्ट हो रही हैं। वृन्दावन स्थित ब्रज संस्कृति शोध संस्थान नष्ट होती इस साहित्यिक धरोहर का संग्रह कर इसे सुरक्षित रखने का भागीरथी प्रयास कर रहा है। संस्थान ब्रज क्षेत्र के इतिहास, पुरातत्त्व, साहित्य, कला एवं लोक संस्कृति की शोध अकादमी के रूप में कार्य कर रहा है। अब तक संस्थान के ग्रंथागार में संस्कृत, बंगला, फारसी, उर्दू, मराठी, गुजराती, उड़िया, हिन्दी व दक्षिण भारतीय भाषाओं के लगभग दो हज़ार से अधिक प्राचीन हस्तलिखित ग्रंथ संग्रहीत किये गये हैं जो भक्ति, दर्शन, स्तोत्र, पूजा-पद्धति, कर्मकाण्ड, ज्योतिष, तंत्र, वेद, पुराण, इतिहास, आयुर्वेद, काव्य, नाटक, वार्ता, गणित, व्याकरण आदि विषयों के हैं। संस्थान में शाही दस्तावेज़ों, पुराने पत्रों, बहियों, मन्दिर अभिलेखों, नक्शों, चित्रों, ताम्रपत्र अभिलेखों के साथ-साथ ताड़पत्रों पर लिखित दुर्लभ पाण्डुलिपियों का भी संग्रह है। इसके अलावा संस्थान में छठी शताब्दी ईसा पूर्व से लेकर

आधुनिक काल तक के भारतीय सिक्कों का एक विशाल संग्रह है।

संस्थान के ग्रंथागार में विभिन्न वैष्णव सम्प्रदायों के अनेक दुर्लभ ग्रंथ संग्रहीत हैं जिनमें से वल्लभ सम्प्रदाय के कुछ अप्रकाशित एवं अल्पज्ञात ग्रंथों का विवरण प्रस्तुत करने का प्रयास इस आलेख में किया गया है।

वल्लभ सम्प्रदाय के प्रवर्तक आचार्य वल्लभ हैं। इस सम्प्रदाय का एक अन्य नाम 'पुष्टिमार्ग' भी है। भागवत पुराण के अनुसार भगवान का अनुग्रह ही पोषण या पुष्टि है। आचार्य वल्लभ ने इसी भाव के आधार पर पुष्टिमार्ग की स्थापना की। सम्प्रदाय का दार्शनिक सिद्धान्त 'शुद्धाद्वैत' कहलाता है और उपासना के केन्द्र में श्रीकृष्ण का परब्रह्म स्वरूप है। सम्प्रदाय की परम्परा के अनुसार गुरु का पद आचार्य वल्लभ के बाद उनके पुत्र गोस्वामी विट्ठलनाथजी को प्राप्त हुआ।

गोस्वामी विट्ठलनाथजी के सात पुत्रों ने वल्लभ सम्प्रदाय की सात अलग-अलग पीठें स्थापित कीं जिन पर आज भी आचार्य वल्लभ के वंशज गोस्वामी गुरु के रूप में प्रतिष्ठित होते हैं। इस लिए इस सम्प्रदाय की प्रसिद्धि 'वल्लभ कुल' के नाम से भी है। यह सम्प्रदाय मुख्यतः ब्रज में ही विकसित हुआ। सम्प्रदाय के प्रधान सेव्य विग्रह (प्रतिमा) श्री गोवर्धननाथजी की प्रतिष्ठापना 16वीं शताब्दी में गिर्राज पर्वत पर मन्दिर बनाकर की गयी। गोवर्धननाथजी का विग्रह वर्तमान में राजस्थान के 'नाथद्वारा' नगर में स्थापित है। जिसे मुगल बादशाह औरंगजेब की धर्मांध नीति के कारण ब्रज से मेवाड़ में ले जाकर स्थापित करना पड़ा। अब इस विग्रह की प्रसिद्धि 'श्रीनाथजी' के नाम से है। ब्रज में वल्लभ सम्प्रदाय के मन्दिर और हवेलियाँ मथुरा, गोकुल तथा गोवर्धन में हैं। राजस्थान में कामवन (कामाँ), नाथद्वारा और कांकरोली में इस सम्प्रदाय के प्रधान पीठ स्थापित हैं। हम वल्लभ सम्प्रदाय की जिन पाण्डुलिपियों का विवरण यहाँ प्रस्तुत कर रहे हैं वह अधिकांश इन्हीं स्थानों पर 18वीं शताब्दी में प्रतिलिपित हुईं हैं और ब्रज संस्कृति शोध संस्थान को सर्वेक्षण में इन्हीं स्थानों से प्राप्त हुई हैं। वल्लभ सम्प्रदाय का साहित्य संस्कृत और ब्रजभाषा (हिन्दी) व गुजराती में रचा गया है। हमने इस सम्प्रदाय की कुछ ब्रजभाषा पाण्डुलिपियों पर ध्यान केन्द्रित किया है, जो गद्य एवं पद्य दोनों में रची गई हैं जिनके रचनाकार इस सम्प्रदाय के आचार्य, गोस्वामी एवं भक्त कवि हैं।

(1) कृष्णदास के पद

ग्रंथ देशी कागज के पत्रों पर काली और लाल स्याही से लिखा गया है। ग्रंथ में कुल 150 पत्र उपलब्ध हैं। ग्रंथ के आरम्भिक 118 पत्रों में अष्टछाप के प्रसिद्ध भक्तकवि कृष्णदास के 777 पदों का संग्रह है। यह पद विभिन्न रागों एवं तालों में निब) हैं। ग्रंथ का प्रथम पत्र नष्ट हो गया है जिससे प्रारम्भ के दो पद उपलब्ध नहीं हैं और तीसरा पद आधा ही प्राप्त होता है। अब ग्रंथ में कृष्णदास के कुल 774 पद सुरक्षित हैं। ग्रंथ में 118 से 121 तक के पत्रों को प्रतिलिपिकार ने खाली छोड़ा था जिन पर बाद में किसी अन्य व्यक्ति ने छीत स्वामी, सूरदास एवं परमानन्ददास आदि के कुछ फुटकर पद लिख दिये हैं। पत्र 121 से 149 तक गोविन्द स्वामी के 210 पद लिखे हैं। ग्रंथ के अन्त में कुछ पत्र संभवतः नष्ट हो गये हैं। जिस से गोविन्द स्वामी के पदों का संग्रह अपूर्ण रह गया है। पत्र संख्या 118 पर ग्रंथ की पुष्पिका दी गयी है जिस से ज्ञात होता है कि यह ग्रंथ वि. संवत् 1828 (सन् 1771 ई.) में लिखा गया है। ग्रंथ का प्रतिलिपिकार ब्रजमोहनदास नामक कोई व्यक्ति है जिसने नाथद्वारे में अपने पढ़ने हेतु इस ग्रंथ की प्रतिलिपि गोस्वामी गोविन्दजी महाराज की प्रति को देखकर तैयार की थी। ग्रंथ की पुष्पिका इस प्रकार है—

'।। इति श्री कृष्णदास जी कृत कीर्त्तन लिखे।। गुसाँई श्री महाराजाधिराज श्रीगोविंदजी महाराज की पोथी सों लिखे।। श्रीजी द्वार में।। वेणीदास वाले घर में।। ब्रजमोहनदासेन।। स्वपठनार्थ।। संबत् 1828 मिति आश्विन शुद्ध 1 बुद्धवारे।। श्री कृष्णाय नमः।।'

ग्रंथ की यह प्रति कृष्णदास के पदों की अब तक ज्ञात प्रतियों में सब से प्राचीन है। क्योंकि नाथद्वारा के निज पुस्तकालय और कांकरोली के विद्या विभाग में उपलब्ध कृष्णदास के पदों की पुरानी पाण्डुलिपियों में प्रतिलिपि काल का उल्लेख नहीं है।[1] कृष्णदास के पदों की अन्य उपलब्ध पाण्डुलिपियाँ वि. संवत् 1828 (सन् 1771 ई.) के बाद की हैं। 'कृष्णदास के पद' नामक एक पाण्डुलिपि अमेरिका के हारवर्ड विश्वविद्यालय के पुस्तकालय में ग्रंथांक 1955 पर संग्रहीत है जिस का प्रतिलिपि काल वि. संवत् 1829 है।[2] परन्तु यह अभी तक शोध का विषय है कि इस के रचनाकार अष्टछाप के कृष्णदास हैं या कोई अन्य कृष्णदास?

ब्रज संस्कृति शोध संस्थान, वृन्दावन में संग्रहीत कृष्णदास के पदों की यह पाण्डुलिपि और अधिक प्रमाणित एवं महत्त्वपूर्ण इस लिए हो जाती है, क्योंकि इसे गोस्वामी गोविन्दजी महाराज की पोथी में से देखकर तैयार किया गया है। गोस्वामी गोविन्दजी नाथद्वारा के तत्कालीन तिलकायत थे। जिनका जन्म वि. संवत् 1785 (सन् 1728 ई.) में हुआ था।[3]

(2) देवोत्थान और रास के पद

ग्रंथ के देशी कागज के 105 पत्रों पर काली और लाल स्याही से लिखा गया है। यह देवोत्थान एकादशी और रास विषयक पदों का संग्रह है जिस में अष्टछाप के भक्तकवि सूरदास, परमानन्ददास, चतुर्भुजदास, कृष्णदास आदि तथा अन्य भक्तकवियों में सूरदास मदनमोहन आदि के पद संग्रहीत हैं। ग्रंथ में देवोत्थान एकादशी के 11 पद, रात्रि जागरण के अवसर पर मंगलाचरण के 4 पद, रासलीला के 73 पद, कुल 88 पद संग्रहीत हैं जो विभिन्न रागों एवं तालों में बद्ध हैं। इनके बाद कुछ फुटकर पद, यंत्र, हिसाब आदि लिखे हैं। इस ग्रंथ को वल्लभ सम्प्रदाय के मन्दिरों में उत्सवों के अवसर पर देव विग्रह के समक्ष होने वाले विशेष कीर्तन (गायन) के लिए तैयार किया गया होगा और ग्रंथ को देखकर लगता है कि इस कार्य में इसका उपयोग लम्बे समय तक हुआ है।

ग्रंथ का प्रतिलिपि काल वि. संवत् 1838 (सन् 1781 ई.) है जिसे गोकुल में किन्हीं रणजीत कीर्तनीयाँ के पुत्र देवकरण ने तैयार किया था। पुष्पिका इस प्रकार है–

"।। संवत् 1838 के मिती भाद्र शुकल 5 पोथी श्री गोकुल में कीर्त्तनीया रणजीत सुत देवकरण के हाथ की लिखी जे बाचै ताकों श्रीकृष्णः।"

यह ग्रंथ प्राचीनता एवं पाठ शोधन की दृष्टि से महत्त्वपूर्ण है।

(3) स्वरूप ऐश्वर्य

ग्रंथ देशी कागज के पत्रों पर काली एवं लाल स्याही से लिखा गया है जिस का आकार 12 × 21 से. मी. है। प्रारम्भ के 4 पत्र नष्ट हो गये हैं। ग्रंथ 25 पत्रों में पूर्ण हुआ है अब केवल 21 पत्र शेष बचे हैं। ग्रंथ में वल्लभ सम्प्रदाय के दार्शनिक आधार पर श्रीकृष्ण की विविध लीलाओं एवं स्वरूपों का वर्णन ब्रजभाषा गद्य में प्रस्तुत किया गया है। ग्रंथ के रचनाकार के सम्बन्ध में कोई जानकारी प्राप्त नहीं होती

है। ग्रंथ का प्रतिलिपिकाल वि. संवत् 1851 (सन् 1749 ई.) है।

(4) पुष्टि दृढ़ाव

ग्रंथ देशी कागज के 19 पत्रों में पूर्ण हुआ है। लेखन में काली एवं लाल स्याही प्रयुक्त हुई है। इस का आकार 12 × 21 से. मी. है। ग्रंथ का विषय भक्तों में पुष्टि सम्प्रदाय के प्रति आस्था एवं विश्वास को दृढ़ करना है। ब्रजभाषा गद्य में लिखे इस ग्रंथ की शैली उपदेशात्मक है। जिस में अनेक दृष्टान्तों का प्रयोग किया गया है। ग्रंथ का प्रारम्भ इस प्रकार है–

"।। श्री गोपीजन वल्लभाय नमः।। अथ पुष्टि दृढ़ाब कि बात लिखित है। जाको पुष्टि अंगीकार होयगी सो जानेंगो। जीव को उद्यम करनो। उत्तम भगवदी कि संगती मिलनो अरु वाके करे को विस्वास राखनों जब विश्वास उपजे तब जानिये जो श्रीजी ने कृपा करि। अपनो कियो उत्तम भगवदी कि संगति तें श्रीजी प्रसन्न होई अपनों आनंद देंहि। तब स्वरूप नेष्ठा उपजे तब जानिये जो प्रभुजी ने अपनो आनंद दियो। वैष्णव तो तासों कहिये जाकों स्वरूप के ऊपर अनन्यता उपजे।" ग्रंथ का अन्त इस प्रकार है–

"··· भगवदीय सों भगवद स्वरूप हे। भगवदीय सो श्रीजी को मन पात्र है। अब फेरि पात्र को गुण लेनो। तहां दृष्टांत जे सें सोने को पात्र है अरु विष भरयो हे सो उत्तम जांनि के लिजिये तो विनाश होइ। अरु माटी को पात्र होइ सो तामें उत्तम सामग्री भरी होई सो लिजिये तो परम सुख होई तातें भीतर को गुण देखि के संग करनो।। इति पुष्टि दृढ़ाव संपूर्ण।।"

ग्रंथ का प्रतिलिपिकाल वि. संवत् 1851 (सन् 1794 ई.) है। ग्रंथ में रचनाकार के नाम का उल्लेख नहीं है। इस ग्रंथ की एक प्रति महाराजा मानसिंह पुस्तक प्रकाश शोध केन्द्र, जोधपुर (राजस्थान) में संग्रहीत है जिसका प्रतिलिपि काल वि. संवत् 1833 (सन् 1776 ई.) है।[4]

ग्रंथ की दो अन्य प्रतियाँ, जो गोकुलनाथजी के मन्दिर, गोकुल एवं सरस्वती भंडार, विद्या विभाग कांकरोली (राजस्थान) में संग्रहीत हैं, में हरिरायजी का नाम रचनाकार के रूप में दिया गया है।[5] हरिरायजी वल्लभ सम्प्रदाय के प्रसिद्ध

रचनाकार हैं, जो वि. संवत् 1750 (सन् 1693 ई.) के लगभग विद्यमान थे। गोकुलनाथजी के मन्दिर, गोकुल में संग्रहीत प्रति का प्रतिलिपिकाल वि. संवत् 1916 (सन् 1819 ई.) है।

(5) मधुराष्टक की टीका

ग्रंथ देशी कागज के 106 पत्रों में पूर्ण हुआ है जिसे लिखने में काली और लाल स्याही का प्रयोग हुआ है। ग्रंथ का आकार 12 × 21 से. मी. है। ग्रंथ में वल्लभाचार्य की प्रसिद्ध संस्कृत रचना मधुराष्टक की विस्तृत टीका ब्रजभाषा गद्य में प्रस्तुत की गई है। इसके टीकाकार 'गुसांईजी' हैं। संभवतः गोस्वामी विट्ठलनाथजी के लिए 'गुसांईजी' शब्द प्रयुक्त हुआ है। ग्रंथ का प्रारम्भ इस प्रकार होता है—"**।। श्री कृष्णाय नमः।। अथ श्री मधुराष्टक की टीका श्री गुसांई जी कृत सों लिक्षते।। श्री।। अब श्री गुसांईजी प्रथम श्रीआचार्यजी महाप्रभु के चरण कमल कों नमस्कार करत हैं। सों श्रीआचार्यजी महाप्रभु आप कैसे हैं। जिन के हृदय में श्रीपूर्ण पुरुषोत्तम की लीलास्थित होय रही हैं। आरु आप श्रीपूर्ण पुरुषोत्तम के मुखारविंद रूप ही हैं। ताते प्रथम जो कार्य करनों होइ। तामें श्रीआचार्यजी सों विज्ञास करिकें। श्रीआचार्यजी के चरण कमल कें आश्रय होई। ता कों सकल वस्तु की सिद्धि होई। ताते श्रीगुसाईजी के मन में यह मनोरथ भयो जो मधुराष्टक ग्रंथ हें। परम माधुर्य रस हें जामें ता की टीका करिवे को अपने मन में विचार किये सों। . . .**"

इस ग्रंथ की एक अन्य प्रति सरस्वती भंडार, विद्या विभाग, कांकरोली में संग्रहीत है जिस में रचनाकार के रूप में हरिरायजी के नाम का उल्लेख मिलता है।[6] लेकिन वास्तव में हरिरायजी इस ग्रंथ के रचनाकार न होकर सम्पादक हैं। उन्होंने विट्ठलनाथजी कृत मधुराष्टक की टीका को सम्पादित कर वर्तमान रूप में प्रस्तुत किया है। जिस का स्पष्ट संकेत ग्रंथ के अन्तिम अंश में मिलता है—

"**. . . जों या प्रकार सों या ग्रंथ कों गोप्प राखनों और श्रीगुसांईजी तों या टीका में बहुत विस्तार करिकें लिखे हैं। सों में अपने बुद्धि अनुसार मन के प्रबो अर्थ। ताही ते कछुक भाव हें। सों श्रीगुसांईजी आप के चरण कमल के आश्रित होई के कहे हैं। तातें या प्रकार या ग्रंथ को पाठ करत रहनों। ओर श्री मधुराष्टक ग्रंथ गोप्प राखे हैं।**"

इस ग्रंथ का प्रतिलिपि काल वि. संवत् 1851 (सन् 1794 ई.) है। पुष्पिका से ज्ञात होता है कि इसे हरिदास नामक किन्हीं विरक्त साधु के पठनार्थ गोकुल में तैयार किया गया था। अन्तिम पुष्पिका इस प्रकार है—

"इति श्री वल्लभाचार्यजी विरंचित श्री मधुराष्टक ता की टीका श्रीगुसांईजी कृत भाषा में लिखे हे सूक्ष्म सों संपूर्ण।। श्री ला जो सीषीमजी हीराणी। पठनार्थ वीरकत हरिदास श्री गोकुल वडि संवत् 1851 ना माघ मासे शुक्ल पक्षे तिथि 9।। गुरुवाशरे।।"

(6) समर्पण गद्यार्थ

ग्रंथ देशी कागज के 6 पत्रों में पूर्ण हुआ है। ग्रंथ का आकार 12 × 21 सें. मी. है जिसे लिखने के लिए काली और लाल स्याही का प्रयोग किया गया है। ग्रंथ में पुष्टि मार्गीय दीक्षा पद्धति के दर्शन को ब्रजभाषा गद्य में प्रस्तुत किया गया है। ग्रंथ के रचनाकार गोस्वामी विट्ठलनाथजी हैं जैसा कि ग्रंथ की पुष्पिका से ज्ञात होता है— **"।। इति श्री विट्ठलेश विरचितं समर्पण गद्यार्थ संपूर्णम्।।"** इस ग्रंथ पर गोस्वामी गिरिधरजी ने टीका की है जिसकी 'समर्पणलोक गद्यार्थ की टीका' नामक पाण्डुलिपि सरस्वती भंडार, विद्या विभाग, कांकरोली में संग्रहीत है।[7] गोस्वामी गिरिधरजी वल्लभ सम्प्रदाय की तृतीय पीठ कांकरोली के संस्थापक गोस्वामी बालकृष्णजी के पौत्र और गोस्वामी द्वारकेशजी के पुत्र थे जो वि. संवत् 1718 (सन् 1661 ई.) तक विद्यमान थे।[8] किन्तु यह शोध का विषय है कि ब्रज संस्कृति शोध संस्थान, वृन्दावन में संग्रहीत यह ग्रंथ गिरधरजी कृत टीका है या गोस्वामी विट्ठलनाथजी कृत मूल है।

(7) द्विदलात्मक स्वरूप विचार

ग्रंथ का आकार 12 × 21 से.मी. है। ग्रंथ देशी कागज के 7 पत्रों में पूर्ण हुआ है जिसे लिखने के लिए काली व लाल स्याही प्रयुक्त हुई है। ग्रंथ में वल्लभ सम्प्रदाय की मान्यता के अनुसार श्रीकृष्ण, स्वामिनीजी (राधा) एवं तुलसी के स्वरूप का विवरण ब्रजभाषा गद्य में प्रस्तुत किया गया है। ग्रंथ के रचनाकार हरिरायजी हैं। जैसा कि ग्रंथ की पुष्पिका से ज्ञात होता है— **"।। इति श्रीहरिरायजी विरचितं द्विदलात्मक रूप विवरणं संपूर्ण।।"** ग्रंथ का

प्रतिलिपि काल वि. संवत् 1847 (सन् 1790 ई.) है।

(8) जप प्रकार

ग्रंथ का आकार 12 × 21 से.मी. है। ग्रंथ देशी कागज के 2 पत्रों में पूर्ण हुआ है। ग्रंथ में भक्तों के द्वारा भगवान श्रीकृष्ण का दैनिक जप एवं ध्यान किस प्रकार किया जाना चाहिए, इस विधि को ब्रजभाषा गद्य में प्रस्तुत किया गया है। ग्रंथ के रचनाकार हरिरायजी हैं। ग्रंथ की पुष्पिका इस प्रकार है— **"।। इति श्री हरिराय जी कृत जप प्रकार संपूर्ण।।"** ग्रंथ का प्रतिलिपि काल वि. संवत् 1847 (सन् 1790 ई.) है।

(9) मार्ग स्वरूप सिद्धान्त

ग्रंथ का आकार 12 × 21 से.मी. है। ग्रंथ देशी कागज के 17 पत्रों में पूर्ण हुआ है जिसे लिखने के लिए काली एवं लाल स्याही प्रयुक्त हुई है। ग्रंथ में आचार्य वल्लभ के उपदेश को ब्रजभाषा गद्य में प्रस्तुत किया गया है जिसमें वैष्णव भक्तों की दिनचर्या कैसी होनी चाहिए, का विवरण दिया गया है। ग्रंथ में रचनाकार के रूप में वल्लभाचार्यजी के नाम का उल्लेख है, किन्तु यह वल्लभाचार्यजी की रचना नहीं है। सम्प्रदाय के किसी अन्य विद्वान ने वल्लभाचार्यजी के उपेदश को बाद में संकलित किया है। संभवतः इस ग्रंथ के संपादक एवं रचनाकार हरिरायजी हैं। ग्रंथ का प्रारम्भ इस प्रकार है- **"।। श्री गोपीजन वल्लभाय नमः।। श्री आचार्य जी सों कूंभनदास चतुर्भुजदास। आदि दे के ओरहू सब वैष्णव पुछे जो। अहो श्री महाप्रभु जी। हम तो कछू समझत नहीं। तब श्री आचार्य जी कृपा करि के कहे जो। तुम तो कछु पुछो सोंई में कहु। तब सब वैष्णव की आज्ञा लें कें कुंभनदासजी। श्री महाप्रभु जी सों पुछे। जो महाराज हम सो धर्म के स्वरूप को सिद्धांत कहो। जासो के श्री ठाकुर जी को निर्विघ्नता सुं सेइये। देशकाल कहो अलौकिक व्यवहार कहो। तब श्री आचार्य जी कृपाकरि के कहो जो। तुमने भलि पूछि। परी आगें तो काल कठिन हे। तातें तुम जों पूछोगे सोई तुम करोगे। आगे तो कोई करेगो नहीं। और पूछे हूगो नहीं जा कों श्री गिरधर लाल जी की कृपा होईगी सोई पुछेगो और सोई करेगों . . ."**
ग्रंथ की अन्तिम पुष्पिका इस प्रकार है—

"।। इति श्री वल्लभाचार्यजी ने कुंभनदास आदि वैष्णवन प्रति मार्ग स्वरूप सिद्धांत संपूर्णम्।।" इस ग्रंथ का प्रतिलिपि काल वि. संवत् 1847 (सन् 1790 ई.) है।

(10) स्नेह लीला

ग्रंथ का आकार 12 × 21 से.मी. है। ग्रंथ देशी कागज के 11 पत्रों में पूर्ण हुआ है जिसे लिखने के लिए काली एवं लाल स्याही का प्रयोग हुआ है। ग्रंथ का विषय गोपी उद्धव संवाद है, जो ब्रजभाषा के 128 छंदों में रचित है। ग्रंथ के रचनाकार हरिरायजी हैं, किन्तु ग्रंथ में 'रसिकराय' नामक छाप मिलती है। हरिरायजी का उपनाम रसिकराय है। इस नाम से उन्होंने काव्य रचना की है। ग्रंथ का प्रारम्भ इस प्रकार है—

।। श्री गोपीजन वल्लभाय नमः।। अथ स्नेह लीला लिख्यते।।
एक समें ब्रज बासिकी सुरति भई हरिराय।
निज जन अपनों जांनि कें उद्धव लिये बुलाय।।1।।
श्री कृष्ण वचन एसें कहें उद्धव तुम सुनि लोहु।
नंद जसोदा आदि दे जाय ब्रज में सुख देहु।।2।।
ब्रज बासि वल्लभ सदा मेरे जीवन प्रांन।
तातें नीमख ना बीसरों मोहि नंदराय की आनि।।3।।

ग्रंथ का अंत इस प्रकार है—

यह लीला ब्रजवासि की गोपी कृष्ण सनेह।
जें मोहन गुन गाव ही ते पावे नर देह।।127।।
जें गावे सिखे सुने मन बच करम सहेत।
श्री रसिकराय बरनन कीयो मन वांछित फल देत।।128।।

इस ग्रंथ का प्रतिलिपि काल वि. संवत् 1847 (सन् 1790 ई.) है। ग्रंथ पुष्पिका इस प्रकार है— **"इति श्री हरिरायजी कृत स्नेह लीला ब्रज भक्त उद्धव संवाद संपूर्णम्।। सं. 1847 ना वर्षे शाके 1713 प्रवर्थ मान्यै वैशाष मासे शुक्ल पक्षे तिथौ पूर्णमासी बुधवासरे।। कारवांन मध्ये लषी छे।।"**

इस ग्रंथ की कई पाण्डुलिपियाँ देश के विभिन्न ग्रंथागारों में संग्रहीत हैं। इस ग्रंथ की एक अन्य प्रति भी ब्रज संस्कृति शोध संस्थान, वृन्दावन में संग्रहीत है। जिसका प्रतिलिपि काल वि. संवत् 1875 (सन् 1818 ई.) है।

(11) पद्मनाभदास के पद

ग्रंथ देशी कागज के 22 पत्रों में पूर्ण हुआ है जिसे लिखने में काली और लाल स्याही का प्रयोग हुआ है। ग्रंथ का आकार 17 × 19 से.मी. है। ग्रंथ में पद्मनाभदास के 40 ब्रजभाषा पदों का संग्रह है। पद्मनाभदास वल्लभ सम्प्रदाय के भक्तकवि थे जिन्होंने आचार्य वल्लभ से दीक्षा ली थी। इन के जीवन का विवरण 'चौरासी वैष्णवन की वार्ता' में प्राप्त होता है। वल्लभ सम्प्रदाय के कीर्तनों एवं वर्षोत्सवों की पोथियों में इन के दो-चार फुटकर पद प्राप्त होते हैं, लेकिन इस ग्रंथ में इन के 40 पद एक ही स्थान पर संग्रहीत हैं जिनका मुख्य विषय आचार्य वल्लभ की स्तुति एवं कृष्ण भक्ति है। ग्रंथ का प्रारम्भ इस प्रकार होता है—

।। श्री कृष्णाय नमः श्री गोपीजनवल्लभाय नमः।।
।। अथ पद्मनाभदासजी के पद लिख्यते।।
।। राग भैरव।। श्री व्रंदावन रम्यक रस दानी ।।

श्री वल्लभ पद पंकज माधुरी जिंन कों अलि ह्यां रचि मांनी।।1।।
भू विलास अंतः पुरग ह्यां रास स्थली द्रगनि दरसांनी।।
नंद सुवन सुख अवधि ह्यांईलो मंडल ओर पास रहूं पानी।।2।।
वागधीश जुव जन हूं न समझी मधुराई मुरली मधु जानी।।
अटपटी वात लपेट बहुत सखी सुरझावत सब ब्रज अरुझांनी।।3।।
अंत रंग वहि रंग प्रसंगीत मधुर मधुर वंशी गुंन गांनी।।
सप्त रंध्र के प्रगट केलि जे प्रचुर केलि सखी वोहोत सयानी।।4।।
नख सिखाग्रं संकुलित विविधि निधि कृपा ग्रंथ सम्यक दुखलांनी।।
सनमुख भये नेहवर दे स्वर पाछें पुलिन ठोर की ठांनी।।5।।
भूखन भाव वसन पट पहरे ललित घटा घह रांनी।।
दश नख चंद किरन रंजत हें पद्मनाभ अंखियां अरुझानी।।6।।

ग्रंथ के अंत में प्रतिलिपि काल नहीं दिया गया है। नागरी प्रचारिणी सभा, वाराणसी के हस्तलिखित हिन्दी ग्रंथों के खोज विवरणों में पद्मनाभ दास के पदों की केवल एक ही पाण्डुलिपि की सूचना प्राप्त होती है। सभा की सन् 1932 ई. की खोज रिपोर्ट में इसका विवरण प्रकाशित हुआ था। रिपोर्ट के अनुसार सभा के सर्वेक्षक ने पद्मनाभदास के पदों की पोथी को गोकुल में देखा था। ब्रज संस्कृति शोध संस्थान, वृन्दावन में संग्रहीत पद्मनाभदास के पदों की अब तक ज्ञात यह दूसरी प्रति है। इस लिए यह ग्रंथ अत्यन्त दुर्लभ एवं महत्त्वपूर्ण है।

(12) श्री गुसांईजी अरु वैष्णव दामोदरदास जू को संवाद

ग्रंथ देशी कागज के 26 पत्रों में पूर्ण हुआ है जिसे लिखने में काली और लाल स्याही का प्रयोग हुआ है। ग्रंथ का आकार 17 × 22 से.मी. है। ग्रंथ 'गुसांईजी' संभवतः गोस्वामी विट्ठलनाथजी एवं आचार्य वल्लभ के शिष्य वैष्णव दामोदरदास के संवाद पर आधारित है। जिस में आचार्य वल्लभ के जन्म का विस्तृत विवरण ब्रजभाषा गद्य में प्रस्तुत किया गया है। ग्रंथ का प्रारम्भ इस प्रकार होता है— **"।। श्री गोपीजन वल्लभाय नमः।। अथ श्री गुसांई अरु वैष्णव दामोदरदास जी को संवाद है।। श्री गुसांईजी एक समे श्री जमुना जी के किनारे तट पर बेटिक करि दामोदरदास को पूछे जो श्रीमद्वल्लभाचार्य जी को जन्म को कारण मेरे आगे कहो।। काहे तें जो आप तुम सों कहत तें जो दमला तुम मारग के पोषक हो सो कहा हे यातें यह रस बात सब श्री गुसांईजी नें पूछी सो रस बात श्री गुसांईजी आगें कही जो यह निमित प्रगट्य हें।। · · · "**

ग्रंथ का समापन इस प्रकार होता है— **"· · · तब श्री ठाकुरजी ने विचारी के कही जो श्रम इन कों बहुत होइगो आरु सो यह एक हू बोर उद्धार भयो अरु श्रम इन कों न भयो अरु पाझ द्वार में इहां बेगीन पधारि सकृते उद्धार करत करत बहुत दिन बीत ते या कार को उद्धार कीनो अरु वेग लीला में पधारे।। अरु अपनो प्रताप हू भूतल पर राख्यो।। तातें यह प्रकार कीनो।। इति श्री प्राग लीला श्री गुसांईजी अरु दामोदरदास जू को संवाद संपूर्ण।। श्री रस्तु।। कल्याणमस्तु।।"** ग्रंथ में प्रतिलिपि काल का उल्लेख नहीं है।

(13) नित्य कृत्य वैष्णव धर्माणां अनुक्रम

ग्रंथ देशी कागज के 95 पत्रों में पूर्ण हुआ है जिसे लिखने में काली और लाल स्याही का प्रयोग हुआ है। ग्रंथ का आकार 23 × 15 से.मी. है। ग्रंथ में वल्लभ सम्प्रदाय के अनुसार वैष्णव भक्तों के दैनिक क्रिया-कलाप, आराध्य विग्रह की दैनिक सेवा पद्धति एवं वर्ष भर के त्यौहारों एवं उत्सवों को मनाने की विधि तथा इन अवसरों पर देव विग्रहों को धारण कराये जाने वाले विशेष वस्त्रों, आभूषणों, शृंगार आदि का विस्तृत विवरण ब्रजभाषा गद्य में प्रस्तुत किया गया है। ग्रंथ की भाषा परिष्कृत है जिस में ब्रजभाषा गद्य का व्यवस्थित रूप दिखाई देता है। ग्रंथ के रचनाकार ने बीच-बीच में संस्कृत श्लोकों का प्रयोग भी किया है। ग्रंथ के रचनाकार द्वारकेश जी हैं। द्वारकेश जी गोस्वामी विट्ठलनाथ के पंचम पुत्र रघुनाथ जी के वंश में 5वीं पीढ़ी में हुए हैं जिनका जन्म वि. संवत् 1751 (सन् 1694 ई.) में हुआ था। ग्रंथ का प्रारम्भ इस प्रकार होता है— **"श्री गणेशाय नमः।। श्री गुरु चरण कमलेभ्यो नमः।। अथ नित्य कृत्य वैष्णव धर्माणां अनुक्रम लिख्यते।। प्रातःकाल उठी यज्ञोपवीत संभारे दर्शन को। माला दास्याधर्म हैं। जनेउ वैदक धर्म हैं। जनेउ को अधिकार न होई तो माला मात्र संभारे। पीछे श्री मदाचार्यजी महाप्रभु कों श्री गुसाईजी कों श्रीजी सातों स्वरूप को स्वगुरु कों स्मरण पूर्वक नाम लेई दंडोत करिये। मानसिक वाचिक कायक तीनो सिद्ध भये। . . ."**
ग्रंथ का समापन इस प्रकार होता है—

". . . हरिश्क्त सर्व तो रक्षांकरिष्य तिन संशय।।
भगवान् षहुणैश्वर्य प्रयलेन सरक्षक।।

सपन्न होई के रक्षक हैं। और भगवदीय भक्तिमान हैं। ऐसे चित्त स्थिर राखि सेवा कथा स्मरण करे। इति श्री द्वारकेशस्य कृति संपूर्ण समाप्तयं नित्य समाप्त। श्री मद्वल्लभ नंदन श्री विट्ठलेश चरण कमलेभ्यो नमः। श्री कृष्णाय नमः।।" ग्रंथ में प्रतिलिपि काल का उल्लेख नहीं है।

(14) सात स्वरूपों की भावना

ग्रंथ देशी कागज के 3 पत्रों में पूर्ण हुआ है जिसे लिखने के लिए काली स्याही का प्रयोग हुआ है तथा हाशिया आदि के लिए ही केवल लाल स्याही

प्रयुक्त हुई है। ग्रंथ का आकार 23 × 15 से.मी. है। वि. संवत् 1640 (सन् 1583 ई.) के लगभग गोस्वामी विट्ठलनाथजी ने अपने सातों पुत्रों में सम्पत्ति का बटवारा कर दिया। इस सम्पत्ति के बटवारे के साथ उन्होंने अपने सातों पुत्रों को सात सेव्य स्वरूप भी प्रदान किये, जो आगे चलकर सम्प्रदाय में 'सात घर' या 'सात पीठ' के नाम से प्रसिद्ध हुए। गोस्वामीजी ने बड़े पुत्र गिरिधरजी को श्री मथुरेशजी का स्वरूप प्रदान किया, जो वर्तमान में कोटा में स्थापित है। दूसरे पुत्र गोविन्दरायजी को श्रीविट्ठलनाथजी का स्वरूप प्रदान किया, जो वर्तमान में नाथद्वारा में स्थापित है। तीसरे पुत्र बालकृष्णजी को श्रीद्वारकाधीशजी का स्वरूप प्रदान किया, जो वर्तमान में कांकरोली में स्थापित है। चौथे पुत्र गोकुलनाथजी को श्रीगोकुलनाथजी का ही स्वरूप प्रदान किया, जो वर्तमान में गोकुल में स्थापित है। पांचवे पुत्र रघुनाथजी को श्रीगोकुलचन्द्रमाजी का स्वरूप प्रदान किया, जो वर्तमान में कामवन में स्थापित है। छठे पुत्र यदुनाथजी को श्रीबालकृष्णजी का स्वरूप प्रदान किया, जो वर्तमान में सूरत में स्थापित है तथा सातवे पुत्र घनश्यामजी को श्री मदनमोहनजी का स्वरूप प्रदान किया, जो वर्तमान में कामवन में स्थापित है। उक्त ग्रंथ में इन सात स्वरूपों की भावनात्मक लीला रूप का वर्णन ब्रजभाषा गद्य में प्रस्तुत किया गया है। ग्रंथ में प्रतिलिपि काल एवं रचनाकार के नाम का उल्लेख नहीं है। संभवत: इस ग्रंथ के रचनाकार द्वारकेशजी हैं।

हमने 18वीं शताब्दी में प्रतिलिपित कुछ पाण्डुलिपियों का विवरण यहाँ प्रस्तुत किया है। संस्थान में उक्त पाण्डुलिपियों के अलावा पुष्टि सम्प्रदाय के लगभग एक दर्जन से अधिक ग्रंथ और संग्रहीत हैं, जो कि अधिकांश ब्रजभाषा गद्य में लिखे गये हैं गद्य की संप्रेषण क्षमता को सर्वप्रथम पुष्टि सम्प्रदाय ने समझा और इसका उपयोग अपने सिद्धान्तों के प्रचार में किया। इसी कारण से यह सम्प्रदाय उत्तर भारत मुख्यत: राजस्थान, गुजरात आदि प्रदेशों में अत्यन्त तेजी के साथ फैली।

संदर्भ संकेत

1. डॉ. दीनदयालु गुप्त, अष्टछाप और वल्लभ-सम्प्रदाय (प्रथम भाग) इलाहाबाद, सन् 1999 ई. (तृतीय संस्करण), पृ., 323
2. डॉ. परमेश्वरीलाल गुप्त, यूरोप और अमेरिका में हिन्दी के हस्तलिखित ग्रंथ, वाराणसी,

सन् 1968 ई. (प्रथम संस्करण), पृ. 11

3. प्रभुदास वैरागी, श्रीनाथद्वारा का सांस्कृतिक इतिहास, अलीगढ़, सन् 1977 ई. (प्रथम संस्करण), पृ. 19
4. हस्तलिखित हिन्दी पुस्तकों का संक्षिप्त विवरण (प्रथम खंड), वाराणसी, वि. संवत् 2021 (प्रथम संस्करण), पृ. 575
5. वही (द्वितीय खंड), पृ. 128
6. वही, पृ. 519
7. वही, पृ. 519
8. कण्ठमणि शास्त्री, कांकरोली का इतिहास, कांकरोली, वि. संवत् 1996 (प्रथम संस्करण), पृ. 132

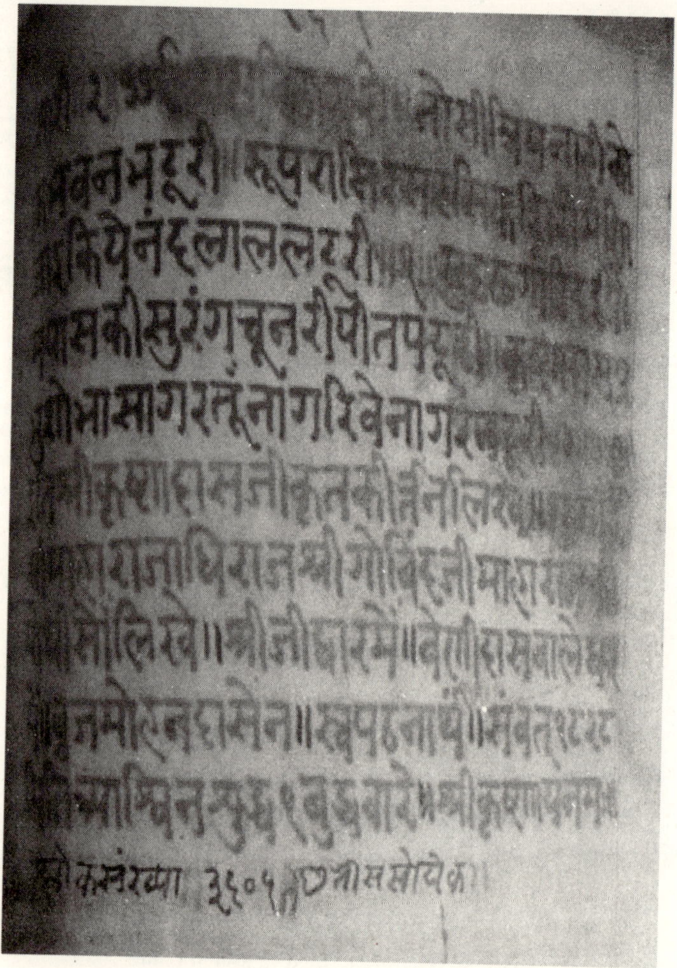

ब्रज संस्कृति शोध संस्थान, वृन्दावन में संग्रहीत कृष्णदास के पदों की पाण्डुलिपि, प्रतिलिपि काल वि. संवत् 1828 (सन् 1771 ई.)

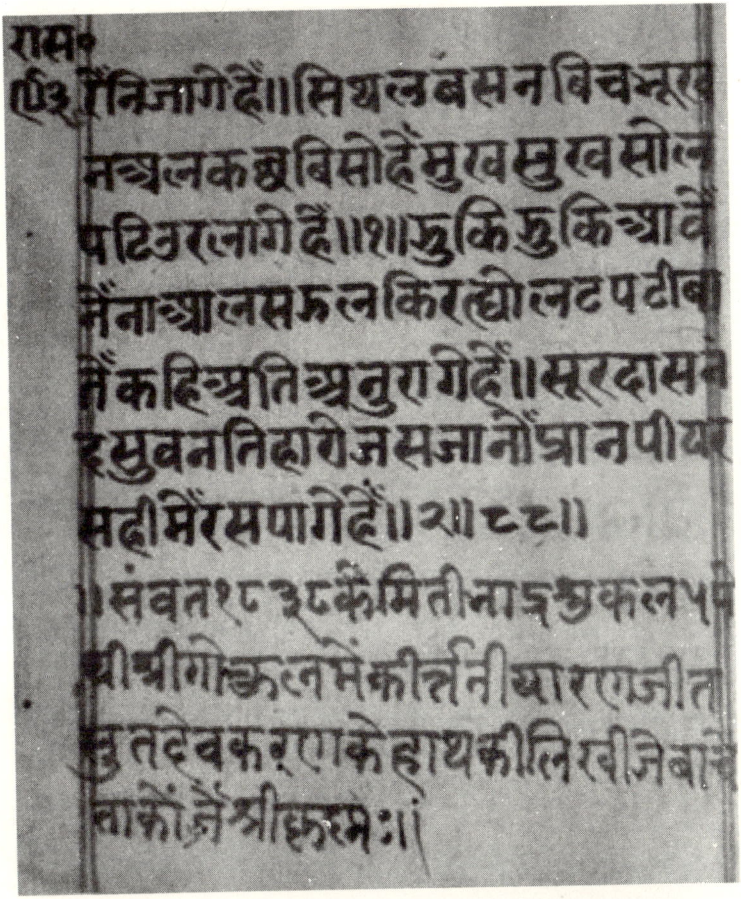
रास॰
ैं निजागे दैं॥ सिथल बसन बिच
नछलक छबि सो दैं मुख सुख सो
पटि रलागे दैं॥१॥ झुकि झुकि आवैं
मैं ना आलस फल किर थोल टपटीबा
मैं कहि अति अनुरागे दैं॥ सूरदास
र सुबन निहारे जसजानों प्रान पीय
सदी मैं रस पागे दैं॥ २॥ ८८॥
॥ संवत १८३८ के मिति
श्री श्री गोकुल मैं कीर्तनी आरणजीत
सुत देवकरणा के हाथ की लिखी जे बां
नाकों जै श्री कृष्ण:॥

ब्रज संस्कृति शोध संस्थान, वृन्दावन में संग्रहीत देवोत्थान और रास के पदों की पाण्डुलिपि, प्रतिलिपि काल वि. संवत् 1838 (सन् 1781 ई.)

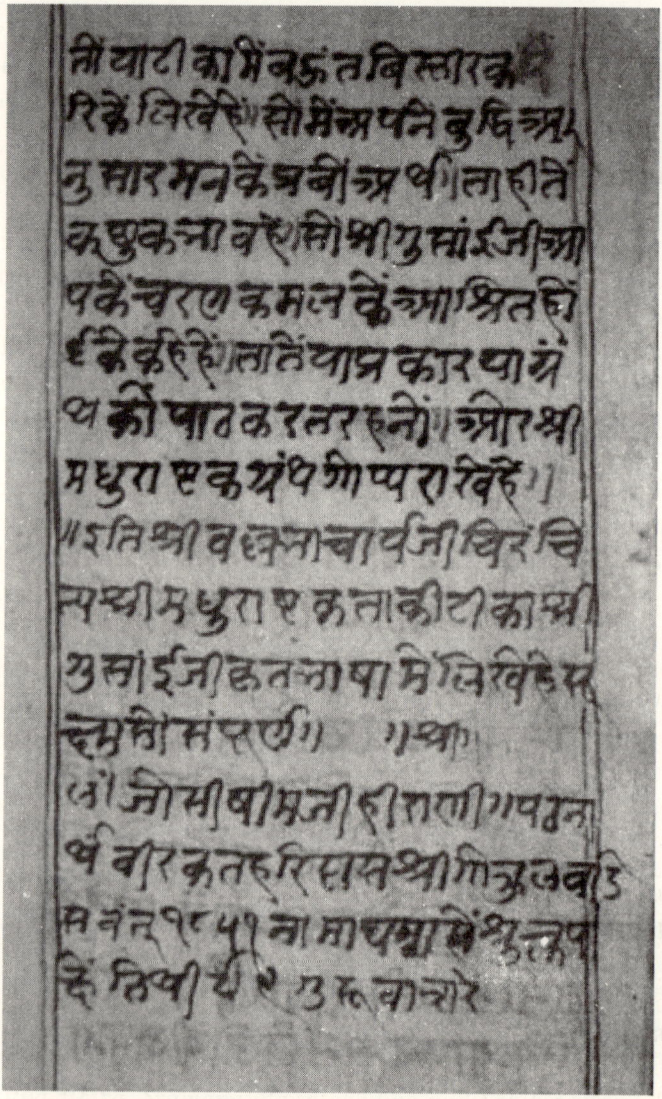

ब्रज संस्कृति शोध संस्थान, वृन्दावन में संग्रहीत मधुराष्टक टीका की पाण्डुलिपि, प्रतिलिपि काल वि. संवत् 1851 (सन् 1794 ई.)

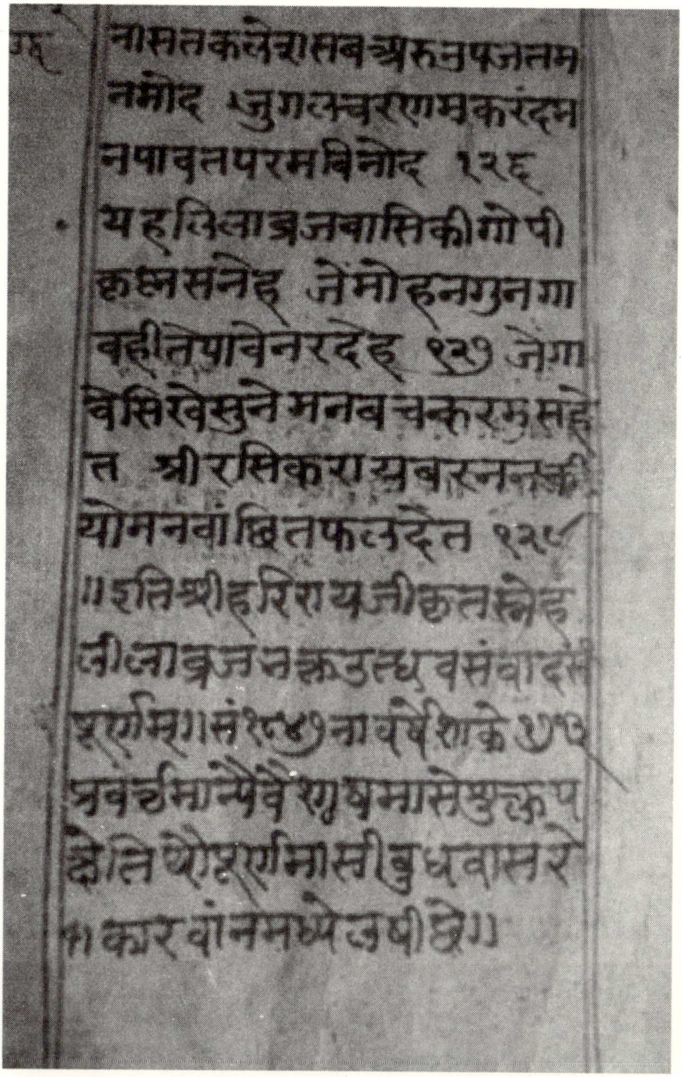

नामतकलेत्रासबअरुनपजनम
नमोद जुगलचरणमकरंदम
नपावतपरमबिनोद १२६
यहलिलाब्रजबासिकीगोपी
कस्नसनेह जेमोहनगुनगा
वहीनपावेनरदेह १२७ जेगा
वेसिखेसुनेमनवचक्रमसहि
त श्रीरसिकरायबरननकी
योमनवांछितफलदेत १२८
॥इतिश्रीहरिरायजीकृतस्नेह
लीलाब्रजऊधवसंवादसं
पूर्णम॥सं१८४७नावर्षेशाके१७१२
प्रवर्त्तमानेपौषमासेशुक्लप
क्षेतिथोपूर्णमासीबुधवासरे
॥कमरवांनमध्येलषीछे॥

ब्रज संस्कृति शोध संस्थान, वृन्दावन में संग्रहीत स्नेह लीला की पाण्डुलिपि, प्रतिलिपि काल वि. संवत् 1847 (सन् 1790 ई.)

4

वल्लभकुल कौ प्रागट्य

(पुष्टि सम्प्रदाय की एक अल्पज्ञात कृति)

उपेन्द्रनाथ राय

पुष्टिमार्ग के गद्य-साहित्य में गो. गोकुलनाथजी कृत या कथित बतायी गयी वार्ताएँ सर्वाधिक प्रसिद्ध हैं। इनके अतिरिक्त चतुर्भुजदास कृत बतायी गईं 'खट ऋतुवार्ता' भी एक वार्ता-ग्रन्थ है। इनकी तुलना में वल्लभकुल कौ प्रागट्य अल्पज्ञात रचना है। कोई भी कृति जब अप्रकाशित होती है या आकार में छोटी होने से किसी अन्य ग्रन्थ के अन्त में परिशिष्ट की भाँति छाप दी जाती है तो कम लोग ही उस पर ध्यान देते हैं। ऐसी स्थिति में वह उपेक्षित रह जाती है। उसकी चर्चा उसकी छान-बीन नहीं होती। 'वल्लभकुल कौ प्रागट्य' के बारे में यही बात लागू होती है।

परिचयः

'वल्लभकुल कौ प्रागट्य' अत्यन्त छोटी सी कृति है जिसे द्वारकादास पारीख ने सं. 2005 में पहली बार मथुरा से 'खट ऋतुवार्ता' के अन्त में प्रकाशित किया था।[1] इसकी तृतीय आवृति सं. 2025 में हुई जिसके पृष्ठ 56 से 62 तक सात पृष्ठों में इसे स्थान मिला है। डॉ. हरिहरनाथ टंडन ने भी अखिल भारतीय पुष्टिमार्गीय वैष्णव परिषद् के वल्लभ रिसर्च इन्स्टीट्यूट (जतीपुरा) के तत्वावधान में प्रकाशित शोध-ग्रन्थ 'वार्ता साहित्य' में इसे प्रकाशित किया।[2] टंडनजी की सूचना के अनुसार सन्देश प्रेस अहमदाबाद से भी इसका प्रकाशन हुआ था और उस संस्करण में भी इसको 'खट ऋतुवार्ता' के साथ ही छापा गया था।[3] टंडनजी ने अहमदाबाद से प्रकाशित संस्करण का प्रकाशन-काल सूचित नहीं किया। वह बहुत समय से अप्राप्य होने से मुझे देखने को नहीं मिला।

पाण्डुलिपियाँ:

वल्लभ-सम्प्रदाय के हस्तलेख प्राय: सम्प्रदाय के सात पीठ स्थानों में सुरक्षित हैं और वे उन गद्दियों के तिलकायितों की सम्पत्ति हैं। इससे उनका दर्शन कदाचित् किसी भाग्यवान् को ही मिलता है। वे जो जानकारी देते हैं उससे सन्तुष्ट रहने के सिवा सम्प्रदाय के बाहर के लोगों के लिए कोई चारा नहीं। यह जानकारी भी सर्वदा पर्याप्त नहीं होती।

जहाँ तक 'वल्लभकुल कौ प्रागट्य' का सम्बन्ध है अपने बृहत् ग्रन्थ में इसको पूर्णत: प्रकाशित करके भी डॉ. हरिहरनाथ टंडन ने इसके हस्तलेखों की कोई जानकारी नहीं दी। अन्य विद्वान् भी इस सम्बन्ध में नीरव हैं, केवल पारीखजी की एक टिप्पणी से ज्ञात होता है कि इसके तीन हस्तलेख मिले हैं। इसके मिलने के स्थान जतीपुरा, गोवर्धन और अन्यौर बताये गये हैं। इसमें से जतीपुरा की प्रति पारीखजी के पास थी, अन्य प्रतियाँ कहाँ किसके पास थीं यह सूचना उन्होंने नहीं दी। जतीपुरा की प्रति के काल के बारे में उन्होंने कुछ नहीं बताया पर अन्यौर और गोवर्धन की प्रतियाँ उन्हें सं. 1800 के पूर्व की लगीं।[4] अब ये हस्तलेख कहाँ हैं इसका पता लगाना, इनके परीक्षण और संरक्षण की व्यवस्था करना ये सब कार्य ऐसे हैं जो अभी करने को बाकी हैं।

पत्र नहीं, पुस्तिका:

कहा तो यह जाता है कि 'वल्लभकुल कौ प्रागट्य' एक पत्र है जो सम्प्रदाय के एक व्यक्ति द्वारा दूसरे को जानकारी देने के लिए लिखा गया है। आरम्भ में ही निम्न पंक्तियाँ हैं जो किसी प्रतिलिपि करने वाले द्वारा जोड़ी गयी लगती हैं—

"अथ श्रीमद्वल्लभकुल कौ प्रागट्य लिख्यौ है-अथ श्रीगंगाबेटीजी ने पत्र विष्णुदास को लिख्यो सो लिख्यते।"

परन्तु इसमें पत्र की कोई भी विशेषता नहीं मिलती। लिखने वाले और पाने वालों के स्थानों का न तो उल्लेख है न किसी तिथि का जबकि रीति के अनुसार यह आवश्यक है। पत्र तभी लिखा जाता है जब अमुक तिथि को लिखने वाले और पाने वाले दो भिन्न-स्थानों पर हों। पत्र की दूसरी विशेषता यह है कि लिखने वाला पाने वाले को प्रणाम या आशीर्वाद जैसा जहाँ उचित हो, अवश्य लिखता है। तीसरी विशेषता होती है कुशल-विनिमय अर्थात् लिखने वाला अपनी कुशलता का समाचार देकर पाने वाले की कुशलता पूछता है। इसमें से कोई भी विशेषता इसमें नहीं मिलती। विष्णुदास के किसी पत्र की प्राप्ति-सूचना भी नहीं दी गई।

इसकी विषय-वस्तु है वल्लभकुल सम्बन्धी कुछ जानकारी। अत: इसे पत्र नहीं क्षुद्र ग्रन्थ या पुस्तिका ही कहना चाहिए जैसा कि इसकी विषय-वस्तु से स्पष्ट हो जाएगा।

विषय वस्तु:

'वल्लभकुल कौ प्रागट्य' की विषय-वस्तु वल्लभाचार्य के पूर्वजों और सात पौत्रौं तक की जानकारी देना है। इस कुल के साथ इनके सेव्य सात स्वरूपों का अभिन्न सम्पर्क मानकर उनकी प्राप्ति का भी वर्णन दिया गया है। इन स्वरूपों में से श्रीगोवर्धननाथजी प्रधान हैं अत: उनके बारे में जानकारी कुछ विस्तार से देकर उनके अंगादि का भी वर्णन है। इसके बाद सम्प्रदाय के उत्सव किन तिथियों को मनाये जाते हैं यह जानकारी दी गयी है। अन्त में श्रीगुसाँईजी की छ: गुजरात यात्राओं के काल दिये हैं और उनके मथुरा और गोकुलवास के काल का निर्देश है।

इस पुस्तिका में दिये संवतों का विवरण इस प्रकार है—

1. वल्लभाचार्यजी को जन्म सं. 1535 वैशाख बदि 11 सोमवार और देहान्त आषाढ़ सुदी 3
2. वल्लभाचार्यजी के ज्येष्ठ पुत्र गोपीनाथजी का जन्म सं. 1567 भाद्रपद वदी 12
3. वल्लभाचार्यजी के द्वितीय पुत्र विट्ठलनाथजी का जन्म सं. 1572 पौष कृष्णा 9 और देहान्त सं. 1642 माघ कृष्णा 7
4. विट्ठलनाथजी के प्रथम पुत्र गिरिधरजी का जन्म सं. 1597 कार्तिक सुदी 12
5. विट्ठलनाथजी के द्वितीय पुत्र गोविन्दरायजी का जन्म सं. 1599 कार्तिक वदी 8
6. उन्हीं के तृतीय पुत्र बालकृष्णजी का जन्म सं. 1606 आसो वदी 13
7. उन्हीं के चतुर्थ पुत्र गोकुलनाथजी का जन्म सं. 1608 मार्गशीर्ष सुदी 7
8. पंचम पुत्र रघुनाथजी का जन्म सं. 1611 कार्तिक सुदी 12
9. षष्ठ पुत्र यदुनाथजी का जन्म सं. 1616 पौत्र सुदी 6
10. सप्तम पुत्र घनश्यामजी का जन्म सं. 1628 कार्तिक वदी 13

सात स्वरूपों में से प्रधान श्रीगोवर्धननाथजी के बारे में निम्न संवत् दिये हैं।

1. सं. 1496 श्रावण वदी 3 गाँठोली में मंगलराय गोरवा को श्रीगोवर्धननाथजी ने अपनी उपस्थिति सूचित की।
2. सं 1535 वैशाख वदी 11 को मुखारविन्द का प्रागट्य।
3. सं. 1556 में श्रीमहाप्रभुजी ने पाट बैठाया।
4. सं. 1559 वैशाख सुदी 3 पूरणमल्ल ने मन्दिर बनवाया।
5. सं. 1563 वैशाख सुदी 3 को श्री गोवर्धननाथ मन्दिर में सिंहासन पर विराजे।
6. सं. 1620 में गुसाँईजी ने शय्या मन्दिर मणिकोठा बनवाया।

गुसाँईजी की छः गुजरात यात्राओं के काल इस प्रकार हैं—

1. पहली बार अडेल से सं. 1600 में गुजरात पधारे।
2. दूसरी बार सं. 1613 में अडेल से गुजरात गये।
3. तीसरी बार सं. 1621 में मथुरा से गुजरात पधारे।
4. चौथी बारं सं. 1623 में मथुरा से गुजरात पधारे।
5. पाँचवीं बार सं. 1631 में गोकुल से पधारे।
6. छठीं बार सं. 1638 में गोकुल से पधारे।

गुसाँईजी से सम्बन्धित अन्य संवत् इस प्रकार हैं—

1. सं. 1616 माघ वदी 13 को गुसाँईजी पुरुषोत्तम क्षेत्र पधारे।
2. सं. 1621 में गोकुल में रहने के कुछ दिन बाद मथुरा पधारे।
3. सं. 1628 फाल्गुन वदी 7 को गुसाँईजी ने गोकुलवास किया अर्थात् स्थायी रूप से वहीं रहने लगे।

विषय-वस्तु की परीक्षाः

विषय-वस्तु पर सरसरी दृष्टि डालने से तो यही लगता है कि रचयित्री को सं. 1535 से लेकर सं. 1642 तक के काल की अच्छी जानकारी थी। पुस्तिका में दी गयी समस्त जानकारी की परीक्षा करना श्रमसाध्य कार्य है। उसके लिए बहुत सा समय और साधन भी चाहिए। इसलिए यहाँ स्थाली पुलाक न्याय से इसकी परीक्षा की जायेगी। हाँड़ी के थोड़े से चावल परखकर हम जान जाते हैं। वे पक गये हैं या नहीं। इसी पद्धति पर चलकर हम देखेंगे कि पुस्तिका की जानकारी कितनी खरी है।

प्रारम्भ में ही एक खटक ने वाली बात की चर्चा कर दूँ। पुस्तिका में वल्लभाचार्यजी और उनके द्वितीय पुत्र दोनों के न केवल जन्म और देहान्त के समय दिये हैं, उसकी आयु का मान भी दिया है। यथा वल्लभाचार्यजी के सम्बन्ध में लिखा

है—"वर्ष 52 दिन 67 सुख दरसन दियो है। सं. 1587 में अन्तर्ध्यान लीला दिखाई। आषाढ़ सुदी 3 (लोक) त्याग किये।"[5] और गुसाँईजी कहलाने वाले विट्ठलनाथजी के सम्बन्ध में लिखा है—"वर्ष 70 दिन 28 लौ सुख दियो। सं. 1642 माह वदी 7 आसुर-व्यामोह लीला दिखायी।"[6] किन्तु वल्लभाचार्यजी के ज्येष्ठ पुत्र की देहान्त-तिथि का भी उल्लेख नहीं और उनकी आयु मान भी नहीं दिया गया।

इसकी एकमात्र तर्क संगत व्याख्या यही हो सकती है कि रचयित्री को गोपीनाथजी का आयुमान और देहान्तकाल ज्ञात नहीं था। ज्ञात न होने के कारण यही हो सकता है कि विट्ठलनाथजी के शिष्यों-शिष्याओं तथा वंशधरों के लिए गोपीनाथजी देहान्त के बाद मर्यादामार्गीय बन गये थे। देहान्त के बाद इसलिए कि यदि उनकेजीवनकाल में ही ऐसा मान्य होता तो पिता के देहान्त के बाद वे आचार्य पद न पाते। परन्तु सम्प्रदाय के सभी विद्वान् इस विषय में सहमत हैं कि उन्हें आचार्य-पद मिला था।[7]

सम्भवतः वल्लभाचार्यजी केजीवन-काल में ही सम्प्रदाय के लोग उनके दोनों पुत्रों की प्रशंसा में कहा करते थे कि वे बलराम और कृष्ण के अवतार हैं। बाद में जब उत्तराधिकार का झागड़ा उठा तो द्वितीय पुत्र के समर्थकों ने प्रचार किया कि बड़े गोपीनाथजी बलराम के अवतार होने से मर्यादा-मार्गीय हैं तथा छोटे विट्ठलनाथजी कृष्ण के अवतार होने से पुष्टिमार्गीय। इस प्रकार गोपीनाथजी विट्ठलनाथजी के अनुयायियों और वंशजों के लिए उपेक्षणीय हो गये। ऐसी स्थिति में उनके आयुमान और देहान्त तिथि को स्मरण रखना अनावश्यक हो गया। यदि रचयित्री फिर भी गोपीनाथजी के देहान्त के समयजीवित होती तो प्रत्यक्ष ज्ञान के आधार पर इन दोनों बातों का उल्लेख वह कर सकती थी। अतः सिद्ध है कि रचयित्री गोपीनाथजी के देहान्तकाल में वर्तमान नहीं थी। उसने जो कुछ लिखा सम्प्रदाय की अनुश्रुति के आधार पर और अनुश्रुति को जितना मूल्य दिया जाता है उससे अधिक इसका मूल्य होने की सम्भावना नहीं है।

1. वल्लभाचार्य का जन्म संवत्:

वल्लभसम्प्रदाय के अधिकांश ग्रन्थों में वही संवत् वल्लभाचार्य के जन्म का दिया है जो 'वल्लभकुल कौ प्रागट्य' बताता है। निजवार्ता, सम्प्रदाय प्रदीप, सम्प्रदाय कल्पद्रम जैसे ग्रन्थों में यही संवत् मिलता है। पुष्टिमार्ग के हिन्दी ग्रन्थकारों ने भी इसी को निःसंकोच अपनाया है।[8] इस प्रकार इसका इतना प्रचार है कि उसके बारे में कोई प्रश्न उठ सकता है यह भी कल्पनातीत लगता है। तथापि इसके बारे में

प्रश्न उठा है और प्रश्न उठाने वाले पुष्टिमार्ग के मान्य विद्वान् रहे हैं। प्रो.जी. एच भट्ट ने नवम अखिल भारतीय प्राच्य सम्मेलन में 'वल्लभाचार्यजी की जन्मतिथि' पर एक अंग्रेजी शोध-पत्र का वाचन किया था जिसमें यह बताया था कि सं. 1535 के पक्ष में प्राप्त साक्ष्य निश्चित रूप से परवर्ती और दुर्बल है जब कि सं. 1529 में जन्म बताने वाले साक्ष्य प्राचीनतर जोरदास और बजनी हैं। प्रो. जे.जी. शाह ने स्वयं सं. 1535 को अपनाते हुए भी माना है कि इस संवत् का समर्थन करने वाले ग्रन्थ परवर्ती[9] हैं।' प्रो. के. का. शास्त्री के अनुसार वल्लभाचार्य का जन्म वैशाख वदि 11 शनिवार सं. 1529 को 6 घड़ी 44 पल पर हुआ।[10] यही संवत् कल्याण भट्ट के 'कल्लोल' नामक ग्रन्थ में भी दिया है।

इस पर आपत्ति उठती है कि फिर सं. 1535 जन्म-संवत् के रूप में प्रसिद्ध कैसे हो गया। इस पर शास्त्रीजी का कहना है वैशाख वदि 10 उपरान्त 11 रविवार सं. 1535 को सातवीं वर्ष गाँठ पर वल्लभाचार्यजी ने गोपाल-मन्त्र पाया।[11] उसी की कुंडली उनकी जन्म-कुंडली के रूप में प्रसिद्ध हो गयी। "दक्षिण में आज तक एक प्रथा है कि बालक को जब कोई विशिष्ट दीक्षा दी जाती है तो उस दिवस के मुहूर्त की कुंडली मान उससे जन्म वर्ष गिनते हैं।"[12] वल्लभाचार्यजी का जन्म दक्षिणदेशीय कुल में हुआ था अतः उनके बारे में भी ऐसा होना स्वाभाविक है।

इस मत को मान लेना इसलिए अनिवार्य हो जाता है कि वल्लभाचार्य का जन्म जिन परिस्थितियों में हुआ बताया जाता है कि वे सं. 1535 में वर्तमान नहीं थी। कहा जाता है कि काशीवास के समय किसी मुस्लिम सेना के सम्भावित आक्रमण की बात सुनकर काशी में भगदड़ मच गयी। लक्ष्मण भट्ट भी अपनी गर्भवती पत्नी और परिजनों को लेकर दक्षिण की ओर चल पड़े। रास्ते में मध्यप्रदेश के रायपुर जिले के अन्तर्गत चम्पारण्य नाम के वन में उनकी पत्नी ने एक पुत्र को जन्म दिया। यही वल्लभनाम से प्रसिद्ध हुए।

इतिहास बताता है कि उन दिनों काशी जौनपुर राज्य के आधीन थी जिसके शासक हुसेन शाह से दिल्ली के बहलोल लोदी का मनमुटाव होने से काशी पर बहलोल लोदी के आक्रमण की आशंका संवत् 1529 में उत्पन्न हुई थी। उसी समय भगदड़ का प्रश्न उठता है।[13] परन्तु हुसेन शाह और बहलोल लोदी में सं. 1532 में सन्धि हो जाने के बाद सं. 1535 में किसी भगदड़ की नौबत आने का प्रश्न ही नहीं उठता।[14] अतएव वल्लभाचार्यजी का जन्म सं. 1535 में मान्य नहीं।

2. मथुरा में श्रीनाथजी का विराजना:

'वल्लभकुल कौ प्रागट्य' का यह भी कहना है कि "सं. 1623 फाल्गुन वदी 7 श्रीनाथजी श्रीगोवर्धन पर्वत तें श्रीमथुराजी श्रीगुसाँईजी के घर पधारे। तब श्रीगुसाईंजी गुजरात हते। श्रीगिरिधरजी प्रभृति घर हते सों सेवा किए। पाछे वैशाख सुदी 14 के दिन निज मन्दिर पधारे।" इस सूचना का सम्बन्ध गुसाईंजी की चौथी गुजरात यात्रा से है। गुसाँईजी की छः गुजरात यात्राओं की बात सत्य हो सकती है और उनके जो संवत् दिये हैं वे भी सही हो सकते हैं। आपत्ति श्रीनाथजी के मथुरा में सतघरा जाकर गुसाँईजी के घर विराजने को लेकर भी नहीं। पुष्टिमार्ग के बाहर चैतन्य सम्प्रदाय के ग्रन्थ भी श्रीनाथजी के मथुरा में विराजने की पुष्टि करते हैं। देखना केवल यह है कि क्या यह सं. 1623 में गुसाँईजी की चौथी गुजरात यात्रा के समय सम्भव है?

श्रीगोवर्द्धननाथजी के मथुरा में विराजने का क्या कारण हो सकता है यह बात इस प्रसंग में विचारणीय है। पुष्टिमार्ग की मान्यता है कि श्रीनाथजी गुसाँईजी का घर देखना चाहते थे इसीलिए मथुरा जाकर विराजे। उधर गौड़ीय वैष्णवों की मान्यता है कि बुढ़ापे के कारण रूपगोस्वामी गोवर्द्धन गिरि पर चढ़ने में असमर्थ थे किन्तु वे दर्शन करना चाहते थे। उनके मन की बात जानकर दयालु भगवान ने यवन के उपद्रव के बहाने मथुरा में विट्ठलेश्वर के घर एक मास निवास किया और रूप ने अनुयायियों समेत एक मास वहाँ दर्शन किया।[15] दोनों बातें भावना प्रधान हैं। एक में गुसाँई के प्रति भगवान् के सदय होने को प्रधानता मिली है दूसरी में रूप गोस्वामी के प्रति। परन्तु यवन के उपद्रव का उल्लेख करके गौड़ीय परम्परा हमें एक ऐसी जानकारी देती है जिसकी जाँच करना इतिहास से सम्भव है।

यवन का उपद्रव तत्कालीन बादशाह अकबर के कारण नहीं हो सकता। अकबर सर्वदा धार्मिक मामलों में उदार और सहिष्णु रहा हो, ऐसी बात नहीं। इक्तिदार आलम खाँ जैसे फारसी ग्रन्थों से सुपरिचित इतिहासकार का कहना है कि राज्य की नीति के तकाने पूरा करने के लिए उसे उदार और सहिष्णु बनना पड़ा।[16] इसकी सच्चाई में इसलिए सन्देह नहीं कर सकते कि अकबर ने 1568 में अपनी चित्तौड़ विजय को काफिरों पर इस्लाम की विजय बताया। जजिया कर सन् 1564 में खत्म करने के बाद सन् 1575 में उसने पुनः चालू किया जो सन् 1580 में ही खत्म हुआ। कारण जो भी हो सन् 1562 में यात्रा कर की समाप्ति और सन् 1564 में जजिया कर रद्द किये जाने के कारण उस समय अकबर की ओर से किसी

उपद्रव की सम्भावना बहुत कम रह जाती है। हाँ सन् 1562 से 1567 के बीच अकबर के विरुद्ध छः बड़े विद्रोह जिनमें से दो शाह अब्दुल माली और अब्दुल खाँ के विद्रोह सन् 1564 में ही हुए। इसी समय मथुरा को अधिक सुरक्षित समझकर श्रीनाथजी को वहाँ ले जाया गया होगा।[17]

यही काल रूप गोस्वामी के देहान्त का भी है। नवद्वीप दास के 'राधाकुंडेर इतिहास' और राधाकुंड से प्रकाशित 'वैष्णव व्रतोत्सव निर्णय' दोनों का कहना है कि सनातन गोस्वामी का तिरोभाव आषाढ़ की पूर्णिमा को और उनके भाई रूप का तिरोभाव श्रावण शुक्ला द्वादशी को हुआ। दोनों घटनाएँ सन् 1564 ई. की हैं यही नवद्वीप दास का मत है। भक्तवर श्रीवास की वृन्दावन यात्रा का समय भी परम्परानुसार यही है। वृन्दावन जाते समय उन्होंने पहले सनातन और फिर रूप की मृत्यु का दुःसंवाद सुना। अतः दोनों भाइयों की मृत्यु के बीच लम्बा अन्तराल सम्भव नहीं अस्तु रूप गोस्वामी सं. 1621 के बादजीवित नहीं थे। जिन विद्वानों ने उनके सं. 1648 तकजीवित रहने का अनुमान किया है वे भ्रम में हैं।[18] चूँकि श्रीनाथजी का सतघरा में विराजना रूपगोस्वामी के अन्तिम दिनों की घटना है अतः इसका समय सं. 1623 नहीं सं. 1621 होना चाहिए। गुसाँईजी के उस समय गुजरात में होने से इसका विरोध नहीं पड़ता क्योंकि 'वल्लभकुल कौ प्रागट्य' के अनुसार सं. 1621 उनकी तीसरी गुजरात यात्रा का समय है। तीसरी गुजरात यात्रा के पहले चौथी गुजरात यात्रा से इसका सम्बन्ध जोड़ना ही उसकी भ्रान्ति है।

3. श्रीगोवर्धननाथजी का प्रागट्य:

श्रीगोवर्धननाथजी के प्रागट्य के बारे में 'वल्लभकुल कौ प्रागट्य' का कहना है कि "सं. 1496 में श्रावण वदी 3 गाँठौली में मंगलराय गोरवा को आज्ञा भई। मैं इहाँ हूँ । पाछे सं. 1535 में। वैशाख वदी 11 को मुखारविन्द को प्रागट्य भयो। पाछे सं. 1556 में श्रीमहाप्रभुजी ने पाट बैठारे। पाछे सं. 1559 के वैशाख सुदी 3 पूरणमल्ल ने मन्दिर बनवायो सो वर्ष 4 लौ काम चल्यो। पाछे शिखर मात्र बाकी रह्यौ। सं. 1563 के वैशाख सुदी 3 श्रीगोवर्धननाथजी मन्दिर में विराजे।"[19]

यहाँ गोवर्धन और अन्यौर की प्रतियों से कुछ भिन्न बात ही पूरणमल्ल के मन्दिर के बारे में जतीपुरा की प्रति में कही गयी है। जतीपुरा की प्रति का पाठ है—"पाछे सं. 1556 के सावन सुदी 3 पूरणमल्ल ने मन्दिर बनवाये। सो वर्ष 4 लौ काम चल्यौ पाछे शिखर मात्र बाकी रह्यौ। सं. 1559 के वैशाख सुदी 3 गोवर्द्धननाथजी सिंहासन वे विराजे।"[20] श्रीनाथजी प्रागट्य वार्ता' में कहा गया है

कि सं. 1556 वैशाख 3 आदित्यवार के दिन रोहिणी नक्षत्र श्रीनाथजी के नवीन मन्दिर की नीम दिवाई ... बीस वर्ष पीछे आय के फेरि मन्दिर सम्पूर्ण बनवायो। तहाँ तांई मन्दिर आधो ही रह्यौ पीछे तहाँ तांई बाँई मन्दिर में विराजे।[21] यहाँ तिथि का मेल तो नहीं बैठता पर संवत् वही है तात्पर्य यह है कि आर्थिक समस्या के कारण बड़ा मन्दिर बनने में बीस वर्ष लग गये। इस बीच एक काम चलाऊ व्यवस्था कर ली गई थी। तथापि गोवर्धन और आन्यौर की प्रतियों से असंगति बनी रहती है। पुष्टिमार्ग के विद्वानों ने आज तक इस पर ध्यान नहीं दिया। इसीलिए इसका कोई समाधान भी नहीं मिला।

फिर पुष्टिमार्ग के अन्य ग्रन्थों की भाँति 'वल्लभकुल कौ प्रागट्य' भी श्रीगोवर्द्धननाथजी को प्रगट करने और उनकी सेवा की व्यवस्था करने का एकमात्र श्रेय वल्लभचार्यजी को देना चाहता था। उसे पढ़कर ऐसा लगता है जैसे सं. 1535 से सं. 1556 के बीच कुछ हुआ ही नहीं। 'श्रीनाथजी की प्राकट्य-वार्ता' में वल्लभाचार्य का प्रादुर्भाव और श्रीनाथजी का प्राकट्य एक ही दिन, एक ही लग्न में हुआ बताकर सेवा का एकमात्र योग्य अधिकारी घोषित किया गया है। सं. 1549 झारखंड में आचार्यजी को श्रीनाथजी आज्ञा देते हैं—"ब्रजवासीन कों हमारे दर्शन भये हैं सो हमको प्रगट करने को विचार करे हैं परन्तु हम तुम्हारी प्रतीक्षा करे हैं सो आप बेगि मेरी सेवा को पधारौ"[22] पाट बैठाने की आज्ञा भी उनको मिलती है जिसे मानकर वे छोटा सा मन्दिर बनवाकर पाट बैठाते हैं।[23]

परन्तु श्रीनाथजी के प्राकट्य और पाट बैठाने की घटना को और भी पहले ले जाते हैं गुजरात के पुष्टिमार्गीय विद्वान प्रो. केशवराम का. शास्त्री। उनका कहना है कि सं. 1835 में देवदमन श्रीनाथजी के प्राकट्य के समय माधवेन्द्रपुरी ब्रज में वर्तमान थे। जतीपुरा ग्राम उन्हीं के नाम पर बसा। उन्होंने ही मन्दिर बनवाकर देवदमन को पधराया। फिर सं. 1538 में ईंट-चूने का मन्दिर बनवाकर वहाँ पधराया गया। सं. 1540 में माधवेन्द्रपुरी रेमुना में हरिशरण को प्राप्त हुए। पूर्णमल्ल ने नया मन्दिर सं. 1556 में बनवाया।[24] चैतन्य चरितामृत आदि गौड़ीय वैष्णवों के ग्रन्थों से इसका समर्थन होता है।[25]

इस प्रकार हमने देखा कि वल्लभाचार्यजी का जन्म संवत् वास्तव में उनके गोपालमन्त्र पाने का काल है। दक्षिण भारत की जिस प्रथा का प्रो. केशवराम का. शास्त्री ने उल्लेख किया है उसे ध्यान में रखें तो उनके पुत्रों-पौत्रों आदि के तथाकथित जन्म संवत् भी किसी विशिष्ट दीक्षा-प्राप्ति के संवत् हो सकते हैं। सं. 1623 सतघरा में श्रीनाथजी के विराजने का काल भी भ्रमपूर्ण है, सं. 1621

होना चाहिए। उनको पहली बार झाड़ियों से निकालकर मन्दिर में पधराने वाले माधवेन्द्रपुरी थे जिनका तिरोभाव वल्लभाचार्य के ब्रज में पधारने के 9 वर्ष पूर्व हो चुका था। इन सब बातों पर विचार करने से 'वल्लभकुल कौ प्रागट्य' के संवत् विश्वसनीय नहीं माने जा सकते।

विष्णुदास और गंगा बेटी

अब देखना यह है कि जिसके लिए 'वल्लभकुल कौ प्रागट्य' लिखा गया वे विष्णुदास तथा लिखने वाली गंगा बेटी का ठीक परिचय क्या है। विष्णुदास नाम के एक प्रसिद्ध व्यक्ति विष्णुदास छीपा थे। डॉ. हरिहरनाथ टंडन इन्हीं के लिए इसे लिखा मानते हैं। उनके मत में इनका काल सं. 1561 से सं. 1680 के बीच और शरणागतिकाल सं. 1587 के लगभग है।[26]

इनकी गणना वल्लभाचार्य के चौरासी मुख्य सेवकों में है। 'चौरासी वैष्णवन की वार्ता' में इनके जन्म, शरणागति और निधन के काल निश्चित किये जा सकें इस प्रकार के संकेत नहीं मिलते। केवल इतना कहा गया है कि गुसाँईजी के गोकुलवास के समय ये वृद्ध हो गये थे और गुसाँईजी की बैठक के द्वारपालकी करने लगे थे। वाद करने के लिए आने वाले पंडितों को ये निरुत्तर कर देते थे।

''श्रीनाथजी की प्राकट्य वार्ता'' में अष्टछाप के अन्तर्गत इनकी गणना करते हुए इन्हें भोजसखा का अवतार बताया गया है तथा श्रीद्वारकानाथजी महाराज (द्वारकेशजी) का निम्न छप्पय भी उद्धृत किया गया है—

सूरदास सो तो कृष्ण लोक परमानंद जानो।
कृष्णदास सो ऋषभ छीतस्वामी सुबल बखानो।।
अर्जुन कुम्भनदास चतुर्भुजदास विशाला।
विष्णुदास सो भोज स्वामी गोविंद श्रीदामाला।।
अष्टछाप आठों सखा श्रीद्वारकेश परमान।
जिनके कृत गुनगान करि निज जन होत सुज्ञान।।[27]

इस छप्पय में नन्ददास का नाम न पाकर डॉ. दीनदयाल गुप्त जैसे विद्वान् इसकी प्रामाणिकता में सन्देह करते हैं पर यह सन्देह निर्मूल है। ''श्रीनाथजी की प्राकट्य वार्ता'' के सभी संस्करणों में यह छप्पय मिलता है। मैंने बम्बई, अहमदाबाद और नाथद्वारा के तीन संस्करण देखे हैं और तीनों में यह यथावत् मिलता है।[28]

अतः इसमें सन्देह नहीं कि अष्टछाप में पहले विष्णुदास ही गिने जाते थे, नन्ददास को बाद में स्थान दिया गया।

लेखिका गंगा बेटी को पुष्टिमार्ग के विद्वानों ने गंगाबाई क्षत्राणी मान लिया है।[29] जो बात उनके ध्यान में नहीं आयी वह यह है कि पुष्टिमार्ग में गंगाबाई क्षत्राणी एक नहीं कम से कम दो हुई हैं। अतः यह स्पष्ट करना पड़ेगा कि 'वल्लभकुल कौ प्रागट्य' किस गंगाबाई क्षत्राणी की रचना है।

पहली गंगाबाई का उल्लेख कृष्णदास अधिकारी की वार्ता के प्रसंग 6 में आता है। कहा गया है **"और कृष्णदास को गंगाबाई सो बहुत स्नेह हुतो सो गुसाँईजी को न सुहावतो। सो एक दिन श्रीगुसाँईजी श्रीनाथजी को भोग समर्पित हुते सो सामग्री ऊपर गंगाबाई की दृष्टि परी।"** इससे श्रीनाथजी ने भोग ग्रहण नहीं किया अतः गुसाँईजी को दुबारा भोग समर्पण करना पड़ा। इस पर गुसाँईजी ने कृष्णदास से कहा—"यह तुम्हारे ही कीये भोगत हैं"[30] इस पर कृष्णदास ने गुसाँईजी को महीनों श्रीनाथ मन्दिर में जाने नहीं दिया।[31]

इस गंगाबाई के बारे में चौरासी वैष्णवन की वार्ता का उपर्युक्त उल्लेख इससे अधिक जानकारी नहीं है। भावना वाली प्रति में हरिरायजी कृत बताया गया भावप्रकाश इस कमी की पूर्ति करता है। उसके अनुसार गंगाबाई क्षत्राणी का जन्म मथुरा में हुआ था। उसका विवाह ग्यारह वर्ष की उम्र में हुआ। उनके नौ बेटे हुए पर एक भीजीवित नहीं रहा। सबसे छोटी सन्तान एक लड़की थी वह भी विवाह के बाद मर गयी। गंगाबाई ने मथुरा के अधिकारियों को घूस देकर उसके एक लाख के गहने रख लिये। 55 वर्ष की उम्र में वह आचार्यजी की शरण में गयीं। उसका मन अच्छाई की ओर लाने के लिए कृष्णदास अधिकारी उसे अच्छी-अच्छी चीजें देते और प्रतिदिन प्रातः सायं उसे 'महाप्रसाद' भेजते।[32] इस विवरण की जाँच करने के साधन सुलभ नहीं पर वार्ता से इसकी संगति बैठ जाती है। गंगाबाई के प्रति कृष्णदास अधिकारी के स्नेह का अर्थ अन्यथा न समझा जावें इसलिए श्रीप्रभुदयाल मीतल कहते हैं कि विट्ठलनाथजी से कृष्णदास के वैमनस्य के समय गंगाबाई की उम्र 70 से अधिक थीं।।[33] यदि वह विष्णुदास छीपा से बड़ी हो और सम्प्रदाय में पहले आयी हुई हो तो वह विष्णुदास छीपा से अधिक जान सकती थी और बता सकती थी परन्तु दोनों के सम्प्रदाय प्रवेश का काल लगभग एक सं. 1587 के आसपास माना जाता है।[34] अतः यह गंगाबाई विष्णुदास छीपा को जानकारी देने की स्थिति में नहीं थी। 'वल्लभकुल कौ प्रागट्य' में सं. 1642 में हुई गुसाँईजी की मृत्यु का भी उल्लेख है। उस समय तक जीवित होने से इस गंगाबाई की आयु 110 वर्ष से

अधिक मान की होगी परन्तु उसके इतनी लम्बी आयु पाने का कोई प्रमाण नहीं। अतः यह गंगाबाई 'वल्लभकुल कौ प्रागट्य' की रचयित्री नहीं हो सकती।

दूसरी गंगाबाई गुसाँईजी की शरण में आकर श्रीनाथजी की कृपापात्र बनी थीं। इसकी कथा "दो सौ बावन वैष्णवन की वार्ता" में दी गयी है। इसकी माँ महावन में रहती थी और गुसाँईजी के प्रति काम भाव होने से उसे बारह वर्ष गोकुल आने नहीं दिया। फिर भी उसकी सकाम चिन्ता बनी रही जिससे उसे स्वप्न में गुसाँईजी का संग मिला और वह गर्भवती हुई। इस प्रकार गंगाबाई का जन्म हुआ, जिसके बाद उसका देहान्त हो गया। बड़ी होकर गंगाबाई गोपालपुर आकर रहने लगी और गुसाँईजी की शरण में आई उसकी आयु 108 वर्ष, जन्म सं. 1628 देहान्त सं. 1736 दो सौ बावन वैष्णवन की वार्ता में दिया गया है।[35] परन्तु 'श्रीनाथजी की प्राकट्य वार्ता' से वह कम से कम सं. 1742 तकजीवित सिद्ध होती है। वहाँ कहा गया है कि माधवदास देसाई ने सं. 1742 में एक लाख रुपये के स्त्रियों के गहने श्रीनाथजी को भेंट किये थे। तब श्रीनाथजी ने दाऊजी महाराज को आदेश दिया था कि गहने पहनाकर गंगाबाई को भोग के समय श्रीनाथजी के समक्ष उपस्थित किया जाये और वैसा ही किया गया।[36] इससे गंगाबाई सं. 1742 तक तोजीवित ही सिद्ध होती है और उसकी आयु भी 108 नहीं 114 या उससे अधिक ठहरती है।

ऐसी दीर्घायु नारी द्वारा 'वल्लभकुल कौ प्रागट्य' लिखा जा सकता था। वह शिक्षिता थी उसके रचे अनेक पद भी प्राप्त हैं। परन्तु विष्णुदास छीपा से न तो उम्र की दृष्टि से बड़ी थी न सम्प्रदाय में प्रवेश की दृष्टि से। बड़े-बड़े पण्डितों को शास्त्रार्थ में निरुत्तर कर देने वाले विष्णुदास छीपा उससे वल्लभकुल के बारे में जानकारी माँगते यह कल्पना हास्यास्पद है। अतः इसकी रचना गंगाबाई द्वारा सम्भव नहीं।

ध्यान देने की बात है कि इस रचना में विष्णुदास को छीपा नहीं कहा गया है न रचयित्री को गंगाबाई। रचयित्री का नाम गंगा बेटी है। इस प्रकार की शब्दावली का प्रयोग साधारण नारियों के लिए होता है। सचमुच एक गंगा बेटी का नाम 'काँकरौली का इतिहास' में उपलब्ध है। काँकरौली के तीसरे तिलकायित श्रीगिरिधरजी महाराज की पुत्री का नाम गंगा बेटी था।[37] उनके जन्मकाल का उल्लेख नहीं पर उनके बड़े भाई श्रीद्वारकानाथजी का जन्म सं. 1682 में होने से उसका जन्म सं. 1685 के लगभग माना जा सकता है। यदि किसी अन्य गंगा बेटी की रचना न हो तो इसका रचनाकाल सं. 1705 के लगभग होगा यदि इसे बीस वर्ष की उम्र में रचित मानें। उक्त गंगा बेटी का देहान्त सं. 1736 में हुआ।[38] अतः

रचनाकाल उसके पूर्व ही होगा। इस स्थिति में जिसके लिए ''वल्लभकुल कौ प्रागट्य'' लिखा गया वे विष्णुदास भी विष्णुदास छीपा नहीं कोई साधारण और बहुत बाद के व्यक्ति होंगे।

सन्दर्भ:

1. डॉ. हरिहरनाथ टंडन, वार्ता साहित्य, अलीगढ़, सन् 1960, पृ. 261
2. वही, पृ. 170-172
3. वही, 170
4. श्रीद्वारकादास परीख, खटऋतुवार्ता, तृतीय आवृति, पृ. 56
5. वही, पृ. 57
6. वही
7. पं. कंठमणि शास्त्री, काँकरोली का इतिहास, काँकरोली, सं. 1996, पृ. 85; श्रीप्रभुदयाल मीतल, अष्टछाप-परिचय, द्वितीय संस्करण सं. 2006 पृ. 18
8. काँकरोली का इतिहास, पृ. 15; अष्टछाप-परिचय पृ. 4
9. प्रो. जे.जी. शाह, श्रीमद्वल्लभाचार्य: हिज फिलॉसफी ऐंड रेलीजन, नडियाद, 1969 ई. पृ. 4
10. प्रो. केशवराम का. शास्त्री श्रीवल्लभाचार्य महाप्रभुजी (गुजराती) अहमदाबाद, 1955, पृं. 51
11. वही, पृ. 59
12. वही, पृ. 70
13. वही, पृ. 50-51
14. वही, पृ. 56
15. चैतन्य चरितामृत (बँगला) कृष्णदास कविराज कृत, मध्यलीला, परिच्छेद 18, छन्द 42-48
16. इरफान हबीब (सं.) मध्यकालीन भारत (2) में इक्तिदार आलम खाँ का लेख अकबर के अन्तर्गत अमीर वर्ग तथा अकबर की धार्मिक नीति का विकास, राजकमल प्रकाशन, नई दिल्ली, पृ. 73-82
17. वही, फुटनोट पृ. 82
18. ननीगोपाल गोस्वामी चैतन्योत्तर युगे गौड़ीय वैष्णव (बँगला ग्रन्थ) करुण प्रकाशनी, कलकत्ता, बंगाब्द 1379
19. खट ऋतुवार्ता, तृतीय आवृति, पृ. 60
20. वही पृ. 60 (फुटनोट)
21. श्रीनाथजी की प्राकट्य वार्ता, नाथद्वारा, सं. 2025, पृ. 21-22

22. वही, पृ. 11
23. वही, पृ. 15
24. के.का. शास्त्री, श्रीवल्लभाचार्य महाप्रभुजी (गुजराती) अहमदाबाद, सन् 1955 ई. पृ. 108
25. चैतन्य चरितामृत, मध्यलीला, चतुर्थ परिच्छेद
26. वार्ता साहित्य, पृ. 246
27. श्रीनाथजी की प्राकट्य वार्ता, नाथद्वारा, पृ. 31
28. ये हैं-मोहनलाल विष्णुलाल पंड्या सं. खेमराज श्रीकृष्णदास, बम्बई से सं. 1961 में प्रकाशित; अहमदाबाद से लल्लूभाई छगनलाल देसाई प्रकाशित (प्रकाशन काल नहीं दिया) और नाथद्वारा संस्करण।
29. वार्ता साहित्य, पृ. 261
30. चौरासी वैष्णवन की वार्ता, गंगा विष्णु श्रीकृष्णदास बम्बई, सन् 1958, पृ. 325-26
31. चौरासी वैष्णवन की वार्ता (तीन जन्म की भावना वाली), इन्दौर सं. 2055, पृं. 596-97
32. अष्टछाप परिचय, पृ. 218
33. वही, पृ.
34. वार्ता साहित्य, पृ. 246
35. दो सौ बावन वैष्णवन की वार्ता, मथुरा सं. 2022 पृ. 98-99 (वार्ता सं. 51)
36. श्रीनाथजी की प्राकट्य वार्ता, नाथद्वारा, पृ. 91-92
37. काँकरोली का इतिहास, पृ. 127
38. वही, पृं. 153

5

चैतन्य सम्प्रदाय के अल्पज्ञात अज्ञात ब्रजभाषा-ग्रन्थ

उषा गोयल

मध्यकाल में विभिन्न संप्रदायों के अन्तर्गत विशाल कृष्ण-भक्ति साहित्य का सृजन हुआ। विभिन्न संप्रदायों के साहित्य पर विचार-विश्लेषण व अनुशीलन हिन्दी में हुआ है परन्तु चैतन्य संप्रदाय का हिन्दी साहित्य बहुत समय तक अज्ञात रहा। यह माना जाता रहा कि इस संप्रदाय के अंतर्गत संस्कृत व बंगला में सिद्धान्त-निरूपण व विपुल काव्य रचना की गईं किन्तु ब्रजभाषा में अति न्यून मात्रा में रचनाएँ हुई हैं। हाल के शोध कार्यों के परिणामस्वरूप इस संप्रदाय के अनेकानेक ब्रजभाषा हस्तलिखित ग्रन्थ उजागर हुए हैं।[1] अपने शोध कार्य के अन्तर्गत मुझे कई महत्त्वपूर्ण पांडुलिपियां मिली हैं।

वस्तुतः चैतन्य संप्रदाय का ब्रजभाषा काव्य परिमाण व साहित्य वैभव की दृष्टि से अत्यन्त समृद्ध है। इसमें विषय की व्यापकता, विविधता व गूढ़ भक्ति-तत्व दर्शन के साथ ही उच्चस्तरीय काव्य गुण भी निहित हैं। यह हमारे मध्ययुगीन ब्रज साहित्य व संस्कृति की अनुपम निधि है। इस संप्रदाय के शताधिक कवियों की परम्परा निर्बाध रूप से चली आ रही है जिसमें प्रमुख हैं-- माधवदास जगन्नाथी, रामराय भगवानदास, राधिकानाथ, गौरगणदास, सूरदासमदनमोहन, गदाधर भट्ट, हरिराम व्यास, चन्द्र गोपाल कृष्णदास, भगवत मुदित, माधुरीदास, वल्लभरसिक, किशोरीदास, मनोहरदास सुबलश्याम, प्रियादास, वृदावनचन्द्र, वैष्णवदास 'रसजानि', वृंदावन दास, हरिराम जौहरी 'रामहरि', ललित सखी, गोपालराय, हरिदेव, गो कृष्ण चैतन्य 'निज कवि', ललित किशोरी, गो. गल्लू जी, 'गुण मंजरी', ललित माधुरी, ललित लड़ैती, गो. शोभन लाल, बांकेपिया, विश्वेश्वर नाथ गुप्त 'मधुर'।

इन कवियों की रचनाओं की अनेक हस्तलिखित प्रतियां विभिन्न ग्रंथागारों में हैं। ये अधिकांशतः अप्रकाशित हैं। प्रस्तुत आलेख में चैतन्य संप्रदाय के महत्वपूर्ण ब्रजभाषा हस्तलिखित ग्रथों में से अल्पज्ञात व अज्ञात कुछ ग्रंथों का विवेचन किया जा रहा है।

माधवदास जगन्नाथीकृत ग्रन्थ

चैतन्य संप्रदाय के आरंभिक ब्रजभाषा कवियों में माधवदास जगन्नाथी का स्थान प्रमुख है। जगन्नाथ जी के परम भक्त होने और अधिकतर जगन्नाथ पुरी में निवास करने के कारण ये माधवदास जगन्नाथी के नाम से प्रसिद्ध हैं। इन्होंने अपनी अधिकांश रचनाओं के अंत में "श्री जगन्नाथ कौ दासानुदास गावै माधोदासा" लिखा है। ये चैतन्य महाप्रभु के दादागुरु श्री माधवेन्द्रपुरी के शिष्य थे।[2] जिस प्रकार अद्वैताचार्य और नित्यानन्द (गुरु भाई) महाप्रभु के अनुगत पार्षद हो गए उसी प्रकार संभवतः माधवदास भी अनुगत हुए होंगे। इसीलिए उन्हें चैतन्य सम्प्रदायान्तर्गत स्थान दिया जाता है।[3] इनका जन्म सन 1540 रचना काल सं. 1580 तथा गोलोक वास सं. 1610 के लगभग अनुमानित है। माधवादास जी 13 रचनाएं एवं अनेक स्फुट पद मिले हैं। इन रचनाओं की अनेक पांडुलिपियां विभिन्न संग्रहालयों में उपलब्ध होती हैं जिससे इनकी लोकप्रियता का पता चलता है। कवि कृत 'बाल लीला' नामक रचना में 66 दोहों में बालक कृष्ण की चपलताओं, गोपियों के उपालम्भ तथा माता यशोदा के वात्सल्य कृष्ण की सरल ब्रजभाषा में स्वाभाविक व्यंजना हुई है। 132 चौपाइयों में रचित 'जानराय लीला' में भागवत में वर्णित लीलाओं का अति संक्षेप में सूत्रात्मक कथन किया गया है। कृष्ण लीला से संबंधित 'जनम करम लीला' (100 दोहे) में हरिनाम संर्कीर्त्तन का महत्व भी प्रतिपादित हुआ है। कीर्तन-तत्व चैतन्य संप्रदाय की साधना का प्राण है। 'रथ लीला' कृति में (160 दोहे) जगन्नाथ जी की रूप शोभा व रथ यात्रा का सरस चित्रण है। रथ-यात्रा के अवसर पर चैतन्य महाप्रभु का पार्षदों सहित कीर्तन व नृत्य प्रसिद्ध है। 'ध्यान लीला' में (79 दोहे) सांप्रदायिक भावना के अनुरूप माधुर्योपासना के लिए ध्यान निष्ठा एवं वृंदावन का वर्णन सुललित भाषा में किया गया है। 'स्वयंवर लीला' में (234 दोहे) श्रीकृष्ण-रुक्मिणी की परिणय कथा है।

कवि कृत 'रघुनाथ लीला' का कथ्य राम कथा है जिसका निरूपण वाल्मीकि रामायण व विष्णु पुराण आदि के आधार पर किया गया है। यह वर्णनात्मक शैली में 266 दोहों में लिखी गई है। इस रचना का महत्त्व इसलिए और भी अधिक हो

जाता है कि यह गो. तुलसीदास से लगभग 50 वर्ष पूर्व ब्रजभाषा में लिखी गई थी। राम-कथा परंपरा में यह उल्लेखनीय है। 'नारायण लीला' नामक ग्रंथ (304 छंद) की सबसे अधिक हस्तलिखित प्रतियां उपलब्ध होती हैं जिससे इसकी लोकप्रियता सिद्ध होती है। इसमें जगन्नाथ नारायण की रूप शोभा व लीला का चित्रण है। यह रचना 'जगन्नाथ महात्म्य' के नाम से भी मिलती है। 'परतीति परिच्छेद' में (44 चौपाईयों) में राधा-कृष्ण की परम लीलाओं का सरस चित्रण है। माधुर्य के विस्तार के लिए छद्म लीलाओं की प्रसंगोद्भावना चैतन्य संप्रदाय की विशेषता है। 'ग्वालिन झगरौ' (18 छंद) में कृष्ण के बाल विनोद व गोपियों के उपालम्भ का सहज-सरस निरूपण है। माधवदास जी की अब तक अज्ञात दो लघु रचनाओं-'जय जय' एवं 'जयति' की 6 प्रतियां (48 पत्र) हमें अनुसंधान में महाराजा संग्रहालय जयपुर में मिली हैं। यह पोथी जयपुर महाराज रामसिंह प्रथम के समय (वि. सं. 1724 से वि. सं. 1746) की है। इस पर रामसिंह प्रथम की मोहर अंकित है। इसमें चौदह अवतारों से संबंधित पद हैं जिसमें उनकी स्तुति व लीलाओं का वर्णन है। जगन्नाथ जी की लीलाओं को अधिक विस्तार दिया गया है। इसी प्रकार अज्ञात रचना 'हनुमान जयति' (16 पत्र) की तीन ह. प्रतियां भी इसी संग्रहालय में मिली हैं। यह स्त्रोत काव्य है। हनुमान जी की स्तुति करते हुए कवि ने उनकी महिमा व बलशाली वीर रूप का वर्णन ओजस्वी भाषा में किया है। इस रचना की सर्वाधिक प्राचीन प्रति का लिपिकाल सं. 1876 है। इस रचना से पहले इस पोथी में कवि कृत 'नृसिंह जयति' (16 पत्र) नामक रचना में नृसिंह अवतार में भगवान के उग्र वीर बलशाली रूप की स्तुति, मरिमा लीला का गान है। वीर रस प्रधान इस रचना की भाषा ओज गुण से युक्त है।

महाराजा संग्रहालय जयपुर में कवि की उपर्युक्त रचनाओं की अनेक ह. प्रतियां हमें मिली हैं जिनमें सर्वाधिक प्राचीन पोथी सं. 1697 में लिपिबद्ध है। प्राच्य विद्या प्रतिष्ठान जोधपुर में सं. 1724 व. सं. 1897 में लिपिबद्ध दो प्रतियां हैं। डॉ. नरेश चन्द्र बंसल (कासगंज) के संग्रह में सं. 1740 में लिपिबद्ध एक प्राचीन प्रति व श्री जी की बड़ी कुंज वृंदावन में सं. 1776 में लिपिबद्ध प्रति है। माधवदास जी की इन कृतियों के अतिरिक्त इनके पदों की संख्या शताधिक है। ये पद विभिन्न ह. पद संग्रहों की पोथियों में संकलित हैं इनमें हैं— प्रा. वि. प्रतिष्ठान जोधपुर में तीन प्रतियां (लि. का क्रमशः सं 1789, सं. 1853 व. सं. 1840) प्रा. वि. प्र. जयपुर में सं. 1715 में लिपिबद्ध प्रति, महाराजा संग्रहालय जयपुर में 5 प्रतियां (तीन प्रतियों के लि. का. सं. 1697 सं. 1724 व. सं. 1965) एवं पु. हरिनारायण

विद्याभूषण के ग्रंथ संग्रट का गुटका (लि. का. सं. 1741)। विभिन्न ह. प्रतियों के आधार पर इनकी रचनाओं व पदों का संकलन पाठालोचन संपादन व प्रकाशन अपेक्षित है माधवदास जगन्नाथीकृत ग्रंथ भक्ति व काव्य दोनों दृष्टियों से उत्कृष्ट है। दो उदाहरण प्रस्तुत हैं—

लोचन चारु विशाल, विचित्र कमल दल राता।
कुंडल मंडित जुगल, भाल तिलक विख्याता।
अधर रंग सुढार सुधर, सुघटित सुभ नासा।
कुंबु कंदु मनि आसमान, सोभित पीत वासा।

–रथ लीला

हा लछमन हा रामचन्द्र, आबहु किन धाई।
हे वन पर्वत कहियो, जब आवहिं रघुराई।।
हे गोदावरि नदी तुम्हारे, पायन परि लागौं।
हे खग नग मृग जीवजिते, तुम पै यह मागौ।।
हे हे वनासपन्ती कहियो राम रावण हरि लीनी।
ए सब बचन विलाप सुनत पंछी धुन कीनी।।

–रघुनाथ लीला

भगवान दास के ग्रन्थ

राजस्थान के चैतन्य संप्रदायी अल्पज्ञात कवि राजा भगवानदास उत्कृष्ट भक्त व ब्रजभाषा पदकर्ता थे। चैतन्य संप्रदाय के भक्त कवि रामराय जी के द्वादश शिष्यों में इनका प्रमुख स्थान है। ये आमेर (जयपुर के राजा थे जिन्होंने गोवर्धन में श्री हरिदेव जी का मंदिर बनवाया था[4] ये अकबर के अनुगत राजा भारमल के पुत्र व राजा मानसिंह के पिता थे। वृंदावन के चैतन्य संप्रदायी मंदिर श्री गोविंददेव जी की प्रशस्ति में राजा भारमल्लात्मज भगवद्दास (भगवान दास) का राजा मानसिंह के पिता के रूप में उल्लेख हुआ है। जीव गोस्वामीकृत गोविंद मंदिराष्कटम्' की ह. प्रति से भी यह प्रमाणित होता है[5] इनका काल सं. 1590 से सं 1660 तक अनुमानित किया गया है।[6]

भगवानदासकृत पद ब्रजभाषा साहित्य की अमूल्य निधि है। इन्होंने अपने अधिकांश पद अपने गुरु रामराय जी की समर्पित करते हुए उनमें 'भगवान हित रामराय' नाम छाप प्रयुक्त की है। कुछ में 'भगवान सखी,' 'भगवान दास' की

छाप है। रामरायकृत 'आदि वाणी' व 'गीत गोविंद भाषा' तथा अन्य ग्रंथों –'वार्ता' 'क्षणदागीति चिन्तामणि' (मनोहरदासकृत) 'पद प्रसंग माला,' 'रागकल्पद्रुम' और प्राचीन कीर्तन पोथियों में भगवानदास के पद संकालित हैं। लगभग 300 पद उपलब्ध हुए हैं। भगवानदास रचित 148 पदों की एक प्राचीन ह. प्रति दिगंबर जैन मंदिर (ठोलिया का रास्ता, जौहरी बाजार) जयपुर में सुरक्षित है। इसकी फोटो स्टेट कॉपी हमारे पास है। सं. 1803 में लिपिबद्ध इस प्रति में कुल 65 पत्र हैं। कवि के पदों में कृष्णभक्ति परक माधुर्य भाव की अभिव्यंजना है। ये भाव व भाषा दोनों दृष्टियों से श्रेष्ठ हैं। भगवानदास कृत 'प्रेम पदारथ' अथवा 'मनोरथवल्लरी' नामक रचना नागरी प्रचारिणी सभा काशी के पुस्तकालय में विद्यमान है।[7] इसमें कृष्ण भक्ति की महिमा, फल तथा लक्षणों का निरूपण है। सभा की खोज रिपोर्ट में कवि कृत 'रुक्मिणी मंगल' व प्रहलाद चरित्र का भी उल्लेख हुआ।

भगवान दास कृत एक लम्बे पद का एक अंश द्रष्टव्य है-

एक स्यामा कनक कंज बदनी प्रेम मकरन्द भरी हरि निरखि बिगसी।
ताके सुबन्ध रहे नपटि स्यामल भ्रमर प्राण प्यारी भुजन बीच जुकुसी।।
रसिकमनि रंग भरे बिहरि वृन्दा विपिन संग सखी मण्डली प्रेम पागी।
कहे 'भगवान' हित रामराय प्रभु मिलि सोई जन जानें जाकों लगन लागी।।

मनोहरदास के ग्रंथ

बंगाली महात्मा मनोहरदास ब्रजभाषा के उत्कृष्ट कवि थे। कवि की रचनाओं में प्राप्त उल्लेखानुसार ये चैतन्य महाप्रभु के पार्षद गो. गोपाल भट्ट की शिष्य परम्परा में रामशरण चट्टराज (वेगुन कोला बंगाल के निवासी तत्पश्चात् वृंदावन के गोविंद मंदिर के सेवायत) के शिष्य और ठाकुर राधारमण जी के सेवक थे।[8] भक्तमाल' के सुप्रसिद्ध टीकाकार प्रियादास जी मनोहरदास जी के शिष्य थे।[9] प्रियादास जी जैसे सुप्रसिद्ध भक्त कवि द्वारा 'भक्तिरसबोधिनी टीका' में मनोहरदास जी का बहुगुण प्रशक्ति-गान इनके महत्व को सिद्ध करता है। ये वृंदावन में क्षेत्र-सन्यास लेकर राधा-कृष्ण व गौरांग चैतन्य की उपासना में लीन रहते थे मनोहरदास की कृतियों में इनके विभिन्न नाम-मनोहरदास, मनोहरण, मनहरण, रसिक मनोहर मनोहर राय प्रयुक्त हुए हैं। कवि ने अपनी रचनाओं में अपने इष्ट देव श्री राधारमण जी व चैतन्य महाप्रभु व उनके पार्षदों की वदना की है। इनकी रचनाओं में उल्लिखित रचना काल के आधार पर इनका जन्म संवत् 1710 के लगभग अनुमानित होता है।

मनोहरदास ने बंगला व ब्रजभाषा में राधा कृष्ण व चैतन्य महाप्रभु विषयक उत्कृष्ट रचनाएं की हैं। ये सच्चे महात्मा होने के साथ ही संस्कृत, बंगला ब्रजभाषा के विद्वान अध्येता, उत्कृष्ट कवि, सशक्त वक्ता व सरस गायक भी थे। मनोहरशाही कीर्तन-पद्धति भक्त समाज में विख्यात हुई। हिन्दी भाषियों के साथ ही अहिन्दी भाषी कवियों को भक्ति व ब्रजभाषा काव्य-रचना की ओर आकृष्ट करने में इनके योगदान का मूल्यांकन करने की महती आवश्यकता है। मनोहदास कृत 'श्री राधारमण रस सागर' 113 छन्दों में रचित माधुर्य भाव परक सुंदर रचना है। इसकी तीन प्रतियां वृंदावन शोध संस्थान, वृंदावन में विद्यमान हैं जिनमें रचना काल सं. 1757 की सावन वदि पंचमी उल्लिखित है। इस रचना की अनेक प्रतियां अन्य स्थलों पर विशेष रूप से राधारमणीय गोस्वामियों के पास उपलब्ध होती हैं जिससे इस रचना की प्रसिद्धि सिद्ध होती है। इस कृति में षड्ऋतुओं के अन्तर्गत राधारमणजी की विभिन्न लीलाओं-शृंगार, सेवा, विहार, केलि विलास, शयन आदि का अत्यन्त सरस व भावमय चित्रण किया गया है।

मनोहरदास कृत 'संप्रदाय बोधिनी' (117 दोहा) की सं. 1776 में लिपिबद्ध ह. प्रति कृषि जन्म भूमि सेवा संस्थान मथुरा के संग्रहालय में उपलब्ध है। वृंदावन शोध संस्थान में भी एक प्रति है। इसमें वैष्णव धर्म की चतुष्संप्रदाय परम्परा का उल्लेख कर सबके मूल गुरु श्रीनारायण को बताया गया है। 'क्षणदागीति चिंतामणि' में लगभग 50 प्राचीन कवियों के कुल 223 पद संकलित हैं। जिनमें 19 पद मनोहरदास के हैं। इसमें विश्वनाथ चक्रवर्ती कृत बंगला रचना 'क्षणदागीति चिंतामणि की शैली एवं नाम का अनुगमन किया गया है। इस रचना में क्षणदा (रात्रि) में राधा गोविंद की शृंगारिक नित्य विहार लीला का रस सिद्ध चित्रण है। महाप्रभु चैतन्य देव की अभ्यर्थना में उनके सुंदर चित्र खींचे गए हैं। इसमें कवि की अतिशय भावुकता पद लालित्य एवं भाषा की प्रांजलता द्रष्टव्य है। इस कृति की एक ह. प्रति गो. छुट्टन जी भट्ट (वृंदावन) के संग्रहालय में, दो प्रतियां वृंदावन शोध संस्थान में एवं एक प्रति श्रीकृष्ण ज. शोध पीठ मथुरा में सुराक्षित है। 'रसिक जीवनी' नामक रचना की ह. प्रति (लि. का. सं. 1816) कृष्ण ज. शोध पीठ, मथुरा में है जिसमें 40 कवियों (अधिकांशत चैतन्य संप्रदायी) की रचनाएं सम्मिलित हैं, मनोहरदास के 24 पद हैं। इसमें विभिन्न राग-रागनियों में राधा कृष्ण की मधुर लीलाओं के सरस पद हैं।

मनोहरदास की एक अज्ञात रचना 'रसिक कर्णाभरण लीला' की ह. प्रति

वृंदावन शोध संस्थान में मिली हैं। यह कविकृत सर्वाधिक प्राचीन रचना है। इसकी पुष्पिका में इनका रचना काल सं. 1754 दिया हुआ है। इसमें 19 खुले पत्र हैं जिनमें दोनों ओर लिखा हुआ है। विभिन्न छंदों में प्रांजल ब्रजी में रचित इस सरस लीला काव्य में प्रबंधात्मकता है। कथा के रूप में काव्य का प्रारंभ किया गया है। वृंदावन के श्री-सौन्दर्य, राधा कृष्ण की रूप शोभा एवं मधुर लीलाओं का भावपूर्ण चित्रण है। इस रचना के अतिरिक्त कविकृत तीन अन्य रचनाएं 'गौर गुणावली' 'वैष्णव संकीर्तन' व 'प्रार्थना' भी वृदावन शोध संस्थान में मिली हैं जो एक ही पोथी में है और मूलचन्द गोस्वामी द्वारा प्रदत्त है। 'गौर गुणावली' (कुल 13 पृष्ठ, 24 छंद) सुंदर अक्षरों में लिपिबद्ध महत्त्वपूर्ण रचना है। इसमें चैतन्य महाप्रभु की वंदना करते हुए उनके जीवन-चरित्र एवं लीलाओं का सुललित भाषा में मर्मस्पर्शी अंकन किया गया है। ब्रज-बंगला की विशिष्ट भावुक पद शैली व लय-ताल सम्मिश्रित वाणी प्रभावोत्पादक है। महाप्रभु चरित्र व सांप्रदायिक भावना के परिज्ञान की दृष्टि से इस रचना का महत्व है। चैतन्य संप्रदाय के बंगला काव्य में तो अनेक कवियों द्वारा चैतन्य महाप्रभु चरित्र व मधुर लीलाओं का सरस निरूपण हुआ ही है पर ब्रजभाषा में भी कई कवियों ने चैतन्य लीला विषयक पदों की रचना की है इनमें मनोहरदास का विशिष्ट व अनुपम प्रदेय है। महाप्रभु चैतन्य विषयक पदावली चैतन्य संप्रदाय के साहित्य की अपनी पृथक् विशिष्टता एवं ब्रज-बंगला की समन्वित भाव संपदा होने के साथ ही भारतीय सांस्कृतिक धारा की भी बहुमूल्य निधि है।

मनोहरदासकृत शताधिक पद विभिन्न पद संग्रहों में—'समय प्रबंध' (पोथी लि. का. सं. 1877) 'पद कल्पतरु' 'श्री गौरांग पदावली' व अन्य संग्रहों में उपलब्ध हुए हैं। कविकृत निम्न पद में वर्षा ऋतु के सांग रूपक द्वारा गौर चंद्र चैतन्य के प्रेम प्रधान रूप चित्रण के अन्तर्गत साहित्य अनुभावों की सुंदर अभिव्यंजना हुई है—

देखो री एक गौर मेह, नख, शिख ते मानो धर्‍यो है देह।
नृत्य करत मानो प्रेम पवन वश, नयन झरत मानौ वर्षा धन रस।।
वरण वरण आभूषण राजत, मानहुं विज्जुल माला साजत।।
बिच बिच अट्टहास मनु गर्जनि, थरहरात हिय रोम रोम सुनि।
सींचत स्वजन बेलि मानो उलहीं, भनत 'मनोहर' नाहिन तुलहीं।।

हरिराम जौहरी 'रामहरि' के ग्रंथ

हरिराम जी का उपनाम 'रामहरि' था जो उनकी अधिकतर काव्य-रचनाओं में

प्रयुक्त हुआ है। ये मेरे पिता स्व. श्री विश्वेश्वरनाथ जी गुप्त 'मधुर' (टाटीवाला) के पूर्वज थे और उनके 5 पीढ़ी पूर्व हुए थे। ये बंसल गोत्रीय अग्रवाल वैष्णव थे। इनके पिता का नाम लक्ष्मणदास था। इनके पूर्वज पंजाब प्रान्त के 'महिम' नामक स्थान के निवासी थे और जब सवाई जयसिंह ने जयपुर बसाया तब यहां आकर बस गये, इसी से ये महमिया कहलाने लगे।[10] रामहरि जी के हस्ताक्षर में लिपिबद्ध पोथी में उनके जौहरी और महमिया होने का उल्लेख इस प्रकार हुआ है-"पोथी हरीराम जोहरी मेमिया की छं बाचैं पढैं जिनै जै गोपाल छै" उस समय से चला आ रहा जौहरी का काम परिवार में आज भी विद्यमान छै। उस समय से चला आ रहा जौहरी का काम परिवार में आज भी विद्यान है।

हरिराम जी श्री राधारमण जी के उपासक श्री गोपाल भट्ट गोस्वामी की शिष्य परंपरा में हुए थे। इन्होंने अपनी समस्त रचनाओं के आरंभ में इष्टदेव श्रीराधारमण जी और चैतन्य महाप्रभु की वंदना की है। अपने जीवन के आरंभिक काल में ये जयपुर में रहे, बाद में वृंदावन में निवास करने लगे थे। कवि रामहरि की कृतियों में उल्लिखित रचनाकाल के आधार पर इनका जन्म सं. 1775 के लगभग व देहावसान सं. 1840 के लगभग अनुमानित है कवि कृत 8 रचनाओं का प्रकाशन बाबा कृष्णदास (कुसुम सरोवर, मथुरा) ने 'रामहरि ग्रन्थावली' नाम से सं. 2008 में किया जो अब अनुपलब्ध है।

रामहरि कृत 'ध्यान रहसि' व स्फुट पदों की एक ह. प्रति डॉ. नरेश चन्द्र बंसल के संग्रह में है इसकी फोटोस्टेट कॉपी हमारे पास है। स्वयं कवि के द्वारा यह पोथी सं. 1822 में सवाई जयपुर में लिपिबद्ध हुई है। सुंदर अक्षरों में लिखित इस पोथी में कुल 279 पत्र हैं जिसमें कवि की स्वयं की रचना 'ध्यान रहसि' व स्फुट पदों के अतिरिक्त अन्य कवियों-मीरा, नंददास, सुंदरदास, परमानंददास, वृंद, नागरीदास आदि के भी पद संकलित हैं। कवि की रचनाओं की एक ह. प्रति कृष्ण जन्म भूमि सेवा संस्थान मथुरा में उपलब्ध है।

'ध्यान रहसि' रामहरि की प्रारंभिक कृति है जिसकी पुष्पिका में इसका रचना काल सं. 1822 दिया हुआ है। यह बारहखड़ी के रूप में रचित 37 छंदों की लघु रचना है। 'बुधि विलास' (कुल 255 दोहे) की रचना साखी शैली पर है। इसमें कवि के स्वयं के दोहों के साथ अन्य कवियों के छंद भी संकलित हैं। ये भक्ति, नीति, उपदेश, विरह आदि विषयों से संबंधित हैं। इस रचना की पूर्ति सं. 1832 की ज्येष्ठ शुक्ल 3 रविवार को हुई थी। 'सतहंसी' नामक चमत्कारणपूर्ण रचना (रचना काल सं. 1833) में कुल 102 दोहे हैं। इसमें राधा कृष्ण एवं सखियों के

मध्य संवादों में चमकालंकार के प्रचुर प्रयोग द्वारा चमत्कार उत्पन्न किया गया है। कवि की काव्य-प्रतिभा की उत्कृष्ट अभिव्यक्ति हुई है। 'लघु नामावली' (र.का. सं. 1834 वृंदावन) कोश-रचना है जो धनंजय कोश, अमर कोश, नंददासकृत 'नामावली' एवं 'अनेकार्य मंजरी' का आधार लेकर लिखी गई है। 102 दोहों में समानार्थी शब्दों का संकलन है। लघु शब्दावली (र. का. सं 1834) भी 100 दोहों में रचित कोशात्मक रचना है। 'बोधबावली' 54 दोहों की उपदेशात्मक लघु रचना (र. का. सं.1835 वृंदावन) है। प्रेम पत्री 10 दोहों की प्रणय पत्रिका (र. का. सं. 1836) है। गोपियों के पत्र रूप में लिखित इस रचना में सरलता भवमयता एवं सरसता है। रस पचीसी (26 दोहे-चौपाई) में राधा कृष्ण के अंग सौन्दर्य एवं रूप लावण्य का चित्रण है। रामहरि जी की रचनाओं के दो उदाहरण प्रस्तुत हैं-

नैंन लगे ते जान ही और न जानत कोइ।
रामहरी ए नेहरा सुधि बुधि देवैं खोइ।। बुधि विलास
बिना प्रेम हरि मिलत नहिं महा कठिन यह प्रेम।
रामहरी तजि जग विषै, भजौ कृष्ण करि नेम।। बोध बावनी

रामहरि जी के वंशज स्वं. श्री विश्वेश्वर नाथ गुप्त (लेखिका के पिता) ने मधुर उपनाम से ब्रजभाषा व राजस्थानी में सुंदर पदों की रचना की है। इनकी रचनाओं के पूर्व प्रकाशित दो संकलनों 'गोपाल पद मंजरी' व 'गौर गोपाल पद मंजरी' का पुनः प्रकाशन 'मधुर पद मंजरी' नाम से (स. कवि की सुपुत्रियाँ उषा गोयल व डॉ. रमा गुप्ता) हुआ है। मधुर जी ने राधा कृष्ण व चैतन्य महाप्रभु के जीवन चरित्र व लीलाओं से सम्बन्धित विपुल सरस पदों क्री रचना की है जिनका भजन उत्सवों में गायन होता है। परिवार में लगभग सौ वर्ष से हर पूर्णिमा पर चैतन्य महाप्रभु व राधा कृष्ण भजन उत्सव का आयोजन निरन्तर होता आ रहा है।

गोपालराय के ग्रन्थ

कवि गोपालराय का उपनाम गुपाल कवि था। ये जाति के ब्रह्म भट्ट थे और वृंदावन के रहने वाले थे। इनके पिता का नाम खड्गराय उपनाम प्रवीन राय था।[11] पटियाला महाराज कर्णसिंह के छोटे भाई अजीत सिंह इनके प्रधान आश्रय दाता थे। कवि की कृतियों में उल्लिखित रचना काल के आधार पर इनका जन्म सं. 1855 के लगभग और निधन सं. 1920 के लगभग अनुमानित किया जा सकता

है। इन्होंने अपनी रचनाओं में इष्टदेव राधारमण जी और चैतन्य महाप्रभु की वंदना की है।

गोपालराय उत्तम भक्त एवं श्रेष्ठ कवि थे। इनका सर्वाधिक महत्वपूर्ण एवं प्रसिद्ध ग्रंथ 'श्री वृंदावन धामानुरागावली' है। इसमें ब्रज महिमा का विस्तृत वर्णन करते हुए अनन्य भक्ति भाव प्रदर्शित किया गया है इनकी अनेक प्रतियां अनेक स्थलों पर हैं। वृंदावन के गो. राधाचरण जी के पुस्तकालय की इस रचना की ह. प्रति डॉ. नरेशचन्द्र बंसल के पास है। इस प्रति का विशेष महत्व इसलिए है कि यह स्वयं कवि के हाथ की लिखी हुई है। इसमें छोटी सांची के कुल 304 पृष्ठ हैं। यह 40 अध्यायों में पूर्ण वृहद् ग्रन्थ है इसका रचनाकाल व लिपिकाल सं. 1900 है। इसमें वृंदावन की चक्र बेधी परिक्रमा का वर्णन करते हुए उसमें स्थित दर्शनीय स्थलों का विश्वसनीय व्यक्तियों से सुना हुआ एवं स्वयं कवि द्वारा प्रत्यक्ष में देखा हुआ विस्तृत वर्णन है। इससे तत्कालीन वृंदावन के संबंध में महत्वपूर्ण जानकारी मिलती है जो वहां का इतिहास लिखने में सहायक हो सकती है। इसकी शैली वर्णनात्मक, परिचयात्मक एवं सरल है।

गोपालरायकृत अन्य ग्रंथों में 'दंपति वाक्य विलास' (104 पृष्ठों का) में परदेश के सुख-दुख, यात्रा, कथा कीर्तन, रोजगार आदि के प्रबंधों का वर्णन है। इसकी ह. प्रति (लि. का. सं. 1932 व र. का. सं. 1885) जोधपुर के प्राच्य दिया प्रतिष्ठाान में सुरक्षित है। 'रस सागर' नायिका भेद एवं रस शास्त्रीय रचना है। 'ध्वनि विलास' में काव्य के दोषों का तथा 'भूषण विलास' में (97 पृष्ठों में) अलंकारों का निरूपण है। कविकृत अन्य 4 रचनाएं भी मिलती हैं।

गो. कृष्ण चैतन्य निज कवि के ग्रंथ

कवि कृष्ण चैतन्य का काव्योपनाम 'निज कवि' था। रीतिकालीन अंतिम चरण के कवियों में इनका महत्त्वपूर्ण स्थान है किंतु जानकारी के अभाव में ये अब तक हिन्दी साहित्य के इतिहास ग्रंथों में उपेक्षित रहे हैं। इनकी काव्य-रचना 'उक्ति-जुक्ति रस कौमुदी' में प्राप्त उल्लेख के अनुसार ज्ञात होता है कि ये वृंदावनस्थ राधारमणीय गोस्वामी श्रीरास बिहारी लाल जी के सुपुत्र थे। ये पिता पुत्र गौड़ ब्राह्मण व चैतन्य संप्रदाय के थे। इनके इष्टदेव श्री राधारमण जी थे और आचार्य चैतन्य महाप्रभु।[12] इनकी कृतियों में उल्लिखित रचनाकाल व लिपिकाल के आधार पर कवि का रचनाकाल सं. 1900 से 1940 तथा निधन सं. 1940 के लगभग अनुमानित होता है।

गो. कृष्ण चैतन्य संस्कृत व ब्रजभाषा के उच्चकोटि के विद्वान कवि, व काव्य कला विशारद आचार्य थे। इन्होंने अनेक ब्रजभाषा काव्य-ग्रंन्थों की रचना की है जिनमें सबसे विशद एवं महत्वपूर्ण कृति 'उक्ति जुक्ति रस कौमुदी' है। इसकी हस्तालिखित प्रति (सं. 1928 में लिपिबद्ध) बाबू ब्रजरत्नदास के संग्रह में है जिसमें कुल 454 पत्र हैं। इस प्रति का अधिकांश भाग ही नरेश चन्द्र वंसल (कासगंज) के पास है। इसकी लिपि सुन्दर व स्पष्ट है। सोलह कलाओं में पूर्ण इस ग्रन्थ में कुल 5471 छंद व पद हैं। यह एक काव्यशास्त्रीय ग्रंथ है जिसमें काव्यांगों का लक्षण उदाहरण सहित विस्तृत विवेचन है। इस ग्रंथ की दूसरी कला 'प्रेम सुधारकर शाला' (1000 छंद व पद) में विरह की दशाओं का भेदोपभेद सहित निरूपण करते हुए उसके उदाहरण के रूप में स्वयं कवि द्वारा रचित उद्धव चरित्र नामक काव्य लिखा गया है। यह कवि की स्वतंत्र रचना भी मानी जा सकती है। यह एक प्रबन्धात्मक रचना है जिसमें कवि की प्रगाढ़ भक्ति भावना एवं अद्वितीय काव्य प्रतिभा प्रगट हुई है। विरह काव्य एवं संदेश काव्य परंपरा में रचित इस कृति में पर्याप्त मौलिकता, चारुता, गंभीरता, एवं मार्मिकता है 'उद्धव' चरित्र में उद्धव के ब्रज में जाते की कथा है। श्री कृष्ण के कहने पर उद्धव का ब्रज में जाना, राधा गोपियों नन्द यशोदा एवं ब्रजवासियों की विरह-व्याकुल दशा देखना तथा उन्हें ज्ञान का उपदेश देना, गोपियों के वक्रोक्ति युक्त उपालंभों-प्रत्युत्तरों से उद्धव का प्रभावित होना, एवं प्रेम में उन्मन्त उद्धव का मथुरा में लौटना-इन सबका अत्यन्त मार्मिक चित्रण हुआ है। उद्धव के कहने पर कृष्ण ब्रज में आकर ब्रजवासियों के दुःख का निवारण करते हैं एवं गोपियों के साथ महारास रचाते हैं। इसमें वियोग व संयोग की विविध स्थितियों व चित्तवृत्तियों का उत्कृष्ट चित्रण हुआ है। साहित्यिक दृष्टि से निज कवि की वह महत्त्वपूर्ण रसात्मक कृति है। कवि की अन्य 4 रचनाएं व स्फुट पद भी मिलते हैं। 'उद्धव चरित्र' से एक उदाहरण प्रस्तुत है-

सोच परिहरो धरो धीरज रखा की सौंह
रावरी कुसल हित हरि जू को लाऊंगो।
'निज जू' तिहारे पासु यही ब्रज माँझ तासु,
राखिए बिसासु खासु दरस दिखाऊंगो।।
मथुरा में जाइ ऐन विरह निवेदन वैं,
नैन वारि चरन पखारि समझाऊँगो।

सपथ किये हौं कहूँ लाए बिना रहूँ नाहिं,
कान्ह हूँ कहीं है यदि बेगि ब्रज जाऊँगो।।

ललित किशोरी के ग्रंथ

ललित किशोरी सुप्रसिद्ध भक्त कवि हैं। ललित किशोरी और इनके भ्राता ललित माधुरी के ये काव्योपनाम थे मूल नाम क्रमशः शाह कुंदनलाल एवं फुंदनलाल थे। इनके पूर्वज हांसी हिसार के निवासी जौहरी थे। अवध के नवाब ने उनके पितामह को शाह की उपाधि प्रदान की तभी से इनका परिवार शाह वंश कहलाने लगा। ये अग्रवाल वैश्य थे। 'अभिलाष माधुरी' (ललित किशोरीकृत) की भूमिका में ललित किशोरी के पौत्र शाह गौरशरण गुप्त ने इनका जीवन परिचय प्रकाशित किया है। उससे ज्ञात होता है कि इनका जन्म सं. 1882 में लखनऊ में हुआ था। इन्होंने अध्यवसायपूर्वक अनेक भाषाओं का ज्ञान प्राप्त किया। ये ज्ञान, वाद्य, नाट्य आदि ललित कलाओं के उत्कृष्ट ज्ञाता और रत्नों के अच्छे पारखी थे। सं. 1913 में वृंदावन आकार ये स्थायी रूप से निवास करने लगे। यहाँ इन्होंने संगमरमर का विशाल व भव्य मंदिर बनवाया जो 'शाह जी के मंदिर' के नाम से प्रसिद्ध है। ये भक्त, महात्मा, साधक, विद्वान एवं रसिक कवि थे। बड़े-बड़े प्रवीण गायकों एवं रास के स्वरूपों को ये गान की शिक्षा देते थे। इनका निधन सं. 1930 में हुआ।

ललित किशोरी ने ब्रजभाषा में श्रेष्ठ व सरस पदों की रचना की है कुछ रचनाएं उर्दू-फारसी में भी हैं। 'रस कलिका' कवि कृत बृहद अप्रकाशित उत्कृष्ट ग्रंथ है जिसकी हस्तलिखित प्रति कवि के पौत्र शाह गौरशरण गुप्त (शाह जी का मंदिर, वृंदावन) के पास सुरक्षित है। इसमें कुल 866 पत्र हैं। यह ग्रंथ 24 दलों में विभाजित किया गया है जिनमें 8879 पद हैं। प्रत्येक दल के अन्त में इनके भ्राता ललित माधुरी जी के शाह फुंदनलाल नाम से सर्राफी लिपि में हस्ताक्षर अंकित हैं। इसका लिपिकाल सं. 1939 एवं लिपिकार पं. केशवदेव शर्मा है। 'रस कलिका' का कुछ अंश 'लघु रस कलिका' के नाम से लीथो में शिला यंत्रालय मथुरा से प्रकाशित हुआ है जो वृंदावन शोध संस्थान में है। 'रस कलिका' भक्ति व काव्य दोनों दृष्टियों से श्रेष्ठ ग्रंथ है। माधुर्य भक्ति का भावपूर्व विस्तार इसमें हुआ है। आरंभ में श्रीराधारमण देव, चैतन्य महाप्रभु व उनके पार्षदों की वंदना की गई है। इसके 24 दलों के माधुरी नाम उनमें निरूपित राधा कृष्ण की लीला प्रसंगों के आधार पर अलग-अलग दिए गए हैं। विभिन्न राग-रागनियों में निबद्ध पदों के साथ ही छंदों का भी प्रयोग है। कुछ उर्दू फारसी की गजलों का भी समावेश है।

भजन-उत्सवों, कीर्तन मंडलियों एवं समाजों में कवि के पदों का व्यापक रूप से गायन इनकी लोक प्रियता सिद्ध करता है। कविकृत अभिलाष माधुरी प्रकाशित रचना है। इसकी ह. प्रति प्राच्य विद्या प्रतिष्ठान अलवर व वृंदावन शोध संस्थान में है।

कवि ललित किशोरी का एक पद दृष्टव्य है जिसमें राधा-कृष्ण के परस्पर अनुरागमय मिलन में प्रेम, उमंग, उल्साह, हर्ष के भाव एवं अनुभावों की सुंदर व्यंजना हुई है-

झूलत अलबेलो अलबेली।
पुलकित अंग अनंग लजावत बरसत रंग सुरत भुज मेली।
परसत विहसि कपोल कपोलन जोरत नैनन नवल नवेली।।
ललित किशोरी उमगि मिलत ज्यों नील लता सों कंचन बेली।।[13]

निष्कर्षतः कहा जा सकता है कि चैतन्य संप्रदाय के ब्रजभाषा काव्य ग्रंथों का भक्ति भाव व्यंजना, रसानुभूति, अध्यात्म-दर्शन शिल्प, कलागत सौन्दर्य, समाजिक व मानवीय मान मूल्य, सांस्कृतिक वैभव, सांगीतिक रागात्मकता— सभी दृष्टियों से अपूर्व व चिरन्तन योगदान है। इसका महत्व भक्ति के साथ-साथ उच्च कोटि के साहित्य के रूप में भी है। यह हमारे ब्रज साहित्य व भारतीय संस्कृति की अमूल्य निधि है। विपुल मात्रा में उपलब्ध इन हस्तलिखित प्रतियों के पाठानुसंधान पूर्वक वैज्ञानिक अध्ययन, सम्पादन, समीक्षण व प्रकाशन की महती आवश्यकता है काल के गर्त में विनष्ट होने से बचाने के लिए इस अमूल्य धरोहर का समय रहते संरक्षण व प्रकाशन आवश्यक है।

सन्दर्भ

1. विस्तृत अध्ययन हेतु द्रष्टव्य-चैतन्य संप्रदाय का ब्रजभाषा काव्य-डॉ. उषा गोयल, प्र. नेशनल पब्लिशिंग हाउस, दिल्ली। चैतन्य संप्रदायः सिद्धान्त और साहित्य-डॉ. नरेश चन्द्र बंसल, प्र. विनोद पुस्तक मंदिर, आगरा।
2 बंगला भक्तमाल, लालदास कृत, पृ. 214 (ख) वृंदावन कथा (बंगला में पुलिन बिहारी दत्त कृत), पृ. 239 (ग) चैतन्य मत और ब्रज साहित्य— प्रभुदयाल मीतल. पृ. 132।

3. चैतन्य संप्रदाय: सिद्धान्त और साहित्य-डॉ. नरेश चन्द्र बंसल पृ. 217
4. 'आदि वाणी' और 'गीत गोविंद भाषा' की भूमिकाएं— यमुनावल्लभ गोस्वामी एवं नागरी प्र. खोज रिपोर्ट 1938, पृ. 5.1 भक्तिरस बोधिनी टीका प्रियादास, कवित्त सं. 621।
5. 'गोविंद मंदिराष्टकम्'— जीव गोस्वामी द्वारा सं. 1647 में रचित, एवं सं. 1727 में श्री वृंदावनदास द्वारा गोविंद मंदिर वृंदावन के शिलालेख से बंगाक्षरों में प्रतिलिपित ह. प्रति, वृंदावन शोध संस्थान, वृंदावन इसका चित्र: श्री चैतन्य महाप्रभु: संस्कृति और साहित्य (सं. डॉ. उषा गोयल व डॉ. नरेश चन्द्र बंसल) नामक ग्रंथ में मुद्रित हुआ है।
6. चैतन्य संप्रदाय: सिद्धान्त और साहित्य-डॉ. नरेशचन्द्र बंसल पृ. 262
7. खोज रिपोर्ट-अठारहवां त्रैवार्षिक विवरण, प्रथम भाग, सं. विश्वनाथ प्रसाद मिश्र, सं. 167, पृं. 106
8. राधारमण रस सागर (ह. प्रति) छं. सं. 1 व 112, वृंदावन शोध संस्थान, ग्रं. सं. 6836 व अन्य प्रतियां। संप्रदाय बोधिनी (ह. प्रति लि. का. सं. 1776) दोहा सं. 1, कृष्ण जन्म भूमि सेवा संस्थान, मथुरा व मनोहरदास जी की रचनाओं की अन्य ह. प्रतियां।
9. भक्तिरस बोधिनी टीका-प्रियादास कृत, क. 630-32
10. रामहरि जी की रचनाओं की ह. प्रति (लि. का. सं. 1822) पद सं. 176 की पुष्पिका -डॉ. नरेश चन्द्र बंसल का संग्रह, इसकी फोटो स्टेट कॉपी डॉ. उषा गोयल के पास है।
11. दंपति वाक्य विलास-गोपालरायकृत ह. प्रति (लि. का. सं. 1932) प्रारंभिक व अंतिम पत्र में उल्लेख हुआ है।
12. उक्ति-जुक्ति रस कौमुदी, हस्तलिखित प्रति, पत्र 1, 2; छंद 3-6 एवं सोलहवीं कला की पुष्पिका।
13. रस कलिका द. 13 हिंडोल माधुरी प. 16

6

BALADEVA VIDYABHŪṢAṆA AND SOME UNPUBLISHED MANUSCRIPTS

DEMIAN MARTINS

गोविन्ददेवदयितं परमार्थपूर्णं विदत्सु हा जयपुरे जयभूषितं वै।
न्यायश्रुतिस्मृतिविवादसमोर्ध्वहीनं वैदान्तरिक्थबलदेवयतिं नमामि।।

"I offer my humble obeisances unto the great sage Śrīla Baladeva Vidyābhūṣaṇa. Being very dear to Lord Govindajī and surcharged with transcendental knowledge, he became decorated with victory in the assembly of learned scholars in Jaipur. Nobody was equal or superior to him in debates on the *śruti, smṛti* or *nyāya*, for he possessed the treasure of fully knowing the conclusion of all Vedic scriptures."

Gauḍīya Vedānta Ācārya Baladeva Vidyabhūṣaṇa was one of the greatest scholars of the eighteenth century and the most important Gauḍīya philosopher after Śrīla Jīva Gosvāmī. There is hardly any available information about his early life, except for several rumors. The Vaiṣṇavas coming in the Śyāmānanda-parivāra affirm that he was born in a village nearby Remunā, in the Balasore District, Odisha. They do so based on oral tradition and a statement found in Kṛṣṇa-carana-dāsa's *Śyāmānanda-prahāśa* (10.22), where it is described that Śyāmānanda Paṇḍita was once wandering in a village in the Kṣīracora Gopīnātha, temple area and suddenly summoned Baladeva:

बलदेव नाम तिन वार उच्चारिल
महाप्रभु यैछे नरोत्तमे प्रकाशिल

"Śyāmānanda Prabhu uttered the name of Baladeva three times, just as Lord Caītanya Mahāprabhu had previously done to evoke Narottama dāsa." The date of his birth is still unknown, but we may infer that it was either at the end of the seventeenth century or at the beginning of the eighteenth century. Kṛṣṇa-carana dāsa was one or two generations older than Baladeva, so it is possible that by the time *Śyāmānanda-prakāśa* was completed, Baladeva was already renowned. There is a controversy regarding his family background, and somehow it has been spread that he belonged to the Khaṇḍāyat community. The only authentic evidence found so far consists of a few manuscripts where Baladeva names himself as the son of Gaṅgādhara Māṇikya, as at the end of his *Śabda-sudhā:*

माणिक्यगङ्गाधरसूनुनेयं विनिर्मिता शब्दसुधा मितात्मा।
बलेन विद्यैकविभूषणेन धियं शिशूनां पठतां तनोतु।।

"This brief *Śabda-sudhā* was composed by the son of Gaṅgādhara Māṇikya, Baladeva, whose sole ornament is knowledge. May it increase the intellect of the students who read it."

Tradition says that in his early years he studied in a pāthaśālā on the bank of the Chilka Lake, Odisha, and later went to Mysore, where he joined the Mādhva sampradāya. This connection is confirmed by his own words at the end of his *Siddhānta-ratna:*

आनन्दतीर्थप्लुतमच्युतं मे चैतन्यभास्वत्प्रभयातिफुल्लम्।
चेतोऽरविन्दं प्रियतामरन्दं पिबत्यलिः सच्छवि तत्त्ववादः।।

"Absorbed in tatta-vāda, my bee like mind drinks a

beautiful lotus which was spread by Madhvācārya and became fully blossomed by the effulgent rays of Caitanya Mahāprabhu and is filled with the nectar of love for Kṛṣṇa."

In the commentary to this verse it is clearly stated that Baladeva was indeed initiated in the line of Madhvācārya. Some claim that he also took *sannyāsa*, but no evidence to this has been shown so far. On the contrary, mentioning one's father's name, as seen above, would be unethical for someone who took a *sannyāsa* vow, thus giving up all connections with relatives. Moreover, an eighteenth century painting of Vidyābhūṣaṇa is seen in the Rādhā Gokulānanda temple in Vrindavan in which he is depicted wearing a brāhmaṇa thread. If the painting is original and actually drawn by someone who saw him, then it factually disproves the *sannyāsa* version, as per tradition, Madhvas give up their thread upon taking *sannyāsa*. His contact with Lord Caitanya's philosophy happened in Jagannātha Puri when he met Rādhā-Dāmodara Gosvāmī, who was then the *sevādhikārī* in the Kuñja Maṭhā. Baladeva later accepted his as guru, as he states at the end of his commentary on Rādhā-Dāmodara' *Chandaḥ-koustubha:*

अर्चितनयनानन्दो राधादामोदरो गुरुर्जीयात्।
विवृणोमि यस्य कृपया छन्दःकौस्तुभमहं मितवाक्।।

"All glories to my guru, Śrīla Radha-Dāmodara Gosvāmī, who worshipped Śrīla Nayanānanda Gowvāmī as his spiritual master. By his mercy. I am writing this commentary on the *Chandaḥ-kaustubha* in a few words."

His connection with the Śyāmānanda-parivāra is corroborated by the folowing verse which appears in the *Tattva-dīpikā, Śyāmānanda-śaṭaka-ṭīkā and Śāhitya-kaumudī.*

श्यामां रसिकान्नयनान्यानन्दयन् यश्चकास्ति सदा।
विस्मापकदामोदरलीलो वतु नः स गोविन्दः।।

"Govindajī eternally shines, displaying wonderful pastimes

such as the Dāmodara-līlā, and in this way He delights Śrīmatī Rādhārāṇī, His devotees and the eyes of everyone. May He protect us."

Here he alludes to four generations of ācāryas preceding him in the Śyānanda-parivāra, whose disciplic succession is as follows :

1. Lord Caitanya and Nityānanda Prabhu
2. Gauridāsa Paṇḍita
3. Hṛdaya-caitanya Ṭhākura
4. Śyāmānanda Paṇḍita
5. Rasikānanda Murārī
6. Nayanānanda Gosvāmī
7. Rādhā-Dāmodara Gosvāmī

Afterwards Baladeva set for Vrindavan, where he studied Śrīmad-Bhāgavatam with Viśvanātha Cakravartī, who is thus acknowledged in the mangalācaraṇa of his commentary on the tenth skandha:

श्रीमद्यशोदासुतकेलिसिन्धुं विगाहमानस्य ममाल्पशक्तेः।
सनातनश्रीधरविश्वनाथदयालवः सम्प्रति शक्तिराशिः।।

"Although I have little strength, I am now diving in the ocean of the glorious pastimes of the son of Mother yośodā, and the merciful Sanātana Gosvāmī, Śrīdhara Svāmī and Viśvanātha Chakravartī are a great source of energy for me."

In those days there was some dispute in the place presently known as Jaipur regarding the credibility of the Gaudīyas, who had brought Govindadeva from Vrindavan to protect him from the Muslim desecrators. There are many versions of the incidents that took place, and although there is still a shortage of available historical documentation to put all the pieces of the puzzle together, it is clear that some philosophical controversies arose among the local Vaiṣṇava community and the newcomer Gauḍīyas. It seems that the

local Rāmānandīs objected against the mode of worship of the Gauḍīyas, who first worshipped Govinda and then Nārāyaṇa, and also against the worship Rādhārāṇī, which they did not accept as legitimate. A third objection was regarding the apparent lack of affiliation of the Gauḍīya sect to any of the four recognized Vaiṣṇava sampradāyas coming from Viṣṇu Svāmī Nimbārkācārya, Rāmānujācārya and Madhvācārya. Baladeva played an essential role in this dispute by writing down his magnum opus called *Govinda-bhāṣya*, establishing the Gauḍīya line as a bona fide school of Vedānta sprung from the Madhva sampradāya. In the beginning of his *Prameya-ratnāvali*, he presents the names of the Gauḍīya paramparā as follows:

श्री कृष्णब्रह्मदेवर्षिबादरायणसंज्ञकान्।
श्रीमध्वश्रीपद्मनाभश्रीमन्नरहरिमाधवान्।।
अक्षोभ्यजयतीर्थज्ञानसिन्धुदयानिधीन् ।
श्री विद्यानिधिराजेन्द्रजयधर्मान् क्रमाद्वयम्।।
पुरुषोतमब्रह्मण्यव्यासतीर्थांश्व संस्तुमः।
ततो लक्ष्मीपतिं माधवेन्द्रं च भक्तितः ।।
तच्छिष्यान् श्रीश्वराद्वैतनित्यानन्दान् जगद्गुरून्।
देवमीश्वरशिष्यं श्रीचैतन्यं च भजामहे।
श्रीकृष्णप्रेमदाने येन निस्तारितं जगत्।।

At the end of the *Suddhānta-ratna.* Baladeva tells us how he got the title "Vidyābhūṣaṇa":

विद्यारूपं भूषणं मे प्रदाय ख्यातिं निन्ये तेन यो मामुदारः।
श्रीगोनिन्दः स्वसनिर्दिष्टभाष्यो राधाबन्धुर्बन्धुराङ्गः स जीयात्।।

"All glories to the handsome Lord Govindadeva. Who stands beautifully in a bent pose and is the friend of Śrīmati Rādhikā. Having appeared in my dreams. He commanded me to write this commentary and then made me become

famous as *Vidyābhūṣaṇa*."

It is said that this title was given by King Sawai Jai Singh, who ruled from 1699 to 1743, with whom Baladeva kept a lifelong relationship. Baladeva then installed a deity called Vijaya Gopala in the Galta gaddi, the main center of the Rāmānāndīs. Another deity called Vijaya Govinda, now present in Vrindavan in the Rādhā-Gokulānanda Temple, was also installed, although his original place was still not ascertained. The names of these deities corroborate that actually a dispute took place and that Baladeva was the one who won the case on behalf of the Gauḍīyas, who even today conduct the worship of Govindadeva in Jaipur without any hindrance and are recognized as a legititmate sampradāya among other Vaiṣṇava groups. He possibly stayed with Viśvanātha in the Rādhā Gokulānanda Temple until he was appointed as the *sevā adhikārī* in the Rādhā-Śyāmasundara Temple in Vrindavan. According to the present temple authorities, he installed the large Rādhā-Śyāmasundara deities there in 1719 AD although some historians find this date probably too early. We know from a few records kept in the Jaipur State archives that he left this world in 1793 AD. If both dates are accurate. Vidyābhūṣaṇa possibly lived for more than a hundred years. His samādhi is located at the back side of the same Rādhā Śyāmasundara Temple.

Baladeva Vidyābhūṣaṇa has more than twenty literary works to his credit, some of which are still unpublished, while others seem to have been lost. Unfortunately, he did not leave a list with the names of his compositions, so we are still eventually coming across manuscripts which were not previously heard of, but whose authorship is beyond any doubt, especially if they were transcribed by Dayānidhi, who seems to have been Baladeva's personal scribe and possibly his disciple too, and Dayānidhi's handwriting style is not that of a professional. He also revised a good number of Baladeva's manuscripts transcribed by others. We know his name from a *Govinda-bhāṣya* manuscript kept in the

Śyāmānanda gaddī. Gopivallabhpur, in which Dayānidhi identifies himself as the son of the minister of the King of Kurmācala. Besides books, he also wrote a number of letters which were signed by Vidyābhūṣaṇa.

Brahma-Sūtra-Kārikā-bhāṣya

This is an important manuscript found in the collection of King Sawai Jai Singh, who personally ordered Vidyābhūṣaṇa to write it, as clearly stated in the opening verse:

नत्वा व्यासं सर्वसिद्धिप्रदेशं दत्तानुज्ञः श्रीलराजाधिराजैः।
भाष्यं विद्याभूषणो ब्रह्मसूत्रेष्वच्छार्थाभि : कारिताभिर्विधत्ते।।

"Having bowed down in Śrīla Vyāsadeva, the abode of all perfections, Vidyābhūṣaṇa composes this commentary on the Brahma-sūtras in concise verses with clear meaning, having being ordered by the king of kings."

The commentary was written in *anuṣṭup* and briefly gives the meaning of each sūtra. According to the traditional account, Baladeva wrote a *Brahma-sūtra* commentary in a few days. It is most probable that this commentary was the *Kārikā-bhāṣya* instead of the *Govinda-bhāṣya,* which is much longer and complex in all respects, although no date is mentioned on the available manuscripts of either texts. Morever, it would be somewhat futile to compose such a short treatise after having compiled a comprehensive commentary in the form of *Govinda-bhāṣya.* We don't know the background behind the King's order, but two major causes seem to be possible. The first cause could be the criticism against the Gauḍīya for their lack of a *Brahma-sūtra* commentary. If it is true that there was indeed an urgent need for a commentary and a deadline to present it, the *Kārikā-bhāṣya* would have come into existence on time to fulfil the demands. A second possible reason would be the personal interest of King Sawai Jai Singh in acquiring a diversity of philosophical texts for

his own study and for reference purpose. The King himself authored several books on religion and philosophy, and his library, which is still well preserved in the city palace in jaipur, has a significant number of treatises in this field, many of which had been commissioned by him.

In the last verse, the author corroborates the statement made in the beginning:

श्रीमद्राजाधिराजानामाज्ञया रचितं मया।
विद्याभूषणसंज्ञेन कारिकाभाष्यमाश्रितम्।।
यद्यप्यत्र न वैचित्री काचिदस्ति तथापि ते।
मोदिष्यन्ते मुदं यज्ज्ञा लभन्ते बलमाषिते।।

"By the order of the king of kings, I, Vidyābhūṣaṇa, have composed this *Kārikā-bhāṣya* and resorted to it. Although there is nothing extraordinary here, still the wise will take pleasure in it just like they do in the words of a child."

By the word "āśrita", which means "to resort to", "to have recourse to", it is suggested that Baladeva indeed utilzed this commentary in a moment of need. It is also possible that his Majesty Sawai Jai Singh ordered the composition of a commentary for the particular purpose of establishing the authority of the Gauḍīya sampradāyā and thus put an end to all the controversies and disruption of the regular worship of Govindadeva. In the last words, the author expresses his humbleness and absolute lack of pretension, something for which he was well known. In the same mood, his main commentary was named *Govinda-bhāṣya* instead of being named after the author's name as it is usually done.

Only two manuscript copies of this text have been found so far, in contrast to *Govinda-bhāṣya,* whose copies are available all over India. This fact may corroborate that the book was indeed just meant for the King's personal studies. Otherwise, Vidyabhūṣaṇa might have written it for some other purpose and did not give copies to others because he was planning to write an extensive commentary which would serve all the purposes.

Tattva-dīpikā

This is another manuscript found in Maharaj Sawai Jai Singh's collection and it is also possible that it was meant for his personal study, although there is no dedication mentioned anywhere in the text. The manuscript was transcribed by Dayānidhi and we have not been able to locate other copies yet . The presentation and contents resemble Mādhava's *Sarva-darśana-saṅgraha* in many respects consisting of a brief exposition of a number of different philosophical systems and their respective faults. The author starts with the following verse:

प्रेमास्पदत्वेन निरस्तभेदं भेदं स्वरूपेण यदप्यजस्रम्।
यो दर्शयामास परात्मतत्त्वं स नोऽवतातात्पीतवपुर्मुकुन्दः।।

"May Lord Caitanya Mahāprabhu, who is Lord Mukunda in a golden form, always protect us. he revealed that He, the Supreme Absolute Truth, as the ultimate object of love, is devoid of difference, and yet, by His original constitutional position, He is perpetually a distinct Supreme Person."[1]

By the words "*nirasta-bheda*" and "*bheda*", Vidyābhūṣaṇa is referring to the philosophy of acintya-bhedābheda propounded by Lord Caitanya Mahāprabhu, which was later extensively described by the Gosvāmīs of Vrindavan in their books. Therefore, in the next verse, the author offers respectful obeisances at the dust of of the feet of Śrīla Rūpa Gosvāmī and Śrīla Sanātana Gosvāmī. The topic of the book is introduced in the following words: "There are two kinds of people in this world, divided as believers (*āstikas*) and non-

1. There are three basic kinds of differences internal (*svagata-bheda*), among objects belonging to the same class (*sajātīya*), and among objects belonging to different classes (*vijātīya*). Lord Kṛṣṇa is non-different from His body and non-different from His unlimited incarnations, but He is ontologically eternally diffeerent from the living entities.

believers (*nāstikas*). Non-believers are insane people who despise God and the Vedas, even though they are celebrated in all disciplie traditions, just as one despises his own father. Such people deceive others by means of fallacious reasonings which are concocted according to their own mental illusions. Even among the so-called believers there are some who, resorting to certain scriptual passages, oppose the view presented by Śrī Bādarāyaṇa and propound another philosophy, and in this way they become similar to non-believers. In their case, even if one who desires liberation has acquired a general knowledge of the Truth, as long as they are not shown the proper means to attain an established conclusion and how their arguments are inconclusive, the aspiration for the real meaning of the Upanisads does not appear. Therefore, first their respective philosophical views will be stated and then it will be shown how they are unsubstantiated. It is indeed quite fair that when the non-believers' views are stated by someone else's mouth, they never sound logical."

Baladeva then proceeds to discuss about the following philosophical systems: Bauddha, Jain, Cārvaka, Nyāya, Mimāmsā, Sāmkhya, Pātañjala, Bhāskara, Pāśupata, Advaita, etc. In the last portion, the Bhāgavata philosophy is presented as the natural and spotless conclusion of all scriptures, according to which Lord Kṛṣṇa is the Supreme Lord and the unalloyed devotion for him is the ultimate good of life for all living entities.

At the end, Baladeva offers his respects to several of his predecessor ācāryas with the verse previously mentioned and then to Pītāmbara, who is said to have been his philosophy teacher:

वेदान्तदान्तहृदयै रचितं मयैतत्संगृह्य युक्तिनिचयं मितभाषितेन।
पीताम्बरस्य करुणावरुणालयस्य कारुण्यतः कृतमुदेतु मुदे बुधानाम्।।

"Having collected the writings of those who control their

minds by means of the Vedānta philosophy, by the mercy of Pītāmbara, who is an ocean of mercy, I have compiled this book in brief words, but full of logic. May it give joy to the learned."

This same verse also appears at the end of the *Siddhānta-ratna,* and therein the commentator affirms that Pītāmbara was a renounced celibate and Baladeva's teacher in the Mādhva sampradāya. The author then ends the *Tattva-dīpikā* with a somewhat ambiguous statement:

विद्याभूषणकृतिना प्रकाशितः सोऽयमद्भुतो दीपः।
प्रतिकूलवातसङ्गेऽप्यचञ्चलो यत्समुल्लसति।।

"This wonderful lamp was lit as a composition of Vidyābhūṣaṇa, and it shines immovable even among unfavourable winds."

We are left to guess what Baladeva meant by "unfavourable winds". It may either refer to all the different philosophical schools which are unfavourable to pure *bhakti,* or it may suggest that the author himself faced opposing elements while writing the book.

ŚABDA-SUDHĀ

This is a didactical book on grammar in which Baladeva presents and explains the subject in his own words. The pūrvārddha starts with obeisances to Lord Govindadeva, followed by the Sanskrit vowels and consonants and their respective classifications. In the sequence, the author explains sandhi, the formation of various nouns in the three genders, samāsa, and then ends the section with the taddhita prakriyā. The uttarārddha starts with the ākhyāta prakriyā, then saṁjñā-prakaraṇa, several verbal formations in different tenses, and it ends with thte kṛt-prātyaya rules. He then suggests that those who want to know more about these topics can refer to Pāṇini. As previously quoted, in the last verse Baladeva

expresses his wishes that grammar students may benefit by studying this book. To the present moment, only one manuscript copy of this text has been found, dated 1801 samvat. The handwriting is of a professional one done in good style and utilizing high quality ink and paper. It extends over ninty-three folios.

PADA-KAUSTUBHA

This is a grammatical treatise on Pāṇini's sūtras. It starts with the following verses.

गोविन्दं सच्चिदानन्दं नत्वा पाणिनिनिर्मितैः।
तत्प्रीत्यै ग्रथ्यते सूत्रैः सुवर्णैः पदकोस्तुभः।।

"Having bowed down to Lord Govinda, Who is eternally full of bliss and knowledge, for His pleasure this *Pada-kaustubha* is being arranged with the golden aphorisms of Pāṇini."

गुरवः शिवरामाख्या जयन्ति यदनुग्रहात्।
पाणिनीयसुधासिन्धुर्मयकाप्यनुभूयते।।

"All glories to my teacher named Śivarāma, by whose mercy I got access to the nectarian ocean of Pāṇnini's grammar."

Here Baladeva names another of his teachers, although he does not give us any further information, such as his lineage and location. The text starts with the māheśvāra sūtras, followed by the definitions and sandhī rules. It is mostly a concise compilation of some selected sūtras arranged in an order different than that presented by other authors. Althouth the explanations are mostly a verbatim reproduction of Varadarāja's Laghu-siddhāntā-kaumudī, Baladeva sometimes adds or abridges some statements, and brings illustrations using Vaiṣṇava vocabulary. For example, in the sūtra *sthāne'ntaratamaḥ* (Pāṇini' 1.1.50), he illustrates its

application: madhu + ari = madhvari. There used to be several copies of this text, but at present only an incomplete manuscript has been found, whose last portion is missing, so we still don't know the extension of the original text.

LAGHU -SIDDHĀNTA-KAUSTUBHA

In this book, Vidyābhūṣaṇa rearranged the original sūtra of Pāṇini and the commentaries of Varadarāja in his Laghu-siddhānta-kaumudī in a different order and added his own examples utilizing the names of Lord Kṛṣṇa and His incarnations to illustrate the various grammatical rules. It basically differs from the Pada-kaustubha for containing more sūtras, which are also presented in a different order here. The mangalācaraṇa is as follows:

कृष्णं प्रणम्य सर्वेशं तत्प्रीत्यै ग्रथ्यते मया।
सुवर्णैः पाणिनेः सूत्रैर्लघुसिद्धान्तकौस्तुभः।।

"Having bowed down to the Supreme Lord Śrī Kṛṣṇa, it is for His satisfaction that this *Laghu-siddhānta-kaustubha* is now been arranged by me with the golden aphorisms of Pāṇini."

The topics are presented in the following order: Māheśvara sūtras, definitions, sandhi, nominal formations and declensions in all genders, indeclinaable words, verbal formations and conjugations, kṛdanta, Kāraka, samāsa, taddhita, and strī-pratyaya. To give an instance, in the taddhita-prakaraṇa, we find the *sūtra bāhvādibhyaś ca* (Pāṇini 4.2.96), "After *bāhu,* etc. the affix *iñ* should also be employed." Baladeva then gives as examples: Bāhavī, Kārṣṇī, Dāśarathī, and Saumitrī.

At the end, the author salutes his grammar teacher:

वन्द्यास्ते वरविदुषां जयन्ति शिवरामसंज्ञका गुरवः।।

"All glories to my grammar teacher, Śivarāma, who is

venerable among the best of scholars."

Vidyābhūṣaṇa concludes by saying that those who want to learn more on grammar may read the *Bṛhat-siddhānta-kaustubha*. We have not been able to locate any copy of this text yet, so it is possible that he just intended to write this book. We are still to find evidence that he ever did it. There are a few manuscript copies of the *Laghu-siddhānta-kaustubha* in different places, most of which are incomplete. The only complete copy found so far was handwritten by Dayānidhi and contains 145 folios.

The following works are attributed to Baladeva Vidyābhūṣaṇa:

I. Iśopaniṣad-bhāṣya; 2. Aiśvarya-kādambinī; 3. Kāvya-kaustubha; 4. Gopāla-tāpanyupaniṣad-bhāṣya; 5. Chandaḥ-kaustubha-bhāṣya; 6. Tattva-dīpikā; 7. Tattva-sandarbha-ṭikā; 8. Pada-kaustubha; 9. Prameya-ratnāvalī; 10. Brahma-sūtra-kārikā-bhāṣya; 11. Bhagavad-gītā-bhāṣya; 12. Laghu-bhāgavatāmṛta-ṭīka; 13. Laghu-siddhānta-kaustubha; 14. Viṣṇu-sahasra-nāma-bhāṣya; 15. Brahma-sūtra-Govinda-bhāṣya; 16. Vedānta-syamantaka; 17. Śabda-sudhā; 18. Śrīmad-bhāgavata-bhāṣya (Vaiṣvānandinī) skandha 1 and 10, 19. Śyāmānanda-śataka-ṭīka; 20. Sāhitya-kaumudī; 21. Siddhānta-darpaṇa; 22. Sīddhānta-ratna; 23. Stava-mālā-bhāṣya.

The following works attributed to Vidyābhūṣaṇa are supposedly lost:

1. Commentary on all of Jiva Gosvāmī's Sandarbhas; 2. Commentary on ten Upaniṣads; 3. Commentary on the whole Śrīmad-Bhāgavatam; 4. Candrāloka-ṭikā; 5. Nāṭaka-candrikā-ṭikā; 6. Bṛhat-siddhānta-kaustubha; 7. Vyākaraṇa-kaumudī.

7

रस-भक्ति-धारा का अज्ञात एवं अल्पज्ञात वाणी साहित्य

जयेश खण्डेलवाल 'हितजसअलि'

जिस एकांत तत्व को श्रुतियों ने अज, अविनाशी, अनन्त, सर्वव्यापक, निर्गुण निराकार और सगुण साकार कहकर प्रकीर्तित किया है; उसी परम तत्व को विबुधजनों ने ब्रह्म, परमात्मा और भगवान कहकर वर्णन किया है। परम तत्व के स्वरूप वर्णन संदर्भ में ही उसे परम सत्, परम चित्, परमानन्द और 'रस' कहकर भी प्रशंसित किया गया है। जहाँ पर एक ओर श्रुतियों द्वारा उद्गीत परम तत्व का यह स्वरूप वर्णन परम सत्य है वहीं पर महज्जनों द्वारा स्वीकृत यह तथ्य भी परम सत्य है कि वह (उसका रूप) श्रुतियों द्वारा अलक्षित ही बना रहा है। यही कारण है कि उन्होंने उसके निकटतम स्वरूप का कोई परिचय विशेष नहीं दिया है। उसके रूप का वर्णन करते हुए इदमित्थं नहीं लिखा है; अपितु "नेति नेति" शब्द के द्वारा उस अलक्षित रूप के अस्तित्व का संकेत अवश्य किया है।

भगवान के निर्गुण निराकार स्वरूपोपासक और सगुण स्वरूपोपासक भक्तों में से किसी ने निर्गुण निराकार स्वरूप को और किसी ने सगुण साकार स्वरूप को अपना उपास्य बनाया और उसका नित्य सामीप्य प्राप्त करने के लिए विभिन्न भक्ति मार्ग भी लोक प्रत्यक्ष किये।

सुचिर पूर्वकाल से चली आ रही परमतत्व-स्वरूप के ऊहापोह की चिन्तन धारा विक्रम की नवीं शताब्दी में आकर आचार्य शंकर द्वारा प्रवर्तित निर्गुण भक्ति धारा और बारहवीं शताब्दी के आसपास रामानुजाचार्यादि आचार्य चतुष्टय द्वारा प्रवर्तित सगुण भक्ति धारा (भक्ति के चार मार्गों) के रूप में लोक प्रत्यक्ष हुई। यह सब कुछ तो हुआ किन्तु परम तत्व का पूर्णतम परात्पर रूप अब भी अलक्षित ही बना रहा। निर्गुण भक्ति और सगुण भक्ति के अध्वावरणों में प्रच्छन्न ही बना रहा।

विक्रम की सोहलवीं शताब्दी में आविर्भूत गो. श्रीहित हरिवंश जी ने एक परम रहस्य का उद्‌घाटन किया। उन्होंने विद्वद् सम्वेद्य शब्दों में उद्‌घोष किया कि-"श्रुतियों, बुधजनों, भगवत संज्ञक महापुरुषों और भगवान के द्वारा विमृग्य तत्व परमानन्द का भी सार-'रस' है। यह 'रस तत्व' श्री, ब्रह्मा, रुद्र, शुक और नारदादिकों के लिए भी अचिन्त्य (दुर्गम) है, जो केवल अपने निज धाम वृन्दावन मे अद्वय युगल रस मूर्ति श्यामा-श्याम रूप से नित्य प्रेम क्रीड़ा परायण बना रहता है। इस 'रस' रूप की चिन्तन धारा का ही नाम 'रस भक्ति धारा' है। सरस्वती सलिरता की भाँति प्रत्यक्षाप्रत्यक्ष इस रस भक्ति धारा का सांगोपांग परिचय साधारण जन, बुधजन और भक्तजनों से अज्ञात ही रहा है। इस रस भक्ति धारा का परमोपास्य 'प्रेम' किंवा 'रस' है। 'रस' की नित्य प्रेम क्रीड़ा का सगुद्‌गान ही इस रसभक्ति धारा का अपना रस साहित्य है। इस रस साहित्य की अपनी श्री है। वह नाट्य ग्रन्थ, लीला वर्णनात्मक ग्रन्थ, भक्ति उपदेशात्मक ग्रन्थ तथा ऐतिहासिक ग्रन्थों की गौरवमयी सुषमा से समृद्धवान है।

हिन्दी साहित्य के विद्वान लेखकों ने गो. हित हरिवंशोदित इस रसभक्ति धारा को सगुण भक्ति धारा की कृष्णभक्ति शाखा, रसोपासक रसिकों को कृष्ण भक्ति कवि और रसिक वाणी ग्रन्थों को कृष्ण भक्ति काव्य लिखकर इनका परिचय दिया है। जबकि गो. श्रीहितहरिवंशजी और तदनुगत रसिकजनों की वाणियों के स्फुट उद्‌घोष इसे पूर्ववर्ती सभी महत् मार्गों से पृथक् सिद्ध करते हैं—

दूरे स्निग्ध परम्परा विजयतां, दूरे सुहृन्मण्डली।
भृत्याः सन्तु विदूरतो ब्रजपतेरन्यः प्रसंगः कुतः ... ।।
देवानामथ भक्त मुक्त सुहृदामत्यन्त दूरं च यत्।
प्रेमानंद रसं महा सुखकरं चोच्चारितं प्रेमतः ... ।।
लक्ष्म्या यस्य न गोचरी ... ।
यन्नारदाजेश शुकैरगम्यं वृन्दावने वंजुल मंजु कुंजे ... ।
गोविन्द प्रिय वर्ग दुर्गम सखी वृन्दैरनालक्षिता ... ।।
किमीशेन श्याम प्रिय मिलन यत्नै रपि च किम्।
ब्रह्मानन्दैक वादाः कतिचन भगवद्वन्दनानन्द मत्ताः।
केचिद् गोविन्द सख्याद्यनुपम परमानन्दमन्ये स्वदन्ते।।

राधासुधानिधि, गो. हितहरिवंशजी, श्लोक सं. 73, 96, 239, 128, 147

गोकुलनाथ महा ब्रज वैभव लीला अनेक न चित्त खटाई।
जो भजि देख्यौ जसोदा कौ नंदन, तौ विश्व दिखाई सबै तन में।
अब यामें मिलौनी मिलै न कछू, जब खेलत रास सदा वन में।।

सेवक वाणी, अनन्यता टेक प्रकरण, सेवकजी

यही कारण है कि श्रीहिताचार्य द्वारा आविर्भूत रस भक्ति धारा और इस धारा के रसोपासक रसिकों का स्वरूप आलोकित कहे जाने पर भी अनालोकित ही रहा आया और इनके रस साहित्य का वास्तविक मूल्यांकन नहीं हो सका।

रस भक्ति धारा के आविर्भाव काल से लेकर आज तक के सुदीर्घ काल में ऐसे अनेकानेक ज्ञात, अल्पज्ञात और सर्वथा अज्ञात वाणीकार रसिक हुए हैं। इन्हें ही ब्रज साहित्य को अपार सागर बनाने का श्रेय दिया जाना चाहिए; क्योंकि इनकी रम्य रचनाओं को ब्रज साहित्य से पृथक कर दिया जाए तो ब्रज-साहित्य के आककर में अँगुलियों में गिने जाने वाले कवि ही शेष रह जायेंगे। मेरी दृष्टि में इस रस साहित्य के अप्रकाश का मुख्य कारण प्रेम केलि वर्णना की गोपनीयता ही रही होगी। तभी तो यहाँ के रसिकों ने यह उद्बोधन दिया है—

यह रस तौ मन ही मन राखौ। भक्ति-हीन सौं कबहुँ न भाखौ।
पिय-प्यारी कौ प्रेम रस, सकहि तौ मन में राखि।
या रस के भेदी बिना, काहू सौं जिन भाखि।

बयालीस लीला, रसानन्द लीला हित ध्रुवदासजी

इस रस साहित्य के अप्रकाश का दूसरा कारण यह भी है कि वह अन्वेषकों की दृष्टि से दूर प्राचीन हस्तलिखित ग्रन्थों के रूप में ही छिपा पड़ा हुआ है। वृन्दावन के अधिकांश घर ऐसे हैं जहाँ रसभक्ति साहित्य की पाण्डुलिपियाँ हजारों की मात्रा में विद्यमान हैं; किन्तु दुख के साथ कहना पड़ रहा है कि उन्हें देखने दिखाने के लिए उदारतापूर्ण दृष्टि का अभाव है। यदि इन पाण्डुलिपि संग्रहों के स्वामी उदारतावादी दृष्टिकोण अपनायेंगे तो निश्चित ही रसभक्ति धारा के अनेकानेक रसिक-रत्न विद्यत्जनों की दृष्टि में आयेंगे और उनके रस-साहित्य का मूल्यांकन हो सकेगा। इन वाणीग्रन्थों की पाण्डुलिपियाँ मथुरा, बरसाना, संकेतवट, सिवार ग्राम, नन्दग्राम, राधाकुण्ड, बठैन, बादग्राम, हाथरस, कुसुम सरोवर, गोवर्धन, अलीगढ़, बड़ौन, जयपुर, जोधपुर, कोटा, उदयपुर, अलवर, भरतपुर, कोलारस, शिवपुरी,

झाँसी, दतिया, छतरपुर, अहमदाबाद, बड़ौदा, भड़ौच, मेहमदाबाद, पानसर, कलोल, सूरत, झूलासन, उन्नाव, पटना, मिर्जापुर, बनारस, इलाहाबाद, कानपुर, दिल्ली नीम का थाना, डुंगासरा, लखनऊ, हर्दीगंज, गया, ग्वालियर, सेंवड़ा, समथर, हुसंगाबाद, आगरा, भिण्ड, छत्तीसगढ़, कलकत्ता, कासगंज और बीकानेर आदि अनेक व्यक्तिगत संग्रहों और राजकीय संग्रहालयों में सुरक्षित हैं। वृन्दावन के प्राचीन घरानों को तो यदि पृथक-पृथक साहित्य-संस्थानों की संज्ञा दी जाए तो कोई अत्युक्ति नहीं होगी। आज भी इन घरों में रसिक-वाणियों की हज़ारों पाण्डुलिपियाँ वेष्टनवद्ध पड़ी हुईं हैं। इतना ही नहीं अमेरिका एवं इंग्लैण्ड की यूनिवर्सिटी के ग्रन्थगारों में भी रसभक्ति साहित्य की पाण्डुलिपियाँ पर्याप्त रूप से उपलब्ध हैं। इस सन्दर्भ में डॉ. परमेश्वरीलाल गुप्त का खोज विवरण पठनीय है।

इन प्राचीन वाणियों के रख-रखाव की दृष्टि से वर्तमान स्थिति पूर्णतः बदल चुकी है। भौतिकता की चकाचौंध ने इस प्राचीन वाणी साहित्य के प्रति हमें पूर्णतः उदासीन बना दिया है। आज हम इन पाण्डुलिपियों को नष्ट करते जा रहे हैं। कहीं इन्हें रद्दी का ढेर समझकर इनकी बिक्री की जा रही है तो कहीं इन्हें कूड़ा-करकट समझकर अग्निदेव को समर्पित किया जा रहा है, कहीं इन्हें गला-गलाकर डलियाँ व टोकरियाँ बनाई जा रही हैं तो कहीं ये नदियों में विसर्जित की जा रही हैं। कहीं-कहीं दीमक, कीड़ों और मूषकों का भोजन बन रही हैं तो कहीं सीलन के कारण पूरे बस्ते की वाणियों ने एक पाषाड़-खण्ड का रूप धारण कर लिया है।

ये वाणियाँ रस की ही वाणी किंवा रस का वांगमय स्वरूप हैं। अतः रसिकजन इन वाणियों को और परमोपास्य श्यामा-श्याम को अभेद स्वरूप मानते हैं तथा परमोपास्य की भाँति ही इन वाणियों का स्तवन, पूजन और कीर्तिगान किया करते हैं। वाणियों को आराध्य की भाँति मानने का दूसरा कारण यह भी है कि नाम और नामी की भाँति वाणी और वर्ण्य का अभेद भी प्रकृत सिद्ध है—

गाये गावत गाइहैं, वाणी-वर्ण्य अभेद।
पूज्य सदा प्रभु रूप में, वाणी कहियत वेद।।

हितशास्त्र, वाणी प्रसंग, मदनमोहनदासजी

यही कारण है कि राधाबल्लभ सम्प्रदाय में वाणियों को माला-चन्दनादि से चर्चित करके भोग भी समर्पित किया जाता है। सेवकजी ने वाणी की स्वरूप गरिमा का उद्गान करते हुए लिखा है कि हे रसिकजनो! यदि तुम रसरीति का

फल अर्थात् रसमूर्ति दम्पति की नित्य निकुंज लीलाओं का दर्शन शीघ्र से शीघ्र चाहते हो तो श्रीहरिवंश-वाणी का निरन्तर कथन-श्रवण करो-

रसिक जो सद्य चाहत तु रसरीति फल, तौ कहौ अरु सुनौ हरिवंश-वानी।

—सेवकवाणी, वाणी प्रकरण, सेवकजी

इसी प्रकार किसी रसिक ने वाणी को दम्पति के निकट दृष्टा नैंन कहकर, किसी ने वाणी को उनके मिलने का पता कहकर और किसी ने वाणी के अक्षरों को श्यामा-श्याम के धुर धाम तक पहुँचाने वाली पालकी कहकर महिमा मण्डित किया है-

बन्दौं रसिक रसज्ञजन, अति करुणा के ऐंन।
वाणी दम्पति-मिलन कौं, जिननि बनाये नैंन।।
इन नैंननि बल जे चले, पहुँचे निस्संदेह। . . .
वाणी पाती प्रेम की, व्यौरौ लिख्यौ बनाइ।
बाँच बूझिकैं जो चलै, प्रीतम के घर जाइ।।
पाती वारे धनी कौ, जहाँ देश घर-ग्राम।
प्रीति-पगनि-बल पहुँचिहै, बूझत-बूझत ग्राम।।

समय प्रबन्ध षष्ठम्, चाचा वृन्दावनदासजी, अन्तिम दोहा

अक्षर धुर की पालकी, आई रसिकनि लैंन।
वाह-वाह करि रहि गये, चढ़े सु पहुँचे ऐंन।।

नागर समुच्चय, नागरीदासजी

वृन्दावन रस रसिकों की वाणी संज्ञक ये रचनायें, कवित्त, सवैया, दोहा, सोरठा, चौपाई, दुपई, अरिल्ल, रोला, त्रिपदी, त्रोटक, छप्पय आदि विविध छन्दों, माँझों और गेय पदों में वर्णित है; साथ ही सभी गुणों और अलंकारों से समलंकृत भी दिखाई देती हैं। अत: इन वाणियों के वास्तविक स्वरूप से अपरिचित जन इन्हें भी साधारण कविता कहें तो कोई आश्चर्य नहीं किन्तु इनके स्वरूप से परिचित विवेकीजन और रसोपासक रसिकजन इन वाणियों को न तो साधारण काव्य कहकर ही सम्बोधित करते और न भक्तिकाव्य कहकर। वे तो इन्हें साक्षात् अपनी इष्ट

वस्तु मानते हुए सर्वसाधारण को आदेश तक देते हैं कि तुम इन वाणियों को कविता मत समझो-

चित दै समुझौ वस्तु जो, कविता लखौ न कोइ।

रस आन्हिक सत, ब्रजजीवनदासजी

हिन्दी साहित्य के सभी इतिहासकार और ब्रजभाषा साहित्य के समालोचकगण प्रेमोपासक रसिकों की वाणियों को अब तक कविता किंवा काव्य की संज्ञा ही देते रहे हैं। वाणी के बाह्य स्वरूप को देखते हुए इन्हें काव्य कहना कोई अनौचित्य पूर्ण कार्य भी नहीं है फिर भी कविता और वाणी के अन्तःस्वरूप में अनेक अन्तर हैं और ये सूक्ष्म अन्तर रसिक-हृदय संवेद्य ही हैं; फिर भी कुछ स्थूल अन्तर स्पष्ट किये जा रहे हैं-

कविता	वाणी
1. कवि वही होता है जो काव्य शास्त्र का सम्यक् ज्ञाता हो। वह अपनी काव्य कुशलता द्वारा ही रस निष्पन्न करता है। इस प्रयास में वह सफल भी होता है और असफल भी। अन्तराशय यह है कि 'कविता' रस का उद्गलन नहीं प्रत्युत रस बनने या बनाने का उपकरण मात्र है। बहुत अधिक स्पष्ट है कि कवि को न तो काव्य रचना के मूल में ही रसानुभूति होती है और न रचना पूर्ण होने के पश्चात् यही कारण है कि काव्य-प्रणेता को रसिक न कहकर कवि ही कहा जाता है और उसकी कृति को कविता।	1. वाणीकार रसिक के लिये काव्य शास्त्र का ज्ञान तथा प्रतिभा संज्ञक कल्पना शक्ति अनिवार्य नहीं होती। वह रस निष्पन्न करने का प्रयास नहीं करता; अपितु वाणी उद्गलन से पूर्व ही रस की अनभूति करता है और रस से तन्मय रसस्वरूप ही हो जाता है। उद्गलन प्रयासतः नहीं होता। वह तो रस-पान की चरमावस्था में अप्रयासतः सहज ही हो जाता है। यही कारण है कि रसोद्गलन कर्ता को कवि न कहकर रसिक कहा जाता है। और उनकी रचना को 'वाणी', 'रस-वाणी' या 'रसिक-वाणी'।
2. 'कविता' स्वयं संभूत न होकर कवि द्वारा विनिर्मित रचना है जो कि प्रतिभा, व्युत्पत्ति और अभ्यास सापेक्ष	2 'वाणी' कवि की रचना नहीं प्रत्युत् रसोपासक रसिक की रस से तन्मय स्थिति का सहज रसोद्गलन है; जिसके

होती है।

मूल में प्रतिभा, व्युत्पत्ति और अभ्यास ये काव्य-हेतु नहीं होते। अर्थात् वाणी इन पर आधारित नहीं है।

3. 'कविता' काव्य शास्त्रज्ञ द्वारा ही निर्मित हो सकती है तथा काव्यशास्त्रज्ञ को ही आनन्दित कर सकती है।

3. 'वाणी' स्फुरण के लिए काव्य शास्त्रज्ञता न तो अनवार्य ही है और न बाधक। इसी प्रकार रसिक पाठकों तथा श्रोताओं को वाणियों से रसानुभूति करने के लिए काव्य शास्त्र का ज्ञान न तो अपेक्षित ही है और न बाधक।

4. 'कविता' अपने आलम्बन का साक्षात्कार कवि, पाठक या श्रोता किसी को नहीं करा सकती; क्योंकि उसका आलम्बन या तो कल्पित होता है या दिवंगत ऐतिहासिक पुरुष।

4. 'वाणी' अपने आलम्बन (रसमूर्ति श्यामा-श्याम) का साक्षात्कार वाणीकार, रसिकहृदय श्रोता और रसिकहृदय पाठक इन सबको करा देती है क्योंकि उसका आलम्ब कल्पित या ऐतिहासिक पुरुष न होकर नित्यविहार परायण रस मूर्ति श्यामा-श्याम हैं।

5. काव्य शास्त्राचार्यों के मतानुसार काव्य किंवा कविता रचना के निम्नांकित प्रयोजन होते हैं-

धन और यश की प्राप्ति, लोक-व्यवहार की शिक्षा देना, अनिष्ट से रक्षा करना, आनन्द प्राप्ति करना, कान्ता सम्मत मधुर उपदेश देना।

5. 'वाणी' रस का उद्गलन है और उद्गलन के पीछे कोई भी उद्देश्य नहीं होता। 'वाणी' में वर्णित रस केलि संलाप से वाणीकार रसिक को न तो यशप्राप्ति की वांछा होती और न धन प्राप्ति की। वाणी स्फुरण न तो लोक व्यवहार की शिक्षा देने के उद्देश्य से होता है और न अनिष्ट से रक्षा करने के लक्ष्य से। इसके प्राकट्य का लक्ष्य न तो मनोरंजन ही होता और न कान्ता सम्मत मधुर उपदेश देना। इतना ही नहीं इसका अवतरण न तो स्वान्तः सुखाय ही होता है न लोक कल्याण के लिये ही। रसस्वरूप रसिक के मुख से उद्गलित वाणी-स्फुरण के मूल में तो इष्ट

साक्षात्कार करने-कराने जैसा उद्‌देश्य भी नहीं होता; क्योंकि इष्ट-साक्षात्कार तो रस से तन्मय स्थिति में उसे वाणी प्राकट्य से पूर्व ही हो जाता है। तभी तो वह रसकेलि का सहज संलाप कर बैठता है और कह उठता है—''जोई देख्यौ सोई गायौ''। ''वाणी के द्वारा उपासकों को इष्ट का साक्षात्कार भी होता है''-यह तो वाणी का प्राकृतिक प्रताप है।

6. 'कविता' से काव्यरस निष्पन्न किया जाता है और इस रस से कवि का उपास्य-उपासक का सम्बन्ध नहीं होता। कवि तो जैनी, शाक्त, शैव और भगवान राम-कृष्ण किसी का भी उपासक हो सकता है।

6. 'वाणी' उस स्वयं निष्पन्न रस का उद्‌गलन है जो रसोपासक रसिकों का परमोपास्य ही होता है।

7. 'कविता' से निष्पन्न रस तो ब्रह्मानंद भी नहीं ब्रह्मानंद का सहोदर मात्र है। हाँ भक्तिकाव्य से ब्रह्मानंद ही नहीं अपितु भगवदानंद और अनुपम परमानंद भी प्राप्त हो जाता है। परमानंद का सार रस नहीं जो कि रसिकों का परमोपास्य है।

7. 'वाणी' जिस रस का उद्‌गलन है और वाणी के द्वारा जिस रसानन्द की प्राप्ति होती है वह रस ब्रह्मानंद, भगवदानंद और अनुपम परमानंद से उत्तरोत्तर श्रेष्ठ परमानन्द का भी सार है।

8. 'कविता' रचना करना एक कला है जो शास्त्रों में वर्णित चौंसठ कलाओं के अन्तर्गत परिगणित की जाती है।

8. 'वाणी' कोई कला नहीं यह तो रसोद्‌गलन है। शास्त्रों में वर्णित चौंसठ कलाओं में इसके नाम का अनुल्लेख है।

9. कविता अपने आलंबन को रसानन्द प्रदान नहीं करती।

9. 'वाणी' रस के आलंबन (रसमूर्ति श्यामा-श्याम) तथा रस के उपासक रसिक दोनों को रस संप्लुत कर देती है।

10. 'कविता' पाठक और श्रोताओं को सामाजिक तो बनाती है किन्तु अपने

10. 'वाणी' रसिक पाठक और श्रोताओं को रसानुभूतिकर्ता सामाजिक

सृष्टा कवि को सामाजिक बनाने में सक्षम नहीं है और इन सबों को उस घटना का कोई अंग विशेष बनाने में भी सक्षम नहीं है।

11. 'कविता' की विषय वस्तु मूलतः या तो कोई ऐतिहासिक घटना होती है या कवि की मानसिक कल्पना।

बनाये रखने में तो सक्षम है ही साथ ही वाणीकार रसिक को भी रसानुभूति कराने में पूर्ण सक्षम है।

11. 'वाणी' की विषय वस्तु न तो कल्पित ही होती है और न ऐतिहासिक। न लौकिक ही है और न अलौकिक भगवान। 'वाणी' की विषय वस्तु तो रसिकों का परमोपास्य वह 'प्रेम' किंवा 'रस' है जो कि इन सभी परिधियों से सर्वथा विमुक्त है और इन सबको आत्मसात् करने मे पूर्ण सक्षम है। जो निर्गुण निराकार और सगुण साकार इन दोनों तात्विक दृष्टियों से सर्वथा असंपृक्त, निरुपाधि, परात्पर और नित्य तत्व है। 'प्रेम' किंवा 'रस' कल्पित इसलिए नहीं है क्योंकि वह श्रुति–संकेतित और महज्जन–सम्मत नित्य तत्त्व है। तैत्तरीय उपनिषद् में कहा गया है–

रसौवैसः रसं ह्येवालब्ध्वानन्दी भवति

कल्पना को आत्मसात् किये हुए अथवा कल्पना इसलिए है क्योंकि कल्पना मधुर, मदिर और मनोरम होती है। अन्य कोई भी तत्व प्रेम से अधिक मधुर, मदिर और मनोरम नहीं होता। अतः प्रेम किंवा रस कल्पना भी है। वह ऐतिहासिक इसलिए नहीं है क्योंकि इतिहास भूतकाल और भौतिक पदार्थो की ओर ही संकेत करता है। भौतिक पदार्थ सब अनित्य होते हैं। यह 'प्रेम तत्व' नित्य तत्व है। इसलिए ऐतिहासिक भी नहीं है।

प्रेम की ऐतिहासिकता में भी शंका करने की कोई सन्धि इसलिए नहीं है क्योंकि वह अनादिकाल से साधारण जीवों, भक्तों और भगवान तक को अपने मधुर चरित्रों से प्रभावित करता चला आ रहा है, कर रहा है और करता भी रहेगा।

रसिकों की वाणी का विषय वह 'प्रेम' किंवा 'रस है' जिसके सम्पूर्ण चरित्र लौकिकता तथा अलौकिकता की सीमा से सर्वथा विमुक्त दिखाई देते हैं। प्रेम किंवा रसमूर्ति श्यामा-श्याम का नित्य कैशोर्य, उनके रूप की नित्य नवलता (नित्य नवल रूप में प्रागट्य) प्रतिक्षण प्रथम मिलन की उत्कण्ठा, रूप रस की अनवरन पान स्थिति में भी अतृप्त प्यास और दोनों का नित्य नव विवाह ये संपूर्ण बातें न तो लोक लीला में ही देखी सुनी जातीं और न अलौकिक भगवान की लीला में ही। एतावता वह लौकिक और अलौकिक दोनों परिधियों से विमुक्त है।

रसिक वाणियों का यह सागर साहित्यिक रचना के सभी अंगों, सभी रसों और सभी प्रकार की रत्नराशियों से परिपूर्ण है। इस वाणी साहित्य-सागर में संस्कृत भाषा तथा ब्रजभाषा में विनिर्मित अनेक ग्रन्थरत्न राशियाँ प्राप्त हैं। गद्य और पद्य इन दोनों काव्य रूपों में विरचित इस वाणी साहित्य में अनेक मौलिक ग्रन्थ, अनूदित ग्रन्थ सुसंचित हैं। ऐसा ज्ञात होता है कि इस वाणी साहित्य के संस्रष्टा साहित्य के सभी अंगों के पूर्ण अभिज्ञाता थे। यही कारण है कि उन वाणी स्रष्टा रसिकों ने अनेकानेक विषयों को अपनी वाणी का वर्ण्य बनाया है। किसी रसिक ने स्वेष्ट के नाम, धाम तथा स्वरूप के महिम्न गान को, किसी ने रसोपासना के सिद्धान्त वर्णन को, किसी ने श्यामा-श्याम की नित्य नूतन रस केलियों को,

किसी के इष्ट के नख-शिख वर्णन को, किसी ने नित्य निकुंज में होने वाली अष्टयामी सेवा को, किसी ने उत्सवों के रसमय मधुर वर्णनों को, किसी ने श्रीहिताचार्य के जन्मोत्सव वर्णन को, किसी ने रसिक-चरित्रों को और किसी ने सम्प्रदाय के ऐतिहासिक विवरणों को अपनी वाणी की विषय-वस्तु बनाया है। यही कारण है कि इस वाणी साहित्य में श्यामा-श्याम की नित्य निकुंज केलि वर्णन के साथ-साथ उपर्युक्त सभी विषयों पर लिखी गईं ग्रन्थ राशियाँ समुपलब्ध हैं। उन सबका सर्वांणीय परिचय देना स्थान सापेक्ष और समय सापेक्ष है। अतः यहाँ पर पूज्य गुरुवर्य श्रीकिशोरीशरण 'भलि' जी महाराज के शोधप्रबन्ध—'हिन्दी भक्ति काव्य में इस भक्ति धारा और उसका वाणी साहित्य' के आधार पर रसिक वाणी साहित्य की कतिपय विषय वस्तुओं का सूक्ष्म परिचय देने की चेष्टा करेंगे—

अष्टयाम वर्णन-

श्रीहिताचार्य ने 'राधासुधानिधि' की श्लोक सं. 16 और 134 आदि श्लोकों में सेवा-सम्बन्धी विधान बताते हुए लिखा है कि श्रीराधाकिंकरीगण अहर्निशि अपने परम प्रेष्ठ प्रीतम युगल श्रीश्यामा-श्याम की सेवा में संलग्न रहती हैं। वृन्दावन रसोपासक रसिक इन्हीं राधाकिंकरीगणों की भाव-भावना के माध्यम से युगल की अष्टयामी केलि का दर्शन करता है— सखियों के अनुगत होकर प्रत्येक समय में युगलवर की अष्टयाम सेवा किया करता है। उस अष्टयामी केलि का वर्णन और अष्टयामी सेवा में सम्प्रविष्टि-विधान वर्णन ही इस अष्टयाम सेवा-साहित्य का वर्ण्य विषय है। चाचा वृन्दावनदासजी के शब्दों में-

मंगल अरु सिंगार कह्यौ, राजभोग रस सार।
उत्थापन वन बिहरिवौ, सन्ध्या सैंन विचार।।
इक सत छप्पन पदनि में, वरनी दम्पति केलि।
गहकि बढौ रसिकनि हियैं, आनँद रूपी बेलि।।
सात समय संक्षेप सौं, बरने जानौ सोइ।
ह्वाँ छिन-छिन विस्तार है, कहिवैं समरथ कोइ।।
यह रस अनुभव जनित है, मन देइ गाढ़ी प्रीति।
श्रीहरिवंश प्रसाद तें, पावै सुर्लभ रीति।।

-अष्टयाम सेवा समय प्रबन्ध, चाचा वृन्दावनदास जी,
षष्टम अष्टयाम के अन्तिम दोहे

इस साहित्यागार के कुछ ग्रन्थ-रत्नों के नाम निम्नांकित हैं:-

हितध्रुवदासजी कृत 'रस मुक्तावली लीला' तथा अष्टयामी पदावली, गो. कमलनयनजी कृत 'अष्टयाम,' अतिबल्लभजी कृत 'अष्टयाम,' गो. रूपलालजी कृत 'विजय चौरासी', चाचा वृन्दावनदासजी कृत 'अष्टयाम समय प्रबन्ध,' (प्रथम से चतुर्दश) वृन्दावनदासजी (पटना वाले) कृत 'अष्टयाम' चतुरअली जी कृत 'अष्टयाम,' लाड़िलीदासजी कृत 'अष्टयाम पदावली,' गोविन्दअलीजी कृत 'अष्टयाम,' रतनदासजी कृत 'अष्टयाम,' आनन्दीबाई जी कृत 'निज भाव विचार'। ब्रजजीवनदासजी कृत 'रस आन्हिक सत,' गो. रूपलालजी कृत 'मानसिक सेवा समय प्रबंध, खुश्यालदास जी कृत 'अष्टयाम,' राधिकाचरणदासजी कृत अष्टयाम, मदनमोहनदासजी कृत 'अष्टयाम' एवं किशोरीशरण 'अलिजी' कृत 'अष्टयाम सेवा सुखः' इत्यादि।

अष्टयाम सेवा समय प्रबन्ध की आलेखन परम्परा से सम्बन्धित एक अविस्मरणीय ज्ञातव्य तथ्य यह है कि अष्टयाम सेवा समय प्रबन्ध के प्रारम्भ काल से लिखे गये सभी अष्टयाम पद्यात्मक रूप में ही विरचित हुए हैं किन्तु किशोरीशरण अलि जी कृत 'निभृत निकुंज विलासी श्रीहित दम्पति जू की अष्टयाम लीला' रस भक्ति धारा साहित्य का सर्वप्रथम समय प्रबन्ध है जो कि ब्रजवार्ता परिधान से समलंकृत होकर प्रत्यक्ष हुआ है। ब्रजवार्ता में विरचित पारस्परिक संवादों का एक सुष्ठु रूप नीचे दृष्टव्य है-

"श्रीलालजू—हे मम प्राणपोषिके प्यारीजू! कछु ऐसौ लगै है कै हम दोनों अबई-अबई आइकें सज्जा पै बैठे हैं, अबई तौ हम दोनों मिलि हू नाँय पाये। कै जानै, आजु ये रात अध बीच में त्तें टूटिकैं समाप्त है गई है। श्रीप्यारी जू-नहीं, नहीं प्रियतम! हमारे-आपके ये टूटे भये भूषन और अस्त-व्यस्त वसन बतावैं हैं कै रात बीति गई है और भोर है गयौ है।

श्रीहितअली-बलिहारी, बलिहारी! महा रस मुग्ध जुगल लाड़िलेन की, अब रात नाँय, भोर है गयौ है और चोर पकरौ गयौ है।"

-निभृत निकुंज विलासी श्रीहित दम्पतिजू की अष्टयाम लीला, किशोरीशरण 'अलि', पृ. सं. 14

विशुद्धतम ब्रजवार्ता में प्रेममूर्ति श्यामा-श्याम की लीलाओं का वर्णन होने के कारण यह अष्टयाम सेवा समय प्रबन्ध वृन्दावन रस-रसिकों के लिए तो

अद्‌भुतानन्दकारी है ही साथ ही सर्वसाधारण भोले भावुकों के लिए भी मनोवांछित अन्तस्तुष्टि प्रदायक है। अनुकरण रासलीला की मण्डली संचालकों तथा नित्य रासलीला दर्शकों को भी उनकी अभीष्ट सिद्धि प्रदान करने में पूर्ण सक्षम है। स्वामी कन्हैयालाल जी ढारौली वाले, स्वामी श्रीराम जी शर्मा दुसायत वृन्दावन और स्वामी फतेकृष्ण जी शर्मा द्वारा इस अष्टयाय लीला का सफल मंचन भी अनेक स्थलों पर प्रस्तुत किया गया है।

लक्षण ग्रन्थ

वाणी साहित्य के अपरिमित आकार की एक निधि लक्षण ग्रन्थ भी है। इन लक्षण ग्रन्थों का भी अपना एक वैशिष्ट्य है जो कि वाणी साहित्य के रसिक को उसकी इष्ट वस्तु की ओर बलात् उन्मुख कर देता है। वह वैशिट्य है– लक्षण के उदाहरण। सहचरिसुखजी कृत 'बसन्त माला,' 'होरी में सात्विक' तथा 'रस निरूपण' आदि ग्रन्थ। रस तथा रसांगों के लक्षणों को आलोकित करने के लिए रस के आलंबन, उद्‌दीपन तथा अनुभावों का योगदान अनिवार्य होता है। रसिकवर सहचरि सुख ने अपने लक्षण ग्रन्थों में स्वरचित छन्दों द्वारा ही इस परिपाटी का पूर्ण निर्वाह किया है और इस प्रयास में वे पूर्ण सफल भी हुए हैं। ग्रन्थ में स्तम्भ, स्वेद, रोमांचादि, अष्ट सात्त्विक भाव का लक्षण देखिये–

हिय आलिंगन हरष भय, शीत कोप ते जानि।
कारन ए रोमांच के, उपजावत तन आनि।।
उपजावत तन आनि बहुत भावनि में झलकैं।
भूल-अभूलनि मिलैं संग अनुभव छबि झलकें।।
बिछुरनि-मिलन संयोग-वियोगनि पोषत सज्जिय।
समय-समय के माँह 'सखीसुख' जगमगात हिय।।

-होरी में सात्विक वर्णन, सहचरिसुख कृत, छं. सं. 7

'होरी में सात्त्विक' इस ग्रन्थ के नामानुसार रसिक कवि ने प्रत्येक भाव के उदाहरण के लिए होली केलि वर्णनात्मक छन्दों को ही चुना है। एकमात्र होली की क्रीड़ा में ही अष्ट सात्त्विक भावों का दिग्दर्शन कराना रसिक कवि की अपनी विशेषता है और इस प्रयास में वह पूर्ण रूपेण सफल भी हुआ है। रोमांच सात्विक

भाव के उदाहरणस्वरूप प्रस्तुत किया गया होली केलि वर्णनात्मक एक छन्द निम्नांकित है–

वरने न परैं कछु एक रसना सौं हेली,
राधा-हरि जू के रंग फागुन के चैन के।
ढोरत हैं केशर परस्पर शीशनि ते,
दरसैं कटीले अंग रूप छके बैन के।।
दुहुँन कौ जस आयौ हर नें जरायौ हौ सु,
इन फिरि ज्यायौ बढें मोद रस दैन के।
मानौं घन-दामिनी के तन देखैं 'सखी सुख',
प्रीति-पंक माँझ जमैं अंकुर हैं मैन के।।

–होरी में सात्विक वर्णन, सहचरिसुख कृत, छं. सं. 8

श्रीराधा-हरि के तन और मन फाग तथा राग के रसासव से मतीले जैसे हो रहे हैं। वे दोनों एक दूसरे पर केशर का रंग डाल रहे हैं। इस प्रयास में वे कभी प्रत्येक अंग से संश्लिष्ट हो जाते हैं तो कभी असंश्लिष्ट। इस प्रकार पारस्परिक अंग सांस्पर्शजन्य मधुर मोद के कारण दोनों के अंग रोमांचित हो जाते हैं। कवि की वाणी इस रोमांच-रम्य अवरन रूप को वरन करती हुई फूली नहीं समाती और मुखर हो उठती है इन वर्णों में-मानों आज घन-दामिनि के प्रीति-पंकिल तन में ये मदनांकुर यह यशगान कर रहे हैं कि राधा-हरि ने शिव-दग्ध काम को फिर से जीवित कर दिया है। पारस्परिक अंग सांस्पर्शजन्य हर्ष के कारण राधा-हरि रोमांच-रम्य हो गये हैं– यह लिखकर सहचरिसुख ने रोमांच सात्विक भाव को भी रोमांच रम्य बना दिया है।

गो. चतुर शिरोमणिलालजी कृत 'अलंकार वर्णन' ग्रन्थ ब्रजजीवनदासजी द्वारा विरचित 'हृदयाभरण' आदि ग्रन्थ भी इसी तथ्य के प्राणवान प्रमाण हैं। लक्षण ग्रन्थों की परंपरा में गो. मनोहरबल्लभजी का नाम भी अविस्मरणीय है, जिन्होंने 'छन्द पयोनिधि' 'अलंकार मयूष' और 'छन्द सुधाकर' आदि लक्षण ग्रन्थों का प्रणयन किया है।

रस केलि वर्णनात्मक ग्रन्थ

उपास्य श्यामा-श्याम की रस-लीला किंवा क्रीड़ाओं का वर्णन करना ही

रसिकों की वाणी का एकमात्र वर्ण्य विषय है और प्रायः सभी रसिकों ने केलि वर्णनात्मक पदों की थोड़ी बहुत रचना अवश्य ही की है। अतः इस साहित्याकर के रसकेलि वर्णनात्मक पद-रत्नों की संख्या अगणनीय है— यह कहना अतिशयोक्ति नहीं कही जा सकती।

श्रीहिताचार्य कृत हित वाणी, गो. वनमालीदास जी की वाणी, गो. गोपीनाथ जी कृत वाणी, गो. मोहनचन्द जी की वाणी हरिराम व्यासजी की वाणी, प्रबोधानन्दजी सरस्वती की वाणी, ने ही नागरीदासजी की वाणी, कल्याण पुजारी जी की वाणी, हित ध्रुवदासजी की वाणी, लालस्वामीजी की वाणी, दामोदर स्वामीजी की वाणी, रसिकादासजी की वाणी, गो. सदानन्दजी की वाणी, अनन्यअलीजी की वाणी, गो. कमलनयनजी की वाणी, मीठाजी की वाणी, कृष्णदास भावुक की वाणी, प्रेमदासजी की वाणी, चाचा वृन्दावनदासजी की वाणी, ब्रजजीवनदासजी की वाणी, प्रीतमदास जी की वाणी और राधिकाचरणदास जी की वाणी आदि-आदि रसिकों की वाणियाँ इसी साहित्याकर के सुरम्य रत्न हैं। एक पद में श्यामा-श्याम की रूपमयी लीला और लीलामय रूप की झाँकी प्रस्तुत है—

लटकि चलत पग आगैं ही आगें।

निकसत निपट साँकरी खोरनि, नचत मोर ज्यौं नाँचनि लागे।।
फूले द्रुमननि लपटानी मृदु, बेलिनु ज्यौं लपटनि रस पागे।
कृष्णदासि हित लता रन्ध्र ह्वै, देखत अलि-नैंना अनुरागे।।

-कृष्णदास भावुक की वाणी, पदावती, वनविहार के पद
कृष्णदास भावुक, पद सं. 7

ऐतिहासिक ग्रन्थ

इस साहित्याकर में दो प्रकार के ऐतिहासिक ग्रन्थ रत्न हैं। पहिले प्रकार के ऐतिहासिक ग्रन्थ वे हैं जिनमें श्रीहिताचार्य का जीवन चरित्र वर्णित है; तथा दूसरे प्रकार के ऐतिहासिक ग्रन्थ वे हैं, जिनमें सम्प्रदाय के रसिकजनों और सम्प्रदाय की ऐतिहासिक घटनाओं का वर्णन है, जिसमें से कुछ ग्रन्थों के नाम निम्नांकित हैं:-

हरिरामव्यासजी के 'कतिपद पद' हितध्रुवदासजी कृत 'भक्त नामावली' उत्तमदासजी कृत 'श्रीहरिवंश चरित्र', गो. जतनलालजी कृत 'रसिक अनन्यसार'

भगवत मुदित गौड़ीय कृत 'रसिक अनन्यमाल,' खुश्यालदास जी कृत 'हित वंशावली,' जयकृष्णदासजी कृत 'हितकुल शाखा,' गोविन्द अलीजी कृत 'भक्त गाथा,' चाचा वृन्दावनदास जी कृत 'रसिक अनन्य परचावली, श्रीहितरूप चरित्रे बेली, 'हित परिकर वन्दन पत्रिका,' 'बसन्त प्रबन्ध प्रथम,' 'बसन्त प्रबन्ध द्वितीय' 'बसन्त प्रबन्ध तृतीय', बसन्त प्रबन्ध चतुर्थ 'हितभक्ति कल्पतरु,' 'भक्ति प्रसाद बेली,' 'इष्टपद वन्दन बेली,' 'हरिकला बेली,' प्रियादासजी कृत 'सेवक चरित्र,' गो. चन्द्रलालजी कृत 'वृन्दावन प्रकाश माला', 'मन्दिर विलास' लाड़िलीदासजी कृत, 'कामवन प्रसंग' प्राणनाथजी कृत प्रश्नोत्तरी', गो. मनोरथलालजी कृत 'हित वंशावली', 'प्रीतमदासजी कृत 'हितचन्द्र प्रकाश' आदि।

नाटक ग्रन्थ-

साहित्य के क्षेत्र में नाटक ग्रन्थों का भी एक विशिष्ट स्थान होता है। आज की राजनीति-रश्मियों में आलोकित काव्य क्षेत्र में चाहे नाट्य साहित्य का स्वरूप भले ही धूमिल पड़ गया हो किन्तु आचार्य भरत, अभिनव गुप्त, मम्मट तथा रुद्रट आदि आचार्यों के समय में यह नाट्य साहित्य मूर्धन्य स्थान पर स्थित था। आचार्य भरत ने तो रस शास्त्रों के आधारभूत ग्रन्थ का नाम ही 'नाट्य-शास्त्र' रखा था। श्रीहिताचार्य ने 'रस' को ही अपना उपास्य बनाया था। संभवतः इसीलिए उन्होंने अपनी परमोपास्य श्रीराधा को नाट्य कला की मधुर-मंजुल मूर्ति के रूप में देखा है, दिखाया है और वर्णन किया है:-

लज्जान्तः पटमारचय्य रचित स्मायप्रसूनांजनौ।
राधांगे नव रंग धाम्नि ललित प्रस्तावने यौवने।।
श्रोणी हेम वरासने स्मरनृपेणाध्यासिते मोहनं।
लीलापांग विचित्र ताण्डव कला पाण्डित्यमुन्मीलति।।

-राधासुधानिधि, गो. हितहरिवंशजी श्लोक सं. 101

श्रीहिताचार्य के पश्चात् किन-किन रसिकों ने कौन-कौन से नाटक ग्रन्थ निर्मित किये, यह तो अनुसन्धेय है; किन्तु वि. सं. 1784 में विरचित गो. ब्रजलालजी कृत 'प्रेम चन्द्रोदय' नामक नाटक अवश्य प्राप्त होता है।

टीका ग्रन्थ-

श्रीहरिवंशोदित रसोपासना में 'राधासुधानिधि,' 'हित चौरासी,' 'स्फुट वाणी'

और 'सेवकवाणी' का स्थान अनेक दृष्टियों से अत्यधिक महत्त्वपूर्ण रहा है। रसिकजन इनका नित्यप्रति पाठ किया करते हैं। इन वाणियों के भावार्थ अत्यन्त गूढ़ हैं। अत: कतिपय महानुभावों ने इनकी टीकायें लिखकर अथवा ब्रजभाषा में ही पद्यानुवाद करके इन वाणी ग्रन्थों को सबके लिए सरल, सुगम और सुबोध बनाने की कृपा की है। इन ग्रन्थों के साथ ही कुछ अन्य ग्रन्थ भी हैं, जिन पर रसिकजनों ने टीका लिखकर इस आकर को समृद्धवान बनाया है। उनमें से कतिपय टीका ग्रन्थों और टीकाकारों के नाम निम्नांकित हैं:-

1. **टीका राधासुधानिधि**— टीकाकार-तुलसीदास जी, हरिलालजी, 'व्यास', लोकनाथजी, रतनदासजी, गो. कृपालाल जी, नरोत्तमदासजी, स्वामिनिशरणजी, हितदासजी (भोरीसखी के शिष्य) गो. लड़ैतीलालजी, वृन्दावनदासजी (चाचाजी से पृथक), हरीदासजी, गो. जुगलबल्लभजी, गो. रंगीलालजी, श्रीकिशोरीशरण 'अलि,' स्वामी श्रीहितदासजी, गो. ललिताचरणजी, वैद्य लक्ष्मीनारायणजी, पं. श्यामसुन्दर शास्त्री आदि। रस भारती संस्थान, वृन्दावन के सौजन्य से संस्कृत एवं ब्रजभाषा गद्य में रचित राधासुधानिधि की कुछ प्राचीन टीकायें ऐसी भी प्राप्त हुई हैं जिनमें टीकाकार के नाम का सुस्पष्ट उल्लेख नहीं है।
2. **टीका हितचतुरासी**—टीकाकार गो. रसिकलालजी, गो. ब्रजभूषणजी, गो. सुखलालजी, गो. चन्द्रलालजी, धरनीधरदासजी, जुगलदासजी, केलिदासजी, प्रेमदासजी, रतनदासजी, लोकनाथजी, कमल कुँवरि रानी, राधिकाचरणदासजी 'ढोंगीबाबा आदि।
3. **टीका स्फुटवाणी**- टीकाकार-रतनदासजी, ब्रजगोपालदासजी, गो. जुगलबल्लभजी प्रियादासजी शास्त्री (पटना वाले) स्वामिनिशरण जी, भोलानाथ जी आदि।
4. **टीका यमुनाष्टक**-टीकाकार-गो. चन्द्रलालजी, त्रिलोकीनाथ शर्मा, गो. जुगलबल्लभजी आदि।
5. **टीका सेवकवाणी**-टीकाकार-हरिलालजी 'व्यास,' रतनदासजी, सर्वसुखदासजी, ब्रजगोपालदासजी, राधिकाचरणदासजी 'ढोंगी बाबा' हितगोपालजी आदि।
6. **टीका कर्णानन्द**-टीकाकार-गो. कृष्णचन्द्रजी (स्वयं ग्रन्थ प्रणेता) तथा प्रबोधानन्दजी, गो. रसिकलालजी, गो. चन्द्रलालजी।

7. **टीका राधानुनयविनोद महाकाव्य**-टीकाकार-अनन्त भट्ट एवं गो. प्रीतमलालजी।
8. **टीका राधाउपसुधानिधि**-टीकाकार-गो. चन्द्रलालजी, भोलानाथ जी आदि।
9. **टीका प्रबोधानन्दजी कृत हरिवंशाष्टक**-टीकाकार-गो. सुखलालजी, लोकनाथजी आदि।
10. **टीका वृन्दावनमहिमामृत**-टीकाकार-गो. चन्द्रलालजी
11. **टीका नागरीदासजी कृत हरिवंशाष्ट**-टीकाकार हरिलालव्यासजी, रतनदासजी, राधिकाचरणदासजी 'ढोंगीबाबा' आदि।
12. **टीका हितध्रुवदासजी कृत सिद्धान्त विचार**-टीकाकार-सर्वसुखदासजी तथा राधिकाचरणदासजी 'ढोंगीबाबा'।
13. **टीका हितध्रुवदासजी कृत वृन्दावनसत**-टीककार-बलदेव कवि, राधिकाचरणदास 'ढोंगीबाबा'।
14. **टीका अध्वविनिर्णय**-टीकाकार प्रियादास जी शास्त्री (पटना वाले) तथा गो. जुगलबल्लभजी आदि।
15. **टीका सेवाविचार**-टीकाकार गो, ब्रजलालजी (स्वयं रचयिता), भोलानाथजी।
16. **टीका नाभाजी कृत भक्तमाल**-टीकाकार-ब्रजजीवनदासजी एवं राधिकाबल्लभशरणजी 'हड़िया बाबा' आदि।
17. **टीका द्विदल सिद्धान्त**-टीकाकार-गो. जुगलबल्लभजी।
18. **टीका बल्लभरसिकजी कृत साँझी**-टीकाकार-हरिलालव्यास जी।

नीति-ग्रन्थ-

रसिकों की वाणी में समाज कल्याणकारी अनेक उक्तियों का कथन किया गया है; जिसमें हरिराम व्यास, हितध्रुवदास, दामोदर स्वामी, चाचा वृन्दावनदास, ब्रजजीवनदास, रतनदास, राधिकाचरणदास आदि की वाणियों के नाम विशेष रूप से उल्लेखनीय हैं।

गद्य ग्रन्थ-

श्ररसिक वाणी साहित्य में यह गद्य ग्रन्थों का आकर भी अपने आप में सभी प्रकार से समृद्धिवान है। इस आकर में रसकेलि वर्णनात्मक ग्रन्थ तथा इतिहास वर्णनात्मक ग्रन्थ पर्याप्त रूप में सुरक्षित हैं। कतिपय ग्रन्थ रत्नों के नाम निम्नांकित हैं:-

श्रीहिताचार्य द्वारा लिखित 'पत्र द्वय' ये पत्र द्वय विक्रम सम्वत् 1600 के आस–पास के लिखे हुए हैं। इन पत्रों को श्रीहिताचार्य ने वृन्दावन से देववन में निवास कर रहे अपने शिष्य बीठलदास और नाहरमल को लिखा था। यद्यपि ये ब्रजभाषा के कोई ग्रन्थ विशेष नहीं है, किन्तु इन पत्रों में सर्वाधिक प्राचीन ब्रजभाषा का स्वरूप सुरक्षित है। अतः इन पत्रों को इस आकर की अमूल्य और अप्रतिम निधि के रूप में ससम्मान सुरक्षित रखा गया है। अन्य कतिपय गद्य ग्रन्थों के नाम निम्नांकित हैं:-

दामोदर स्वामी कृत 'भक्तिभेद सिद्धान्त', हितध्रुवदासजी कृत 'सिद्धान्त विचार' प्राणनाथ जी कृत 'हस्तामलक,' अनन्य अलीजी कृत 'स्वप्न विलास', चाचा वृन्दावनदासजी कृत 'स्वप्न विलास' प्रियादास जी कृत 'सेवक चरित्र' गो. चतुरशिरोमणिलालजी कृत 'भावना सागर,' स्वामिनीशरणजी कृत 'हितानन्द सागर,' राधिकाचरणजी कृत 'हित पथ दर्शक वचनिका', द्वादश सम्बन्ध वचनकिा, हिततत्व मर्म वचनिका, भजन प्रकार वचनिका इत्यादि। अनन्य अलीजी कृत एक गद्य ग्रन्थ का कुछ अंश नीचे दिया जा रहा है-

"एक दिन सुपने में श्रीजुमुनाजी कौ अति अद्‌भुत मंजुल अति अलौकिक दर्शन भयौ।। रंग रंग मनि कुंदन सौं दोऊ कूल खचित झलमलाति देखे, और छत्री भाँति–भाँति की, भाँति–भाँति के बंगला।। दोऊ ओर के कूल पर चकाचौंधी ह्वै रही है और दोऊ ओर के तरु बेली आपस में मिले हैं।। लिपटि रहे हैं।। रंग–रंग के फूल फल दल श्रीयमुनाजी में झूमि–झूमि रहे हैं।। तिन पर रंग–रंग के विहंग भृंग खेलत हैं, किलकात हैं।। मधुर–मधुर सुर गावत हैं। श्रीराधाबल्लभजू के भाँति -ाँति रस–जस गावत हैं और बहु भाँति के कमल फूलि रहे हैं और रंग–रंग मनि–कुंदन खचित सतेसा जल में झलकि रहे हैं।। तिनकी शोभा–तेज कोटि–कोटि सूरज–चंद–वृंद से झलकत हैं।। तिनके मद्धि सतेसा में कोटानिकोटि सखी बैठी हैं। तिनके रूप तेज, सौंदर्यता, छविन के पुंज मोपै कहे जाँइ नाँही।। मैं एक छत्री में ठाढ़ौ–ठाढ़ौ शोभा देखत हौं, मन में अति अचिरज मानत हौं।। मोकौं श्रीलड़ैती जू मंद मुसिक्याइ अनन्यअली नाम लै–लै बुलावत हैं।। इतने में हौं जागि उठ्यौ।। मैं अपने मन में धनि–धनि बड़भागी मान्यौ।। ता दिन ते मैं अपनौं नाम अनन्यअली वानी में धर्‌यौ है।।

-अनन्यअलीजी की वाणी, स्वप्न प्रकाश, त्रयोदश प्रसंग, अनन्यअली जी

कतिपय टीका ग्रन्थ भी हैं जो कि ब्रजभाषा गद्य में ही उल्लिखित हैं, जिनका नामांकन टीका साहित्य में किया जा चुका है।

संस्कृत ग्रन्थ-

रसिक वाणी साहित्य में प्राप्त संस्कृत ग्रन्थों का आकार भी सभी प्रकार के रत्नों से परिपूर्ण है और उसका शुभारम्भ भी गो. हित हरिवंशजी की संस्कृत रचनाओं (राधासुधानिधि व यमुनाष्टक) से होता है। आचार्य चरण की संस्कृत रचनाओं के कुछ अंश नीचे उद्धृत हैं:-

अनंग जय मंगल ध्वनित किंकिणी डिंडिमः,
स्तनादि वर ताड़नैर्नखर दन्त घातैर्युतः।
अहो चतुर नागरी नवकिशोरयोर्मंजुले,
निकुंज निलयाजिरे रतिरणोत्सवोजृंभते।।

-राधासुधानिधि, गो. हितहरिवंशजी, श्लोक सं. 224

विचित्र रत्न वद्ध सत्तटद्वयश्रियोज्वलां,
विचित्र हंस सारसाद्यनन्त पक्षि संकुलाम्।।
विचित्र मीन मेखलां कृताति दीन पालितां,
भजे कलिन्दनन्दिनी दुरंत मोह भंजिनीम्।।

-यमुनाष्टक, गो. हितहरिवंशजी, श्लोक सं. 4

संस्कृत साहित्य में विरचित अन्य कतिपय ग्रन्थों के नाम निम्नांकित हैं:-

गो. वनमालीदासजी कृत 'प्रियानामावली,' गो. कृष्णचन्द्रजी कृत 'कर्णानन्द,' 'आशास्तव,' 'राधानुनय विनोद महाकाव्य' 'उपसुधानिधि', 'वैयासिकी अष्टक,' मानाष्टपदी' (प्रथम-द्वितीय) गो. मोहनदास जी कृत 'स्वामिनी अष्टक,' अनन्तभट्टजी कृत 'कृष्णदास हित स्तोत्र' प्रबोधानन्द जी सरस्वती कृत 'वृन्दावन महिमामृत,' 'संगीत माधव,' 'आश्चर्य रास प्रबंध,' 'प्रेम विलास स्तव,' 'हरिवंशाष्टक,' गो. वृन्दावनदास कृत 'अध्वविनिर्णय', गो. ब्रजलालजी कृत 'सेवाविचार,' 'प्रेमचन्द्रोदय नाटक, 'मनः प्रबोध', हरिलालव्यासजी कृत 'गो. कृष्णचन्द रचित मानाष्टपदी की टीका, राधासुधानिधि की टीका,' शंकरदत्त कवि कृत 'हरिवंश

वंश प्रशस्ति,' 'अलंकार शंकर,' 'सप्त श्लोकी व्याख्या,' प्रियादासजी कृत 'भक्ति प्रभा,' 'वेदान्तसार,' 'श्रुतितात्पर्यामृत,' 'सुसिद्धान्तोत्तम,' 'वैष्णव सिद्धान्तं,' गो. रंगीलालजी कृत 'द्विदल निर्णय,' 'ब्रजानन्दामृत,' 'उत्सव बोध' इत्यादि।

नख-सिख वर्णनात्मक ग्रन्थ-

इस का उद्‌गम भी श्रीहिताचार्य कृत 'हित चतुरासी' के एक पद विशेष की रचना के रूप में हुआ है। जो नीचे दृष्टव्य है-

ब्रजनवतरुनि कदम्ब मुकटमणि, श्यामा आजु बनी।
नख शिख लौं अँग-अंग माधुरी, मोहे श्याम धनी।।
यौं राजत कवरी गूँथित कच, कनक कंज वदनी।
चिकुर चंद्रिकनि बीच अर्ध विधु, मानौं ग्रसित फनी।।
सौभग रस सिर श्रवत पनारी, पिय सीमन्त ठनी।
भृकुटि काम कोदंड, नैन-सर, कज्जल रेख अनी।।
तरल तिलक ताटंक गंड पर, नासा जलज मनी।
दसन कुंद, सरसाधर पल्लव, प्रीतम मन शमनी।
चिवुक मध्य अति चारु सहज सखि, साँवल बिन्दु कनी।
प्रीतम-प्रान-रतन संपुट कुच, कंचुकि कसिब तनी।।
भुज-मृनाल बल हरत बलय जुत, परस सरस श्रवनी।
श्याम सीस तरु मनौं मिडवारी, रची रुचिर रवनी।।
नाभि गंभीर मीन मोंहन मन, खेलन कौं ह्रदनी।
कृश कटि, पृथु नितम्ब किंकिनि व्रत, कदलि-खंभ जघनी।।
पद-अम्बुज जावत जुत भूषन, प्रीतम-उर-अवनी।
नव-नव भाय विलोभि भाम इभ, विहरत वर करनी।।
(जै श्री) हित हरिवंश प्रसंशत श्यामा, कीरति विशद घनी।
गावत श्रवननि सुनत सुखाकर, विश्व दुरित दवनी।।

-हित चतुरासी, गो. हितहरिवंशजी, पद सं. 29

आचार्य चरण की इस वाणी का आधार पाकर हितध्रुवदासजी, रसिकदासजी, गो. ब्रजलालजी, अनन्यअलीजी, सहचरिसुखजी, चाचा वृन्दावनदासजी तथा ब्रजजीवनदासजी आदि रसिकों ने परमेष्ट युगलवर के नखशिख सौन्दर्य वर्णन को अपनी-अपनी वाणी का वर्ण्य विषय बनाया है।

रस सिद्धान्त वर्णनात्मक ग्रन्थ-

इस साहित्य-आकर के मूलाधार श्रीहिताचार्य प्रणीत 'राधासुधानिधि' आदि ग्रन्थ हैं, जिसमें आचार्य चरण ने उपासना के रस सिद्धान्तों का सूत्र रूप में आलेखन किया है। सेवकजी, प्रबोधानन्दजी सरस्वती, हितध्रुवदासजी, गो. दामोदरवरजी आदि ने इन्हीं सूत्रों का विशदीकरण-'सेवकवाणी,' 'वृन्दावन महिमामृत', 'सिद्धान्त विचार,' 'हस्तामलक' आदि ग्रन्थों में किया है। हित ध्रुवदासजी ने श्रीहरिवंशोदित अनन्य धर्म धारक धर्मियों के जीवन में प्रत्यक्ष होने वाले आचरणों तथा कर्तव्यों की प्रेरणा मूलक शब्दों द्वारा अनेक स्थलों में अनन्यता के आदर्श रूप पर प्रकाश डाला है। अपने इष्ट श्री राधावल्लभलालजी के ही प्रसाद ग्रहण करने की अनन्य निष्ठा व्यक्त करते हुए उन्होंने कहा है कि—

श्रीराधावल्लभलाल कौं, रुचि सौं जिमावहु नित्त।
सो जूठन लै पाइये, आन न आनहुँ चित्त।
सुनि ध्रुव धर्मी आन सौं, कबहुँ न कीजै वाद।
सब ते दिनहिं निशंक ह्वै, लीजै महाप्रसाद।।
खान-पान तौ कीजिये, रसिक-मण्डली माँहि।
जिनके और उपासना, तहाँ उचित ध्रुव नाँहि।।

-बयालीस लीला, भजनसत्, मन शिक्षा हितध्रुवदासजी, छं. सं. क्रमशः 84-85, 27

श्रीहरिवंशोदित वृन्दावन रस और इस रस के रसिक अनन्यों के प्रति अनन्य निष्ठा प्रकट करते हुए उन्होंने लिखा है कि—

ह्वै अनन्य इक रस गहै, वृन्दावन रसरीति।
विधि निषेध मानैं न कछु, करै भजन सौं प्रीति।।
यह रस परस्यौं नाहिं जिन, तू जिन परसै ताहि।।
तासौं नातौ नाहिं कछु, यह रस रुचै न जाहि।।
इष्ट मिलै अरु मन मिलै, मिलै भजन रसरीति।
मिलिये तहाँ निशंक ह्वै, कीजै तिनसौं प्रीति।।
महा मधुर रस प्रेम बिनु, परसत नहिं कछु और।
ऐसे रसिक अनन्य जे, तेई मम सिरमौर।।

-बयालीस लीला, भजन कुण्डलियाँ, मन शिक्षा,
हितध्रुवदासजी, छं. सं., क्रमशः 18, 31, 29, 52

एक स्थल पर उन्होंने वृन्दावन रस रसिकों को ही अपना सजाती तथा अन्य उपासकों को विजाती बताते हुए उनके संग का निषेध करके आदर्श अनन्यता का रूप परिलक्षित कराया है-

"यहाँ श्रीजी जो रस प्रगट कर्‌यौ ता रस उपासना में कछु न मिलै। अद्‌भुत उपासना सबन ते न्यारी गति ताकी है। यह महा माधुरी रस जाके उर न आवै, तासौं संग न करिये, संग करनौं बड़ी अज्ञानता है और सब भजन में गोष्ठी है, सनेह में गोष्ठी कहा? ··· जिन यह रस समझ्यौ नाहीं, तासौं, रस की बात करनी उचित नाहीं। जो कहै तौ आपतें जाइ, अन्तर परै, निस्संदेह। ··· विजाती सौं मिलिवौ भलौ नाहीं। बिनु सजाती सौं मिलि बात न चलावै। ··· आपकौं यौं चाहिये औरनि सौं मत्सरता छाँड़ि अपनौं रस लिये रहै और याही रस के उपासकनि सौं अन्तर खोलि संग करै।"

–बयालीस लीला, सिद्धान्त विचार, हितध्रुवदासजी

वृन्दावन रस रसिक को जिस प्रकार अपने उपास्य के नाम, रूप लीला आदि के प्रति अनन्य रहना अनिवार्य है उसी प्रकार इष्ट के लीला-धाम के प्रति भी। अतः ध्रुवदासजी ने अपने इष्ट प्रेम मूर्ति अद्वय युगल के लीला धाम-वृन्दावन की अनन्यता का उद्‌बोधन भी अनेक स्थलों पर दिया है—

बसिकैं वृन्दाविपिन में, ऐसी मन में राखि।
प्रान तजौं वन जा तजौं, कहौ बात कोउ लाख।।
वृन्दावन के बसत ही, अन्तर जो करै आनि।।
तिहि सम शत्रु न और कोउ, मन-वच कैं यह जानि।।
वृन्दावन कौ नाम रटि, वृन्दावन कौं देखि।
वृन्दावन सौं प्रीति करि, वृन्दावन उर लेखि।।
वृन्दावन कौ जस अमल, जिहि पुरान में नाहिं।
ताकी वानी परौ जिन, कबहूँ श्रवनन माँहि।।
खण्ड-खण्ड ह्वै जाइ तन, अंग-अंग सत टूक।
वृन्दावन नहिं छाँड़िये, छाँड़िवौ है बड़ी चूक।।

–बयालीस लीला, वृन्दावनसत, हितध्रुवदासजी,

छं:. सं. क्रमशः 67, 50, 78, 84, 70

महिम्न गान ग्रंथ-

स्वेष्ट की रस लीला से निष्पन्न रूप का गान, रसिकजनों की वाणी का मुख्य विषय तो रहा ही है किन्तु इस गान परम्परा के साथ-साथ ही इष्ट की महिमा, धाम-महिमा, और श्रीहरिवंश स्वरूप गान करने की परम्परा भी पुरातन काल से चली आ रही दिखाई देती है। यही कारण है कि इस साहित्याकर के रत्नों की संख्या भी अगणित ही है। इस आकर के ग्रन्थ-रत्नों के कुछ नाम निम्नांकित हैं-

श्रीहिताचार्य कृत यमुनाष्टक, प्रबोधानंद सरस्वती कृत हरिवंशाष्टक, वृन्दावन महिमामृत, गोस्वामी कृष्णचन्द्र कृत वैयासिकी अष्टक, गोस्वामी मोहनचंद जी कृत स्वामिनी अष्टक एवं श्रीकृष्णाष्टक, मीठाजी कृत हित बधाई अष्टक, गोस्वामी ब्रजलाल जी कृत कृष्णाष्टक, रसिकदासजी कृत हिताष्टक, गो. जयबल्लभजी कृत हरिवंशाष्टपदी, गो. चतुर शिरोमणिलालजी कृत वंशी स्तोत्र गो. रंगीलालजी कृत राधिकेश स्तोत्र, हरिवंश अष्टोत्तरशतनाम तथा सौभाग्याष्टक, चाचा वृन्दावनदासजी कृत हितप्रकाशाष्टक, हितरूपाष्टक, यमुना महिमा बेली, वृन्दावन महिमा बेली, हित स्वामिनी अष्टक, विपिनेश्वरी अष्टक, स्वामिनीचरणाष्टक, श्री कृष्ण चरणाष्टक, शंकरदत्तजी कृत राधाबल्लभाष्टक, प्रेमदासजी कृत हरिवंश अष्टोत्तरशत नाम, सर्वसुखदासजी कृत हितसातनामाष्टक, गोपाल पं. कृत हरिवंश स्तव और हरिवंश षटपदी, लोकनाथ जी कृत हरिवंशाष्टक, मनोहरदासजी कृत हरिवंशाष्टक, भागवतावतंशजी कृत हरिवंशाष्टक, किंकर शिवप्रसादजी कृत हरिवंशाष्टक आदि।

'मंगल गान-साहित्य' 'महिमा गान साहित्य' का ही एक विशिष्ट रूप है, इसीलिये इसे पृथक नाम से अभिहित किन्तु महिमागान साहित्याकार के अंचल में ही स्थित उल्लेख किया गया है। इस साहित्याकर में आचार्यवर गो. श्रीहितहरिवंशजी के स्वरूप गान मूलक **'श्रीहरिवंश मंगल'** नामक रत्नों का संचय है और इसका शुभारम्भ श्री सेवकजी कृत श्रीहरिवंश मंगल गान से होता है:-

जै-जै श्रीहरिवंश व्यास कुल मंडना।
रसिक अनन्यन मुख्य गुरु जन भय खंडना।
श्रीवृन्दावन वास रास-रस भूमि जहाँ।
क्रीड़त स्यामा-स्याम पुलिन मंजुल तहाँ।
पुलिन मंजुल परम पावन, त्रिविध तहाँ मारुत बहै।
कुंज भवन विचित्र शोभा, मदन नित सेवत रहै।।

तहाँ सन्तत व्यासनन्दन, रहत कलुष विहंडना।
जै जै श्रीहरिवंश, व्यास कुल मंडना।।

सेवकवाणी, श्रीहरिवंश मंगलगान प्रकरण, सेवक जी

अन्य अनेक रसिकों ने भी श्रीहित मंगल गान का प्रणयन करके अपनी वाणी को सफल बनाया है। कुछ मंगल निर्माताओं के नाम प्रस्तुत किये जा रहे हैं-

गो. सदानन्द जी कृत 'श्रीहरिवंश मंगल,' लालस्वामीजी की कृत 'श्रीहरिवंश मंगल,' कल्याण पुजारीजी कृत 'श्रीहरिवंश मंगल,' गो. रूपलालजी कृत 'श्रीहरिवंश मंगल, गो. चतुरशिरोमणिलालजी कृत 'श्रीहरिवंश मंगल' प्रेमदासजी कृत 'श्रीहरिवंश मंगल, सहचरिसुखजी कृत 'श्रीहरिवंश मंगल,' गो. मोहनलाल जी कृत 'श्रीहरिवंश मंगल,' स्वामिनीशरणजीकृत 'श्रीहरिवंश मंगल,' वृन्दावनदासजी (द्वितीय) कृत 'श्रीहरिवंश मंगल,' कृष्णदास जी भावुक कृत 'श्रीहरिवंश मंगल,' मीठाजी कृत 'श्रीहरिवंश मंगल, चाचा वृन्दावनदासजी कृत 'श्रीहरिवंश मंगल' ब्रजजीवनदासजी कृत 'श्रीहरिवंश मंगल,' राधिकाचरणदास जी 'ढोंगी बाबा' कृत 'श्रीहरिवंश मंगल, मदनमोहनदासजी कृत 'श्रीहरिवंश मंगल,' हीरासखी जी कृत 'श्रीहरिवंश मंगल,' ललिताशरणजी कृत 'श्री हरिवंश मंगल' आदि।

उत्सव वर्णनात्मक ग्रंथ-

श्रीहिताचार्य ने अपनी वाणी में उपास्य के जिस क्रीड़ा धाम वृन्दावन का परिचय दिया है उस वृन्दावन में नित्य ही शरद और बसन्त बनी रहती है। ऐसे शारदीय तथा बासंती सुषमा से संयुक्त वृन्दावन में प्रेम और मदन की लोल लहरियों से सदा ललित: लाड़िलीलाल रस की मधुर क्रीड़ा किया करते हैं। संभवत: इसीलिए उन्होंने नित्य विवाहोत्सव के साथ शरद, बसंत और वर्षा ऋतु के नित्य उत्सवों का ही वर्णन किया है किन्तु परवर्ती रसिकों ने रास, बसंत, होली, वन-विहार, जल-विहार, झूला तथा होली डोलोत्सव के अतिरिक्त साँझी, खिचरी, श्रीहिताचार्य जन्मोत्सव तथा श्रीसेवक जन्मोत्सव गान को भी अपनी वाणी का विषय बनाकर रसिक वाणी साहित्य को विपुलकाय बनाया है। फाग और अनुराग के रंग से रँगे श्यामा-श्याम के होली उत्सव का एक वर्णन दृष्टव्य है—

छबीली नागरी हो धनि तेरौ परम सुहाग।
तेरेइ रंग रँग्यौ मनमोंहन, मानत है बड़भाग।।

आज फबी होरी प्रीतम सँग, लखियत है अनुराग।
जयश्रीरूपलाल हित रूप छके दृग, उपमा कौ नहिं लाग।।

-गो. हितरूपलालजी की वाणी, होली उत्सव के पद, गो. रूपलालजी, पद सं. 53

रस भक्ति साहित्यः रचयिता और रचनाएँ

विक्रम की सोहलवीं शताब्दी के उत्तरार्द्ध में ही इस वाणी साहित्य सृजन का शुभारम्भ हो गया था। तब से अब तक इस रसिक परम्परा में न जाने कितने ही रसिक हुए और उनके द्वारा न जाने कितनी और कौन-कौन सी वाणियाँ विनिर्मित हुईं; यह कहना सर्वथा असम्भव है। अतः यह कहना ही विद्वत् सम्मत होगा कि रसिक वाणी साहित्य की इयत्ता अथवा सीमा का निश्चितांकन नहीं किया जा सकता। इतना अवश्य कहा जा सकता है कि हमारी खोज में अद्यावधि इतने वाणीकारों और उनके द्वारा विरचित इतनी वाणियों का पता लगा है। वाणीकारों के नामों का अनुसंधान रसिक चरित्र ग्रन्थों और वाणियों की प्राचीन हस्तलिखित प्रतियों के आधार पर किया गया है। कतिपय नामों की जानकारी खोज विवरणात्मक ग्रन्थों और रसिकों द्वारा विरचित उन ग्रन्थों से भी प्राप्त हुई है जिन ग्रन्थों में रचयिता ने अपने पूर्ववर्ती या समकालीन रसिकों के ग्रन्थ अथवा उन ग्रन्थों के किसी पद का उद्धरण दिया है। इस प्रकार वाणी प्रणेता रसिकों को तीन भागों में विभक्त किया जा सकता है 1. सर्वज्ञात वाणीकार रसिक 2. अल्पज्ञात वाणीकार रसिक 3. सर्वथा अज्ञात वाणीकार रसिक। इन तीनों प्रकार के वाणीकार रसिकों की वर्णाधारित नामावली निम्नांकित है:-

1. सर्व ज्ञात वाणीकार रसिक

अनन्यअलीजी, अतिबल्लभदासजी, आनन्दीबाईजी, उत्तमदासजी, कल्याणपुजारीजी, कमलनैंन गो., किशोरीदास, किशोरीलाल गो. किशोरीशरण 'अलि' कुंजलाल गो., कृष्णदास गो., कृष्णदास भावुक, कृपालाल गो., खरगसैंनजी, गुलाबलाल गो., गोपीनाथ गो., गोविन्दअलीजी, चतुर्भुज स्वामी, चतुरशिरोमणिलाल गो., चन्द्रसखीजी, जतनलाल गो., जुगलबल्लभ गो., स्वामी बालकृष्ण तुलारामजी (बाबरी सखी) दामोदरवर गो., दामोदर स्वामीजी, हित ध्रुवदासजी, नेही नागरीदासजी, नरवाहनजी, प्रबोधानन्द सरस्वतीजी, प्रेमदास, ब्रजलाल गो., ब्रजजीवनदास, भोरी सखी (प्राचीन) हित भोरी (अर्वाचीन), मोहनदास गो., रूपलाल गो., रतनदास जी, ललिताचरण गो., लाल स्वामीजी, लाड़लीदास (सुधर्मबोधनीकार), वनमालीदास

गो., वृन्दावनदासजी (चाचाजी), सेवकजी, सदानन्द गोस्वामी सहचरिसुखजी, सुखलाल गो. स्वामी हरिदासजी, हरिलाल व्यासजी, हरिराम व्यासजी, हरिलाल गो. आदि।

2. अल्पज्ञात वाणीकार रसिक–

इन्द्रमणि गो., कृपासिन्धुलाल गो., किशोरीलाल गो. (अधिकारी) कमलकुँवरि रानी (हितदासी), कुंदनदास, केवलराम, कन्हरस्वामी, खेमदास, गंगाबाई, गोपाल प्रसाद (रैसलपुर वाले), गोवर्धनलाल गो. (प्रेमकवि), चतुरअली, जोरीलाल गो., जमुनाबाई, जयबल्लभ गोस्वामी, तुलसीदास, दयासिन्धु गो., दयासखी, द्वारिकादास, धरनीधरदास, निकुंजअली, नवनीतलाल गोस्वामी, नवलसखी, नरोत्तमदास, परमानन्ददास (गो. गुलाबलालजी के शिष्य), प्राणनाथजी, प्रियादासजी, प्रियादासजी (पटना वाले), प्रियादासजी (दनकौर वाले) प्रियादासजी, प्रेमकुँवरि, प्रिया अली, बलीदास, ब्रजभूषण गोस्वामी, बल्लभ सखी, बल्लभदास महन्त, ब्रजजीवनलाल, मनोहरबल्लभ गो., माधौरसिक, मीठाभाई, मोहनलाल गो. (छोटी सरकार वाले) मुकुन्दलाल गो., मोहनमत्त, रसिकदास, रसिक सखी, लक्ष्मण भगत, लोकनाथ, लाल सखी, वृन्दावनदास (पटना वाले), वखत कुँवरि रानी (प्रिया सखी) वंशीधर, स्वामिनीशरण, सर्वसुखदास, सर्वसुखराय सेवासखीजी, सुन्दरीशरण, हीरासखी, हितदास (भोरीसखी के शिष्य), स्वामी हितदास, हित अनूप, हरिजीमल, हितशरण आदि।

3. सर्व अज्ञात वाणीकार रसिक–

अलि मोहन, अलि कल्यान, अलि भगवान, अनन्त भट्ट, अनन्यदास, अभयराम, अलबेलीदास, अलबेलीशरण, आनन्दलाल गो., इच्छा सखी, उदैलाल गो., उत्तम नेह, उत्तमदास नागा, किशोरीसखी, कान्हदास, केलिलाल गोस्वामी, केलिदास, कृष्णदासी, केशवदेव ब्रजवासी, किशोरदास, किंकर शिवप्रसाद, कुंजदास, कुंजदासी, कृष्णप्रसाद, कृष्ण अली, कृपा अली, कीर्तिलाल गो., खुश्यालजी, खुशवख्तराय, गोवर्धनदास (ढाँढ़ी) गोवर्धनेश, गोस्वामी दास, गोपीलाल गो., गोवर्धननाथ, गोवर्धनलाल गो., गोविन्दलाल गो., गोपालवल्लभ गो., गोपाल पण्डित, गोपाल हित, चन्द्रसखी (उदयलाल गो. के शिष्य) चेतनदास, जगदीशलाल गो., जदुवल्लभ गो., जगन्नाथदास, जमुनादास, जंत्री स्वामी, जगदीश नारायण, जयकृष्णदास (कमलनैंन गो. के शिष्य), जयकृष्णदास (गो. कुंजलाल के शिष्य), घनश्यामदास

(इन्द्रपति गो. के शिष्य), जयदेव कवि, जुगलकिशोर गोस्वामी, जयदासी, जुगलदास, जुगलसखी, झूँठा स्वामी, दम्पति किशोर गो., दुलहिनिदासी, दम्पतिदासी, दयानिधि गो., दीनदयाल, धीरजदास, निर्मलदास, नवलदास, नरहरिदास गो., नागरवर गो., नित्यानंददास, नित्यकिशोर गो., नंदवल्लभ गो., नित्यवल्लभ गो., नारायणदास, नाथ भट्ट, प्यारेलाल गो., प्रीतमदास, प्रीतमलाल गो., प्रेम पथ-पथिक, प्रहलाददास, प्रियालाल गो., परमानन्ददास (भक्तिदीपकार) बाल कृष्णदास, ब्रजगोपालदास, ब्रजनिधिबल्लभ गो., ब्रजनाथ शास्त्री (पटना), ब्रजनाथ (भोलानाथ 'हित भोरी' के भ्राता) बिठ्ठलदास, ब्रजदासीजी, बुलाखीदासजी, बल्लभसखी (रसिकसखी के शिष्य), ब्रजपतिजी गो., बल्लभदासजी (रुपलालजी गो. के शिष्य) बल्लभदास जी (किशोरीलालजी गो. के शिष्य) ब्रजमोहन गो., बीठलराय गो., बलदेवकवि, भगवानदास (रसिकबल्लभ के शिष्य) भजनदास, भागवतावतंश, मधुरानंद, मनोहर अली, मनोहरदास, मनोरथलाल गो., मदनमोहनदासजी, मोहनदासजी (गो. दामोदरवर के शिष्य) माधुरीदास, मोहनजी (केलि कल्लोलादि ग्रन्थों के प्रणेता) मथुरा हित, माखनचोरदास, माधौमुकुन्द, मुरली सखी, मन्नीलाल गो., यज्ञेश्वर द्विज, राधादास, राधिकाशरण, राधिकाशरण (उपनाम संतदास), राधिकाचरणदासजी (प्रसिद्ध नाम-ढोंगीबाबा) रासदासी, राधावल्लभशरण (पूर्व नाम-पण्डित रामनाथ), रूपअली, रूपदास, रामकृष्ण हित, रसिक मुकुन्द, रूपनाथ, रंगीलालजी गो., रंगीदासजी, रसन भाई, राधालालजी गो., रमनलालजी गो., राधामोहन माली, राधामोहनदास, राधाचरण (पूर्व नाम-लल्लूजी) राधाबालकृष्ण हित, राधिकाबल्लभशरण (हड़िया बाबा), रामचरण नागार्च, ललिताशरण, ललितशरण (चतुर सिंह) लक्ष्मीदास हित, ललित सखी (ललितादिक छाप), लघुमतिजी, लड़ैतीदास, लड़ैतीलाल गो. या लाड़िलीलाल गो., ललित किशोरी जी, लालदास (चन्द्रसखी के शिष्य) लाड़िलीदास (खीरस्तवकार) विलासदास गो. विष्णुसखी, वेणी कवि, विमला दासी, शंकरदत्त कवि, श्यामशाह तोमर, सुखमणि गो., सील सखी, रानी सौंन कुँवरि, सुन्दरदास (हुलासलाल गोस्वामी के शिष्य) श्यामलाल गो., श्यामदास, सिंगारसखी, सुजनसखी, श्यामसखी, सनेहीजी, संतदास, सुखसखीजी (कृष्णदासजी के शिष्य) श्रीपतिशरण, सेवादास, हितनिधि, हितदासी, हरीदास, हित प्रसाद (पूर्व नाम-गंगादास), हितराम (फतेहसिंह), हितसुखजी, हितदास (अग्रवन वाले), हित घनश्याम, हुलासलाल गो., हित रघुनाथदास, हीरादास, हितू लड़ैती अली, हित किशोर गो. आदि।

अन्त में मैं इतना अवश्य कहूँगा कि यहाँ पर पाण्डुलिपियों के रूप में यत्र-तत्र

बिखरे रसभक्ति-धारा के अज्ञात और अल्पज्ञात वाणी साहित्य पर अति संक्षिप्त और सूत्रात्मक रूप में ही प्रकाश डाला गया है। वस्तुतः इस रसवाणी साहित्य पर प्रकाश डालने के लिए तो इसकी प्रत्येक विधाओं पर, इसके काल विभाजन पर, विविध मोड़ों पर, वाणी साहित्य की विपुलता पर, स्वरूप सौन्दर्य और रूप सौन्दर्य पर पृथक-पृथक वाणीकारों पर, समर्थ वाणीकारों की एक-एक रचनाओं पर समर्पित अनुसंधित्सुओं द्वारा स्वतंत्र रूप से शोधप्रबन्ध लिखने की आवश्यकता है और आवश्यकता है हिन्दी साहित्य के इतिहास में परिवर्तन-परिवर्धन करके इसे हिन्दी शिक्षा के पाठ्यक्रम में लगाने की; तभी हिन्दी साहित्य का इतिहास अपने पूर्ण रूप में प्रत्यक्ष हो सकेगा।

8

श्रीहित हरिवंशजी कृत राधासुधानिधि की टीकाएँ

विष्णुमोहन नागार्च

प्राप्त प्राचीन टीकाएँ

श्री हिताचार्य प्रणीत 'राधा सुधानिधि की प्राचीन प्रतियों की बहुलता जिस प्रकार यह सिद्ध करती है कि इस ग्रन्थ पर हित रसिकों का अधिकाधिक ममत्व रहा है। उसी प्रकार प्राचनीकाल से ही इस ग्रंथ पर हित रसिकों द्वारा की गई टीकाओं का बाहुल्य भी यह प्रमाणित करता है कि टीकाकारो के पूज्यास्पद श्री हिताचार्य द्वारा ही प्रणीत हैं और इन सभी टीकाकारों का इससे विशेष ममत्व रहा है। यहाँ पर यह भी अविस्मरणीय है कि इन सभी टीकाकारों ने 270 श्लोकेां में वर्णित इस राधासुधानिधि किंवा रस सुधा निधि ग्रंथ को श्री हिताचार्य द्वारा प्रणीत ही स्वीकार किया है। हम अपनी खोज में प्राप्त राधासुधानिधि की कतिपय टीकाओं का संक्षिप्त विवरण यहाँ प्रस्तुत कर रहे हैं—

सर्वप्रथम श्री हित हरिवंश महाप्रभु कृत राधासुधानिधि की हस्तलिखित मूल प्रतियों की चर्चा करते हैं तदोपरान्त टीकाओं की चर्चा की जायेगी।

प्राप्त प्राचीन हस्तलिखित प्रतियाँ

राधासुधानिधि की अनेकानेक प्राचीन हस्तलिखित प्रतियाँ भारत वर्ष के विभिन्नि संग्रहालयों तथा निजी संग्रहों में सुरक्षित हैं जिनकी प्रारंभिक या अंतिम पुष्पिकाओं में "अथ गुसाईं हरिवंश जू विरचित राधासुधानिधि स्तव लिख्यते" अथवा इति श्री वृन्दावनेश्वरी चरण कृपा बल विजृभित श्री हित हरिवंश गोस्वामिनः विरचित राधासुधा स्तोत्र संपूर्णम लिखा मिलता है। कुछ महानुभावों के मतानुसार

राधासुधानिधि प्रबोधानंदजी कृत है लेकिन इस प्रकार की कोई भी पांडुलिपि प्राप्त नहीं हुई है जिसमें प्रबोधानंदजी कृत शब्द मिला हो। इन सबकी प्रारंभिक और अंतिम पुष्पिकाओं का विस्तृत विवरण देना तो यहाँ स्थान सापेक्ष और समय सापेक्ष नहीं है। अतः उनमें से हम यहाँ कतिपय प्राचीन प्रतियों का सांकेतिक उल्लेख तथा वि. सं. 1712 में प्रतिलिपित एक सर्वाधिक प्राचीन प्रति जो गोस्वामी नवल लाल जी अहमदाबाद के निजि संग्रह में तथा इसी प्रति की जीरौक्स प्रति रस भारती संस्थान, वृन्दावन में क्रमांक 333 पर सुरक्षित है की प्रारंभिक तथा अंतिम पुष्पिका का उल्लेख कर रहे हैं।

प्रारंभिक पुष्पिका

श्री व्यास नंदनो जयति श्री राधा वल्लभो जयति।

यस्याः कदापि ....

अंतिम पुष्पिका .... ग्रहीत्वा पियतां बुधाः।।

।। 269।। इति श्री वृन्दावनेश्वरी

चरण कृपा पात्र विजृंभित श्री राधा सुधा निधि स्तवः। या प्रत्यमा (प्रति में) जो पाठ हैं सो देववन की प्रति देख कर लिख्यौ है सो और प्रति देखकर पाठ मत फिरायौ है। यह बहुत बर्षन कौ पाठ पुरातन है। या कौ अर्थ बहुत कठिन है श्री हित जू कृपा करें तब आवै। श्री हित जू कृपा ते यह पाठ मिल्यौ है 162 के आगे कौ जो श्लोक एक ''मत्कंठे किंम नखर शिखया या मैं नहीं है सो और तीनों प्रति में नहीं है सो आगे पीछे के संबंध में नहीं लगे हैं। सो श्री हित जी हार्द नहीं लगै है सो काहू को धरयौ है याते या रस में मिलत नहीं समझनौ संवत 1712 वर्षे जेठ मासे पूर्णमास्यां श्री वृन्दावन मध्ये लिखिंतं राजबाई के नाम दामोदर दास गुजराती पठनार्थ देववन की प्रति लिखी है। पुष्तक याद्रसमीती।

कतिपय अन्य प्रतियाँ

हिन्दी भक्ति काव्य में रसभक्ति धारा और उसका वाणी साहित्य में पिछले पृष्ठों में टीका संयुक्त राधा सुधानिधि की 74 प्राचीन हस्त लिखित प्रतियों का तथा वि. सं. 1712 में प्रतिलिपित राधा सुधानिधि के मूल पाठ की एक सर्वाधिक प्राचीन प्रति का उल्लेख किया जा चुका है अतः यहाँ प्रतियों की संख्या क्र 76 से प्रारंभ किया जा रहा है।

निम्नांकित प्रतियाँ केवल मूल पाठ वाली हैं।

राधासुधानिधि मूल

76-राधा सुधा निधिमूल प्रति

स्थान-गो. श्री श्रीवृन्दावनवल्लभ जी

श्रीराधा वल्लभ घेरा, वृन्दावन

प्र. लि. काल वि. सं. 1752, नायक राम कृष्णेन लिखित।

अंतिम पुष्पिका— इति श्री मद् राधा सुधानिधि स्तोत्रं समाप्तम्। श्री गुसांई हरिवंश जू कृत सं 1752 नायक राम कृष्णेन लिषितं।।

77-प्राप्ति स्थल बनवारी लाल पचौरी अलीगढ़, प्रति लि. का. वि. सं. 1775

अंतिम पुष्पिका— इति श्री हरिवंश चन्द्र जू कृत राधा सुधानिधि संपूर्ण वैशाख शु. एकादशी सं. 1775

78-प्राप्ति स्थल— बाबा बैजनाथजी, सेवाकुंज गली, वृन्दावन, प्र. लि. काल 1789 प्रति लि. कर्ता भूधर कायथ भटनागर।

अंतिम पुष्पिका— इति श्रीहरिवंश जू कृत राधा सुधानिधि संवत 1789 पोथी लिखितं भूधर दास कायथ भटनागर पोथी लिपायतं शाह जी श्री साहिनराय जी शुभ मस्तु।

79-प्राप्ति स्थल— बाबा बैजनाथजी, सेवाकुंज गली, वृन्दावन, प्र. लि. काल वि सं 1833 मार्ग शीर्ष शु. तेरस।

81-प्राप्ति स्थल— बाबा बैजनाथजी, सेवाकुंज गली, वृन्दावन, प्र. लि. काल वि सं. 1877 वैशाख शु. चौदस।

82-प्राप्ति स्थल-बाबा बैजनाथजी, सेवाकुंज गली, वृन्दावन, प्र. लि. काल वि सं. 1877 श्रावण शु. तेरस।

83-प्राप्ति स्थल-रसभारती संस्थान, वृन्दावन, क्रमांक 277 प्र. लि. काल वि. सं. 1830 भादो शु. त्रयोदशी अंतिम पुष्पिका इति श्री वृन्दावनेश्वरी चरण कृपा पात्र विजृंभित श्री मंद्राधा सुधा निधि स्तवः श्री हित हरिवशं चंद्र गोस्वामिना विरचितः समाप्तिः वि. सं. 1830 भादौ शु. तेरस।

84-प्राप्ति स्थल— रसभारती संस्थान, वृन्दावन, क्रमांक 340, प्र. लि. काल वि. सं 1962 चैत्र शु. पंचमी इतवार।

अंतिम पुष्पिका— इति श्री वृन्दावनेश्वरी चरण कृपा पात्र विजृंभित श्री राधा-सुधानिधि स्तव समाप्तम् मिति चैत सुदी 5 ऐतवार वि. सं. 1962 श्री श्री सर्वोपरि विराजमान श्री हित हरिवंश चन्द्रवर गोस्वामी कृत राधासुधानिधि।

85-प्राप्ति स्थल— रस भारती संस्थान, वृन्दावन, क्रमांक 343, प्र. लि. काल वि.

सं. अज्ञात
अंतिम पुष्पिका— इति श्री राधा सुधानिधिस्त्वः श्री हित हरिवंश गोस्वामी विरचितं संपूर्णम्।
86— प्राप्ति स्थल— रस भारती संस्थान, वृन्दावन, क्रमांक 354, प्र. लि. काल वि. सं. 1902 नभे मासे शु. पक्षे गुरूवार हरिदिने प्रतिलिपि कर्ता जनार्दन।
अंतिम पुष्पिका श्री वृन्दावनेश्वरी चरण कृपापात्र विजृंभित श्री राधा सुधानिधि स्तवः श्री हरिवंश गोस्वामिनां विरचितं समाप्तम् श्री राधाकृष्णामं नमः।। नभे मासे शुक्ल पक्षे गुरूवारे हरिर्दिने। समाप्ति मगमतसर्व श्री मद्रधासुधानिधिः।1।। श्री मज्जनार्दनो विद्वान्नभिवंश सुमुदभवः।। श्रीमद्बिहारिदासार्थे लिखितं ललिताक्षरै।।2।। संवत 1902 शाके 1767।।
87— प्राप्ति स्थल— रसभारती संस्थान, वृन्दावन, क्रमांक 384, प्र. लि. काल वि. सं. 1937 भादों सुदि दोज प्र. लि. कर्ता स्वामिनी शरण

विशेष यद्धपि इस प्र. लि. में स्वामिनी शरण के हस्ताक्षर नहीं हैं लेकिन अन्य प्र. लि. के हस्ताक्षर के आधार पर यह उन्हीं के हस्ताक्षर हैं।
88— प्राप्ति स्थल— रस भारती संस्थान् वृन्दावन क्रं. 387 प्र. लि. काल वि. सं. 1856 वैशाख शुक्ला प्रतिपदा। अंतिम पुष्पिका इति श्री वृन्दावनेश्वरी चरण कृपा पात्र विजृंभित श्री राधा सुधा निधि स्तवः श्री हरिवंश चन्द्र गोस्वामिना विरचिता समाप्तः वैशाख शुक्ला सं. 1856
89— प्राप्ति स्थल— र. भा. संस्थान, वृन्दावन, क्रमां. 504, प्र. लि. काल वि. सं. 1847 वैशाख शुक्ला पंचमी मंगलवार प्रतिलिपि कर्ता प्रियादास-अंतिम पुष्पिका- इति श्री वृन्दावनेश्वरी चरण कृपापात्र विजृंभित श्री राधा सुधा निधि श्री हित हरिवंश चंद गोस्वामिना विरचित समाप्तः पुष्तक लिखितं श्री वृन्दावन मध्ये यमुना तटे पठनार्थ ब्रजदास जी हस्ताक्षर प्रियादास सं. 1847
90— प्राप्ति स्थल— रस भारती संस्थान, वृन्दावन, क्रमांश 519 विशेष ज्ञातव्य प्रति लिपि खंडित है प्रस्तुत प्रति में पत्रांक संख्या 83 तक तो प्राप्त है जिनमें श्लोक संख्या 265 तक के श्लोक उल्लिखित हैं किन्तु आगे के 2-4 पन्ना खंडित हैं अतः प्रतिलिपि कर्ता और प्रति लि. काल संबंधी सभी बातें अज्ञात हैं। प्रस्तुत प्रति के कागज, स्याही और लेखन शैली के आधार पर इस प्रति का लिपिकाल वि. सं. 1890-1900 के लगभग स्थिर होता है।
91— प्राप्ति स्थल— रस भारती संस्थान क्रमांक 543 प्रतिलिपि काल वि. सं. 1884 आषाड शुक्ल दोज अंतिम पुष्पिका इति श्री वृन्दावनेश्वरी चरण कृपापात्र विजृंभित

श्री राधासुधानिधि गो. हरिवंश कृत संपूर्ण।

विशेष इस प्रति में प्रतिलिपि कर्ता गणपतिरामद्वारा आदौ प्रणाली कृष्णाष्ट रा. सु. नि. और राधाष्टक आदि अनेक ग्रंथ प्रतिलिपित किये गये हैं। किन्तु प्रति लि. कर्ता ने अपने हस्ताक्षर और प्र. लि काल का उल्लेख आदौ प्रणाली नामक ग्रंथ के अंत में किया है। पुष्पिका-इति श्री आदौ प्रणाली संपूर्ण है। शुभमस्तु सं 1884 संतोषमनस्य आत्मज गणपति रामेण लिखितं। सरोजे। अषाणे। शुक्ल द्वितियां शुभम्।

92— प्राप्ति स्थल रस भा. संस्थान क्रमांश 554 प्रतिलिपि काल वि. सं. 1883 आशिवन. शु. तृतिया चंद्रवार अंतिम पुष्पिका-इति श्री वृन्दावनेश्वरी चरण कृपा पात्र विजृंभित श्री राधासुधानिधि स्तवः श्री हित हरिवंश गोस्वामिना विरचित। समाप्तः वि. सं. 1883 आशिवनी माषे शुक्ल पक्षे तृतियायां चंद्र वासरे इयं पुस्तक लिखिता वंदीदीने नाग्नि हो त्रिना शुभम् भूयातः कृष्णाय नमः।।

93— प्राप्ति स्थल— रस भारती संस्थान क्रमांक 555 प्र. लि. काल वि. सं. 1961 द्वितिय ज्येष्ठ शुक्ल अठरयी सोमवार अंतिम पुष्पिका-इति श्री वृन्दावनेश्वरी चरण कृपापात्र विजृंभित श्री इति हरिवंश चंद्र गोस्वामिना। विरचिता श्री मद्राधासुधा-निधिः स्तवः समाप्तः। श्री हरिवंश चंद्रोमयः वैक्रयाब्द 1961 द्वितिय ज्येष्ठ शुक्ला 8 चंद्रवासरे पूर्णम् भवत्।

94— प्राप्ति स्थल— बाबा माखन चोर दासजी, श्री हितरास मंडल, वृन्दावन प्रतिलिपि काल वि. सं. 1955 कार्तिक वदी दोज मंगलवार।

95— प्राप्ति स्थल— राधा चरण नागार्च उपनाम लल्लू जी (समाजी) श्री राधा वल्लभ मंदिर, वृन्दावन निवास श्री राजमनोहर मंदिर, होली गली, वृन्दावन, प्रतिलिपि काल वि. सं 1915

96— प्राप्ति स्थल— बाबा ध्रुव अलि शरण जी, श्री राधा वल्लभ जी का मंदिर, वृन्दावन प्र. लि. काल वि. सं. पौष कृष्णा षष्ठी रविवार वि. सं. 1979

पुष्पिका— इति श्री मद् श्री हित हरिवंश चंद्रवर नाम रत्न माला स्तव श्री हित प्रेमदासजी महाराज विरचित समाप्त्य पौष कृष्णा षष्ठी रवीवार सं 1979 हस्ताक्षर सिद्धि श्री सर्वोपरि विराजमान श्री रसिकानन्य नृपति चक्रचूणामणि श्री मद् हिताचार्य पूरण प्रभूश्री निकुंजरस कल केलि विस्तार विलासी अतुलित गुण गण राशि श्री हित प्रेम माधुर्य प्रकाश प्रकाशी अगतिन गतिदायक प्रणतन प्रतिपालक अखिल ब्रह्माण्य सुजश सुनायक सर्वेश्वर जगताधार निराकार ब्रह्म ज्योति नख चन्द्र छटा उजागर अनेकानेकी उपमा विभूषित श्री हितावतार श्री मद् हित कुल कमल दिवाकर श्री राधा वल्लभ लाल के अधिकारी श्री मद् गोस्वामी जय श्री हित रूप किशोरी

लाल जी महाराज पादारविन्द मकरन्दास्वादी अधमानुचर नवेलीशरण पाठार्थ श्री हित गुरू भ्रात्रवन परम प्रिय श्री बाबा राधाशरण जी योग्य इति इत्यलम् श्री हित वृन्दावन धाम श्री नंदराम जी का बाग बारह घाट काली दह समीपे श्री हिताब्द 450

97—प्राप्ति स्थल बाबा ध्रुत अलि शरण जी श्री राधावल्लभ जी मंदिर वृन्दावन प्र. लि. काल वि सं 1932

98—प्राप्ति स्थल वैष्णव सिहनाथ, अठखंभा वृन्दावन प्रतिलिपिकाल वि. सं. 1982

99—प्राप्ति स्थल बाबा जुगलदास जी वनचंदजी का डोल, वृन्दावन प्रति, लि. काल वि. सं. 1912

100—प्राप्ति स्थल गोस्वामी ब्रजजीवन लालजी छोटी सरकार वृन्दावन प्रतिलिपिकाल वि. सं 1914

प्रारंम्भिक पुष्पिका श्री राधावल्लभो जयति श्रीहितं हरिवंश चन्द्रो जयति अथ सुधानिधि समय प्रबंध लिख्यते (मंगल समय श्लोक।।

नित्यं नयामि रम्यं श्री हित दयालु गुरुः पद पंकजम्।।
ध्येयं वृन्दारण्यां युगल चरित्र निधौ गति दातु।

अंतिम पुष्पिका

राधा प्रियालि वन्देषु नित्यं प्रीति विवर्द्धिनीम्।
दयावन्ती सखी वन्दे बृषभानु सुता प्रियांम्।।1।।
विलसतु वृन्दारण्ये रसिक जनानां कण्ठ प्रदेशेषु।
जुगल चरित्र सुमा ग्रथिता मणि मौक्तिक पद पद्यैः।

।। इति श्री सुधानिधि समय विलास सेवा संपूर्णम् श्रावण कृष्ण 7 चंद्रवासरे संवतु 1914 लिखितं श्रीवृन्दावने श्री यमुनातटे लालदास हस्ते यथा प्रते। मंगल शुभम्।।

101—प्राप्ति स्थल गो. ब्रज जीवन लालजी छोटी सरकार, वृन्दामन प्रति लि. काल वि. सं. 1843 अंतिम पुष्पिका इति श्री राधा सुधानिधि हित हरिवंश चन्द्र विरचित संपूर्णम्। वि. सं. 1843

102—प्राप्ति स्थल गो. सोहन किशोर जी कोइलिया घाट वृन्दावन प्रति लि. काल वि. सं. 1932 मिति आषढ़ अष्टमी शनिवार।

अन्तिम पुष्पिका इति राधासुधानिधि संपूर्ण संवत 1932 मिति असाढ 8 शनिवार।

103—प्राप्ति स्थल बाबा गोवर्धन दास जी सेवाकुंज गली, वृन्दावन प्रति. लि.

काल विं सं 1900।।

104— प्राप्ति स्थल रस भारती संस्थान क्रमांक 680 प्रति लि. काल वि. सं. 1958 बैशाख शुक्ल पंचमी मंगलवार।

अंतिम पुष्पिका इति श्री वृन्दावनेश्वरी चरण कृपा पात्र विजृंभित श्री राधा सुधानिधि स्वतः समाप्त मिति वैशाख सुदि 5 मंगलवार वि. सं. 1958

उपरोक्त टीकाओं को बाबा श्री किशोरी शरण अलि जी ने स्वयं जा कर देखा है उन्हीं प्रतियों का उल्लेख किया गया है। जिन संग्रलयों के अध्यक्ष महानुभावों ने प्रतिलिपियां दिखाने की कृपा नहीं की है उन प्रतियों की चर्चा नहीं की जा रही है राधासुधानिधि की प्रतियां प्रायः प्रायः जयपुर, अलवर, दतिया, छतरपुर एवं देश के सभी हस्तलिखित ग्रंथालयों में बड़ी मात्रा में उपलब्ध हैं।

अभी मूल प्रतियों के चर्चा की जा रही थी अब टीकाओं की चर्चा करने जा रहे हैं।

105— राधासुधानिधि मूल ब्रज संस्कृति शोध संस्थान, वृन्दावन।

1 टीकाकार जयदेव कवि गोस्वामी सुन्दरवर जी के शिष्य टीकाकाल सत्तरहवीं शती के अंतिम चरण से अठारहवीं शताब्दी के प्रथम चरण के मध्य में भाषा ब्रजभाषा पदानुवाद प्रति लि. का. प्राप्ति स्थल 1 बाबा हित वल्लभशरण जी मोरकुटी बरसाना उदाहरणार्थ टीका का कतिपय अंश-

यो ब्रह्म रूद्र शुक श्लोक संख्या 3 की टीका ब्रह्म रुद्र भीष्म वशिष्ठ शुक नारदादि

साधक अखंड़ ज्योति सुख सरसावनी तेहू जाय सहासा निहारि न सकत क्यों हूँ

जोगिन द्रुगम ज्योति जाकी जग पावनी ''कवि जयदेव'' भनैं ताहि परब्रह्म की जु

सदा बस कारणी है उर की सुहावनी धरि रही ऐसी अति अद्‌भुत अनन्त शक्ति राधे पद पंकज की रज मन भावनी।

2 टीकाकार संतदास जी

शिष्य-गो. दामोदरवरजी

टीकाकाल-वि. सं 1715 अनुमानित

भाषा-ब्रजभाषा, पद्‌यानुवाद

प्र. लि. काल ····

प्राप्ति स्थल-श्री हित रूप संग्रहालय, वृन्दावन

3 **टीकाकार तुलसी दासजी**

शिष्य-गो. सुखलाल जी

टीकाकाल-वि. सं. 1770 आषाढ कृष्ण चर्तुदशी

भाषा-ब्रजभाषा पद यानुवाद

प्र. लि. काल

टीका नाम-राधा सुधानिधि सतसई

प्राप्ति स्थल 1. रस भारती संस्थान क्रमांक 124

2. गो. श्याम लाल जी अठखंया वृन्दावन टीका का कतिपम अंश

श्री राधावल्लभोजयति-श्री सुख रसिक शिरोमणि जयति।।
श्रीराधा सुधा निधि ताकी भाषा सतसई लिख्यते।।
वंशी वपु प्रीतम ˙ ˙ ˙ श्रुति अवतंश।
सखी रूप निज कुंज में जय श्री सुखद प्रशंस।।1।।
हित ˙ ˙ ˙ लसैं सखी रूप है पास।
ता सुख की मूरति जहाँ, श्री सुखलाल उजास।।
वंश जु उद्भुत नाद हैं, तिनि हौं मोही बाल।
श्री सुखलाल कृपा करी, दियौ मंत्र तिहिं काल।।3।।
रोम रोम में रमी रहै, हित अक्षर श्रीसुख रूप।
श्री सुख मंडली दीजिये, बढौ चित रस कूप।।4।
तुलसी अपनी जानिकें, हित सुख लई बुलाय।
निज मंदिर की टहल में, प्रियाचरण परसाय।।5।।
वंश रूप सुख संखि हैं, तिन हौं लई बुलाय।
श्री राधा सुधा निधि तहाँ, तामैं लई बुढाय।।6।।

अंतिम पुष्पिका इति श्री राधा सुधानिधि संस्कृत ताकी भाषा सतसई राधा सुधा निधि दोहा बन्ध श्री सुख वंशी चरन कंज मकरन्द प्रसाद् संपूर्णम्।।

4. टीकाकार लोकनाथ जी

शिष्य-गो. सुखलाल जी

टीकाकाल. वि. सं. 1770 अनुमानित

भाषा-ब्रजभाषा, गद्य

प्राप्ति स्थल 1. रस भारती संस्थान क्रमांश 16, 196, 307, 331, 335, 602

प्रतिलिपि काल-माघ शु. 9 वि. सं. 1919

ज्येठ शुक्ला छट वि.सं. 1962 अगहन वदी दसमी वि. सं. 1955 वैशाख शुक्ल 13 वि. सं. 1937 2. गोस्वामी ब्रजजीवनलाल जी छोटी सरकार अठखम्भा बाजार वृन्दावन प्र. लि. काल 3. बाबा तुलसीदास जी दुसायात मौहल्ला वृन्दावन प्र. लि. काल मिति सावन वदी तीज वि. स. 1952

टीका का कतिपय अंश

।।श्री राधावल्लभो जयति।। श्री हित हरिवंश चन्द्रो जयति अथ श्रीमत् श्री राधासुधानिधि टीका सहित लिख्यते।।

यस्याः कदापि . . .

मध्यांश

श्री राधिके सुरति रंगिणि . . .
हे श्री राधिके! हे सुरति की नदी! तुम्हारी जो
अलौकिक कीड़ा है तेई तरंग माला हैं।
सुन्दर जा मुख है सोई कमल है। श्याम रूपी
जो अमृत को समुन्द्र तासौं मिलिवे की उतावलि
है जाकें। नाभी है सोई भॅवर परैं हे ऐसौ
रूप कब दिखावौगी

अन्तिमांश

इति श्री राधासुधानिधि स्तव श्री हित हरिवंश गोस्वामिना विरचितं व ताकी टीका श्री गुसाँई सुखलाल जू के परम कृपापात्र श्री हित गोकुलनाथ जु कृत सम्पूर्णम्

द्वितीय प्रति की प्रा. पुष्पिका

।।श्री राधाबल्लभो जयति। श्री हि हरिवंश चन्द्रो जयति अथ श्री राधासुधानिधि समय प्रबन्धानुसार लिख्यते।। प्रथम नाम महिमा। यज्जप्तं सकृदेव गोकुलपते

अन्तिम पुष्पिका

श्री इति श्री मदाच्चार्य्य सिरोमनि श्री 108 श्री मद्गोस्वामी श्री हित हरिवंश चन्द्र जी महाराज विरचित श्री राधासुधानिधि स्तव कौ समय प्रबन्ध सम्पूर्णम्।। शुभमस्तु।। संवत 1962 मिति जेठ सुदी 6।। लिखी श्री वृन्दावन मध्ये बगीचा गुसाँई धीरजलाल रसिक प्रीतम समीप।। माधुरीशरन।। पाठार्य।

विशेष ज्ञातव्य प्रस्तुत प्रति मे लोकनाय जी की टीका को ही प्रति लिपि कर्ता द्वारा समयप्रवन्धानु क्रंम से लिखा गया है।

तृतीय प्रति की अन्तिम पुष्पिका

।। इति श्री वृन्दावनेश्वरी चरण कृपापात्र विजृंभित राधारस सुधानिधि स्तव श्री हरिवंश गोस्वामिना विरचितं समाप्तं।। शुभम् भूयात।। इति मिती।। माह सुदी 9 संवत 1919 ।। श भा सं 16

चतुर्थ प्रति की अन्तिम पुष्पिका

इति श्री वृन्दावने निकुंजेश्वरी चरण कृपापात्र विजृंभित राधासुधानिधि स्तवक श्री मद् हित हरिवंशचन्द्र महाप्रमुना विरंचितं संपूण। श्री राधे। जय राधे। जय श्री हित राधे।। हस्ताक्षर वैद्य भूषण माखन चोर दास निर्मोही जमात श्री राधा वल्लभीय नीम का थाना। र. भा. सं 307

पंचम प्रति की अंतिम पुष्पिका

।इति श्री वृन्दावनेश्वरी चरण कृपापात्र विजृंभित श्री राधासुधानिधि स्तवक श्री हित हरिवंश गोस्वामिना विरचितं समाप्तः। मिति अघैन वढी 10 संवत।। 1955।

श्री वृन्दावन में लिखत है।। मदन मोहन निज ठाम।।

मालि हमारी जाति है। राधामोहन नाम। हस्ताक्षर।।

षष्टम प्रति की अंतिम पुष्पिका

।। इति श्री मत्सुधानिधि श्री हित गोस्वामी हरिवंश कृत संपूर्ण मि 13 सु. वैशाख सं 1937 हस्ताक्षर प्रियादास वैष्णव राधावल्लभी।।

रूपवासमध्ये।। र. भा. सं क्रमांक 602

5. राधासुधानिधि टीका

टीकाकार-भोरी सखीजी (हितदासजी के गुरू)

टीकाकाल-वि. सं. 1800 से पूर्व (अनुमानित)

भाषा-ब्रजभाषा पद्यानुवाद

प्रति लि का...............

प्राप्ति स्थल-गो. मनोहरलाल जी अहमदाबाद

6. राधासुधानिधिटीका

टीकाकार-कोऽपि अज्ञात हित रसिक

टीकाकाल-वि. सं. 1800 (अनुमानित)

भाषा-ब्रज भाषा पद्यानुवाद

प्र. लि. का · · ·

प्राप्ति स्थान-बाबा हित वल्लभ शरणजी मोर कुटी-बरसाना

यस्याः कदापि · · · का भावात्मक रूपखेलत ही काहु समय ललित लड़ैती

बालवसन कौ अंचल उडानौं अंगरागलै। धन्य अति धन्य तिहि पौन के कृतार्थं मानि, योगिन के इन्द्र गति द्रुगम की नाम लै। आपु मधुसूदन द्वै जानि वृषभानुजा की, दिशा तिहि नमो कहि वचन सुभाग लें। रस सुधा निधि महामंगल कौ भागरन हित जू ने कियौ सब मंगलनि लागे लै।

7. राधासुधानिधि टीका

टीकाकार-वृन्दावन दास जी चाचाजी से पृथक्

टीककाल-वि. सं. 1820 कार्तिक कृष्ण एकादशी

भाषा-बृजभाषा (गद्य)

टीका का नाम-भाव विलास नाम्मी

प्राप्ति स्थल र. भा. सं. वृन्दावन क्रमांक 99, 101, 169

प्र. लि. काल क्रमशः वि. सं. 1912 वैशाख शु. दशमी

2. गो ब्रजवल्लभ लाल जी, बंगला वाले हित घाट वृन्दावन

गो सोहन किशोरजी कोई लिया घाट वृन्दावन प्रा. लि. का वि. सं. 1912

3. बाबा ध्रुवअलि शरणजी, श्री राधबल्लभमन्दिर वृन्दावन

8. राधासुधानिधि टीका

टीकाकार-गो. कृपालाल जी और नरोत्तम दास जी

टीकाकाल-वि. सं. 1832 भादौ शु. एकादशी शनिवार

भाषा-संस्कृत गद्य

1. रा. मा. सं. क्रमांक 146, 611 प्रति. वि. काल 1953 माघ शु. एकादशी गुरुवार

2. गो. ब्रज जीवन लाल जी, छोटी सरकार वृदावन प्र. लि. का. वि. सं. 1908

3. गो. बल्देव लाल जी, छोटी सरकार वृन्दावन

प्रं. वि. का. वि. सं. 1952

4. गो. वृन्दावन वल्लभ जी, राधा वल्लभ घेरा वृन्दावन, प्र. लि. काल

5. श्री राधागोपाल मंदिर, कोलरस शिवपुरी, म.प्र., प्र. लि. काल

9. राधासुधानिधि टीका

टीकाकार-हितदासजी (भोरी सखीजी के शिष्य)

टीकाकाल-वि. सं. 1832 अनुमानित

भाषा-संस्कृत गद्य

प्राप्ति स्थल र. भा. सं. क्रमांक 377-414

प्र. लि. का.

2. गोस्वामी हितानंदजी, बड़वाला, वृन्दावन, प्र. लि. काल

3. श्री हित रूप संग्रहालय, वृन्दावन प्र. लि. काल वि. सं. 1899

उदाहणार्थ टीका का कतिपय अंश-

श्री राधिके तव नवोद्‌गम · · · श्लोक संख्या 44 की टीका श्री राधिका तव केशोरं जयति सर्वोत्कर्षण वर्तते। कथं भूतं केशोरके वक्षोजं यव मुल द्वयम् लोभनीयं यस्मिन्। कथं भूतं वक्षोजं नमोदगम चारुवृतं। कथं भूतं केशोरकं श्रोणी दधतः पुनः। गुणैरूप चीयमानम् आद्यं। पुनः मोहनस्य श्री कृष्णस्य चितं चोर यतिति चित्त चोरं यत्।।44।।

10. राधासुधानिधि टीका

टीकाकार-हितदास जी (भोरी सखी जी के शिष्य)

टीकाकाल-वि सं. 1834

भाषा-ब्रजभाषा-पद्यानुवाद

प्राप्तिस्थल-

1. श्री हितरूपसंग्रहालय वृन्दावन
   प्रति. लि. का. वि. सं. 1838 भाद्रवा शुक्ला अष्टमी
2. बाबा परमानंददासजी, नंदराम बगीचा वृन्दावन प्र. लि. का. वि. सं. 1841.
3. रस भारती संस्थान क्रमांक 377, 414 प्र. लि. का

विशेष हितदास जी कृत यह टीका क्रमांक 9 की टीका से भिन्न है क्योंकि वह संस्कृत गद्य में रचित है और यह ब्रजभाषा पद्य में।

श्री मद् राधासुधानिधि परम प्रेम रस सार।
भाव मात्र भाषा रचित निज बुधि के अनुशार।।
श्रीगुरु भोरी सखी के, मुख सौं सुनि हिय आनि।
तिनहीं के परताप बल, बरनत बुद्धि प्रमानि।।

अंतिम पुष्पिका

इति श्रीवृन्दावनेश्वरी चरण कमल कृपावलम्ब जृंभित श्री हित हरिवंश गोस्वामिना विरचितस्य भाषा भाव श्री भोरी अलि कृपा प्रसाद श्री हितदास कृते संपूर्ण शुभंस्तु। संवतु 1838 भाद्रवा शुक्ला 8

11. राधासुधानिधि टीका (वृहद् व्याख्या)

टीकाकार-हरिलाल व्यासजी

टीकाल वि. सं. 1835 से 1839 की माघ पूर्णिमा को पूर्ण

भाषा. संस्कृत गद्य

टीका का नाम-रसकुल्या ब्रहद् व्याख्या

प्राप्ति स्थल-1 गो. ललिताचरण जी, वृन्दावन,

प्र. लि. का. वि. सं. 1855

2. गो ब्रजवल्लभ जी, बंगलावाले वृन्दावन, प्र. लि. का. वि. सं. 1904

3. बाबा ध्रुवअलिशरणजी, वृन्दावन, प्र. लि. का.

12. राधा सुधानिधिटीका (मध्य व्याख्या)

टीकाकार-हरि लाल व्यास जी

टीकाकाल-वि. सं. 1830 (अनुमानित)

भाषा-संस्कृत गद्य

प्र. वि. का.

प्राप्ति स्थल

1. श्री हित रूप संग्रहालय, वृन्दावन

2. निम्बार्क कोट, छीपी गली, वृन्दावन

13. राधासुधानिधि टीका (लघु व्याख्या)

टीकाकार-हरिलाल व्यासजी

टीकाकाल-वि. सं. 1830 (अनुमानित)

भाषा-संस्कृत गद्य

प्राप्ति स्थल 1. रस भारती संस्थान क्रमांक 314

प्र. लि. का. वि. सं. 1904 भादो वदी पंचमी

2 बाबा ध्रुव अलि शरण जी, वृन्दावन

प्र. लि. का. वि. सं. 1904

3. ब्रजजीवनलाल गोस्वामी, छोटी सरकार, वृन्दावन

प्र. लि. का. वि. सं. 1862 फाल्गुनी पूर्णिमा

14. राधासुधानिधि टीका

टीकाकार-गोस्वमी चन्द्रलालजी

टीकाकाल वि. सं. 1840

भाषा-ब्रजभाषा पद्यानुवाद कवित्तबन्ध

प्र. लि. टीका का. वि. सं. 1850

प्राप्ति स्थल-श्री राधारमण जी के गोस्वामी श्री अद्वैतचरण जी, श्री राधा रमण घेरा, वृन्दावन

15. राधासुधानिधि टीका

टीकाकार-रतनदास जी

टीकाकाल वि. सं. 1850 अनुमानित

भाषा-ब्रजभाषा गद्य

टीका का नाम-भावार्थबोधनी नाम्नी

प्राप्ति स्थल-1. बाई प्रियादासीजी, श्री राधाबल्लभ घेरा, वृन्दावन

प्र. लि. का. वि. सं. 1851

2. रस भारती संस्थान क्रमां 157

प्र. लि. का. वि. सं. 1989 चैत्र शुक्ला पूर्णिमा

मंगल श्री हित राधिका, मंगल श्री हरिवंश।

मंगल राधासुधानिधि, मंगलयम तेहि गंश।

16. राधासुधानिधि टीका (केवल दो श्लोकों की टीका)

टीकाकार-जमुनादास जी (स्वामी श्री हरिदास जी परंपरा में)

टीकाकाल-वि. सं. 1883

भाषा-ब्रजभाषा पद्यानुवाद

प्र. लि. का.

प्राप्ति स्थल-रस भारती संस्थान क्रमाक 216

17. राधासुधानिधि टीका

टीकाकार-सदा शिवलाल उपनाम सुन्दरदास

टीकाकार-वि. सं. 1885 ज्येष्ठ कृष्ण पंचमी

भाषा-अज्ञात

टीका का नाम राधा सुधानिधि तिलक

प्र. लि. का.

टीका अप्राप्त

विशेष-सुन्दर दास जी कृत गुरु परनाली रचना से ज्ञात होता है कि इन सुंदरदास ने वि. सं. 1885 श्री हरिवंश चंद्रजी कृत राधा सुधानिधि की टीका की थी।

18. राधासुधानिधि टीका

टीकाकार-गो. रंगीलाल जी

टीकाकाल-वि. सं 1890 अनुमानित

भाषा संस्कृत गद्य

प्राप्ति स्थल-गो. राधाप्रतापजी, अहमदाबाद
प्र. लि. का
2 श्री राधागोपाल मंदिर, कोलारस (म.प्र.)

19. राधासुधानिधि टीका

टीकाकार-गो. मनोहर बल्लभ जी
टीकाकाल-19वीं शताब्दी
भाषा-ब्रजभाषा पद्यानुवाद
प्र. लि. का.
प्राप्ति स्थल-गो. मनोहरलालजी, अहमदाबाद

20. राधासुधानिधि टीका

टीकाकार-ब्रजगोपालदासजी
टीकाकाल-19वीं शताब्दी का अंतिम चरण
भाषा-ब्रजभाषा गद्य
प्र. लि. का.
प्राप्ति स्थल
2. श्री हितरूप संग्रहालय, वृन्दावन

21. राधासुधानिधि टीका

टीकाकार-हरीदास जी
टीकाकाल-वि. सं. 1950 अनुमानित
भाषा-ब्रजभाषा पद्यानुवाद
प्रति लि. का.
प्राप्ति स्थल-रस भा संस्थान क्रमांक 301

22. राधासुधानिधि टीका

टीकाकार-कोऽपि अज्ञात रसिक
टीकाकाल-1904 से अनिशित काल पूर्व
भाषा-संस्कृत गद्य
प्रति लि. का. वि. सं. 1904 आश्विन पूर्णिमा
प्राप्ति स्थल-रस भा. संस्थान 140

23. राधासुधानिधि टीका

टीकाकार-कोऽपि अज्ञात रसिक उपरोक्त से भिन्न
टीकाकाल-वि. सं. 1920 से अनिश्चित काल पूर्व

भाषा— संस्कृत गद्य

प्राप्ति स्थल— 1. रस भारती संस्थान क्रमाक 18-600

प्र. लि. काल— क्रमशः माघ शु. तीज बुधवार वि. 1920 वैशाख शु. एकादशी वि.सं. 1948

3. गो. वृन्दावन बल्लभजी वृन्दावन प्र. लि. काल

24. राधासुधानिधि टीका

टीकाकार गो. लाडलीलाल जी या लडैती लालजी

टीकाकाल-वि. सं. 1928

भाषा-ब्रजभाषा, पद्यानुवाद

प्र. लि. का.

प्राप्ति स्थल-गो. ब्रजबल्लभलाल जी बंगलावाले, वृन्दावन

2. श्री हित रूप संग्रहालय, वृन्दावन

25. राधासुधानिधि टीका

टीकाकार-गो. जुगल वल्लभ जी

टीकाकाल. वि. सं. 1940 अनुमानित

भाषा- ब्रजभाषा गद्य

टीका का नाम तरंगणी

प्र. लि. का.

प्राप्ति स्थल गो. वृन्दावन वल्लभ जी, वृन्दावन

2. श्री हितरूप ग्रंथालय, वृन्दावन

26. राधासुधानिधि टीका

टीकाकार-स्वामिनी शरण जी

टीकाकाल-वि. सं. (1957) चैत्र कृ. अष्टमी शनिवार

प्राप्ति प्रारंभ के 6 श्लोक ब्रजभाषा गद्य में शेष संस्कृत गद्य में प्र. लि. काल. वि.सं. 1957 चैत्र कृष्ण अष्टमी शनिवार

प्राप्ति स्थल-रस भारती संस्थान, वृन्दावन 69

27. राधासुधानिधि टीका

टीकाकाल-बैजनाथ जी (भोलानाथ सक्सैना के भाई)

टीकाल वि. सं. 1930 (अनुमानित)

भाषा-हिन्दी गद्य

प्र. लि. का. वि. सं. 1936

प्राप्ति स्थल-राधा गोपाल मंदिर कोलारस (म.प्र.)

28. राधासुधानिधि टीका

टीकाकार भोलानाथ जी सक्सैना

टीकाकाल-वि. सं. 1965 (अनुमानित)

भाषा-ब्रजभाषा पद्य

प्राप्ति स्थल-

1. रस भारत संस्थान, वृन्दावन, क्रमांक 301

प्र. लि. का.

2. श्रीहित रूप संग्रहालय, वृन्दावन

प्र. लि. का.

29. श्री राधासुधानिधि टीका

टीकाकार-भोलानाथ जी सक्सैना

टीकाकाल वि. सं. 1965 अनुमानित

भाषा-हिन्दी गद्य

प्र. लि. का.

प्राप्तिस्थल 1. श्री हित रूप संग्रहालय, वृन्दावन

2. रसभारती संस्थान, वृन्दावन

विशेष भोलनाथजी कृत यह टीका उपर्युक्त श्लोक 28 की टीका से भिन्न है क्योंकि वह ब्रजभाषा पद्य में विरचित है और यह हिन्दी गद्य में है

30. राधासुधानिधि टीका

टीकाकार-ओंकारदत जी शास्त्री

टीकाकाल-

भाषा-हिन्दी खड़ी बोली गद्य

प्र. लि. का.

प्राप्ति स्थल-औकार दत्त जी शास्त्री

प्रेमगली, वृन्दावन

31. राधासुधानिधि टीका

टीकाकार-सुश्री हित लता शर्मा

टीकाकाल वि. सं. 2029

भाषा-हिन्दी खड़ी बोली पद्यानुवाद

प्र. लि. का.

प्राप्ति स्थल- 1. हित लता शर्मा, लश्कर, ग्वालियर

32. राधा सुधानिधि टीका

टीकाकार-बाबा बिहारीदास उपनाम 'वृन्दावनी'

टीकाकाल- ×

भाषा-हिन्दी खड़ी बोली पद्यानुवाद

टीका का नाम-श्री राधा सुधा सिन्धु

प्र. लि. काल.

प्राप्ति स्थल-1. बाबा बिहारीदास, वृन्दावनी, रेतिया बाजार, वृन्दावन

33. राधासुधानिधि टीका

टीकाकार-धर्म चन्द्र जी छाप निपहित

टीकाकाल- ×

भाषा-ब्रजभाषा पद्यानुवाद

प्र. लि. का.

प्राप्ति स्थल-धर्म चन्द जी श्री राधावल्लभ घेरा, वृन्दावन

34. राधासुधानिधि टीका

टीकाकार-अज्ञात

टीकाकाल- ×

भाषा-ब्रजभाषा गद्य

प्र. लि. का. वि. सं. 1919

प्राप्ति स्थल-श्री राधा चरण नागार्च उपनाम लल्लूजी समाजी, श्री राधावल्लभ मंदिर, वृन्दावन

35. राधासुधानिधि टीका

टीकाकार अज्ञात

टीकाकार- ×

भाषा-ब्रजभाषा गद्य

प्र. लि. का. वि सं 1957 वैशाख पूर्णिमा

प्राप्ति स्थल गो हितानंद जी बड़वाला मौहल्ला, वृन्दावन

अंतिम पुष्पिका ''लिखितं श्री राधावल्लभ जी के मंदिर में, श्री वृन्दावन मध्ये।। 1957।। मिति वैशाख सुदि 15।। हितदास।।

36. श्रीराधासुधानिधि टीका

टीकाकार-अज्ञात

टीकाकाल- ×

भाषा-ब्रजभाषा गद्य

प्र. लि. का.

प्राप्ति स्थल-गोस्वामी हितानंदजी, बड़वाला, वृन्दावन

37. राधासुधानिधि टीका

टीकाकार-अज्ञात

टीकाकाल- ×

भाषा-संस्कृत गद्य

प्राप्ति स्थल-श्री बनवारी लाल पचौरी, अलीगढ़

38. राधासुधानिधि टीका

टीकाकार-अज्ञात

टीकाकाल- ×

भाषा-ब्रजभाषा

प्र. लि. का.

प्राप्ति स्थल-श्री हित रूप संग्रहालय, वृन्दावल

39. राधासुधानिधि टीका

टीकाकार-अज्ञात

टीकाकाल- ×

भाषा-संस्कृत

टीकाका नाम-संशय छेदनी

प्र. लि. का. प्रति खंडित होने का कारण अज्ञात

प्राप्ति स्थल-रंस भारती संस्थान क्रमांक 604

40. राधासुधानिधि टीका

टीकाकार-अज्ञात

टीकाकाल- ×

भाषा-ब्रजभाषा

प्र. लि. क.

प्राप्ति स्थल-गो. गोवर्धन लाल जी, बड़ी सरकार, वृन्दावन

41.राधासुधानिधि टीका

टीकाकार-अज्ञात

टीकाकाल- ×

प्र. लि. का. वि. सं. 1900 के बाद कुछ लगभग

भाषा-ब्रजभाषा

प्र. लि. कार छोटे लाल नगाईच

प्राप्ति स्थल-रस भा संस्थान, वृन्दावन

42. **राधासुधानिधि टीका** (रस सुधानिधि)

टीकाकार-किशोरी शरण अलि

प्रकाशक-रस भारती संस्थान, वृन्दावन

43. **श्रीराधासुधानिधि स्तोत्रम्**

टीकाकार-गोस्वामी ललिताचरण जी (हिन्दी व्याख्या सहित)

प्रकाशक-वेणु प्रकाशन, वृन्दावन

44. **श्रीराधासुधानिधि टीका**

टीकाकार-स्वामी श्री हितदास जी

प्रकाशित- ×

उपरोक्त लेख किशोरी शरण अलि के ग्रंथ हिन्दी भक्ति काव्य में रस भक्ति धारा और उसका वाणी साहित्य पर आधारित है।

9

'श्री व्यासवाणी' की प्राचीनतम पाण्डुलिपि: लिपिकाल संवत् 1791 विक्रमी

कृष्णचन्द्र गोस्वामी

कोलारस, शिवपुरी (मध्य प्रदेश) निवासी श्री प्रियाशरणजी खेमरिया के निजी-संग्रह में विद्यमान **'श्रीव्यासवाणी'** की यह पाण्डुलिपि शोधकर्त्ताओं के मध्य लम्बे समय से उत्सुकता का विषय रही है। डॉ. विजयेन्द्र स्नातक को अपना शोध-कार्य करते हुए बाबा वंशीदासजी द्वारा तैयार की गयी इस पाण्डुलिपि की प्रतिलिपि को देखने का अवसर मिला था। उन्होंने इस पाण्डुलिपि की पुष्पिका को उसी प्रतिलिपि के अनुसार अपने शोध-प्रबन्ध में उद्धृत किया है। इसी तरह; पहले मैंने अपने **'हरित्रयी'** केन्द्रित शोध-कार्य के दौरान और तदुपरान्त व्यासजी और **'रासपंचाध्यायी'** के पाठालोचन पर महत्त्पूर्ण कार्य करने वाली सुश्री हैडीरीका मारिया पावेल्स ने इस पाण्डुलिपि तक पहुँचने के लिए जो प्रयत्न किये; वे सफल नहीं हो सके। हाँ; पावेल्स को प्राच्य-विद्या-प्रतिष्ठान, उदयपुर में **'रसपंचाध्यायी'** की एक पाण्डुलिपि संवत् 1725 विक्रमी की; और झाँसी के श्री मोहनजी के मन्दिर में **व्यासवाणी'** की एक पाण्डुलिपि संवत् 1794 विक्रमी की खोज निकालने में सफलता अवश्य मिली।

इधर; लम्बे अन्तराल के बाद आज से छह-सात वर्ष पूर्व वृन्दावन-शोध-संस्थान में व्याख्यान हेतु मेरा आना हुआ तो श्री लक्ष्मीनारायण तिवारीजी से भेंट हुई और फिर श्री विष्णुमोहन नागार्चजी सम्पर्क मेंआये। इन दोनों के पुरातात्त्विक- प्रयासों और प्राचीन पाण्डुलिपियों के उद्धार की अभिरुचि को अनुभव कर मेरे अन्त: में **'श्री व्यासवाणी'** की कोलारस प्रति को पाने का लोभ फिर से जाग उठा। मैंने यह विषय उनके सामने रखा तो पता चला कि श्री नागार्चजी का खेमरियाजी से पुराना

परिचय है। इस सूचना से मुझे इस दिशा में आगे बढ़ने में समय की अनुकूलता प्रतीत हुई और मैंने इस पाण्डुलिपि के उद्धार का आग्रह नागार्चजी से किया। तदुपरान्त; श्री नागार्चजी ने कोलारस में श्री प्रियाशरणजी खेमरियाजी से सम्पर्क साधा और काफी प्रयत्न के बाद **'व्यासवाणी'** की इस अद्यावधि दुर्लभ पाण्डुलिपि की चित्र-प्रतिलिपि (फोटो स्टेट काफी) लेने में उन्हें सफलता हाथ लगी। इस तरह; व्यासवाणी की संवत् 1791 विक्रमी की यह प्राचीनतम पाण्डुलिपि प्रकाश में आ सकी। इस पाण्डुलिपि को हस्तगत करने हेतु किये गये प्रयासों के लिए मैं बन्धुवर श्री नागार्चजी का हार्दिक आभारी हूँ।

इस पाण्डुलिपि के सम्बन्ध में मैं कुछ कहूँ उससे पूर्व, आप सबके सामने एकबार पुनः यह दुहराना चाहता हूँ कि डॉ. विजयेन्द्र स्नातकजी द्वारा इस पाण्डुलिपि की पुष्पिका अपने शोध-प्रबन्ध **'राधावल्लभ-सम्प्रदाय: सिद्धान्त और साहित्य'** में उद्धृत किये जाने के कारण भक्ति-साहित्य के अध्येताओं और शोधार्थियों में यह पाण्डुलिपि काफी समय से जिज्ञासा का विषय बनी हुई थी। आज प्रथमतः इस पाण्डुलिपि के सम्बन्ध में कुछ अधिक जान पाने का अवसर हम सबके सामने है किन्तु इस एक आलेख में बहुत विस्तार में जाने का न तो अवसर है और न औचित्य। अतः यह वक्तव्य इस पाण्डुलिपि के सम्बन्ध में परिचयात्मक ही अधिक होगा। हाँ; फिर भी हम प्रयास करेंगे कि व्यासजी को लेकर चर्चा में रहे महत्त्वपूर्ण बिन्दुओं के बारे में इस पाण्डुलिपि के अन्तःसाक्ष्य जो कुछ कहते हैं; वह आपके साथ हम साझा कर सकें।

पाण्डुलिपि के सम्बन्ध में-पुस्तक रूप में संग्रथित यह पाण्डुलिपि हाथ के कागज पर तैयार की गयी है जिसमें कहीं-कहीं विद्यमान सीलन के सूखे चिह्न इसकी प्राचीनता की साक्षी दे रहे हैं। पाण्डुलिपिकार ने तत्कालीन चलन के अनुसार कागज के दोनों फलकों को मिलाकर एक पृष्ठ माना है अतः प्रत्येक पृष्ठ की पृष्ठ-संख्या सम-संख्यक फलक पर सिलाई की तरफ नीचे की ओर अंकित की गयी है। मूल पुस्तक में लिपिकार की कलम से 1 से लेकर 84 तक पृष्ठ संख्या डाली गयी थी किन्तु किसी समय इस प्रति के दो पृष्ठ 24 और 25 निकल जाने के कारण बाद में किसी अन्य ने होल्डर से 1 से लेकर 82 की पृष्ठ संख्या अंकित की है। इसकी पुष्टि नये डाले गये पृष्ठांक 60 को देखने से ही हो जाती है; जिसमें पुस्तक की सिलाई की ओर नीचे हाशिये के बाहर लिपिकार की कलम से पृष्ठांक 62 अंकित है। अतः वर्तमान में इस पाण्डुलिपि में कुल 82 पृष्ठ विद्यमान हैं जिनका आकार 15 से 20 से.मी. का है। इस पाण्डुलिपि के प्रत्येक फलक पर

प्राय: 20 पंक्तियाँ और प्रत्येक पंक्ति में 16 से 19 अक्षर विद्यमान हैं। प्रत्येक फलक पर लिखावट का क्षेत्रफल 10 से 16 या 17 से.मी. है। पाण्डुलिपिकार द्वारा मूल पृष्ठ-संख्या 26 से 84 तक प्रत्येक पर लिखावट दोनों ओर से हाशिये जैसी दुहरी रेखा खींचकर सीमांकित की गयी है और प्रत्येक पद-पंक्ति की समाप्ति पर दो खड़ी पाई खींचकर पूर्ण विराम लगाये गये हैं; जबकि पृष्ठ-संख्या 1 से पृष्ठ-संख्या 23 तक के दोनों फलकों में उसके द्वारा न तो ऐसी रेखाएँ खींची गयीं हैं और न इन पृष्ठों पर लिखे अधिकांश साखी और पदों में विराम चिह्नों का प्रयोग किया गया है। ऐसी स्थिति में; मैंने इन दोनों प्रकार के पृष्ठों की लिखावट को सावधानीपूर्वक मिलानकर इस बात की तसल्ली की है कि दोनों प्रकार के पृष्ठों की लिखावट समान है या नहीं। लिखावट समान थी; यह देखकर सन्तोष हुआ।

जहाँ तक इस पाण्डुलिपि की विषयवस्तु और विषयक्रम की बात है तो स्पष्टत: वह तीन रूपों में संग्रहीत है। सबसे पहले साखियाँ, उनके बाद पद और अन्त में रासपंचाध्यायी। इस पाण्डुलिपि का आरम्भ **'' ।। श्री राधावल्लभो जयति।। अथ साषी व्यसजू की लिष्यते।।'** के साथ हुआ है। साखियों की संख्या **'व्यास भक्ति कौ फल लह्यौ श्री वृन्दावन की धूरि। श्रीहरिवंश प्रताप तैं पाईजीवनि मूरि।।1।।'** से आरम्भ होकर 65 तक अंकित की गयी है। इनमें से 62 साखियाँ श्री वासुदेव गोस्वामी द्वारा संकलित साखियों में विद्यमान हैं। वर्तनी और हलके-फुलके पाठान्तरों की चर्चा विस्तार-भय से अभी नहीं करेंगे। शेष 3 साखियों में से एक साखी जो इस पाण्डुलिपि में क्रमांक 26 पर है; उसे श्री वासुदेव गोस्वामी ने अपने ग्रन्थ के परिशिष्ट -1 जिसका शीर्षक **'संदिग्ध रचनाएँ'** है; में स्थान दिया है। (देखिये-पृष्ठ 420, भक्तकवि-व्यासजी) पाण्डुलिपि में इस साखी का पाठ इस प्रकार है-

'कोटि-कोटि एकादसी महाप्रसाद कौ अंस व्यासहि यह परतीति है जिनिकै गुरु हरिवंश।।26।।'

श्री वासुदेव गोस्वामी का तर्क है-यह साखी उनके द्वारा प्रयुक्त पाण्डुलिपियों में से किसी में भी नहीं है। किन्तु ध्यान देने की बात यह है कि उनके पास क्रमश: संवत् 1883, 1888, 1894, 1914 और 1963 विक्रमी की पाण्डुलिपियाँ आधार रूप में थीं; जबकि विवेच्य पाण्डुलिपि संवत् 1791 विक्रमी की है। अस्तु।

दूसरी सखी **'व्यास आस हरिवंश की तिनहीं के बड़ भाग'** को पहले क्रमांक 2 पर और फिर क्रमांक 64 पर संकलित किया गया है। अत: इसमें पुनरावृत्ति हुई है। रही तीसरी साखी जो क्रमांक 65 पर है मूलत: साखी न होकर

एक पद का अंश है। यह पूरा पद वासुदेव गोस्वामीजी के संकल में क्रमांक 11, पृष्ठ 193 पर संकलित है और इस पाण्डुलिपि के पृष्ठ 6, पद-क्रमांक-8 पर भी विद्यमान है। साखी क्रमांक 65 पर इस पद की पहली पंक्ति **'मैदा मिश्री मुहरैं मेरै वृन्दावन की धूरि।'** और उसके बाद अन्तिम पंक्ति-**'व्यासहि श्री हरिवंश बताई अपनीजीवनि मूरि।।65।।'** अंकित है। इस प्रकार; विवेच्य पाण्डुलिपि में कुल 63 साखियाँ संकलित हैं।

साखियों के उपरान्त **'।।अथ विष्णुपद लिष्यते।।'** के साथ पद प्रारम्भ होते है; इस पाण्डुलिपि का पहला पद **'राग सारंग।। 'झूलहु मेरे गडकीनंदन'** है। पदों के सम्बन्ध में हम बाद में विचार करेंगे; पहले संक्षेप में; **'रासपंचाध्यायी'** की चर्चा कर लें।

पाण्डुलिपि में नयी डाली गयी पृष्ठ संख्या-77 से 82 और पृष्ठ 83 के प्रथम फलक तक **'रासपंचाध्यायी'** को लिपिबद्ध किया गया है। इसका आरम्भ इन शब्दों के साथ होता है-**'अथ रासपंच्याध्याई। त्रिपदी छंद।। राग केदारौ।। सरद सुहाई आई राति।। · · · ।।'** इसके 29 छन्दों में चार त्रिपदियाँ हैं और तीसवे छन्द में पाँच। कुछ स्थानों पर पाठ-भेद हैं जिनसे अर्थ की संगति कुछ अधिक सार्थक बनती है; जैसे-छन्द संख्या 18 की दूसरी त्रिपदी का दूसरा पद वासुदेव गोस्वामी के पाठ में **'चचर चुरी किंकनि झनकार'** है जबकि इस पाण्डुलिपि में यह पद **'चारु चुरी कंकन झुनकार'** है।

चूड़ी और कंकन दोनों हाथों के आभूषण हैं। **'चचर'** का क्या अर्थ है? इस सम्बन्ध में कोश हमारी कुछ भी सहायता नहीं करते। इसी तरह; **'रासपंचाध्यायी** के छन्द 30 की पहली त्रिपदी का तीसरा पद पाण्डुलिपि में **'श्री हरिबंस औपा बिना।'** है जबकि वासुदेव गोस्वामी के पाठ में यह **'श्री गुरु सुकल औपा करी।'** दिया गया हैं अन्य पाठ-भेद फिर कभी।

'रासपंचाध्यायी' के एकदम बाद पृष्ठ 83 के प्रथम फलक पर इस पाण्डुलिपि की पुष्टिका इस प्रकार दी गयी है-**'इति श्री व्यासजी औत साषी विष्नुपद भाषाप्रबंधः सम्पूर्णः। लिष्यते ज्येष्ठ मासे शुक्ल पक्षे तिथौ नवम्यां गुरुवासरे संवत् 1791 लिपीऔतं भूधरदासेन शुभमस्तु लेखक पाठकयोश्चिरंतिष्ठतु।।श्री।।**

इस पुष्पिका में अन्य बातों के अलावा ध्यान देने की एक बात यह है कि पूरी पाण्डुलिपि में जो **'ख'** वर्ण **'ष'** रूप में प्रयुक्त हुआ है; वही यहाँ **'लेखक'** शब्द में दूसरा रूप लिये हुए है। इसकी विस्तृत पड़ताल फिर कभी और दूसरी बात; पुष्पिका में **'रासपंचाध्यायी'** को **'भाषा प्रबन्ध'** नाम दिया गया है। अब कुछ

चर्चा पदों की; जिन्हें लिपिकार ने **'विष्णुपद'** कहा है।

व्यासजी औत पदावली–व्यासवाणी की इस पाण्डुलिपि में पदों के आरम्भिक अंश को प्रथम पद के साथ हम पूर्व में उद्धृत कर आये हैं। ध्यान देने की बात यह है कि **'अथ विष्णुपद लिष्यते'** के अन्तर्गत लिपिकार ने पृष्ठ संख्या 4 से 13 तक जो पद संग्रहीत किये हैं। उन्हें क्रमशः 1 से 42 क्रमांक दिये गये हैं इसके बाद **'अथ बधाई'** शीर्षक से पृष्ठ 13 से 15 तक बधाई के पद संकलित हैं जिन्हें 1 से 8 तक क्रमांक दिया गया है। पृष्ठ 15 पर ही पुनः पदों को नये सिरे से क्रमांक देकर 33 पद लिपिबद्ध किये गये हैं। पृष्ठ 22 पर 33 वें पद के बाद लिखा है–**'इति साध लक्षन'** (साधु लक्षण) और इसके तत्काल बाद **'अथ असाध लक्षन'** शीर्षक से पृष्ठ 23 से पृष्ठ 26 तक 24 पद लिपिबद्ध किये गये हैं। इसी बीच में पद-क्रमांक 4 अधूरा और 12वें के अन्तिम अंश को छोड़कर बीच के पदों का पाठ दो पृष्ठ गायब होने के कारण स्थान पर नहीं है। श्री वासुदेव गोस्वामीजी के संकलन में चौथा पद क्रमांक 291 पर और 12वाँ पद क्रमांक 200 पर विद्यमान है। पुन: पृष्ठ 26 से बिना शीर्षक पदों को नये क्रम से 1,2,3 आदि अंक दिये गये हैं जो 40 तक गये हैं; किन्तु वास्तव में ये केवल 38 पद हैं। लिपिकार की भूल से पद क्रमांक 13 को 14 की संख्या मिली है और इसी तरह; 19 को 20 की संख्या दी गयी है। इसके बाद पृष्ठ 33 से 48 तक **साधरन पद** शीर्षक से 69 पदों को लिपिबद्ध किया गया है। पृष्ठ 48 से **'अथ श्री किशोरी जू का सिंगार रस'** शीर्षक से रस सम्बन्धी पद प्रारम्भ होते हैं। इन पदों के आगे अंकित संख्या 110 तक जाती है। इनमें से एक पद पूर्वोक्त **'साधरन पदों'** में 62 वें स्थान पर आ चुका है तथा एक अन्य पद क्रमांक 56 की आवृत्ति 97वें स्थान पर **'सिंगार रस'** के इन्हीं पदों में हुई है। पृष्ठ 73 से 76 तक **ब्याहुलौ'** शीर्षक से 12 पद संग्रहीत हैं। किन्तु इन्हीं में 11वें 12वें स्थान पर क्रमशः **'अनन्यमनि श्री स्वामी हरिदास'** और **'चाँपत चरन मोहनलाल'** पद भी शामिल हो गये हैं जो वस्तुतः ब्याहुले से सम्बद्ध नहीं हैं।

इस तरह; इस पाण्डुलिपि में व्यासजी के 326 पद लिपिबद्ध हुए हैं। पुनरावृत्ति वाले दो पद इनमें शामिल नहीं हैं। इन 326 पदों में से 315 पद वासुदेव गोस्वामी के वाणी-संकलन में विद्यमान है और 11 पद इस पाण्डुलिपि में ऐसे हैं जो गोस्वामीजी द्वारा सम्पादित व्यासवाणी में शामिल नहीं है। अतः यह पाण्डुलिपि हमें व्यासजी के 11 अज्ञात पदों को लब्ध कराने की दृष्टि से भी महत्त्वपूर्ण है। यदि ये 11 पद किसी अन्य पाण्डुलिपि में हों; तो वह उन्हें देखने के बाद ही पता लगेगा।

श्रीवासुदेव गोस्वामी ने अपनी व्यासवाणी में **'रासपंचाध्यायी'** सहित आठ स्थानों पर श्री सुमोखन शुक्ल के नमोल्लेख को दिखाया है। प्रस्तुत पाण्डुलिपि में केवल दो ही पदों में ऐसा उल्लेख मिलता है-ये दोनों पद पंक्तियाँ इस प्रकार हैं-

'भक्ति बिमुख यौं मम गुरु सत्ति सुकल हू मीच ठटी।'

(पाण्डुलिपि पृ. 38, पद-21)

जौ हौं सत्य सुकल कौ जायौ।

(पाण्डुलिपि पृ. 45, पद-56)

इनमें से श्री वासुदेव गोस्वामी द्वारा सम्पादित **'व्यासवाणी'** में दूसरे पद का पाठ इस पाण्डुलिपि के समान है (द्रष्टव्य : पद-संख्या 290) किन्तु पहले पद का पाठ वहाँ इस प्रकार दिया गया है-**'भक्त बिमुख भये मम गुरु सत्य सुकल हू मीच ठटी।'** (पद-संख्या 288) शेष पदों में से रासपंचाध्यायी के पाठ-भेद की चर्चा ऊपर हो गयी है; एक अन्य पद-पंक्ति **'जिन्हें सेइ वृन्दावन पायौ व्यास सुकल जनम फल'** (गोस्वामीजी, पद-158) का पाण्डुलिपि में पाठ **'व्यास सुफल जनम फल'** है। (पृष्ठ-20, पद-21) शेष पद इस पाण्डुलिपि में नहीं हैं।

जो नये पद इस पाण्डुलिपि में मिले हैं उनकी प्रथम-पंक्ति, पद-संख्या, नवांकित पृष्ठ-संख्या और उपशीर्षक इस प्रकार हैं-

क्रमांक	पद	पद व पृष्ठ संख्या	उपशीर्षक
1.	बलाइ लैउं हौं वृन्दावन की देषत जाहि राधिका मोहन सुष पावत रौं रौं।	पद-22, पृष्ठ-8	अथ विष्णु पद लिष्यते।
2.	मायाकाल जगत सब षायौ।	पद-60, पृष्ठ-46	साधरन पद
3.	किशोरी देषी वन में जात।	पद-17, पृष्ठ-52	अथ श्री किशोरी जू कौ सिंगार रस
4.	किशोरी देषत नैंन सिरात।	पद-18, पृष्ठ-52	
5.	बोल बंधान न मान करौं अपराधहिन छिमौंगी।	पद-28, पृष्ठ-54	

6.	**बलि बलि जैहौं राधाजू के बदन की बलि जैहौं।**	**पद-89, पृष्ठ-68**	
7.	**बलि ललता क्यौं हू कै ढोलहु राधा मानिनि आवै हो।**	**पद-104, पृष्ठ-71**	
8.	**लगन सुहाई पून्यौ निसि की ससि जुन्हाई फूलि रही।**	**पद-2, पृष्ठ-74**	**ब्याहुलौ**
9.	**बाजे बाजहिं बेनु धेनु धुनि सुनि सुनि मोहे जू।**	**पद-3, पृष्ठ-74**	
10.	**नैंननि अंजन रेष अनियारी भौंहे अति चंचल जू।**	**पद-4, पृष्ठ-74**	
11.	**रूपनिधान पलटत मुष पान चतुर सुजानी जू।**	**पद-5, पृष्ठ-74**	

हमने केवल कौतुक के भाव से इस पाण्डुलिपि में यह देखने की कोशिश भी की कि कितने पदों और साखियों में हित हरिवंशजी, स्वामी हरिदासजी और श्रीराधावल्लभ लाल की प्रत्यक्ष चर्चा हुई है! इस हेतु हमने सम्पूर्ण पदों को दो वर्गों में विभजित किया-एक वर्ग **'सिद्धान्त सम्बन्धी'** 208 पदों का बनाया जो इस पाण्डुलिपि में अनेक शीर्षक से या बिना शीर्षक के संग्रहीत हैं। हाँ; इनमें हमने **'अनन्यमनिश्रीस्वामी हरिदस'** स्थाई वाला पद भी शामिल कर लिया है जो पाण्डुलिपि में **'ब्याहुलौ'** शीर्षक के अन्तर्गत लिपिबद्ध है; किन्तु विषयवस्तु की दृष्टि से हमारे द्वारा बनाये गये पदों के दूसरे वर्ग के अन्तर्गत नहीं आता। इस दूसरे वर्ग में हमने व्यासजी के **'रस सम्बन्धी'** 118 पदों को स्थान दिया है। इन दोनों वर्गों के पदों और साखियों की सघन-पड़ताल के बाद जो निष्कर्ष निकला वह इस प्रकार है-

क्र.सं.	श्रीहितहरिवंशजी का प्रत्यक्ष उल्लेख	श्री राधावल्लभलाल का प्रत्यक्ष उल्लेख	श्रीस्वामी हरिदास का प्रत्यक्ष उल्लेख
1. सिद्धान्त के पद	16 पदों में*	11 पदों में	9 पदो में
2. शृंगार के पद	2 पदों में	–	2 पदों में
3. साखियाँ	8 साखियों में	7 साखियों	–

* विस्तृत विवरण के लिए द्रष्टव परिशिष्ट = 1

श्री हितजी के प्रत्यक्ष नामोल्लेख वाले सिद्धान्त सम्बन्धी पदों में ध्यान देने की एक बात यह है कि व्यासजी के दीक्षा-गुरु के सम्बन्ध में विचार करते हुए श्री वासुदेव गोस्वामी ने संवत् 1888 और 1894 विक्रमी की पाण्डुलिपियों के आधार पर जिस पद-पंक्ति को ब्लॉक बनाकर उद्धृत किया है— उसकी प्रथम दो पंक्तियों का पाठ उनके द्वारा सम्पादित **'व्यासवाणी'** में इस प्रकार है-

अब मैं वृन्दावन धन पायौ।
राधा चरण सरन मनु दीनौं, मोहनलाल रिझायौ।।

(पद-संख्या 231, पृ 249)

जबकि संवत् 1791 विक्रमी की इस विवेच्य पाण्डुलिपि में यह पूरा पद इस प्रकार विद्यमान है-

अब मैं बृंदाबन धन पायौ।
राधा चरन सरन मनु दीनौं, हित हरिबंश बतायौ।।
सूतौ हुतौ बिषै मंदिर में श्री गुरु टेरि जगायौ।
अब तौ व्यास बिहार बिलोकत सुक नारद मुनि गायौ।।

(पद-संख्या 3, पृ. 4)

यदि इस में **'रासपंचाध्यायी'** की भी जोड़ लें तो श्री हितजी और स्वामी हरिदासजी के नामोल्लेख के 1-1 स्थान और बढ़ जायेंगे। उल्लेखनीय बात यह है कि श्रृंगार-रस सम्बन्धी पदों और **रासपंचाध्यायी** में स्वामी हरिदास और हित बढ़ जायेंगे। उल्लेखनीय बात यह है कि श्रृंगार-रस सम्बन्धी पदों और **रासपंचाध्यायी** में स्वामी हरिदास और हित हरिवंशजी का उल्लेख सर्वत्र एक-साथ हुआ है। यथा-

1. **हरिबंसी हरिदासी बोली नहिं कोऊ सहचरी समाजगन।।**

   पद-46, पृ. 59
2. **जुग-जुग दंपति सुष ललितादिक नाचत हरिबंसी हरिदासी जू।।**

   पद-5, पृ. 74
3. **हरिबंसी हरिदासी जहाँ। मोहि करुना करि राषौ तहाँ।**

   रासपंचाध्यायी, पृ. 83

इस प्रकार, **'व्यासवाणी'** की इस अद्यावधि दुर्लभ रही पाण्डुलिपि के सम्बन्ध में हमने कुछ परिचयात्मक बातें आप सबके साथ में साझा की हैं। इस कार्य को करते हुए हमारे मन में यह बात क्रमशः दृढ़ होती रही है कि **'व्यासवाणी'** का लब्ध पाण्डुलिपियों के आधार पर पाठालोचन कर इसके एक शुद्ध एवं प्रामाणिक पाठ का निर्धारण होना चाहिए। किन्तु यह सब तभी होगा जब श्री ठाकुर कृपा करेंगे।

परिशिष्ट–1

विवेच्य पाण्डुलिपि में श्री हितहरिवंशजी का नामोल्लेख

साखी–

क्रम संख्या 1 2 7 26 58 59 64 65 = 8 स्थान

सिद्धान्त पद–

क्रम संख्या 2 3 6 8 11 38 2 1 10 11 14 15 4 5 10 17 33

पृष्ठ संख्या 4 4 5 6 6 12 14 16 18 18 18 18 27 27 28 37 40

17 = स्थान

सिंगार पद

क्रम संख्या	46	5 (ब्याहुलौ)	30 (रासपंचाध्यायी) =3 स्थान
पृष्ठ संख्या	59	74	83

विवेच्य पाण्डुलिपि में श्री राधावल्लभलालजी का नामोल्लेख–

साखी–

क्रम संख्या 7 8 11 19 21 23 32 =17 स्थान

सिद्धान्त पद–

क्रम 8 10 14 5 16 33 50 51 53 54 55

संख्या = 11 स्थान

पृष्ठ 17 17 18 27 29 40 44 44 45 45 45

संख्या

सिंगार पद 0 (शून्य)

विवेच्य पाण्डुलिपि में स्वामी हरिदासजी का नामोल्लेख

सिद्धान्त पद-

क्रम 6 11 38 11 14 24 5 33 17 (अनन्यमनि)

संख्या = 9 स्थान

पृष्ठ 5 6 12 18 18 20 27 40 76

संख्या

रस के पद

क्रम संख्या	46	5(ब्याहुलौ)	30(रासपंचाध्यायी)	= 3
पृष्ठ संख्या	59	74	83	स्थान

10

राधावल्लभाचार्य श्री रंगीलाल गोस्वामी और उनका अल्पज्ञात साहित्य

सर्वेश कुमार शर्मा

मध्ययुगीन वैष्णव भक्ति सम्प्रदायों में वृन्दावन का सुविख्यात राधावल्लभ सम्प्रदाय अपना विशिष्ट स्थान रखता है। आज से लगभग पाँच सौ वर्ष पूर्व वृन्दावन में श्री हितहरिवंश गोस्वामी ने कर्मकाण्ड के विधिविधानों से भक्त को मुक्ति दिलाते हुए माधुर्य भाव से रसभक्ति का आनन्दप्रद नूतन मार्ग प्रशस्त किया तथा भक्ति मार्ग का नवोन्मेष कर राधावल्लभ सम्प्रदाय में राधा स्मरण के कतिपय अनुष्ठानों का विधान तो बतलाया, लेकिन बाह्य आडम्बरों का निषेध कर माधुर्योपासना अर्थात् मधुर भाव से ईश्वर की उपासना या निस्वार्थ रूप से परमात्मा के साथ मिलने की चेष्टा का विधान बतलाया। माधुर्योपासना के अन्तर्गत दिव्य सत्ता को पुरुष रूप में स्वीकार करके उसके प्रति कान्ताभाव के साथ प्रेमभक्ति प्रकट करना आत्भ विस्मृति पूर्वक तदीय बनकर स्वयं को तल्लीन बनाने का प्रयास होता है। इस प्रकार परात्पर तत्त्व, प्रेम की उपासना को प्रेमोपासना, रसोपासना, हितोपासना, वृंदावन रसोपासना, निकुंजोपासना, वनविहारोपासना, राधाचरण प्रधान उपासना, युगलोपासना एवं नित्य विहारोपासना आदि विविध नामों से अभिसंज्ञात किया गया है। हस प्रेमोपासना के प्रागट्यकर्त्ता, मूल आचार्य और आद्य प्रवर्तक-वंशी वपु, प्रेम स्वरूप, रसावतार और रस रसिकाधार गोस्वामी श्री हितहरिवंशजी सुविख्यात हैं।[1] आपकी ही 12वीं पीढ़ी में राधावल्लभ सम्प्रदाय अनुयायी गोस्वामी रंगीलालजी का जन्म हुआ जिनका परिचय (व्यक्तित्त्व एवं कृतित्त्व) निम्नलिखित प्रकार है—

गोस्वामी रंगीलाल का व्यक्तित्व—

गोस्वामी रंगीलालजी का जन्म वृंदावन में हुआ आपके जनक श्री आनन्दलाल गोस्वामी राशवंशीय सेवाधिकारी थे। गोस्वामीजी ने बड़ौदा में श्री राधावल्लभजी का एक विशाल मंदिर बनवाया और वहीं निवास करते रहे। आपका निकुंज गमन

वि. सं. 1909 रहा तथा आपने 20 ग्रंथों की रचना की।[2]

हिन्दी भक्ति काव्य में रसभक्तिधारा और उसका वाणी साहित्य ग्रंथ के द्वितीय भाग में गोस्वामी रंगीलाल का उल्लेख निम्नलिखित प्रकार से किया गया है—

राधासुधानिधि टीका— टीकाकार-गो.रंगीलालजी, टीकाकाल वि. सं. 1890 भाषा संस्कृत, प्राप्तिस्थल—

(1) गो. राधाप्रतापजी, अहमदाबाद (बस्ता नं. 7)

(2) श्री राधागोपाल, मंदिर, कोलारस।[3]

यहीं पर आपके जनक श्रीआनन्दलालजी गोस्वामी का परिचय भी इस प्रकार मिलता है—

जन्म स्थान— वृंदावन। जनक-चतुरशिरोमणिलालजी गोस्वामी, श्री राधावल्लभ मंदिर के सेवाधिकारी। विद्यमानकाल-19 वीं शताब्दी।[4]

"वंश-वृक्ष"

श्री अतिवल्लभजी व श्रीजय कृष्णजी वाणी के आधार पर गोस्वामी रंगीलालजी के पूर्वजों एवं परवर्ती वंशजों का वर्णन निम्नानुसार है।[5]

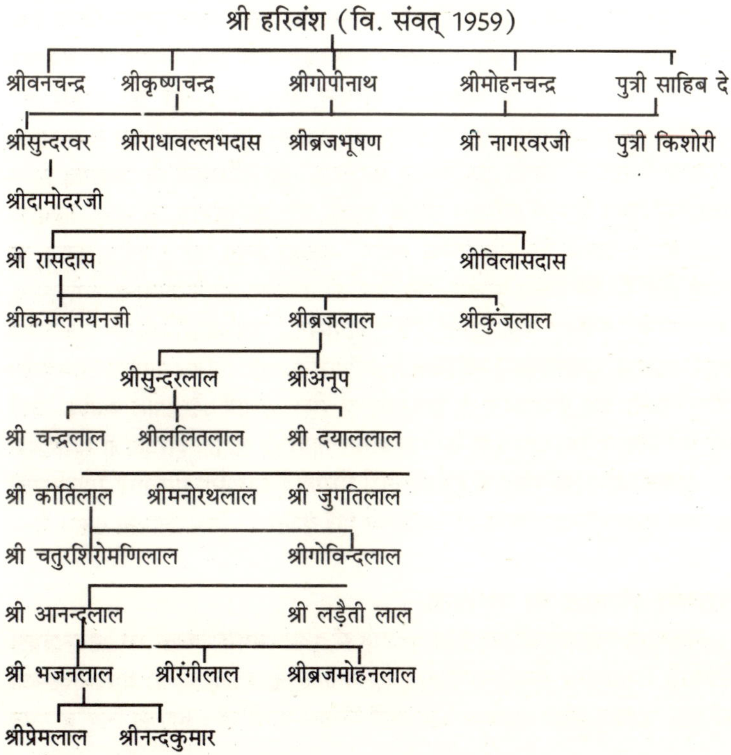

इस प्रकार गोस्वामी रंगीलालजी का जन्म रसभक्ति धारा प्रवर्त्तक गोस्वामी हितहरिवंशजी की 12वीं पीढ़ी में हुआ है। श्री हितहरिवंशजी का जन्म विक्रम संवत् 1559 निश्चित हो जाने पर प्रतिपीढ़ी लगभग 25 वर्ष का अन्तराल मानने के कारण 12 वीं पीढ़ी तक 300 वर्ष का अन्तर होता है। इस तथ्य के आधार पर गोस्वामी रंगीलालजी का जन्म 1559+200 –1859 विक्रम संवत् ठहराता है। जो 19 वीं सदी ई. निश्चित होता है।

गोस्वामी रंगीलालजी के जन्म समय के संबंध में उनकी रचनाओं के आधार पर जो अनुमान किया गया है तदनुसार उनका समय लगभग 1850 ईसवीं ठहरता है। "आनन्दचन्द्रोदय" नामक नाटक की पुष्पिका में इस प्रकार उल्लिखित है—

रेवोत्तरे गुर्जर देशमध्ये,
वटोदसंज्ञे नगरे विशाले।
श्रीराधिकावल्लभमंदिरेऽयम्,
सम्पूर्णतामाप लघुर्निबन्धः।

गोस्वामी रंगीलालजी वृंदावन में जन्म लेने के बाद गुजरात के बड़ौदा नगर में चले गये थे। वहाँ इनके द्वारा श्रीराधावल्लभजी के मन्दिर का निर्माण कराया गया और इसी मन्दिर में यह नाटक सम्पूर्ण हुआ। स्थान का इन पंक्तियों से निश्चय हो जाने के बाद समय इस प्रकार ज्ञात होता है—

शराम्बराकेन्दु समान वत्सरे,
पौषे सिते नाग तिथौ शनैश्चरे।
आनन्दचन्द्रोदयनामनाटकं,
श्री रंगीलालोऽरचयद्रसास्पदम्।।

इदं पुस्तकं लिखितं श्री वृंदावनमध्ये श्री गोपालदास्य। संवत् 1914 कार्तिक सुद्यि (शुधि)।

गोस्वामी रंगीलालजी की हस्तलिखित ब्रह्मवैवर्तपुराण के कृष्णखण्ड की लिपि की गई कृति 'रसभारती संस्थान' वृंदावन से प्राप्त हुई है। जिसके अन्त में उन्होंने लिखा है—

"संवत् 1881 माघ मासे कृष्ण पक्षे पुण्य तिथौ तृतीयां शुक्रवासरान्वितायां गंगा क्षेत्रे गौड देशे कालिका नगरे लिखितं गोस्वामी रंगीलालेन स्वपठनार्थ श्रीकृष्णखण्ड समाप्तम्।।"

श्री रंगीलालजी द्वारा रचित प्रस्तुत ग्रन्थ "भक्ति हंस" के 12 वीं किरण (अध्याय) के अन्तिम पद्यों में परिचय इस प्रकार से उद्धृत है—

श्रीरंगीलालशर्माहं गोस्वामि कुलसम्भवः।
श्रीराधाकृष्णकृपया ग्रन्थमेनमिहालिखम्।।

इति श्री गोस्वामी रंगीलाल विलिखिते श्री भक्तिहंसे प्रकीर्णकार्णवो नाम द्वादशः किरणः।

श्रीः संवत् 1908 वर्षे माघमासे शुक्लपक्षे द्वादशी चन्द्रवासरे इदं पुस्तकं लेखक विप्रबालार्क जोशी भगवान् दुर्लभराम स्वस्थान श्रीमेहमदाबाद चकलेदुधि ा इदं पुस्तकम्।।

उपर्युक्त समस्त ग्रन्थों में जन्म समय स्पष्ट रूप से कहीं भी लिखित प्राप्त नहीं हुआ है किन्तु रचनाओं का समय लिखा होने से ये निष्कर्ष निकलता है कि पुस्तक लिखते समय उनकी आयु लगभग 30 वर्ष की रही होगी। इस आधार पर निश्चित ही उनका जन्म संभवतः 1850 ईस्वी के लगभग माना जा सकता है। इस प्रकार उनका स्थितिकाल विक्रम संवत् 1850 से विक्रम संवत् 1909 के मध्य रहा होगा।

गोस्वामी रंगीलालजी का कृतित्त्व

गोस्वामी श्री रंगीलालजी ने 20 ग्रन्थों की रचनायें की हैं—

1. आनन्दचन्द्रोदय नाटक
2. उत्सव बोध
3. द्विदल सिद्धान्त निर्णय
4. नवरत्न स्तोत्र
5. वृहद्, भक्तिहंस
6. ब्रजानन्दामृत
7. मनः प्रबोध
8. मत बोध
9. माहेश्वर पञ्चरात्र टीका
10. राधा भक्ति लहरी
11. राधारमणाष्टक
12. राधिकेश स्तोत्र
13. राधासुधानिधि टीका (प्रेमतरंगिणी नाम्नी)
14. राधिका मानस पूजा

15. राधा अष्टोत्तर शतनाम
16. सिद्धान्त लेश संदर्भ
17. सेवा विचार
18. सौभाग्याष्टक
19. हरिवंश अष्टोत्तर शतनाम
20. भक्तिहंस

'साहित्य रत्नावली' नामक ग्रन्थ में रंगीलालजी की निम्न रचनाओं का उल्लेख मिलता है[7]—

टीका सेवा विचार— संस्कृत, राधाभक्ति लहरी-संस्कृत, टीका राधासुधानिधि ब्रजभाषा, मनः प्रबोध-ब्रजभाषा, उत्सव बोध-ब्रजभाषा

गोस्वामी रंगीलालजी कृत रचनाओं की प्रतिलिपियाँ गोस्वामी "राधाप्रतापजी अहमदाबाद" के यहाँ भी प्राप्त होती हैं, उनमें 8 रचनायें हैं[8]:—

मनः प्रबोधकाव्य, 1920-प्रतिलिपिकाल पत्र संख्या-66, आनन्दचन्द्रोदय नाटक-पत्र संख्या 174, द्विदल निर्णय, ब्रजानन्दामृत पत्र संख्या— 22, राधासुधानिधि की टीका, पत्र संख्या— 166, भक्तिहंस— रचनाकाल विक्रम संवत्— 1907, प्रतिलिपि काल 1908, उत्सव बोध-रचनाकाल विक्रमसंवत्-1905, ब्रजानन्दामृत।

इसी प्रकार "गोस्वामी रणछोड़लालजी अहमदाबाद" के यहाँ भी निम्नलिखित प्रतिलिपियाँ प्राप्त होती हैं[9]:—

मन प्रबोध, आनन्दचन्द्रोदय, उत्सव बोध विक्रम संवत्— 1905, भक्तिहंस-विक्रम संवत्-1907, द्विदल निर्णय, माहेश्वर पाञ्चरात्रसार प्रतिलिपि काल 1885, राधिका मानस पूजा, राधा अष्टोत्तरशतनाम, ब्रजानन्दाऽमृत, राधाभक्तिलहरी।

"गोस्वामी वृंदावन वल्लभजी" (श्रीराधावल्लभ घेरा-वृंदावन) के यहाँ निम्न प्रतिलिपियाँ प्राप्त होती हैं[10]:—

राधिकेश स्तोत्र, श्रीहरिवंश अष्टोत्तरशतनाम, द्विदल सिद्धान्त-गोस्वामी युगलवल्लभजी कृत टीका, उत्सव बोध सटीक-विक्रम संवत् 1905।

गोस्वामी श्रीश्यामलालजी, अठखम्बा बाजार, वृंदावन के यहाँ उत्सव बोध (8 पत्र) संग्रहीत हैं। गोस्वामी ब्रजवल्लभजी बंगलावाले, वृंदावन के यहाँ सटीक' उत्सव बोध-टीका वैष्णव रंजिनी' उपलब्ध होती है।

"रस भारती संस्थान, वृंदावन" में प्रमुख प्रतिलिपियाँ प्राप्त होती हैं[11]:—

उत्सवबोध क्रमांक 117, 128, द्विदल सिद्धान्त निर्णय 306, 307, नवरत्न स्तोत्र -97 ब्रजानन्दामृत-374, राधिकेश स्तोत्र-97, सिद्धान्त लेश सन्दर्भ— 117, सौभाग्याष्टक-79, हरिवंश अष्टोत्तरशतनाम-79।

सभी सन्दर्भों का यदि विश्लेषण किया जाए तो निर्विवाद रूप से गोस्वामी रंगीलालजी की निम्न कृतियाँ स्पष्टतः प्राप्त होती हैं—

भक्तिहंस, आनन्दचन्द्रोदय, उत्सव बोध, द्विदल सिद्धान्त निर्णय, नवरत्नस्तोत्र, ब्रजानन्दाऽमृत, राधिकेश स्तोत्र, राधा अष्टोत्तर शतनाम, सिद्धान्त लेश संदर्भ, सौभाग्याष्टक, श्रीहरिवंश अष्टोत्तर शतनाम, ब्रह्मवैवर्तपुराण (कृष्ण खण्ड़)।

राजस्थान प्राच्यविद्या प्रतिष्ठान, अलवर में भी आनन्द चन्द्रोदय एवं उत्सव बोध की पाण्डुलिपि उपलब्ध हैं।

1. 'भक्तिहंस'

ग्रंथ में कुल 340 पत्रक हैं, लिपि देवनागरी है। इसमें किरणों का विवरण इस प्रकार है:—

दीक्षा विधान दक्ष, सदाचार प्रचार, स्नानादि विधि विधान, पूजोपकरण प्रकरण, पूजापूर्वरूप निरूपण, पूजन पूरण, माहात्म्यात्मक, मुद्रासमुद्र, प्रतिष्ठाविशिष्ठ, मासक्रमोत्सवविधान, शयनाविधि विधान, प्रकीर्णकार्णव।

ग्रंथ के प्रारम्भ में अपने इष्ट की आराधना वे इस प्रकार करते हैं:—

यत्पादाम्बुरुहासंगि गंधवाहप्रसंगतः।
ब्रह्मादिभिः सुपूज्यन्ते नरस्तौ प्रणतः सदा।।

अर्थात् जिसके चरणामृत के छू जाने मात्र से उद्धार हो जाता है, जो ब्रह्मादि देवताओं के द्वारा पूजनीय हैं, वे मनुष्यों के द्वारा भी सदा पूजनीय हैं तदनन्तर—

हितहरिवंश युगल किशोरांतरंगमापन्नम्।
अधर सुधारसमत्तं मुरलीत्वाच्छ्रीहरेर्वन्दे।।

अंतिम पद्यों में रचना का समय व स्थान का परिचय निम्न प्रकान से उद्धृत है—

श्रीनर्मदोत्तरतटे शुभगुर्जराख्ये देशे वटोदनगरे जयति प्रसिद्धम्।
तुंगोल्लसद्धनिकवेश्मशतैरुपैतं सन्मण्डितं चतुरपण्डित मण्डलीभिः।।

क्षितिपतिरपि तत्र राजधान्यां गणपतराव इति प्रसिद्धनामा।
क्षितिसुर सुरपूजनानुरक्तो विलसति गायकवाडवंशदीपः।।
तत्रैव राधारमणस्य मंदिरे सद्भक्तवृंदारकवृंदसुंदरे।
श्री भक्तिहंसो यमगादनुक्रमात् सम्पूर्णतां पर्वणि चन्द्रमा इव।।
संवत्सरे शैलखनंदभूमि (1907) संख्ये शुचौ मासि शुचौ च पक्षे।
रथस्थिते श्रीरमणे द्वितीया तिथौवभूल्लेख समाप्तिरस्य।।
श्रीरंगीलालशर्माहं गोस्वामि कुल संभवः श्रीराधाकृष्णकृपया
ग्रंथमेनमिहालिखिम्।।

इति श्रीगोस्वामी रंगीलाल विलिखिते श्री भक्तिहंसे प्रकीर्णकार्णवो नाम द्वादशः किरणः।

श्री संवत् 1908 वर्षे माघ मासे शुक्ल पक्षे द्वादशी चन्द्रवासरे इदं पुस्तकं लेखक विप्र बालाऽर्क जोशी भगवान् दुर्लभराम स्वस्थान श्री हेमदाबादक चकलेदुधि इदं पुस्तकम्।

2. आनन्दचन्द्रोदय

आनन्दचन्द्रोदय नाटक की कथावस्तु 7 अंकों में विभाजित है। इसमें श्रीकृष्ण और राधा की लीलाओं का चित्रण है। जिनका आधार विष्णु, भागवत् इत्यादि पुराण हैं। इस इतिवृत्त का फल श्रीकृष्ण द्वारा राधाजी के अनन्य प्रेम की प्राप्ति है। रंगीलालजी ने नाट्यशास्त्रीय नियमानुसार कथावस्तु की उचित योजना की है। प्रस्तुत नाटक में कवि का उद्देश्य राधावल्लभ सम्प्रदाय की रसभक्ति की स्थापना करना है।

3. उत्सव बोध

राधावल्लभ सम्प्रदाय के समस्त उत्सवों का वर्णन उत्सवबोध में किया गया है। मंगलाचरण, प्रस्तावना, उपसंहार तथा पुष्पिका सहित कुल 32 पद्य उपजाति छन्द में निबद्ध हैं। भाषा अत्यन्त प्रौढ़ है। स्वरचित टीका कवि ने पद्यों को समझने के लिए लिखी है जिसका नाम 'वैष्णवरंजनी' है। टीका के अंत में रचनाकाल पौष कृष्ण एकादशी संवत् 1905 लिखा है—**"इति श्री मद्धरिवंशाचार्यवंशविभूषण-श्रीमदानंदलालजीसुत श्रीरंगिलालगोस्वामिविरचिता स्वकृतोत्सवबोधटीका वैष्णवरंजनी समाप्तिगमत् संवत् 1905 शाके 1770 पौष कृष्ण एकादशी मध्ये।"**

कवि ने इस ग्रंथ में मार्गशीर्ष मास से लेकर कार्तिक मास पर्यन्त 12 मासों में राधावल्लभ सम्प्रदाय के उत्सवों का वर्णन किया है।

4. द्विदल सिद्धान्त निर्णय

राधा कृष्ण के स्वरूप वाले इस ग्रंथ में कुल 100 श्लोक हैं। रंगीलालजी द्वारा विरचित इस ग्रंथ में द्विदल हैं। एक दल राधा और दूसरा दल श्रीकृष्ण पर टीका श्रीजुगलवल्लभजी ने लिखी है। लिपिकार ने अन्त में लिखा है कि द्विदल सिद्धान्त पुस्तकजीर्ण कागज पर अस्पष्ट अक्षरों में अंकित श्रीवन में रासमंड़ल अखाड़े पर उपलब्ध हुई। यह लिपि सन् 1956 की है। प्रारम्भ में टीकाकार ने लिखा है—

ताकी छाया कछु ग्रही रंगदेवी रंगीलाल।
शिष्य गुरू संवाद के कथ्यों द्विदल सिद्धान्त हाल।।
ताकी टीका अति कठिन सुगम भई तिन दिष्ट।
''सिद्धान्तजीवनी'' नाम यह युगलवल्लभ घनमिष्ट।।

मंगलाचरण के रूप में कवि ने प्रथम श्लोक में श्रीहितहरिवंशजी को श्रीकृष्ण की वंशी का अवतार बताते हुए उसकी वन्दना की है। राधाकृष्ण का स्वरूप बताते हुए कवि कहता है—

श्रीराधाकृष्ण इति स्वरूपं युग्मात्मकं ब्रह्ममहद्भिमृग्यम्।
अनेकलीलाभिरनेक रुपैर्वृन्दावनांतर्विहरत्यजस्रम्।।

कवि ने श्रुति, पुराण आदि से उदाहरण देते हुए राधाकृष्ण की एकरूपता सिद्ध करते हुए गुरु शिष्य संवाद के रूप में सिद्धान्त का प्रतिपादन किया है।

5. नवरत्न स्तोत्र

9 श्लोकों वाला स्तोत्र होने से इसे नवरत्न स्तोत्र कहा गया है। आर्या छन्द में निबद्ध इन श्लोकों में कवि राधा-कृष्ण युगल की भक्ति करने का आग्रह करता है—

चिंता कापि न कार्या, राधावल्लभं स्वेह्यादिचिंतकेः।
लोकवेदजाचिंतारहिता, भवन्तु सर्वे जनाः।। श्लोक सं. 1

अन्तिम पुष्पिका के रूप में कवि कहता है—

नवरत्नाभिधं स्तोत्रं रंगिलालेननिर्मितम्।
राधिकावरसेवीनांभूषणजीवनं स्मृतम्।। श्लोक सं. 9

इति श्री गोस्वामी हितरंगीलालेन निर्मितम् नवरत्नस्तोत्रं सम्पूर्णम्।

6. ब्रजानन्दामृत

ब्रजगद्य में लिखित इस ग्रंथ की उपलब्ध पाण्डुलिपि में 104 पत्र हैं। प्रारम्भ में मंगलाचरण संस्कृत भाषा में किया गया है—

श्रीगणेशायनमः। श्रीराधावल्लभोजयति।
अथ ब्रजानन्दामृतं लिख्यते।
श्री धाम्नियत् सखिरूपं, ब्रजेलीलानिदानकम्।
सेवनेव्यासतनयं, हरेर्वंशमुपाश्रये।।

अन्त में कवि ने कहा है कि—

"इति श्रीगोस्वामि श्रीरंगिलालविलिखितं श्रीब्रजानंदामृतं सम्पूर्णम्।।
श्रीकृष्णार्पणमस्तु।।"

7. राधिकेशस्तोत्र

अनुष्टुप् छन्द में निबद्ध इस स्तोत्र में 12 श्लोक हैं। प्रत्येक श्लोक का अंतिम चरण "राधिकेशोगतिर्मम" है यथा—

वेदमार्गेषु नष्टेषु, कलौकलुषधर्मणि।
पाखण्डप्रचुरे लोके, राधिकेशोगतिर्मम।।
ज्ञानवैराग्यधैर्यादिरहितस्य विशेषतः।
दीनबंधुदयासिन्धु राधिकेशोगतिर्मम।।

(श्लोक सं. 1-11)

अर्थात् कवि कहता है कि कलियुग में अधर्म का मार्ग बढ़ गया है, तीर्थों व देवों पर म्लेम्छों ने अतिक्रमण कर लिया है। लोग ज्ञान और भक्ति से विमुख हो गये और पाप का अनुसरण करने लगे हैं। धार्मिक कार्य भी स्वार्थ के लिए किये जाते हैं, चारों ओर पाखण्ड ही पाखण्ड है। लोग स्वेच्छाचारी हो गये हैं, ब्राह्मण, क्षत्रिय, वैश्य शूद्र इत्यादि ने धर्म त्याग दिया है। ऐसी स्थिति में राधिकेश भगवान् श्रीकृष्ण ही मेरी गति हैं। अंतिम पुष्पिका में कवि ने लिखा है—

श्रीराधावल्लभस्येदं, स्तोत्रं पापौघनाशनम्।
रंगिलालमुखोदभूतं, पठन्तुभुविभूरिदा।। **श्लोक सं. 2**
इति श्रीमद्गोस्वामीहित रंगीलाल कृतं स्तोत्रं पूर्णम्।

8. राधाष्टोत्तर शतनाम

गोस्वामी रंगीलालजी द्वारा रचित इस कृति में संपूर्ण 26 श्लोक हैं। ग्रंथ के अन्त में इसकी लिपि वृंदावन में किया जाना बताया गया है तथा लिपि समय भी वि. सं. 1916 भाद्रपद सुदी सप्तमी दिन शनिवार लिखा हुआ है। इस ग्रंथ की मूल प्रति गोस्वामी देवेन्द्रलालजी बड़ौदा वालों के निजी संग्रह अहमदाबाद में सुरक्षित है। जिसकी रंगीन प्रति गोस्वामी चिन्मयलालजी के सौजन्य से रस भारती संस्थान, वृंदावन को प्राप्त हुई।

ग्रंथ के समस्त पद्य सर्वेश्वरी श्रीराधा के प्रति भक्ति स्वरूप वन्दनीय हैं—

राधा रासेश्वरीं रम्यां रासकेलिकलोत्सुकाम्।
रासमण्डलमध्यस्थां तां वन्दे रसकेश्वरीम्।।
श्रीकृष्णसर्वभावज्ञां श्रीकृष्ण प्रेमवर्द्धिनीम्।
श्रीकृष्णालिंगितभुजां वन्दे श्रीकृष्णरूपिणीम्।।

9. सिद्धान्त लेश संदर्भ

संस्कृत गद्य में निबद्ध इस ग्रंथ में अनेक पुराण, भक्ति साहित्य तथा स्वसम्प्रदाय साहित्य के पद्यात्मक उद्धरण भी प्रस्तुत किये गये हैं। प्रथम पद्य में कवि ने श्रीराध ावल्लभ के साथ-साथ स्वसम्प्रदाय की जयजयकार की है—

वृंदाविपिन्विहारी, वल्लभनारी मनोहारी।
भक्ताभीष्टविधायी, श्रीराधावल्लभो जयति।। श्लोक सं. 1
श्रीहितहरिवंशाख्यं, युगलकिशोरांतरंग्यन्नम्।
अधरसुधारसमत्तं, मुरलीत्वाच्छ्रीहरेर्वंदे।।

इस द्वितीय पद्य में श्रीहितहरिवंशजी की वन्दना की गई है। तृतीय पद्य में वृंदावनधाम की वन्दना की गई है। पृष्ठ संख्या 73 पर कवि ने श्रीकृष्ण की प्रार्थना इस प्रकार की है–

श्रीकृष्णरुक्मिणीकांत गोपीजनमनोहर।
संसारसागरे मग्नं मामुद्धरजगद्गुरो।।
केशवक्लेशहरण नारायणजनार्दन।
गोविंदपरमानंद मांसमुद्धर माधव।।

10. सौभाग्याष्टक

इस स्तोत्र में कुल 11 पद्य हैं। प्रारम्भ मे हरिवंशाचार्य को प्रमाण करके कवि ने आर्यों का चूड़ामणि कहा है। इसके पश्चात् ''जयराधिके, रससाधिके'' '' जय गोपराजकुमार'' इस प्रकार पदों के द्वारा राधा एवं कृष्ण की वन्दना की है। अन्त में कवि ने लिखा है–

श्रीराधाकृष्णसेवी हरिकरमुरली प्रेम पूर्णावतारः,
शृंगारप्रेमभाजां गुरुहितहरिवंशाख्यभक्ताधिराजः।
तद्वंश्यस्तत्कृपातो हरिपदनिरतोरंगिलालोरसेप्सुः,
श्रीराधाकृष्णलीलां हितजनसुखदां संग्रहीतुं समिच्छे।।

श्लोक सं 9

11. श्रीहरिवंश अष्टोत्तर शतनाम्

इस ग्रंथ में अनुष्टुप् छंद में निबद्ध कुल 30 पद्य हैं, जिनमें श्रीहरिवंशजी के 108 नामों का गुणगान किया गया है। ग्रंथ के प्रारम्भ में कवि कहता है कि–''यदा यदा हि धर्मस्य ग्लानिर्भवति भारतः'' अर्थात् स्वयं भगवान् ने अनेक बार अवतार लिया है और भिन्न-भिन्न युगों में धर्म की स्थापना की है। श्रीहरिवंशजी को

श्रीकृष्ण की वंशी का अवतार माना है। प्रस्तावना में ग्रंथ की उपयोगिता का प्रतिपादन किया है। ग्रंथ का विनियोग भक्तिजन्य फलप्राप्ति के लिए है और राधा, कृष्ण, वंशी, गोपिका, रासलीला, श्रीहरिवंश आदि सभी का ध्यान करने का आग्रह किया गया है। हरिवंशजी के अन्य नाम इस प्रकार हैं— श्री व्यासनंदन, गोस्वामी राधा सुधानिधिकर्ता, शृंगाररसिक, प्रेमी, प्रेममार्ग प्रवर्तक, रसिक शिरोमणि, अनन्यरसिक, राधामन्त्रानुगामी, राधाराधनतत्परः, श्रीराधावल्लभीयानाम् परमानंददायक आदि।

12. ब्रह्मवैवर्तपुराण-कृष्णखण्ड

गोस्वामी रंगीलालजी की हस्तलिखित ब्रह्मवैवर्तपुराण के कृष्ण खण्ड की लिपि प्राप्त हुई हैं जिसके अन्त में उन्होंने लिखा है—

इति ब्रह्मवैवर्तमहापुराणे कृष्णखण्डे एकादश सहस्रसंहितायां सूतगमनं नाम द्वात्रिंशदधिकशत्तमोध्यायः। समाप्तोयं श्रीकृष्णखण्डः। शुभं भूयात्। युगल चरणे रतिर्भूयात्। यादृशं पुस्तक दृष्ट्वा तादृशं लिखितं मया। यदि शुद्धमशुद्धं वा मम दोषो न दीयते।।1।।

संवत् 1889 माघे मासे कृष्णपक्षे पुण्य तिथौ तृतीयां शुक्रवासरान्वितायां गंगाक्षेत्रे गौडदेशे कालिकानगरे लिखितं गोस्वामी रंगीलालेन स्वपठनार्थं श्रीकृष्णखण्डं समाप्तम्।।

निश्चित ही यह कृष्णखण्ड की प्रतिलिपि मात्र है जो उन्होंने स्वपठनार्थ लिखी थी।

संदर्भ-संकेत

1. राधासुधानिधि टीका-किशोरीशरण 'अलि', पृ. सं. -8
2. रसभक्तिधारा और उसका वाणी साहित्य (प्रथम भाग) किशोरीशरणं 'अलि' पृ. सं. - 793, 794
3. रसभक्तिधारा और उसका वाणी साहित्य (द्वितीय भाग) किशोरीशरणं 'अलि', पृ. सं. - 57

4. रसभक्तिधारा और उसका वाणी साहित्य (द्वितीय भाग) किशोरीशरणं 'अलि', पृ. सं. –688
5. राधावल्लभ सम्प्रदाय और साहित्य, डॉ. विजयेन्द्र स्नातक, पृ. सं. 602
6. रसभक्तिधारा और उसका वाणी साहित्य (प्रथमभाग), किशोरी शरण 'अलि', पृ. सं. 793
7. राधावल्लभ सम्प्रदायः सिद्धान्त और साहित्य, डॉ. विजयेन्द्र स्नातक, पृ. सं. 596
8. आनन्द चन्द्रोदय नाटय का सम्पादन एवं समीक्षण शोध–प्रबन्ध, डॉ. सुधा जैनम, पृ. सं. 31
9. आनन्दचन्द्रोदय नाटक का सम्पादन एवं समीक्षण शोध प्रबन्ध, डॉ. सुधा जैनम, पृ. सं. 31
10. आनन्दचन्द्रोदय नाटक का सम्पादन एवं समीक्षण शोध प्रबन्ध, डॉ. सुधा जैनम, पृ. सं. 31
11. आनन्दचन्द्रोदय नाटक का सम्पादन एवं समीक्षण शोध प्रबन्ध, डॉ. सुधा जैनम, पृ. सं. 31

11

वृन्दावन के वैष्णव लिखिया

राजेश कुमार शर्मा

राधाकृष्ण की रस क्रीड़ाभूमि वृन्दावन यमुना के तट पर बसा भारत का एक प्रसिद्ध मंदिर नगर है। विक्रम की 15-16वीं शताब्दी में आरम्भ होने वाले भक्ति आंदोलन को इस स्थल से एक नई ऊर्जा प्राप्त हुई जिसकी प्रतिध्वनि सुदूर क्षेत्रों में आज तक देखी-सुनी व समझी जा सकती है। नित्य उत्सव और नित्य मंगल यहाँ आम जन की जीवन शैली से जुड़ा मूल भाव है। साहित्य, संगीत और कला-परम्पराओं की सम्पन्नता ने इस पवित्र भूमि की महत्ता को एक विराट फलक पर स्थापित किया है। मध्यकाल में रसभक्ति के आकर्षण में बँधे अनेक विद्वान और भक्त तथा आचार्य दक्षिण भारत, बंगाल, राजस्थान, उड़ीसा, बर्मा एवं अन्य सुदूर क्षेत्रों से यहाँ आते रहे। इनमें से अधिकांश तो इस पवित्र भूमि के आकर्षण में ऐसे रमे कि सदैव के लिये यहीं के होकर रह गए। भक्ति की इस परम्परा में इन लोगों ने यहाँ स्थायी रूप से निवास करते हुए राधा-कृष्ण भक्ति-परक विशद् साहित्य की रचना की। भारतीय साहित्य की कुछ श्रेष्ठ कृतियाँ वृन्दावन की पावन भूमि पर रची गईं। चाहे रूप, सनातन और जीव गोस्वामी की ग्रन्थ शृंखला हो या श्रीहित हरिवंश गोस्वामी कृत '*हित चौरासी*' और '*राधा सुधानिधि,*' स्वामी श्री हरिदास जी की '*कोलिमाल*' हो या श्री हरिराम व्यास जी की वाणी का प्रणयन सभी ने वृन्दावन की महत्ता को उत्तरोत्तर समृद्ध किया। यहाँ उत्सव-मनोरथ एवं परम्पराएँ सिर्फ देखने-दिखाने की वस्तु नहीं अपितु ब्रज वृन्दावन का समग्र सांस्कृतिक उत्स इसी में निहित परिलक्षित होता है। इस भूमि पर निम्बार्कीय, रामानुज, वल्लभ, राधाबल्लभी, हरिदासी, गौड़ीया, ललित, चरणदासी एवं अन्यान्य

वैष्णव सम्प्रदायों ने अपने-अपने दार्शनिक मतों के सन्दर्भ में सिद्धान्त स्थापित किए, जिन्हें केंन्द्र में रख यहाँ विपुल साहित्य सृजित एवं प्रतिलिपित किया गया। साहित्य सृजन एवं उनकी प्रतिलिपियाँ तैयार करने की तीव्र प्रक्रिया यहाँ परमपरागत रूप से अनवरत जारी रही जिसका अपना एक पृथक साहित्यिक इतिहास है। यहाँ धर्म सम्प्रदायों में ग्रन्थ लेखन को पवित्रता की दृष्टि से देखा गया। ग्रन्थ की रचना करना, उसकी प्रतिलिपियाँ तैयार करना यहाँ साधकों के लिए एक पवित्र एवं धर्म-कार्य था। परिणामतः वैष्णव सम्प्रदायों में एक से बढ़कर एक महत्त्वपूर्ण कृतियाँ सृजित और प्रतिलिपित हुईं। वैष्णव भक्ति परंपरा में पल्लवित इस महत्त्वपूर्ण निधि को बचाये रखने में प्रतिलिपिकारों के उपकारों को विस्मृत नहीं किया जा सकता। बात रामायण, महाभारत की हो या श्रीमद्‌भागवत जैसे पवित्र ग्रन्थों की अथवा समग्र ज्ञान परम्परा में रची गईं अन्य महत्त्वपूर्ण कृतियों की, अगर प्रतिलिपिकारों द्वारा समय रहते इनकी प्रतियाँ तैयार न की गईं होती तो हम अपने एक बड़े साहित्यिक पक्ष से अनिभिज्ञ ही रहते।

प्रस्तुत विषयान्तर्गत वृन्दावन में रचित विपुल वैष्णव साहित्य से जुड़ी ऐसी अज्ञात परम्परा का अध्ययन किया गया है जिसकी ओर इससे पूर्व किसी अध्येता का ध्यान ही नहीं गया। समय बदलता है, परिवर्तन होता है, मान्यताएँ दरकतीं हैं, कुछ के अवशेष दिखते हैं तो कुछ बिल्कुल समाप्त ही हो जाती है; इसी बदलाव के मध्य नई स्थापनाएँ जन्मती हैं, परिणामतः बहुत-सी याददाश्तें धुँधली होने लगती हैं और समय चक्र के प्रभाव स्वरूप ऐसी बहुत-सी बातें निरन्तर उपेक्षित होते-होते विस्मृत ही हो जाती हैं, जिनका वैभव कभी चरम पर था।

मध्यकाल के दौरान वृन्दावन की पवित्र भूमि पर एक ऐसी ही महत्त्वपूर्ण परम्परा पल्लवित हुई जिसने एक वृहत् आंदोलन के रूप में वैष्णव ग्रंथों की प्रतिलिपियाँ तैयार करते हुए इन्हें भविष्य के लिए सुरक्षित करने का बीड़ा उठाया। यह परम्परा थी स्थानीय वैष्णव साधकों द्वारा सेवित, ग्रन्थ सेवा से जुड़ी *'वैष्णव लिखिया परम्परा'* जिसमें स्थानीय लिखियाओं में अगूठे ढंग से साधनारत रहते हुए वैष्णव भक्ति साहित्य का पीढ़ी दर पीढ़ी प्रचार-प्रसार किया। कालांतर में वृन्दावन के इन वैष्णव लिखियाओं द्वारा पृथक-पृथक कालक्रम में विपुल साहित्य प्रतिलिपित किया गया जिसके अवशेष देश के विभिन्न ग्रंथागारों, अभिलेखागारों एवं निजी संग्रहों में ही नहीं अपितु विदेशी विश्वविद्यालयों के ग्रंथागारों तक में देखे जा सकते हैं।

ग्रंथों की प्रतिलिपियाँ तैयार करने वाले इन सुलेखकों को यहाँ **'लिखिया'**

कहा जाता था। इस पुनीत कार्य को प्रभु भक्ति के रूप में अंगीकार कर ये लोग वैष्णव धर्म-सम्प्रदायों के प्रचारार्थ यहाँ आने वाले भक्त, विद्वान, तीर्थयात्री, धनिक, साहूकार, राजे-महाराजे, रानी एवं राजमाताओं के लिए वैष्णव ग्रंथों की प्रतिलिपियाँ तैयार करते थे। यह महत्त्वपूर्ण जानकारी हमें इन लिखिया द्वारा प्रतिलिपित किये गये ग्रंथों के अंत में दी गईं पुष्पिकाओं से प्राप्त होती है। वृन्दावन के वैष्णव लिखिया मीठा जी द्वारा राजा अनूप सिंह की बेटी सुजान कुँवरि के पठनार्थ वि. सं. 1782 में प्रतिलिपित प्रियादास कृत भक्तमाल की टीका ग्रन्थ की पुष्पिका दृष्टव्य है-

''इति श्री भक्तिरस बोधनी टीका जुत भक्तमाल संपूर्ण। शुभमस्तु संवत् 1782 मिती माघ वदि 13 लिखतं श्री वृन्दावन मध्ये रसिकाश्रित मीठा हस्ताक्षरे पठनार्थ अनूपसिंह जू की बेटी सुजान कुँवरिवाईजी।''[1] (चित्र सं. 1)

दतिया नरेश राव राजा पारीक्षित देव जू के पठानार्थ वृन्दावन वासी परमानन्द जी द्वारा रचित 'साँझी पोथी' जो दतिया स्टेट लाइब्रेरी में संरसक्षित है, इस सन्दर्भ में प्रमाण उपस्थित करती है-

''संवत 1860 कार्तिक कृष्ण 7 पोथी श्री महाराजाधिराज श्री राजा राउ पारीछत बहादुर जू देव की, जे बाँचैं तिन कौं जै राधबल्लभ, लिखितं परमानन्द वृन्दावनवासी''[2] (चित्र सं. 2)

वृन्दावन के लिखियाओं द्वारा प्रतिलिपि किये गये भक्ति ग्रंथों की अनेक पाण्डुलिपियाँ देश के विभिन्न संग्रहालयों, ग्रंथागारों, निजी संग्रहों में बिखरी हुई हैं। इसके अलावा ब्रिटिशकाल में इन वैष्णव लिखियाओं द्वारा प्रतिलिपित पाण्डुलिपियाँ विदेशों तक पहुँचीं जो आज भी इण्डिया ऑफिस लाइब्रेरी, लंदन एवं हारवर्ड विश्वविद्यालय सहित अनेक स्थलों पर देखीं जा सकती हैं।[3] वृन्दावन के इन वैष्णव साधकों द्वारा तत्कालीन राजा-महाराजाओं से लेकर आम जन तक के पठनार्थ लिखे ग्रन्थों के ढेरों विवरण हमें अपनी खोज में यत्र-तत्र देखने को मिले हैं। श्रीधाम वृन्दावन में वास करते हुए पवित्र ग्रंथों की प्रतिलिपियाँ तैयार करने वाले ये साधक मात्र अच्छे सुलेखक ही नहीं अपितु वैष्णव भक्ति परम्परा के श्रेष्ठ संवाहक भी थे। हम जानते हैं मध्यकाल में ग्रन्थों की प्रतिलिपि तैयार करना एक

व्यवसाय था। विभिन्न राजदरबारों के साथ ही शाही दरबार में भी सुलेखकों की विद्यमानता के प्रमाण ऐतिहासिक ग्रन्थों से उद्घाटित होती हैं, किन्तु वृन्दावन के अधिकांश लिखिया वैष्णव साधक थे, जो सावधानी पूर्वक निष्ठा से इस कार्य में लगे रहे। जिनके लिए वैष्णव ग्रंथों की प्रतिलिपि तैयार करना उनकी साधना का ही एक अंग था। सत्रहवीं और अठारहवीं शताब्दी में वृन्दावन का सांस्कृतिक वैभव अपने चरम पर था। उपासनात्मक और दार्शनिक भिन्नता के चलते यहाँ स्थापित कई वैष्णव मत जैसे निम्बार्क, रामानुज, वल्लभ, गौड़ीया, राधाबल्लभी, हरिदासी, ललित एवं चरणदासी आदि पृथक-पृथक सम्प्रदायों के रूप में साहित्यिक विस्तार पा रहे थे। भक्ति की चेतना के इस दौर में अनेक भारतीय राजवंश जैसे— मराठा, जाट, बुंदेले एवं राजपूतों सहित देश भर के धनिक, शाही दरबार से जुड़े बड़े-बड़े सरदार-सामन्त वृन्दावन की ओर आकर्षित हुए। कालांतर में इनके द्वारा यहाँ बड़े-बड़े घाट-अट्टालिकाएँ, कुञ्ज एवं देवालय बनवाए गए। इस दौर में देश भर के प्रभावशाली एवं धनी व्यक्तित्त्वों द्वारा वृन्दावन को सजाने-संवारने के प्रमाण यहाँ प्राचीन मंदिरों की संख्या के रूप में आज भी देखे जा सकते हैं। वृन्दावन के चहुँमुखी विकास के इस दौर में हर कोई वृन्दावन की ओर आकर्षित हुआ। ब्रज से लगे समीपवर्ती राज्यों राजस्थान एवं मध्य प्रदेश में प्रचलित लोकोक्ति "वृन्दावन बनि गयौ" लोक मन में वृन्दावन के मनोहारी रूप को दर्शाने वाली है। वृन्दावन सुन्दरता का पर्याय बन गया। वृन्दावन की बढ़ती इस लोकप्रियता तथा विभिन्न-सम्प्रदायों के प्रभाव में आए जनसमूह के चलते यहाँ की महिमा निरन्तर बढ़ती ही गई।

तीर्थयात्रियों के निरंतर आवागमन से यहाँ लिखियों का कार्य भी बढ़ना स्वाभाविक ही था। परिणामतः वृन्दावन में लिखियाओं का एक बड़ा वर्ग उभरकर सामने आने लगा। विभिन्न सम्प्रदायों के साहित्य पर दृष्टि डालने से इन प्रतिलिपिकर्ताओं की जानकारियाँ सामने आती हैं। हालाँकि इन लिखियाओं के व्यक्तिगत जीवन के संदर्भ में बहुत कम विवरण उपलब्ध हो पाते हैं, लेकिन फिर भी सैकड़ों हस्तलिखित ग्रन्थों की पुष्पिकाओं के अवलोकन के उपरान्त वृन्दावन के लिखियाओं की एक सुदीर्घ परम्परा दृष्टिगोचर होती है।

वैष्णव भक्ति साहित्य की प्रतिलिपियाँ तैयार करना तथा रचनाकारों की अव्यस्थित कृतियों को पुस्तकाकार रूप प्रदान करने में इन लिखियाओं की महत्त्वपूर्ण भूमिका रही है। इस कार्य के दौरान लगभग 14000 ग्रन्थों के अवलोकन के उपरान्त हमें

मूल रचनाकारों के हाथ की लिखी दो-चार पाण्डुलिपियाँ हीं देखने को मिलीं। हाँलाकि यहाँ इस बात का सीधा अर्थ यह नहीं कि रचनाकारों द्वारा स्वयं के हस्तलेख में लिखित पाण्डुलिपियाँ वर्तमान में बिल्कुल मिलती ही नहीं, फिर भी इतना तो अवश्य है कि इस प्रकार के ग्रन्थों की संख्या आज बहुत कम अथवा न के बराबर है। प्राय: 17वीं शताब्दी के उत्तरार्द्ध और 18वीं शताब्दी में रचित कुछ पोथियाँ तो यदा-कदा रचनाकारों के हाथ से लिखी मिल जातीं हैं। यह जिज्ञासा का विषय है कि मूल रचनाकार के हस्तलेख वाली प्रतियाँ आखिर क्यों नहीं प्राप्त होतीं? अपने कार्य के दौरान हमें एक स्थल पर इस सन्दर्भ में आंशिक जानकारी प्राप्त हुई। **ललित सम्प्रदाय**[4] के आचार्य किशोरी अलि जी की वाणी की प्रति तैयार करते समय सं. 1834 में विद्यमान किसी खेमराम नामक लिखिया ने ग्रन्थ-पुष्पिका में अंकित एक दोहे के माध्यम से इस बात का उल्लेख किया है कि उसने किस प्रकार आचार्य किशोरी अलि जी के द्वारा खर्रों[5] (फुटकर कगज़ों) पर रचित पद-साहित्य को एक पुस्तक का रूप दिया—

बानी में जे कितेक पद रसिकन संसै देत।
ते जानौं फुरमायसी नाहीं मेरौ हेत।।
खररा जे पद के भये ते राखे हैं डारि।
खेमचंद पोथी करी लीने सबै उतारि।।

इति श्री किशोरी अलि कृत वाणी संपूर्ण। शुभं भूयात्। श्रीराधा कृष्णो जयति। संवत् 1834 कार्तिक कृष्ण पक्ष 7 सप्तम्यां गुरु वासरे। दोहा। बांनी रस सांनी सरस प्रगटी रसिकन हेत। अली किशोरी कृपा ते खेमराम लिखि देत।।1।। पठनार्थ सूरति रामजी।।[6]

इस उदाहरण से हम समझ सकते हैं कि किस तरह मूल लेखकों की अव्यस्थित रचनाओं और ग्रंथों को इस प्रतिलिपिकर्ता ने व्यस्थित कर पोथियों का स्वरूप प्रदान किया। जैसा कि हम समझ सकते हैं कि आज भी लेखक अपनी पुस्तक को स्वरुचिनुसार समय-समय पर संशोधित करते हुए कच्चे कार्य के रूप में तैयार करता है जो बाद में टंकित होकर मुद्रण तकनीकी के द्वारा पुस्तक के रूप में सामने आती है।

जीरॉक्स और मुद्रण की तकनीकि से दूर साहित्य के इन परम्परागत संवाहकों ने कष्ट सहन करते हुए यत्नपूर्वक अपनी साहित्यिक विरासत को बचाये रखा।

ग्रन्थ पुष्पिकाओं में इनकी यह टीस इस प्रकार अभिव्यक्त होती है-

उत्कानिल चौरेभ्यौ मूषकेभ्यौ हुताशनात्।
कष्टेन लिखितं ग्रन्थः यत्नेन परिपालयेत।।[7]

ग्रन्थों की प्रतिलिपियाँ तैयार करते-करते इन्हें पाण्डुलिपि सम्बन्धी अनेक तकनीकि खामी यथा आगम, व्यत्य, लोप एवं प्रतिलिपिजन्य विकार जैसी समस्याओं का भी भान था। हमें अपनी खोज के दौरान कई अचम्भित करने वाली ग्रंथ पुष्पिकाएँ भी देखने को मिलीं। पांडुलिपि विज्ञान के क्षेत्र में पाठांतर प्रक्रिया का यह प्राचीन उदाहरण वास्तव में स्थानीय प्रतिलिपिकारों की सचेष्ठता को प्रदर्शित करने वाला दुर्लभ उदाहरण है। वि. सं. 1712 में वृन्दावन में प्रतिलिपित राधासुधानिधि ग्रन्थ की पुष्पिका से उद्घाटित होता है कि राजबाई नाम की किसी महिला प्रतिलिपिकर्ता ने पाठ शुद्धता के दृष्टिगत उक्त ग्रन्थ की प्रतिलिपि करने से पूर्व राधासुधानिधि ग्रन्थ की तीन प्रतियों का चयन करने के उपरान्त देववन वाली किसी पुरानी प्रति को देखकर अपनी प्रमाणिक प्रतिलिपि तैयार की—

इति श्री वृंदावनेश्वरी चरण कृपापात्र विजृंभित श्री राधासुधिनिधि स्तव।। या प्रत्य मा जो पाठ है सो देववन की प्रत्य देखि करि लख्यौ है। सो और प्रत्य देखकर पाठ मत फिरायौ। यह बहुत वर्षन कौ पाठ पुरातन है। याकौ अर्थ बहुत कठिन है। श्री हित जू कृपा करैं अब आवै। श्री हित जू कि कृपा ते यह पाठ मिल्यौ है। एक सौ बासठ कि आगे कौ जो श्लोक ऐ ''मत्कंठे किं नखर शिखया'' यामें नहीं है; सो और तीनों प्रत्य में नहीं है; सो आगे-पीछे के सम्बन्ध मा नहीं लगै है। सो श्री हित जू कौ हारद नहीं लगै है। सो काहू कौ धर्‍यौ है। याते या रस सौं मिलत नहीं। या समझनों। संवत् 1712 वर्षे जेठ मासे पुर्नमास्यां श्री वृन्दावन मध्ये लिखितं राजबाई केन दामोदरदास गुजराती पठनार्थं। देववन की प्रती लिखी है। पुस्तक याद्रसमीती।''[8] (चित्र 3)

हालाँकि प्रतिलिपिकर्ताओं द्वारा ग्रन्थ लेखन कार्य अत्यन्त सावधानीपूर्वक किया जाता था और पाठक को सावधान करने की दृष्टि से प्रायः लिखिया अपनी पुष्पिका में चेतावनी अंकित करते थे। तथापि कहीं-कहीं प्रतियाँ भ्रष्ट अथवा अशुद्ध भी हो जाती थीं। इस परंपरा से जुड़े वैष्णव लिखियाओं का अपने ग्रंथों से गहरा अनुराग था। पोथियों में भूलवश होने वाली त्रुटियों, पांडुलिपि किसी अयोग्य के हाथ न लगे अथवा चोरी न हो जैसी बातों के लिए भी वे सजग थे। विभिन्न ग्रंथ पुष्पिकाओं में उनका यह भाव देखा जा सकता है—

यादृशं पुस्तकं दृष्टा तादृशं लिखतं मया।
यदि शुद्धं अशुद्धं वा मम दोषो न दीयते।।[9]
छत्रपुराधिपति लिखन हेत जैसी प्रति मोहि दीन्ह।
द्विज देवी प्रासद ने नकल सोधि कर कीन्ह।।[10]
जैसी प्रति पाई हती तैसी लई उतार।
भूल-चूक जहाँ जानिबो लेओ आप सुधार।।[11]
यत्नेन लिखितं शास्त्रं यश्चोरयति मानवः।
सूकरी तस्य माता च पिता तस्य गर्धभः।।[12]
जैसा देख वैसा लिखा, मम सिंह नांहि भार।
सब समाज सौं विनती मेरी, छूटे अक्षर लेउ सुधार।।[13]

हम जानते है कि ग्रन्थ लेखन के लिए सुचित्त मन एवं शान्त वातावरण आवश्यक है। ग्रन्थ की शुद्ध प्रतिलिपि तैयार करने के लिए ऐसा आवश्यक भी है, फिर भी यदा-कदा पूर्ण सावधानी बरतने के उपरान्त भी ऐसी भूलें हो ही जाती थीं। तत्कालीन लिखिया समाज के प्रख्यात प्रतिलिपिकार राधामोहन माली द्वारा वि. सं. 1973 में प्रतिपित की गई प्रेमदास जी कृत हित चौरासी टीका की प्रति को वि. सं. 1974 में रसिक संत श्रीहित प्रीतमदास जी द्वारा संशोधित करके दतिया राज्य की महारानी प्रेमकुँवरि के पठनार्थ तैयार करने का विवरण ग्रन्थ पुष्पिक में कुछ इस प्रकार मिलता है-

पठनार्थ श्रीहित प्रेमकुँवरिदासी जू के संशोधन करी श्री हित प्रीतमदास ने।।
श्री हिताब्ध[14] 444 फाल्गुन कृष्ण दशम्यां।[15]

यहाँ लिखियाओं द्वारा पोथी, गुटका एवं खुले पत्रों के रूप में ग्रन्थों की प्रतिलिपियाँ तैयार की जातीं थी जिसमें हाथ से बने देशी कागज और पारम्परिक विधि से तैयार काली पक्की स्याही का प्रयोग होता था। पाण्डुलिपि तैयार करने के दौरान हाशिया, प्रारम्भ, विराम चिह्न और अन्त में पुष्पिका को प्रायः लाल स्याही से लिखा जाता था। पोथी-लेखन हेतु लिखिया 'नरसल' या 'नेजे' की कलम का उपयोग करते थे। किसी भी नई रचना की सर्वप्रथम कम से कम तीन या अधिकतम 10 और इससे ज्यादा भी प्रतिलिपियाँ तैयार करने की परम्परा थी।[16] जिन्हें रचनाकार स्वयं या किसी लिखिया की सहायता से तैयार करता था। तैयार होने वाली प्रतियों में

मूल प्रति के साथ कुछ प्रति लेखक (रचनाकार) अपने पास, एक प्रति देव विग्रह से सन्मुख (देवालयी-अभिलेखागार) में तथा एक प्रति अपने गुरु को उपहार स्वरूप भेंट करने की परम्परा थी। ग्रन्थ के लोकप्रिय होने पर उसकी प्रतिलिपियाँ भी निरन्तर तैयार होती रहतीं, जिन्हें तीर्थाटन हेतु आने वाले श्रद्धालु अपने साथ ले जाते थे किसी भी ग्रन्थ के प्रचार-प्रसार हेतु उसकी प्रतिलिपि का सुपाठ्य होना परम आवयक था और यह कार्य लिखियों द्वारा ही सम्पादित होता था। यहाँ ग्रन्थ की प्रतिलिपि तैयार करना पवित्र कार्य समझा जाता था। वृन्दावन में भक्तिभाव से ग्रंथों की प्रतिलिपि करने में तल्लीन लिखिया समाज ने इस पुनीत कार्य को उपासना का सर्वश्रेष्ठ अंग स्वीकारते हुए अपना समग्र जीवन इसी साधना में लगाया। कभी-कभी तो वे इस कार्य में इतने निमग्न रहते कि अपनी दैनिक क्रिया-कलापों तथा देव दर्शन आदि के लिए भी अवकाश न मिलता। वाणी ग्रन्थों से मिलने वाले विवरणों के अनुसार संवत् 1946 से 1988 तक वृन्दावन में निवास करते हुए राध ाबल्लभ सम्प्रदाय के ग्रंथों की प्रतिलिपि तैयार करने वाले रसिक संत राधिकाशरण जी के संदर्भ में तत्कालीन वाणीकार मदनमोहन दास ने महत्त्वपूर्ण विवरण प्रस्तुत किया है। राधिकाशरण जी के हस्तलेख में लिखी अनेक पोथियाँ वृन्दावन के निजी संग्रहों में देखी जा सकती हैं—

वाणी रस में ऐसे अटके। ताके बस कितहू नहिं मटके।
वाणी संग्रह की रुचि बाढी। सोलह वर्ष लिखीं रुचि गाढ़ी।।
जब तब मंदिर आय न पावैं। हौंहि तें लखि हियौ सिरावैं।।[17]

वृन्दावन के लिखिया साधकों का एक अन्य महत्त्वपूर्ण कार्य वर्षोत्सवों की पोथियाँ तैयार करना था। यहाँ स्पष्ट कर देना समीचीन रहेगा कि 'वर्षोत्सव' तथा 'व्रतोत्सव' में पर्याप्त अन्तर है। वर्षोत्सव के अन्तर्गत जहाँ मंदिर के वर्ष भर में आयोजित होने वाले उत्सवों, त्यौहारों जैसे— चंदनयात्रा, रथयात्रा, होली, दीपावली, साँझी, रक्षाबन्धन (श्रावणी), नौकाविहार, उसीर कुञ्ज, फूलडोल, गुलाबडोल, जन्म बधाई, निकुञ्ज लीला एवं रास आदि से जुड़े हुए ब्रजभाषा के परम्परिक भक्ति पदों का संग्रह तैयार किया जाता था, वही व्रतोत्सव में मंदिर की मान्यतानुसार तिथि आदि की दृष्टि से वर्ष भर का पंचागं तैयार किए जाने की परम्परा रही, जो आज तक देखी जा सकती है। इन वर्षोत्सवों में विभिन्न सम्प्रदायों के श्रेष्ठ वाणीकार एवं भक्त कवियों के पदों का संकलन मंदिर सेवायत के निर्देशानुसार ऋतु अथवा

उत्सव क्रम के हिसाब से किया जाता था। उल्लेखनीय है कि वर्षोत्सव किसी व्यक्ति विशेष की रचना न होकर पृथक-पृथक वाणीकारों के पदों का ऐसा संकलन होता है जिसमें पदावली का क्रम वर्ष भर मंदिरों में आयोजित होने वाले उत्सव क्रम के अनुसार निर्धारित होता था। वैसे तो स्थानीय लिखियाओं द्वारा वैविध्यपूर्ण ग्रन्थों की प्रतिलिपियाँ निरन्तर तैयार की जातीं थीं, लेकिन वृन्दावन के लगभग सभी देवालयों में वर्षोत्सवों की अनिवार्य परम्परा के चलते इनके द्वारा पर्याप्त मात्रा में वर्षोत्सव भी प्रतिलिपित किए गए। उस जमाने में हर देवालय की अपनी एक पृथक वर्षोत्सव की पोथी होती थी, जिसे सामने रखकर प्रतिदिन सायंकाल श्रीविग्रह के सन्मुख समाज गायन किया जाता था। यह परम्परा यहाँ आप भी देखी जा सकती है।

समय के सापेक्ष स्थानीय लिखिया अपनी कार्यपद्धति में बदलाव लाते रहे। यहाँ आने वाले तीर्थयात्री एवं पाठकों की माँग के अनुरूप इनके द्वारा ग्रन्थों की स्थूल एवं सूक्ष्माक्षरी प्रतियाँ भी तैयार की गईं। अपनी खोज में हमें जहाँ वृन्दावन में लिखित कई ऐसी पोथियाँ देखने को मिलीं जिनके अक्षर सामान्य से अधिक बड़े थे, वहीं अपने लघु आकार एवं अक्षरों के चलते अचम्भित कर देने वाली ग्रन्थ प्रतिलिपियाँ भी हमें कई स्थलों पर दृष्टिगोचर हुईं। स्थूलाक्षरी (बड़े अक्षरों) की प्रतियाँ प्रायः उन वृद्ध पाठकों के लिए तैयार होतीं जिन्हें सामान्य अक्षर वाचन में कठिनाई रहती, जबकि सूक्ष्माक्षरी प्रतियों के सन्दर्भ में वृन्दावनी समाज की अपने ग्रन्थों के प्रति श्रद्धा एवं विश्वास से जुड़ी एक अनूठी मान्यता दर्शित होती है। अपनी खोज में हमें स्थानीय संग्रहों में राधासुधानिधि ग्रन्थ की अति सूक्ष्म प्रतिलिपियाँ देखने को मिलीं। जानकारी करने पर ज्ञात हुआ कि पूर्व में प्रायः संत एवं धार्मिक सम्प्रदायों से जुड़े आस्थावान लोगों द्वारा सूक्ष्माक्षरी ग्रन्थों को रजत निर्मित ताबीजों में सुरक्षित कर कंठ अथवा दाहिने बाजू पर धारण किया जाता था। ठीक इसी तरह दुर्गासप्तशती एवं गोपालसहस्रनाम जैसी पवित्र रचनाओं की सूक्ष्म अक्षरों वाली प्रतिलिपियाँ भी हमें यत्र-तत्र देखने को मिलीं।

ग्रन्थों के प्रति गहरा अनुराग ब्रज-वृन्दावन की भूमि पर अलग ही देखा जा सकता है। अपनी पोथियों को प्रभु विग्रह मानते हुए इनके लेखन, पाठ एवं श्रवण को भक्ति का ही महत्त्वपूर्ण अंग स्वीकार कर इन स्थानीय साधकों ने अपनी साहित्य सम्पदा को खूब पल्लवित किया। लिखिया विषयक इस कार्य के दौरान हमें **'हितचतुरासी'** एवं **'सेवकवाणी'** ग्रन्थों की ऐसी ढेरों पोथियाँ देखने को मिलीं जिनमें दोनों ग्रन्थों एक साथ ही संकलित थे। लगातार कई संग्रहों में यह

समानता मिलने पर मस्तिष्क में जिज्ञासा उत्पन्न होना स्वाभाविक था कि आखिर अलग-अलग कालक्रम में लिखी गईं दोनों रचनाएँ स्थानीय लिखिया साधकों द्वारा एक साथ क्यों प्रतिलिपित की गईं? काफी खोजबीन के बाद 17वीं शताब्दी की एक रचना रसिक अनन्यमाल[18] में सेवकजी की परिचई से यह गुत्थी सुलझी कि उस दौर में गो-हित हरिवंश जी के ज्येष्ठ पुत्र वनचन्द्रजी[19] के द्वारा सेवकजी[20] के भक्तिभाव से प्रभावित होकर आज्ञा प्रदान की गई कि सेवकजी की वाणी को हरिवंश महाप्रभु जी की रचना हित चतुरासी के साथ ही लिखा और पढ़ा जाये—

तब ते आज्ञा दई गुसाँई। पोथी दोऊ मिली लिखाई।।
चौरासी अरू सेवक वानी। इक संग लिखत-पढ़त सुखदानी।।[21]

यहाँ वैष्णव सम्प्रदायों के भी अपने पृथक-पृथक आध्यात्मिक संविधान हैं जिसके अन्तर्गत विभिन्न देवालयों द्वारा अपनी सेवा पद्धति का संचालन किया जाता है। संभवतः वनचन्द्रजी के उक्त आदेश की परिणति में राधाबल्लभ सम्प्रदाय के रसिक भक्तों की यह मान्यता बनी और दोनों पोथियाँ एक साथ ही लिखी व पढ़ी जाने लगीं। उल्लेखनीय है कि स्थानीय राधाबल्लभ मंदिर में हितोत्सव या अन्य मांगलिक अवसरों पर आज भी जब हित चतुरासी का पाठ आयोजित होता है तो उसके साथ ही सेवक वाणी के गायन की परम्परा भी देखी जा सकती है।

साहित्य सृजन और ग्रन्थों की प्रतिलिपियाँ करते हुए उनको संरक्षित करने की परम्परा में वृन्दावन के वैष्णव साधकों की महती भूमिका ने मध्यकाल के दौरान भारतीय ज्ञान परम्परा में एक नई चेतना का संचार किया। श्रीचैतन्य महाप्रभु की परम्परा के महान आचार्य रूप गोस्वामी का हस्तलेख काफी सुन्दर था इनके द्वारा प्रचुर मात्रा में वैष्णव भक्ति साहित्य सृजित किया गया। कृष्णदास कविराज द्वारा रचित चैतन्य चरितामृत ग्रन्थ के अन्तर्गत उल्लिखित है कि श्रीरूपगोस्वामी की लिखावट मोतियों की लड़ी की तरह थी—

"श्री रूपेर अक्षर जेन मुक्तार पाँति। · · ·" (अन्त्य लीला प्रथम परिच्छेद छन्द 87)

16वीं शताब्दी में वृन्दावन के महान गौड़ीय संत जीव गोस्वामी को बादशाह अकबर द्वारा ग्रन्थ लेखन हेतु कागज़ उपलब्ध कराए जाने सम्बन्धी विवरण स्थानीय पाण्डुलिपियों से उद्घाटित होते हैं—

पादशाह आज्ञा करी, पुस्तक देहु मँगाय।
जिमी काज दसखत किए, कागद दए लिखाय।।[22]

वृन्दावन में विद्यमान गौड़ीय आचार्य जीव गोस्वामी द्वारा गौड़ीय वैष्णव सम्प्रदाय दर्शन पर केंन्द्रिय विपुल साहित्य सृजित किया गया। वैष्णव धर्म ग्रन्थों पर केंन्द्रित उनकी लेखनी के संदर्भ में नाभादास कृत भक्तमाल का विवरण दृष्टव्य है—

श्री 'रूप' सनातन भक्ति जल श्री जीव गुसांई सर गंभीर।
बेला भजन सुपक्व कषाय न कव हूँ लागी।
वृन्दावन दृढ़वास जुगल चरननि अनुरागी।
पोथी लेखनि पानि अघट अक्षर चित दीनौ।
सद ग्रन्थनि कौ सार सबै हस्तामल कीनौ।

(भक्तमाल, छन्द-93)

गौड़ीय सम्प्रदाय के षड्गोस्वामियों में एक जीवगोस्वामी जी की रचनाएँ उनके जीवनकाल में ही लोकप्रिय हो चली थीं। हमें अपनी खोज के दौरान जीवगोस्वामी जी की प्रसिद्ध रचना माधव महोत्सव एक प्राचीन प्रतिलिपि मिली जिसे किसी गोकुलेश्वर दास नामक वैष्णव ने संवत् 1634 में वृन्दावन में स्वपठनार्थ प्रतिलिपित किया था—

श्री राधागिरधराभ्यां नमः। गुरुभ्यो नमः।। संवत् 1634 समये आश्विन वदि 5 भौमे श्रीवृन्दावन शुभ स्थाने श्री श्रोत्री आनन्दरामस्तस्यात्मजेन गोकुलेश्वरदासेन लिखितं मिदं पुस्तकं आत्म पठनार्थम् शुभस्तु। मंगलं भवतु सर्वदा। श्रीश्रीराधारमणो जयति।।

(संस्कृत केटलॉग-3 पृ. 557 वृन्दावन शोध संस्थान)

जैसा कि हम जानते हैं भक्ति-रस में सराबोर वृन्दावन के यह वैष्णव साधक ग्रन्थ लेखन को प्रभु सेवा का ही महत्त्वपूर्ण अंग मानते। सिर्फ पोथी लेखन ही नहीं अपितु इनकी सुरक्षा-संरक्षण के प्रति भी ये लोग पूर्णतः सजग थे। जीव गोस्वामी ने तो अपने उत्तराधिकार पत्र (संकल्प पत्री) 1663 सम्वत् में अन्य विवरणों के साथ बाकायदा पुस्तकों के रख-रखाव एवं सुरक्षा के निर्देश अपने उत्तराधिकारियों

को प्रदान किए है।[23] (चित्र-8) गौड़ीय सम्प्रदाय के ग्रन्थागारों में विद्यमान सामग्री के आलोड़न से यह तथ्य प्रकट होते हैं कि बादशाह अकबर का जीव गोस्वामी के प्रति आकर्षण उसके दरबारी नवरत्न टोडरमल के कारण था। टोडरमल की अनुशंसा पर ही बादशाह द्वारा जीव गोस्वामी के नाम भूदान सम्बन्धी फरमान भी जारी किया गया।[24] उसी दौरान आमेर नरेश मानसिंह द्वारा राजा कल्याण राय[25] की देखरेख में वृन्दावन में भव्य गोविन्ददेव मंदिर का निर्माण कराके गौड़ीय आचार्यों को प्रदान किया गया। कालांतर में आमेर (जयपुर) और वृन्दावन के मध्य एक अटूट सम्बन्ध स्थापित हुआ। उल्लेखनीय है कि तत्कालीन दौर में ताकत के धनी आमेर नरेश साहित्य के भी अनुरागी थे। खास मोहर पोथी खाने के नाम से विद्यमान उनका निजी ग्रन्थागार आज भी जयपुर में देखा जा सकता है, बाद में इनके द्वारा कागज़ निर्माण हेतु कारखाने भी लगवाए गए जहाँ परम्परागत विधि से देशी कागज़ तैयार होता था। प्रसिद्ध पाण्डुलिपिविद् श्री गोपालनारायण बहुरा ने स्यालकोट में तैयार होने वाले मानसिंही कागज़ का विवरण उपस्थित किया है—

"स्यालकोट अकबर के सामने से ही एक प्रसिद्ध विद्या केन्द्र बन गया था। वहाँ पर लिखने पढ़ने का काम खूब होता था और कागज और स्याही बनाने के उद्योग भी वहाँ पर बहुत अच्छे चलते थे। स्यालकोट का बना हुआ बढ़िया कागज मानसिंही कागज के नाम से प्रसिद्ध था। यहाँ पर रेशमी कागज भी बनता था। इस स्थान के बने हुए कागज़ मजबूत, साफ और टिकाऊ होते थे। मुख्य नगर के बाहर तीन 'ढांनियों' में यह उद्योग चलता था और यहाँ से देश के अन्य भागों में भी कागज भेजा जाता था। दिल्ली के बादशाही दफ्तरों में भी प्रायः यहाँ का बना हुआ कागज काम में आता था।"[26]

'निजमत सिद्धान्त' शीर्षक पाण्डुलिपि में अकबर द्वारा वृन्दावन के गौड़ीय संत जीव गोस्वामी के लिए कागज़ आपूर्ति की बात, टोडरमल की अनुशंसा से जीव गोस्वामी के नाम भूदान संबंधी फरमान, आमेर नरेश मानसिंह द्वारा गौड़ीय संप्रदाय आराध्य श्री गोविंद देव के लिए भव्य मंदिर बनवाना इसी मंदिर के एक शिलालेख[27] में जीवगोस्वामी द्वारा अकबर को आशीर्वाद देने संबंधी विवरण यह दर्शाते हैं कि स्थानीय वैष्णव लिखियाओं को अपने ग्रन्थ लेखन अथवा प्रतिलिपियाँ तैयार करने के लिए समय-समय पर सरकारी कागज़ भी मिलता रहा। मानसिंह की ही पीढ़ी में आगे राजा ईश्वरी सिंह के शासन काल तक कागज़ निर्माण की

पद्धति इतनी लोकप्रिय हुई कि यहाँ तैयार होने वाले कागज़ 'ईश्वर साही कागज़' के नाम से जाने गए[28] यहाँ देशी कागज तैयार करने वाले लोग कागज़ी उपनाम से जाने गए। जिनकी पीढ़ियाँ आज भी जयपुर में देखी जा सकती हैं। राजा ईश्वरी सिंह की वृन्दावन के प्रति गहरी श्रद्धा थी। इनके द्वारा स्थानीय राधावल्लभ सम्प्रदाय के गोस्वामी परिवारों को भूदान सहित अन्य प्रकार के दान दिए जाने विषयक विवरण देवालयी अभिलेखों में मिलते हैं। ईश्वरसाही कागज़ पर लिखित प्रतिलिपियाँ स्थानीय विभिन्न निजी संग्रहों में आज भी देखी जा सकती हैं।

वृन्दावन से जुड़ी इस अज्ञात लिखिया परंपरा का एक अन्य सशक्त प्रमाण यहाँ रामदास कपूर द्वारा निर्मित अकबरकालीन देवालय मदनमोहन के परिसर में देखा जा सकता है। यहाँ गौड़ीय सम्प्रदाय के संत-महानुभावों की समाधियों के साथ ही एक ग्रन्थ समाधि भी दर्शित होती है। जिस पर बंगला अक्षरों में नाम परिचय देता एक लघु शिलालेख भी लगा है। छोटी ईंटों (ककैया) से बनी यह समाधि ऊपर की ओर शंक्वाकार है। मान्यता है कि औरंगजेबी काल में जब वृन्दावन से देव-विग्रहों का निष्क्रमण हुआ तो स्थानीय संत-महंतों ने अपनी पोथियों को प्रस्तर मंजूषाओं में रख इस स्थल पर संरक्षित कर दिया। (चित्र-4) धन-माया से दूर प्रभु इच्छा के सहारे अपनी तरह के अनूठे पवित्र आंदोलन में लगे वृन्दावन के इन वैष्णव साधकों का अनुकूल वातावरण भी मिलता रहा जिससे वाणी लेखन में रत इन लिखियाओं को प्रोत्साहन भी मिला। हमें अपनी खोज के दौरान एक ऐसा महत्त्वपूर्ण देवालयी दस्तावेज देखने का सुअवसर प्राप्त हुआ जिस पर मंदिर में आए दान सम्बन्धी अन्य विवरणों के साथ ग्रन्थ रखने के लिए बसनाओं के दान देने की बात भी दर्ज थी—

संवत् 1927 मिती भादों सुदी 12 कथा उठी मुन्ना बीबी की तामें भेंट आई नकदी रुपैया और गहनौ और कपरा और वासन की यादास्ती-

. . .

. . .

3 पोथी को बसना[29] (चित्र -5)

भारतेन्दुयुगीन वृन्दावन के साहित्यकार गोस्वामी राधाचरण जी ने स्वरचित जीवनी में लिखा है कि एक बार यात्रा के दौरान जब चोरों ने उनके पिता से जबरन नकदी और अन्य सामग्री देने की कहा तो उन्होंने अन्य वस्तु की अपेक्षा

पोथियों को प्राथमिकता दी और बाद में जब उन चारों द्वारा उनकी पोथियों को पास के ही खेतों में फेंक दिया गया तो उन्होंने वहाँ पड़ी अपनी हस्तलिखित पुस्तकों को यत्नपूर्वक इकट्ठा किया और घर वापस ले आए। इसी शृंखला में एक अन्य विवरण स्थानीय ब्रज संस्कृति शोध संस्थान में दस्तावेज़ क्रमांक 29 पर उपलब्ध है कि जिसमें वृन्दावन निवासी किसी माखनलाल मिश्र द्वारा सन् 1913 में लिखित बँटवारे के दस्तावेज़ में वस्तु, नकदी, गहने एवं कपड़ों के साथ ही पोथियों का भी उल्लेख मिलता है।

· · · लिखितं मिश्र माखन लाल मिश्र बाल मुकुन्द जी सुत आगें हमने अपने पुत्र मुन्नालाल केशवदेव कूं अपने जीवत हीं न्यारे कीये सोओ हमारी वस्तु ही नगदी, गहनो, कपरा, पोथी, वासन और जो कछु हो सो सब इन दोनों नोन कूं बराबर धर्म स्वरूपी बांट दीयो और · · · ·[30] (चित्र -6)

ब्रज संस्कृति शोध संस्थान में पत्र संख्या 32 पर संग्रहीत 20 मार्च, 1904 ई. के पोस्टकार्ड के अन्तर्गत एक अन्य महत्वपूर्ण विवरण प्राप्त होता है। भरतपुर राज्य के आर्य समाज मंदिर से मथुरा मंड़ी, रामदास निवासी किन्हीं पंडित गदाधर जी को प्रेषित इस पोस्टकार्ड में ग्रंथों की प्रतिलिपि हेतु किसी अच्छे लिखिया के सन्दर्भ में जानकारी माँगी गई है-

· · · उणादि पाठ की नकल करवाकर भेज दी जाये किसी सुलेखक से नकल कराइये जो कुछ खर्च होगा मैं दूंगा— यदि वर्तिका पाठ हो तो उसकी भी नकल भेज दो, यदि कोई प्राचीन पुस्तक हो तो उसे भी भेजिये अत्यन्त कृपा होगी— मुझे प्राचीन पुस्तक सञ्चय करने तथा पढ़ने का अत्यन्त शौक है आपसे प्रार्थना है कि कोई प्राचीन पुस्तक आपके दृष्टिगोचर हुआ करे तो मुझे अवश्य दें · · · ।[31] (चित्र-7)

कालांतर में इन वैष्णव लिखिया साधकों के साथ ही यहाँ ऐसे लिखिया वर्ग की विद्यमानता के संकेत भी हमें 19-20वीं शताब्दी की पोथियों में देखने को मिले जो इसे रोजगार से जोड़े हुए थे इनके द्वारा प्रतिलिपि की गई पोथियों में प्रत्येक पृष्ठ की पंक्ति एवं प्रत्येक पंक्ति में अक्षरों की संख्या का कुल जोड़ पुष्पिका के आस-पास ही किया गया था। तत्कालीन दौर में यह परंपरा प्रायः ऐसे सुलेखकों द्वारा अपने हिसाब-किताब के संबंध में अपनायी जाती थी। इसके बाद हमें आम परंपरा से पृथक कुछ ऐसी प्रतिलिपियां भी मिलीं जो भिन्न-भिन्न धर्म-संप्रदाओं से संबंधित होने के उपरान्त भी एक ही प्रतिलिपिकार द्वारा तैयार की गई थी, जबकि वृंदावन में प्रायः वैष्णव लिखिया साधकों द्वारा स्व-संप्रदाय

साहित्य पर केंन्द्रिय प्रतियाँ ही तैयार करे जाने की परंपरा थी। स्थानीय लिखियाओं पर केंन्द्रिय 16वीं शताब्दी से लेकर क्रमगत रूप से मिलने वाले वैविध्यपूर्ण संदर्भों की श्रृंखला के अंतर्गत लीथो टाईप (शिला यंत्र) और छपाई के दौर में वैष्णव लिखिया साधकों से जुड़े यह विवरण वृन्दावन की इस तत्कालीन परंपरा के महत्त्व का बोध कराने वाले हैं। हालाँकि ऐसा बिल्कुल नहीं कि लैटर प्रेस के आते ही यह परंपरा एकाएक समाप्त हो गई हो तथापि आगामी लगभग 50-60 वर्षों तक जहाँ यह पवित्र आंदोलन प्रतीकात्मक रूप में निरन्तर जारी रहा। वहीं शिलायंत्र की छपाई (लीथोग्राफ) में भी ग्रन्थ का पाठ तैयार करने में सुलेखकों की महत्ता निरंतर बनी रही। आखिर तकनीकी विकास के चलते इस परम्परा का मन्द होना स्वाभाविक ही था।

प्रेरक तत्त्व-

इन साधकों ने पीढ़ी दर पीढ़ी अपने पूर्ववर्ती तथा समकालीन महानुभावों द्वारा रचित ग्रन्थों की प्रतिलिपियाँ तैयार करते हुए अपने जीवन को सार्थक बनाया। जैसा कि हम जानते हैं सांसारिक माया से परे इन साधकों का जीवन तपस्वियों की भाँति था, जो भक्ति के अलग ही रंग में रंगे, ब्रजभाषा वाणी साहित्य की सेवा-संरक्षण में पीढ़ी-दर-पीढ़ी रत रहे। इनके लिए वाणी अक्षर मात्र विषय अथवा साहित्य ज्ञान की वस्तु नहीं बल्कि इनमें जीवन का सार तत्त्व और सफलता इसी में निहित थी—

अक्षर धुरि की पालकी आई सु रसिकनि लैन।
वाह-वाह करि रह गये, चढे सु पहुँचे ऐन।।[32]

वृन्दावनी वैष्णव रसिकों ने वाणी को अपना वर्ण्य विषय बनाया और निरन्तर इनकी प्रतिलिपियाँ तैयार कीं। उनका मानना था रसिकों की वाणियों में युगल स्वरूप के प्रेम का सौन्दर्य है चूँकि सौन्दर्य नेत्रों का विषय है और उनका वर्णन वाणी के द्वारा होता है। विधि का विधान कुछ ऐसा है कि नेत्रों को वाणी नहीं मिली और वाणी को नेत्र नहीं मिले। इन रसिकों ने प्रेम के इस मर्म को समझने के लिए जो रास्ता निकाला, वह था इन वाणियों का श्रवण एवं लेखन, जिसके चलते पूर्व संत एवं आचार्यों की वाणियाँ (पोथियाँ) उन्हें निरन्तर इस ओर प्रेरित करती रहीं। उन्होंने नेत्रों को वाणी प्रदान की है वाणी को नेत्र दिए हैं सही अर्थों

में उन्होंने परम्परागत वाणियों के नेत्रों से प्रेम का अद्भुत युगल स्वरूप देखा—

बैननि के नैनानि सौं दरस्यौ युगल स्वरूप।
नैननि के बैनानि सौं बरन्यौ बरन अनूप।।[33]

यहाँ साधकों ने वाणी रूपी भक्ति के सहारे कल्याण का एक नव मार्ग प्रशस्त किया, जिसकी परिणति में वे निरन्तर वाणी, श्रवण, लेखन एवं रचना करते रहे—

लिखत-लिखत आँखें थकी, स्वेत भए सिर बार।
तऊ न रीझे तनक हूँ, नगधर नन्द कुमार।।[34]

शनैः-शनैः यह परम्परा और अधिक पल्लवित होती गई और यहाँ की विभिन्न वैष्णव-सम्प्रदायों में लिखियाओं के समूह वाणी श्रवण एवं लेखन में रत हुए। वास्तव में ग्रन्थ सेवा के रूप में वैष्णव पोथियों के उद्धार एवं प्रसार हेतु यह एक बड़ा आन्दोलन था। जिसके माध्यम से वृन्दावन के यह वैष्णव साधक भारतीय ज्ञान परम्परा, स्व-सम्प्रदाय दर्शन अथवा आचार्य वाणियों को देश-देशान्तर में सर्वसाधारण तक पहुँचाने के लिए निष्काम भाव से प्रयत्नशील थे। भक्तिकाल के अन्तर्गत पाण्डुलिपि लेखन के क्षेत्र में वृन्दावन के लिखियाओं का यह अनूठा आंदोलन अपने लक्ष्य में सफल भी रहा।

महाराजा छत्रसाल के वंश में ब्याही रानी कमल कुँवरि वृन्दावन के प्रति गहरी आस्था रखती थीं। राधाबल्लभ सम्प्रदायाचार्य गो. गिरिधरलाल जी से दीक्षित कमल कुँवरि कालांतर में वृंदावन वास करते हुए रसिक भक्तों की वाणी गायन एवं लेखन से जुड़ी भक्ति की इस अनोखी परंपरा से प्रभावित थीं। प्रभु भजन एवं ग्रन्थों की प्रतिलिपियाँ तैयार करते हुए उन्होंने अपना जीवन सार्थक बनाया—

छाया ग्रिंथनि की लखी भजन करौ निसि भोर।
अपनौ चित्त समझाइयौ प्रभु जस मोह न छोर।।[35]

दीन दुनिया से बेखबर इन लोगों के जीवन का अगर कोई लक्ष्य था तो सिर्फ वाणी लेखन; जिनके लिए ये सतत प्रयत्नशील रहते। प्रतिलिपियाँ तैयार करने के

लिए इन लोगों द्वारा अपनी-अपनी रुचि के अनुसार ग्रन्थ संग्रह भी किए जाते थे, तदोपरान्त उन्हें चयनित कर प्रतिलिपियाँ तैयार की जातीं। एक-एक प्रतिलिपिकार वर्षों इस प्रकार की साधना में रत रहते हुए अनेक ग्रन्थों की प्रतिलिपियाँ तैयार करता—

वाणी संग्रह की रुचि बाढ़ी। सोलह बरस लिखी रुचि गाढी।।[36]

यहाँ वैष्णव लिखियाओं की परम्परा में पीढ़ी वैविध्यपूर्ण ब्रजभाषा ग्रन्थों का लेखन एवं प्रतिलिपियाँ निरन्तर तैयार होती रहीं जिसमें **वाणी, भक्तमाल, मंगल, कथा-वार्ता, अष्टयाम, नित्योत्सव, वर्षोत्सव, नाम-माला, परिचई, चरित, वचनिका, टीकाएँ भाषा, चम्पू, पत्री, लीलाएँ, महात्म्य, बेली, सागर, सूत्र अष्टक, स्तोत्र, पच्चीसी, शतक, सहस्रनाम, सिद्धान्त, ब्रजलीला एवं निकुञ्ज लीला के रूप में ब्रजभाषा काव्य तथा गद्य की विभिन्न कालक्रमों में लिखी हुई दुर्लभ कृतियाँ मिलती हैं**। यह विशाल भक्ति साहित्य प्राय: संस्कृत एवं बंगला में भी रचा गया।

किसी ग्रन्थ की चर्चा होते ही सर्वप्रथम ध्यान उनके रचनाकार की ओर केंद्रित होता है। ग्रन्थ के परिचय हेतु इस पारम्परिक व्यवहार के चलते लिखियाओं के सन्दर्भ में मिलने वाली सामान्य जानकारियाँ कालांतर में हमसे दूर होती गईं। स्थानीय निजी संग्रहों, विभिन्न खोज रिपोर्ट, हस्तलिखित ग्रन्थ सूचियों एवं अन्य संसाधनों से संकलित सामग्री के सहारे हमने वृन्दावन के वैष्णव लिखियाओं की पड़ताल आरम्भ की। खोज में मिले वैविध्यपूर्ण तथ्यों से इन वैष्णव साधकों के सन्दर्भ में कुछ अच्छी जानकारियाँ भी उद्घाटित हुईं जिनके आधार पर यह कहा जा सकता है कि वृन्दावन का यह लिखिया वर्ग मात्र अच्छा सुलेखक ही नहीं अपितु स्वयं में अच्छा रचनाकार भी था। इस समाज से जुड़े कुछ लोगों ने जहाँ स्वयं की रचनाएँ करते हुए अपनी वाणियाँ लिखीं, फिर उनकी प्रतिलिपियाँ तैयार कीं, वहीं कुछ निरन्तर प्रतिलिपियाँ तैयार करने में ही संलग्न रहे।

न सिर्फ भारत के विभिन्न अंचलों बल्कि विदेशी पुस्तकालय एवं विश्वविद्यालयों में विद्यमान इन वैष्णव लिखिया साधकों के हस्तलेख इस परम्परा को एक विराट फलक पर स्थापित करते हैं जैसा कि हम जानते हैं अपनी तरह की अनूठी साधना में रत वृन्दावन का यह वैष्णव लिखिया समाज प्राय: अज्ञात ही बना रहा फिर भी यत्र-तत्र विद्यमान तत्कालीन सन्दर्भों को संयोजित कर हमने उक्त विषय

को प्रकाश में लाने की कोशिश की है। हालाँकि इन लोगों द्वारा समय-समय पर तैयार की गई प्रतिलिपियों के अध्ययन से इनके कालक्रम अर्थात् उपस्थिति काल का तो अनुमान होता है, लेकिन इन लिखिया साधकों के जीवनवृत्त से जुड़ी अनेक जानकारियाँ अनसुलझी ही बनी रहीं हैं।

महिला प्रतिलिपिकार-

वृन्दावन की यह वैष्णव महिला प्रतिलिपिकार मात्र अच्छी सुलेखिका ही नहीं अपितु पाठ निर्धारण अथवा सम्पादन से जुड़ी सूक्ष्म तकनीकों की भी अच्छी जानकार थीं। विक्रम संवत् 1712 में वृन्दावन में प्रतिलिपित **'राधासुधानिधि'** ग्रन्थ की पुष्पिका से यह उद्घाटित होता है कि इस प्रति को तैयार करने वाली राजबाई नाम की किसी महिला प्रतिलिपिकार ने पाठ शुद्धि की दृष्टि से अपनी प्रति तैयार करने से पूर्ण उक्त ग्रन्थ की तीन अन्य प्रतियों का पाठ देखकर किसी दामोदरदास गुजराती वैष्णव भक्त के पढ़ने के लिए प्रतिलिपि तैयार की—

···या प्रत्य मा जो पाठ है सो देववन की प्रत्य देखि कर लख्यौ है। सो और प्रत्य देखकर पाठ मत फिरायौ। यह बहुत वर्षन को पाठ पुरातन है। याकौ अर्थ बहुत कठिन है। श्रीहित जू कृपा करें तब आवै। श्रीहित जू की कृपा ते यह मिल्यौ है। एक सौ बासठ के आगें जो श्लोक ए मत्कंठे किं नखर शिखया यामैं नहीं है सो और तीनों प्रत्य में नहीं है।···[37]

आज से 358 वर्ष पूर्व किसी महिला प्रतिलिपिकार द्वारा पाठ निर्धारण के प्रति बरती गई यह सावाधानी जहाँ स्थानीय महिला प्रतिलिपिकारों की स्वकार्य के प्रति सजगता प्रदर्शित करती है वहीं उक्त विवरण वर्तमान में प्रचलित पाठ सम्पादन की प्रविधि का प्राचीनतम सन्दर्भ माना जा सकता है। वृन्दावन के वैष्णव लिखिया साधकों पर केंन्द्रित अपने इस कार्य के दौरान जहाँ हमें शताधिक वैष्णव लिखियाओं से जुड़े विवरण प्राप्त हुए वहीं अलग-अलग कालावधि में अनेक महिला प्रतिलिपिकारों द्वारा प्रतिलिपित पोथियाँ भी दर्शित हुईं जो स्थानीय लिखिया परम्परा के वैशिष्ट्य को दर्शाने वाली हैं। सर्वेक्षण के दौरान स्थानीय महिला प्रतिलिपिकारों के सन्दर्भ में संकलित कुछ जानकारियाँ दृष्टव्य हैं—

राजबाई-

18वीं शताब्दी के आरम्भिक दौर में विद्यमान इस महिला प्रतिलिपिकार के सम्बन्ध में कहीं कोई पर्याप्त विवरण प्राप्त नहीं होता। इनके द्वारा संवत 1712 में

प्रतिलिपित राधासुधानिधि ग्रन्थ की पुष्पिका से इनकी तत्कालीन समय में वृन्दावन में विद्यमानता दर्शित होती है। इनके जीवनवृत्त से जुड़े तथ्य अभी भी शोध के गर्भ में है। राजबाई द्वारा शाहजहाँ के शासनकाल में प्रतिलिपित 'राधासुधानिधि' ग्रन्थ की पुष्पिका से यह तथ्य अवश्य प्रकट होता है कि ये ब्रजभाषा एवं संस्कृत की अच्छी जानकार होने के साथ ही ये अपने कार्य के प्रति सजग एवं जागरूक थीं। हालाँकि इनके द्वारा प्रतिलिपित इस ग्रन्थ-पुष्पिका का विवरण प्रकार एवं अन्तर से हम पूर्व में भी दे चुके तथापि पुष्पिका का पाठ पुनः दुष्टव्य है—

इति श्री वृन्दावनेश्वरी चरण कृपापात्र विजृंभित श्री राधासुधिनिधि स्तव। या प्रत्य मा जो पाठ है सो देववन की प्रत्य देखि करि लख्यौ है। सो और प्रत्य देखकर पाठ मत फिरायौ। यह बहुत वर्षन कौ पाठ पुरातन है। याकौ अर्थ बहुत कठिन है। श्री हित जू कृपा करैं तब आवै। श्री हित जू की कृपा ते यह पाठ मिल्यौ है। एक सौ बासठ कि आगे कौ जो श्लोक ऐ ''मत्कंठे किं नखर शिखाया'' यामें नहीं है; सो और तीनों प्रत्य में नहीं है; सो आगे-पीछे के सम्बन्ध मा नहीं लगै है। सो श्री हित जू को हारद नहीं लगै है। सो काहू कौ धर्ृयौ है। याते या रस सौं मिलत नहीं या समझनों। संवत् 1712 वर्षे जेठ मासे पुर्नमास्यां श्री वृन्दावन मध्ये लिखितं राजबाई बेन दामोदरदास गुजराती पाठनार्थं। देववन की प्रती लिखी है। पुस्तक याद्रसमीती।''[38] (चित्र-3)

रुक्मिणीबाई—

रुक्मिणीबाई के जीवनवृत्त के सम्बन्ध में कहीं कोई उल्लेख प्राप्त नहीं होता। इनके द्वारा 20वीं शताब्दी में प्रतिलिपित चाचा श्रीहित वृन्दावनदास जी की वाणियों के संकलन के आधार पर इनकी विद्यमानता 20वीं शताब्दी में जानी जा सकती है। राधाबल्लभ सम्प्रदाय से जुड़े वाणी साहित्य से यह उद्घाटित होता है कि तत्कालीन श्रीहित गोवर्द्धनलाल जी गोस्वामी की कृपा से आपका हृदय वृन्दावन की ओर आकृष्ट हुआ। राधाबल्लभ सम्प्रदाय के प्रति निष्ठा रखते हुए आपके द्वारा सम्प्रदाय से जुड़ा विपुल साहित्य प्रतिलिपित किया गया। हमें अपनी खोज में इनके द्वारा प्रतिलिपित 16 ग्रन्थों का संकलन प्राप्त हुआ जो चाचा श्रीहित वृन्दावनदास द्वारा रचित थे। वृन्दावन के रसभारती संस्थान में इनके द्वारा प्रतिलिपित राधा नाम पत्रिका, कुञ्ज सुहाग पच्चीसी, श्रीराधा गान षोडसी, विवेका पत्रिका, राधा लाड़

सुहाग, कृष्ण बाल केलि पच्चीसी, ख्याल विनोद, मथुरा प्रताप अष्टक, पुष्कर महात्म्य, मान सरोवर के पद, प्रिया रूप गर्व पच्चीसी, सिद्धान्त के पद, अभिलाष बत्तीसी, कृपा उद्योग अष्टक एवं आरती पत्रिका आदि पोथियाँ देखी जा सकती हैं। उक्त संग्रह की पुष्पिका दृष्टव्य है–

इति सम्पूर्ण फागुन वद 13 सम्वतु 1958 श्रीहित स्वरूप श्रीमद गोस्वामी श्री गोवर्धनलाल जी चरणकमल मकरन्द रजाश्रित रुक्मिनी बाई।[39]

रासरंगीलीदासी–

यह वृन्दावन के परिक्रमा मार्ग में वराह घाट के समीप नंदराम जी के बाग में रहा करती थीं। 20वीं शताब्दी में राधाबल्लभ सम्प्रदाय के प्रमुख वाणीकार रसिक प्रीतम की प्रेरणा से इन्होंने वाणी लेखन एवं श्रवण को प्रभु सेवा मान इसे अपनी दैनिक दिनचर्या में सम्मिलित किया। इनके द्वारा प्रतिलिपित अनेक पोथियाँ कई निजी संग्रहों एवं शोध संस्थानों में मिलती हैं। वृन्दावन शोध संस्थान में क्र. 17405 सहित वृन्दावन के ही रसभारती संस्थान में क्र. 70, 115, 152 एवं 146 पर इनके हस्तलेख में लिखी विभिन्न पोथियाँ देखी जा सकती हैं। रसभारती संस्थान में उपलब्ध विभिन्न ग्रन्थ पुष्पिकाओं से इनके द्वारा संवत् 1950 से 1957 के मध्य प्रतिलिपियाँ तैयार करने के उल्लेख निम्नवत हैं–

इति श्री नागरीदास कृत दोहा की जैजै श्रीहित राधे। सम्वत् 1950 मि. फागुन वदी1।।

रास रंगीली दासि दोहा नागरीदास की।
लिखि लीनि करि आस हित पद पंकज प्रीति।।
लिखी वृन्दावन मध्य धीरजलाल जू के बाग में।।[40]

❁

इति श्री नागरीदासजी कृत अष्टक अर्थ रसिका नन्दिनी वचनिका की जै जै श्रीहित हरिवंश। संवत् 1953 मिती जेठ सुदी पुरुषोत्तम अमावस बुधवार कूँ।। श्रीहित प्रीतम रसिक के सन्मुख करि भरि प्रीति लिखी। हिताष्टक नागरीदास कृत जु कृत रसरीति।

श्रीहरिलाल व्यास कृत टीका ताकी कीन।
रास रंगीली दासि सुठि जुति निज कर लिखि लीन।।[41]

इति श्री राधासुधानिधि टीका की जै जै श्रीहित स्वामिनी राधे। संवत् 1953 मि. भादौं सुदि 11 वार वृहस्पति श्रीहित तुंगविद्या जू द. रासदासी की लिखी श्री धीरज कुञ्ज में श्रीरसिक प्रीतम के सन्मुख।।[42]

इति श्री रसिकामाल श्री भगवत मुद्रित की जैजै श्री हितहरिवंश स्वामिनी राधे सम्वत् 1959 मिती भाद्र पदे शुक्ल 5 लिखी रासरंगीली दासी ने श्री नंदरामजी के बाग में।। श्री हितवृन्दावन धाम में।।

श्रवण पाठ श्रद्धा सहित जो कोई करै बनाइ।।
तिन सौ मेरी वीनती श्रीहित जू होहि सहाइ।।[43]

कमलकुँवरि–

बुंदेले राजे-महाराजों एवं आमजन के हृदय में वृन्दावन के प्रति श्रद्धा-भाव पुराने समय से देखा जा सकता है। कालांतर में जहाँ अनेक बुंदेल राजाओं ने वन यात्रा करते हुए ब्रज-वृन्दावन के प्रति अपनी भक्ति प्रदर्शित की वहीं कई राजाओं के द्वारा यहाँ मंदिर-देवालय भी बनवाए गए। बुंदेले राजवंश से जुडीं अनेक राजमाताओं एवं रानी-महारानियों के द्वारा अलग-अलग कालावधि में सृजित एवं प्रतिलिपित पोथियाँ आज वृन्दावन के अनेक निजी संग्रहों सहित दतिया स्टेट लाइब्रेरी एवं भारत के अन्य-अन्य ग्रन्थागारों में संरक्षित देखी जा सकती हैं। बुंदेले राजवंश से जुड़ीं कुछ महिला भक्त साधकों ने तो वृन्दावनी वैष्णव लिखिया साधकों के भावानुरूप ही वाणी लेखन को भक्ति का ही एक अंग मानते हुए जीवनभर वैष्णव भक्ति साहित्य पर केंन्द्रित ग्रन्थों की प्रतिलिपियाँ तैयार कीं। 20वीं शताब्दी में महाराज छत्रसाल बुन्देला के राजघराने से जुड़ीं रानी कमल कुँवरि ने अपनी दैनिक दिनचर्या से जुड़े इस पवित्र कार्य का सन्दर्भ उल्लिखित किया है–

छाया ग्रिंथन की लिखी, भजन करौ निसि भोर।
अपनौ चित समझाइवौ, प्रभु जस बोर न छोर।।[44]

20वीं शताब्दी के अन्तर्गत बुंदेलखण्ड में छत्रसाल बुंदेला की परिवर्ती पीढ़ी में कमल कुँवरि श्रेष्ठ रचनाकार होने के साथ ही एक अच्छी प्रतिलिपिकार भी थी। जैसा कि हम जानते हैं वैष्णव भक्ति से जुड़े वैविध्यपूर्ण पवित्र ग्रंन्थों की प्रतिलिपियाँ तैयार करना इनकी दैनिक दिनचर्या का महत्त्वपूर्ण हिस्सा था जिसके लिए आप विषयानुरूप नई-नई पोथियाँ सुधीजनों से प्राप्त करती तथा उनकी पुनः-पुनः प्रतिलिपियाँ तैयार करतीं। प्रतिलिपि तैयार करने हेतु ग्रन्थ प्राप्त करने सम्बन्धी विवरण इनकी वाणियों से उद्घाटित देखे जा सकते हैं। संवत् 1947 में अपने गुरु गोस्वामी गिरधरलाल जी, वृन्दावन से प्रतिलिपि तैयार करने हेतु वाणी चतुर्भुजदास जी कृत "द्वादश यश"[45] ग्रन्थ की प्रति प्राप्त होने का उल्लेख इन्होंने ग्रन्थ पुष्पिका में किया है—

रसिक मण्डली, संतजन, विनवत हौं कर जोर।
प्रति देखी तैसी लिखी, मोहि न दैवौ खोर।।
एक सहस नौं सै बरस, सैंतालिस की साल।
श्रामन कृष्ण सु पंचमी, चन्द्रवार गुरुदयाल।।
प्रति दीनी करिके कृपा, स्वामी गिरिधरलाल।
आये मेरे भवन में, रसिक मुकुटमणि भाल।।
अति हित सौं पोथी लई, निज कर सैं जु उतार।
बाँचैं सुनैं सु प्रेम सैं, विनवत बार हजार।।[46]

वैष्णव भक्ति साहित्य में प्रचार-प्रसार में इन महिला वैष्णव साधकों का महत्त्वपूर्ण योगदान रहा है सर्वेक्षण के दौरान हमें वृन्दावन के राधाबल्लभ सम्प्रदाय से जुडीं कई महिला वाणीकारों की जानकारियाँ भी मिलीं जिनके द्वारा प्रायः अपनी वाणियाँ ही लिखी गई इनमें गंगा-जमुना बाई, कविरानीजी, आनन्दीबाई, राखी बखतकुँवरि, कृष्णदासी, दुलहिनिदासी, विपिन दासी, रानी सोनकुँवरि, हितदासी, ब्रजदासी, कुञ्जदासी एवं प्रेम कुँवरि आदि के नाम उल्लेखनीय हैं।

कुछ ऐतिहासिक सन्दर्भ-

16-17वीं शताब्दी से आरम्भ वृन्दावन के लिखिया साधकों की मुहिम समय के सापेक्ष रंग लाने लगी। समय-समय पर यहाँ आने वाले नए वैष्णव साधक भी इनमें इस प्रवित्र कार्य से प्रभावित होकर इस मुहिम में सहभागी होते गए। परिणामस्वरूप वृन्दावन की विभिन्न पोथी लेखक ठौरों (स्थानों) पर लिखिया समाज की इस निष्काम भावना से अलग-अलग कालावधि में विपुल ब्रजभाषा साहित्य प्रतिलिपित हुआ, जो ग्रन्थ लिखवाने वाले तत्कालीन सुधीजनों की माँग के अनुसार भारतवर्षीय विस्तार पाता रहा।

वैष्णव लिखिया साधकों की इस अनूठी भक्तिमयी परम्परा से प्रभावित होकर किशनगढ़ राजस्थान के राजा सावंत सिंह "नागरीदास" ने अपनी संवत् 1817[47] की रचना "वन जन प्रशंसा" में वृन्दावन के इन लिखियाओं की अत्यन्त प्रशंसा की है। उनके द्वारा इस परम्परा के सन्दर्भ में आज से 252 वर्ष पूर्व दी गई इस जानकारी के आधार पर कहा जा सकता है कि संवत् 1817 में वृन्दावन की यह अल्पज्ञात परम्परा अपने पूर्ण यौवन पर थी—

धन-धन वृन्दावन के लिखिया।
जिन उत्तम लेखक व्रतधारी, सुन्दरि अक्षरनि सिखिया।।
सहज सिमट वें रहैं नैंन मन चंचलता छुटि जाय।
हरिगुन कथा कहत ही तिनकौं सब दिन जात विहाय।।
सिद्ध करन परमारथ-स्वारथ, बसि तुलसी वन मांहि।
नागरीदास भाग इनकौ कोउ बरन सकत हैं नांहि।।

इस पद से यह अनुमान लगाया जा सकता है कि वृन्दावन के तत्कालीन समाज में लिखियाओं का यह वर्ग उक्त अवधि तक अपनी जड़ें गहराई से जमा चुका था। उस जमाने में लिखियाओं का यह समाज समस्त भौतिक झंझावतों को त्यागकर सुचित्त मन से पवित्र अनुष्ठान की तरह अपने इस विरले कार्य में रत था। स्थानीय लिखिया समाज की उपस्थिति का प्रमाण देता एक अन्य महत्त्वपूर्ण सन्दर्भ हमें ब्रज संस्कृति शोध संस्थान के डिजिटल संग्रह में मिला। वृन्दावन का एक अल्पज्ञात कवि गोपालराय जो स्वयं एक अच्छा लिखिया भी था ने लिखियाओं के जीवन की कठिनाई एवं उपलब्धियों का सजीव विवरण अपनी ब्रजभाषा काव्य कृति "दम्पति वाक्य विलास" में प्रस्तुत किया है— संवत् 1885 में रचित इस

ग्रन्थ में कवि ने तत्कालीन लिखियाओं की अच्छाई और उनके जीवन की कठिनाईयों को सूक्ष्मता से उकेरा है। गोपालराय द्वारा लिखियाओं के गुणों और दोषों का विवेचन यहाँ स्त्री एवं पुरुष के मध्य परस्पर संवाद के साथ प्रस्तुत किया गया है। लिखिया के गुणों की जानकारी देते हुए पुरुष कहता है लिखने के कार्य से मनुष्य में ज्ञान की वृद्धि होती है। तरह-तरह के ग्रन्थ लिखते हुए लिखिया ज्ञान की अनेक परम्पराओं से साक्षात्कार करता है -

(दोहा)

कविता के रुजिगार ते, बरज्यौ तैंने मोहि।
करहुँ लिषाई तास सुष बरनि सुनाऊँ तोहि।।

(कवित्त)

हरि गुणगानं, पहिचांनि गुणमानंन सौं,
सुक्रत कौं ज्ञान बुद्धि परै अधिकाई में।
ग्रंथन में मंत्रन में, तंत्रन में, गति होति,
रहत सुतंत्र हूँ इंकत मन भाई में।
जांनत गुपाल बहु ग्रंथन कौ मत घर-
बैठे रुजिगार हाँनि जोष्यो नहिं याई में।
स्वारथ की विद्धिः, परमारथ की रिद्धिः
अनेकारथ की सिद्धि, होति लिखाई मैं।। (चित्र सं. 10)

वहीं लिखियाओं के जीवन की कठिनाई बताते हुए 'स्त्री उवाच' के माध्यम से कवि कहता है कि आपने लेखक के सुखों के विषय में सुना है किन्तु उनके दुख नहीं जानते। लेखन कार्य के नयन, कमर और ग्रीवा दुखने लगते हैं और पुरुषार्थ की भी हानि होती है। निरन्तर लेखन करने से लिखिया का शरीर अत्यन्त कमजोर हो जाता है। भोजन पचता नहीं है, लेखन कार्य करते समय पास में कोई भी व्यक्ति अच्छा नहीं लगता। इस कार्य को करने से कोई विशेष नफा (लाभ) भी प्राप्त नहीं होता। आँखों में पानी भरा रहता है जिससे नेत्र रोग हो जाता है। घुटने दुखने लगते हैं, शरीर की इतनी हानि होने पर भी बहुत कम पारिश्रमिक मिलता है। इसलिए गोपाल कवि कहता है कि जो व्यक्ति इस लिखिया के कार्य को करता है वही इसकी कठिनाई को भी समझ सकता है—

दोहा-

लेषक के सुष तुम सुने दुःष्ष सुने नहिं कान।
नैन-बैन-कटि ग्रीब कर पुरसारथ की हानि।।

कवित्त-

नरि रह जाति, नहिं बात कहि जाति, बहु,
देह देहि जाति, जोर घटै करगाई कौ।
भोजन पचै ना, पास आदमी रुचै ना कछु,
नफा हू बचै ना, ऐसी करत कमाई कौ।।
नैंन जल भरें, औ नितंब दूषि परैं जब-
दिन भरि अरैं, तब पामें कुछ याई कौ।
कांम पर्‌यौ जोई, सोई जानतु है यायी, यह
कहत 'गुपाल' काँम कठिन लिषाई कौ।।

वृन्दावन के अल्पज्ञात-अज्ञात वैष्णव लिखियाओं पर केन्द्रित खोज के फलस्वरूप हमें जहाँ शताधिक लिखिया विभिन्न ग्रन्थ पुष्पिकाओं में दर्शित हुए, वहीं इस दौरान वृन्दावन के तत्कालीन भिन्न-भिन्न स्थलों से जुडीं ऐसी अनेक महत्त्वपूर्ण जानकारियाँ भी प्राप्त हुई जिनसे आज संभवतः स्थानीय बुजुर्ग भी परिचित नहीं है। प्रस्तुत विवरणों के अन्तर्गत उन अल्पज्ञात स्थलों के साथ ही वर्तमान में ज्ञात स्थानों को भी उस नई पहचान के साथ प्रस्तुत किया जा रहा है कभी इन स्थलों का अपना वैशिष्ट्य रहा, जिसकी वर्तमान में कोई चर्चा तक नहीं मिलती। इन स्थलों पर रचित विभिन्न पोथियों के उल्लेख हमें अनेक संग्रहों में विद्यमान ग्रन्थ पुष्पिकाओं में प्राप्त हुए हैं। ऐसे कुछ स्थल एवं पुष्पिकाएँ दृष्टव्य हैं।

वृन्दावन के कुञ्ज-देवालयों में पोथी लेखन के संदर्भ-

सेवाकुञ्ज

विक्रम संवत् 1813 में इस स्थल पर चाचा श्रीहित वृन्दावनदास द्वारा 'राधा प्रसाद बोली' लिखने का उल्लेख मिलता है—

बेली प्रिया चरित प्रसाद। अति हित रूप सहित सवाद।।
वरनी पंचमी सुदि माह। सरस बसन्त दिन उत्साह।।
ठारहसै बरस गत भये। बारह बरस ऊपर गये।।
सुदिन प्रबन्ध पूरन ललित। विपनेश्वरी कैं जस वलित।।
वृन्दारण्य के मधि वास। सेवाकुंज वें पुनि पास।।
वृन्दावन हित रूप गरिष्ट। महिमा कथी अपने इष्ट।।[48]

विक्रम संवत् 1812 में फाल्गुन मास शुक्ल पक्ष एकादशी को सेवाकुंज में 'कृष्ण सगाई अभिलाष बेली' लिखने का उल्लेख—

ठारह सै बारह बरस रसमय फागुन मास।
शुक्ल पक्ष एकादशी बेली भई प्रकाश।।
ब्रजरानी अभिलाष यह, कृष्ण-सगाई हेत।
श्री वृन्दावन धाम मधि तीरैं सेवाकुञ्ज।
श्री हरिवंश-कृपा कथ्यौ, महरि-मनोरथ पुञ्ज।।[41]

संवत् 1813 में चैत्र सुदि द्वितीया को 'कृष्ण प्रति जसुमति शिक्षा बेली' लिखने का उल्लेख कुछ इस प्रकार मिलता है—

जसुमति शिक्षा कृष्ण प्रति, प्रेम परेही एह।
प्रेमीजन ही समुझिहैं, यह रस बेली नेह।।
ठारहसै तैरहों, वर्ष भयौ परवेश।
चैत्र सुदी दुतिया सु दिन कथ्यौ प्रबंध सुदेस।।
निकट कुंज सेवा जहाँ, श्रीवृन्दावन धाम।
तहाँ ग्रंथ पूरन कियौ रसिकनि मन विश्राम।।[50]

संवत् 1893 में सेवाकुञ्ज परिक्षेत्र में ही स्थानीय वैष्णव लिखिया लालजी ब्राह्मण द्वारा श्रीजी की कुञ्ज के मुखिया जुगलदास जी के पठनार्थ लिखी पोथी की पुष्पिका दृष्टव्य है—

"इति श्रीमदगर्गाचार्य संहितायां श्रीमाधुर्य्य खंडे नारद वहुलाश्व संवादे

व्योमासुरारिष्टासुर वधोनाम चतुर्विशोध्याय:।।24।। समाप्तोयं माधुर्य्य खंडो नाम चतुर्थः खंड:।। संवत् ।।1893 ।। आस्वन मासे शुक्ले पक्षे परम पुण्यं तीर्थों तृतीयां। गुरुवारे। पुस्तकं लिखितं श्रीवृन्दावन मध्ये। यमुनातटे श्रीसेवाकुञ्ज विहार स्थले हस्ताक्षर ब्राह्मण लालजी पठनार्थ वैष्णव श्रीजी कुञ्ज के मुखिया जुगलदास जी।। इदं पुस्तकं।।[51] (चित्र सं 11)

श्रृंगारवट–

"इति श्री सम्मोहन तंत्रे पार्वती ईश्वर संवादे श्री गोपाल सहस्रनाम संपूर्णम्।। संवत 1934।। मार्गशीर्ष मासरे शुक्ला दशम्यां बुधवासरे हस्ताक्षर वैष्णव बलभद्र दास लिखितं श्रीवृन्दावन धाम सिंगार वटरे, सुभमस्तु।।"[52]

(चित्र सं 9)

रासमण्डल–

इति श्री ध्रुवदास जी की वानी कौ समै प्रबन्ध श्री कृष्णदासजी भाई कौ भाव विचार संपूर्ण समापित:। यामें जो कछु भूल चूक होइ सो रसिक जननि सौं विनती है कृपा करिके सम्हार लैंनौं। संवत।। 1876।। कातिक वदी 11 शुक्रवार, हस्ताक्षर श्रीमद गोस्वामी श्री श्री श्री श्री श्री वंशीलालजी महाराज कौ दास राधिकादास लिखी श्रीमद राममण्डल के पास श्री ध्रुवदास जी महाराज की कुञ्ज में श्री गौरीदास के पास ते लिखी।[53]

वहीं एक अन्य ग्रन्थ पुष्पिका में–

सप्तदश शत द्विनवति।। 1792।। श्रीवैशाख मासे शुक्ल पक्षे एकादशाश्यां भौमवासरे श्रीवृन्दावन धामे श्रीहित मण्डल समीपे लिखितं स्वहस्तेन प्रेमदासेन स्वपठनार्थ इदं पुस्तकं सम्पूर्ण।। शुभं भूयात। श्रीमद्व्यासनन्दनाय नमः। श्री श्री।।[54]

राधाबल्लभ मंदिर–

इति श्रीमत चतुरासीजी की फलस्तुति सम्पूर्ण। सुभमस्तु, सम्वत् 1824 पौष मासे शुक्लपक्षे तिथौ चतुर्दश्याम्, मुकाम नित्य हित मंदिरे पोथी श्री सखी सुबरन बेली जू की।।[55]

इति श्री व्यासनंदन हितचन्द्र प्रकाश श्रीगुरु कृपा सुदृष्टि प्रभावेन हृदयाभासो संपूर्ण। लिखितं वृन्दावन धाम मध्ये श्रीव्यासनंदन श्रीहित राधिकाबल्लभलाल श्रीचरणकमल समीपे संवत 1974 वैशाख शुक्ल एकादश्यां श्रीव्यासनंदन वर्षगांठि दिवसे श्रीहिताब्ध।। 455।। हस्ताक्षर कपटी कुटिल अधम अपराधी अनुचर श्रीहित प्रीतम जू के दास के।। पाठार्थ श्रीहित प्रियादासि जी के।। जो महानुभाव रसिक कहीं धोके भूल से जापैं सुदृष्टि करैं तिनके श्रीचरणनु में दास की बारम्बार विनय है कि मेरे अपराध क्षमा करि श्री व्यासनंदन जू के चरणकमल सहर्ष शीघ्र प्रदान करि अपनाइ लेवैं।[56]

चरखारी कुञ्ज-

इति श्री गोस्वामी श्रीमद्धित हरिवंशचन्द्र जूं कौ सहस्रनाम बेली की जै श्रीहित स्वामिनी राधे, संवत 1947 फालगुन कृष्ण 1 बुधवार, लिषतं लाल गिरधारी षुदाउली के मुकाम श्रीवृन्दावन, कुंज चरषारी वारे श्री महाराजा साहब की।।[57]

राधदामोदर मंदिर-

इति श्री ब्रह्म संहितायां मूल सूत्रस्यास्थ पंचाध्यायस्य दिग्दर्शनी नाम्नी टीका श्रीकृष्ण प्रियजन प्रीतयेभवतादिति।। मूल 80।। टीका 625।। सर्व 105।। सं. 1238[58] आश्विन वदि 1 लि.।। श्री पराध्यादमोदरस्यालये श्री वृन्दावन सेन लि। श्रीजीव गोस्वामिन नमः।। हस्तामल कवत्वं श्रीमदभावतस्यहि दर्नूय्या मास जीवेभ्य स्तवंदं।। तीवसी स्वरं।। शुभमस्तु।।[59]

राधाकान्त मंदिर-

**श्रीवृन्दावन धाम मधि, मंदिर श्रीहित रूप।
लिख्यौ प्रबन्ध जु चौदहों रसमय कथा अनूप।।x
ठारह सै सैंतीसयौं, संवत कातिक मास।
सुदि सातैं गुरुवार यह, भयौ प्रबन्ध प्रकाश।।**[60]

**ारहसै अड़तीस शुभ, संवत पौष जु मास।
सुदिन ग्रंथ पूरन भयौ, दुतिया शशि जू प्रकाश।। x**

श्रीरूपलाल गोस्वामि के, सुवन किशोरीलाल।
हित-कुल-मण्डन जग विदित, भक्ति जगमगे भाल।।
×तिनकौ निजु मंदिर जहाँ, राजत राधाकान्त।
तहँ यह ग्रन्थ प्रगट भयौ, सुधन रसिक गुनवन्त।।[61]

लीला चरित कानन ईश। संवत ठारहसै चालीस।
सातैं पौष सुदि जु पुनीत। पूरन कियौ वह रस गीत।।×
श्रीगुरु भवन वृन्दारण्य। बेली भई तहाँ उत्पन्य।।
बल्लभ राधिका मम इष्ट। तिनके चरित कौतिक मिष्ट।।[62]

उक्त स्थल पर चाचा श्रीहित वृन्दावनदास के लिखिया केलिदास द्वारा वि. सं 1840 में 6147 दोहा चौपाई एवं 68 लहरी में तैयार **'ब्रज प्रेमानन्द सागर'** की प्रतिलिपि तैयार करने का विवरण दृष्टव्य है—

इतिश्री ब्रज प्रेमानन्द सागर वृन्दावनदास जी कृत श्री महरि मनोरथ पत्रका श्रीराधाकृष्ण लीला सूचनिका वरनन अठसठई लहरी।।68।। इतिश्री ब्रज प्रेमानन्द सागर अठसठि लहरी दोहा चौपंई छः हजार एवं एक सौ सैतालीस वृन्दावनदास कृत श्री ब्रज वृंदावन नित्य विहार सारा सार विचार महा माधुर्ज बाल चरित्र, गोचारन, विवाह, गौनों रास आदि उत्सव संपूरन सुभं भवेत।।1।। पोथी लिखी संवत 1840 अगहन वदि 15 सौंमौंती कौं पूरन भई लिषी श्रीवृन्दावन मध्ये गोस्वामि श्री श्री श्री श्री श्री श्रीहित रूपकिशोरीलाल जी के मंदिर में वानी श्री 5 श्रीहित रूपाश्रित वृन्दावनदास जी कृत हस्ताक्षर निजु भ्रत केलिदास के वैष्णव सम्प्रदाय श्रीश्रीश्रीश्रीश्री राधाबल्लभी।। वासी श्रीसत् वृन्दावन जी के आचारज श्रीमत गोस्वामी श्री श्री श्री श्री श्री श्री श्री 101 श्रीहरिवंशचन्द्रवरजी श्रीजमुनावट निवासी श्रीसेवाकुञ्ज मण्डल ब्रज वृन्दावन दूलह-दुलहिनि नित्य विहार सेवा।[63] (चित्र सं. 12)

वृन्दावन के बाग-बगीचों में पोथी लेखन के संदर्भ—

धीरजलाल गोस्वामी का बगीचा—

इति श्री नागरीदास कृत दोहा की जैजै श्रीहित राधे।। सम्वत् 1950 मि. फागुन वदी 1।।

रास रंगीली दासि दोहा नागरीदास की।
लिखि लीनि करि आस हित पद पंकज प्रीति।।
लिखी वृन्दावन मध्य धीरजलाल जू के बाग में।।[64]

वहीं सम्वत् 1962 में 'राधासुधानिधि स्तव कौ समय प्रबन्ध' पोथी की पुष्पिका के अंतर्गत उक्त स्थल का उल्लेख दृष्टव्य है—

''इति श्रीमदाच्चार्य्य सिरोमनि श्री 108 मद्गोस्वामी श्रीहित हरिवंशचन्द्र जी महाराज विरचित श्रीराधासुधानिधि स्तव कौ समय प्रबन्ध संपूर्णम्। शुभमस्तु।। संवत 1962 मिती जेठ सुदी 6।। लिखी श्री वृन्दावन मध्ये बगीचा श्री गुँसाई धीरजलाल, रसिक प्रीतम समीप। माधुरीशरन।। पाठार्थ।।[65]

नंदराम का बाग—

''इतिश्री पुहुकरदास जी की कथा संपूर्ण।। इतिश्री रसिकमाल श्री भगवत मुदित की जै जै श्रीहित हरिवंश स्वामिनी राधे, सम्वत 1951 मिती भाद्र पदे शुक्ल 5 लिखी रासदासी ने श्री नंदराम जी के बाग में।। श्रीहित वृन्दावन धाम में।।

श्रवण पाठ श्रद्धा सहित जो कोई करै बनाइ।
तिन सौ मेरी वीनती श्रीहित जू होहि सहाइ।।[66]

❁

''इति श्रीमद् हित हरिवंशचन्द्रवर नाम रत्नमाला स्तव श्रीहित प्रेमदासजी महाराज विरचित समाप्तं।। पौष कृष्णा षष्ठी रविवार संवत 1976 हस्ताक्षर सिद्धि श्रीसर्वोपरि विराजमान श्री रसिकानन्य नृपति चक्र चूणामनि श्रीमद् हिताचार्य पूरण प्रभु श्री निकुञ्ज रस कल केलि विस्तार विलासी अतुलित गुणगान शशी श्रीहित प्रेम माधुर्य प्रकाशी अगतिन गति दायक प्रणतन प्रतिपालक अखिल ब्रह्माण्ड सुजस सुनायक सर्वेवर जगताधार निराकार ब्रह्मज्योति निराकार ब्रह्मज्योति नखचन्द्र छठज्ञ उजागर अनेकानेकी उपमा विभूषित श्रीहितावतार।। श्रीमद हित कुल कमल दिवाकर श्रीराधाबल्लभ के अधिकारी श्रीमद गोस्वामी जै श्रीहित रूपकिशोरी लाल जी महाराज पादारविन्द मकरन्दा स्वामी

अधमानुचर नवेलीशरण। पाठार्थ श्रीहित गुरु भ्रातवर परम प्रिय श्री बाबा राधाशरण जी योग्य इत्यलम्।। श्रीहित वृन्दावन धाम, श्रीनन्दरामजी का बाग, वाराह घाट, कालीदह समीपे। श्रीहिताब्ध[67] 450।[68]

राधाबाग—

"इति श्री महावाणी जी संपूर्णम्।। संवतु 1898 फागुण सुदी 13 बुध.।। श्री सर्वेश्वरो जयति श्रीहरिः। लिषतं वृन्दावनमध्ये, राधाबाग यमुना तटे।। सुभमस्तु।।[69]

वृन्दावन के घाटों पर पोथी लेखन के संदर्भ—

हितघाट—

।। इति श्रीहरिवंश गोस्वामिना विरचितं श्रीवृन्दावनेश्वरी कृपा पात्र विजृंभित श्रीराधासुधानिधि स्तवक गुसाँई श्रीहित चन्द्रलाल जू कृत कवित्त बन्ध टीका सहित सम्पूर्णम्।। लिषतं वृन्दावन मध्ये जमुना तटे हित घाट समीपे। संवतु।।1850।। शुभमस्तु।[70]

जुगलघाट—

"इति श्रीराधा सुधानिधिः स्तस्तेयं लघु व्याख्या दृशी तादृशी स्वेष्ट कृपया पूर्णास्ति टीका व्यास हरिलाल जी कृत संपूर्णम्।। श्रीवृन्दावन मध्ये श्री जमुना तटे जुगल घाट पुजारी हरिलाल लिखी संवत् 1862 फागुण सुदी 15 मंगल।।"[71]

विहार घाट—

"इतिश्री निम्बार्क सहस्रनाम की जैजै श्रीहरिः संवतु।। 1835।। मिती भादौं सुदी 11।। लिषतं वृन्दावन मध्ये सर्वेश्वर दास यशोदानंदन मंदिरे श्रीविहार घाट सन्मुख।। श्रीहरिः।।[72]

"इतिश्री भक्त चरण वंदना संपूर्णम् संवत।। 1840।। मिती चैत्र सुं. 8।। हरिवारे।। लिषतं सांवरिया दास वृन्दावन मध्ये विराहघाट सन्मुख।। सुभमस्तु।।"[73]

केशीघाट—

इतिश्री भक्तिरसामृत सिंधौ गोणा भक्ति रसान्दिनिरूपणां नाम चतुर्थोत्तर

विभागा समाप्तोयं भक्तिरसामृजत सिंधुरिति रामांग शक्र 1493 गणिते शाके गोकुलमहिष्ट तेनायं भक्ति रसामृत सिंधु विटंकितः क्षुद्रः रूपेणां 1 संख्यास्तु 6164 विभाग मूलः 3325 टीका 3944। संवत् 1878 ज्येष्ठ शुक्ल 5 श्रीवृन्दावन मध्ये केशीनिधन स्थले लिखितं ललितादासस्य।।[74]

वृन्दावन के मौहल्लौं में पोथी लेख्रन के संदर्भ—

मनीपाड़ा—

।। संवत 1917 मिती प्रथम अश्विन शुक्ला 6 गुरुवासरे इदं पुस्तकं लिष्तम् श्रीवृन्दावन मध्ये पुराने सहरे, गोवर्धन दरवाजे मनीपारे में हस्ताक्षर बिहारीलाल मिश्र।।[75] (चित्र सं. 13)

बिहारीपुरा—

"इति श्रीपरमहंस वैष्णवाचार्य श्रीनिम्बार्क भगवत्पूज्यपादशिष्येणौ दुवरुर्षिणीकृतसत्यांग ह्द्रागविहंसनवृत निर्णयः इति श्रीऔदुवंरी संहिता समाप्ता शुभमस्तु संवत 1934 लिखतं भोला ब्राह्मण बिहारिपुरा मध्ये पठनार्थ श्रीपण्डित मानदासजी वैष्णवः राधा सर्वेश्वराभ्यां नमो नमः सर्वेभ्यो वैष्णवेभ्यो नमः।। (संस्कृत केटलॉग- 3 पृ. 543 वृन्दावन शोध संस्थान)

व्यासघेरा-

।। इति श्री सेवा सुख संपूर्णम्।। हस्ताक्षर पण्डित सेवक शरण शर्म्मा मिती अश्विन शुक्ला 12 संवत 1989 व्यासघेरा श्रीधाम वृन्दावन पन्ना वारी कुंज।।[76] (चित्र सं. 14)

मदनमोहन घेरा—

।। इतिश्री मन प्रबोध बेली वृन्दावनदास कृत संपूर्ण।।
।। वृन्दावन में लिखत है।। मदनमोहन जिन ठाम।।
माली हमारी जात है। राधामोहन नाम।।
मिति चैत वदी 3 मंगलवार।। सं. 1963।।[77] (चित्र सं. 15)

एक अन्य उदाहरण-

इतिश्री वृन्दावनेश्वरी चरण कृपा पात्र विजृंभित श्रीराधासुधानिधि स्तवक

श्रीहित हरिवंश गोस्वामिना विरचित समाप्तः।। मिती अघेंन वदी।। 10।। संवत।। 1955।।

श्री वृन्दावन में लिखत है।। मदनमोहन निज ठाम।।
माली हमारी जात है। राधामोहन नाम।।[78]

अन्य विविध सन्दर्भ–

वृन्दावन की पवित्र भूमि पर विभिन्न कालक्रमों में सृजित एवं प्रतिलिपित पोथियों में स्थान नामोल्लेख संकलन के दौरान मंदिर, कुञ्ज, घाट एवं बाग-बगीचों के साथ ही हमें स्थानीय समाधि, कूप, यमुना तट अथवा केवल वृन्दावन मध्ये अंकित वाली ग्रन्थ पुष्पिकाएँ भी दर्शित हुईं जिनके विवरण हमने उक्त शीर्षक के अन्तर्गत संयोजित किए हैं।

वेणु कूप-

हमें इस स्थल पर प्रतिलिपित एक प्राचीन पोथी देखने को प्राप्त हुई जिसमें संस्कृत ग्रन्थों को बंगला लिपि में प्रतिलिपित किया गया है। अष्टक एवं स्तवों के संकलन की इस प्रति को लिखिया ने 'स्तवमाला' नाम से सम्बोधित किया है–

''इति स्तवमाला समाप्ता साक्षल (दस्तखत) श्रीकृष्ण चरण शर्म्मा दासस्य।। श्रीवृन्दावन चन्द्राय नमः वेणु कूपे समाप्तं अस्तु।।''[71]

वहीं इस स्थल पर सम्वत् 1824 में विष्णुसहस्रनाम की फलस्तुति लिखे जाने का उल्लेख भी एक अन्य ग्रन्थ पुष्पिका में प्राप्त होता है–

इति श्रीविष्णुसहस्रनाम की फलस्तुति सम्पूर्णम्।। सम्वत् 1824 पौष मासे शुक्ल पक्षे चतुर्दश्याम वेणु कूपे, वृन्दावने। शुभमस्तु।।[82]

गोपाल भट्ट समाधि (राधारमण मंदिर)-

''श्री गोविन्द लीलामृत मिदं समाप्तिता मगात। श्री श्री राधारमण जयति। संवत 1869। मीति -23 ।। भाद्रकृष्ण नवमी।।श्रीवृन्दारण्ये श्रीगोपाल भट्ट गोस्वामी समादिते ग्रंथ संपूर्णम्। श्रीराधारमण जयति।।''[81]

राधारमण मन्दिर में ही सम्वत् 1795 में एक अन्य पोथी लिखे जाने का उल्लेख–

''इति श्रीअजपागायत्री सम्पूर्ण। लिषतं वृन्दावने श्रीमत्राधारमण मंदिरे सोभा चन्देन स्वस्मे।। वर्षे कार्तिक शुक्ल पक्षे भृगु तृतीया दिने संवत्।। 1995 शाके 1660।। श्रीशालिवाहनीय शुभं भवि:''[82]

ब्रह्मकुण्ड–

''इति श्रीवैष्णवमत प्रदीप:। संवत् 1918 चैत्र मासे शुभ कृष्ण पक्षे 6 षष्ठी शनिवासरे हस्ताक्षर वैष्णव सेवादासस्य लिषतं श्रीवृन्दावन मध्ये ब्रह्मकुण्ड समीपे।।'' (संस्कृत केटलॉग-2 पृ. 22, परिशिष्ठ वृन्दावन शोध संस्थान)

❁

''इति श्रीतर्कवागीश भट्टाचार्य वेणीदत्त कृपा रस तरंगिणी व्याख्या रसिकरंजनी समाप्ता संवत।। 1932।। लिष्यतम् श्रीवृन्दावन मध्ये ब्रह्मकुण्ड तष्टे हस्ताक्षर स्यामलदास पठनार्थ गुसाईं बल्देवजी।।

(सृस्कृत केटलॉग -3 पृ. 574 वृन्दावन शोध संस्थान)

वृन्दावन में रचित कुछ अन्य पोथियों की पुष्पिकाएँ–

सर्वेक्षण के दौरान हमें कुछ ग्रन्थ पुष्पिकाएँ ऐसी भी मिली जिनमें वृन्दावन के किसी स्थान विशेष का नामोल्लेख न होकर केवल वृन्दावन-मध्ये अथवा वृन्दावने अंकित था। कुछ उदाहरण दृष्टव्य हैं–

इति हरिविलासोनाम काव्य संपूर्ण।। संवत् 1810 मिती माघ सुदी 4 रविवासरे लिषतं चूणामणि निमित्तं।। शुभमस्तु।। कल्याणमस्तु।। भक्तिरस्तु।। श्रीवृन्दावने।। जयति जयति।। (हरिशंकरदासजी सूरमाकुंज के संग्रह से)

❁

इति श्री काव्यप्रकाशनिदर्शनेर्थालङ्कारनिर्णयो नाम दशमोल्लास:।। ❁ ।। लिलिखे कृष्णदासेन स्थित्वा वृन्दावनपिदम्।।❁।।❁।। श्रीकृष्ण प्रसीद। संवत 1827 मिति अश्विनस्थशुक्ल सप्तम्यां संपूर्ण पुस्तकमिदम्। छ। छ। छ। छ। छ छ। श्री।

(संस्कृत केटलॉग-3 पृ. 571 वृन्दावन शोध संस्थान)

❁

इतिश्री वृन्दावनेश्वरी चरण कृपा पात्र विजृंभित श्रीराधारससुधानिधि। श्रीहित हरिवंशचन्द्र गोस्वामिना विरचित समाप्त:। पुस्तक लिखतं श्रीवृन्दावन मध्ये यमुना तटे।। पठनार्थ ब्रजदासजी।। हस्ताक्षर प्रियादास।। संवत 1847।।

(रसभारती संस्थान, वृन्दावन क्र. 504)

लिख्यतं वृन्दावन मध्ये। संवात् 1852।। आषाढ मासे शुक्ल पक्षे द्विती · · · सरे।। पठनार्थ लाला जुगललालजी। हस्ताक्षर निधुवनदास वैष्णव।। शुभमस्तु।। श्लोक संख्या।। मूल 750।। टीका 2900।। सर्व।। 3650।। मंगलमस्तु।। राम।।

(संस्कृत कैटलॉग-5 पृ. 535 वृन्दावन शोध संस्थान)

इति जीवन मुक्ति विवेकः। ज्येष्ठ शुक्ल सप्तम्यां संवत् 1870 श्रीवृन्दावनस्थाने।।

(संस्कृत कैटलॉग-5 पृ. 514 वृन्दावन शोध संस्थान)

इतिश्री पद्मपुराणे कार्तिक महात्म्ये श्रीकृष्ण सत्यभामा संवादे त्रयस्त्रशोध्याय:। श्रीकृष्ण प्रभु समर्थः श्रीरामजी सहाय। संवत् 1885 शाके 1750 मिती कार्तिक शुक्ला 7 बुधवार लिपि लिषतं लाला रामलालस्य। लिषापितं नंदलालजी।। लिषतं तुलसी गढ़ मध्ये।। श्रीवृन्दादेवी समीपे। शुभं भूयात।। श्रीरस्तु * कल्यामस्तु * शुलं भवतु * श्रीराधादामोदरजी सहाय श्री।

(संस्कृत कैटलॉग-5 पृ. 538 वृन्दावन शोध संस्थान)

इति चमत्कार चिंतामणि नवग्रहाणां भावफल समाप्तं। शुभं भूयात संवत 1888 मिती पौष वदी प्रतिपदा गुरुवासरे लिषतं वृन्दावन मध्ये।। श्रीमत् कुञ्जविहारिणे नमः।। (संस्कृत कैटलॉग-5 पृ. 579 वृन्दावन शोध संस्थान)

इतिश्री पांडव गीता स्तोत्रं संपूर्ण। समाप्तः शुभमस्त संवत 1881 मिती अश्विन वदी 11 लिषतं मोहनदास वृन्दावन मध्ये पठनार्थ बाबा कमलदास कविराजजी।। (हस्तलिखित ग्रंथागार शोध संस्थान, वृन्दावन)

· · · श्री राधासहस्रनाम सम्पूर्ण समाप्तं।।1।। लिखितं वृन्दावन मध्ये।। लिखतं सीसराम मीती माघ शुक्ले तिथौ।। 8।। संवत् 1885 श्रीराधाकृष्णाय नमः।। (हस्तलिखित ग्रंथागार ब्रज संस्कृति शोध संस्थान, वृन्दावन)

इतिश्री पद्यावली समाप्ता संवत् 1817 कार्तिक वदी दौज मंगलवार वृन्दावन मध्ये श्रीराधामाधवजी के मंदिर में मधुसूदन दासेन इदं पुस्तकं लिषतं श्री।।**

मुनि नन्दाष्ट चन्द्रेव्दे उर्ज्जेमास्यसितं तिथौ।
द्वितीयायां भौमवारे पूर्णतामगात्।

(संस्कृत कैटलॉग-2 परिष्टि, वृन्दावन शोध संस्थान)

❁

इतिश्री वृन्दावनेश्वरी चरन कमल कृपा बल विजृंभित श्रीहित हरिवंश गोस्वामिना विरचितं श्रीराधासुधानिधि स्तोत्र समाप्तम्। लिषितं श्रीवृन्दावन मध्ये श्रीयमुना तटे हस्ताक्षर गंगाराम ब्राह्मणेन श्रीरामकृष्णदासेन। पठनार्थ बाबाजीश्रीगुपालदास जी।। संवत 1991।। मिती वैसाख सुदी।। 10।। गुरुबासरे।। शुभं।।

(सरभारती संस्थान क्र. 161)

❁

इतिश्री सुधानिधि समय विलास सेवा सम्पूर्ण। श्रावण कृष्ण।। 7।। चन्द्रवासरे संवतु।। 1944।। लिषतं श्रीवृन्दावने श्रीयमुना तटे लालदास हस्ते यथा प्रते।। मंगलं शुभम्।।

(रसभक्ति धारा-भाग-2, किशोरीशरण अलि)

❁

इतिश्री सन्तकुमार संतति पदाश्रित श्रीदेवाचार्य विरचित सिद्धान्त जाहन्वी टीकायां श्रीसुन्दर भट्ट विरचितायां सिद्धान्त सेतुकायां प्रथम तरंग मर्यादा समाप्ता शुभं भूयात संवत 1996 मिती मार्गशिर शुक्ला 10 लिषतं श्रीवृन्दावन मध्ये यमुना तटे शुभस्थाने हस्ताक्षर आसाराम ब्राह्मणस्थ पठनार्थी मध्ये वृन्दावनदास वैष्णव हरिव्यासी खड़वार शुभमस्तु।। छ।छ।छ।छ।छ।।

(श्रीविशम्भर गोस्वामी जी का संग्रह, वृन्दावन)

❁

इतिश्री वीरभद्र कृत्पाषंडदलनसारसंग्रह संपूर्णम्।। संवत 1923।। शुभं भुयात्।। मिती पौषवदी 7 सनीवार लिषतं श्रीवृन्दावन मध्ये यमुनातटे हस्ताक्षर हरदेवदासस्य। पुस्तक गोकुलदासजी की।।1।

(संस्कृत कैटलॉग. 6 पृ. 523, वृन्दावन शोध संस्थान)

❁

इति श्रीमद्धरिव्यासदेवार्य्य चरित्रे त्रयोदश विश्रामः संक्षेपेण प्रकीर्तितम् 13 संवत् 1925।। * चैत्र व 14 वृन्दावन मध्ये यमुना तटे हस्ताक्षर कृष्णदास

शुभमस्तु श्री हरये नमः 44।। श्रीराधा कृष्णाय नमः श्रीमतेभगन्निम्वादित्या नमः।।

(संस्कृत कैटलॉग–4 पृ. 504 वृन्दावने शोध संस्थान)

❁

इति श्रीमत्पदवाक्यप्रमाणपारावारपारीण जगद्गुरु श्रीमद्रामेश्वर भट्ट सूनुना नारायण भट्ट सुत विद्वनमुकुट हीरांकुर श्रीरामकृष्ण भट्ट सुत महामहोपाध्याय श्री कमलवार भट्ट कृतायां काव्य प्रकाशव्याख्यायां दशमोल्लासः समाप्तः ।।10।। शुभमस्तु संवत् 1930 मिती भादौं वदि 5 लिषतं वृन्दावन ब्रह्मकुण्ड समीपे हस्ताक्षर वैष्णव सेवादासस्य।।*।।*।।

(संस्कृत कैटलॉग–6, पृ. 551, वृन्दावन शोध संस्थान)

❁

इति श्रीकृष्ण द्वैपायन कृत ब्रह्मसूत्रभाष्ये श्रीमदानंदतीर्थ भगवत्पाद विरचिते चतुर्थाध्यायस्य चतुर्थः पादः 4 समाप्ताः।। 4।। संवत 1931 वैशाख शुक्ला दशम्यां च रविवासरे हस्ताक्षर वैष्णव सेवादासस्य श्रीवृन्दावन मध्ये।।

(संस्कृत कैटलॉग–6, पृ. 514, वृन्दावन शोध संस्थान)

❁

इतिश्री मत्रिकांड मीमांसा सउनप्रति वसंत सोमयाजि भट्ट माधवः विरचित जैमनीन्यामाला विस्तरे द्वादशाध्यायस्य चतुर्थ पादेन सहज अध्यायः समाप्तम् श्रीमदवृन्दावने केशी च निध्नस्थाले श्रावणे च सिते पक्षे पुस्तकं पूर्णतामियात् संवत् 1933 लिषतं गिरधारीदासेन विदुषा ॐ नमो भगवते वासुदेवाय श्रीः हरि ॐ ॐ ॐ तत्सत्।।

(संस्कृत कैटलॉग–6, पृ. 511, वृन्दावन शोध संस्थान)

❁

इति श्रीमद्वृन्दावनेश्वरी चरणारविन्द कृपामकरन्द पानानंद श्रीप्रबोधानंद सरस्वती गोस्वामी विरचितं श्रीराधासुधानिधि नाम काव्यं संपूर्णम्।। शुभमस्तु। मिती मार्ग शिर शुक्ला 13 बुध वासरे संवत् 1947 लिषतामिदं पुस्तकं श्रीवृन्दावन निवासी गोपाल पुजारी। श्रीराधाकृष्णाभ्यां नमः।

(संस्कृत कैटलॉग–6, पृ. 55, वृन्दावन शोध संस्थान)

❁

इति श्रीरूप कविराज गोस्वामि विरचिता रागानुरागाविवृतिः समाप्ताः।।* ।। मिति भादो बदि।।10।। गुरुवासरे।। संवत्।। 19।।56।। लिषतं इदं पुस्तकं

श्रीवृन्दावन निवासी गोपाल पुजारी।। श्रीशुभं भूयात।। *।।

(संस्कृत कैटलॉग-6, पृ. 526, वृन्दावन शोध संस्थान)

वृन्दावन के हस्तलिखित ग्रन्थागार-

साहित्यिक सम्पन्नता भारतीय संस्कृति का अपना वैशिष्ट्य रहा है। भारत के इस सांस्कृतिक पक्ष का दर्शन यहाँ के प्राचीन ग्रन्थागारों से किया जा सकता है। यद्यपि प्रतिकूल प्राकृतिक वातारवरण, समय चक्र के प्रभाव, अज्ञानतावश पवित्र नदियों में विसर्जन एवं अन्य-अन्य कारणों से इस ग्रन्थ निधि का एक बड़ा भाग नष्ट हो गया फिर भी अलग-अलग कालावधि में भारतीय ज्ञान परम्परा के अर्न्गत सृजित वैविध्यपूर्ण ग्रन्थ शृंखला हमारे गौरवशाली अतीत का बोध कराने वाली है।

मध्यकाल में जिस दौरान बादशाह अकबार अपनी राजधानी फतेहसीकरी में साम्राज्य विस्तार के साथ ही साहित्यिक गतिविधियों में भी पूरी रुचि ले रहा था, जिसके चलते उसका ग्रन्थागार भी निरन्तर समृद्धि पाता जा रहा था।[83]

उसी अवधि में यहाँ से लगभग 70 किमी. दूर वृन्दावन की पवित्र भूमि पर भौतिक झंझावतों से परे प्रभु भक्ति में लीन अनेक वैष्णव साधक अपनी ही तरह से निष्काम भावपूर्वक वैष्णव भक्ति साहित्य के सृजन में संलग्न थे। प्राकृतिक परिवेश में वन्य हरितिमा के मध्य श्रीकृष्ण के लीला स्थलों से साक्षात्कार करते हुए वृन्दावन के इन वैष्णव साधकों द्वारा कालान्तर में वृहद भक्ति साहित्य सृजित एवं प्रतिलिपित किया गया। वृन्दावन के इन तत्कालीन वैष्णव साधकों की निष्काम भक्ति से स्वयं अकबर भी प्रभावित हुए बिना न रह सका। वृन्दावन के इन संतों को ग्रंथ लिखने के निमित्त कागज देने संबंधी विवरण के साथ ही यहाँ देवालय बनवाने तथा बादशाह द्वारा भूदान दिये जाने विषयक फरमान भी स्थानीय ग्रंथागारों में देखे जा सकते हैं। स्थानीय विभिन्न संप्रदायों से जुड़े वैष्णव साधकों द्वारा अलग-अलग शताब्दियों में सृजित एवं प्रतिलिपित पोथियों के वृहद परिमाण से कालांतर में यहाँ कई ग्रंथागार स्थापित हुए। वृन्दावन में कभी अनेक निजी संग्रहों के साथ ही प्रत्येक वैष्णव सम्प्रदाय का अपना भव्य अभिलेखागार उपस्थित था जहाँ उस सम्प्रदाय के दर्शन एवं मान्यता के अनुसार प्रचुर मात्रा में हस्तलिखित ग्रन्थों की प्रतियाँ विद्यमान रहती थीं। सम्प्रदाय से सम्बद्ध वाणीकारों (रचनाकार) द्वारा अपने-अपने पोथीखानों में अनिवार्य रूप से ग्रन्थ भेंट किए जाने की परम्परा के उल्लेख भी तत्कालीन पाण्डुलिपियों से उद्घाटित होते हैं।[84] परिणामस्वरूप इन पारम्परिक अभिलेखागारों का वैसा वैभव दर्शित नहीं होता फिर भी यत्र-तत्र छिटके

पड़े विवरणों द्वारा उक्त सन्दर्भ में कुछ महत्वपूर्ण जानकारियाँ उद्घाटित होती हैं। इन पारंपरिक अभिलेखागारों में पोथियों की संख्या निरंतर बढ़ती गई। वर्तमान में हालांकि इन पारम्परिक अभिलेखागारों में आज यहाँ कुछ का संग्रह कीटभक्षण, बँटवारे एवं अन्य कारणों के चलते प्रायः नष्ट हो चुका है, वहीं कुछएक स्थलों पर पाण्डुलिपियों के अवशेष तक शेष नहीं रहे। इन वैष्णव-सम्प्रदायों से जुड़े लोगों के निजी संग्रहों में इनकी उपलब्धता अवश्य देखी जा सकती है।

खोज के दौरान स्थानीय अनेक स्थानों पर हमें कई ऐसे विवरण भी मिले जिनसे ज्ञात होता है कि तत्कालीन वैष्णव साधक केवल ग्रन्थ रचना एवं प्रतिलिपि तैयार करने तक ही सीमित नहीं अपितु वे उनकी सुरक्षा-संरक्षा के प्रति भी पूर्ण सचेष्ठ थे। हमें वृन्दावन के एक प्राचीन हस्तलिखित ग्रन्थागार के सन्दर्भ में दुर्लभ विवरण मिला संवत् 1663 (1606 ई.) में गौड़ीय सम्प्रदाय से जुड़े हस्तलिखित ग्रन्थों की सूचना देते इस दस्तावेज को लिखिया गदाधर भट्ट[85] द्वारा संकल्पपत्री शीर्षक से सम्बोधित किया गया है। तत्कालीन गौड़ीय साधकों के हस्ताक्षरों से प्रमाणित इस दस्तावेज को जीव गोस्वामी ने तैयार कराया था। इसी पत्र में अन्य उल्लेख के साथ ही सम्प्रदाय के पारम्परिक ग्रन्थों की सुरक्षा-संरक्षा हेतु विवरण भी अंकित किया गया है—

संवत् 1663 वर्षे मार्ग शीर्ष मासि कृष्ण द्वितीययां सु ग्रहीत नाम धेयद, श्री श्री रूप सनातनारव्य महामहिम चरण कमलानुचरस्य वृन्दावनवनस्यथ जीव नाम्नः संकल्पपत्रीयं।···श्रीश्री राधाकृष्णयोः सेवायामपि तदानीमपि तिष्ठेत तदा तेन श्री विलासदासेन स्वय मस्मै सेवा सेवौपकरणानि सेव्य श्री राधाकृष्ण सहितानि स्थानानि पुस्तक पुर्यातानि सर्वाणि संकल्प पूर्वकं दातव्यानि।···[86] (चित्र-8)

परिवर्ती काल में इनका यह संग्रह और अधिक पल्लवित होता गया। तत्कालीन समय में प्रायः गौड़ीय साधक जो भी ग्रन्थ तैयार करते उसकी प्रतिलिपि यहाँ भेंट स्वरूप संकलित होती फलतः यह प्राचीन अभिलेखागार दिनों-दिन समृद्धि पाता रहा। हमें अपनी खोज के दौरान संवत् 1694 में लिखित एवं तत्कालीन वैष्णव साधकों के समाज के हस्ताक्षरों से प्रमाणित इसी संग्रह के सम्बन्ध में एक अन्य दस्तावेज भी मिला जिसमें गौड़ीय वैष्णव साधकों ने अपने पुस्तकालय को '**पुस्तक ठौर**' शब्द से सम्बोधित किया है। इसमें एक ओर ब्रजभाषा तथा दूसरी ओर उससे सम्बन्धित फारसी विवरण अंकित है तो तत्कालीन शासन के अधिकारियों द्वारा दस्तावेज प्रमाणित करने की पद्धति ज्ञात होती है। दस्तावेज की शुरुआती पंक्तियों

में ही पुस्तक संग्रह की चर्चा करते हुए इस संग्रह में पूर्ववर्ती आचार्यों के योगदान तथा अपनी पुस्तक ठौर का विवरण कुछ इस प्रकार दर्ज किया गया है-

· · · आगे श्री रूप, सनातन, रघुनाथ गुसाई आपनौ पुस्तक ठौर, वृन्दावन के, श्रीकुण्ड के कागतु-पत्र सर्वश्री जीव गुसाई के दिए तिन दिन विलास दास वे दिए हमकौं बड़ेन की आज्ञा ते · · · ·[87] (चित्र -9)

संवत् 1694 के दस्तावेज से उद्घाटित वृन्दावन के गौड़ीय वैष्णव साधकों की यह पुस्तक ठौर इस अवधि से काफी समय पूर्व ही अपना व्यापक रूप ग्रहण कर चुकी थी जिसका निर्देशन स्वयं जीव गोस्वामी के हाथ में था। इतना ही नहीं इस पुस्तक ठौर की पूरी गतिविधियाँ स्वयं जीव गोस्वामी की वृन्दावन स्थित कुंज से संचालित होती थीं। वृन्दावन शोध संस्थान के इस्तलिखित ग्रंथागार में क्र. 5425 पर संवत् 1654 का एक बृहत् सूचीपत्र प्राप्त होता है। जिसमें उक्त पुस्तक ठौर के ग्रन्थ परिणाम का उल्लेख दर्शित है। समय-समय पर यह पारम्परिक सूचीपत्र संशोधित एवं परिवर्द्धित भी होता रहा। नए ग्रन्थों का सृजन अथवा पुराने ग्रन्थों की प्रतिलिपियाँ यहाँ आने पर उनके विवरण भी समय-समय पर इन सूचीपत्रों में दर्ज होते रहे। इस पुस्तक ठौर की स्थापना का वास्तविक समय क्या था? इस सन्दर्भ में कोई सटीक विवरण प्राप्त नहीं होता लेकिन इन वैष्णव साधकों के द्वारा आज से 416 वर्ष पूर्व (संवत् 1654) में पोथियों के प्रति ऐसी सजगता से उनके ग्रन्थ-प्रेम का सहज अन्दाज लगाया जा सकता है।

सूचीकारण से जुड़े सम्वत् 1654 वाले विवरण के बाद जीव गोस्वामी की संकल्प पत्री (संवत् 1663) में पुस्तक संग्रह संबंधी उल्लेख तथा संवत् 1694 में पुस्तक ठौर की अगली पीढ़ी को हस्तांतरण करने वाले दस्तावेज के उपरान्त इसी शृंखला में संवत् 1722 में जीव गोस्वामी की कुंज में ही पुस्तक ठौर को व्यवस्थित करते समय पुस्तक गणना से जुड़ा एक चार पृष्ठीय पत्रक भी प्राप्त होता है जो किसी गौड़ लिखिया द्वारा तैयार किया गया है-

"श्रीगुरुवे नमः।। पुस्तक संख्या श्री गुसांई जू की संवत 1722 माघ सुदी दौज शाके 1587 मुकाम श्री वृन्दावन श्री गुसांई जू की ही कुंज। श्री हस्ताक्षर गौड़ श्री भागवत पू. 1 तथा नागर सटीक वैष्णवदास वा. सटीक · · ·।[88]

उक्त विवरण जहाँ गौड़ीय साधकों की समृद्ध साहित्य परम्परा का ज्ञान कराने वाली हैं वहीं इन दस्तावेजों में उल्लिखित तथ्यों से ज्ञात होता है कि वे इसे निरन्तर व्यवस्थित एवं अद्यतन भी करते रहे। प्राचीन हस्तलिखित पोथियों में उक्त विषयक

कई अन्य सन्दर्भ भी दर्शित होते हैं।

हस्तलिखित पोथियों के संरक्षण एवं संवर्द्धन के प्रति वृन्दावनी समाज आरम्भ से ही सजग रहा है। गौड़ीय दस्तावेजों में मिलने वाली पुस्तक ठौर परम्परा पृथक्-पृथक् कालक्रम में यहाँ निरन्तर पल्लवित होती रही। वृन्दावन के सम्बन्ध में अनुद्घाटित सन्दर्भों पर प्रकाश डालती संवत् 1900 में रचित अप्रकाशित पाण्डुलिपि वृन्दावन धमानुरागावली से ज्ञात होता है कि तत्कालीन समय में यहाँ ग्रन्थ लेखन के साथ ही उनके विशाल संग्रह स्थापित थे। कवि ने स्थानीय राधावल्लभ मंदिर के तत्कालीन अधिकारी गोस्वामी आनन्दलालजी के पोथी संग्रह की सूचना प्रस्तुत की है-

आनंद लाल जहाँ अधिकारी अति गुनन्य उपकारी।
राधावल्लभ कौ अधिकार जु तिनकौं अब तह ठारी।।
कविता में कोविद रू रसिक गुन गाहक धीरज मांना।
हित कुल के मंडन भाविक अति सबकौ राखत मांना।।
नए पुराने ग्रंथ जिते कविता के संग्रह कीने।
तिनके अर्थ चोज समझन में जाहर परम प्रवीने।।
तिनि मम पितु प्रवीन कवि सौं अति धरम सनेह बढायौ।
ग्रंथ सार संग्रह हज्जारन कवि कौ सु करवायौ।।[81]

भारतेन्दुकालीन साहित्यकार गोस्वामी राधाचरण जी विद्यावागीश का यहाँ पर अपना समृद्ध पुस्तकालय था जिसमें मुद्रित पुस्तकों के साथ ही सैकड़ों हस्तलिखित ग्रन्थ भी विद्यमान थे। उक्त संदर्भ में उन्होंने महत्वपूर्ण जानकारियाँ अपनी आत्मकथा में दी है-

··· श्रीषड्भुज महाप्रभु जी का बड़ा मंदिर मेरे पिताजी ने निज व्यय से बनवाया है, जिसमें श्री महाप्रभु जी की सेवा नियम से होती है, मेरा निवास है। इसी मंदिर में एक पुस्तकालय है, जिसमें लिखी और छपी संस्कृत, हिन्दी, बंगला, गुजराती, मराठी, पंजाबी, उर्दू, अंग्रेजी की 5000 पुस्तकें होंगी।[90]

पोथी लेखन, पोथी संग्रह एवं पोथियों के प्रति समर्पण तथा प्रेम वृन्दावनी वैष्णव समाज की अपनी विशेषता रही है। यहाँ गौड़ीय, निम्बार्क राधाबल्लभ,

हरिदासी, ललित एवं वल्लभ सम्प्रदाय की अष्टम गद्दी (डेरा गाजी खां) आदि सम्प्रदायों में एक से बढ़कर एक वाणीकार तथा लिखियाओं (प्रतिलिपिकार) ने विपुल वैष्णव भक्ति साहित्य तैयार किया। साधकों द्वारा नए ग्रन्थ सृजन एवं तैयार पोथियों की पुनः पुनः प्रतिलिपियाँ तैयार करने की प्रक्रिया यहाँ विगत 350-400 वर्षों में तेजी से चलती रही। जैसा कि हम जानते हैं एक समय में वृन्दावन के अनेक पारम्परिक स्थलों पर इन वैष्णव लिखियाओं (सुलेखकों) का पूरा समाज विद्यमान था जो अपने धर्म-सम्प्रदायों से जुड़ी मान्यताओं को देश-देशान्तर में प्रसारित करने हेतु निष्काम भाव से प्रयत्नशील थे। परिणामतः इस स्थल पर उक्त सभी वैष्णव सम्प्रदायों के ग्रन्थागार स्वतः ही अभिवृद्धि पाते रहे। जिन्हें निम्नानुसार समझा जा सकता है—

पारम्परिक ग्रन्थागार-

1	राधादामोदर मंदिर	-गौड़ीय सम्प्रदाय
2	सूरजाकुंज	-गौड़ीय सम्प्रदाय
3	राधारमण मंदिर	-गौड़ीय सम्प्रदाय
4	रघुनाथ भट्ट गोस्वामी पीठ	-गौड़ीय सम्प्रदाय
5	राधाबल्लभ मंदिर	-राधाबल्लभ सम्प्रदाय
6	रासमण्डल	-राधाबल्लभ सम्प्रदाय
7	श्रीजी की कुंज	-निम्बार्क सम्प्रदाय
8.	पड़रौना कुंज	-निम्बार्क सम्प्रदाय
9.	यशोदानंदन मंदिर	-निम्बार्क सम्प्रदाय
10.	टटिया स्थान	-हरिदासी सम्प्रदाय
11.	रसिक बिहारी मंदिर	-हरिदासी सम्प्रदाय
12.	गोरेलाल मंदिर	-हरिदासी सम्प्रदाय
13.	शाहजहाँपुर मंदिर	-ललित सम्प्रदाय
14.	गोपीनाथजी का मंदिर (डेरागाजी खां, सुक्खनमाता गली)	-वल्लभ सम्प्रदाय

उक्त पारम्परिक स्थलों में से कुछ स्थानों पर हालाँकि आज वह ग्रन्थ परिमाण दर्शित नहीं होता तथापि इन स्थानों की सेवा परम्परा से जुड़े सेवायत परिवारों तथा सम्बद्ध अन्य महानुभावों के यहाँ अभी भी परम्परागत पोथियों के अच्छे संग्रह

देखे जा सकते हैं। स्थानीय राधाबल्लभ सम्प्रदाय की बिन्दु कुल एवं नाद कुल[91] परम्परा में संकलित वैविध्यपूर्ण पोथियों का संग्रह वृन्दावन का अपना वैषिष्ट्य है। कालांतर में वृन्दावन के लिखियाओं द्वारा प्रतिलिपित पोथियाँ भारतवर्ष के विभिन्न हस्तलिखित ग्रन्थागारों तक पहुँचीं, जहाँ आज भी इनका अच्छा संग्रह देखा जा सकता है। राजस्थान में प्राच्य विद्या प्रतिष्ठान जोधपुर सहित उसकी भरतपुर और अलवर शाखाओं में इनका वैविध्यपूर्ण संकलन देखने को मिलता है। इसी के साथ वहाँ खास मोहर संग्रह, महाराज मानसिंह द्वितीय संग्रहालय जयपुर, संजय शर्मा शोध संस्थान जयपुर, हस्तलिखित ग्रंथागार किशनगढ़ एवं निम्बाकाचार्यपीठ, सलेमाबाद में भी यह पोथियाँ दर्शित होती हैं। राधाबल्लभ सम्प्रदाय का प्रसार गुजरात तथा बिहार तक होने के चलते अहमदाबाद एवं पटना के समीपवर्ती क्षेत्रों में भी इनकी उपलब्धता सहजतापूर्वक देखी जा सकती है। इसी के साथ मध्य भारत में दतिया स्टेट लाइब्रेरी, दतिया, पं. मोतीलाल नेहरू लॉ कालेज, छतरपुर के अलावा उत्तर भारत के हिन्दी साहित्य सम्मेलन, प्रयाग, नागरी प्रचारिणी सभा, वाराणसी, रामपुर रजा लाइब्रेरी रामपुर, राज्य अभिलेखागार, लखनऊ, के.एम. मुंशी भाषा विज्ञान विद्यापीठ, पाण्डुलिपि विभाग, आगरा एवं श्रीकृष्ण जन्मस्थान पुस्तकालय, मथुरा सहित अनेक संस्थानों में वृन्दावनी साधकों द्वारा रचित एवं प्रतिलिपित पोथियों से साक्षात्कार किया जा सकता है। कालांतर में स्थानीय उपरोक्त पारम्परिक ग्रन्थागारों की सामग्री भी अन्य-अन्य स्थलों पर स्थानांतरित हुई। वृन्दावन के लिखियाओं द्वारा प्रतिलिपित बहुत सी पोथियाँ वृन्दावन के विभिन्न ग्रंथागारों एवं शोध संस्थानों में आज भी देखी जा सकती हैं। यहाँ वैष्णव भक्ति साहित्य के साथ ही तत्कालीन स्थानीय इतिहास, संस्कृति एवं समाजिक व्यवस्था का बोध कराने वाले दुर्लभ ग्रन्थ भी मौजूद हैं-

1. श्रीहित पुस्तकालय, राधाबल्लभ मंदिर, वृन्दावन
2. श्रीरंग मंदिर ग्रंथागार, श्रीरंग मंदिर, वृन्दावन
3. रसभारती संस्थान, सेवाकुंज गली, वृन्दावन
4. ब्रज संस्कृति शोध संस्थान, पत्थपुरा, वृन्दावन
5. स्वामी श्रीअखण्डानन्द पुस्तकालय, मोतीझील, वृन्दावन
6. चैतन्य प्रेम संस्थान, जयसिंहघेरा, वृन्दावन
7. वृन्दावन शोध संस्थान, रमणरेती, वृन्दावन
8. सरस्वती ग्रन्थागार आई.ओ.पी. रमणरेती, वृन्दावन

9. जीव संस्थान, शीतलछाया, वृन्दावन
10. ब्रज अकादमी, जयपुर मंदिर वृन्दावन
11. निम्बार्क संस्कृत महाविद्यालय, वृन्दावन

उक्त स्थलों के साथ ही वृन्दावन के पुराने मौहल्लों यथा राधाबल्लभ घेरा, पुराना शहर, अठखम्भा, मनीपाड़ा, बिहारीपुरा, प्रेमगली, गौतमपाड़ा, पुराना बजाजा, छीपीगली, राधारमणघेरा, केशीघाट, गोपेश्वर महादेव, टकसाल गली, गोविन्दबाग, बागबुंदेला, सेवाकुंज, दानगली एवं ज्ञानगुदड़ी सहित अनेक स्थानों पर लोगों के यहाँ हस्तलिखित ग्रंथों के छोटे-बड़े संग्रह देखे जा सकते हैं।

वृन्दावन के वैष्णव लिखिया साधकों की दीर्घ परम्परा में स्वामी दामोदरदास, गोकुलेश्वरदास, मीठाजी, मकरन्द वैष्णव, श्रीहित परमानन्दजी, केलिदास, गोपाल राय, सेवादास वैष्णव, रामदास वैष्णव, कन्हैयालाल कान्यकुब्ज, राधामोहन माली, ब्रजमोहन, राधिकाशरणदास, वैष्णवदास, हरिराम गौर, श्यामदास निरंजनी, बिहारी विप्र, सर्वेश्वरीदास, हरिहरदास, निधिराम वैष्णव, कृष्णदास, बदरीलाल, दुलालदास, हरिलाल पुजारी, मनसुख वैश्य, शिवलाल, मतीराम, वासुदेव काशीरनाथ, ललितदास, लालजी ब्राह्मण, वैष्णव जयरामदास, राधाकृष्णदास मिश्र, प्रियादास, आसाराम ब्राह्मण, बलरामदास, हरेकृष्णदास, प्रीतमदास, भावशंकर, सीसराम, व्यासमुरलीधर, ब्रजकमलदास, गंगाराम ब्राह्मण, भीकम ब्रजवासी, हरिनारायण मिश्र, हरिदेव, गोवर्धनदास, लखन सनेही, रामानन्द, परमारथीदास, माधवचरणदास, लाड़िलीशरण नन्दराम, नानूराम, चैतन्यदास वैष्णव, मनोहरीचन्द्र, गोपीनाथ वैष्णव, लक्ष्मण, गोपाल पुजारी, जगन्नाथ दास, गुरुध्वज रामानुजादास, रामरूप शर्मा, बलदाऊदास, प्यारेलाल मिश्रा, राजाराम, मदनमोहनदास, पुरुषोत्तम मिश्र, किशोरीशरण अलि, बुद्धाराम, किशोरदास, कृष्णचरण शर्मा, सुन्दरलाला, भवानीप्रसाद, देवीप्रसाद एवं विष्णुप्रसाद चौबे सहित अनेक महानुभावों के नाम दृष्टिगोचर होते हैं। इनके द्वारा विविध कालक्रमों में वृन्दावन की पवित्र भूमि पर तैयार पोथियाँ आज भी विभिन्न हस्तलिखित ग्रन्थागारों में दर्शित हैं। उल्लेखनीय है कि इनमें से अधिकांश वैष्णव लिखिया साधक सिर्फ अच्छे सुलेखक ही नहीं अपितु श्रेष्ठ रचनाकार भी थे। जिनके द्वारा पोथियों की प्रतिलिपियाँ तैयार करने के साथ ही पर्याप्त मात्रा में स्वसाहित्य सृजन भी किया गया है।

सन्दर्भ

1. विक्रम सम्वत 1650-60 के मध्य रामानन्द सम्प्रदाय के नाभादासजी द्वारा 'भक्तमाल' की रचना के बाद वि.सं. 1761 में इस पर वृन्दावन के गौड़ीय साधक प्रियादास जी द्वारा भक्ति रस बोधिनी (टीका) लिखी गई। कालांतर में यहाँ संत वैष्णवदास द्वारा इस टीका पर पुनः टिप्पण भी लिखा गया। उक्त ग्रंथ परम्परा को तत्कालीन दौर में खासी लोकप्रियता मिली। प्रियादास द्वारा रचित भक्ति रस बोधिनी टीका की कई अन्य प्रतियाँ जहाँ भारतवर्षीय शोध प्रतिष्ठानों में प्राप्त होती हैं, वहीं लिखिया रामदास द्वारा संवत 1896 में तैयार इसकी एक प्रति इण्डिया ऑफिस लाइब्रेरी में क्र. बी 52 तथा एक अन्य प्रति जो सं. 1851 में तैयार हुई की विद्यमानता क्र. 1910 पर हारवर्ड विश्वविद्यालय, लंदन के ग्रंथागार में होने की जानकारी डॉ. परमेश्वरी लाल गुप्त ने "यूरोप और अमेरिका के हिन्दी हस्तलिखित ग्रंथ" के अन्तर्गत दी है। हमें अपने सर्वेक्षण में प्रियादास की भक्ति रस बोधिनी टीका की रचना के ठीक 13 साल बाद की प्रतिलिपि भी वृन्दावन के अठखम्भा मौहल्ला स्थित मनुआलाल जी संग्रह में दृष्टिगोचर हुई जिसका विवरण उक्तानुसार दर्ज किया गया है।
2. दतिया स्टेट लाइब्रेरी क्र. 149
3. डॉ. परमेश्वरीलाल गुप्त, यूरोप और अमेरिका के हिन्दी हस्तलिखित ग्रंथ वाराणसी।
4. उत्तर मुग़लकाल में स्थापित एक वैष्णव सम्प्रदाय जिसके प्रवर्तक वंशी अलि थे। वृन्दावन की रसोपासना परम्परा से सम्बद्ध इस सम्प्रदाय में विपुल साहित्य सृजित एवं पल्लवित हुआ।
5. कागज के अस्त-व्यस्त ऐसे पन्ने जिन्हें लिखने के उपरान्त गोल करके रख दिया जाता है।
6. डॉ. बाबूलाल गोस्वामी: ललित सम्प्रदाय सिद्धान्त और साहित्य।
7. डॉ. नरेशचन्द्र बंसल: पाण्डुलिपियों के संरक्षण की भारतीय दृष्टि, कासगंज।
8. गोस्वामी चिन्मयलाल जी अहमदाबाद का संग्रह (सौजन्य-रसभारती संस्थान, वृन्दावन)।
9. पोथी निधि अभिलेखागार डिजिटल संग्रह-ब्रज संस्कृति शोध संस्थान, वृन्दावन।
10. पोथी निधि अभिलेखागार डिजिटल संग्रह (छतरपुर)-ब्रज संस्कृति शोध संस्थान, वृन्दावन।
11. यशोदानंदन मंदिर-अभिलेखागार, बसना 3
12. वृन्दावन शोध संस्थान, क्र. 2448 तंत्रसार, पाण्डुलिपि संरक्षण की भारतीय दृष्टि-डॉ नरेशचन्द्र बंसल
13. पद संग्रह प्रतिलिपिकार चुन्नीलाल वैष्णव, रसभारती संस्थान, वृन्दावन क्र. 01
14. संशोधनकर्त्ता द्वारा यह हिताब्ध गो. हित हरिवंश जी का जन्मकाल वि. सं. 1530 मानकर अंकित किया गया है जबकि प्राचीन वाणियों में इनका जन्मकाल वि.सं. 1559 उल्लिखित है।
15. रसभारती संस्थान, वृन्दावन क्र. 62

16. **लिखि-लिखि श्री भागौत पुरान। दस पुस्तक सुन्दर लिपि बान।।**
गुरुकुल में पधराई तथा। पात्र विचार और ठां जथा। (भगवतमुदित कृत रसिक अनन्यमाल, दामोदर स्वामी की परचई)।
17. मदनमोहनदासजी कृत हितशास्त्र, रसिक, सुजस प्रसंग, पृ. 71
18. इस ग्रन्थ के प्रणेता भगवत मुद्रित गौड़ीय सम्प्रदाय के अनुयायी थे। इस ग्रंथ में रचनाकाल का उल्लेख नहीं है तथापि ग्रन्थ में विद्यमान ऐतिहासिक तथ्यों के आधार पर इसका रचनाकाल वि.सं. 1714 में लगभग माना जा सकता है। भगवत मुद्रित संत वेश लेने से पूर्व आगरे के सूबेदार शुजाउल्मुल्क के दीवान थे। ब्रिटिश कलक्टर एफ.एस. ग्राउस से अपने ऐतिहासिक ग्रन्थ "मथुराः ए डिस्ट्रिक्ट मेमॉयर" में इनका उल्लेख किया है।
19. यह राधाबल्लभ सम्प्रदाचायार्य गो. श्रीहित हरिवंश महाप्रभु के ज्येष्ठ पुत्र थे। इनकी प्रेरणा से ही अब्दुल रहीम खानखाना के दीवान सुन्दरलाल कायस्थ ने लाल पत्थर वाला राधाबल्लभजी का मंदिर बनवाया था।
20. विक्रम की 16-17वीं शताब्दी में सेवक जी (दामोदरदासजी) राधाबलल्भ सम्प्रदाय के प्रमुख वाणीकार माने गए हैं। इनके द्वारा वि.सं. 1610 के लगभग सेवकवाणी का प्रणयन किया गया। जिसे स्थानीय रसिक समाज में अत्यन्त श्रद्धा एवं सम्मान प्राप्त है। राधाबल्लभ में प्रचलित हैं—
सेवक वाणी जे नहीं जानैं। तिनकी बात रसिक नहीं मानैं।
इस वाणी को सम्प्रदायाचार्य गो. श्रीहित हरिवंश की रचना 'हित चतुरासी' के साथ लिखा एवं पढ़ा जाना इस वैष्णव समाज का अपना पारम्परिक वैशिष्ट्य है।
21. भगवत मुदित कृत रसिक अनन्यमाल, सेवकजी की परिचई।
22. निजमत सिद्धान्तः किशोरदास, मध्य खंड, छन्द 210
23. गौड़ीय देवालयी दस्तावेज, सौजन्य— रघुनाथ भट्ट गोस्वामी, वृन्दावन
24. डॉ. इरफान हबीब : मध्यकालीन भारत-4, नई दिल्ली
25. जीव गोस्वामी द्वारा रचित 'गोविन्द मंदिर अष्टक' में आमेर नरेश महाराज मानसिंह द्वारा विं.सं 1647 में वृन्दावन के गोविन्ददेव मंदिर को बनवाने का उल्लेख मिलता है। इसी विवरण में आगे राजा कल्याणदास को मंदिर का अधिदर्शक बताया गया है, उल्लेखनीय है कि मंदिर बनने के दौरान राजा मानसिंह अकबर के आदेश से बंगाल तथा उड़ीसा के विद्रोहों का दमन करने में व्यस्त थे जिसके चलते उन्होंने अपने अधीनस्थ सरदार राजा कल्याणदास को वृन्दावन में मंदिर निर्माण तथा कारीगरों के निर्देशन की जिम्मेदारी दी।
26. डॉ. सत्येन्द्रः पण्डुलिपि विज्ञान, जयपुर
27. **श्रीमानकर्वरो यदा भुवमपात् सर्वा निसर्गादसौ।**
सर्वः सौख्यमवाप सज्जनगणा स्व धर्ममुच्चैर्भजन्।।
श्रीगोविन्द पदं तदे तदपि तद्वासाय सद्वैष्णवा।
लम्भं लम्भ महा सुखेन ददते तस्मै सदैवाशिषः।।2।।
(जब श्रीमान अकबर सहज रूप से (शान्तिपूर्वक) समस्त पृथ्वी का भलीभाँति पालन

करता था, तब अपने-अपने धर्मों का स्वतंत्रता से पालन करते हुए सभी सज्जन वृन्द ने सुख का अनुभव किया और भगवान के पद स्थान (वृन्दावन) को निवास योग्य जानकर श्रेष्ठ वैष्णवों ने बार-बार उसको आशीर्वाद दिया।)

(गोपाल नारायण बोहराः मान चरितावली, जयपुर)

28. डॉ. सत्येन्द्रः पाण्डुलिपि विज्ञान, जयपुर।
29. हस्तलिखित ग्रंथागार-29, ब्रज संस्कृति शोध संस्थान, वृन्दावन।
30. हस्तलिखित ग्रंथागार-30 ब्रज, संस्कृति शोध संस्थान, वृन्दावन।
31. पत्र संग्रह— क्र. 32, ब्रज संस्कृति शोध संस्थान, वृन्दावन।
32. नेही नागरीदासजी की वाणी।
33. वल्लभरसिकजी की वाणी।
34. चाचा वृन्दावनदास कृत 'ज्वर उराहनौ'।
35. कमल कुँवरि की वाणी (अप्रकाशित पाण्डुलिपि)।
36. मदनमोहनदास कृत हितशास्त्र (अप्रकाशित पाण्डुलिपि)।
37. मूल प्रति गोस्वामी चिन्मयलाल जी, अहमदाबाद के संग्रह में।
38. (अ) मूल प्रति गोस्वामी चिन्मयलाल जी, अहमदाबाद के संग्रह में।
    (आ) छायाप्रति रसभारती संस्थान, वृन्दावन क्र. 333
    (इ) पोथी निधि अभिलेखागार-डिजिटल संग्रह, ब्रज संकृति शोध संस्थान, वृन्दावन
39. रसभारती संस्थान, वृन्दावन, क्र. 198
40. रसभारती संस्थान, वृन्दावन, क्र. 152
41. रसभारती संस्थान, वृन्दावन, क्र. 70
42. रसभारती संस्थान, वृन्दावन, क्र. 146
43. रसभारती संस्थान, वृन्दावन, क्र. 115
44. कमल कुँवरि की वाणी (अप्रकाशित पाण्डुलिपि), ब्रज संस्कृति शोध संस्थान, वृन्दावन
45. चतुर्भुज दास कृत 'द्वादश यश' राधावल्लभ सम्प्रदाय की प्रख्यात वाणी है जिसमें वैष्णव भक्तों के आचार-विचार हेतु संप्रदाय संविधान के अनुसार निर्दिष्ट दिशा निर्देश प्राप्त होते हैं इसकी प्राचीन प्रतियां रसभारती संस्थान, वृन्दावन सहित अनेक निजी संग्रहों में मिलती हैं।
46. कमल कुँवरि द्वारा प्रतिलिपित द्वादश यश ग्रंथ की पुष्पिका से।
47. **अष्टादश सतदश जु नव, सम्वत माध सुमास।**
    वन जन प्रशंस कल ग्रंथ यह, कियौ नागरीदास।। नागरीदासजी की वाणी
48. चाचा वृन्दावनदास कृत राधाप्रसाद बेली, रसभारती संस्थान, वृन्दावन।
49. कृष्ण सगाई अभिलाष बेली, चाचा वृन्दावनदास रसभारती संस्थान, वृन्दावन।
50. कृष्ण प्रति जसुमति शिक्षा बेली, चाचा वृन्दावनदास रसभारती संस्थान, वृन्दावन।
51. पोथी निधि अभिलेखागार डिजिटल संग्रह-ब्रज संस्कृति शोध संस्थान, वृन्दावन।
52. पोथी निधि अभिलेखागार डिजिटल संग्रह-ब्रज संस्कृति शोध संस्थान, वृन्दावन।
53. रसभारती संस्थान क्र. 73

54. रसभारती संस्थान, क्र. 1158
55. हित परमानन्द पुस्तकालय, वृन्दावन।
56. रसभारती संस्थान क्र. 75
57. रसभारती संस्थान, वृन्दावन, क्र. 202
58. चूँकि बंगला संवत है इसलिए विक्रम संवत हेतु 1238 + 650 = 1888 वि. सं.
59. पोथी निधि अभिलेखागार— ब्रज संस्कृति शोध संस्थान।
60. अष्टयाम सेवा समय प्रबन्ध (चतुर्दश), रसभारती संस्थान।
61. ब्रज प्रेमानन्द सागर, रसभारती संस्थान।
62. वृन्दावन प्रेमविलास बेली, रसभारती संस्थान।
63. ब्रज प्रेमानन्द सागर राधाकृष्ण लीला सूचनिका, बरनन, रसभारती संस्थान।
64. रसभारती संस्थान वृन्दावन, क्र. 152
65. पुष्पिका-राधासुधानिधि स्तव कौ समय प्रबन्ध, रसभारती संस्थान, वृन्दावन।
66. रसभारतीस संस्थान, वृन्दावन, क्र. 115
67. राधाबल्लभ सम्प्रदाय की पोथियों में यदा-कदा विक्रम सम्वत् के स्थान पर हिताब्ध अंकित करने की परम्परा भी रही है। यह 'हिताब्ध' सम्प्रदाय प्रवर्तक गोस्वामी श्रीहित हरिवंश जी जन्मकाल वि. संवत् 1556 के आधार पर चलता है।
68. बाबा ध्रुवअलीजी का संग्रह, राधाबल्लभ मंदिर, वृन्दावन
69. बाबा मौनीदासजी, सुदामाकुटी के समीप परिक्रमा मार्ग, वृन्दावन के संग्रह से
70. गोस्वामी अद्वैत चरण जी का संग्रह, राधारमण घेरा, वृन्दावन
71. गोस्वामी ब्रजजीवनजी, छोटी सरकार, अठखम्भा, वृन्दावन के संग्रह से
72. मंदिर अभिलेखागार वसना क्र. 4
73. मंदिर अभिलेखागार वसना क्र. 3
74. पोथी निधि अभिलेखागार डिजिटल संग्रह, ब्रज संस्कृति संस्थान, वृन्दावन
75. ब्रज संस्कृति शोध संस्थान, वृन्दावन
76. ब्रज संस्कृति शोध संस्थान, वृन्दावन
77. पोथी निधि अभिलेखागार, ब्रज संस्कृति शोध संस्थान, छतरपुर संग्रह
78. रासभारती संस्थान वृन्दावन, क्र. 335
79. पोथी निधि अभिलेखागार, ब्रज संस्कृति शोध संस्थान, वृन्दावन
80. बाबा रासबिहारीदास कैमारवन, परिक्रमा मार्ग वृन्दावन के संग्रह से
81. ब्रज संस्कृति शोध संस्थान पोथी निधि अभिलेखागार
82. संस्कृत कैटलॉग-3 पृ. 493, वृन्दावन शोध संस्थान
83. अकबर साहित्य का गहरा अनुरागी था। स्वयं कम पढ़ा लिखा होने पर भी वह सभी धर्मों के दर्शन एवं परम्परा के प्रति दिलचस्पी रखता था। अकबर के सन्दर्भ में महत्त्वपूर्ण जानकारियाँ अबुल फलज ने 'आईन-ए-अकबरी' में दर्ज की है। उसने हिन्दू तथा मुस्लिम विद्यार्थियों के लिए शिक्षा पाठ्यक्रम भी तैयार कराया था जिसमें संस्कृत पढ़ने वालों के लिए व्याकरण, न्याय वेदान्त एवं पातंजल आदि से जुड़ा पाठ्यक्रम पढ़ाया

जाता था। उसका अपना समृद्ध पुस्तकालय भी था, जहाँ गद्य, पद्य, अरबी, फारसी, हिन्दी, ग्रीक, कश्मीरी आदि भाषाओं की पुस्तकें वर्गीकृत करके रखी जाती थी। (हिन्दी वि.को. नगेन्द्रनाथ, अकबर– पृ. 26)

84. लिखि-लिखि श्री भागौत पुरान। दस पुस्तक सुन्दर लिपि बान।। ˙ ˙ ˙ (भगवदमुदित कृत रसिक अनन्यमाल-दामोदर स्वामी की परचई, 17वीं शताब्दी)।
85. गदाधर भट्ट गौड़ीय सम्प्रदाय से जुड़े प्राचीन वाणीकार भी रहे हैं। वृन्दावन में अठखम्भा पुराना शहर स्थिर रघुनाथ भट्ट गोस्वामी पीठ, मदनमोहन मंदिर में इनसे संबंधित कई अभिलेख तथा पांडुलिपियां दृष्टिगोचर होती हैं।
86. गदाधर भट्ट द्वारा तैयार की गई सम्वत् 1662 सन् 1606 में संकल्प पत्र फोटो सौजन्य रघुनाथ भट्ट गोस्वामी पीठ, वृन्दावन।
87. बुलेटिन आफ द स्कूल आफ ओरियंटल एण्ड अफ्रीकन स्टडीज यूनीवर्सिटी आफ लंदन, भाग-2, 1979 तारापद मुखर्जी खण्ड जे.सी. राइट।
88. वृन्दावन शोध संस्थान, क्र. 5425
89. गोपालराय कृत वृन्दावन धामानुरागानुवली, अप्रकाशित पांडुलिपि।
90. गो. राधाचरण जी की आत्मकथा, ब्रज संस्कृति शोध संस्थान में संग्रहीत।
91. राधाबल्लभ सम्प्रदाय के प्रवर्तक श्रीहित हरिवंश जी की वंश परंपरा को बिंदु कुल तथा उनके विरक्त साधकों की शिष्य-प्रशिष्य परम्परा को नाद कुल संबोधित किये जाने की परंपरा है।

12

नारायणदास 'नाभा' कृत भक्तमाल व उसकी परम्परा में रचा साहित्य

ब्रजेन्द्रकुमार सिंहल

1. पूर्वपीठिका:

अनूपसिंह की बेटी सुजानकुँवरिबाई को, पठनार्थ रसिक नाम्नायानुयायी श्रीमीठाजी ने वृन्दावन में विक्रमसम्वत् 1782, माघ कृष्ण त्रयोदशी को नारायणदास नाभा का भक्तमाल भक्तिरसबोधिनी टीका के साथ लिखकर दिया। वर्तमानकालीन वृंदावन के विद्वानों के अनुसार भक्तमाल की यही ज्ञात प्राचीनतम प्रति है।

मेरे पास वृन्दावन में ही कृष्णदास वैष्णव की प्रति से श्यामदास निरंजनी द्वारा लिपिकृत वि. सं. 1792 की हस्तलिखित प्रति की श्यामश्वेत छाया प्रति उपलब्ध है।

ऐसी स्थिति में मैं भी यही मानता रहा कि संभवत: वि. सं. 1782 की ही सर्वाधिक प्राचीन प्रति है। मैंने उसको प्राप्त करने से प्रभूत प्रयत्न किये किन्तु अभी तक सफलता नहीं मिली।

अब, जब ब्रज-संस्कृति-शोध-संस्थान, वृन्दावन ने अपनी 19 से 21 मार्च 2014 तक आयोज्य संगोष्ठी में भक्तमाल व उसकी परंपरा में निर्मित अन्याय साहित्य विषय मुझे बोलने को दिया है तब मैंने भक्तमाल की प्राचीनतम प्रतियाँ खोजने का काम प्रारंभ किया और भगवत्कृपा से सफलता भी मिली है।

राजस्थान-प्राच्यविद्या-प्रतिष्ठान, जोधपुर व उदयपुर में वि. सं. 1699 की एक प्रति, 1724 की दो प्रतियाँ एवम् 1762 की एक प्रति, कुल चार प्रतियाँ मूलपाठ वाली उपलब्ध हैं। ये सभी प्रतियाँ भक्तिरसबोधिनी टीका लिखे जाने से पूर्व में लिखित हैं। अत: इन सभी हस्तलिखित प्रतियों का महत्त्व नि: संदिग्ध है।

वृन्दावन में ही निम्बार्कीय अस्थल में वि. सं. 1776 में लिखित प्रति उपलब्ध है। इसीको आधार बनाकर श्रीब्रजवल्लभशरणजी ने सम्वत् 2017 में भक्तमाल को सम्पादित करते हुए प्रकाशित कराया है। इसके व्याख्याकार श्रीमान् रामकृष्णदेव गर्ग हैं।

इसप्रकार 'नाभा' नारायणदासजी के भक्तमाल की उक्त चार मूल पाठ युक्त प्रतियाँ व तीन टीका युक्त पाठ वाली प्रतियाँ हमको उपलब्ध हैं। ये सभी प्रतियाँ वि. सं. 1800 से पूर्व की हैं। सम्वत् 1800 से 1950 के मध्य लिखी सैकड़ों हस्तलिखित प्रतियाँ मिलती हैं।

मेरे निजी संग्रह में एक पत्राकार प्रति वि. सं. 1888 की है जिसमें 'भक्तिरसबोधिनी' टीका न होकर रामस्नेही संत श्रीबालकरामजी, बिसन्या निवासी (कोटड़ी, भीलवाड़ा, राजस्थान) कृत भक्तदामगुणचित्रणी टीका है। एक दूसरी पत्राकार प्रति वि. सं. 1979 की है जिसमें भी श्रीबालकरामजी की ही भक्तदाम गुणचित्रणी टीका है। एक तीसरी पुस्तकाकार प्रति वि. सं. 1910 में लिखित है जिसमें भक्तिरसबोधिनी टीका है। एक चौथी गुटकाकार प्रति मूल भक्तमाल की है जिसमें लिपिकाल लिखित नहीं है।

विक्रमसम्वत् 1800 से पूर्व लिपिकृत प्रतियों का विवरण निम्नप्रकार है

(2) विक्रमसम्वत् 1699 की प्रतिः यह प्रति राजस्थान-प्राच्यविद्या-प्रतिष्ठान, जोधपुर में 31203 क्रमांक पर पंजीकृत है। इसका आकार 12" × 6" है। इसमें कई रचनाएँ लिखित हैं। भक्तमाल पाँचवें क्रमांक पर लिखित है। पत्रांक 61 से 130 तक इसको लिपिबद्ध किया गया मिलता है। भक्तमाल के पूर्व एक अन्य ग्रंथ भक्तिभवानी का लिपिकाल सम्वत् 1698 दे रखा है जबकि भक्तमाल के अंत में पुष्पिका इसप्रकार है

'इतिश्री दासानिदास नारायणदास कृतं भक्तमालं सम्पूर्णम् जाता। सं. 1699 वर्षे श्रावणे कृष्णपक्षे सप्तम्यां तिथौ सोमवासरे पुर विल्हणसर मध्ये स्वामी कल्याणदास जेणि कृपाप्रसाद लिपिकृतं खेमदासेन मनोहरदास पठनार्थं परमार्थं। हरि भक्तिरस्तु।'

इस प्रति में प्रकाशित रूपकला संस्करण की तुलना में 21 छप्पय कम जबकि कुल 7 छप्पय अधिक हैं। जो छप्पय नहीं हैं उनके क्रमांक हैं 25, 75, 76, ୧0, 88, 95, 110, 148, 186, 187, 188, 189, 190, 191, 192, 193, 194, 196, 197, 198 व 199 हैं। अधिक छप्पयों का विवरण इसप्रकार है दो छप्पय कील्हदास के शिष्य गोविन्द व नृसिंह के सम्बंध में हैं। शेष पाँच छप्पय नये हैं जिनका

सम्बन्ध क्रमशः (1) नरसिंह, (2) सत्यभामा तथा आनंदकुँवरि, (3) सलेमाबाद निवासी केशवदास (4) बरलूँ निवासी खेमदास व (5) दयानंद तथा द्वारकादास से है।

इसके प्रारंभ में श्रीसीतारामोजयति' नामक वस्तुनिर्देशात्मक मंगल सूचक भगवद्वचन है।

(3) विक्रमसम्बत् 1724 की प्रतिः राजस्थान-प्राच्यविद्या-प्रतिष्ठान, जोधपुर का यह ग्रंथांक 12380 है जो दादूपंथ में लिखी गई बड़ी पुस्तक है जिसमें कई ग्रंथ व वाणियाँ लिखित हैं। इसका आकार 10" × 6"है। भक्तमाल पृष्ठ 234 से प्रारम्भ होकर 266 तक लिखित है। रूपकला संस्करण की अपेक्षा इसमें 33 छप्पय कम हैं अर्थात् इसमें 197-33 =164 छप्पय हैं। अप्राप्य छप्पयों के क्रमांक हैं 23, 27, 42, 65, 75, 76, 80, 81, 88, 95, 110, 148, 179, 180, 181, 182, 183, 184, 185, 186, 187, 188, 189, 190, 191, 192, 193, 194, 195, 196, 197, 198 व 199 । इसमें 17 दोहों की जगह 18 मिलते हैं। अधिक दोहा इसप्रकार है—

> **''चारि युगन में जे भगत, तिनकी भूठन पाय।**
> **मैं मति सारौं अखिर द्वै, कीनौ सलौ बनाय।।''**

(4) विक्रमसम्वत् 1724 की प्रतिः राजस्थान-प्राच्यविद्या-प्रतिष्ठान के उदयपुर शाखा कार्यालय में यह ग्रंथ क्रमांक 2400 पर दर्ज है। इस प्रति में कुल 13 रचनाएँ हैं जिनमें से भक्तमाल पहले क्रमांक पर लिखित है। पृष्ठांक एक से प्रारंभ होकर यह ग्रंथ 65 तक लिखित है। इसका आकार 8" × 6" है। इसका प्रारम्भ इसप्रकार हुआ है

''ॐ नमः श्रीकृष्णायनमः श्रीगुरुभ्य परमगुरुभ्य नमः। लिखित भक्तमाल श्री वैष्णवचरणप्रसीदतुं ।। साषी।। भगत भगति भगवन्त गुरु · · · ।।

पुष्पिका इसप्रकार है—

''इतिश्री भगतिमाल सम्पूर्ण समाप्तं।। सम्वत 1724 श्लोक यदिक्षरप्रदं भ्रष्टं मात्रा हीनं च छानवेत। सर्वक्षमता देवः प्रसीद परमेश्वरम्।

भक्तमाल के अंत में लेखक का नाम नहीं है फिर भी अन्याय ग्रंथों की पुष्पिकाओं में लिपिकार का नाम क्रमशः श्यामदास वैरागी, वैष्णव श्यामदास व भगत स्याम घमंडीजी मिलता है। यह प्रति राठौर भाणजी (उदयपुर) के पठनार्थ लिखी गई है।

इसमें 33 छप्पय नहीं हैं जिनके क्रमांक हैं 23, 75, 76, 80, 88, 95, 103, 104, 105, 106, 110, 148, 170, 171, 172, 173, 174, 175, 176, 177, 178, 179, 180, 181, 182, 183, 184, 185, 186, 187, 188, 189, 190, 191;

इसमें दोहे 17 ही हैं। यद्यपि यह प्रति काफी अशुद्ध लिपिकृत है फिरभी प्राचीन होने से इसका महत्त्व कम नहीं आँका जा सकता।

वस्तुतः यह प्रति उन रामानन्दी वैरागी साधु समुदाय के मन्तव्यों को सफल करने में सहायक हो सकती है जो रामानन्द को रामानुज-सम्प्रदाय का संत नहीं मानता। इसमें छप्पयांक 35 की ''रामानुज पद्धति प्रताप अवनि अमृत ह्वै अनुसर्‌यो' के स्थान पर 'श्रीरामानन्द पद्धती प्रताप अवनी अमृत होय अनुसर्‌यो' पंक्ति है। वस्तुतः इस प्रति का लिपिकार वैरागी वैष्णव अर्थात् रामानन्द-सम्प्रदाय का साधु है। अतः उसने जानबूझकर रामानुज के स्थान पर रामानन्द कर दिया। रामानन्द पाठ ग्रहित करने से आगे का सारा अर्थ व शृंखलाक्रम गड़ाबड़ा जाता है। अतः सही पाठ रामानुज ही होना उचित है। अन्यान्य सभी प्रतियों में रामानुज पाठ ही है।

(5) विक्रमसम्वत् 1762 की जोधपुर की प्रतिः राजस्थान-प्राच्यविद्या-प्रतिष्ठान, जोधपुर की 14766 संख्यक हस्तलिखित पुस्तक जिसका आकार 6" × 4" है। यह पुस्तक निरंजनी-पंथ-परम्परा में लिखित है जिसमें भक्तमाल के अतिरिक्त निरंजनी तुलसीदास की वाणी भी मिलती है। इसकी पुष्पिका इसप्रकार मिलती है

''इतिश्री दासनिदास नाराइनदास कृतं भक्तिमाल सम्पूरण समाप्ता।। लेखकं पाठकं शुभं भवेत।। सं. 1762 असोज बदि पंचमी।।''

इस प्रति में 19 छप्पय कम हैं यथा 75, 76, 80, 88, 95, 110, 148, 186, 187, 188, 189, 190, 191, 193, 194, 196, 197, व 199 । इसमें दो छप्पय अधिक भी मिले हैं एक दामोदर व दूसरा लालदास से सम्बद्ध। इस प्रति में छप्पयों का क्रमः कई जगह रूपकला संस्करण से मेल नहीं खाता। उदाहरणार्थ रूपकला संस्करण के 86वें छप्पय के पश्चात् इस भक्तमाल में जो 6 छप्पय आये हैं उनका रूपकला संस्करण में क्रमांक 89, 92, 136, 137, 138 और 139 है। ऐसी स्थिति में रूपकला के इन क्रमांकों पर पुस्तक के अन्य छप्पय हैं जिससे क्रम मिलाना थोड़ा टेढा काम है।

(6) विक्रमसम्वत् 1776 में लिपिबद्ध वृंदावनस्थ निम्बार्कीय-अस्थल की प्रतिः जिस गुटके में यह भक्तमाल उपलब्ध है उसमें कुल 25 रचनाएँ संकलित हैं। भक्तमाल छठे क्रमांक पर पृष्ठांक 43 से 93 तक लिखित है। इसका कागज

देशी मोटा 6" × 8¼" आकार का है। हरताल का प्रयोग इसमें नहीं किया गया है। हाँ, कहीं-कहीं छूटा हुआ पाठ हाशिए भी लिखा अवश्य मिलता है। इसका प्रारम्भ इस प्रकार होता है

'अथ भक्तिमाल लिख्यते।। दोहा।। भक्ति भक्त भगवंत गुरु ··· ।''

अंत इसप्रकार है :

'इति भक्तिदाम श्रीनारायणदासजी कृत संपूर्णम् शुभं भवेत।।

भक्तमाल के अन्त में तो नहीं किन्तु अन्य ग्रंथ विरदनामावली के अन्त में (पत्रांक 180) लिखा मिलता है

''इतिश्री विरदनामावली संपूर्णः ।। संवत् 1776 ।। मिती श्रावण मासे शुभ कृष्ण पक्षे त्रयोदस्यां सनिवारे लिखतं दुबे रामचंद्र लिखायतं चिरंजीव कृष्णगुपाल।।''

रूपकला संस्करण से तुलना करने पर इसमें 19 छप्पय कम मिलते हैं यथा 23, 75, 80, 95, 110, 116, 158, 186, 187, 188, 189, 190, 191, 192, 193, 196, 197, 198, 199.

इस प्रति में तीन नये छप्पय भी मिलते हैं, 183 के पश्चात्

''संत कमल सुखदेव को दामोदर दुनियर उदित।।

''श्रीहरिदास प्रसाद गुण भयौ बिहारी दास।।''

छंद 184 के पश्चात्

भली भाँति भगवंत को लालदास जस विसतर्‍यौ,''

इसमें 17 दोहों के स्थान पर 18 दोहे हैं। यद्यपि यह प्रति बड़ी ही सावधानी के साथ लिखी गई लगती है फिर भी यत्र-तत्र कुछ भूलें हुई हैं। अस्तु!

ऊपर पाँच प्रतियों की चर्चा की गई है। इनमें से सम्वत् 1776 का सम्वत् 1699, 1724 व 1762 की प्रतियों से संकीर्ण सम्बन्ध स्थापित नहीं होता। 1776 की प्रति पृथक् परंपरा की जबकि अन्य चारों प्रतियाँ न्यूनाधिक रूप से पृथक् परम्परा की हैं। दोनों परंपराओं की प्रतियों का पाठ मिलाने पर 174 छप्पय व 17 दोहें सभी प्रतियों में समान रूप से मिलते हैं। अतः इनको नाभाजी की रचना मानना समीचीन जान पड़ता है। रूपकला संस्करण के जो छप्पय इन प्रतियों में नहीं मिलते उनके क्रमांक इसप्रकार हैं

क्रम संख्या	छप्पयांक	प्रथम पंक्ति
1.	23	रत्तक पत्रक और पत्रि सबही मन भावै।

2.	75	कास्मीर की छाप पाप तापनि जग मंडन।
3.	76	मधुर भाव सम्मिलित ललित लीला सुविलत छबि
4.	80	श्रीगिरधरजू सरस सील गोविन्द जु साथहि।
5.	88	नृत्य नृत्य गान गुन निपुन रास में रस बरसावत।
6.	95	तन मन धन परिवार सहित सेवत संतन कह।
7.	110	लीला पद रस रीति ग्रंथ रचना में नागर।
8.	116	श्रीकृष्णदास उपदेस परमतत परचौ पायो।
9.	148	सदा जुक्त अनुरक्त भक्त मंडल को पोषत।
10.	158	आसकरन रिषिराज रूप भगवान भक्ति गुरु।
11.	186	लाल बिहारी जपत रहत निसि बासर फूल्यौ।
12.	187	भक्ति जोग जुत सुदृढ़ देह निज बलि करि राखी।
13.	188	भजन भाव आरूढ गुन बलित ललित जस।
14.	189	जगन्नाथ को दास निपुन अति प्रभु मन भायौ।
15.	190	सदाराम सदवृत्ति जगत छोई करि डार्यौ।।
16.	191	कृष्ण भक्ति को थम्भ ब्रह्म कुल परम उजागर
17.	192	रुचिर सील घन नील सील रुचि सुमति सरित पति।
18.	193	श्रीयुत नृप मनि जगत सिंह दृढ भक्ति परायन।
19.	194	प्रेमी भक्त प्रसिद्ध गान अति गदगद बानी।
20.	196	सीतल परम सुसील बचन कोमल मुख निकसै।
21.	197	भक्ति ज्ञान बैराग जोग अंतर अति पाग्यौ।
22.	198	कुंज बिहारी केलि सदा अभिअंतर भासै।
23.	199	गौर स्याम की प्रीति प्रीति जमुना कुंजनिसौं।

उक्त 23 छप्पयों में से 23, 76, 80, 88, 110, 158, 189, 190, 191, 192, 193 तथा 199 पर प्रियादास की टीका नहीं है जबकि निम्न 11 छप्पयों पर टीका है 75, 95, 116, 148, 186, 187, 188, 193, 194, 196, 198 इन ग्यारह छप्पयों पर कुल 34 मनहर टीका के हैं।

निष्कर्षतः यदि संकीर्ण सम्बन्धानुवर्ती पाठालोचन विज्ञानानुसार 23 छप्पयों को अप्रामाणिक मानना सुनिश्चित् हो जाता है तो उक्त 11 छंदों पर उपलब्ध 34 टीका के मनहार छंद भी स्वतः ही अप्रामाणिक मानने होंगे, किन्तु मेरे मतानुसार ऐसा मानना अनुचित ही होगा; क्योंकि प्रियादास को जितने छंद मिले, उन्होंने

उनपर टीका लिखी। टीका के छंद प्रियादास रचित हैं। अतः सुनिश्चितः 634 मनहर छंद प्रियादास द्वारा रचित हैं। सटीक सभी संस्करणों में टीका के 634 मनहर छन्द ही मिलते हैं। ऐसी स्थिति में उक्त 34 मनहर छन्दों को अप्रामाणिक मानना सर्वथा अनुचित है।

उक्त 174 छप्पयों के आधार पर नारायणदास नाभा का स्थितिकाल और भक्तमाल का रचनाकाल भी पुनर्निर्धारित किया जा सकता है। अस्तु!

ऊपर हमने तीन भक्तिरसबोधनी व दो भक्तदामगुणचित्रणी टीकायुक्त प्रतियों की चर्चा की है। एक मीठाजी 1782 की प्रति व दूसरी 1792 की श्यामदास निरंजनी की कृष्णदास वैष्णव वृन्दावन निवासी की प्रति से लिप्यंतरित प्रति व तीसरी वि.सं. 1910 में लिखी पुस्तकाकार प्रति।

(7) मीठाजी की प्रति मेरे पास नहीं है। सह वृंदावन-शोधसंस्थान में उपलब्ध है, मुझे ऐसा मालूम हुआ है कि पाठालोचन के मान्य विद्वान् वृन्दावनीय भक्तिसाहित्येतिहास के उद्भट विद्वान् डॉ. नरेशचन्द्रजी बंसल, कासगंज के पास इसकी श्याम श्वेत छाया प्रति है। इसका अन्तिम पृष्ठ मुझे श्रीमान् लक्ष्मीनाराणजी तिवारी के सहयोग से मिला है जिसकी पुष्पिका इसप्रकार है "इतिश्री भक्ति-रसबोधनी टीका जुत भक्तमाल संपूर्ण।। शुभमस्तु।। संवत 1782 मिती माह वदि 13 लिखितं श्रीवृन्दावन मध्ये रसिकाश्रित मीठा हस्ताक्षरे।। पठनार्थे अनूपसिंहजू की बेटी सुजान कुवरिबाईजी। पृष्ठ 151।

इसमें टीका का अंतिम मनहर छंद 628 वें क्रमांक पर समाप्त हो जाता है। इसका तात्पर्य है, इसमें 634 टीका छंदों के स्थान पर 628 छंद ही हैं अथवा लिपिकार से संख्या लगने की भूलें हुई हो जिससे 6 की संख्या कम पढ़ने में आरही है, वास्तव में संख्या 634 ही है।

(8) श्यामदास निरंजनी की टीका प्रतिः यह राजस्थान-प्राच्यविद्या-प्रतिष्ठान, जोधपुर की 14460 क्रमांक की प्रति है जिसकी छायाप्रति मेरे पास है। यह पत्राकार प्रति पृष्ठ 1 से प्रारम्भ होकर 118 पर पूर्ण होती है।

प्रारंभ

"ऊँ।। नमः।। श्रीपरमात्मने नमः। श्रीराम कृष्णायेनमः।। अथ भक्तमाला नाभाजी कृत लिख्यते।। आज्ञा निरूपण किवित।।

अन्त :

।। 629।। इतीश्रीमदभक्तिमाला भक्तिरसबोधनी टीका संपूर्ण शुभमस्तु संवत सत्रहसे वानवे मिती वैसाक सुदि सप्तमी गुरुवार वैष्णव कृष्णदास हस्ताक्षर पठनीर्थ

चैष्णव श्रीवृन्दवन मध्ये जमना उपकंठे।। तासु प्रति स्यामदास निरंजनी गंगाजमुना मध्ये लिख्यते।। हरि हरि संत समसत वैष्णव कु नमस्कार पादका प्रति।।'' पृष्ठ 118

इसमें कुल 214 मूल भक्तमाल के छंद व 629 टीका के छंद हैं। मूल छंदों का विभाग पृष्ठ 111 पर इसप्रकार लिखा मिलता है

''इतीश्री भगतमाला श्रीनारायणदास कृत संपूरण समाप्तं।। छप्पय 200 दोहारा 14 नाभज् कृत।।''

इस प्रति का लिखित भाग 9½" × 3½" इंच है। प्रति पृष्ठ 12 पंक्तियाँ व प्रति पंक्ति लगभग 35 से 38 अक्षर हैं। अक्षर स्पष्ट, पठनीय, स्वच्छ व सुंदर हैं। छूटा हुआ पाठ कहीं-कहीं हाशिये में लिखा हुआ है। वस्तुतः हमने उपर रूपकला संस्करण में उपलब्ध छंदों से ही पाँच प्राचीनतम प्रतियों के छंदों का संकीर्ण सम्बन्ध विवेचित कर भक्तमाल की मूल व टीका संख्याएँ ज्ञात की हैं किन्तु 1782 व 1792 की टीका प्रतियों से भी संकीर्ण समुच्चय बनाकर निर्णय किया जाना अपेक्षित है। मीठाजी की प्रति-सहित कुछ और टीका-युक्त प्राचीनतम प्रतियाँ मिलने पर मूल व टीका के छन्दों की संख्या का निर्धारण करना भी जरूरी है। अस्तु।

(9) बालकरामजी की टीका भक्तदामगुण चित्रणी में उपलब्ध मूल पदों की संख्या का मिलान करना भी जरूरी है क्योंकि इस टीका युक्त भक्तमाल में मूल छंदों की संख्या 200 छप्पय व 16 दोहा छंद कुल 216 है। इसमें कुछ ऐसे छंद हैं जो रूपकला संस्करण में नहीं मिलते। ऐसे ही, रूपकला संस्करण के कुछ मूल छंद इसमें नहीं मिलते।

जैसा पूर्व में लिखा गया है, मेरे पास इस टीका युक्त दो पत्राकार प्रतियाँ उपलब्ध हैं जिनका विवरण इसप्रकार है

श्रीबालकरामजी ने इस टीका को वि. सं. 1833 फाल्गुन शुक्ला एकादशी बुधवार को लिखकर पूर्ण की है। पं. मोतीलाल मेनारिया ने राजस्थानी-भाषा और साहित्य नामक पुस्तक में 1833 के स्थान पर सम्वत् 1832 लिखा है जो अशुद्ध है।

डॉ. लीलाधर वियोगी ने 1830 लिखा है जो उनके द्वारा अशुद्ध पाठ पढने के कारण लिखा गया मालूम देता है। सही समय 1833 विक्रमसम्वत् ही है। यथाः

'भक्तदाम चित्रणी सो टीका अद्य सिद्ध होत संवत द्वि नव वर्ष त्रित्रिंस बिताइये।।
फाल्गुन मास पक्ष शुक्ल सो एकादशी, अमला विमला दिन सोमपुत्र आइये।।

-पृष्ठ 644 प्रकाशित संस्करण।

बालकरामजी संस्कृत, हिन्दी, मेवाड़ी, ब्रजी भाषाओं के अधीत्‌विद्वान् संत थे

और बिसन्या नामक गाँव में रहा करते थे।

इनका साकेतगमन 1852 वि. सं. में हुआ। इनके दो शिष्य रामदासजी व उद्धवदासजी थे। इन्होंने कई अन्य ग्रंथों का सृजन भी किया।

भक्तदामगुणचित्रणी टीका के प्रारम्भ में 5 श्लोक, आठवें रचनाछंद में एक व अंत में 6 श्लोकों के अतिरिक्त ब्रजभाषा के 6622 छंद हैं। प्रियादास ने मनहर छंदों में जबकि दादूपंथी चतुरदास ने इंदव छंदों में अपनी-अपनी टीकाएँ लिखी किन्तु बालकरामजी ने कुल 15 प्रकार के छंदों का प्रयोग किया है जिनके नाम हैं —दोहा, चौपाई सोरठा गीतक, चामर, जुगलत्रोटक मनहर चौपइया, पद्धरी, त्रोटक, भुजंगप्रयात, पंवगम, माधुरी व चंपक। इन्होंने कुल 108 अध्यायों जिनका नाम रचनावृन्द इन्होंने लिखा है में टीका लिखी है। राजर्षि पीपा के ऊपर तीन रचनावृन्द हैं तो कई भक्तों का एक ही रचनावृन्द मे उल्लेख (टीका) है। कई भक्तों की टीकाएँ प्रियादासी टीका में नहीं है किन्तु इन्होंने उनकी टीकाएँ लिखी हैं जैसे चित्तौड़ की झाली रानी। इनकी टीका पर अनंतदास की परचइयों का भी प्रभाव स्पष्ट दिखता है।

इन्होंने कई स्थानों पर प्रियादास की टीका अथवा जन प्रचलित जनश्रुतियों से भी मतभिन्नता व्यक्त की है। उदाहरणार्थ घाटम मीणा के प्रसंग में इन्होंने लिखा है कि घोड़े के रंग पलटने की घटना घाटम मीणा से सम्बद्ध न होकर नापा माली से सम्बन्धित है। सेऊ व सम्मन में कौन पिता व कौन पुत्र है, के सम्बन्ध में बालकरामजी का मत परचईकार अनंतदास से भिन्न है किन्तु सिख-परम्परा द्वारा समर्थित है। सिख-परम्परा में इनको सुमन व मूसन लिखा गया है, लाहौर के निवासी बताए गये हैं। वस्तुतः भत्तमाल की टीकाओं का अध्ययन इस दृष्टि से करना भी अत्यावश्यक है।

बालकरामजी की भक्तदामगुणचित्रणी टीका की पहली प्रति खाचरोद रामद्वारे में सन्त उत्तमरामजी द्वारा चैत्र शुक्ला पंचमी वि. सं. 1888 को लिखकर पूर्ण की गई है। यह पत्राकार प्रति है। लिखावट सुन्दर, सुडौल व स्फीत है। पाठ शुद्ध है। इसमें कुल 296 पृष्ठ हैं। लिखित भाग का आकार $20\frac{1}{2} \times 9$ सेंमी. है। प्रारम्भ के कुछ पृष्ठों पर कठिन शब्दों के अर्थ लिखे हुए हैं। जिससे ऐसा अनुमान होता है कि इस प्रति से किसी विद्यार्थी संत ने किसी भक्तमाली संत से संथा लेकर अध्ययन किया होगा।

(10) दूसरी पत्राकार प्रति संत माणकरामजी 'परमहंस', ब्यावर निवासी के शिष्य संत रामभजनजी, कन्नोद निवासी ने खरवा नामक नगर में लिखी है। लिपिकार

का कथन है

श्रीमानक गुरुदेव कृपा हम पर करी।
बड भ्राता की दया परम सुख सुभ घरी।।
भक्तमाल गुणधाम लिखी खरवा पुरी।
परहाँ रामभजन तुछ बुधी एह सब लिख धुरी।।1।। पृष्ठ 393

इसके पश्चात् इस प्रति में दैशिक-प्रशंसा-पद्धति ग्रंथ और है जो ग्रथान्त तक लिखा मिलता है। अन्तिम पृष्ठ 416वाँ है जहाँ रामभजननी के शिष्य संत रामप्रकाशजी ने इसको लिखने का समय आश्विन शुक्ला 8, सम्वत् 1979 लिखा है। वस्तुतः पूरा पत्रात्मक ग्रंथ लिखा रामभजनजी ने ही है किन्तु उन्होंने अपने प्रिय-शिष्य संत रामप्रकाशजी को लिपिकार के रूप में अजर-अमर रखने के लिए पुष्पिका के पाँच ही दोहे उनसे लिखवाये हैं। पूरे ग्रंथ में हस्तलेख रामभजनजी का है क्योंकि ऐसा हस्तलेख ही रामभजनजी द्वारा लिखित अन्यान्य पुस्तकों/ गुटकों से मिलता है। पुष्पिका का हस्तलेख भिन्न है। लिपि सुन्दर, स्फीत एवं सुडौल है। अक्षर पर्याप्त बड़े हैं। वैसे रामभजनजी सफल लेखक व वाणीकार संत थे। इनका एक संकलन ग्रंथ सार-संग्रह-बोध जिसमें 112 रचनाकारों की रचनाएँ अंगानुसार संकलित है का शीघ्र ही प्रकाशन होने ज रहा है। इस ग्रंथ में लिखित भाग का आकार 10" × 4½" है। प्रतिपृष्ठ 14 पंक्तियाँ व प्रति पंक्ति 43 से 45 अक्षर हैं।

(11) मेरे निजी संग्रह में भक्तिरसबोधनी टीका की एक अन्य प्रति पुस्तकाकार भी उपलब्ध है जिसका लेखक अखैगढ़ निवासी व्यास श्यौबक्ष है जिसने लाला रामचंद्रजी के कहने पर इस भक्तमाल को लिखा है। इसका लेखन-समाप्ति-काल चैत्र कृष्णा 3, भृगुवार, सम्वत् 1910 है।

इसके अक्षर पर्याप्त बड़े, सुन्दर, सुडौल एवं स्फीत हैं। लेखक लेखनकर्म में दक्ष है। अतः उससे भूलें कम से कम हुई हैं। इसमें कुल 269 पृष्ठ हैं। लिखित भाग का आकार 17 × 9 सेंमी हैं। प्रति पृष्ठ 15 पंक्तियाँ व प्रति पंक्ति 15 अक्षर हैं।

(12) मूल भक्तमाल की एक अन्य प्रति मेरे संग्रह में है जिसकी श्यामश्वेत छायाप्रति मेड़ता देवल से मुझे मिली है। इसमें कुल 71 पृष्ठ हैं। पुष्पिका इसप्रकार मिलती है—"समत 19 रा 2 श्रावण वद 6 न प्रतसंपूर्ण।। लिखंतु साद भरतदास रामस्नेही श्रीदरियावजी रा बाचै विचारै ज्या न राम राम छै।। पठनअर्थ लिखी छै। श्रीरामजी। इसमें 197 कवित्त व 14 दोहे हैं अर्थात् कुल 2।। छंद हैं। सम्वत् 1782

की प्रति में अवश्य लिखा मिलता है कि नाभाजी कृत भक्तमाल अन्यथा अन्य सभी प्रतियों में भक्तमालकार का नाम स्पष्टत: नारायणदास उल्लिखित हुआ है। ऐसी स्थिति में कुछ विद्वानों द्वारा उठाया गया वह विवाद निरर्थक है कि नाभा व नारायणदास पृथक् पृथक् व्यक्ति थे। वस्तुत: गुरु श्रीअग्रदास की नाभि तक की मनोदशा को जान लेने के कारण गुरु अग्रदास ने नारायणदास को नाभा कहना प्रारंभ कर दिया था। इनका नाम नारायणदास ही था। नाभा उपनाम था। संत समाज में दोनों नामों से जाने जाते थे। अत: किसी-किसी लिपिकार ने "नाभाजी को भक्तमाल" जैसे वाक्यांश भी लिखे हैं। वैसे ग्रंथ के मूल छंदों में नाभा शब्द नहीं मिलता। नारायणदास मिलता है। अत: इन दोनों का ऐक्य ही सही तथ्य है। पृथक् पृथक् बताना निरर्थक विवाद उत्पन्न करना मात्र है। कुछ विद्वानों का यह लिखना अथवा कहना भी निरर्थक है कि सर्वप्रथम यह 108 छप्पयों का ग्रंथ था। इसी कारण इसका नाम भक्तमाला रखा गया था। तत्पश्चात् कुछ छन्द और बढ़ाये गये। यह प्रक्रिया प्रियादास अथवा बालकरामजी की टीका निर्मित होने तक चालती रही। ये सभी बातें निरर्थक हैं।

मेरे मतानुसार पहला विचार सत्य नही है, क्योंकि उक्त चार प्राचीनतम प्रतियों में 174 छप्पय व 17 दोहे समान मिले हैं। ऐसी स्थिति में यह मानना उचित प्रतीत होता है कि भक्तमाल में कम से 174 छप्पय व 17 दोहे प्रारंभ से ही थे। चूँकि इसमें भक्तों के चरित्र एक शृंखला के रूप में वर्णित हैं। अत: इसका नाम भक्तमाला रखा गया। दूसरे, जिसप्रकार माला गोल होती है, एक मणिका से प्रारम्भ होकर उसी पर अंत होती है। ऐसे ही इसमें प्रत्येक भक्त का वर्णन धुरमेल छप्पय छंदों में हुआ है। धुरमेल छप्यय छंद की प्रथम व अंतिम पंक्ति समान होती है। अत: इसमें भक्तों का वर्णन माला सदृश होने से इसका नाम भक्तों की माला रखा जाना तर्कपुष्ट है। यह 108 की संख्या से सम्बद्ध नहीं है।

हाँ, दूसरा तथ्य जरूर वज़नदार लगता है जिसकी पुष्टि अर्वाचीन प्रतियों में अधिक व प्राचीन प्रतियों में कम छंदों के मिलने से होती है। ऊपर अनेक प्रतियों में उपलब्ध छन्दों की संख्या इस तथ्य को सत्यापित करती है।

मैंने अनेक कात्विक समसामयिक व साहित्यिक प्रमाणों के आधार पर नारायणदासजी नाभा के भक्तमाल का निर्माणकाल वि. सं. 1650 से 1960 तक निर्णीत किया है। कुछ विद्वानों ने 1642, कुछ ने 1657, कुछ ने 1680 व महावीरसिंह गहलोत ने 1715 तक माना है किन्तु भत्तमाल का रचनाकाल इतना परवर्ती नहीं हो सकता। वैसे किसी ने भी अपने कथनों को उतने प्रबल प्रमाणों से पुष्ट नहीं

किया है जितने अकाट्य व दुर्घर्ष प्रबल प्रमाण मैंने मेरी पुस्तक निबन्ध-सप्त-सागर के पृष्ठ 127 से 240 के मध्य प्रस्तुत किये हैं।

भक्तमाल की परम्परा में निर्मित भक्तमाल व अन्य साहित्य : संत श्री नारायणदास 'नाभा' ने भक्तों के यशामृत के गायन की एक ऐसी वट-वृक्षात्मक-प्रणाली प्रारंभ की कि यह अनवरत् बढ़ती ही रही है और वर्तमानकाल में इसका विकास निरंतर है। इस वेलि को अनेक लेखकों, कवियों, भक्तों, रचनाकारों ने सींच-सींच कर पल्लवित पुष्पित की है। मैंने इस आलेख में ऐसे 87 रचनाकारों की रचनाओं का समास-व्यास-पद्धति पर उल्लेख किया है जिसमें राघवदासजी दादूपंथी के भक्तमाल का विवरण कुछ विस्तार के साथ दिया गया है।

(1) संत राघवदास, दादूपंथी कृत भक्तमाल : दादूपंथ का इतिहास इस तथ्य की दृढ़ता से रेखांकित करता है कि नारायणदास नाभा राजस्थान के 'धूला' नामक गाँव के ढोली थे जिन्होंने रैवासा ग्राम निवासी अग्रदासजी का शिष्यत्व ग्रहणकर उन्हीं की आज्ञा से भक्तमाल निर्मित किया किन्तु उन्होंने उनके ही समकालीन व महान् निर्गुणी संत दादूदयाल व उनके शिष्यादि का अपने भक्तमाल में नामोल्लेख तक नहीं किया। दादूपंथी संत इस प्रतीक्षा में थे कि उनके यहाँ भी कोई ऐसा भक्तमाली हो जो नाभाजी से अधिक उदार व समन्वयात्मक दृष्टिकोण अपनाकर सगुणी, निर्गुणी, जैन, नानकशाही (सिख), नाथ, सिद्ध, मुसलमान, जंगम, बौद्ध, ब्राह्मण, चारण, नारी-शक्ति आदि-आदि सभी दर्शनों, आम्नायों के भक्तों का प्रामाणिक विवण भक्तमाल ग्रंथ बनाकर प्रस्तुत करें।

दादूदयाल के पौत्र शिष्य प्रह्लाददास को यह अवसर अपने पौत्र-शिष्य संत राघवदास ने उपलब्ध कराया। दादागुरु के आदेशानुसार राघवदास ने विक्रमसम्वत् 1717, आषाढ़ शुक्ला तृतीया, शनिवार को भक्तमाल बनाकर पूर्ण किया। राघवदास पीपावंशी चौहान, चंगल गोत्री क्षत्रिय थे। प्रायः ये सवाईमाधोपुर जनपद के गंगापुर सिटी नगर (W.R. Station) के निकट 'उदेई' नामक छोटे से गाँव में निवास करते थे। इनके समय में उदेई गाँव राज्यशासन इकाई का मुख्यालय था। इन्होंने अनुभववाणी का सृजन भी किया। इनको अपनी बहिन की सत् संगति से वैराग्य हुआ और ये हरिदासजी 'हापा' के दीक्षित होकर दादूपंथी संत हो गए। इन्होंने नारायणदास नाभा का भक्तमाल परम्परा में सुना व पढ़ा था जैसा कि टीकाकार चतुरदास ने लिखा है—

''प्रथम हि कीन्हीं भक्तमाल सु निरानदास, परचा सरूप संत नाम गाँव गाइया।

सोई देखि सुनि राघौदास आप कृत मध्य, मेल्हिया विवेक कर साधन सुनाइया।।"
छंदांक 647

जिस प्रकार नारायणदास 'नाभा' के भक्तमाल में समय-समय पर प्रक्षेप होते रहे, वैसे ही राघव दासजी के भक्तमाल में भी खूब प्रक्षेप हुए हैं। इस भक्तमाल की भी अनेक हस्तलिखित प्रतियाँ मिलती हैं जिनमें से अधिकांशत: वे प्रतियाँ हैं जो इस पर वि. सं. 1857 में टीका होने के पश्चात् की हैं। आवश्यकता इस बात की है कि टीका होने के पूर्व की हस्तलिखित प्रतियाँ ढूँढी जाएँ जिनके आधार पर इसका सही ग्रंथाग्र निकाला जासके।

दादूमहाविद्यालय, जयपुर व दादूद्वारा, नरायना के ग्रंथों का सूचीकरण करते समय मैंने राघवदासजी के भक्तमाल की सैंकड़ों प्रतियाँ देखी व पढ़ी हैं किन्तु अधिकांशत: वे सम्वत् 1857 के बाद की हैं और उनमें छंद संख्या की भिन्नता भी पर्याप्त मिलती है। कुछ प्रतियों में अनुष्टुप श्लोकांक परिणाम 4101 लिखा मिलता है जबकि कुछ में 4500 लिखा मिलता है। कुछ प्रतियों में प्रक्षेप किये हुए छंदों के पूर्व 'अन्यात्' शब्द लिखा मिलता है जबकि कुछ में नहीं। हमारे सामने प्रकाशित भक्तमालों के दो संस्करण उपलब्ध हैं। एक बीकानेर के अगरचन्द्रजी नाहटा द्वारा संपादित व राजस्थान-प्राच्यविद्या-प्रतिष्ठान द्वारा प्रकाशित है जबकि दूसरा संत श्रीनारायणादास जी पुष्कर निवासी, दादूपंथी द्वारा सम्पादित व अनूदित संस्करण है।

नाहाटा-संस्करण: श्रीअगरचन्दजी नाहटा ने वैशाख वदि 3, सम्वत् 1861 को डीडवाणा में टीकाकार चतुरदास के शिष्य नन्दराम के शिष्य गोकुलदास की लिखी हुई प्रति से सम्पादन कर अन्य प्रतियों से पाठान्तर प्रस्तुत किये हैं। गोकुलदास की यह प्रति राजस्थान-प्राच्य-विद्या-प्रतिष्ठान, जयपुर में पु. हरिनारायण-संग्रह की है। गोकुलदास की इस प्रति की पुष्पिका इसप्रकार मिलती है इतिश्री भक्तमाल की टीका संपूरण समाप्त सुभमस्तु कल्याणरस्तु।। लेखक पाठकयौ ।। छपै 338।। मनहर 152।। हंसाल 4।। साखी 38।। चौपाई 2 ।। इंदव 75।। राघवदासजी कृत संपूर्ण।। इंदव छंद सर्व 631 चतुरदासजी कृत टीका छै।। सर्व कवित 1204।। ग्रंथ संख्या श्लोक 4101।। लिखतं बाबाजी श्रीचतुरदासजी तिनका सिप्य्य बाबाजी श्रीनन्दरामजी तिनको सिष्य गोकलदास वाँचै ताकौं रामराम।। मनहरछंद

वर्ष दस आठा साठा उपरन्त्य एक पुनि, मास बयसाख वदि त्रितिया बखानिये।
कह्यौ मोर गुरु घर बर भक्तमाल बनी, याकौं भनि सुनि प्रानी नीर द्रगिआनिये।।
याही तैं विचारि कैं संभारि सार लीन्हौं धारि, लिखि डीडवाने विधि नीकी मन

मानिये। मोर मति भोरी अति कीजिये जु बुद्धि मुध, खोट ठोठ लिख्यौ कछु सोऊ अब मानिये।।1।।

जिस प्रति से पाठांतर लगाए है, उसकी पुष्पका इसप्रकार है

"इतिश्री भक्तमाल की टीका समाप्त संपूर्ण।। सुभमस्तु कल्याणमस्तु।। लेखक पाठकयो ब्रह्मभवतु।।

आदि गुरु ब्रह्म जानि सति चिदानन्द मानि सोउ अब दादूदास प्रगट्यो अवतारिये।

तिनके तो सिख बनवारी हरिदास सिध, छबीलदास ताके सिष प्रगट सु लेखिये। श्यामदास ताके सिष स्वामी ही की ध्यावै दिसि, त्राणदास तिन सिख प्रचै ब्रह्म देखिऐ।

तिन सिख हरिदास जग में जहाज रूप, चरणदास ताके सिष जोगेसुर पेखिये।।

दोहा "छप्पै छन्द 333" मनहर ।41।। हंसाल 4।। साखी 38।। चौपाई 2।। इंदव छन्द 75।। राघौदासजी कृत भक्तमाल संपूर्ण 553 इंव छंद चतुरदास कृत टीका का छै 621।। सरवस कवित।।1185।। ग्रंथ की श्लोक संख्या 4101।। लिखतम् सुभस्थाने रीणीनगरे। भानी दास उदय लिपिकृते सम्वत् 1886 मिति वैसाख सुदी10।।

यह प्रति तेरापंथी-सभा ग्रंथालय रिणी बीकानेर में सुरक्षित है।

दूसरी प्रतिः जिसका उपयोग उक्त सम्पादन मे नहीं किया गया का विवरण निम्नप्रकार है इसमें श्लोकांक संख्या 4101 के स्थान पर 4500 हो गई है। वैसे उक्त दोनों पुस्तकों की संख्याएँ भी योग करने पर अशुद्ध आता है। ऐसी स्थिति में समझ में यही आता है कि प्रतिलिपिकारों ने या अन्यों ने यत्र-तत्र छंद संख्याओं में घटा-बढ़ी तो कर दी किन्तु संख्याओं के जोड़-बाकी की ओर ध्यान नहीं दिया। ऐसी स्थिति में इन जैसी प्राचीन प्रतिलिपियों के आधार पर एक सर्वसम्मत पाठभेदयुक्त संस्करण प्रकाशित करावए जाने की आवश्यकता अब भी बनी हुई है जिससे कि शोधार्थियों को सही पाठ व संत राघवदास का **अलसी** भक्तमाल उपलब्ध हो सके।

तीसरी प्रति का विवरण है— राजस्थान-प्राच्यविद्या-प्रतिष्ठान, जोधपुर का ग्रंथांक 21677 । पत्र 94 पंक्ति प्रतिपृष्ठ 18 अक्षर प्रति पंक्ति 48। आकार 32 × 15.8 सेंटीमीटर। प्रतिलिपि सम्वत् 1900 वि.सम्वत्

"इतिश्री भक्तमाल टीका सहित राघौदास कृत समस्त भक्तन को जथामति वरणन संपूरण समापतः। छप्पय छंद 343।। मनहरछंद 150।। हंसाल 4।। साखी 62।। चौपाई 2।। इंदव छंद 88।। एती राघवदासजी कृत संपूर्ण 575।। चतुरदासजी

कृत टीका।। इंदव अरु मनहर 653 समस्त मूल टीका कवित की जोड़ 1255।। ग्रंथ को प्रमाण श्लोक संख्या हजार 4500।

सम्वत अष्टादस— शतक, दस नव गुन अधिकाहिं।

भाद्र मास सित प्रतिपदा, भृगुवासर के माहिं।

नग्र अमारुआ मध्ये ल्यखि असतलन भगवानदासजी का ता मध्ये लिखि साध रामदयाल दादूपंथी।। समत 1900। मीति भादवासुदी 12 राम रं रं रं रं।।

उक्त तीन प्रतियों को मिलाने से निम्न निष्कर्ष निकाले जा सकते हैं। उक्त तीनों ही लिपिकारों की पुष्पिकाएँ व उनमें प्राप्त कविता के स्तर को देखें तो तीनों ही कुशल रचनाकार प्रतीत होते हैं। हो सकता है, इन्होंने ही कुछ छंद बनाकर लिपि करते समय जोड़े हों। प्रथम प्रति में दूसरी की अपेक्षा 5 छप्पय व 11 मनहर ज्यादा हैं। कुल छंदों की संख्या प्रथम प्रति में 1204 लिखी है जबकि योग करने पर 1240 आती है। इसीप्रकार दूसरी प्रति में कुल छंद संख्या 1185 देखी है जबकि योग करने पर कुल संख्या 1214 आती है।

तीसरी प्रति में मूल-पाठ के छंदों में ही फर्क नहीं है, टीका के छंद भी बढ़ गये हैं। प्रथम प्रति की अपेक्षा इसमें 5 छप्पय, 24 साखी, 13 इंदव बढ़े हैं जबकि 2 मनहर कम हुए हैं। टीका में 32 इंदव व मनहर बढ़ गये हैं। इसप्रकार इसमें कुल 72 छंद बढ़ गये हैं जिनका श्लोकांक 400 बढ़ा है। इस प्रति में कुल 1302 छंद हो गये हैं।

वैसे इस प्रतिकार ने स्पष्टतः लिखा है "समसत भक्त को जथामति वर्णन संपूर्ण समापतः।।" जिसका तात्पर्य है, इस प्रतिकार ने छंद बढ़ाये हैं। ऐसी इबारत अन्य प्रतियों में नहीं मिलती।

संतकवि नारायणदासजी दादूपंथी ने कुल 9 पाण्डुलिपियों से पाठ सम्पादित किया। इन प्रतियों में से एक वि. सं. 1840 फाल्गुन कृष्ण पंचमी, बुधवार की प्रति भी है जो जयपुर में निवाई के महंत रामगंज बाजार में प्राप्त है। इसमें कितने छंद है, का कोई विवरण नहीं दिया है। अतः छंदादि का निर्धारण होना बिना प्रति की उपलब्धता के मुश्किल है। अन्य प्रतियाँ सम्वत 1879 कार्तिक वदि; 1882 श्रावण वदि 5; 1895 संवत् भाद्रपद शुक्ला 3 गुरुवार; सम्वत् 1903; 1922; सम्वत् 1932 भाद्रवा सुदि 10; सम्वत् 1936 पोष सुदि व एक बिना सम्वत् की प्रति। दादूद्वारा नरायना में कई प्रतियाँ हैं। एक पत्राकार प्रति मेरे संग्रह में भी है:

(2) रामरसिकावलीः मेरे संग्रह में इस भक्तमाल का तृतीय संस्करण फाल्गुन 1961 शके 1826 का है। इसके रचयिता रींवा राज्य के तत्कालीन नरेश

श्रीरघुराजसिंहदेव हैं जिसके पिता विश्वनाथसिंहदेव थे विश्वनाथसिंहदेव प्रियादास के शिष्य थे। ये प्रियादास राधावल्लभ-सम्प्रदायान्तर्गत बेटी घराने के किसी गोस्वामी के शिष्य थे। अत: श्रीरघुराजसिंहदेव को भक्ति व भक्तमाल के संस्कार परम्परा से मिले। इन्होंने इसको श्रावण शुक्ला दशमी वि. सं. 1914 में बनाना प्रारम्भ किया

सम्वत उनइससै चतुर दस सावन सित पर्व। रचना रामरसिकावली कियौ आरंभ अर्गव।। 45।। पृष्ठ 21

रामरसिकावली बनाते समय इनके समक्ष नारायणदास नाभा का 'भक्तमाल', प्रियादास, गौडीय की 'भक्ति रसबोधनी' टीका व चरणदासी महन्त नित्यानन्द का संतविलास नामक भक्तमाल था। इसमें कुल 299 भक्तों का वर्णन 6 भागों में किया गया है यथा सत्ययुग 54, त्रेता 22, द्वापर 30, कलियुग पूवार्द्ध 20, कलियुग उत्तरार्द्ध140 व उत्तरचरित्र 33; कुल 299। यह सामग्री कुल 1079 पृष्ठों में समाहित है। पृष्ठ 1080 से 1158 तक्र रचयिता ने अपने कुल का इतिहास 'वघेलवंशागाम के नाम से लिखा है।

(3) राधाकृष्णभक्तकोश: यह पाँच भागों में प्रकाशित कृष्ण भक्तों का कोश है जिसके अनेक लेखक हैं। इस ग्रंथ की योजना श्रीमती अरुणा डालमिया के मस्तिष्क की उपज थी जिसका सारा अर्थ-प्रबन्ध श्रीमान जयदयालजी डालमिया ने श्रीकृष्णजन्म स्थान, मथुरा के माध्यम से किया। इस योजना का शुभारंभ सन् 1981 में हुआ और इसका प्रथम भाग सन् 1987 में प्रकाशित होकर पाँचवाँ भाग सन् 1989 में प्रकाशित हुआ। प्रथम तीन भागों में हिन्दीतर प्रान्तों के 1630 कृष्णभक्तों का अकारादि क्रम से वर्णन है जबकि अन्तिम दो भागों में हिन्दी-प्रदेशों के 1762 कृष्ण भक्तों का वर्णन है। इसप्रकार इस ग्रंथ में भारतवर्ष के कुल 3392 कृष्ण भक्तों का आधिकारिक शोधपूर्ण वर्णन है। इसके प्रधान संपादक डॉ. भगवतीप्रसाद सिंह व सम्पादक वासुदेवसिंह हैं।

इस कोश की विशेषता यह है कि इसके अधिकांश लेखक वे हैं जिन्होंने भक्त विशेष या सम्प्रदाय विशेष जिससे उस भक्त विशेष का सम्बन्ध रहा है पर शोधकार्य करके उपाधियाँ प्राप्त की हैं। साथ ही प्रान्त विशेष के भक्तों का वर्णन करने के पूर्व उक्त प्रान्त की भक्तिधारा, भावभूमि आदि-आदि पर गवेषणापूर्ण आलेख हैं।

(4) रसिक-प्रकाश-भक्तमाल : मेरे पास इस भक्तमाल का प्रकाशित तृतीय संस्करण वि. सं. 2018 का है जिसके प्रकाशक सीतारामशरणजी महाराज

लक्ष्मणकिला, अयोध्या हैं। इसके रचयिता कूबावत श्रीजीवारामजी जिनका रसिक-परम्परा का नाम युगलप्रियाशरणजी था, हैं। इन्होंने यह भक्तमाल वि. सं. 1896 मकर मास की पंचमी को लिखना प्रारम्भ करके माधवमास की नवमीं वि. सं. 1898 को पूर्ण किया। इसका प्रथम संस्करण सन् 1887 में व दूसरा 1893 ई. प्रकाशित हुआ। इसकी टीका श्रीजानकीरसिकशरण ने सम्वत् 1842 में मनहर छंदों में लिखी। मूल भक्तमाल में दोहा 7 व छप्पय 233 कुल 240 छंद है जबकि टीका में 612 मनहर छंद हैं। इसमें रामभक्ति-धारा में रसिक-परम्परा के 185 भक्तों का वर्णन है। यदि इस भक्तमाल की हिन्दी गद्य में भी टीका हो जाए तो रसिक-भक्तों के लिये यह अत्यधिक काम की वस्तु हो जाए।

(5) भक्तप्रसाद-वेली: राधावल्लभ-सम्प्रदाय के चाचा वृन्दावनदास के नाम से कौन अपरिचित हो सकता है। ये समर्थ रचनाकार थे जिन्होंने माँ भारती का भांडार 158 ग्रंथ लिखकर भरा। (देखें श्रीहितहरिवंश गोस्वामीः सम्प्रदाय और साहित्य) भक्तमाल-परम्परा में इन्होंने एक ग्रंथ भक्तप्रसाद-वेली लिखा। यह ग्रंथ अनेक रागों के 177 पदों में गुम्फित हैं। सधना, राँका-बाका जैसे दो-चार निर्गुणी-निष्ठा के भक्तों को छोड़ कर शेष सभी भक्त सगुण निष्ठा वाले हैं— जैसे सूर, मीरां, परमानन्द, गोस्वामी विठ्ठले हितहरिवंश, बल्लभाचार्य, मध्वाचार्य परशुरामदेवाचार्य आदि-आदि पर पूरे-पद हैं। प्रारम्भ व अंत के पदों में भक्ति, भक्त, भगवान व वृन्दावन धाम की महिमा वर्ण अच्छे परिणाम हैं। इस ग्रंथ का प्रकाशित सन् 1963 का संस्करण मेरे पास है जिसको श्रीव्रज-सेवा-समिति, वृदावन ने बाबा विश्वेश्वर शरण के सम्पादन में प्रकाशित किया है। श्रीवृन्दावनदासजी ने इसको 1809, पोष शुक्ला नवमी को नकर पूर्ण किया; उन्होंने लिखा है—

बेली भक्त प्रसाद यह, गुरु हित रूप प्रताप।
कीनी सुमति प्रकास ज्यौं, त्यौं मैं कियौ अलाप।।
ठारह सै पर जानियै, वर्तमान नौ वर्ष।
सुकला पोष जु त्रोदसी, कह्यौ भक्त उत्कर्ष।।

(6) श्रीभगवद्भक्तनामावली: हरिदासजी सम्प्रदाय के श्रीभगवत्रसिकदेव के शिष्य श्रीविहारीवल्लभशरण ने भगवद्भक्तनामावली में एक हजार भक्तो की नामावली प्रस्तुत की है। इन्होंने नारायणदास नाभा के भक्तमाल का आश्रय लेना लिखा है। इसमें दोहा, चौपाई व छप्पय नामक छंदों का प्रयोग किया गया है

जिनकी कुल संख्या 47 है। श्रीविहारीवल्लभजी की वाणी के सम्पादक श्रीराधामोहनदास गुप्त ने इसकी रचना का समय विक्रमसम्वत् 1865 बताया है। इन्होंने लिखा है

एक हजार नाम भक्तनि के भक्तमाल मुख नाभा गायो।
लोक अनंत दीप खंडनि में तिन प्रति मसतक नायो।।45।।
श्रीभगवतरसिक अनन्य गुरु, भक्तमाल नारायणदास।
जीवन जुगल विहारी वल्लभ उर बस करौ निवास।।46।।

इस ग्रंथ का प्रकाशन वसंत पंचमी, सम्वत् 2052 को ललित-कुंज, गोशालानगर, वृन्दावन से हुआ है।

(7) संस्कृत भक्तमाल : नारायणदास 'नाभा' कृत भक्तमाल को आधार बनाकर चन्द्रदत्त नामक बिहार प्रान्त के विद्वान ने 149 सर्गों में 6700 श्लोकों में 147 भक्तों का वर्णन विस्तार से किया है। सर्वप्रथम हनुमच्चरित् और अंत में रामप्रसादजी रसिक का चरित्र लिखा है। अंतिम दो सर्गों में भक्तमाल को संस्कृत-भाषा में लिखने के कारण को विस्तार से वर्णित किया है। ग्रंथकार ने भक्तमाल में विष्णुखण्ड, शिवखण्ड व शक्तिखण्ड नामक तीन खण्ड कल्पित किये हैं जिनमें से विष्णुखंड ही 6700 श्लोकों का है।

मीरपुर निवासी श्रीलक्ष्मण वैश्य की संस्तुति पर खेमराज श्रीकृष्णदास ने वैंकटेश्वर स्टीम प्रेस से इसको सम्वत् 1952 सन् 1895 में प्रकाशित किया है। पत्राकार ग्रंथ में कुल 201 पृष्ठ है। पाठक याद रखें, पत्रकार ग्रंथों में पृष्ठांकन एक ओर ही किया जाता है। अतः सही अर्थों में इसके पृष्ठ 201 × 2 = 402 हैं। ग्रंथकार ने 148वें सर्ग में स्वयं का व स्वयं के माता-पिता का विस्तार से वर्णन किया है। ग्रंथ को पढ़ने से ज्ञात होता है पं चन्द्रदत्त मैथिल स्वयं भी भक्त हृदय संस्कृतज्ञ थे जिन्होंने अज्ञात् संत और अंततः स्वप्न में प्राप्त भगवत्प्रेरणा से इस विशाल ग्रंथ का प्रणयन किया।

(8) नाम-प्रतीत-भगतमाला: राजस्थान प्रान्तस्थ नागौर जनपद के टालनपुर ग्राम में सम्वत् 1843 में जन्मे व सम्वत् 1919 में ब्रह्मलीन होने वाले सन्त सुखसारणजी ने नामप्रतीत-माला का वि. सम्वत् 1900 में निर्माण किया। इसमें कुल 604 छंद हैं जिनमें 154 मनहर, 390 चौपाई, 9 दोहा 27, कवित्त 1, अरेल, 23 कंडल्या नामक छंद हैं। अनुष्टुप श्लोकानुसार ग्रंथाग्र 1735 है। उक्त 604 छदों में से कुल 119 छंद मूल हैं जबकि शेष 485 छंद टीका के हैं। टीका स्वयं भक्तमालकार सुखसारणजी कृत ही है।

विक्रमसम्वत् 2056 में मैंने इस भक्तमाल का वि. सं. 1911 में लिपिकृत प्रति से सटीक सम्पादन कर इसी वर्ष में प्रकाशित कराया है। मेरे द्वारा सम्पादित व टीका कृत प्रति में कुल 109 ही मूल छंद हैं जबकि वि सं. 2019 में बिराही राम-चौकी के श्रीयुक्तिरामजी द्वारा प्रकाशित प्रति में 119 मूल व 485 छंद टीका के हैं। श्रीयुक्तिरामजी द्वारा प्रकाशित पुस्तक का पाठ व सम्पादन इतना भ्रष्ट व स्तरहीन है कि भक्तमाल की महत्ता ही प्रकट नहीं हो सकी है। मैंने इनके स्थान टालनपुर, गेड़ा व हरसौर से संपूर्ण भक्तमाला को प्राप्त करने का अनथक प्रयत्न व परिश्रम वर्षों तक किये किंतु दुर्भाग्य कि इनके स्थानों के व्यवस्थापक न फोटो लेने देते, न उतारने देते और न स्केन या श्यामश्वेत छायाप्रति ही लेने देते है। यदि यह संपूर्ण भक्तमाला मिल जाये तथा सुसम्पादित होकर प्रकाशित हो जाये तो भक्तमाला-परम्परा का एक माणिक्य और विद्वानों को पढ़ने को मिल सके।

इस भक्तमाला में संत सुखसारण ने अपने समय तक के अनेक राजस्थानी व सूफी संतों को तो सम्मिलित किया ही है, अनेक नवीन राजस्थानेतर संत-भक्तों का भी विवरण दिया है।

इस भक्तमाल की सबसे बड़ी विशेषता यह है कि इसमें एक विषय से सम्बन्धित यदि कई भक्तों के जीवन में घटना घटी है तो उन सभी भक्तों का वर्णन एक ही छंद में किया गया है। उदाहरणार्थ दुष्काल में किस-किस भक्त की भगवान ने कैसे-कैसे सहायता की, का वर्णन छंदांक 50 में इस प्रकार किया है।

नाम की प्रतीत भक्त वीदरौ जैतारण ज्याँके नित संत आवै द्वारै सेवा इधकारी है।

पड्यौ काल सूकौ माल मालवे सिधाई गऊ, अबै कहा कीजे सेवा व्याप्यौ सोच भारी है। सपने सुनायो हरि सूको प्यार गाय जन दोय सैंस मन अन देऊँ इच्छा म्हारी है। संतन के हेत खेत धंना को निपायौ बालद कबीर के ल्यायौ हुंडी नर्सी की सिकारी है।

पीपा के दुकाल पर्‌यौ ठौर ठौर द्रव्य धर्‌यौ चींधर्‌या को दालद्र मेट विपता निवारी है।

काल में सुकाल करै संतन को सांसौ हरै सुख मार्ण बिना भक्ति जगत भिखारी है।।50।।

संत सुखसारण ने उक्त भक्तमाल के अलावा 7 परचइयाँ और लिखी हैं जिनका विवरण इसप्रकार है (क) उदैगिरी कस्तूराबाई 45 छंद (ख) रानाँबाई 102 छंद (ग) फूलीबाई 102 छंद (घ) करमेतीबाई 65 छंद (ङ) सिवरीबाई 91 छंद (च) ग्यानदेव मुक्ताबाई 151 छंद व (छ) मीरांबाई 231 छंद। इन्होंने विपुल मात्रा

में अंगबद्ध वाणी का निर्माण भी किया है।

(9) दयालदासजी का भक्तमाल: संत दयालदास खेड़ापा रामस्नेही-सम्प्रदाय के दूसरे महन्त थे। इनका समय वि. सं. 1816 से 1885 तक है। ये अपने पिता रामदास के ब्रह्मलीन होने पर सम्वत् 1855 में उनकी गद्दी पर विराजे। इन्होंने 30000 अनुष्टुप श्लोकांक वाणी की रचना की जिसमें एक भक्तमाल तथ दूसरा गुरु. प्रकरणपरची ग्रंथ भी सम्मिलित हैं। इन दोनों का सम्बन्ध भक्तों की जीवनियों से ही है। भक्तमाल का निर्माण आश्विन शुक्ला एकादशी गुरुवार, सम्वत् 1861 को पूर्ण हुआ है।

''सम्वत अठारै प्रसिध बरस इकसठौ प्रवाणौ।
ता मज मास कुँवार सुकल एकादसी जाणौं।
सु गुरुवार विचार ग्रंथ ता दिन सम्पूरण।
वकता श्रोता निपुण सुणस अघ होयस चूरण।।
आधि व्याधि कलमष मिटै भगती मुकति बिलास।
वकता द्याल सु बाल जन लिखता पूरणदास।। 527।।

इस भक्तमाल में कुल 527 धुरमेल छप्पय व 39 दोहा छन्द हैं। इन्होंने अपने ग्रंथ का नाम भक्तमाल ही रखा है। छंदांक 408 तक प्राय: उन्हीं भक्तों का विस्तार युक्त वर्णन है जिनका नाभादि के भक्तमाल में है। 409वें छंद से दादूपंथ तत्पश्चात् राजस्थान के निरंजनी व चारों रामस्नेही-सम्प्रदायों के संतों-भक्तों का वर्णन है। वस्तुत: संत दयालदास ने दादूपंथी राघवदास के भक्तमाल की उदार-परंपरा का निर्वाह करते हुए राजस्थान के संतों-भक्तों का बड़ी ही श्रद्धा-भक्ति, निष्ठा व प्रामाणिकता से वर्णन करने का प्रयत्न किया है। विक्रम सम्वत् 2037 में सींथल-रामस्नेही-सम्प्रदाय के महन्त भगवद्दासजी की टीका के साथ इसका प्रकाशन हो चुका है।

(10) पूरणदास कृत भक्तमाल: महन्त पूरणदास उक्त दयालदास के शिष्य व उनके ब्रह्मलीन होने पर उनकी गद्दी के महन्त बनकर वि. सं. 1892 तक महंताई करके रामशरण हुए। इन्होंने कुल 119 दोहा-चौपाइयों में इस भक्तमाल को बनया है। कहने के लिये ही यह भक्तमाल है अन्यथा इसको भक्त-नामावली कहना अधिक उपयुक्त है। फिर भी राजस्थान के भक्तों के नामस्मरण करते हुए इन्होंने कहीं-कहीं उनकी अति विशिष्ट विशेषता का संकेत कर ही दिया है। छंदांक 40 से लेकर 119 तक प्राय: इन्होंने अपने पंथ के संतों का नामोल्लेख किया है। उनके गुरु, शिष्य, ग्राम, ठाम, का भी उल्लेख किया है। अत: खेड़ापा-

समस्नेही-सम्प्रदाय के भक्तों का विवरण देने वाला यह भक्तमाल महत्त्वपूर्ण ग्रंथ है।

(11) रामदास कृत भक्तमालः संत रामदास उक्त दयालदास के पिता व गुरु तथा उक्त पूरणदास के दादागुरु थे। इनका समय विक्रम-सम्वत् 1783 से 1855 तक है। 1834 वि. सं. में गुरवाज्ञा से इन्होंने खेड़ापा में गद्दी स्थापित कर स्वतंत्र सम्प्रदाय का प्रवर्तन किया। इनकी वाणी में एक 154 छंदों का छोटा सा भक्तमाल है जिसका छंदानुसार विवरण दोहा 2, चौपाई 122, साखी 8, भुजंगी 22 कुल 154 है। इनकी प्रकाशित वाणी में यह भक्तमाल पृष्ठ 191 से 207 के मध्य प्रकाशित है। इस वाणी का प्रकाशन महंत हरिदासजी व डॉ. रामप्रसादजी दाधीच के संयुक्त सम्पादन में सम्वत् 2018 में हुआ।

(12) सुखरामदासजी की भक्त-वंशावली : सुखरामदासजी जाति के लोहार वि. सं. 1758 में जन्म लेकर सम्वत् 1823 में मेड़ता में ब्रह्मलीन हुए। इनकी कुल वाणी की संख्या 3000 अनुष्टुप श्लोकांक है जिसमें एक 149 छंदों का छोटा सा भक्तमाल 'भक्त-वंशावली' के नाम से मिलता है। इसमें दोहा, चौपाई व नाथों द्वारा प्रयुक्त सबदी छंदों का प्रयोग हुआ है। इन्होंने लिखा है अगमबेद सूँ मन मिल्या, अलख लख्या उर माँइ।

भगतमाल सुखराम कह, नाम निसाण बजाय।। 143।।

सुखरामदासजी प्रसिद्ध मारवाड़ी दरियावसाहब के प्रमुख पाँच शिष्यों में से एक थे। इस भक्तमाल में इन्होंने अपने प्रतापी एवं परचावान शिष्य अर्जुनसिंहजी हाडा का वर्णन भी किया है। इसकी एक हस्तलिखित प्रति व दो पाण्डुलिपियों के आधार पर सम्पादित पाठ मेरे पास उपलब्ध है।

(13) किशनदासजी का भक्तमालः किशनदास जाति के मेघवाल व टाँकला गाँव के निवासी थे। इन्होंने 1774 में दरियावसाहब की शिष्यता ग्रहण की और सम्वत् 1825 में अंतिम श्वास लिया। इनकी कुल वाणी की संख्या 4000 अनुष्टुप श्लोकांक है जिसमें एक भक्तमाल भी गुम्फित है। इसमें कुल 205 छंद हैं 5 दोहा व 200 सबदी छंद। प्रकाशित वाणी में यह भक्तमाल पृष्ठ 186 से 207 तक में प्रकाशित हुआ है। इन्होंने भी अपने परचावान शिष्य हरिदास व मेघोदास, निवासी चाडी गाँव वालों का प्रभावी वर्णन किया है। ग्रंथान्त में लिखा है।

गुरु दरियाव प्रताप ते, कहि भक्तमाल सँत भेट।
किशनदास को राखियो हरि चरणाँ में हेट।।205।।

दो प्रतियों के आधार पर इसका सम्पादन मैंने भी किया है। इन्होंने अपनी

गुरुपरम्परा वही लिखी है जो वास्तव में होनी चाहिए किन्तु वर्तमान-कालीन सम्प्रदाय वाले दुराग्रहवश उसमें से बालकदास का नाम निकालना चाहते हैं। इन्होंने (1) संतदास, गूदड़पंथ-प्रवर्तक, दंताडा (2) बालकदास, नोहर (3) प्रेमदास, खिंयासर व जाटांवास (4) दरियावसाहब, रेण (5) किशनदास, टाँकला; परम्परा लिखी है। इस सम्प्रदाय के अन्यान्य भक्तमालकारों ने भी इसी गुरु-परम्परा को लिखा व माना है।

(14) साँवतरामजी का भक्तमालः इनका समय वि. सं. 1790 से 1863 तक है। ये मारवाड़ी दरियावसाहब के पौत्र-शिष्य व नानगरामजी के शिष्य थे। प्रायः कुचेरा में रहा करते थे। इन्होंने 3000 अनुष्टुप श्लोकांक अनुभववाणी की रचना की है जिसमें सर्वप्रथम कृति के रूप में 2020 पंक्तियों का भक्तमाल सम्मिलित है। इस भक्तमाल का निर्माण छप्पय छंदों में हुआ है। सर्वप्रथम त्रिधा-स्तुति, गुरु-महिमा व जैन-तीर्थंकरों का वर्णन करने के उपरान्त, भक्तिरस-भगवतावतार आदि का वर्णन प्रारम्भ होता है। मेरे पास उपलब्ध जिस पाण्डुलिपि में यह भक्तमाल उपलब्ध है उसका लिपिकाल श्रवण कृष्ण अमावस, सम्वत् 1893 है। इस पुस्तक के पृष्ठांक 51 से प्रारम्भ होकर पृष्ठ 93 तक यह भक्तमाल लिखा हुआ है। भाषा राजस्थानी है। लिपि अनेक कोणों से भ्रष्ट व अशुद्ध है फिर भी मन्तव्य आसानी से समझ में आता है। इस भक्तमालकार ने प्रारम्भ में ही अपनी गुरुप्रणालिका पहले अनुलोम फिर प्रतिलोम क्रम से दी है। जैन-तीर्थकरों का वर्णन भी अच्छी मात्रा है। पौराणिक व मध्यकालीन संत-भक्तों के वर्णन के साथ-साथ इसमें रैण-रामस्नेही-संप्रदाय के संतों का भी विवरण है। वैसे इनके गुरु नानकदासजी ने दरियावजी मारवाड़ी के सम्प्रदाय को रामस्नेही न कहकर दरियापंथ कहा है। इस ग्रंथ के प्रकाशन से भक्तमाल परंपरा में एक रत्न का जुड़ाव ही होगा, ऐसी मेरी मान्यता है।

(15) पारीक-भक्तमालः पारीक ब्राह्मण कुल मे जन्मने वाले संतों, भक्तों, नाथों, गृहस्थों का वर्णन पारीक-भक्तमाल में है। हाँ, इसमें वर्णित सभी भगवद्परायण साधक हैं जिन्होंने अपनी-अपनी गुरवाम्नाय के अनुसार साधना करके भगवद्प्राप्ति की है। इसमें कुल 116 पारीक-ब्राह्मण-जाति में जन्में भक्तों का गद्य हिन्दी में जयपुर के श्रीरघुनाथप्रसादजी तिवाड़ी ने वर्णन किया है। इसका प्रकाशनवर्ष सन् 2010 व इसमें कुल पृष्ठ 368 हैं। ग्रंथ अच्छा है यदि प्रत्येक चरित्र के पूर्व में एक-एक छप्पय दे दिया जाता तो यह भी पूर्णरूपेण नाभाजी की परम्परा का प्रतिनिधि भक्तमाल होता।

(16) चौरासी-वैष्णवन की वार्ता: गोस्वामी नारायणदास 'नाभा' के भक्तमाल की महत्ता, व्यापकता आदि को देखकर पुष्टिमार्गीय-वैष्णवों ने अपने वैष्णवों के बारे में भी लिखना समीचीन समझकर सर्वप्रथम चौरासी वैष्णवन की वार्ता विशुद्ध ब्रजभाषा में लिखी। इसके निर्माता के बारे में, इसके मूलपाठ के सम्बन्ध में काफी मतभेद हैं। आश्चर्य की बात यह भी है कि इतना विवाद होने के उपरान्त भी पुष्टिमार्गीय गोस्वामीगण अपने पुस्तकालयों में उपलब्ध हस्तलेखों को दिखाने को राजी नहीं हैं। जो प्रकाशित संस्करण मिलते हैं, उनमें पाठभेद, वस्तुभेद इतना है कि इनकी प्रामाणिकता ही प्रश्नचिह्नांकित होती रहती है। मेरे पास वैंकटेश्वर स्टीम प्रेस, मुम्बई द्वारा प्रकाशित सम्वत् 2051 का संस्करण है जिसमें प्रथमवार्ता दामोदरदास हरसानी की व आखिर वार्ता कृष्णदास अधिकारी की है। इस ग्रंथ का नाम चौरासी वैष्णवन की वार्ता है किन्तु है इसमें 92 वैष्णवों की वार्ताएँ। इस पुस्तक में कुल 336 पृष्ठ हैं।

(17) सरस-भक्तमाल भाग एक: शुक-चरणदासी पंथ के अन्तर्गत रामरूपजी के थाम्भे में विक्रम की 20वीं शताब्दी में एक महान् भगवद्‌भक्त हुए जिनका नाम सरसमाधुरीशरण था। ये गौड़ ब्राह्मण थे तथा बलदेवदास चरणदासी साधु के शिष्य थे। इन्होंने जयपुर में वकालत करते हुए भी भगवद्भक्ति की ऐसी धारा बहाई कि आज भी अनेक व्यक्ति इस धारा में स्नानकर भगवद्‌भक्ति कर रहे हैं। इनके परिकर के 51 भक्तों का जीवन-परिचय जयपुर के ही किशोरीशरण मित्तल ने लिखकर सन् 2009 में प्रकाशित कराया है। ग्रंथ गद्य हिन्दी में लिखा गया है जिसमें कुल 210 पृष्ठ हैं।

संतमाल: विक्रम की 21वीं शती के मध्य तक लेखन कार्य में निमग्न रहे संतकवि कविरत्न स्वामी नारायणदास ने दादूपंथ की साहित्यिक दृष्टि से अतुलनीय सेवा की है। इन्होंने दादूवाणी, रज्जबवाणी एवं राघवीय भक्तमाल की टीका लिखकर इन्हें सर्वगम्य तो बनाया ही, संतमाल लिखकर राजस्थान के 1123 संत-भक्तों को और उजागर किया है। निर्गुणी, सगुणी, नाथपंथी, प्राचीन, अर्वाचीन, शैव, शाक्त, ब्राह्मण, जैन, बौद्ध, हिन्दू, मुस्लिम, सिख, ईसाई जो भी राजस्थान में हुए अथवा जिनका राजस्थान में निवास रहा सभी का समास-व्यास-पद्धति पर इस ग्रंथ में विवरण दिया है। हाँ, ग्रंथकार नारायणदासजी संत थे। अतः उन्होंने शोधपूर्ण कार्य तो नहीं किया फिर भी उन्होंने इस ग्रंथ को लिखते समय शोधग्रंथों को काम अवश्य लिया है जो उनको उपलब्ध हुए। इनके प्रयास को कृष्ण-भक्त-कोश जैसा गवेषणायुक्त ग्रंथ कहना तो ठीक नहीं होगा किन्तु व्यक्तिगत स्तर पर इतना

विशाल कार्य करना इनकी महत्ता को द्विगुणित करता है। इसमें कुल 1044 पृष्ठ हैं। इसका प्रथम संस्करण सम्वत् 2039 में प्रकाशित हुआ है।

(19) नव-भक्तमालः अवधविहारीलाल कपूर ने आठ भागों में 'नव भक्तमाल' हिन्दी गद्य में लिख कर प्रकाशित करवाया है। अब यह दो जिल्दों में उपलब्ध होता है। प्रथम जिल्द में 4 भाग हैं जिसके प्रथम में 11, द्वितीय में 11, तृतीय में 12 व चतुर्थ में 17 भक्तों का वर्णन है। ये सभी प्रायः पूर्व भारत विशेष कर गौडीय-सम्प्रदाय से सम्बद्ध हैं। द्वितीय जिल्द में राजस्थान के भक्तों का वर्णन है। पंचम भाग में 26, षष्ठ में 31, सप्तम में 31 व अष्टम में 16 भक्तों का समावेश है। इसप्रकार इन आठ भागों में 155 भक्तों के चरित्र वर्णित हैं। इन्होंने ब्रज के 'भक्त' के नाम से एक अन्य पुस्तक और लिखी है जिसमें गत 200 वर्षो मे हुए ब्रज के अनेक भक्तों के भक्ति पूर्ण चरित्र लिखे गये हैं। प्रायः जो भक्त श्रीकृष्ण के उपासक थे, उनका ही वर्णन इसमें किया गया है।

(20) चौरासी वैष्णवन की चौखरी : चौरासी वैष्णवन की वार्ता में 57 वें क्रमांक विष्णुदास छीपा की वार्ता मिलती है। इन विष्णुदास छीपा ने चौरासी-वैष्णवन की चोखरी नामक ग्रंथ पद्य में लिखा है। इनका रचनाकाल वि. सं 1680 से पूर्व का माना जाता है। भाषा इनकी ब्रजी है। उदाहरण

श्रीदामोदरदास हरसानी। प्राणपती पद रज रति मानी।।
तन मन प्राण समर्पण कीन्हा। निज प्रभु सत्य अनन्य व्रत लीना।
दिखायो अपनो धाम आप ही, कियो महारस दान ही।
विष्णूदास प्रभू श्रीवल्लभ, कियो मुख मधु पान ही।
मिली इनकी कृपा कणिका, तोहि जीव जिवाइए।
चौरासी महा भाग निज जन, के विमल गुन गाइए।

-हिन्दी-साहित्य का वृहत् इतिहास, पंचम भाग, भक्तिकाल सगुणभक्ति
पृष्ठ 523 संस्करण 2031

जब हम नामदेव की रचनाएँ पढ़ते हैं तब उनके पदों के साथ-साथ विष्णुदास नामदेव की भी छाप मिलती है। मराठी लेखक नामदेव व विष्णुदास नामदेव को पृथक-पृथक् मानते हैं साथ ही विष्णुदास नामदेव का समय भी वि. सम्वत् की 17 वीं शताब्दी ही मानते हैं। ऐसी स्थिति में विष्णुदास नामदेव व विष्णुदास छीपा की एकाकारता के सम्बन्ध में अनुसंधान होना जरूरी है। छीपा प्रायः अपने नामों

के साथ नामदेव ही लिखते हैं।

(21) भक्तबावनी: इस ग्रंथ के लेखक संत श्रीचरणदासजी के शिष्य जसराम उपकारी हैं जिन्होंने इसको तापी गंगा के किनारे बसे बुरहानपुर में आषाढ़ कृष्णा पंचमी मंगलवार वि. सं. 1841 को बनाना प्रारंभ कर विक्रमसम्वत् 1841 के आश्विन मास में पूरा किया। इसमें कुल 52 प्रभाव और 3146 छंद हैं। इसकी अनेक हस्त प्रतियाँ मिलती हैं जिसमें से एक मेरे निजी संग्रह में व एक शुकचरणदासी संत श्री नवलमाधुरीशरणजी के पास भी है और जिसका लेखनकाल मार्गशीर्ष शुक्ला मंगलवार वि. सं. 1853, लेखक ब्रह्मदास का शिष्य मलूकदास व लेखन-स्थान सापला की गढ़ी (हरयाणा) है। संत जसराम उपकारी झज्झर परगने के सुवाणा गाँव के ब्राह्मण सीताराम व माता अनंदी के पुत्र थे। इनके हाथ की लिखी हुई आतमराम इकंगी की वाणी की एक प्रति 1809 वि. सम्वत् की उपलब्ध होने से इनका वैराग्य धारणकाल इससे पूर्व का निर्णीत होता है। ग्रंथ भक्तबावनी में 52 भक्तों का अच्छा विवण है। फिर भी अनेक स्थल ऐसे हैं जो प्रामाणिकता की कसौटी पर खरे नहीं उतरते।

(22) संतविलास: शुक-चरणदासी-सम्प्रदाय के श्यामशरण बडभागी के शिष्य व श्रीचरणदास के प्रशिष्य संत नित्यानन्द ने रींवानरेश श्रीविश्वनाथसिंहदेव की प्रेरणा से सम्वत् 1890 के पश्चात् किंतु सम्वत् 1899 के पूर्व कभी इस संतविलास का निर्माण किया। इसकी एक प्रति विश्वेश्वरानंद वैदिक-शोध-संस्थान, होशियारपुर में उपलब्ध है जिसका लिपिकाल सम्वत् 1899, लिपिकार मथुरा निवासी शंभुनाथ गौड ब्राह्मण व लिखाने वाला मुरालीधर है। इसमें कुल 191 पृष्ठ हैं। सत्, त्रेता व द्वापरयुग के 16 तथा कलियुग के 70, कुल 86 भक्तों का वर्णन इसमें है। प्रायः यह भक्तमाल दोहा चौपाइयों में लिखा मिलता है। वैसे इसकी एक प्रति शुक-चरणदासी संत श्रीनवलमाधुरीशरणजी के पास भी है। अस्तु।

(23) प्यारेराम निरंजनी कृत भक्तमाल: राजस्थानी-शोध-संस्थान, जोधपुर के ग्रंथांक 10593 में निरंजनी-संप्रदाय के दर्शनराम निरंजनी के शिष्य प्यारेराम द्वारा रचित एक भक्तमाल उपलब्ध है जिसका निर्माण-काल वि. सं. 1883, लिपिकाल सम्वत् 1921, लिपि-स्थान मोरेड़, लिपिकार अज्ञात है। इसमें कुल 27 पत्र व 227 छंद हैं। यह ग्रंथ नारायणदास नाभा, राघवदास दादूपंथी आदि की रीति का अनुगामी भक्तमाल है जिसमें निरंजनी संतों का विशेष विवरण है जिसके कारण निरंजनी-संतों को ऐतिहासिक जीवन प्राप्त हो सका है।

(24) दादूपंथी हरिदास 'उतराधा' कृत भक्त विरदावली : नारायणदासजी

के शिष्य ऊमरा गाँव (हरियाणा) के निवासी हरिदासजी ने 18 कड़ियों का एक पद 'भक्त-विरदावली' का निर्माण किया है। इसकी अन्तिम कड़ी है

"साखी संकर सेस बिरद ब्रह्मा मुखि गावै।
भगति बिछाल भगवान भगत की पीठि न लावै।।
हरीदास हरि भगत बसि पलक न छाड़ै पास।
जाति बरण राचै नहीं हरिदासन के दास। 18।।"

यह भक्तमाल दादूद्वारा, नरायना के ग्रंथांक दो के पृष्ठांक 480-481 पर लिखा मिलता है। इस ग्रंथांक का लिपिकाल, पोष वदि 11, सम्बत् 1796 है। लिपिकार नारायणदास का शिष्य भगवानदास है जो उक्त ग्रंथकार हरिदास का गुरुभाई है। हरिदासजी समर्थ रचनाकार थे। इनके अनेक छंदों में रज्जब की छाप मिलती है। कहते हैं, जिसप्रकार उदाहरण व दृष्टांत देने व कथा कहने में रज्जब अद्वितीय थे वैसे ही ये भी अपने समय में अद्वितीय थे। इसी कारण ये प्रायः अपनी रचनाओं में रज्जब की छाप भी लगाया करते थे।

(25) रैण रामस्नेही सम्प्रदाय के प्रेमदयालजी का भक्तमालः वस्तुतः इनका सही नाम प्रेमदास था किन्तु इनके संप्रदाय-प्रवर्तक श्रीदरियावसाहब के गुरु का नाम भी प्रेमदास होने से संप्रदाय वाले इनको प्रेमदयाल कहते व लिखते हैं। मेरे पास उपलब्ध इनकी वाणी की पुस्तक के पृष्ठांक 62 से इनका भक्तमाल प्रारम्भ होकर पृष्ठ 70 पर समाप्त होता है। इसमें 30 पंक्तियाँ छप्पय छंद की व 300 पंक्तियाँ झंपाल छंद की है, दो पंक्ति का एक दोहा अंतिम छंद है। 214 पंक्तियों तक पौराणिक भक्तों का व शेष में कलियुगी भक्तों का वर्णन है। सर्वप्रथम गोपीचंद, भर्तृहरि, कबीरदास आदि से यह श्रृंखला प्रारंभ होकर ग्रंथकार के गुरु हेमदास के वर्णन पर आकर रुकती है।

उक्त पाण्डुलिपि विक्रमसम्वत् 1892 में लिखी हुई है जिसमें इनकी वाणी पृष्ठ 351 से प्रारम्भ होकर 430 तक है संपूर्ण वाणी का परिमाण 6000 अनुष्टुप श्लोकांक बताया गया है। इनका

'भक्तमाल को पार न पाऊँ संत अनंत भया है।
हेमदास गुरुदेव प्रतापे बुधि अनुमान कया है।। 200।।
आदि अंत जेते भये, उनकौ लहूँ न अंत।
प्रेमदास के सिर तपौ, अनँत कोटि जन संत ।।201।।

इसमें हरकारामजी व साँवतरामजी के भक्तमालों की भाँति जैन तीर्थंकरों का विशद् वर्णन नहीं है। इनका जन्मस्थान बडारणा, गुरुद्वारा नाथद्वारा, साधनास्थल

जोगीपुरा उज्जैन व जाति आदिवासीभील थी। बडारणा में संभवतः इनके परिवार के कुछ लोग अब भी रहते हैं। ये अपने समय के प्रभावी संत थे। इनके 12 शिष्य थे जिसमें टीकाई संतोषदास थे।

(26) जांगिड़-भक्तमाल : 21वीं शती के प्रथम दशाब्द में जिसप्रकार श्रीरघुनाथप्रसाद तिवाड़ी ने पारीक-भक्तमाल लिखा है ऐसे ही विक्रमसम्वत् 2025 में अन्तर्राष्ट्रिय-रामस्नेही-सम्प्रदाय, शाहपुर के नागौर रामद्वारा के संत श्रीधीरजराम रामस्नेही ने जांगिड़त-भक्तमाल लिखकर प्रकाशित करवाई है। मेरे पास इसका चतुर्थ संस्करण सम्वत् 2038 का है। इसमें परसजी खाती, राघवदासजी, धेनुदासजी, बगसीरामजी, करतारामजी, शोभारामजी, जगारामजी, गमड़ीरामजी, काशीपुरीजी, मौजीरामजी, धीरजरामजी कुल 11 भक्तों का वर्णन है। गद्य भाग कम व पद्य भाग ज्यादा है। परसजी आदि के कुछ पद भी संत धीरजरामजी ने तत्तत संतों की छाप से बनाए हैं, ऐसा भाषा व भावों से लगता है। इन्होंने परसजी खाती को मेड़ता के राव जैमल का समकालीन बताया है, जो भूल है। इस ग्रंथ के परसजी खाती ही भक्तमालीय भक्त हैं शेष सभी परवर्ती हैं।

(27) हरकारामजी रामनामी का भक्तमाल : ये फिरड़ौद (नागौर) के श्रावगी वैश्य विजयराम के पुत्र व मारवाड़ी दरियावसाहव के प्रधान पाँच शिष्यों में से एक थे। दरियावसाहब के अनुगत होने पर इनका परिवार नागौर में आ बसा और अब भी इनकी शिष्य व महंत-परम्परा नागौर में है। इन्होंने 6000 अनुष्टुप श्लोकांक वाणी की रचना की जिसमें एक भक्त-वंशावली ग्रंथ भी है। चूँकि इनका परिवार पहले जैन था। अतः इन्होंने 24 तीर्थंकरों का विस्तार युक्त वर्णन किया है। यह भक्तमाल इन्होंने कार्तिक वदि 1 सम्वत् 1832 का बनाया यथा "सम्वत 1832 रा काती बदी 1 भगत वंशावली आई नागौर मध्ये।।" इसमें कुल 637× 2 = 1274 पंक्तियाँ हैं। कविता अच्छे स्तर की है। मेरे पास उपलब्ध हस्तलिखित प्रति में यह वाणी पृष्ठ 52 से पृष्ठ 85 तक लिखित है। पंक्ति 652 तक द्वापर तक के भक्तों का वर्णन है इसके पश्चात् गोरखनाथ के वर्णन से कलियुग खंड प्रारम्भ होता है जो अंत तक चलता है। हरकारामजी का समय सम्वत् 1803 से 1961 तक का है। इनकी समाधि नागौर में है।

(28) रसिक-अनन्यमालः इसके निर्माता भगवतमुदित गौडीय-सम्प्रदायानुवर्ती थे। इनके पिता माधवमुदति थे। गुरु हरिदास गौडीय गोविन्ददेव मंदिर के अधिकारी थे। इनका रचनाकाल सम्वत् 1707 से 1720 का माना जाता है। इस ग्रंथ में राधावल्लभ-सम्प्रदाय के चौतीस रसिक भक्तों का वर्णन है। भक्त भुवन

चौहान को इसमें राधावल्लभी माना गया है किन्तु भक्त-भुवन चौहान राधावल्लभी नहीं थे, ऐसा मैंने इनकी रचनाओं के आधार पर मेरी पुस्तक सन्त-सप्तक में सिद्ध किया है। जैमल मेड़तिया चारभुजानाथ का परमभक्त था, ऐसा जैमल मेड़तिया पर उपलब्ध अनेक इतिहास ग्रंथों से ज्ञात होता है। अतः जैमल भी राधावल्लभी नहीं थे। जैमल मीरां बाई का ताऊ का बेटा था जो मेड़ता का सम्वत 1600 से 1624 तक राज करता रहा। अंत में महाराणा उदयसिंह की ओर से चित्तौड़ की रक्षा करते हुए 1624 में धाम गमन कर गया। ग्रंथ प्रायः दोहा-चोपाइयों में साधारण भाषा में लिखा हुआ है।

(29) रसिक-अनन्य-परचावली: यह कृति भी चाचा वृन्दावनदास राधावल्लभी की है। संभवतः यह ग्रंथ सम्वत् 1845-1850 के मध्य निर्मित हुआ होगा। इसमें कुल 246 छंद हैं जिसमें से 12 दोहा छंद व शेष छप्पय छंद हैं। इसमें वर्णित सभी भक्त राधा-वल्लभी हैं जिनकी संख्या लगभग 220 है। प्रायः एक छप्यम में एक ही भक्त का वर्णन है। किसी-किसी मे दो का भी वर्णन मिल जाता है। राधा वल्लभ संप्रदाय को जानने-समझने का यह प्रामाणिक व लगभग पूर्ण स्रोत है। उदाहरण:

श्रीवनचन्द्र सुता सुवंश आदरैं रसिक जन।
वानी सानी अमी वचन उच्चारत मुदित मन।।
हितमारग रस रीति अर्थ विस्तार विचक्षन।
कृपा द्रवित रहै हियौ सुमति संचर्यौ मुदित मन।।
सुत गोवर्धननाथ के मुरति सुभव्य दंद देखिए।
श्रीचन्द्रलाल लाली अधिक सज्जनता हिये विसेखिए पद।।24।।

(30) भक्तनामावली: बयालीस लीला नामक रचनाओं के रचयिता स्वनामधन्य ध्रुवदास जी राधावल्लभी ने भक्तनामावली नामक एक छोटा सा ग्रंथ भक्तप्रवर नाभाजी के भक्तमाल से प्रेरणा पाकर कुल 114 दोहों में वि. सं. 1700 के लगभग लिखा। इसका सुष्ठु सम्पादन श्रीराधाकृष्णदासजी ने कर इंडियन प्रेस लिमिटेड, प्रयाग से सन 1928 में प्रकाशित कराया। ध्रुवदासजी श्रीहित हरिवंश गोस्वामी के तीसरे पुत्र गोपीनाथजी के शिष्य थे। ये जाति के कायस्थ व देवबन्द के निवासी थे। राधावल्लभी हो जाने पर ये वृंदावन में आरहे। इस नामावली में कुल 123 भक्तों का नामस्मरण है। मीरां पर चार दोहे मिलते हैं। हितहरिवंश पर दो जबकि गोस्वामी गोपीनाथ पर तीन दोहे हैं। यद्यपि इसमें सगुणनिष्ठा के भक्तों

का वर्णन अधिक है फिर भी निर्गुण निष्ठा के भक्तों का भी नामस्मरण है।

(31) भक्तनामावली : टट्टी-सम्प्रदाय के आचार्य श्रीललितकिशोरी के शिष्य ललितमोहिनीदास के कृपापात्र भगवतरसिक ने 21 अंतरों वाले एक पद में 129 भक्तों की नामावली प्रस्तुत की है। ब्रज में यह पद अत्यधिक प्रसिद्ध है और बहुत से साधु-संत इसका नियम से नित्य पाठ करते हैं। भगवतरसिकजी का जन्मसमय 1785 के लगभग माना जाता है। इस नामावली की ध्रुवपंक्ति है

'हमसौं इन साधुन सौं पंगति।
जिनको नाम लेत दुख छूटत, सुख लूटत तनु संगति।।

–ब्रजमाधुरीसार, पृष्ठ 228

(32) पद-प्रसंगमालाः रूपनगढ़ (किशनगढ़, राजस्थान) राज्य के सावंतसिंह भगवत् सम्बन्धी नाम नागरीदास ने 'पदप्रसंग-माला' नामक ग्रंथ लगभग वि. सं. 1800 में लिखा। इसमें कुल 39 भक्त/संत रचनाकारों के 75 पद सप्रसंग प्रस्तुत किये गये हैं। पद रचनाकारों की मूल भाषाओं में जबकि प्रसंग ब्रजी में हैं। नागरीदास-ग्रंथावली के पृष्ठ 567 से 615 तक यह ग्रंथ प्रकाशित है। व्यासजी के 9, मीरां के 6 जबकि नामदेव के 5 पद सप्रसंग लिखे गये हैं। इन्होंने सगुण-निर्गुण का कोई भेद इस ग्रंथ में नहीं किया है। यह पुस्तक केन्द्रीय-हिन्दी-निदेशालय से सम्वत् 2022 में प्रकाशित हुई है।

(33) ब्रह्मदास दादूपंथी के भक्तमाल : ब्रह्मदास जाति के चारण व दादूपंथी संत हरनाथजी गरीबदासतोत के शिष्य थे। इनका जन्मस्थान माड़वा (पोकरण, जोधपुर) था। जोधपुर के महाराजा विजयसिंह के समकालीन व सं. 1816 की घटना विशेष से सम्बन्धित थे। चारण होने से इनके छओं चारण-शैली अथवा भाषा में हैं। इन भक्तमालों की कुल संख्या छः है जिनमें छंद इस प्रकार है भक्तमाल प्रथम 21 छंद, द्वितीय 25, तृतीय 11, चतुर्थ 25, पंचम 1 एवं षष्ठ 5 कुल 88 छंद, गीत आदि।

इसका सानुवाद प्रकाशन राजस्थान-प्राच्य-विद्या-प्रतिष्ठान, जोधपुर से सन् 1959 में हो चुका है। टीकाकार चारणकवि उदयराज उज्जवल हैं। इसमें पौराणिक व निर्गुणनिष्ठा के संत-भक्तों का विवरण ज्यादा है। सगुणनिष्ठा के सूर, नरसी व मीरां के अलावा अन्यों के नाम इसमें नहीं है। उदाहरण

'सीसोद्याँ सिरताज नृप सूँ, करी चुगली काय।

भवन खांडो काठ को कर, लाख को तन खाय।
तौ हरिरायजी हरिराय, पलट्यौ खड़क तत हरिराय।। 18।।

-चतुर्थ भक्तमाल, पृष्ठ 46

(34) भक्तविरदावली : संतप्रवर दादूदयाल के दो शिष्यों का नाम जैमल था। एक जैमल जोगी अथवा जैमल कछवाहा तथा दूसरे जैमल चौहान कहलाते थे। जैमल जोगी की वाणी मेरे सम्पादन में प्रकाशित हो चुकी है किन्तु जैमल चौहान की वाणी प्रकाशनाधीन है। इन जैमल चौहान ने भक्त-विरदावली के नाम से एक भक्तमाल 823 छंदों में लिखी है। यह प्राय: दोहा, चौपाई में लिखा गया ग्रंथ है। सबदी, सवैया नामक एक दो छंद भी हैं। जैमल चौहान का कविताकाल सम्वत् 1660 से बाद का किंतु 1690 से पूर्व का है। इनकी रचनाएँ रज्जव की सरबंगी में नहीं मिलती जबकि गुणगंजनामा व गोपालदास की सरबंगी में मिलती हैं। अत: इनका कवि-कर्म का समय 1660 से 1690 वि. सं. के बीच का मानना सर्वथा उचित है। इनकी संपूर्ण वाणी दादूद्वारा नरायना के महाग्रंथ जिसमे 22 संतों की लगभग 200000 अनुष्टुप श्लोकांक वाणी है में लिखित है। इस महाग्रंथ को 9 संतों ने लिखा है। ऐसे कुल तीन महाग्रंथ दादूपंथ में उपलब्ध हैं। एक भिवानी में एवं तीसरा जयपुर में है। उदाहरण

दादू दीनदयाल को, परचौ परम प्रकास।
मिलि खेलै भगवंत सों, परम सुन्य सुख वास।।500

(35) जग्गाजी का भक्तमाल : जग्गा (जगदीशदास) दादूदयाल के शिष्य थे। ये ही अपने वरदान देने के कारण मर कर सुंदरदास बूसर के रूप में वि. सं. 1653 में उत्पन्न हुए थे। अत: इनका कविताकाल सं 1653 के पूर्व माना जाता है। ऐसी स्थिति में इनका भक्तमाल नारायणदास "नाभा" के भक्तमाल से भी पूर्व की रचना सिद्ध होती है। इसमें कुल 69 चौपाछयाँ हैं। लक्ष्य करने की बात यह है कि सर्वप्रथम इन्होंने दादू का वर्णन करके नाथ-सिद्धों का वर्णन किया है। फिर पौराणिक भक्तों का वर्णन करके सूफियों का वर्णन किया है। फिर निर्गुणी-सगुणी भक्तों का वर्णन करके दादूपंथी संतों, 52 प्रधान शिष्यों का वर्णन करके दादूजी के कीर्तनियों का 5 चौपाइयों में वर्णन किया है। इस भक्तमाल पर नाभा के भक्तमाल का किञ्चित् भी असर नहीं है। इन्होंने लिखा है।

अगणित साध अगोचर वाणी। कृपा करौ मोहि अपणौ जाणी।

गुरू प्रसादे या बुधि पाई। सकल साध मेरे बाप र माई।। 67।।

गुरु गुरु भाई सब में बूझ्या। तिनके ग्यान परमपद सूझ्या।।
जगिये साध सिध सुण्या ते जाच्या। दियौ राम-धन दुख सब बाच्य।।68

पृष्ठ 271 परिशिष्ट, राघवीय-भक्तमाल

(36) चैनजी दादूपंथी का भक्तमालः चैनजी काणौता (जयपुर) के रहने वाले जनगोपाल के शिष्य व दादूदयाल के प्रशिष्य थे। अनगोपाल सम्वत् 1642 में साधु बने। चैनजी ने दादूदयाल को काणौता में आमंत्रित किया था। यह समय वि.सं 1651 से 1658 के मध्य का था। अतः चैनजी का समय 1625 वि. सं. 1700 तक माना जा सकता है। इनकी रचनाएँ रज्जब की सरबंगी में नहीं है। अतः इनका रचनाकाल 1660 वि. के बाद है। अतः अनुमानतः इनका रचनाकाल 1670 से 1700 तक का हो।

उन्होंने विशाल वाणी की रचना की जो उक्त महाग्रंथों में भी लिखित है। इन्होंने 91 छंदों का एक भक्तमाल बनाया है जिसमें पहले पौराणिक भक्तों का, तत्पश्चात छंद 22 से नाथसिद्धों से प्रारंभ होकर कलियुगी भक्तों का वर्णन है। छंदांक 41 से दादू व दादूपंथ का वर्णन चलता है जो अंत का चलता है। इसमे नाथ, सिद्ध, सगुणी, निगुणी सभी भक्तों का वर्णन है। उदाहरण

"रामानंद कबीर अर पियौ परसू। गलगला सुरसुरा पावै दरस्।।
मतिसुंदर रैदास पद्मावती सेवा। बेलि सूरिया भजै हरि देवा।।30।।

परिशिष्ट, राघवीय-भक्तमाल पृष्ठ 282

(37) राजस्थानी-संतसाहित्य परिचयः दादूपंथी संतकवि, कविरत्न, नारायणदास ने सम्वत् 2037 में 725 राजस्थानी संतों, भक्तों, नाथों, सिद्धों, शाक्तों, ब्राह्मणों, जैनों चारणों, भाटों आदि सभी तरह के भक्तों व उनके साहित्य का अतीव संक्षिप्त परिचय प्रकाशित कराया है। संभवतः यह इनका एकल स्तर पर बहुमूल्य प्रयास है।

(38) राजस्थान के संत एवं उनका साहित्यः संत व संतसाहित्य पर अच्छी गवेषणापूर्ण भूमिका के साथ मैंने सन् 2012 में उक्त पुस्तक लिखी जिसका प्रकाशन पहले 2013 में व दूसरी बार 2014 में हुआ है। इसमें 37 दादूपंथी, 15 निरंजनी, 21 रैण रामस्नेही संप्रदाय, 65 शाहपुरा रामस्नेही संप्रदाय, 41 सींथल

खेड़ापा रामस्नेही संप्रदाय व 16 विश्नोई संतों भक्तों का उनकी रचनाओं के नमूनों के साथ परिचय लिखा गया है। इसप्रकार इसमें 195 सन्तों-भक्तों का समास-व्यास-रीति से वर्णन हुआ है।

(39) संत-सप्तक एवं सूफी-संत-सौरभ इन दोनों पुस्तकों में 39 संतों/भक्तों की शोधपूर्ण जीवनी, उनकी उपलब्ध समस्त रचनाएँ पाठांतरों सहित प्रकाशित हुई हैं। संभवतः यह पहला अवसर है जब इतने अत्यल्पज्ञात अथवा अज्ञात भक्तों का शोधपूर्ण विवरण इन दो पुस्तकों में प्रकाशित हुआ है। इन दोनों पुस्तकों के लेखक ब्रजेन्द्र कुमार सिंहल हैं।

(40) दो सौ बावन वैष्णवन की वार्ता: वल्लभ-सम्प्रदाय की मान्यतानुसार इन वार्ताओं में गोस्वामी विट्ठलनाथजी के वैष्णवों का वर्णन है। इनके कर्ता विट्ठलनाथजी को माना जाता है किन्तु यह संभवतः सत्य नहीं है। मेरे पास नाथद्वारा विद्याविभाग द्वारा प्रकाशित पुस्तक है जो सम्वत् 2065 का प्रकाशन है। इसकी मूल भाषा ब्रजी को आधुनिक हिन्दी में परिवर्तित की गई हैं। चूँकि वार्ताओं पर अनेक विवाद हैं। अतः इनका इतना उल्लेख ही पर्याप्त है।

(41) भक्तचरितावली दोभाग: स्वनामधन्य प्रभुदत्त ब्रह्मचारी ने भक्तचरितावली दो भागों में लिखकर सम्वत् 2039 व 2040 में प्रकाशित कराई। इनमें कुल 32 भक्तों का वर्णन बडी ही सरस, हृदयावर्जक भाषा में है। प्रारंभ में दोनों भागों में विशाल व महत्त्वपूर्ण भूमिकाओं में भक्त, भक्ति, भगवंत का प्रामाणिक वर्णन है। 32 में से 6 निर्गुणी निष्ठा के व 26 सगुणी निष्ठा के भक्त हैं। इन्होंने भगवती कथा के नाम से भागवत् को 118 भागों में औपन्यासिक शैली में लिखा। भागवत् वस्तुतः है ही भक्तों की कथा का ग्रंथ। पौराणिक शैली में लिखा होने से पुराण है अन्यथा है यह भी भक्तमाल का ही पूर्वरूप। अस्तु!

(42) तजकिरात उल औलिया: फारसी-भाषा में सूफियों को जानने का भक्तमाल है, यह ग्रंथ। इसको हिन्दी में अनूदित किया है क्षेमानन्द राहत उर्फ भगवान् ने और इसको प्रकाशित किया है सस्ता-साहित्य-मंडल, नई दिल्ली ने सन् 2008 में। इसमें कुल 25 सूफियों का वर्णन है।

(43) मराठी-भक्तमाल: महीपति का जन्म सन् 1715 में ताहराबाद, जिला अम्बेड़नगर, महाराष्ट्र में हुआ। 75 वर्ष की उम्र में 1790 में इनका निधन हुआ। संस्कृतज्ञ विद्वान् पंडित थे और प्रसिद्ध तुकारामजी के शिष्य थे। पेशे से मुगल सरकार के लेखाकार थे। इन्होंने तुकारामजी के आदेश से 'संत-लीलामृत सन्

1757 में, भक्त-विजय सन् 1762 में, कथा-सारामृत सन् 1765 में, भक्त-लीलामृत सन् 1774 में व अंत में 'संत-विजय' लिखा। इन्होंने इन भक्तमाल जैसे ग्रंथों को नारायणदास नाभा के भक्तमाल को पढ़कर व उससे प्रभावित होकर लिखे। इन सभी की भाषा मराठी है। जब हम भक्त-विजय ग्रंथ को पढ़ते हैं तब ज्ञात होता है कि इन्होंने नाभा के भक्तमाल का अक्षरशः अनुगमन न करके महाराष्ट्र में प्रचलित भक्तो की कथाओं को भी समाविष्ट किया है।

भक्त-विजय का विदेशी विद्वान् जस्टिन ई. अबोट ने भारतीय विद्वान् एन. आर. गोडबोले के सहयोग से अंग्रेजी में अनुवाद सन् 1933 में प्रकाशित कराया। इसके दो भागों की जिल्द एक है जिसमें कुल 1008 पृष्ठ हैं। इसमें कुल 54 संतों, भक्तों का विस्तार से वर्णन है। ध्यानदेव (ज्ञानदेव) व नामदेव के ऊपर इसमें 10 अध्याय हैं। कुल 57 अध्याय हैं।

(44) भक्त-विरुदावली: कड़ा (इलाहाबाद) के खत्री सुंदरलाल के घर जन्मे मलूकदास, रामानन्दी संत मुरारी के शिष्य थे। मुनारी अग्रदास की परम्परा में थे। इनका देहावसान वैशाख कृष्णा 14, सम्वत् 1739 को हुआ। इन्होंने वाणी का सृजन किया जिसमें एक छोटा सा ग्रंथ भक्त-विरुदावली भी है। इसमें कुल 66 भक्तों का वर्णन है। इसकी हस्तलिखित प्रतियाँ सिख रैफरेंस लाइब्रेरी अमृतसर, प्राच्य-विद्या-प्रतिष्ठान, जोधपुर, काशी-नागरी-प्रचारिणी-सभा आदि पुस्तकालयों में प्राप्त है। यह प्रायः दोहा-चौपाई छंदों में है।

(45) भक्त विरदावली : दादूदयाल के पौत्र-शिष्य व ठाकुरदासजी पाकपटन वालों के शिष्य दासजी ने 1 लाख श्लोकांक वाणी लिखकर मोरड़ा में दादूजी की सेवा में प्रस्तुत की। दादूजी ने कहा-भजन करो, वाणी निर्माण करना उतना जरूरी नहीं जितना भजन करना है। दासजी ने तत्काल संपूर्ण वाणी को मोरड़ा के तालाब में फेंक दिया। हवा में उड़कर कुछ पन्ने डूबने से रह गये। उन पन्नों मे भक्त-विरदावली, दादूपंथ-परीक्षा आदि दो-तीन छोटे-छोटे ग्रंथ व 2-4 पद लिखे मिले। वे ही अब मिलते हैं। मैंने इन सभी को सम्पादित करके दादूपंथ-प्रकाश पत्रिका में प्रकाशित कराया है। भक्त-विरदावली में 16 छंद हैं। इनकी रचनाएँ स्तर युक्त हैं। दादूजी मोरड़ा में सम्वत् 1658 में थे। अतः इनका रचनाकाल 1658 से पूर्व का है।

उदाहरण:

प्रभु लहै प्रीति की रीति प्रीति बिन तजै मिठाई। दुरजोधन को त्याग विप्र की भाजी पाई।

जाति वरण राचै नहीं कहा मूरख कहा जान। झूठे फल भिलनी के खाये हेत प्रीति पहचान।

(46) **भक्ति-विहार :** इस भक्तमाल के निर्माता खत्री जाति के सहगल-गोत्रीय वसंतराय के पौत्र साहिबराय के पुत्र हंसुआ (फतहपुरी) के निवासी चन्द्रदास हैं। इनका परिवार लेन-देन का व्यवसाय करता था। एक बार ये उगाही करने गये तब देनदार पर इन्होंने जबरदस्ती की। गुस्साए देनदार ने इनकी कड़ी पिटाई कर डाली। इससे इनको वैराग्य हो गया। ये साधु हो गये। वैशाख वदि 2, सोमवार, सम्वत् 1828 को इन्होंने जीवित समाधि लेली । हंसुआ के निकट ही इनकी समाधि बनी हुई है। हंसुआ के पंडित भैरुप्रसाद के पास एक हस्तलिखित प्रति है। जिसमें 262 पृष्ठ व 61 अनुराग (अध्याय) हैं। एक अन्य हस्तलिखित प्रति जो हिन्दी-साहित्य-सम्मेलन प्रयाग में है, में 301 पृष्ठ व 82 सर्ग हैं। डॉ. शिवगोपाल मिश्र जिन्होंने चन्द्रदास पर शोध किया है के पास भी एक सम्वत् 1890 की प्रति है। इस प्रति के अनुसार इस ग्रंथ का रचनाकाल सम्वत् 1807 है। पृष्ठ 140 तक पौराणिक भक्तों का व शेष पृष्ठों में कलियुग के 125 भक्तों का वर्णन है। 125 में से 100 नाभाजी के भक्तमाल के भक्तों से अभिन्न हैं। 25 भिन्न हैं। 25 के नाम हैं नानक, कुंतलदास, अचरजदास, हरिवल्लभ, ब्रह्मराज राजनारायणदास, रामरतन उतंक, भगवानअति भृगु, राजाराम, कौला, आला, दधीचि, राजानाथ, तीछीदास, मलूकदास, रामदास, बाजीदखान, मिरजाखान, हरिदास, चन्द्रसखी, जानकीदास, चन्द्रदास।

(47) भक्तनामावली: हरिदासी-सम्प्रदाय के किशोरदास एक समर्थ रचनाकार हुए हैं। इनका जन्म अजमेर में घासीराम सारस्वत पिता व खेमादेवी माता के यहाँ हुआ। किशोरावस्था में ही वैराग्य धारण कर ये पीताम्बरदेव के शिष्य हो गये और आजीवन वृन्दावन में रहे। इनका जन्म लगभग 1770-75 में व निधन सम्वत् 1830-40 के मध्य हुआ। इन्होंने 1791 में दीक्षा ग्रहण की। आलोच्य नामावली में तीन पद हैं। प्रथम पद में नारद से लेकर पीताम्बरदेव तक निम्बार्क-सम्प्रदाय के आचार्यों का वर्णन है। दूसरे पद में उक्त नामों के अलावा नागरीदास व नवलदास दो नाम नये हैं। तीसरे पद में हरिदासजी का वर्णन करके चतुः सम्प्रदाय के आचार्यों, उनके शिष्यों, तीर्थों, नदियों व गुरु-परम्परा का वर्णन है।

(48) रसिक-अनन्यगाथा: इसके रचियता गोविन्दअलि, गोस्वामी ब्रजलाल के शिष्य थे। यमुना तट पर रहा करते थे। उक्त गाथा का निर्माण इन्होंने सम्वत् 1844 में किया।

"सम्वत अष्टादस अधिक चालिस ऊपर चार।
सावन कृष्ण पंचमी, गाथा भक्त विचार।।

46 पृष्ठों का हस्तलिखित ग्रंथ है यह। इसमें 152 छप्पय व एक दोहा छंद है। इसमें 140 राधावल्लभी भक्तों का वर्णन है। प्रारम्भ में राधिका व अंत में राधिकादास का वर्णन है।

रूपनगर को जनम करम खाती कुल कीनौ।
श्रीहित बद्रीलाल चरणरज आश्रय लीनौ।।
व्यासनंद पद प्रीति भावना सदा विचारै।
रंगमहल की केलि जुगल की रसिक निहारै।
हंससुता के तीर तरु तरै बैठि विविछ विछयौ।
रसिक राधिकादास विपन आन सींचो हियौ।। पृष्ठ 45 उक्त ह. प्रति

(49) **रामदास कृत भक्तमाल:** पटियाला के महाराज कर्मसिंह (1855-1902 वि. सं.) के दरबारी कवि रामदास ने सम्वत् 1883 जेठ मास की कृष्णा पंचमी को पोथी शोभापरमधाम की लिखी। इसीमें 155 दोहा चौपाइयों का एक भक्तमाल भी है जिसमें 74 भक्तों का वर्णन है। 34 द्वापर तक के व 40 कलियुग के भक्त। इसकी हस्तलिखित एक प्रति सेण्ट्रल लाइब्रेरी पटियाला में प्राप्त है।

(50) **रामसिंह पंजाबी का भक्तमाल:** पटियाला नरेश कर्मसिंह व तत्पुत्र नरेन्द्रसिंह के आश्रय में काव्य रचने वाले रामसिंह ने एक भक्तमाल 439 छंदों में बनाया जिसकी 59 पन्नों की एक हस्तलिखित प्रति पटियाला में उपलब्ध है। प्रारंभ में 24 अवतारों का वर्णन करके 16 वैतों में सत्युग आठ वैतों में त्रेता, 17 छदों में द्वापर के भक्तों का वर्णन किया है। शेष 389 छंदों में कलियुग के भक्तों का वर्णन है। इसमें सिखगुरुओं सहित सिखधर्म के पंच प्यारों का भी वर्णन है। समास व्यास़ रीति से इसमें लगभग 400 भक्तों का वर्णन है।

उदाहरण

जोएपै जो है मीरांबाई कंत मुयो चित भई अधीर न धीर धारै।
पूर्वजनम थी स्याम दी सखी ललता भक्ति भीने मिले मोर मुकुट बारे।
गिरधरलाल के रंग यों रहै राती नित गीत गाती गिरधर लाल प्यारे।
कुल सौहरा पिउरा तार दियो कियो माहरो मारु और मारवारे।।
रामसिंह अनभै वाणी गरज गाई लोग पढन उजागरी जग सारे।

रामसिंह का भक्तमाल, पृष्ठ 25

भक्तमाल में रचनाकाल नहीं लिखा है किन्तु अन्यान्य ग्रंथों के सम्वतों व समसामयिक प्रमाणों के आधार पर इनका यह ग्रंथ 1900 से 1915 वि. सं. के मध्य बनना सिद्ध होता है।

(51) मलदास कृत भक्तमालः मूलदास सींथल के हरिरामदासजी के प्रशिष्य और नारायणदासजी के शिष्य थे। बीकानेर के पास कालू रामद्वारे में रहा करते थे इन्होंने लगभग 1900 विक्रमसम्वत् में 178 छन्दों का भक्तमाल बनाया है जिनमें से एक दोहा व शेष हरिगीतिका छंद हैं। पाँचवा छंद है

भगवत भक्ति भक्त और गुरु कूँ नितप्रति वंदन करिये।
प्रेम भाव अरु प्रीति खरै करि राम भक्ति उर धरिये।

छंद 85 तक 79 पौराणिक भक्तों का वर्णन है।
तत्पश्चात् कलियुग के भक्तों का वर्णन है। भाव, भाषा व छंद योजना अच्छे स्तर की है। इनकी संपूर्णवाणी प्रकाशित हो गई है।

(52) भक्तविनोदः कश्मीर नरेश रणवीरसिंह की आज्ञा से भक्तविनोद नामक विशाल भक्तमाल लिखने वाले मिंयासिंह ने सम्वत् 1912 से 1942 के मध्य इसको बनाया। प्रकाशित ग्रंथ 592 पृष्ठों में परिसमाप्त 214 सर्गात्मक है। इसमें कुल 255 भक्तों का वर्णन है। भाषा ब्रजी व छंद अधिकांशतः दोहा, चौपाई हैं। भाषा नमूना

भ्रम विदलन असचरजप्रद भक्त महातम एहु।
करहुँ कथन सुभ-देन फल, कृष्ण कमल पद नेहु।।

(53) उत्तरार्द्ध भक्तमालः भारतेन्दु हरिश्चन्द्र ने इस उत्तरार्द्ध भक्तमाल का निर्माण सम्वत् 1933 में किया। इसमें कुल छंदों की संख्या 211 है जिनकी विवरण इस प्रकार है— प्रारंभ में 55 दोहे, मध्य में 1 दोहा व अंत में 14 दोहे शेष 141 छप्पय छंद। इन्होंने लिखा है

भक्तमाल जो ग्रंथ है, नाभा रचित विचित्र।
ताही को यह जानिये, उत्तर भाग पवित्र।।41।
भक्तमाल उत्तर अरध, याही सो शुभ नाम।
गुँथी प्रेम की डोर में, संत रतन अभिराम।। 42

प्रारम्भ इसप्रकार किया है

राधावलल्भ वल्लभी वल्लभ वल्लभताइ।
चारि नाम वपु एक पद, वंदत सीस नवाइ।।

यह नाभाजी के भक्तमाल का उत्तरार्द्ध है। अनेक भक्तों का, नाम, गाँव, गुरु-परंपरा, सम्वतों सहित विवरण है।

(54) नवभक्तमाल: इसके रचियता राधाचरण गोस्वामी का समय सम्वत् 1915 से 1952 तक का है। ये हिन्दी के प्रबल समर्थक, उन्नायक एवं ग्रंथ निर्माता के रूप में हिन्दी जगत् में प्रसिद्ध हैं। इन्होने नवभक्तमाल लगभग 1943 वि. सं. में निर्मित किया। इसी सम्वत् की एक प्रति इनके उत्तराधिकारियों के पास सुरक्षित है। यथा ''इति श्रीनव भक्तमाल ग्रंथ संपूर्ण श्रीसम्वत् 1943 आषाढ कृष्णा 9, लिख्यतं रामलाल वृन्दावन वासी श्लोक संख्या 480 श्रीराधाकृष्णाभां नम:।। इसमें 6 दोहे व 104 छप्पय हैं जिसमें 114 भक्तों का वर्णन है। वर्णित भक्तों में ब्रज के भक्तों की संख्या ज्यादा है। इन्होंने लिखा है।

भक्तमाल अनुजे भये भक्त जक्त विख्यात।
तिन सब नव नव चरित नव, भक्तमाल सुख्यात।।3।।

ऊपर वर्णित भक्तमालों के अलावा निम्न भक्तमाल, भक्तनामावलियाँ, भक्तविरदावलियाँ और मिलती हैं। सभी का विवरण यहाँ देना संभव नहीं है। मात्र नामोल्लेख कर देना पाठकों को लाभकारी रहेगा। जिनको अधिक जानना हो, वे स्वयं इनकी खोजबीन करके इनको पढने, प्राप्त करने का प्रयत्न करें।

55. जन गिरधारी कृत भक्तमहातम, सम्वत् 1705
56. उत्तमदास कृत अनन्यमाल, सम्वत् 1749 से पूर्व
57. दुखहरण कृत भक्तमाल
58. प्रियादास कृत भक्तसुमरणी
59. जतनलाल गोस्वामी कृत रसिक-अनन्यसार सम्वत् 1800 के आसपास
60. गरीबदास कृत भक्तन की नाममाला
61. भीखासाहब कृत भक्तबच्छावली
62. टोडरमल कृत भक्त-नाममाला
63. अम्बरदास कृत भक्तविरुदावली
64. जन उमराव कृत भक्तगीतामृत, सम्वत् 1914
65. ब्रजजीवनदास कृत भक्तरसमाल 37 पत्रात्मक
66. ब्रजजीवनदास कृत अरिल्ल भक्तमाल
67. शिवलाल कृत भक्तविरुदावली, सम्वत्, 1923 या इसके कुछ पूर्व की रचना
68. युगलानन्यशरण कृत भक्तनामावली, सम्वत् 1914-1933 के बीच
69. रमनदास कृत भक्तमाहात्म्य 59 पृष्ठात्मक 774 श्लोकात्मक

70. सरयूदास कृत भक्तनामावली (हरिजनजस) सं 1925-50 के मध्य।
71. ज्वालानाथ कृत भक्तमाल 346 पृष्ठात्मक विशाल भक्तमाल 200 भक्त बरसाना में उपलब्ध।
72. हरिवर कायस्थ कृत हरिभक्ति प्रकाशिका भक्तमाल 776 पृष्ठात्मक प्रकाशित सम्वत् 1956 वि में 207 भक्तों का विवरण।
73. प्रियादास कृत राधावल्लभ-भक्तमाल 1949 में प्रारम्भ, 1965 में समापन, 236 रसिक भक्तों का विवरण
74. लघुराम कृत भक्तविरुदावली, 4 पृष्ठात्मक छोटी सी कृति
75. रसरंगमणि कृत भक्तनामवली, सम्वत् 1968, 16 पृष्ठात्मक कृति में 600 रसिक भक्तों के नाम।
76. यमुनावुल्लभ कृत रसिक भक्तमाल सम्वत् 1986 में प्रकाशित, 5 दोहे व 108 छप्पयों में 120 के लगभग भक्त।
77. अम्बिकादत्त कृत शिव-भक्तमाल, सम्वत् 1987 में प्रकाशित, 108 शिवभक्तों का वर्णन।
78. स्वामी सत्यानन्द कृत भक्तिप्रकाश-भक्तमाल, सम्वत् 1992 में प्रकाशित 473 पृष्ठों का शब्द प्रकाश, साधन प्रकाश, भक्त प्रकाश व कथा प्रकाश चारभाग। भक्तप्रकाश पृष्ठ 216 से 318 तक। कुल 46 भक्तों का वर्णन
79. संतदास माहेश्वरी कृत नूतन-भक्तमाल, सम्वत् 2007, कुल 128 भक्तों का गद्य में वर्णन।
80. सियालाल (प्रेमलता) कृत भक्त-नामावली, सम्वत् 2022, 23 मंजू छंदों में लगभग 600 भक्तों की नामावली।
81. मैथिलीशरण भक्तमाली कृत संवत् 2024 में प्रकाशित 376 पृष्ठ 325 भक्तों विशेषकर रसिक भक्तों का वर्णन।
82. रामकुमारदास रामायणी कृत भक्त-भास्कर सम्वत् 1925-26 में लगभग 400 पदों की रचना जिसमें से 200 प्रकाशित। जयदयाल गोयन्दका, हनुमानप्रसाद पोद्दारजी का भी वर्णन।
83. नारायणदास भक्तमाली (मामाजी), बक्सर निवासी, अनेकभक्तों की गाथाएँ नाटक शैली में लगभग 30 भागों में 1 सभी प्रकाशित हैं।

13

प्रियादास कृत भक्तमाल का विस्तार और वृन्दावन

प्रगति शर्मा

एक जमाने में जब चारण, भाट एवं राजाश्रित कवियों के द्वारा जहाँ साधन सम्पन्न राजे-महाराजों से जुड़ा इतिहास संरक्षित किया जा रहा था वहीं मध्यकाल में भारतीय संत परम्परा से जुड़े विवरणों के संकलन के रूप में नाभादास की भक्तमाल ने साहित्य जगत में एक नई चेतना का संचार किया। परिवर्तीकाल में यह परम्परा और अधिक विस्तार पाती रही। जिसके विवरण भक्ति की सगुण एवं निर्गुण दोनों विचारधाराओं में समान रूप से देखे जा सकते हैं। संत नारायणदास 'नाभाजी' की रचना 'भक्तमाल' मध्यकालीन साहित्य में एक नये बीज का वपन था। भक्ति साहित्य में पारम्परिक दृष्टि से हटकर भक्तों के चरित्रगान के रूप में उपलब्ध इस कृति ने उस जमाने में एक नये अध्याय का सूत्रपात्र किया जिसकी प्रतिध्वनि न केवल ब्रज-वृन्दावन में बल्कि पूरे भारत के सांस्कृतिक पटल पर समझी व सुनी जा सकती है। भक्तमाल की रचना के कुछ समय उपरान्त वि. सं. 1769 में वृन्दावन के गौड़ीय वैष्णव प्रियादास ने इस पर 'भक्तिरस बोधिनी' शीर्षक टीका लिखी। प्रियादास की इस रचना ने न सिर्फ स्थानीय स्तर पर बल्कि उस दौर में पूरे भारत की साहित्य-संस्कृति पर अपना पर्याप्त प्रभाव डाला। वैष्णव परम्परा में मध्यकालीन भक्त साधकों के चरित्रोद्गान पर लिखे प्रथम ग्रंथ भक्तमाल की इस टीका को हाथों-हाथ ख्याति मिली। पूरे देश के सुधीजन जहाँ जिसे जानकारी हुई, उसने इस पोथी की प्रतिलिपि तैयार करायी। शायद यही कारण है कि राजस्थान प्राच्य विद्या प्रतिष्ठान की विभिन्न शाखाओं, नागरी प्रचारिणी

सभा की खोज, रिपोर्टों एवं विभिन्न प्रान्तों के अनेक पोथीखानों में इस ग्रंथ की विपुलता सहज ही देखी जा सकती है-

जानें सुन्यौं जहाँ जिहिं थल, ता-तानें जहाँ लिखवायौ।
जाकें अबहू रहत जहाँ-तहाँ, बढत प्रभाव सवायौ।।
(वृन्दावन धामानुरागावली-नवमोध्याय-छन्द-7, ब्रज संस्कृति शोध संस्थान, वृन्दावन)

भक्तमाल की रचना पर प्रियादास की टीका की लोकप्रियता का अनुमान इस तथ्य से भी सहजतापूर्वक लगाया जा सकता है कि भक्तमाल की अधिकांश पाण्डुलिपियाँ आज भी भक्तिरस बोधनी के साथ ही देश के विभिन्न ग्रंथागारों में दर्शित देखी जा सकती हैं।

मध्यकाल के दौरान न केवल वैष्णव सम्प्रदायों की विभिन्न परम्पराओं के अन्तर्गत बल्कि निर्गुण साधना में भी समय-समय पर अनेक भक्तमाल लिखे जाते रहे जिनके विवरण देश के विभिन्न ग्रंथागारों में विद्यमान पाण्डुलिपियों अथवा प्रकाशित पुस्तकों के रूप में दृष्टिगोचर होते हैं। नाभादास कृत भक्तमाल और उस पर प्रियादास की टीका ने कालांतर में न केवल अखिल भारतीय विस्तार पाया, बल्कि शनैः-शनैः यह चिन्तन एक समृद्ध परम्परा के रूप में परिलक्षित होने लगा। परणिाम/स्वरूप भक्तमाल की कथा तथा नये भक्तमालों की रचना का क्रम आज भी बदस्तूर जारी है। भारतीय संस्कृति की इस समृद्ध परम्परा में प्रियादास जैसे साधक के उपकारों को विस्मृत नहीं किया जा सकता। प्रियादास के सन्दर्भ में वृन्दावन निवासी कवि गोपाल राय ने अपनी वि. सं. 1900 की रचना वृन्दावन धामानुरागावली के अन्तर्गत इन्हें अग्रवाल वैश्य तथा इनके पुत्र का नाम वैष्णवदास बताते हुए भक्तमाल के प्रति इस परिवार की श्रद्धा तथा ज्ञान को रेखांकित किया है-

वैस्य अग्रवारन में वैस्नव, वैस्नव दास कहायौ।
वैस्नव ही में वैस्नव मधि वसि, वैस्नव सुख करि छायौ।।

✠ ✠ ✠

तिहि कुल बद्रीदास जु भयेभागतमाल के रूपा।
कथा कहनि तिनकी अति रोचक भाविक भगति अनूपा।।

तिहिको बड़ौ भ्रात वृन्दावन जमुनादासह ताकौ।
सो अब भगतमाल वाचत अति हित गुपाल सौ ताकौ।।

(वृन्दावन धामानुरागावली–नवमोध्याय, छन्द–9,11,12, ब्रज संस्कृति शोध संस्थान, वृन्दावन)

विभिन्न सन्दर्भों से उद्घाटित होता है कि प्रियादासजी युवावस्था में ही विरक्त होकर वृन्दावन आ गये थे तथा उन्होंने यहाँ राधारमण मंदिर के आचार्य मनोहरदासजी से दीक्षा ली। गौड़ीय सम्प्रदाय में दीक्षित होने के उपरान्त आपने प्रयाग, चित्रकूट एवं गलताजी (जयपुर) आदि स्थलों की धार्मिक यात्राएँ कीं। अपने आमेर प्रवास के दौरान प्रियादास जी कुछ समय सुप्रसिद्ध तीर्थ गलताजी में भी रहे। यह संयोग ही है कि नाभादास जी के द्वारा भक्तमाल की रचना हो या प्रियादास जी के द्वारा इस पर 'भक्तिरस बोधिनी' टीका का प्रणयन इन दोनों मनोरथों की प्रेरणा की पवित्र भूमि गलता गद्दी ही रही। हालाँकि भक्तमाल का सृजन रैवासा (जयपुर) में हुआ, किन्तु नाभादास के गुरु तथा प्रेरक अग्रदास के गुरु श्रीकृष्णदास पयहारी की साधना भूमि गलता की पवित्र भूमि ही थी और दैवयोग से प्रियादास को इस पर टीका करने की प्रेरणा भी इसी स्थल से प्राप्त हुई।

गोविन्द भाष्य जैसे महाग्रंथ के रचनाकार बलदेव विद्याभूषण के गुरु भाई वृन्दावनचन्द्रदास ने अपनी रचना अष्टयाम के अन्तर्गत प्रियादास की प्रशस्ति में लिखा है–

भयौ है प्रकाश देश देशन विदेशन में,
सूरज सुजस रूप गुन बात बात है।
आवें वृन्दावन कोऊ देख रसवन्त होत,
हेत सों मिले हैं जोतिवंत होत गात है।।
कहैं कबै बात, लै झुलावैं सरसात,
रूप भावै जू की नैक चितौन होत।।
पण्डित द्वै कवि जन रसिक है जात है।।
याही लोक वृन्दावन याही समै बेर याही,
नित छबि पीवैं नैंन जीवै दुति साज तें।।
प्रियादास जू के मिलें भावत न आन कछू,
भई पहिचान हरि रूप रसराज तै।।

(अष्टयामः वृन्दावनचन्द्रदास)

उक्त पंक्तियों से ज्ञात होता है कि अपने उत्कृष्ट भक्तिपरक काव्य कौशल के चलते प्रियादास की ख्याति उस जमाने में दूर-दूर तक फैल चुकी थी। प्रियादास तथा उनके पौत्र वैष्णवदास "रसजानि" के सन्दर्भ में एक उन्य महत्तवपूर्ण सूचना वृन्दावन धामानुरागावली में उल्लिखित हुई है जो कृतिकार गोपालराय द्वारा वि. सं. 1900 में दर्ज की गई जिससे ज्ञात होता है कि प्रियादास के पुत्र वैष्णवदास ने इस टीका के सन्दर्भ में एक उपटीका भी लिखी जो 'वैष्णवदास को टिप्पड़' के नाम से जानी गई। भले ही आज "वैष्णवदास का टिप्पड़" सहजता से नहीं मिलता, लेकिन वर्तमान वर्ष 2015 ई. से 279 साल पहले सन् 1158 हिजरी में लालजीदास नामक महानुभाव ने इसका "भक्तोर्वशी" शीर्षक से फारसी में अनुवाद किया था। इनका मूल नाम लक्ष्मणदास तथा ये काँधले संभवतः (पंजाब) के निवासी और राधावल्लभ सम्प्रदाय में दीक्षित थे। इनका लालदास नाम दीक्षा ग्रहण करने के बाद का है। इस ग्रंथ का एक अन्य अनुवाद लाला गुमानीलाल कायस्थ ने स्वंत् 1908 में किया था। इसी शृंखला में संवत् 1913 में आगरे निवासी लाला तुलसीराम ने नवलकिशोर प्रेस से इसे भक्त कल्पद्रुम नाम से छापा है जो मुझे प्राप्त हुआ, इसके सम्पादक आगरा निवासी पं. कालीचरण हैं। वास्तव में "भक्त कल्पद्रुम", प्रियादास की भक्तिरसबोधिनी टीका का परिवर्धित संस्करण है, जिसका श्रेय जाता है वैष्णवदास को। वि. सं. 1650-60 के मध्य रामानन्द सम्प्रदाय के नाभादास जी के द्वारा भक्तमाल की रचना के बाद वि. सं. 1769 में इस पर वृन्दावन के गौड़ीय साधक प्रियादास जी द्वारा भक्तिरसबोधिनी टीका लिखी गई। कालांतर में प्रियादास के पौत्र वैष्णवदास ने अपने बाबा प्रियादास की टीका पर एक उप टीका रची जो 'वैष्णवदास कौ टिप्पड़' के नाम से जानी गई। वृन्दावन के प्रसिद्ध इतिहासकार गोपाल राय ने अपनी अप्रकाशित पाण्डुलिपि वृन्दावन धामानुरागावली में इस टिप्पण का उल्लेख किया गया था। हालाँकि इसे प्रियादास की टीका की भाँति ख्याति प्राप्त न हो सकी। वर्तमान में इसकी प्रति प्राप्त नहीं है, लेकिन प्रसिद्ध पाण्डुलिपिविद् पं. उदयशंकर दुबे जी के अनुसार इसकी एक प्रति हिन्दी के प्रख्यात साहित्यकार डॉ. माताप्रसाद गुप्तजी के संग्रह में भी थी।

अप्रकाशित पाण्डुलिपि वृन्दावन धामानुरागावली से ज्ञात होता है कि भक्तमाल के अमर टीकाकार प्रियादास तथा इसके पौत्र की समाधि वृन्दावन के सेवाकुंज परिक्षेत्र में थी।

वैष्णवदास रू प्रियादास की तहां समाधि सुहाई।
तिनकी भक्तजनन में रति अति सबहि को सुषदाई।।
भगतमाल में टीका तिननें करयौ अनूप सुहायौ।
समद प्रजत सकल पृथी में देस देस में छायौ।।

✠ ✠ ✠

पुनि तिहिं सुत वैष्णव दासहि ने तापै टिप्पन कीनौं।
अरू भाषा भागवत बनाई सभा जीति जस लीनौं।।

(वृन्दावन धामानुरागावलीः नवमोध्याय, छन्द 5, 6, 8)

हालाँकि आज इन समाधियों के सन्दर्भ में वहाँ इसकी कोई जानकारी नहीं मिलती, फिर भी भारत के विभिन्न ग्रंथागार ही नहीं वरन् विदेशी संग्रहों में विद्यमान इस साधक की पाण्डुलिपियाँ इनका यशगान आज तक कर रही हैं। भारतेन्दु मण्डल के प्रख्यात साहित्यकार वृन्दावन निवासी आचार्य राधाचरण गोस्वामी 'विद्यावागीश' के द्वारा रचित नवभक्तमाल में इनसे संबंधित एक छप्पय दृष्टिगोचर होता है-

श्री प्रियादास रसबोधिनी भक्तमाल टीका करी।
देह प्राण को संग गंग जमना को जैसे।
शिव गौरी अधरंग प्रेम भक्ती को तैसे।।
श्रीधर श्रीभागवत नील कण्ठी जिमि भारत।
निश्चल अर्थ बताय जीव कोटिन को तारत।।
श्री नाभादास ह्रदय विराज के जैसी मति करी।
श्री प्रियादाय रसबोधिनी भक्तमाल टीका करी।।

मुझे अपनी खोज में प्रियादास की भक्तिरस बोधिनी टीका, रचनाकाल-वि. सं. 1769 के ठीक 13 वर्ष बाद की पाण्डुलिपि के सन्दर्भ में जानकारी हुई जो वृन्दावन के पुराना शहर अठखम्भा मोहल्ला निवासी मनुआलालजी गोस्वामी के संग्रह में थी, जिसे वि. सं. 1782 में राधावल्लभ सम्प्रदायानुयायी गुजराती साधक मीठाजी के द्वारा वृन्दावन में बीकानेर के राजा अनूपसिंह की बेटी सुजान कुँवरि के पठानार्थ तैयार किया गया था। इसी क्रम में वि. सं. 1827 की एक अन्य प्रति मनुआलाल गोस्वामीजी के घर से थोड़ा आगे यशोदानंदन

मंदिर में संरक्षित मिली। भक्तिरस बोधिनी की यह पाण्डुलिपि वि. सं. 1827 में वैष्णव निकुंज जीवणराम राधावल्लभी के द्वारा निम्बार्क सम्प्रदायाचार्य श्रीगोविन्दशरण देव जू महाराज के शिष्य कल्याणदास के पठनार्थ तैयार की गई थी। इसी श्रृंखला में इसकी खण्डित तथा अति जीर्ण प्रतियाँ भी वृन्दावन के देवालयों, व्यक्तिगत संग्रहों एवं शोध संस्थानों तथा ग्रंथागारों में यत्र-तत्र दर्शित होती हैं।

14

चरणदासी सम्प्रदाय का अज्ञात वाणी-साहित्य

मनहर गोपाल भार्गव

चरणदास द्वारा प्रवर्तित सम्प्रदाय 'चरणदासी सम्प्रदाय' या 'शुक सम्प्रदाय' के नाम से जाना जाता है। इस सम्प्रदाय के शिष्यों-प्रशिष्यों की एक विशाल परम्परा है। यद्यपि हिन्दी साहित्य के इतिहास एवं आलोचना मूलक ग्रन्थों[1] में केवल चरणदास, सहजोबाई, दयाबाई, रामरूप की ही चर्चा हुई। इनके अतिरिक्त डॉ. ग्रियर्यन[2] ने श्यामशरण बड़भागी तथा मिश्रबन्धुओं[3] ने विप्र नागरीदास और श्यामशरण बड़भागी के बारे में विवरण दिए हैं। डॉ. शरण बिहारी गोस्वामी ने अपने शोध प्रबन्ध[4] में इनके अतिरिक्त रामसखी, जुगतानन्द, आत्मराम, जोगजीत, गुरछौना, लक्षिदास, वृंदावनदास, सेवादास, लालदास, रामशरणदास, जनगोविन्द, अगमदास, मनमोहनदास जी की कृतियों का संक्षिप्त विवरण दिया है।

इन रचनाकारों की वाणियों को जन-जन तक पहुँचाने में प्रकाशनों ने महत्त्वपूर्ण योगदान दिया। चरणदासजी की कृतियों का प्रकाशन भारत जीवन प्रेस, काशी; नवल किशोर प्रेस, लखनऊ; श्री बेंकटेश्वर स्टीम मुद्रणालय, बम्बई; तत्व ज्ञान सभा पुस्तकालय, लाहौर; तेजकुमार प्रेस, लखनऊ; बेलविडियर स्टीम प्रेस, इलाहाबाद; शुक चरणदासीय साहित्य प्रकाशन ट्रस्ट, जयपुर ने किया। 'सहजोबाई की बानी' श्री बेंकटेश्वर स्टीम प्रेस, बम्बई; श्यामचरणदास प्रकाशन कार्यालय दिल्ली; बेलविडियर स्टीम प्रिंटिंग वर्क्स, इलाहाबाद तथा जेल प्रेस, जयपुर से प्रकाशित हुई। 'दयाबाई की बानी' केवल एक स्थान बेलविडियर प्रिंटिंग वर्क्स, इलाहाबाद से प्रकाशित हुई। रामरूप जी का 'गुरुभक्ति प्रकाश' नवलकिशोर छापाखाना, लखनऊ तथा सरस कुंज, वृंदावन से प्रकाशित हुआ।

चरणदाय पर सर्वप्रथम डॉ. त्रिलोकी नारायण दीक्षित ने दो पुस्तकें लिखीं-1. जीवन चरित्र: संत चरणदास-लखनऊ, सन् 1953 ई.; 2. संत चरणदास, हिन्दुस्तानी एकेडमी, इलाहाबाद, सन् 1961 ई.। सन् 1956 ई. में डॉ. रामकुमार वर्मा के निर्देशन में एक विषय पंजीकृत हुआ जिसका शीर्षक था 'चरणदास: जीवन और कृतित्व का अध्ययन'। इस विषय पर सन् 1969 ई. में इलाहाबाद विश्वविद्यालय ने डॉ. योगेन्द्र सिंह को डी. फिल उपाधि प्रदान की।

फिर लोगों का ध्यान सम्प्रदाय की ओर गया। आगरा विश्वविद्यालय से डॉ. रामसिंह शर्मा[5] ने 'शुक सम्प्रदाय' पर शोध कार्य करके पीएच.डी. की उपाधि प्राप्त की तथा उसी समय काशी विद्यापीठ से 'संत चरणदास के सम्प्रदाय' पर शोध कार्य करके डॉ. मनहर गोपाल भार्गव[6] ने पीएच.डी. उपाधि प्राप्त की। दुर्भाग्यवश ये दोनों शोध-प्रबन्ध अप्रकाशित रह गए। इसका परिणाम यह हुआ कि नागरी प्रचारिणी सभा, काशी से कई खंड़ों में प्रकाशित 'हिन्दी साहित्य का बृहत् इतिहास' नामक ग्रंथ में यह सम्प्रदाय अछूता ही रह गया। डॉ. श्यामसुन्दर शुक्ल के निर्देशन में चरणदास जी के शिष्य जुगतानन्द पर शम्भू नारायण मिश्र ने शोध कार्य किया और पीएच. डी. उपाधि प्राप्त की।[7]

लगभग एक दशक पूर्व डॉ. श्याम सुन्दर शुक्ल[8] का ग्रन्थ 'चरणदासी सम्प्रदाय और उसका साहित्य' प्रकाशित हुआ। इधर अनुयायियों ने रामसखी, जुगतानन्द जोगजीत, गुरछौना तथा आत्मराम इकंगी की कृतियाँ प्रकाशित की हैं। इन सब प्रयत्नों के बावजूद सम्प्रदाय का विशाल साहित्य अप्रकाशित होने के कारण सर्वथा अज्ञात ही है। प्रस्तुत लेख में उस अज्ञात वाणी साहित्य के बारे में संक्षिप्त रूप से बताने का प्रयास किया गया है।

वस्तुत: चरणदासी सम्प्रदाय का साहित्य बहु-आयामी एवं अति विस्तृत है। इस सम्प्रदाय में अनेक वाणीकार हुए जो पहल साधक या भक्त थे और बाद में रचनाकार या लेखक। इनमें जहाँ एक ओर शिष्य एवं प्रशिष्य हैं वहाँ दूसरी ओर शिष्याएँ एवं प्रशिष्याएँ भी। इस परम्परा के अज्ञात वाणी साहित्य के अध्ययन से यह ज्ञात होता है कि ये रचनाएँ न केवल उनके सिद्धान्तों का प्रतिनिधित्व करती हैं, वरन् साहित्यिक दृष्टि से मानवतामूलक विचारों को भी व्यक्त करती हैं। आज भी यह रचनाएँ समाज में नूतन सांस्कृतिक क्रान्ति ला सकती हैं। रचनाकारों ने सम्प्रदाय के सिद्धान्तों को अधिक-से-अधिक लोकोपयोगी बनाने के लिए पुरातन सिद्धान्तों की समसामयिक व्याख्याएँ कीं एवं साहित्यिक परिस्थिति के अनुसार अनेक नूतन कृतियों का प्रणयन कर साहित्यिक भंडार को परिपुष्ट किया। इनका

साहित्य केवल स्वमतपोषक नहीं है; वरन् योग, वेदान्त, भक्ति, चरित्र, ज्ञान, अनुवाद, आयुर्वेद आदि विविध विषयों पर रचा गया है। इनके निर्माता भले ही सम्प्रदाय से सम्बद्ध रहे हों और उन लोगों ने स्वमतपोषक तत्त्वों का ही प्रगुम्फन किया हो, किन्तु साहित्यिक एवं भाषा वैज्ञानिक दृष्टि से इन कृतियों का बहुत महत्त्व है। इन कृतियों में कहीं-कहीं तो ऐतिहासिक तथ्य एवं तत्कालीन राजकीय परिवारों के सम्बन्ध में जो विवरण मिलते हैं, वे, इतिहास की ऐसी कड़ी हैं जिन पर अविश्वास नहीं किया जा सकता, क्योंकि वे वैयक्तिक स्वार्थमूलक जीवन-यापन करने वाले रचनाकारों की कृतियाँ नहीं हैं, वरन् ऐसे विचारशील साधकों की सूचनाएँ हैं जो अपने जीवन से सांसारिकता को सदा के लिए विदा कर चुके थे।

चरणदासी सम्प्रदाय के अज्ञात वाणी साहित्य का संक्षिप्त विवरण इस प्रकार है-

(क) **वेदान्त/दर्शन**-अध्यात्म बोध (1800 वि.)-साधूराम; (2) षटरूप मुक्ति (1804 वि.) गुरछौना; (3) आत्मबोध (1826 वि.)-सबगति राम प्रथम; (4) भक्ति बोध (1834 वि.) जयराम उपगारी।

(ख) **योग**-(1) योगसार (1806 वि.) नन्दराम; (2) अष्टांग योग-श्यामशरण बड़भागी; (3) योगसार (1830 वि) -दाताराम; (4) स्वरोदय (गद्य) रामधन; (5) योगसार-रूपराम; (6) स्वरोदय-गुरु प्रसाद; (7) अखैसार-अखैराम।

(ग) **ज्ञान**-(1) विचार चरित्र (1810 वि.)-अखैराम; (2) भ्रम निवारण (1820 वि.)-नित्यानन्द; (3) आनन्द सागर (1824 वि.)-पूरन प्रताप; (4) अमृत वचनावली उज्वल बानी (1826 वि.) -रामसखी; (5) विज्ञान पदार्थ (1827 वि.)-प्रेम गलतान; (6) चार पदार्थ निरूपन (1832 वि.) -जुगतानन्द; (7) विचार बोध (1832 वि.) -जुगतानन्द; (8) आठ प्रहर (1834 वि.) जुगतानन्द; (9) आठ प्रहर दूजे मूल चेत प्रसंग (1834 वि.) -जुगतानन्द; (10) बुध विलास (1837 वि.) -खुशालाँबाई; (11) ज्ञान माला (1880 वि.) -कमलदास; (12) ज्ञानमंजरी-हुलासदास; (13) ज्ञान विवेक-प्रेम गलतान; (14-16) ज्ञान निरूपण, जाप महातम, आत्म निरूपण-मुक्तानन्द परमार्थी; (17-19) लगन पचीसी, भावना पचीसी, नेह प्रकाश-कृपा निवास; (20) सर्व अंग गुटकासार-मलूकदास; (21-26) शुभ सार, मन ज्ञान संग्राम,

बोध बावनी, आनन्द बोध, ज्ञान लता, ज्ञान सागर-सेवादास; (27-30) भाषा ज्ञान दीप, भाषा ज्ञान नौका, भाषा मान विनोद, बोध विचार-मानदास; (31) आनन्द सार-नवन दास; (32) उपासना सार-नवनदास अलषसनेही; (33) चेतन सार-गंगा दास; (34) परमात्म प्रकाश-दौलत राम; (35) ज्ञान माल-हरगोपाल; (36) ज्ञान समूह -रामकृष्ण।

(घ) **वैराग्य**— (1) वैराग्य सम्बोधन (1870 वि.) — रामगोपाल; (2) वैराग्य बारहमासिया— बेगमदास।

(ङ) **भक्ति (सामान्य, सिद्धान्त)**— (1) नवधा भक्ति (1823 वि.) — सधुशरण; (2) भक्त प्रबोध (1824 वि.) — जुगतानन्द; (3) भक्ति सुधा निधि (1833 वि.)— गुरुसरन दास; (4) भक्ति बोध (1834 वि)— जसराम उपगारी; (5) प्रेम सार (1834 वि.) — नवनदास; (6) भक्ति रतन (1837 वि.) — जैदासी; (7) भक्ति सिद्धान्त सागर (1870— 1874 वि.)— सिद्धराम; (8) प्रेम सैल— सेवादास।

(च) **राम काव्य**— (1) आला राम (1820 वि.) — राम मौला; (2) रामचरित, रामाश्वमेध (1862 वि.)— भगवानदास; (3) रामचरित महातम— निर्भयराम; (4) रामचरित्र— जौकीराम; (5) रामाश्वमेध— रामबक्स।

(छ) **कृष्ण काव्य**— (1) ब्रज सारावली-भजनानन्द; (2) भ्रमर गीत-गंगनदास (3) प्रेमलता (1923 वि.)-रामगोपाल (4) वरण चरित- चेतनदास; (5) रुक्मिणी मंगल-विष्णुदास; (6) सुदामा चरित्र-बेगमदास; (7) भगवत गीता माला-जुगतानन्द; (8) नरसी रो भात -खुशालाँ बाई; (9) नरसी जु भात-विष्णुदास।

(ज) **चरित काव्य**- (1) भक्त बावनी (1841 वि.) जसराम उपगारी; (2) ध्रुव चरित्र जसराम उपगारी; (3) संत विलास-नित्यानन्द; (4) शुक पुराण-लक्षिदास; (5) अवतार अष्टक (1845 वि.)-ज्ञानानन्द निर्वाणी; (6) संत कल्पतरु-कमलदास; (7) भक्तमाल की टीका-श्याम विलास; (8) मोरध्वज चरित्र-(1920 वि.)— ब्रह्मदास टूटा; (9) संकटमोचन-अलबेली शरण; (10) गुरु चरित्र-मथुरेश; (11) भक्त शिरोमणि -गंगादास।

(झ) **इतिहास**- (1) इतहास सार समुच्चै (1832 वि.) जुगतानन्द।

(ञ) **भूगोल**-(1) भूगोल पुराण (1874 वि. के पूर्व)-कर्त्तानन्द।

(ट) **स्तोत्र**-(1) हरि गुर स्तोत्र-श्याम रूप; (2) हरि गुर स्तोत्र-जसराम उपगारी; (3) कष्ट निवारण स्तोत्र-मथुरेश।

(ठ) **महातम**- (1) गंगा महातम (1832 वि.)-अखैराम; (2) बाण गंगा महातम (1840 वि.)-अखैराम; (3) भागवत माहात्म्य-जुगतानन्द; (4) बैसाख माहात्म्य (1840 वि.) -कर्त्तानन्द; (5) कार्तिक माहात्म्य-नवनदास ; (6) अगहन बोधिनी-निर्भयराम; (7)-माघ माहात्म्य-कर्त्तानन्द; (8) माघ महातम-बिहारी दास; (9) एकादशी माहात्म्य-निर्भयराम; (10) एकादशी माहात्म्य बेगमदाय (11) एकादशी महात्म्य-कर्त्तानन्द; (12) एकादशी माहात्म्य-अमरदास।

(ड) **ऋतु वर्णन**- षट् रितु वर्णन-मानदास।

(ढ) **मासा** (1) बारहमासा-जुगतानन्द; (2) बारहमासा-लक्षिदास; (3) चौमासा-जुगतानन्द; (4) बारह मास को मंगल-गंगनदास।

(ण) **आयुर्वेद**-(1) वैद्य बोध-अखैराम; (2) वैद्य भास्कर (1889 वि.) रामगोपाल।

(त) **तन्त्र**-(1) राम गंडा (1820 वि.)-राममौला; (2-3) तारिक मंत्र, समुद्र सार-श्यामशरण बड़भागी।

(थ) **अनुवाद**-(1-2) श्रीमद्भगवत गीता भाषा, भागवत भाषा-विप्र नागरीदास; (3) एकादश स्कन्द भाषा-त्यागीराम; (4) श्रीमद्भागवत भाषा-हुलासदास; (5-7) सप्तश्लोकी गीता भाषा, भगवत गीता भाषा, श्रीमद्भागवत महापुराण भाषा-जुगतानन्द; (8) जैमिनी अश्वमेध भाषा-रामरूप; (9) जैमिनी पर्व टीका-जोगजीत; (10) सुखसागर पुराण-लक्षिदास; (11) कुरुक्षेत्र लीला-अखैराम; (12-13) दसम स्कन्ध भागवत भाषा, चौबीस अवतार भाष-ज्ञानानन्द निर्वाणी; (14) दसम स्कन्ध भाषा-हरिनारायण; (15) श्रीमद्भगवत भाषा-बेगमदास; (16-17) भागवत महापुराण भाषा, श्रीमद्भगवत गीता भाषा-अगमदास निर्मोही; (18) भागवत एकादश स्कन्ध भाषा-चतुरदास; (19) इन्द्रप्रस्थ माहात्म्य भाषा-केशवदास; (20) श्रीमद्भागवत भाषा-रामकृपाल; (21) नासकेत पुराण भाषा-माधवदास; (22) पांडव गीता-भोलादास।

(द) **अन्य** -(1) ककाबतीसी-जैदास; (2) ककाबतीसी-रामरंग ; (3) बारहखड़ी-विष्णुदास; (4) द्वादस महावाक्य ग्रंथ-गुरुशरण दास; (5)

चौबीस एकाशी कथा-ज्ञानानन्द निर्वाणी; (6-7) सातवार, साधु महिमा-खुशालाँ बाई; (8-10) ककहरा, महालक्ष्मी जु के पद, संत सुमरिणी-गंगादास।

(ध) **बानी** -इसके अन्तर्गत शब्द, साखी, रमैनी, कुंडलिया, कवित्त, सवैया, अरिल्ल, माँझ आदि को लिया गया है। सम्प्रदाय की वाणियाँ प्रभूत मात्रा में मिलती हैं। कतिपय वाणीकारों के नाम इस प्रकार हैं-अजपादास, अगमदास, उधौदास, कोकिलाबाई, गरुसरन दास, गंगाविष्णु, गुरुमुखदास, गोपालदास, गंगनदास, गोविन्दशरण, गुलालदास, घनश्याम दास, चन्द दास, चेतनदास, जैदास, जुगलदास, जुगतानन्द, जोगजीत, जसराम उपगारी, जानकीदास, जीवनदास, ज्ञानानन्द निर्वाणी, ज्ञानाबाई, ज्ञानमती, ठाकुरदास ठंडीराम, डंडौतीराम, त्यागीराम, दासकुँवर, दाताराम, दयाबाई, देवदास, नन्ददास, नूपीबाई, निर्मलदास, निर्भयदास, निर्भयराम, नवलदास, परमानन्द, पूरनदास, पूरनप्रताप, प्रेमगलतान, प्रेमदास, प्रेमाघन, बेगमदास, बालगोपाल, बिहारीदास, बीराँबाई, ब्रह्मनिवास, ब्रह्मप्रकाश, ब्रह्मदास टूटा, भगवानदास, मानदास, मनमोहन दास, मोहनदास, माधवदास, मुक्तानन्द परमार्थी, मलूकदास (शिष्य चरणदास), मलूकदास (शिष्य ब्रह्मदास), रामरतन, रामगोपाल, रामसनातन, रामसंत, रामरंग, रामकृपाल, राधिकादास, रामजीदास, रूपदास, रामहेतु, रामसरनदास, रामधड़ल्ला, रामप्रताप, रामदास (प्रथम), रामदास (द्वितीय), रतन गलतान, रामप्रसाद, रसिकसरन, रामगलतान, रूपमाधुरीशरण, राधाकृष्ण, रामूदास, लालदास, लक्षिदास, लखनदास, विष्णुदास, वृंदावनदास, विप्र नागरीदास, विषनानन्द, श्यामरूप, सबगतिराम प्रथम, सबगतिराम द्वितीय, सुखविलास मस्तराम, सेवादास, सहजानन्द, सिद्धराम, सरसमाधुरीशरण, हरप्रसाद, हरिदास प्रथम, हरिनारायण, हीरानन्द, हुलसदास, हरिविलास, हंसदास, हँसमुखदास, हीरादास।

इन वाणियों में स्तुति, वन्दना, आरती, सदगुरु नाम, भक्ति, योग, ज्ञान वैराग्य, दया, क्षमा, शील, अहिंसा, संतोष, दैन्य, विश्वास, सत्यप्रियता, औदार्य, श्रद्धा, ब्रह्म, आत्मा, परमात्मा, माया, जीव, जगत, राम, कृष्ण, राधा, भक्ति के विविध प्रकार, प्रेम मिलन, विरह, चेतावनी, साधना आदि कितने ही विषय समाहित हैं।

इन रचनाकारों ने अपनी अनुभूतियों को सार रूप में जनमानस के सम्मुख प्रस्तुत किया है।

सन् 1957 ई. के प्रथम स्वतन्त्रता संग्राम में हुए विप्लव तथा साधुओं, संतों, स्वामियों तथा महन्तों की लापरवाही के कारण बहुत सी कृतियाँ विनष्ट हो गईं। जो कुछ कृतियाँ बची हुई हैं उन्हें अनुयायी लोग दिखलाना ही नहीं चाहते। ऐसी स्थिति में यह विचार करना आवश्यक है कि उनका उद्धार केसे हो?

उपर्युक्त अध्ययन से यह नहीं समझ लेना चाहिए कि चरणदासी सम्प्रदाय का साहित्य मात्र इतना ही है। वस्तुस्थिति यह है कि इसका साहित्य बहुत बड़ा और विशाल है। आध्यात्मिक रस की गगरी से जो काव्य रस टपका है, वह एकत्र करने योग्य है। विभिन्न वर्गों एवं क्षेत्रों का प्रतिनिधित्व करने के कारण इनकी रचनाओं में बहुमूल्य शब्द सम्पदा छिपी हुई है। निश्चय ही सम्प्रदाय की साहित्यिक एवं भाषा वैज्ञानिक देन अप्रतिम है।

संदर्भ सूची

1. (क) स्त्री कवि-कौमुदी-ज्योति प्रसाद मिश्र 'निर्मल,' गांधी हिन्दी पुस्तक भंडार, प्रयाग, प्रथम संस्करण, सन् 1931 ई.।

(ख) संतमाल-महर्षि शिवव्रत लाल, मिशन प्रेस, इलाहाबाद।

(ग) साहित्य प्रभार (पहला भाग) महालचन्द बयेद, ओसवाल प्रेस, कलकत्ता, द्वितीय संस्करण, सन् 1937 ई.।

(घ) हिन्दी के कवि और काव्य (भाग-2)-गणेश प्रसाद द्विवेदी, हिन्दुस्तानी अकेडमी, इलाहाबाद, प्रथम संस्करण, सन् 1939 ई.।

(ङ) संत-साहित्य भुवनेश्वर नाथ मिश्र 'मधव', ग्रंथमाला कार्यालय, बाँकीपुर, प्रथम संस्करण, सन् 1941 ई.।

(च) मध्यकालीन हिन्दी कवयित्रियाँ -डॉ सावित्री सिन्हा, आत्माराम एण्ड संस, दिल्ली, प्रथम संस्करण, सन् 1953 ई.।

(छ) हिन्दी साहित्य का उद्‌भव और विकास-रामबहोरी शुक्ल तथा भागीरथ मिश्र, हिन्दी भवन, इलाहाबाद, प्रथम संस्करण, सन्1956 ई.।

(ज) भारत के संत महात्मा-रामलाल, वोरा एण्ड कम्पनी प्रा. लि., बम्बई,

प्रथम संस्करण, 2014 वि.।

(झ) राजस्थान का पिंगल साहित्य-डॉ. मोतीलाल मेनारिया, हिन्दी ग्रंथ रत्नाकर प्रा. लि., बम्बई, द्वितीय संस्करण, सनृ 1958 ई.।

(ञ) संत साहित्य -सुदर्शन सिंह मजीठिया, रूपकमल प्रकाशन, दिल्ली, प्रथम संस्करण, सन् 1962 ई.।

(ट) हिन्दी के जनपद संत-काका साहब कालेलकर, मोतीलाल बनारसीदास, दिल्ली, प्रथम संस्करण, सन् 1963 ई.।

(ठ) ब्रज साहित्य का इतिहास-डॉ. सत्येन्द्र, भारती भंडार, इलाहाबाद, प्रथम संस्करण, 2024 वि.।

(ड) हिन्दी साहित्य का आलोचनात्मक इतिहास-डॉ. रामकुमार वर्मा, रामनारायण लाल बेनी माधव, छठवाँ संस्करण, सन् 1971 ई.।

(ढ) उत्तरी भारत की संत परम्परा-आचार्य परशुराम चतुर्वेदी, भारती भंडार, इलाहाबाद, तृतीय संस्करण, सन् 1972 ई.।

(ण) Encyclopaedia of Religion and Ethics-Edited by James Hastings [vol. III, T. and T. Clark] Edinburgh, First Edition, 1910 AD.

(त) TheNirgun School of Hindi Poetry—Dr. Pitamber Dutt Barathwal, The India Book Shop, Benares, First Edition, 1936 AD.

(थ) Great Women of India-Swami Madhava Nand and Ramesh Chandra Majumdar, Advaita Ashram, Almora, First Edition, 1953 AD.

(द) Women in Mughal India-Dr. Rekha Mishra, Munshi Ram Manohar Lal, Delhi, First Edition, 1967 AD.

(ध) Medieval Mysticism of India-Kshitimohan Sen, Oriental Books Reprint Corporation, New Delhi, First India Edition, 1974 AD.

2. Modern Vernacular Literature of Modern Hindustan-Sir George Abraham Grierson, 1889 AD.

3. (क) मिश्रबंधु विनोद (प्रथम भाग)-मिश्रबन्धु, गंगा पुस्तक माला कार्यालय, लखनऊ, द्वितीय संस्करण, संवत् 1983 वि.।

(ख) मिश्रबंधु विनोद (द्वितीय भाग) मिश्रबन्धु, गंगा पुस्तक माला कार्यालय,

लखनऊ, द्वितीय संस्करण सन् 1984 वि.।

4. कृष्णभक्ति काव्य में सखी भाव-डॉ. शरणबिहारी गोस्वामी, चौखम्बा विद्याभवन, वाराणसी, प्रथम संस्करण, सन् 1966 ई.।
5. श्री शुक सम्प्रदाय तथा उसके हिन्दी भक्त कवि डॉ.-रामसिंह शर्मा, आगरा विश्वविद्यालय, आगरा, सन् 1976 ई.।
6. संत चरणदास के सम्प्रदाय का सिद्धान्त और साहित्य-डॉ. मनहर गोपाल भार्गव, काशी विद्यापीठ, वाराणसी, सन् 1976 ई.।
7. चरणदासी संत जुगतानन्द और उनका काव्य-डॉ. शम्भूनारायण मिश्र, काशी हिन्दू विश्वविद्यालय, वाराणसी, सन् 1976 ई.।
8. चरणदासी सम्प्रदाय और उसका साहित्य-डॉ. श्याम सुन्दर शुक्ल, शुक भवन, वृंदावन, सन् 1995 ई.।

15

मीरा के पद एवं हस्तलिखित प्रतियाँ

सत्यनारायण समदानी

मध्यकाल की सगुण भक्ति की कृष्णकाव्य-धारा में मीराबाई का स्थान सर्वोपरि है। विगत 5000 वर्षों का मानव सभ्यता का इतिहास इस बात का साक्षी है कि नारी भक्तों में मीराबाई का स्थान अप्रितम है। भले ही उनका रचना संसार अधिक विस्तृत और साहित्य के शास्त्रीय मानदण्डों की तुलना में अधिक विकसित नहीं है, परन्तु उनमें जो सार्वभौमिक अपील है, वह उन्हें अन्य भक्तकवियों की तुलना में लोकश्रद्धा के सर्वोच्च आसन पर स्थापित करती है। लोक श्रद्धा का तो यह आलम है कि साहित्यिक पंडितों की भांति उनको इस बात से कोई लेना-देना नहीं है कि उनके द्वारा गाये जाने वाले पद, भजन और हरजस स्वयं मीरा द्वारा रचित हैं या नहीं। लोक की श्रद्धा तो इस बात में निहित है कि पद में मीरा की छाप विद्यमान है। वस्तुतः इसी लोकश्रद्धा के बल पर मीरा विगत 500 वर्षों से सम्पूर्ण देश के जनमानस में जीवित है। भले ही इतिहास और सहित्य ने तो उनको अछूत मानकर विस्मृत सा ही कर दिया था।

संभवत: यही कारण है कि मीरा का जीवनवृत्त और उनकी पदावली प्रामाणिकता के विवाद का शिकार बनी रही है। पहले हम मीरा के जीवनवृत्त की प्रमुख बातों को समझने का प्रयास करें। सभी लोग निर्विवाद रूप से स्वीकार करते हैं कि मीरा में कृष्ण भक्ति के संस्कार जन्मजात थे। वि.सं. 1561 में मेड़ता में जन्मी मीरा को शैशवावस्था से ही अपने दादा राव दूदाजी के संरक्षण में वैष्णव भक्ति के संस्कार मिले। मेड़ता स्थित चारभुजा मन्दिर और उससे सटा राजमहल उसकी बालक्रीड़ाओं के केन्द्र रहे। डॉ. सी.एल. प्रभात ने मत व्यक्त किया है कि मीरा के जीवन और व्यक्तित्व के विकास में मेड़ता के श्री चारभुजा मन्दिर की बड़ी ऐतिहासिक भूमिका

रही है। वि.सं. 1573 में चित्तौड़ के राजकुमार भोजराज के साथ लौकिक विवाह सम्पन्न होने के पश्चात् मीरा अपने परिवार वालों से विदा के समय आग्रहपूर्वक 'गिरधर' की मूर्ति मांग कर ले गई थी। वस्तुतः यह मूर्ति मेड़ता के चारभुजा मन्दिर में बिराजे गिरधर गोपाल का ही विग्रह थी। इसी मूर्ति के निकट सम्पर्क ने शैशव में ही मीरा की अलौकिक आस्था को जन्म दिया था। इसी के सीधे सम्पर्क के कारण वे भक्ति का व्याकरण पढ़े बिना ही भक्त हो गई थी। भ्रमरगीत में उल्लिखित 'लरिकाई का प्रेम' मीरा में स्पष्ट दृष्टिगोचर होता है। गिरधर की इसी मूर्ति को इंगित कर माँ ने उसे मीरा का दूल्हा बताया था। बस, गिरधर का जो रंग इस बालिका की चुनरी में पहली बार लगा और ऐसा लगा कि कभी छूटा ही नहीं। मेड़ता में मीरा की मनोभूमि में कृष्ण के प्रेम का जो बीज अंकुरित हुआ, उसी भावभूमि में एक दिन स्वप्न में वह अपने प्रियतम श्री कृष्ण की विधिवत परिणिता बन गई और उसने परमेश्वर को अपना पति मान लिया, जिसकी वजह से वह अपने आपको चिरसुहागिन कहने लगी।

भक्ति संस्कारों के अनुरूप ही राव दूदाजी ने अपनी पौत्री की शिक्षा-दीक्षा, संगीत और नृत्य विद्या की उचित व्यवस्था की। इसी माहौल में मीरा की काव्य प्रतिभा को प्रस्फुटित होने का अवसर भी मिला। लगभग 13 वर्ष की उम्र में लौकिक विवाह के पूर्व ही मीरा ने अपने अलौकिक विवाह की जानकारी निम्न पद के माध्यम से अपनी माता और परिजनों को अभिव्यक्त की थी—

माई म्हाने सुपणा में परण्या दीनानाथ।
छप्पन कोटी जणा पधार्‌या दूल्हो सिरी ब्रजनाथ।
सुपना मां तोरण बंध्या री, सुपना मां गह्या हाथ।
सुपना मां म्हाने परण गया, पाया अचळ सुहाग।
मीरा ने गिरधर मिळ्या री, पुरब जनम रो भाग।।

भक्ति के इन्हीं संस्कारों, कृष्णप्रेम और अपने प्रियतम गिरधर नागर की प्रतिमा को साथ लेकर विवाह के पश्चात् मेवाड़ की युवराज्ञी के रूप में मीरा चित्तौड़ आई। दुर्भाग्य से विवाह के पाँच वर्ष के भीतर ही उसके पति भोजराज का निधन हो गया। इस लौकिक विधवा को चित्तौड़ के राजपरिवार ने परम्परा के अनुसार पति के साथ सती होने का आग्रह किया, किन्तु मीरा ने यह कहकर सती होने से इन्कार कर दिया कि मेरा पति परमेश्वर है जो अविनाशी है, अतः मैं अपने

आपको विधवा नही मानती हूँ। संवत् 1800 के लगभग रचित 'पद प्रसंग माला' में नागरीदास ने इस घटना का उल्लेख मीरा के एक पद के सन्दर्भ से इस प्रकार किया है—

गिरधर गास्यां सती न होस्यां मन मोह्यो घन नामी।'

पति को परमेश्वर मानने वाली समाज व्यवस्था में परमेश्वर को पति मानने की यह उद्घोषणा एक असाधारण घटना थी। राजकुल की रीति परम्परा, कुल मर्यादा आदि को नकारते हुए मीरा ने रनिवास से बाहर आकर साधु- संगत, भजन-कीर्तन, प्रभु की मूर्ति के आगे नृत्य आदि लोकभक्ति के उपादानों को चुना। कुछ इस वजह से और कुछ तत्कालीन राजनैतिक षड़यन्त्रों के कारण मीरा को चित्तौड़ छोड़ने के लिए बाध्य किया गया। इन प्रयासों के असफल रहने पर उसे चरणामृत के नाम से पीने के लिए विष दिया गया, शालिग्राम के नाम पर कालानाग पिटारे में बन्द कर भेजा गया। विषपान करके भी मीरा जीवित रही। यह एक ऐसी अलौकिक घटना थी जिससे सम्पूर्ण सन्त-भक्त समाज और लोक में मीरा के प्रति श्रद्धाभाव उत्पन्न हुआ। वस्तुतः एक भक्त के रूप में मीरा का यह प्राकट्य था। मीरा ने स्वयं अपने पदों में विषपान आदि की घटनाओं का उल्लेख किया है।

वि.सं. 1590 में चित्तौड़ का परित्याग करने के पश्चात् मीरा ने राजस्थान, ब्रज और गुजरात को अपनी भक्ति का केन्द्र बनाया। एक छोटे लोक से निकलकर मीरा वृहद्लोक में आ गई। उसके जो पद अब तक राज़स्थान में प्रचलित थे, अब ब्रज और गुजरात में भी फैल गये। जहाँ-जहाँ मीरा रही उसके भजन और सत्संग ने न केवल साधु-सन्तों बल्कि अनेकों गृहस्थों को भी उपकृत किया। मीरा के व्यक्तित्व की भव्यता और वाणी की दिव्यता ने उन्हें इतना लोकप्रिय बना दिया कि उनके पद लोककंठों पर विराजकर लोक की विरासत बन गये।

मीरा के पदों का संरक्षण

यह एक ऐतिहासिक सत्य है कि मीरा ने स्वयं अपने पद नहीं लिखे और न मीरा से सम्बन्धित मेवाड़ और मेड़ता के राजपरिवारों में ही उनके पदों का संरक्षण हुआ। मीरा ने अपने ससुराल में परम्परागत सामन्ती रीतिरिवाजों, प्रथाओं, कुल की मानमर्यादा और लोकलाज की थोथी धारणाओं को नकार कर अपनी स्वतन्त्र आस्थाओं और विश्वासों के अनुसार जीवन जीने एवं लोकभक्ति के मार्ग का

चयन किया था, उससे मेवाड़ का राजपरिवार तथा सामन्त वर्ग नाराज था। मध्यकाल के उस घोर सामन्ती युग में राजपरिवार की कोई वधू, वह भी विधवा, रनिवास की चारदिवारी से बाहर निकल कर साधु-सन्तों के साथ सत्संग, भजन, कीर्तन और नृत्य करे, यह बात सामन्तीवर्ग को कदापि सहन नहीं हो सकती थी। इसी कारण मीरा को अनेक प्रकार की प्रताड़नाएँ, अपमान और तिरस्कार झेलना पड़ा था। ऐसे राजपरिवार से मीरा के पदों के संरक्षण की आशा करना भ्रम मात्र है। डॉ. मोती लाल मेनारिया ने 1 जुलाई 1938 को अपने एक पत्र में पुरोहित हरिनारायण जी को लिखा कि, "People here are not interested in Mirabai, as you and I are. Even the Maharana Saheb believes that Mira has been a 'Black Blot' on the fair pages of the Mewar History and Musicians are not allowed to sing the Padas of Mirabai in the palace." डॉ. मेनारिया का यह उल्लेख उस सामन्ती मानसिकता और मीरा के प्रति नाकारत्मक सोच को अभिव्यक्त करता है, जो मेवाड़ के सामन्ती समाज और कुलीन वर्ग में व्याप्त था। हकीकत तो यह है कि आजादी से पूर्व 'मीरा' नाम भी गाली और उलाहना के रूप में मेवाड़ में प्रयुक्त किया जाता था।

जहाँ तक मेड़ता का सम्बन्ध है, मीरा के जीवन काल में ही मेड़ता से मेड़तिया राठौड़ों को जोधपुर के राजा मालदेव ने बेदखल कर दिया था। बाद में राजा मालदेव ने मेड़ता में भारी विध्वंश किया। ऐसी स्थिति में मेड़ता में मीरा के पदों के संरक्षण की कोई संभावना बची ही नहीं थी।

मीरा के युग में धार्मिक सम्प्रदाय गुटबाजी में बंटे हुए थे। प्रत्येक सम्प्रदाय अपने आभामण्डल का प्रसार और विस्तार करने के लिए मीरा को अपने सम्प्रदाय में दीक्षित करना चाहता था, किन्तु मीरा सदैव पंथ निरपेक्ष एवं सम्प्रदाय निरपेक्ष बनी रही। उसने न किसी को गुरु बनाया, न किसी सम्प्रदाय में दीक्षा ली, और न अपना कोई सम्प्रदाय चलाया। अतः उस काल के भक्ति सम्प्रदायों की भी मीरा के पदों को अपनी पोथियों में संरक्षित करने में कोई रुचि नहीं रही।

इस प्रकार राजपरिवार द्वारा तिरस्कृत, प्रताड़ित और अपमानित तथा धार्मिक गुटबन्दियों द्वारा उपेक्षित मीरा ने 'गिरधर नागर' से सम्बन्ध जोड़कर जिन आत्मनिष्ठ पदों का सृजन किया, वे लोक के माध्यम से सबसे पहले राजस्थान में, फिर ब्रज में और फिर गुजरात में फैले और कालान्तर में साधु-सन्तों, भक्त-गायकों द्वारा मीरा-भाव के अनुरूप अनेक पद विभिन्न भाषाओं में मीरा के नाम से गढ़े गये और इस प्रकार मीरा के पदों के नाम से सैंकड़ों पर जनजीवन में चल पड़े।

हस्तलिखित ग्रन्थों में प्राप्त मीरा के पद

मीरा की जीवनी एवं पदावली के अध्येता श्री ब्रजेन्द्र कुमार सिंहल ने अपनी पुस्तक 'मीराबाई: प्रामाणिक जीवनी एवं मूल पदावली' में विभिन्न हस्तलिखित ग्रन्थों में प्राप्त मीरा के पदों का विवरण इस प्रकार दिया है–

(क) प्रथम भाग (वि.सं. 1800 तक)

क्र.सं.	हस्तलिखित ग्रन्थ	मीरा के पदों की संख्या
1.	महाराजा मानसिंह पुस्तक प्रकाश, जोधपुर का ग्रंथांक– 12, लिपिकाल वि.सं. 1631	02
2.	डाकोर की प्रति, लिपिकाल वि.सं. 1642	69
3.	काशी की प्रति, लिपिकाल वि.सं. 1727	34
4.	गुरुग्रन्थ साहिब, संकलनकाल वि.सं. 1661	01
5.	गुजरात विद्यासभा, अहमदाबाद में संग्रहीत अविचलदास का संग्रह ग्रंथांक 477 (क), लिपिकाल वि. सं. 1695	08
6.	गुजरात विद्यासभा, अहमदाबाद का ग्रंथांक 150 (अ) भीम विजयगणि कृत, लिपिकाल वि.सं. 1701	03
7.	गुजरात विद्यासभा, अहमदाबाद का ग्रंथांक 826, लिपिकाल वि. सं. 1713	08
8.	नागरीदास पद प्रसंग माला, संकलनकाल अनुमानतः वि.सं. 1800	06
	कुल पद संख्या	131

(ख) द्वितीय भाग (वि.सं. 1800 के पश्चात् के संग्रह)

क्र. स.	गुटका क्रमांक	गुटके में संग्रहीत मीरा के कुल पद	लिपिकाल	अन्य गुटकों में संग्रहीत पदों से भिन्न पद
1	1	98	वि.सं. 1905—1921	75
2	2	75	वि.सं. 1903	35
3	3			3
4	4	1		1
5	5	6		1
6.	6	13	वि.सं 1963	13
7.	7	19	वि.सं 1926	5
8.	8	7	वि.सं 1962	2
9.	9	7	वि.सं 1975	4
10.	10	1	वि.सं 1983	
11	11	2		
12	12	5		3
13	13	4		2
14	14	5		4
15	15	1		1
16	16	60		24
17	17	11	वि.सं 1875	3
18	18	5		5
	योग	326		181

1. पुस्तक प्रकाश जोधपुर का ग्रंथांक— 12

जिन हस्तलिखित ग्रन्थों में मीरा के पद संग्रहीत हैं, उनमें सबसे प्राचीन महाराजा मानसिंह पुस्तक प्रकाश, जोधपुर का गुटका संख्या 12 है, जिसका शीर्षक 'वार्ता गुटका संख्या 12' है। यह गुटका वि.सं. 1631 में लिखा गया था। इसमें मीराबाई के दो पद हैं। इसकी पुष्पिका इस प्रकार है— इति सुंदर— शृंगार संपूर्ण। शुभं

भवतु। संवत 1631 वर्ष वैसााख वदि 1 सनी लिखतं औरंगाबाद मध्ये/श्रीरस्तु। कल्याणमस्तु। श्री।श्री।श्री।।-इन पदों की भाषा ब्रजी है। इन पदों को प्रकाश में लाने का श्रेय जोधपुर के प्रो. कल्याणसिंह शेखावत को जाता है। इन पदों की टेक निम्नानुसार है—

(1) मैं कहूं देख्यो री सलोना ढोटा, सांवरिया नंद नंदा।
कट तट लाल काछनी सोहै, सीस मोर का चंदा।। टेक।।

(2) बन बंसी बजाये सांवरो, किहि मिस देखन जाउँ री।
मोर मुकुट माथै दियो, बांको ललित त्रिभंगी नांव री।। टेक।।

उपरोक्त दोनों पद मीरा के ब्रजप्रवास से सम्बन्धित हैं। प्रथम पद में मीरा अपने सांवरिया से सभी दुःख द्वन्द्वों को समाप्त करने की प्रार्थना करती है, जबकि दूसरे पद में वह घोषणा करती है कि मीरा को उसके प्रियतम गिरधरनागर मिल गये जिसे सभी ब्रजवासियों ने देखा है।

(2) डाकोर एवं काशी की प्रति

मीराबाई के पदों का प्राचीनतम संग्रह डाकोर एवं काशी प्रति में संग्रहीत 103 पदों का है। ऐसा माना जाता है कि मीराबाई के साथ सदैव रहने वाली ललिता नामक दासी/सखी ने इन पदों को लिपिबद्ध किया था। यह अनुमान इसलिए विश्वसनीय लगता है कि मेड़ता और मेवाड़ के राजा परिवारों से सम्बद्ध मीराबाई कभी अकेली नहीं रही। उसके साथ सदैव उसका निजी स्टाफ और उसकी दासी/सखी ललिता रही, जो उम्र में मीरा से बड़ी होने के साथ-साथ पढ़ी-लिखी भी थी। इस संग्रह को प्रकाश में लाने का श्रेय प्रो. ललिता प्रसाद सुकुल को जाता है। इस सम्बन्ध में प्रो. ललिताप्रसाद सुकुल ने लिखा है कि 29 दिसम्बर सन् 1934 में देश के पश्चिमी भाग की यात्रा के दौरान डाकोर में उनकी भेंट श्री गोरधनदास भट्ट से हुई जिनके पूर्वज द्वारकाधीश के मन्दिर के प्रधान सेवकों में से थे। भट्ट जी के संग्रह में प्रो. सुकुल को मीराबाई के पदों की दो पोथियाँ देखने को मिली जो देवनागरी मिश्रित गुजराती लिपि की थी। पहली पोथी संवत् 1642 की और दूसरी पोथी संवत् 1805 की थी। संवत् 1642 की प्रति में 69 पद थे और संवत् 1805 की प्रति में 103 पद। सन् 1942 में प्रो. सुकुल को काशी में पं. शिवदास अवस्थी

और सेठ लाला गोपालदास के संग्रह में मीरा के पदों की दो प्रतियाँ मिली। दोनों प्रतियों में संग्रहीत पदों की संख्या 103-103 थी और पदों का क्रम भी एक समान था, और दोनों का लिपिकाल संवत् 1727 का था। इन प्रतियों में प्रथम 69 पद वही थे, जो डाकोर प्रति में विद्यमान थे। भट्ट जी ने प्रो. सुकुल को बताया कि ललिता द्वारा लिखे गये पद संग्रह की मूल प्रति रणछोड़जी के मंदिर को पुनः प्राप्त हुई और उसके आधार पर ही उनके पूर्वजों ने संवत् 1642 में प्रतिलिपि तैयार की, जिसका आकार 7.5" × 3.5" था और यह जीर्णशीर्ण अवस्था में थी। उस समय फोटोस्टेट करवाने की सुविधा उपलब्ध नहीं थी, अतः सुकुलजी ने डाकोर की गोरधनदास भट्ट की प्रति और काशी के लाल गोपालदास की प्रति का हस्तलेख तैयार करवाया और उनका सम्पादन कर इन 103 पदों को बंगीय हिन्दी परिषद् के 'मीरा स्मृति ग्रन्थ' में वि. सं. 2006 (ईस्वी सन् 1949) में प्रकाशित करवाया।

प्रो. सुकुल द्वारा सम्पादित मीरा पदावली की भाषा राजस्थानी बताई गई है किन्तु राजस्थानी भाषा का समुचित ज्ञान न होने के कारण उन्होंने कतिपय गंभीर गलतियाँ की हैं, जिससे पाठ अशुद्ध और भ्रष्ट हो गया है। उदाहरण के तौर पर—

(1) 'न' शब्द को उन्होंने सर्वत्र 'ण' में परिवर्तित कर दिया है, जिससे कई जगह शब्दों के अर्थ बदल गये हैं। वस्तुतः राजस्थानी भाषा में 'न' शब्द 'ण' में बदलता तो है, किन्तु पद के प्रारम्भ में न बदलकर पदांत या पद के मध्य में बदलता है।

(2) 'ळ' शब्द को उन्होंने सर्वत्र 'ड' लिख दिया है, जिससे शब्दों का अर्थ लगाने में भ्रम उत्पन्न होता है और पदों की सरलता भंग हो जाती है।

(3) बिना किसी अर्थसंगति के तालव्य 'श' और दन्त्य 'स' का एक ही पंक्ति/वाक्य में असंगत प्रयोग किया है, यथा—'सखी म्हारी णींद णशाणी हो'।

(4) अनुस्वार और अनुनासिक का असंगत और अस्वाभाविक प्रयोग, यथा 'णन्दणण्दण णभ छायां'।

(5) एक ही शब्द का दो रूपों में प्रयोग किया गया है, जबकि अर्थ और प्रसंग दोनों में एक है, यथा-'म्हारां री गिरधर गोपाड़ दूसरा णा कूंया। दूसरा णा कोया साधां, सकड़ डोक जूयां।'

(6) यत्र-तत्र व्याकरण सम्बन्धी अशुद्धियाँ विद्यमान हैं।

कुछ विद्वानों जैसे डॉ. महावीरसिंह गहलोत और डॉ. मोतीलाल मेनारिया ने डाकोर और काशी प्रतियों के अस्तित्व को ही नकारा है और इनको प्रो. सुकुल द्वारा रचे गये जाल की संज्ञा दी है। इसका मूल कारण यह बताया जाता है कि ये प्रतियाँ अब विद्यमान नहीं हैं और प्रो. सुकुल के अलावा अन्य किसी को भी इन प्रतियों के दर्शन नहीं हो पाये हैं। डॉ. मोतीलाल मेनारिया ने अपने ग्रन्थ 'राजस्थानी का पिंगल साहित्य' में लिखा है, "भूल भूलैया की तरह एक विचित्र परिस्थिति में प्रति मिलने का वर्णन किया गया है, जो मन में सन्देह उत्पन्न करता है। मालूम पड़ता है राजस्थानी भाषा सं अनभिज्ञ किसी व्यक्ति ने यह सारा जाल रचा है। यदि मीराबाई ने इस तरह की कर्णपटु और भद्दी भाषा में कविता की होती, तो वह कदापि इतनी लोकप्रिय न हो पाती। अतः इसकी भाषा को मीराबाई की मूल भाषा मानना भारी भूल है।"

वस्तुतः प्रो. सुकुल को श्री भट्ट जी के पास जो प्रति मिली थी वह ललिता नामक सखी को लिखी मूल प्रति न होकर किसी अन्य द्वारा लिखी गई अनुलिपि थी। इसमें लेखकीय, सम्पादकीय भूलों, शब्दों व व्याकरण की अशुद्धियों को यदि एक ओर कर दें तो यह तो स्वीकार करना होगा कि मीराबाई के काव्य रचनाकाल वि.सं. 1570 से 1603 तक की अवधि में रचे गये पदों की यही प्राचीनतम और प्रामाणिक प्रति है। 'प्रमाणिक प्रति' शब्द का प्रयोग इस आधार पर परिसिद्ध है कि आज तक किसी भी अधिकारी विद्वान् ने यह नहीं बताया या घोषित किया है कि इस पदावली की विषयवस्तु मीरा कृत नहीं है, या ये पद मीरा की भावभूमि और भक्ति-साधना पद्धति से मेल नहीं खाते हैं। इसके अतिरिक्त जब से यह पदावली प्रकाश में आई है, मीराबाई की प्रामाणिक पदावली के रूप में सर्वत्र आदृत है। अब तक प्रकाशित लगभग सभी पद संग्रहों और पदावलियों में कुछ पाठभेद के साथ ये पद अविकल रूप से लिये गये हैं। प्रो. भगवानदास तिवारी ने तो स्पष्ट लिखा है कि उनके शोधकार्य सन् 1950 से 1962 की अवधि में प्रो. सुकुल ने डाकोर और काशी की हस्तलिखित प्रतियों के मूल पदों की प्रतिलिपि उनको भेजी थी और इन मूल व प्रामाणिक पदों पर कार्य करने की उन्हें प्रेरणा दी थी। अब विद्वान् अध्येता इस बात पर सहमत हैं कि मीराबाई की मातृभाषा राजस्थान के मारवाड़ और मेवाड़ अंचल में उस काल में प्रचलित भाषा ही थी, जिसमें यत्र-तत्र ब्रज और गुजराती तथा सधुक्कड़ी भाषा के कुछ लोकप्रिय शब्दों का प्रयोग संभव है। अतः इसी आधार पर भाषागत एवं व्याकरण सम्बन्धी अशुद्धियों को सुधार कर इन पदों का सम्पादन किया जाना चाहिये।

सन् 1993 में 14 अप्रैल से 17 अप्रैल तक मीरा स्मृति संस्थान ने चित्तौड़गढ़ में मीरा के प्रामाणिक पदों के अनुसन्धान के सम्बन्ध में पांच दिवसीय राष्ट्रीय कार्यशाला एवं संगोष्ठी का आयोजन किया था, जिसमें विद्वानों ने विभिन्न पदावलियों में प्रकाशित मीरा के 1375 पदों का निम्नलिखित मानदण्डों के आधार पर परीक्षण किया—

1. ऐतिहासिक घटनाओं के आधार पर मूल्यांकन।
2. भाषा के आधार पर मूल्यांकन।
3. मीरा की भक्तिसाधना के आधार पर मूल्यांकन।
4. युगीन परिवेश एवं लोक मान्यताओं के आधार पर मूल्यांकन।
5. विभिन्न सम्प्रदायों की हस्तलिखित प्रतियों के आधार पर मूल्यांकन।
6. पाठालोचन के आधार पर मूल्यांकन।
7. शैली विज्ञान की समीक्षा के आधार पर मूल्यांकन।

पदों की प्रामाणिकता का अभिप्राय यह रखा गया कि मीरा द्वारा स्वयं उच्चरित भाषा में उनके पदों का निर्णय। कार्यशाला में भाग लेने वाले विद्वानों ने प्राचीनतम प्रति अर्थात् डाकोर एवं काशी प्रति को अधिकतम प्रामाणिक माना और यह भी निष्कर्ष निकाला कि मीरा की भावभूमि एवं उपासना पद्धति, उनकी विचार सामग्री, पारिवारिक परिवेश के सुख-दुःख के उनके अनुभव, पदों में संगीत के संकेत, काव्य प्रतिभा और सौन्दर्यबोध जिन पदों में परिलक्षित होते हैं, जिनमें कथ्यगत संगति है, आकारगत संक्षिप्तता है, जिसमें राजस्थानी का 15वीं-16वीं शताब्दी का रूप मिलता है और जो पद विभिन्न सम्प्रदायों की प्रतियों में समान रूप से प्राप्त हैं, उनको मीरा के प्रामाणिक पद माने जाने चाहिए। इन मापदण्डों के आधार पर लगभग 150 पदों को मीरा के प्रामाणिक पदों के रूप में स्वीकार किया गया जिसमें से 103 पद वही थे जो डाकोर एवं काशी प्रति में उल्लिखित हैं। इन्हीं 150 पदों में से 108 पदों का सम्पादन कर मीरा स्मृति संस्थान ने सन् 2004 में 'मीरा पदमाला' का प्रकाशन किया है।

3. गुरुग्रन्थ साहब में संकलित पद

वि.सं. 1661 में संकलित 'गुरुग्रन्थ साहिब' की प्रति में मीराबाई का भी एक पद संकलित किया गया। चूंकि यह पद सगुण परम्परा का था अतः कुछ समय

पश्चात् इस पर हरताल पोत दी गई। मीराबाई के तिरोधान (संवत् 1603–04) के लगभग 57–58 वर्ष पश्चात् किसी महत्त्वपूर्ण ग्रन्थ में सम्मिलित होने वाला मीरा का यह एकमात्र पद था। इसे मीरा के प्रामाणिक पद के रूप में स्वीकार किया गया है। यह पद पंजाब में कब और कैसे पहुँचा, यह शोध का विषय है। यही पद कुछ हेरफेर के साथ गुजरात विद्यासभा के ग्रंथांक 150(अ) और पोथी खाना जयपुर के ग्रंथांक 3321 में भी मिलता है, जिनका लिपिकाल क्रमशः वि. सं. 1701 और 1744 है। पंजाबी भाषा में लिखित यह पद निम्नानुसार है—

बाणी मीराबाई

मन हमारो बाँधयो माई।
कमल नैन आपने गुन ।।1।। रहाओ
तीखण तीर बेधि शरीर दूरि गयो माई।।
लाग्यो तब जान्यो नांही अब न सहिओ जाई री माई।
तंत मंत आउखद करऊ, तऊ पीर न जाई।।
है कोई उपकार करै कठिन दर्द री माई।।2।।
मीरा गिरधर स्वामी दयाल तन की तपन बुझाई री माई।।
कँवल नैन आपने गुन बाँध्यो माई।।3।।

इस पद की फोटोप्रति प्रो. गुरुदेवसिंह, पटियाला ने मीरा स्मृति संस्थान, चित्तौड़गढ़ को उपलब्ध करवाई है।

4. गुजरात विद्यासभा, अहमदाबाद का ग्रंथांक–477 (क)

गुजरात के प्रसिद्ध भक्तकवि विष्णुदास के पुत्र अविचलदास ने श्रावण सुदि 12 वि.सं. 1695 में यह ग्रंथ लिखा जिसमें अनेक सगुण भक्तों के पदों के साथ मीराबाई के 8 पद भी संकलित हैं। इन पदों को सर्वप्रथम इलाहाबाद के डॉ. जगदीश गुप्त ने नागरी लिपि में लिखकर मीराँ स्मृति ग्रन्थ में प्रकाशित कराया। यह हस्तलिखित ग्रंथ अब गुजरात विद्यासभा, अहमदाबाद में न होकर प्रिन्स ऑफ वैल्स म्यूजियम, मुम्बई में संग्रहीत है। इस गुटके में उपलब्ध पदों के मुखड़े इस प्रकार हैं—

1. श्याम सुंदर गोपीनाथ, वृंदावन राजे, साजन मोरली बाजे।।

2. जिते सुघर सकल त्रिभुवन के, प्यारी तिं राग अलाप्यो टोरी।।
तांन तरंगनी को भेद पाये, रसिक लालन संगि खेलत होरी।।
3. गोविन्दा सु प्रीत करत, तब न कांई हटकी।
अब ते बात फेलि गही, जैसे बरध बट की।।
4. भली यु बनी वृषभान नंदनी, प्रात समि रण जीते आवे।
5. नैनां अटके रूप सु, पल पल नहीं लागे।
निशदिन चात्रकउं चहे, सोए नहीं जागे।।
6. आवि गोकुल को निवाशी।
मथुरा की नारि देखि देखि, आनंद सुखराशी।।
7. रूप देखी लटकी, तेरो रूप देखी लटकी।
देह थी विदेह भई, गिरी परी शिरे मटकी।।
8. गोहनां गोपाल फिरूँ, ऐसी आवत मन मिरी।
बारीज बदन अवलोकीत, विवस भई तन मिरी।।

इन पदों का लिपिकार गुजराती है और पदों की लिपि भी गुजराती है। अतः यह कहना कठिन है कि जिस रूप में ये पद प्राप्त हैं, वह प्रामाणिक रूप है। मीरा ने गुजराती में पदों की रचना की होगी, इसकी संभावना बहुत कम है। इन पदों की भाषा मूलतः ब्रजी है। केवल गुजराती लिपि होने से इन्हें मीरा के गुजराती पदों की संज्ञा नहीं दी जा सकती। इन पदों से यह निष्कर्ष अवश्य निकाला जा सकता है कि मीरा के जीवनकाल के लगभग एक शताब्दी बाद इस रूप में इन पदों का प्रचार गुजरात में अवश्य था।

वर्ण्यवस्तु की दृष्टि से इन पदों पर विचार करना आवश्यक है। पद संख्या चार में 'छेल छबीले नागर मोहन' तथा 'वृषभान नंदनी के रतिरणान्त' का वर्णन है। नख-क्षत आदि के परम्परागत वर्णन से युक्त यह सुरति-संग्राम मीरा के अन्य पदों में कहीं भी नहीं मिलता है। माधुर्यभाव की स्त्रीभक्त होने के नाते स्वयं मीरा द्वारा कृष्ण को पति रूप में स्वीकार करके मिलन-कामना करना एक बात है और राधा-कृष्ण के रतिश्रम का वर्णन दूसरी बात है। अतः इस पद को मीरा का मूल या प्रामाणिक पद मानना उचित नहीं लगता है।

छठे पद में वर्णित चाणूर, मुष्टिक तथा कंस वध का प्रसंग मीरा के अन्य पदों में कहीं नहीं मिलता। मीरा गिरधर नागर की उपासक हैं, कंसारिकृष्ण की नहीं। भावना की दृष्टि से भी मीरा के काव्य में कृष्ण माधुर्यभाव से स्वीकृत हैं, लीला

भाव से नहीं। अतः इस पद को भी मीराकृत मानने में कठिनाई है।

आठवें पद में तो श्रीमद्‌भागवत महापुराण के प्रसिद्ध श्लोक (10/47/61) "आसामहो चरणरेणुजुषामहं स्यां वृन्दावने किमपि गुल्मलतौषधीनाम्" का भाव स्पष्ट रूप से झलकता है। मीरा के काल में उत्तरी भारत में भागवत् धर्म का व्यापक प्रचार था।

अन्य पद कुछ पाठ भेद से लगभग सभी पदावलियों में मिलते हैं। इस प्रकार इस हस्तलिखित प्रति के पद संख्या 4 और 6 को छोड़कर शेष को मीरा के मूल पद माने जा सकते हैं।

5. वि.सं 1701 का गुजरात विद्यासभा का गुटका

विमल जयगणि के शिष्य भीमविजय गणि ने एक जैन धर्मानुयायी श्री द्वारिकादास के पठनार्थ इस गुटके को पोष वदि पंचमी, सोमवार, वि.सं. 1701 को लिखा। इससे स्पष्ट होता है कि मीरा के पदों के प्रति जैन धर्मावलम्बियों सहित समस्त लोक में श्रद्धा थी। इस गुटके में मीरा के तीन पद संग्रहित हैं। पहला पद 'मुरली बाजी हो, साजन मुरली बाजी हो' कुछ पाठभेद से वि. सं. 1695 की प्रति में भी मिलता है, और तीसरा पद 'कमल नयन-आपान गुन, मन हमारू वाध्यउ रि' गुरुग्रन्थ साहिब की संवत् 1661 की प्रति में भी आया है। तीसरा पद 'नंदलाल स्यूं मेरु मन मान्यु, हसा काहु करीगा कोई रे' में मीरा जीवन के उत्तरार्द्ध में नन्दलाल से अनुराग करने के लिए माता द्वारा क्रोध करने और पिता द्वारा मारपीट करने का उल्लेख करती है, जो मीरा के जीवनवृत्त के विवरण से मेल नहीं खाता है। बाल्यकाल में मीरा का लालन-पालन बड़े लाड़प्यार से हुआ था और वि. सं. 1584 तक उसके माता-पिता स्वर्ग सिधार चुके थे, इस समय तक मीरा की उम्र मात्र 23 वर्ष की थी जो जीवन का उत्तरार्द्ध नहीं माना जा सकता है। अतः इस पद को प्रक्षिप्त माना जा सकता है।

7. वि.सं. 1713 का गुजरात विद्यासभा का गुटका

गुजरात विद्यासभा के क्रमांक 826 के इस गुटके का लेखन काल वि.सं. 1713 है। इसमें संग्रहीत अधिकांश पद सगुणमार्गी हैं। इसका प्रतिलिपिकार कोई गुजराती रहा होगा। गुटके की लिपि स्पष्ट, सुन्दर और सुपाठ्य है। इसमें मीरा के 8 पद संग्रहीत हैं, जिनका विवरण निम्नानुसार है—

1. मेरे जीअ अेशी आए बनी।

छाड़े गोपाल और कू समरू, तो लाजे जनुनी।।

2. देख तमासा दूनिआ का, मत भरमे भुलो।
लोभ हिडे लोभ कुं, खोहे सब मुलो।।

3. नंदलाल सु मेरा मंन मांनो, हाशी काहा करेगो कोई री।
अब तो चरन कमल लपटांनी, जो भावे शो होए री।।

4. आवे माई गोकुल को वाशी।
मथुरां की नार नीरखत आनंद सुखराशी।।

5. मेरी माई नेननी भेद दीओ।
ता दिन थे उन शांम मनोहर, तन मन चोर लीओ।।

6. शाम रे रंगराची, गोवाल रंग राची।

7. नेयनां मेरे अटक मांनत नाहीं।

8. तेरो रूप देख लटकी।

इस संग्रह के पद संख्या दो को स्पष्टतः मीरा की रचना नहीं मानी जा सकती है क्योंकि इसकी भाषा खड़ी बोली है और इसमें उर्दू के शब्दों का प्रयोग अत्यधिक है। इस पद की शैली भी उपदेशात्मक है, जो मीरा के अन्य पदों में सामान्यतः नहीं मिलती है।

इन आठ पदों में से सात पद स्वामी आनन्द स्वरूप जी की 'मीरा सुधा सिन्धु' में संग्रहीत हैं। पद संख्या 2 स्वामी जी ने भी सम्मिलित नहीं किया है। पद सं. 3 का समानार्थी पद वि.सं. 1701 की प्रति का दूसरा पद है जबकि पद संख्या 4 वि.सं. 1695 की प्रति के छठे पद से साम्यता रखता है। पद संख्या 8 भी वि.सं. 1695 की प्रति का सातवाँ पद है। पद संख्या 4 मीरा की भावना से मेल नहीं खाता है। अतः इस संग्रह के दो पद प्रक्षिप्त माने जा सकते हैं।

8. नागरीदास पद प्रसंग माला

कृष्णगढ़ (किशनगढ़) के राजा नागरीदास और मीराबाई का पितृवंश एक ही था। राजस्थान के सुप्रसिद्ध राठौड़ वंश में इनका जन्म मीराबाई से लगभग 150 वर्ष पश्चात् हुआ। वल्लभ-अनुयायी नागरीदास के जीवन का अधिकांश भाग ब्रज में ही निकला था। इनका रचनाकाल वि.सं. 1770 से 1819 तक का माना जाता है। वि.सं. 1800 के लगभग इन्होंने 'सिंगार-सागर' नामक ग्रन्थ की रचना की जिसका एक भाग 'पद-प्रसंग-माला' है। मीराबाई के बारे में जो कुछ भी

उन्होंने जाना, सुना और समझा, उनके आधार पर इन्होंने मीरा के 6 पदों को उक्त ग्रन्थ में सप्रसंग लिखा है। ये पद निम्नानुसार हैं–

(1) मीरा के रंग लग्यो हरि को, और रंग सब अटक परी।।
गिरधर गास्यां सती न होस्यां, मन मोह्यो घन नामी।

(2) रानैं जू विष दीनौं हम जानी।
जान बूझि चरनामृत सुनि पियौ, नहीं बौरी भोरानी।।

(3) राय श्री रनछोड़ दीज्यो, द्वारका को बास।
संख चक्र गदा पद्म दरसै, मिटै सम की त्रास।

(4) हरि हरिहो जन की भीर।
द्रोपदी की लाज राखी, तुम बढायौ चीर।।

(5) सजन सुधि ज्यौं जानैं ज्यौं लीजै।
तुम बिन मेरैं और न कोई, कृपा रावरी कीजैं।।

(6) सखी मेरी नींद नसानी हो।
पिय को पंथ निहारताँ, सब रैन बिहानी।।

इन सभी पदों की भाषा ब्रजी है, जिससे संभावना बनती है कि उस काल में ब्रजप्रदेश में प्रचलित पदों का पाठ ही श्री नागरीदास ने ग्रहण किया। उपरोक्त सभी पद मीरा की भावनाओं के अनुकूल ही हैं और विभिन्न पदावलियों में भी ये पद संग्रहीत हैं। नागरीदास द्वारा संग्रहीत पद से ही यह ज्ञात होता है कि भोजराज के निधन के पश्चात् चित्तौड़ के राजपरिवार ने मीरा को सती होने के लिए कहा जिसको मीरा ने अस्वीकार कर दिया। इसी प्रकार राणा द्वारा मीरा को विष देने की पुष्टि भी इस संग्रह के एक पद से होती है। भाव, संवेदना, भाषा, छन्द आदि सभी दृष्टियों से ये पद मीराकृत लगते हैं अत: श्री ब्रजेन्द्रकुमार जी सिंहल ने इन पदों को मीरा की मूल पदावली के अन्तर्गत रखा है।

9. गुटका क्रमांक 1 से 8 में संग्रहीत पद

श्री ब्रजेन्द्रकुमार जी सिंहल ने अपने ग्रंथ 'मीराँबाई: प्रामाणिक जीवनी और मूल पदावली' के पृष्ठ 155-56 पर जिन 18 गुटकों का उल्लेख किया है, वे सभी गुटके उनके निजी संग्रह के हैं। अधिकांश गुटके रामस्नेही सम्प्रदायों के विभिन्न रामद्वारों में संग्रहीत थे, जबकि कुछ गुटके दादूपंथी सम्प्रदाय में। इन सभी

गुटकों का लिपिकाल 19वीं-20वीं शताब्दी का है। इन गुटकों में कुछ 326 पद संकलित हैं, जिनमें से 181 पद ऐसे हैं जिनके समकक्ष पद अन्य पदावलियों में संकलित नहीं हैं। चूंकि संवत् 1800 के बाद लिखे गए हस्तलिखित ग्रन्थों में मीरा के जो पद लिखे गये हैं उनमें धर्म, सम्प्रदाय, सन्तमत, गुरु-परम्परा आदि का व्यापक प्रक्षेप हुआ है, अतः इन पदों पर विचार करते समय पर्याप्त सावधानी और पंथ निरपेक्ष भाव आवश्यक है।

10.राजस्थान के विभिन्न ग्रन्थ भण्डारों में संग्रहीत हस्तलिखित प्रतियाँ

राजस्थान प्राच्य विद्या प्रतिष्ठान, जोधपुर ने सन् 1975 में 'मीराँ-बृहत्पदावली-द्वितीय भाग' का प्रकाशन किया, जिसके सम्पादक मीरा के सुप्रसिद्ध अध्येता डॉ. कल्याणसिंह शेखावत हैं। डॉ. शेखावत ने इस ग्रन्थ में प्रकाशित 372 पदों का विवरण निम्नानुसार दिया है—

क्र.सं.	पद का वर्ग	पद संख्या
1	सर्वथा अप्रकाशित पद	216
2	राज-रागिनी वाले पद	50
3	पूर्व प्रकाशित पदों से भाव साम्य रखने वाले पद	48
4	पूर्व प्रकाशित पदों से अंशतः साम्य रखने वाले पद	48
5.	अप्रकाशित मूल पदों के पाठान्तर	10

इस ग्रन्थ में संग्रहीत पदों का प्राप्ति स्रोत निम्नानुसार है—

(1) राजस्थान प्राच्य विद्या प्रतिष्ठान, जोधपुर

राज्य सरकार द्वारा स्थापित राजस्थान प्राच्य विद्या प्रतिष्ठाान में हस्तलिखित ग्रन्थों का विशाल भण्डार संग्रहीत है। यहाँ से निम्नलिखित 57 हस्तलिखित ग्रन्थों से मीरा विषयक सामग्री उपलब्ध हुई है। इन गुटकों में मीरा के 50 पद संग्रहीत हैं।

ग्रंथांक — 1882, 1890, 34922, 37943, 12577, 25344, 52 (इन्द्रगढ़ संग्रह), 36152, 31077, 37944, 9259, 7142, 32574, 10847, 10851, 10857, 28187, 25539, 12586, 3284, 28380, 32578, 10854, 161,

10862, 10864, 36162, 34756, 10852, 3257, 3408, 9257, 10840, 32274, 37031, 10849, 37490, 30602, 31824, 31054, 31052, 30029, 15820, 20778, 20768, 12420, 12426, 552, 553, 1580, 3496, 324, 287, 267, 25539, 36150, 6299

(2) राजस्थान प्राच्य विद्या प्रतिष्ठान, शाखा बीकानेर
ग्रंथांक— 10457— कुल 8 पद संग्रहीत

(3) राजस्थान प्राच्य पिद्या प्रतिष्ठान, शाखा जयपुर
ग्रंथांक— 8, 27, 73, 83— कुल 35 पद संग्रहीत

(4) राजस्थानी शोध संस्थान चौपासनी-जोधपुर
ग्रंथांक— 109, 130, 131, 188, 209, 288, 289, 145, 594, 617, 1057, 1067, 1667, 2884, 2897, 4854, 4670, 4676, 6269, 6299, 7173, 7145, 7175, 7187, 7189, 7191, 7143, 7199, 7142, 6665, 6849, 7197, 7573, 7664, 7665, 7639, 8290, 8291, 8254, 8399

(5) अनूप संस्कृत लायब्रेरी बीकानेर
ग्रंथांक— 112, 113, 170, 172, 177, 190, 206, 223— कुल 127 पद संग्रहीत।

(6) भारतीय विद्या मन्दिर शोध प्रतिष्ठान, बीकानेर
कुल 43 पद संकलित।

(7) सन्त साहित्य संगम, बीकानेर
यहाँ के ग्रन्थ भण्डार में मीरा के 36 पद संग्रहीत हैं।

उपरोक्त ग्रन्थ भण्डारों एवं संस्थाओं में संग्रहीत हस्तलिखित प्रतियाँ 19वीं-20वीं शताब्दी की हैं।

मीराबाई के पदों के संग्रह की 100 से अधिक पुस्तकें प्रकाशित हुई हैं जिनमें से प्रमुख ग्रन्थ निम्नानुसार हैं—

क्र.म.	ग्रन्थ का नाम	लेखक/सम्पादक	प्रकाशन वर्ष (ई.सन)	मीरा के पदों की संख्या
1.	संगीत राग कल्पद्रुम	कृष्णानन्द व्यास देवसागर	1842	40
2.	वृहत् काव्य दोहन	ईच्छाराम सूर्यराम देसाई	1877से 1911	159
3.	मीराँबाई का जीवन चरित्र	कार्तिकप्रसाद खत्री	1903	21
4.	महिला मृदुवाणी	मुंशी देवीप्रसाद	1905	
5.	गाथा पंचक	टी.एच.आप्टे	1908	153
6.	मीराँबाई की शब्दावली	बेलवेडियर प्रेस इलाहाबाद	1909	38
7.	मीराँबाई भजन भण्डार	श्री गोवीराव मोरावा कार्लेकर	1922	352
8.	प्राचीन काव्यसुधा	श्री छगनराम विद्याराम रावल		33
9.	सिलेक्शन्स फ्राम क्लासिकल गुजराती लिटरेचर	ह.ज.ज.तारापोरवाला		106
10	मीराँबाई, सहजोबाई दयाबाई का पदसंग्रह	वियोगी हरि	1930	36
11.	मीरा मन्दाकिनी	प्रो. नरोत्तमदास स्वामी	1930	161
12.	मीराँबाई	परशुराम चतुर्वेदी	1932	201
13.	मीराँबाई	श्री मुरलीधर श्रीवास्तव	1934	139
14.	मीराँ की प्रेमसाधना	भुवनेश्वर मिश्र माधव	1934	126
15.	मीराँबाई	सत्संग मंडल, बम्बई	1938	256 हिन्दी एवं गुजराती पद
16.	मीराँ जीवनी और काव्य	श्री महावीरसिंह गहलोत	1945	108

17.	मीराँ-माधुरी	श्री ब्रजरत्नदास	1945	469
			1956	506
18.	मीराँ स्मृति ग्रन्थ	बंगीय हिन्दी परिषद् कलकत्ता	1949	103
19.	मीराँ वृहत पद संग्रह	पद्मावती शबनम	1952	590
20.	मीराँ सुधा सिन्धु	स्वामी आनन्द स्वरूप	1957	1312
21.	मीराँ बृहत्पदावली प्रथम भाग	पुरोहित हरिनारायण	1968	662
22.	मीराँ बृहप्तदावली द्वितीय भाग	डॉ. कल्याणसिंह शेखावत	1975	372
23.	मेरे तो गिरधर गोपाल	श्री ब्रजेन्द्र कुमार सिंहल	2008	312
24.	मीरा पद माला	मीरा स्मृति संस्थान, चित्तौड़गढ़	2004	108

उपरोक्त तालिका में उल्लिखित अधिकांश ग्रन्थों में हस्तलिखित प्रतियों में उपलब्ध पदों के साथ-साथ मौखिक परम्परा में प्रचलित पदों का भी संग्रह किया गया है। डॉ. हीरालाल माहेश्वरी ने यह मत व्यक्त किया है कि श्री नरोत्तमदास स्वामी, श्री उदयसिंह भटनागर तथा श्री ललिताप्रसाद सुकुल ने हस्तलिखित प्रतियों के आधार की बातें कही हैं। बाद में प्रकाशित ग्रन्थों जैसे मीराँ बृहत्पदावली प्रथम भाग एवं द्वितीय भाग तथा श्री ब्रजेन्द्रकुमार सिंहल के मीरा पद संग्रहों में भी हस्तलिखित प्रतियों का आधार दृष्टिगत होता है। श्री महावीरसिंह गहलोत ने भी अपनी पुस्तक में 36 अप्रकाशित पदों के प्रकाशन का दावा किया है, किन्तु उन्होंने किसी हस्तलिखित प्रति का उल्लेख नहीं किया है। पुरोहित हरिनारायण जी ने हस्तलिखित पांडुलिपियों का भी फुटनोट में संकेत में विवरण दिया है किन्तु इन संकेतों की कुंजी नहीं दी, जिससे संकेतों और पदस्रोतों को समझने में कठिनाई आती है।

श्री पुरोहित ने लगभग 42 स्रोतों से पदों का चयन किया है। श्री गोपाल नारायण बहुरा ने जानकारी दी थी कि मीरा के पदों की प्रामाणिकता को सुनिश्चित करने के लिए कुछ कसौटियाँ भी निर्धारित की थीं, किन्तु इन कसौटियों का विवरण

आज तक उपलब्ध नहीं हो पाया है। डॉ. कल्याणसिंह शेखावत ने अपने ग्रन्थ 'मीराँ वाणी' में मीरा के पदों की प्रामाणिकता पर विचार करने के आधारों का उल्लेख किया है—(1) सर्वाधिक प्राचीन हस्तलिखित प्रति से प्राप्त पद, (2) मीरा के जन्मस्थान, आवास-निवास स्थलों एवं यात्रा स्थलों से सम्बन्धित पद (3) हस्तलिखित प्रतियों के संक्षिप्त पाठ (4) 'मीरा के प्रभु गिरधर नागर' की टेक या छाप (5) मीरा की भक्ति-साधना से मेल खाने वाले पद (6) मीरा युग की ऐतिहासिक एवं सांस्कृतिक परम्पराओं से मेल खाने वाले पद (7) मीरा की आत्मा को दर्शाने वाले पद (8) सर्वाधिक प्राचीन हस्तलिखित ग्रन्थों में प्राप्त होन वाले पद।

मीरा की 'प्रामाणिक पदावली' के शोध अध्येता और सम्पादक डॉ. भगवानदास तिवारी ने लिखा है कि मीरा के संवत् 1603 में तिरोधान के पश्चात् मीरा के मूल पदों में क्षेपक की परम्परा प्रारम्भ हो गई। इसका मूल कारण उन भक्तों की मनोवृत्ति ही थी जो मीरा के पदों को गाने के आभलाषी थे, किन्तु स्थलभेद, भाषाभेद, समाज और सम्प्रदाय-भेद के कारण मीरा के मूल पदों की भाषा और भावधारा को जाने-अनजाने बदल-बदलकर गाते थे। उनकी यह स्पष्ट मान्यता है कि मीरा के पदों में साम्प्रदायिकता, विभिन्न प्रान्तीय भाषाओं और आंचलिक बोलियों का समन्वय इन्हीं घुमक्कड़ साधु-सन्तों, भक्तों और गायकों के द्वारा किया गया है। विक्रमी की 18वीं शताब्दी तक ब्रजभाषा भाषी कृष्णभक्तों ने मीरा के मूल पदों को ब्रजभाषा में और गुजराती भक्तों व गायकों ने गुजराती भाषा में ढाल लिया था।

डाकोर और काशी प्रति के पदों के अवलोकन से स्पष्ट होता है कि इस काल तक मीरा को रैदास की शिष्या बताने वाले व किसी जोगी या जोगिया से संबंधित पद इन संकलनों में नहीं है। इससे यह सिद्ध होता है कि राजस्थान के रैदासी सन्तों और योगियों ने तत्कालीन राजस्थानी के अनुरूप मीरा के मूल पदों में ये तत्त्व मिलाकर या ऐसे ही पदों का निर्माण कर अपनी साम्प्रदायिक मान्यताओं के अनुकूल मीरा छाप के गढ़ लिये। राजस्थान के विभिन्न संग्रहों में प्राप्त हस्तलिखित गुटके इस बात के ज्वलन्त प्रमाण हैं।

एक ओर मीरा के पद विभिन्न गुटकों व ग्रन्थों में संग्रहीत हो रहे थे तो दूसरी ओर मौखिक परम्परा में सैंकड़ों पद प्रचलित थे। लोक में मीरा भाव के नये पदों की रचना भी विगत 450 वर्षों से निरन्तर चलती रही है। मौखिक परम्परा के ऐसे पद भी कालान्तर में विभिन्न साधु-सन्तों एवं भक्तों के द्वारा लिपिबद्ध किये गये।

परिणामस्वरूप मीरा के रचना-संसार में प्रक्षिप्त पदों व प्रक्षिप्त अंशों का भारी अम्बार लग गया है। जिसमें से मीरा के मूल या प्रामाणिक पदों को छांटकर अलग करना, उनकी भाषा और पाठ का निर्धारण करना अत्यन्त दुष्कर एवं श्रमसाध्य कार्य है। इसके अतिरिक्त एक अकेले अध्येता या विद्वान के द्वारा यह कार्य सम्पन्न होना भी कठिन है, अतः कुछ अध्येताओं का समूह बन कर यह कार्य किया जाए तो अपेक्षाकृत अधिक प्रामाणिकता सुनिश्चित हो सकती है।

यह एक निर्विवाद तथ्य है कि विगत 500 वर्षों से मीरा के पद दो स्रोतों से प्राप्त होते रहे हैं– (1) मौखिक परम्परा, और (2) लिखित परम्परा। लिखित परम्परा का पहला उल्लेख अब तक वि.सं. 1631 का मिलता है। इसके 11 वर्ष पश्चात् का मीरा के 69 पदों के संग्रह 'डाकोर की प्रति' का और संवत् 1661 में गुरुग्रन्थ साहब में 01 पद के संकलन का उल्लेख मिलता है। मीरा स्मृति संस्थान ने सन् 1993 में मीरा के प्रामाणिक पदों की पहचान के लिए पांच दिनों की एक राष्ट्रीय कार्यशाला एवं संगोष्ठी का आयोजन किया था, जिसमें विद्वानों ने गंभीर मंथन कर मीरा के 150 पदों को प्रमाणिकता की श्रेणी में रखा। ये मूलतः वे पद हैं जो संवत् 1800 तक की हस्तलिखित प्रतियों में संग्रहीत हैं। संवत् 1800 के पश्चात् के हस्तलिखित संग्रहों में भी कुछ पद ऐसे मिल सकते हैं जिन्हें मीरा के प्रामाणिक पद माने जा सकते हैं, किन्तु इस दिशा में सिवाय कुछ सम्पादित प्रकाशनों के कोई महत्त्वपूर्ण गंभीर प्रयास नहीं हो पाये हैं।

चूँकि मीरा के जीवनवृत्त का निर्धारण करने की दृष्टि से भी मीरा के पद अन्तः साक्ष्य का आधार बनते हैं, अतः इस दृष्टि से मीरा के प्रामाणिक पदों और पदपाठों का गंभीर अध्ययन अपेक्षित है, अन्यथा मीरा के जीवन प्रसंगों में भी अप्रामाणिकता का समावेश हो जाने और गलत तथ्यों के समावेश की संभावना बन सकती है। उदाहरण के लिए नागरीदास की 'प्रसंग माला' में संग्रहीत एक पद 'राणाजी जहर, दियो मैं जाणी' में बाद में निम्नलिखित दो पंक्तियों का प्रक्षेप हो गया है–

"राणाजी यो वचन उचार्‌यो, सुणज्यो म्हारी बॉणी।।4।।
साधाँ रो संग परो निवारो, काँनैं करौ पट राणी।।5।।

पाठान्तर–"राणौंजी परधान पठाया, सुणज्यो जी थें राणी।
जो साधाँ रो संग निवारो, तोहि करूँ पटरानी।।"

पाठान्तर–"राणौं बचन उचारिया जी, सुणजो म्हारी बाणी।
साधाँ को संग परो निवारो, काँनैं करौ पटराणी।।"

इस प्रक्षेप से यह तथ्य उभर कर सामने आता है कि चित्तौड़ के राणा (विक्रमादित्य) ने स्वयं कहकर या अपने किसी मन्त्री/मुसाहिब के माध्यम से मीरा को अपनी पटरानी बनाने का प्रस्ताव किया था। ऐसा उल्लेख मीरा के पदों की प्राचीन हस्तलिखित प्रतियों एवं इतिहास ग्रन्थों तथा जीवनी पुस्तकों में कहीं नहीं मिलता है। इस तरह का उल्लेख मात्र भ्रम ही पैदा करता है।

इसी प्रकार मीरा के गुरु का उल्लेख करने सम्बन्धी अनेक पद विभिन्न अर्वाचीन संग्रहों में मिलते हैं। "अब तो हरि नाम लो लगीं।" पद के अनुसार मीरा का गौर कृष्ण (चैतन्य महाप्रभु) की दासी बताया गया है। रैदास को गुरु मानने सम्बन्धी भी कुछ पद संवत् 1800 के पश्चात् की हस्तलिखित प्रतियों में पाये जाते हैं, जबकि हकीकत यह है कि मीरा ने तो किसी को गुरु बनाया, न कोई शिष्य बनाया और न ही कोई सम्प्रदाय चलाया। इसी प्रकार निम्बार्क सम्प्रदाय, मध्व सम्प्रदाय आदि भी मीरा को अपने-अपने सम्प्रदायों में दीक्षित होने का उल्लेख करते हैं।

कहने का तात्पर्य इतना ही है कि मौखिक एवं लिखित परम्परा में प्राप्त मीरा पदों का अपना लौकिक महत्त्व तो हो सकता है, किन्तु इन पदों एवं पदसंग्रहों को मीरा से सम्बद्ध करते समय पूर्ण सजगता आवश्यक है, अन्यथा अर्थ का अनर्थ हो जाने की संभावना है उत्पन्न हो सकती हैं।

सन्दर्य ग्रन्थ

1. मीराँ स्मृति ग्रन्थ, सम्पादक प्रो. ललिता प्रसाद सुकुल, बंगीय हिन्दी परिषद्, कलकत्ता, सन् 1949
2. महाराजा मानसिंह पुस्तक प्रकाश, जोधपुर का ग्रंथांक 12, लिपिकाल संवत् 1631
3. गुरुग्रन्थ साहब, बन्नो साहब की प्रति, 1661, पटियाला
4. गुजरात विद्या सभा का ग्रंथांक 477 क, लिपिकाल संवत् 1695 एवं ग्रंथाक 150 अ, लिपिकाल संवत् 1701 (वर्तमान में ये दोनों ग्रंथ प्रिन्स ऑफ वेल्स, म्यूजियम, मुम्बई में संग्रहीत हैं)
5. मीरॉ की प्रामाणिक पदावली, डॉ. भगवानदास तिवारी
6. मीराँ बृहत्पदावली, प्रथम भाग, संपादकः पुरोहित हरिनारायण, सन्

1968, राजस्थान प्राच्य विद्या प्रतिष्ठान, जोधपुर।

7. मीराँ बृहत्पदावली, द्वितीय भाग, संपादक: डॉ. कल्याणसिंह शेखावत, सन् 1975, राजस्थान प्राच्य विद्या प्रतिष्ठान, जोधपुर।
8. मीराँवाणी, सम्पादक: डॉ. कल्याणसिंह शेखावत, सन् 1984, जोधपुर।
9. मीरा मन्दाकिनी, प्रो. नरोत्तमदास स्वामी, सन् 1930
10. मीराँ: जीवनी और काव्य, श्री महावीरसिंह गहलोत, सन् 1945
11. मीराँ सुधा सिन्धु, स्वामी आनन्दस्वरूप, 1957 मीराँ प्रकाशन समिति, भीलवाड़ा
12. मीराँबाई: प्रामाणिक जीवनी और मूल पदावली, श्री ब्रजेन्द्र कुमार सिंहल, द्वितीय संस्करण सन् 2012, भारतीय विद्या मन्दिर, कोलकाता
13. मीरा पदमाला, सम्पादक: स्वामी डॉ. ओम्आनन्द सरस्वती एवं प्रो. सत्यनारायण समदानी, सन् 2004, मीरा स्मृति संस्थान, चित्तौड़गढ़।
14. मीरा: जीवन और काव्य, डॉ. सी. एल. प्रभात, (प्रथम एवं द्वितीय खण्ड) सन् 1999, राजस्थानी ग्रन्थागारा, जोधपुर।
15. नागरीदास, नागरीदास पद प्रसंग माला (सिंगार-सागर) लिपिकाल सवत् 1800 के लगभग।

संवत् 1701 की प्रति का फोटो-चित्र गुजरात विद्या सभा

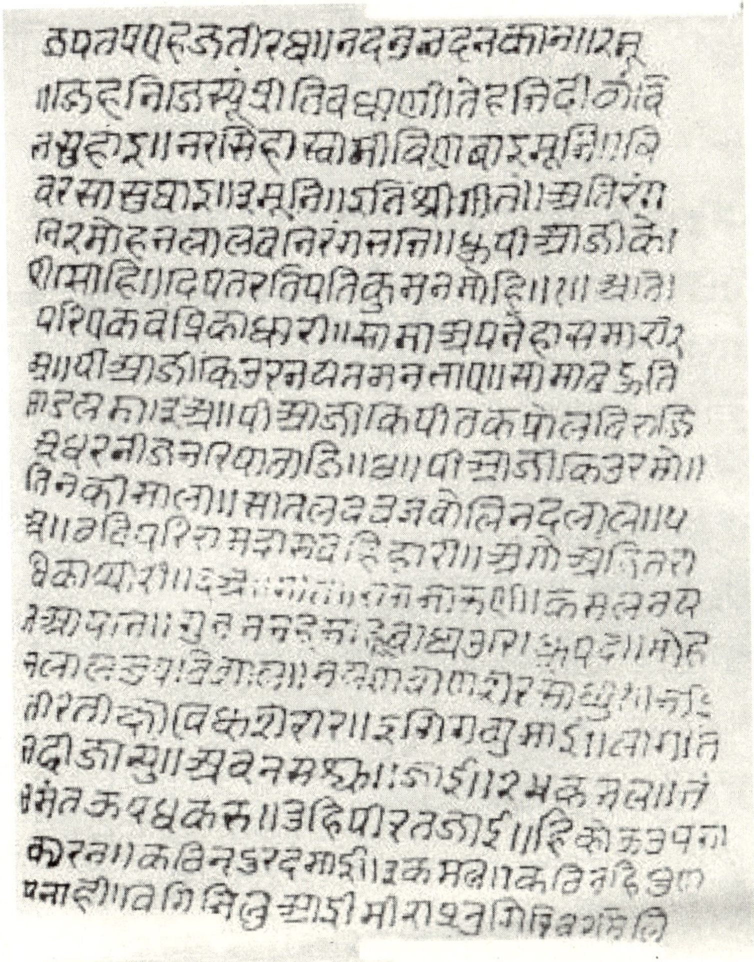

संवत् 1713 की प्रति

गुजरात विद्या–सभा की संवत् 1713 वि.सं. वि. में लिपिबद्ध हस्तलिखित प्रति का वह पृष्ठ जिसमें मीरा का एक पद सुरक्षित है

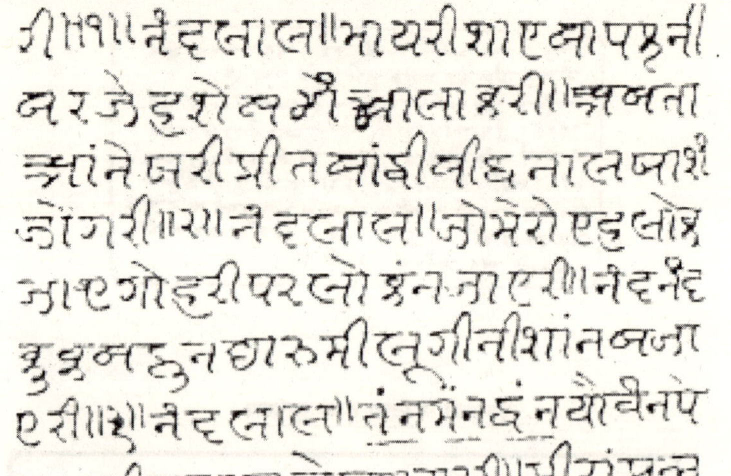

श्री गुरुग्रंथ साहिब के 'बानो संस्करण' में लिपिबद्ध मीराबाई के पद का मूल फोटो-चित्र

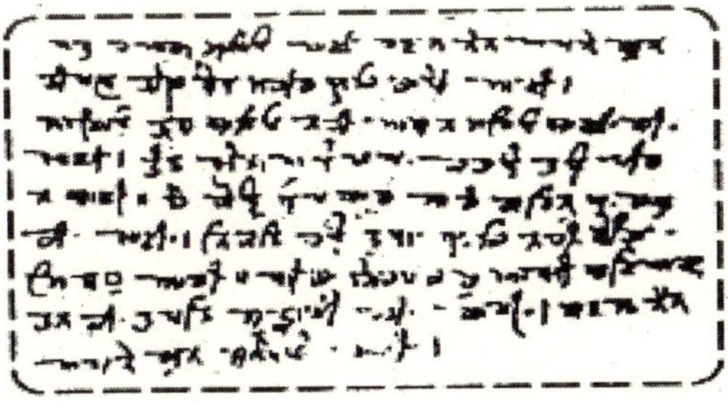

गुरुमुखी में दिया हुआ मूलरूप

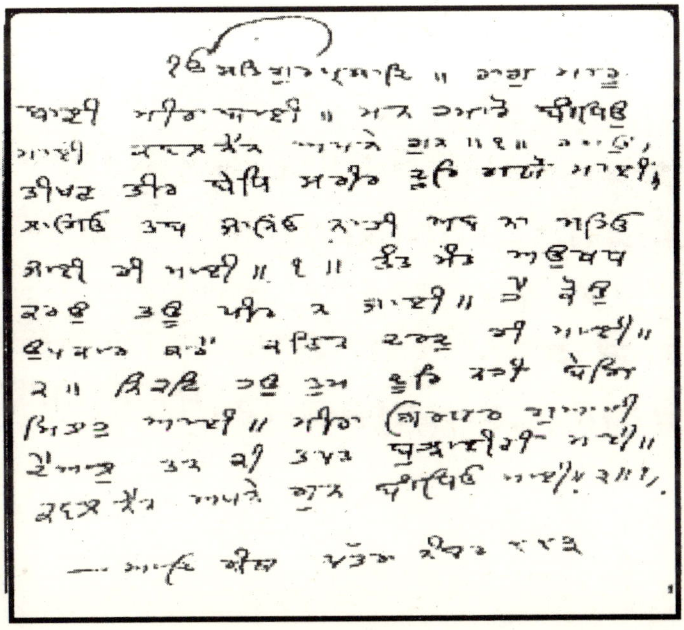

राजस्थान प्राच्य विद्या प्रतिष्ठान, ग्रंथांक-12590

16

रामावत सम्प्रदायः रसिक परम्पराः साहित्य और सन्दर्भ

उदय प्रताप सिंह

रामभक्ति को जन-जन तक पहुँचाने का श्रेय स्वामी रामानंद को दिया जाता है। उन्होंने इस सम्प्रदाय का प्रवर्तन किया था इसलिए इसे 'रामानंद सम्प्रदाय' भी कहते हैं। 'श्री सम्प्रदाय' 'रामावत सम्प्रदाय' 'वैरागी सम्प्रदाय' के नाम से भी इसे जाना जाता है। सीता-लक्ष्मण सहित द्विभुज राम सम्प्रदाय के परमोपास्य हैं। सम्प्रदाय में शुक्लश्री, बिन्दुश्री, रक्तश्री और लश्करी इत्यादि तिलक परम्पराएँ प्रचलित हैं। भक्तों के बाँह पर धनुष-बाण परमोपास्य के प्रतीक चिह्न के रूप में अंकित होते हैं। स्वामी रामानंद के उदार स्वभाव और युगीन परिस्थितियों से समांजस्य बिठाने के कारण सम्प्रदाय में कर्मकाण्ड पर विशेष बल नहीं दिया जाता है। फलतः यह रामभक्ति का सर्वाधिक संख्या वाला सम्प्रदाय है। स्वामीजी की उदारता के कारण ही स्त्री जुलाहा, चमार, नाई, जाट, क्षत्रिय, ब्राह्मण सभी जातियों के लोग उनके शिष्य बनते गये। शास्त्रविद् और शास्त्र विरहित में स्वामी रामानन्द समान रूप से प्रिय थे। वह शास्त्रबद्ध और लोकबद्ध दोनों के बीच एक सेतु थे। उन्होंने संस्कृत में शास्त्रीय परम्परानुसार रचना की हिन्दी में लिख कर लोक परम्परा में सम्बद्ध भक्तों को अपनी ओर आकृष्ट कर लिया।

विशिष्टाद्वैत दर्शन उनकी दार्शनिक मान्यता का मूल आधार है जिसमें जीव, जगत और ब्रह्म की सत्यता ध्वनित होती है। स्वामी रामानंद की उदार चेतना ने सम्पूर्ण सृष्टि में ब्रह्म (राम) का ही विस्तार देखा है अतः सगुण-निर्गुण, उच्च-निम्र, लोक-शास्त्र का भेद उनके द्वारा प्रवर्तित भक्ति में नगण्य है। उनके अनेक शिष्यों का उल्लेख मिलता है पर **'द्वादशादित्यों'** की विशेष चर्चा की जाती है। आश्चर्य

है कि उन बारह शिष्यों में आधे से अधिक न शास्त्रीय-परम्परा से सम्बद्ध हैं, न संस्कृत भाषा से और न ही सगुण भक्ति मार्ग से। अनंतानंद कबीर, रैदास, पीपा, धन्ना, सेन इत्यादि बारह शिष्यों में निर्गुणमार्गियों की संख्या अधिक है। इनमें अधिसंख्य द्विजेतर हैं। स्वामी रामानन्द, नाथपंथ के प्रवर्त्तक गोरखनाथ की विचारधारा से भी प्रभावित हैं। भक्ति के साथ योग तत्त्व का प्रवेश उनके सम्प्रदाय में कम नहीं हुआ है। रामानंद सम्प्रदाय में **तपसी शाखा** का स्वतंत्र अस्तित्व है। तपसी शाखा की तरह कालान्तर में रामावत सम्प्रदाय भक्ति के विविध रंगों में रंगता गया। **रसिक परम्परा** की भक्ति उसी का परवर्ती चरण है।

रामभक्ति में रसिक भावना का प्रथम अंकुरण नवीं शती में षठकोप आलवारों की गायन शैली में दिखाई पड़ता है। इसके अतिरिक्त 'पेरूमाल तिरुमोड़ि' में परमोपास्य राम के प्रति कान्ताभाव की अभिव्यक्ति हुई है। तत्पश्चात् रसिर परम्परा का स्पष्ट संकेत श्रीयुगलप्रियाशरण रचित ग्रन्थ **'श्रीरसिकप्रकाश भक्तमाल'** में मिलता है। यहाँ षठकोप आलवारों को राम का 'आदि पारषद' कहा गया है। इस परम्परा का निर्वहन परवर्ती शताब्दियों तक होता रहा, जिसमें रामोपासना की मर्यादावादी और शृंगारपरक रसिक भाव की अभिव्यक्ति हुई है। रामावत या रामानन्द सम्प्रदाय में रसिक साधना की यह परम्परा किसी न किसी रूप में आज भी दिखाई पड़ती है। 14वीं-15वीं शती में स्वामी रामानंद ने माधुर्योपासना की इस भक्ति साधना में मर्यादावादी रूप की प्रतिष्ठा करते हुए 'स्वकीया भाव' की स्थापना किया। उन्होंने ईश्वर और जीव के सम्बन्धों को 'भोग्य-भोक्तृत्व' या 'भार्या- भर्तृत्व' का स्वरूप प्रदान करते हुए परमोपास्य राम के मर्यादावादी स्वरूप का संरक्षण किया। सोलहवीं शती के उत्तरार्द्ध में यह धारा क्षीण होने लगी। कुछ समय उपरान्त इसे नवजीवन देने का कार्य स्वाती रामानंद के प्रपौत्र शिष्य अग्रदासजी ने किया। 16वीं शती के उत्तरार्द्ध में इनकी उपस्थिति का संकेत मिलता है। इन्होंने रसिक परम्परा की स्थापना में 'पांचरात्र' इत्यादि कई संहिताओ का सहारा लेकर व्यवस्थित स्वरूप प्रदान किया। इनके प्रमुख शिष्य नाभादास ने भक्तमाल में पहली बार, भक्तों का जीवन चरित वर्णित कर संतों को इतिहासबद्ध किया साथ ही यह भी संकेत किया कि गोस्वामी तुलसीदास के समय में राम भक्ति धारा मधुरोपासना से परिपूर्ण हो चुकी थी। मानदास, मुरारीदास, प्रयागदास और जेमालरतन राठौर के वृत्तान्त इसके प्रमाण हैं।

अकबर के परवर्ती शासकों की कट्टरता, धार्मिक असहिष्णुता तथा शैव सम्प्रदाय के दशनामी संन्यासियों के हिंसा पूर्ण वातावरण में रसिक परम्परा की धारा अत्यन्त

क्षीण होने लगी। अतः रसिकोपासना के अधिसंख्य भक्त अयोध्या, काशी, प्रयाग, बक्सर इत्यादि इसलाम शासित तीर्थों को छोड़ मिथिला, चित्रकूट जैसे निर्जन एकांत क्षेत्रों में बस गये। मधुर और आन्तरिक साधना करते हुए भी इन रामभक्त, साधकों में समाज-संरक्षण की वेदना थी। इसलिए विरोधी शक्तियों का प्रतिरोध करने के लिए 'अखाड़ों' और 'अनी' की स्थापना हुई। इस समय तक मुगल साम्राज्य के पतन और हिन्दू समाज में जागरूकता के फलस्वरूप रसिकोपासकों में एक नई चेतना का स्फुरण दिखाई पड़ने लगा। 18 वीं शती में मुगल बादशाहों और अवध के नवाबों की उदारमना हिन्दूपरक नीतियों के कारण माधुर्योपासना में नयी शक्ति का संचरण होने लगा। इसे उदार और अनुकूल वातावरण में दूर-दूर तक स्थित रामभक्तों का एक दूसरे के सम्पर्क बढ़ने लगा। इसी बीच कृष्ण-भक्तों की माधुर्योपासना का साथ पाकर रामभक्ति की रसिकोपासना अपने उत्कर्ष पर पहुँच गयी परिणामतः रसिक सम्प्रदाय के लिए 19 वीं शताब्दी सर्वाधिक अनुकूल सिद्ध हुई। इसी समय रसिक आचार्यों और भक्तों ने माधुर्योपासना के प्राचीन साहित्य का सिंहावलोकन करते हुये रसवंती धारा को जन्म दिया। रामावत सम्प्रदाय में रसिक भक्ति का जो स्वरूप विद्यमान है वह बहुत अंशों में इसी शताब्दी के भक्तों की देन है।

रसिक परम्परा के आचार्य भक्तों ने विशिष्ट भाव-सम्पन्न वैरागी साधकों को ही मधुरोपासना सम्बन्धी भक्ति का अधिकारी बताया है। लोक में इसके प्रचार-प्रसार पर प्रतिबन्ध है, इसलिए इस उपासना पद्धति का विकास रहस्यात्मक हुआ। **'दिव्य-दम्पत्ति'** के सेवा-सुख को प्राप्त करना और **'निकुन्ज सेवारस'** का आस्वादन ही ऐसे साधकों का लक्ष्य है। युगल स्वरूप की इस भक्ति साधना में आठों प्रहर की सेवा सभी रसों को प्रदान करने वाली होती है अतः इसे माधुर्यपरक उपासना का मूल आधार माना जाता है। इस साधना की रासलीला में परमोपास्य के स्वरूप का चरम आनन्द प्राप्त होता है। मधुर उपासना के इन आचार्यों ने लीला रस के आस्वादन की 'मनस सम्भोग,' 'दृष्टि सम्भोग' और 'स्पर्श सम्भोग' तीन विधियाँ बताई हैं। प्रथम दो में दृष्टा भाव तथा तीसरे में भोक्ता भाव की प्रधानता होती है। एक को तत्सुख तथा दूसरे को 'स्वसुख' कहते हैं। तत्सुख का तात्पर्य प्रिया-प्रियतम की दिव्य क्रीड़ा में सीता द्वारा अनुभव किये गये सुख को अपना सुख मानना है, किन्तु स्वसुख का अर्थ प्रियतम के साथ की गई रस क्रीड़ा में अपने द्वारा अनुभूत सुख को ही स्वसुख मानने से हैं। तात्त्विक दृष्टि से विश्लेषण करने पर प्रतीत होता है कि ऐसी स्थिति भी आती है जब तत्सुख स्वसुख में

परिवर्तित हो एक बन जाते हैं।

परिस्थितियों और समय के प्रवाह में यह सम्प्रदाय आज रूढ़ि छिछली शृंगारिकता से ग्रस्त हो गया है फिर भी लोकप्रियता एवं साहित्य-सृजन की दृष्टि से रामभक्ति साहित्य में इसका महत्त्वपूर्ण स्थान है। रामचरितमानस की अनेक टीकाएँ, प्रवचन शैली द्वारा प्रचार-प्रसार में इस सम्प्रदाय के भक्तों का महत्त्वपूर्ण योगदान है। रामचरणदास-अयोध्या, शिवपाल पाठक-काशी, रामगुलाम द्विवेदी-मिर्जापुर, बैजनाथ बाराबंकी, परमहंस रामदास चित्रकूट की गणना इस सम्प्रदाय के पल्लवन में की जाती है। रसिक साधना में साधनात्मक तत्वों पर विशेष बल दिया गया है। इसके प्रमुख आचार्यों में अग्रदास, बालअली, मधुराचार्य, कृपानिवास, रामचरणदास, जीवाराम तथा युगलानन्यशरण का उद्देश्य सिद्धान्त और साहित्य का निर्माण था। यद्यपि साहित्यिक दृष्टि से इन कृतियों का महत्त्व कम है पर सांगठनिक और इतिहास की दृष्टि से इनका महत्व अन्यतम है। रसिक शाखा के नाभादास, प्रेमसखी, सूरकिशोर, रामसखी, पं. रामगुलाम द्विवेदी, रसिक बिहारी, महारजा विश्वनाथ सिंह, रघुनाथ सिंह, सीलमणि और महात्मा बनादास की रचनाएँ-रामभक्ति के साथ रसिक परम्परा के श्रेष्ठ साहित्य का निदर्शन करती हैं। सम्पूर्ण रसिक साहित्य में न वियोग का विधान है न परकीया भाव की सृष्टि है। यही कारण है कि इस शाखा के कवियों ने मधुरोपासना को अंगीकार करते हुए भी राम के एक पत्नीव्रत की मर्यादा सुरक्षित रखी है और सामाजिक सदाचार के संरक्षण में मान्य सम्प्रदायों के मधुरोपासक भक्तों की तुलना में इनका दृष्टिकोण संयत व्यावहारिक और समाज सापेक्ष्य है।

नागरी प्रचारिणी सभा काशी की खोज रिपोर्टों में प्रभूत रसिक साहित्य है जिस पर अभी विद्वानों का ध्यान नहीं आकृष्ट हुआ है।

खोज रिपोर्टों का क्रमशः विवरण	रचयिता	समय
1. हरिनाम नाम सुमिरिनी, भाग 3, पृ. 111 (बारहवीं खोज रिपोट 1923-1925)	बाबा रघुनाथ (जनरघुनाथ)	19वीं शती
2. विश्रामसागर (13वीं खोज रिपोर्ट, पृ 72, 1926-1928 ई)	रघुनाथ दास रामसनेही	19वीं शती
3. (क) ध्यान मंजरी या रामध्यान मंजरी	अग्रदास	16वीं शती

(ख) उपखाणा बावनी अग्रदास की कुंडलियाँ
आठवीं खोजरिपोर्ट (1909-1911, पृ. 26)

4. 'रामाष्टयाम' (सं. टीकाकार राजकिशोरीशरण जी) जानकीघाट, अयोध्या, 1935 ई. — नाभादास — 16वीं शती
5. ध्यानमंजरी, नेह प्रकाशिका दसवीं खोज रिपोर्ट पृ. 90 (1917-1919) — बालकृष्ण नायक या बाल अलि
6. ध्यान मंजरी ग्यारहवीं रिपोर्ट, पृ. 42 — बालअलि — 1693 ई.
7. इन्हीं को रसिक प्रकाश भक्तमाल पृ.28 पर बालअलि माना गया है।
8. इश्कलतिका इतिश्री परम राजकुमार बाबू साहब शीलमनि कृत इश्कलतिका सम्पूर्णम्। (दसवीं रिपोर्ट पृ. 59)
9. नागरीप्रचारिणी से ही 1929 ई. में प्रकाशित आचार्य शुक्ल का 'हिन्दी साहित्य का इतिहास' रसिक शाखा में कई भक्त कवियों का विवरण प्रस्तुत करता है जो आज तक अछूता है। रसिक शाखा के प्रवर्त्तक अयोध्या के महात्मा रामचरणदास की भी कई रचनाएँ हैं जिन पर विद्वानों की दृष्टि नहीं गई है।
10. खोज-रिपोर्ट 1900 सं., 39/1906-8 सं. 308/1909-11 सं. 2101 1917-19 सं 37 उक्त खोज रिपोर्टों के अतिरिक्त नागरी प्रचारिणी सभा, काशी में ऐसी अनेक पांडुलिपियाँ है जिनमें रसिक व अन्य प्रकार का साहित्य भरे पड़ें हैं।

17

बुन्देलखण्ड में बिखरी रामकथा विषयक पाण्डुलिपियाँ

उदय शंकर दुबे

बुन्देलखण्ड भारत का हृदय स्थल है। हिन्दी भाषा का आधे से अधिक साहित्य इस क्षेत्र विशेष की देन है। अपने निर्वासन काल में राम ने बुन्देलखण्ड स्थित पवित्र चित्रकूट को अपना निवास बनाया। त्रेतायुग की सबसे बड़ी धर्म सभा का आयोजन, चित्रकूट की धरती पर ही हुआ था। रामकथा के आदि गायक वाल्मीकि मुनि, अत्रि मुनि की तपस्या भूमि है। रामचरित मानस के रचयिता तुलसीदास को चित्रकूट में ही राम-लक्ष्मण का दर्शन हुआ था। मन्दाकिनी के तट पर उन्होंने चंदन घिसा था। यह तट अब रामघाट के नाम से प्रसिद्ध है। मर्यादापुरुषोत्तम राम ने बारह वर्ष तक चित्रकूट में ही रहकर काल यापन किया। संभवतः यही कारण है कि बुन्देलखण्ड के कवियों ने समय-समय पर राम के जीवन चरित्र को लेकर विविध प्रकार के काव्य-ग्रंथों की रचना की। ऐसा नहीं है कि यहाँ कवियों ने योगेश्वर कृष्ण के चरित्र को अपना विषय न बनाया हो। यहाँ के भक्त कवियों ने कृष्ण चरित को लेकर प्रबंध काव्य, खण्ड काव्य और लीला काव्य की रचना की। बुन्देलखण्ड के प्राचीन ग्रंथागारों (यथा पन्ना, अजयगढ़, छतरपुर, टीकमगढ़ और दतिया) में रामकथा और कृष्ण कथा से संबंधित पाण्डुलिपियाँ, मेरे कथन की पुष्टि करती हैं। बुन्देलखण्ड के ही कवि मंचित ने सर्वप्रथम सात काण्डों में कृष्णायन जैसे महाकाव्य की रचना संवत् 1836 वि. में की।[1] आज हिन्दी जगत को ग्यारह कृष्णायन ग्रंथ प्राप्त हैं जो समय-समय विभिन्न क्षेत्रों के कवियों द्वारा लिखे गये। यही नहीं बुन्देलखण्ड तीन कवियों मंचित, जगन्नाथ दास और बिहारी

दास कृत कृष्णायन ग्रंथ लिखे हुए ये उपलब्ध हैं। इस प्रकार कृष्णायन की परंपरा बुन्देलखण्ड की देन है। बुन्देलखण्ड के प्राचीन ग्रंथागारों, मठों, मंदिरों तथा व्यक्तिगत संग्रहों में वैष्णव धर्म के विभिन्न संप्रदायों से संबंधित ग्रंथों की पाण्डुलिपियाँ सुरक्षित हैं। सन् 1965 ई. से लेकर सन् 1980 ई. तक नागरीप्रचारिणी सभा वाराणसी द्वारा इस अंचल में खोज कार्य कराया गया किन्तु आज तक इस अवधि की खोज विवरणिकाएँ प्रकाशित नहीं हो सकी हैं। सर्वप्रथम हिन्दी (ब्रजभाषा) में बुन्देल खण्ड के कवि विष्णुदास ने पंद्रहवीं शताब्दी में वाल्मीकि रामायण के आधार पर चौपही छंद में रामायन कथा की रचना की।[3] इसके बाद तुलसीदास कृत रामचरित मानस और केशवदास रचित रामचंद्रिका प्रकाश में आये रीतिकाल में बुन्देलखण्ड में रामकथा से संबंधित लघु काव्य ग्रंथों की रचना के साथ वाल्मीकि रामायण, य।गवाशिष्ठ रामायण, अध्यात्म रामायण जैसे प्रसिद्ध ग्रंथ का ब्रजभाषा में अनुवाद अवश्य हुआ। रीतियुगीन बुन्देलखण्ड के अधिकांश कवियों ने जहाँ शृंगारपरक रचनाओं का सृजन किया वहीं उन्होंने संक्षेप में पूरी रामकथा को भी लिखा। कुछ कवियों ने राम जानकी नख शिख वर्णन भी किया। इस क्षेत्र के बहुत से ऐसे अज्ञात कवि हैं जिन्होंने रामकथा के प्रसंगों को लेकर फुटकर छंदों की रचना की। यथा— रमानाथ, मोहन, विजय, रतनेश, श्रीधर भगवंत, परमेश, नरोत्तम आदि।[4] इसी के साथ इस क्षेत्र के कवियों ने रामदूत हनुमान के चरित्र को लेकर बहुत से छोटे-बड़े ग्रंथों की रवना की। यथा हनुमान पंचक, हनुमान सप्तक, हनुमान अष्टक, हनुमतषोडशी, हनुमानपचीसी, हनुमान शतक, हनुमान विरुदावली, हनुमत पताका, हनुमान विनय आदि।

यहाँ पर हम रामकथा से संबंधित कुछ अज्ञात और अल्पज्ञात पाण्डुलिपियों का संक्षिप्त विवरण प्रस्तुत करने का प्रयास कर रहे हैं—

1. गुसाईं माधवदास कृत रघुनाथ लीला

रघुनाथ लीला की हस्तलिखित प्रति का संक्षिप्त विवरण इस प्रकार है— ग्रंथ का नाम रघुनाथ लीला, रचयिता गुसाईं माधवदास, आकार 8 इंच लंबाई × 4.5 इंच चौड़ाई, देशी कागज, पत्र संख्या 22, पंक्ति प्रति पृष्ठ 8, अक्षर प्रति पंक्ति 28, अनुष्टुप छंद संख्या 310 रचनाकाल एवं लिपिकाल अज्ञात लिपिकार गोविन्द दास वैष्णव। प्रति काली स्याही से लिखी हुई है। लाल स्याही का भी प्रयोग हुआ है। यह प्रति श्री किशोरी शरण गोस्वामी पकौड़िया महादेव दतिया (म.प्र) के संग्रह से प्राप्त हुई थी। बुन्देलखण्ड प्रवास काल में मैं दस वर्ष तक श्री गोस्वामी जी के ही निवासस्थान के एक कमरे में रहा। हस्तलिखित ग्रंथों के विषय में वे मुझे

जानकारी भी देते रहते थे। गुसाईं माधवदास रचित रघुनाथ लीला के विषय में उनका कथन था कि यह प्रति उनके पूर्वजों की देन है। माधवदास गुसाईं के विषय में अन्य कोई जानकारी नहीं मिलती। ग्रंथ का आदि अंत प्रस्तुत है—

आदि श्रीमते रामानुजाय नमः।। ॐ जै जै जै श्री जगंनाथ रघुनाथ उदारा।। तारक ब्रह्म श्रीराम नाम तिहु लोक कौ सारा ।। 1।। राम नाम कल्यान धाम राम सर्व सुष कौ निधाना। धर्म महा इम मूल राम राम पद निरवाना ।। 2।। मोह अध्यार को दीप राम तिहु लोक पियारा।। पाप प्रचंड पाषंड व्रछि कौ राम नामु कुठारा।। 3।। कल्प वृद्धि श्री राम नाम राम विपति विरामा। ताप त्रय को छत्रप राम त्रिभुवन अभिरामा ।। 4।। जनम जरा मरनादि व्याधि को ओषधि निजु रामा। कामधेनु श्रीराम नाम राम पुरन सब कामा।। 5।।

अंत-आधि व्याधि काहु बही अप मृत्यु न मरही।। वात वृष्टि भय रहित गउ व्याघ्र एक संचरही।। 186।। राम राजकाल पैय सत कोटि विस्तारा। येक येक अक्षिर उचारै महापातक क्षैकारा ।। 187।।

दवीरघ आयु आरोग्य सदा रछित भै नाही।। राम नाम सुनिभूत प्रेत संताप पलाही।। 189।। सेइये श्रीरामचंद्र नीलाचल करै भोग विलासा। श्री जगंनाथ कौ दासानिदास गावै गुसाईं माधवदासा ।। 190।। इति श्री रघुनाथ लीला संपूर्णं समाप्तं सुभमस्तु।। लिषतं पुस्तकं डीघ मध्ये गोव्यंद दासवैष्णवा।।

प्रति का शुभारंभ श्रीमतेरामानुजाय नमः मंगल वाक्य से हुआ है। इससे ज्ञात होता है कि ग्रंथ के रचयिता गुसाईं माधव दास और प्रतिलिपिकर्त्ता गोविन्ददास दोनों रामानुज संप्रदाय के थे। सत्रसवीं से लेकर उन्नीसवीं शताब्दी तक बुंदेलखण्ड में रामानुज संप्रदाय और रामभक्ति में रसिक संप्रदाय का व्यापक प्रभाव था। कई रामायण ग्रंथों के कर्त्ता नवलसिंह प्रधान रामानुज संप्रदाय के ही थे।[5] इस मंगलवाक्य के आधार पर माधवदास गुसाईं को रामानुज संप्रदाय का माना जा सकता है।

रघुनाथ लीला की केवल एक प्रति प्राप्त है। कागज, स्याही और लिखावट से यह अठारहवीं शती की ज्ञात होती है। इसमें कुल 190 छंद है। गोसाईं माधव दास ने एक सौ नब्बे छंदों में राम जन्म से लेकर राम राज्याभिषेक तक की कथा को अत्यंत सरल भाव में लिखा है। ग्रंथारंभ में कवि ने पाँच छंदों में राम नाम की महिमा वर्णन कर पुनः राम के रूप, सौन्दर्य का मानोहारी चित्रांकन किया है। इसके पश्चात राम जन्म से कथा प्रारंभ होती है। रघुनाथ लीला ग्रंथ में दो एक प्रसंग तुलसीकृत रामचरित मानस से भिन्न हैं।

विश्वामित्र अपने यज्ञ की रक्षा हेतु अयोध्या आकर पहले भारत, शत्रुघ्न को

साथ लिवा जाते हैं। उन्होंने अन्य ऋषि, मुनियों से विचार विमर्श किया तो ऋषियों ने निर्णय किया कि भरत शत्रुघ्न से यज्ञ की रक्षा संभव नहीं है। वे पुनः अयोध्या लौटकर आते हैं और राम, लक्ष्मण को साथ लेकर सिद्धाश्रम पहुँचते हैं—

दोई सुत राजा सु मागहु मोकूं दान देवाई।
धन-धन राजा तुम बड़े हमारे जज्ञ की रक्षा करो गोसाईं।।
भरत शत्रुघ्न दोनु भाई आन रथ बैठाये।
दो मग जहां आइया मुनि एक वचन सुनाइया।।

छंद-15-16

राम लक्ष्मण दोउ मांगहु मुनि करत विचारा।
धन धन राजा तुम बड़े व्याघ्र पुत्र ···।।
इह प्रकार विस्वामित्र महामुनि नृप दसरथ गृह जाई।
राम सुमित्रा पुत्र सहित संग चले लिवाई।।
मारग जात महामुनि आचमन कराई।
बला-अतिबला बहु प्रकार विद्याजु सिखाई।। छंद 29-31

रघुनाथ लीला के कुछ प्रसंग बड़े रोचक हैं। वन यात्रा क्रम में राम रात्रि व्यतीत करने के लिये तमसा नदी के तट पर रुके हैं। उनके साथ अयोध्यावासी भी हैं। वे राम का साथ छोड़ना नहीं चाहते और उनसे विलग होना चाहते हैं। इसलिये राम मंत्री सुमंत्र से कहते हैं कि आप रात्रि में ही रथ इस प्रकार घुमा फिरा कर चलाये कि अयोध्या से साथ आये लोगों को यह पता न चल सके कि रथ किस ओर गया है। तुलसी ने भी कहा है कि खोज मारि रथ हांकहु ताता। आन उपाय बनहिं नहिं बाता। इसी खोज मारि शब्द का स्पष्टीकरण कवि माधवदास ने किया है। राम की आज्ञा पाकर सुमंत ने पहले रथ को चारों ओर घुमाया, पुनः उसे अयोध्या की ओर कुछ दूर ले जाकर एकाएक वन की ओर घुमा दिया जिससे रथ की लीक किसी को मालूम न पड़े। प्रातः काल उठने पर अयोध्या वासी राम को नहीं पाते, वे रथ की लीक को देखते हैं। उन्हें आभास होता है कि राम रथ सहित अयोध्या लौट गये। शोक विह्वल लोग शोकरहित हो अयोध्या को लौट गये—

अरध राति उत्तर दिसि कछु एक रथ चलावा।
फिरे राम अैसै जाति लोक सोक ताजि आवा।। छंद 78

अशोक वाटिका में सीता निशाचरियों से घिरी हुई हैं। ऐसा लगता कि व्याघ्रों के बीच सुरभी गाय निःश्वास छोड़ रही है। सीता की इस दारुण-दशा के चित्रण हेतु कवि ने उत्प्रेक्षा अलंकार का सहारा लिया है। कवि ने एक के बाद एक उत्प्रेक्षा की झड़ी लगा दी है—

कनक कांति तन तेज मलिन अंबर लपटानी।
धूम वियाकुल अगिनि शिखा मानौ है मुरझानी।।
मानौ मंदाकिनी नीरस भई पुनि नदी सुकानी।
मानौ कौल कनकलता दावानल तारा कुमिलानी।
मानौ संस्कार बिहून भई अंदेह उरमानी।
मानौ अनेत्र जाइ परी वेदांत की बानी।। छंद 184-187

लघु होते हुये गुसाईं माधवदास की कृति रघुनाथ लीला अपने ढंग की अनूठी रचना है।

2. बुद्धिराज कृत कथार्णव

कथार्णव ग्रंथ की एक ही अपूर्ण प्रति प्राप्त है। मुझे यह प्रति श्री कामता प्रसाद सड़ैया, ग्राम व पोस्ट— इंदर गढ़, जिला दतिया (म.प्र.) से प्राप्त हुई थी। ज्ञात प्रति का विवरण इस प्रकार है—

ग्रंथ का नाम-कथार्णव, रचनाकार बुद्धिराज, आधार देशी कागज, आकार 9.5 इंच लंबाई × 7 इंच चौड़ाई, पंक्ति प्रतिपृष्ठ 20, अक्षर (प्रति पंक्ति) 18, पत्र संख्या 38, अपूर्ण, अनुष्टुप छंद संख्या 855, रचनाकाल एवं लिपि काल अज्ञात। प्रति आदि अंत से खंडित है। प्रति काली स्याही से लिखी हुई है।

बुद्धिराज कृत कथार्णव का विवरण नागरीप्रचारिणी सभा काशी की खोज विवरण में नहीं मिलता है।[6] श्री कामता प्रसाद सड़ैया का परिवार पंडित घराना रहा है। उनके संग्रह में नवल सिंह प्रधान रचित रामचंद्र विलास के अतिरिक्त अन्य ग्रंथों की हस्तलिखित प्रतियाँ सुरक्षित हैं। उनके कथनानुसार बुद्धिराज इंदरगढ़ के निवासी थे। उनका समय उन्नीसवीं शती का प्रथम चरण है। ग्रंथ अपूर्ण होने के कारण बुद्धिराज के विषय में प्रामाणिक रूप से कुछ कहना कठिन है।

ग्रंथ का आदि अंत इस प्रकार है--

आदि मारीच जानी बात म्रग रूप लिय अवदात

· · · दुहु दिस होई जःह जान मंन मै सोइ

करै राम · · · त होय राषत अधोगत जोइ
५ इति कथार्नवे बुद्धि राज क्रते रावन मारीच
संभाषनो नाम पंचमो अध्याय

× × × × ×

अंत छंद दुरमिला
यह कहि मार्‌यौ वान भूमि गिरे गत प्रान
और करत को जुद्ध अब होहु वीर त्रसुद्ध
छंद तोटक
रन कोपि विभीषन आइ गए लव देषत आतुर जाइ लऐ
कित आवत रूप कुरूप किअै
अबलौ जिऐ लाइक लंक हिअै
तिय रावन की किय जोइ सही मुष केतिक वेर न माइ करी
जियके उर आइ मिले अरि कौ लरि चाहत सूरनि की । · · · अपूर्ण।

कथार्णव ग्रंथ में राम वन गमन से लेकर रामाश्वमेध तक कथा का वर्णन है। कथा प्रसंगानुसार ग्रंथ अध्यायों में विभक्त है। प्रत्येक अध्याय के अंत में विषय का उल्लेख है यथा इति कथार्नव बुद्धिराज विरंचिते हनुमान लंका प्रवेसनो नाम एकादसोऽध्याय।।11।। कथार्णव के कुल 26 अध्याय ही उपलब्ध हैं बुद्धिराज ने अपने से पूर्व कवियों द्वारा रचित राम कथा काव्य ग्रंथों से कथाओं का चयन कर उसे सहज ढंग से विविध छंदों में अभिव्यक्त किया है। कथार्णव में प्रमुख रूप से गीतिका भुजंगी, नराच, दोहरा, चौपाही, सवैया, रूपमाला, दुमिला, तोमर, तोटक, कवित्त आदि छंदों का प्रयोग हुआ है। युद्ध वर्णन में कवि बुद्धिराज का मन खूब रमा है। वे युद्ध वर्णन में दक्ष हैं। हनुमान द्वारा अक्षय कुमार का वध हो जाने पर बचे हुये राक्षस वीर लंका में लौट कर रावण को अक्षय कुमार के वध-संदेश देते हैं। पुत्र वध का संदेश सुनते ही रावण जल (क्रोधाभि भूत हो) उठा— उसने अपने मंत्रियों के पुत्रों को युद्ध करने के लिए भेज दिया—

छंद तोटक
जिय सौ वचि जे भजि वीर गये।
कवि के गुन रावन सौ विनये।।
सुनि कै नृप देह जरी जबही।

सुत मंत्रिनि के पठये तबही।।
जिय मै करि पैज गये जितने।
तिनकौ छिन में हनि मंत हनै।।
भभरे भट रावन के भटकै।
धर पै धर मुंड परे ढरकै।।
सुधि रावन कै तब जाइ भई।
तुम सैनि गई कपि पै सु हई।। अध्याय 13, छंद 1

बुद्धिराज ने कुंभकर्ण और रावण का संवाद विस्तारपूर्वक लिखा है– कुंभकर्ण दरबार में उपस्थित होकर रावण से नारद ऋषि द्वारा बताई गई गोपनीय बात को बतता है–

छंद रूप माला।

एक दिन सुरलोक तै आवत हते हम राई।
ब्रह्म पुत्र हारि मारगु रहे मोहि डराइ।।
तिन मोहि आसिष दै कही चिर होउ राकस भूप।
दिग विजय करि वसुधा लई भोगौ सु भोग अनूप।।
तब हौ कही उनिसौ यह तुम अगिम जाननहार।
हमरे पराजय कौ अवनि कोउ होइ नहि अवतार।।
विधि सुत कही रविवंस कौ दसरथ्थ के ग्रह आइ।
तुय पराजय करहि सो तिहि तनय है रघुराइ।।
रीछ वानर देह धरि सुर संग लागहि वीर।
तुय भ्रात त्रिय हरि ल्याइहै उतरै सु सागर तीर।।
वह काल दोष परौ सुद्रग विपरीति कीनी भूप।
कही जो विधि सूत नै प्रगटी सु आनि अनूप।। अध्याय 21 छंद 3

रावन कहता है–

छंद तोटक– अरि सौ जु विभीषण तीर हलौ।
तुमही तिनकौ सब जाइ मिलौ।
रन की सुनि भीत हियै सौ धरौ।
घर जाइ त्रिया वर रूप करौ।।
किहि काज वृथा बलु देह धरौ।

हठि देवनि कौ अधिकार करौ।।
वसु कै वसुधा सब जीति लई।
नर वानर देखि सुभीति भई।। अध्याय 21 छंद 4

इस प्रकार कई छंदों में कुंभकर्ण और रावण का आपसी संवाद हुआ है। अंत में रावण की कठोर बात सुनकर कुंभकर्ण युद्ध हेतु प्रस्थान करता है। कुंभकर्ण और लक्ष्मण का युद्ध देखें—

रन रावन को विरचौ है सहोदर राम सहोदर जुद्ध करै।
कपि सैन सबै मुरझाइ रहे हनुमान लखै जिय संक धरै।
नल नील सुग्रीम समेत बली बल के गिरि तापर कौ वितरे।
बरनी बरनी बरनी धरनी जुरि ऐक सौ वीर अनेक लरै।।

अध्याय 21 छंद 9

और अंत में कुंभकर्ण ने राम से घनघोर युद्ध कर उसने युद्ध स्थल में प्राणोत्सर्ग कर दिया। इसी प्रकार लव कुश द्वारा राम की सेना से हुए युद्ध का वर्णन भी है। लव और शत्रुघ्न के मध्य हुये युद्ध में लव की वीरता का वर्णन करते हुये कवि का कथन है—

शत्रुघ्न—
छंद तोटक— किहि कारन बालक वाद करौ।
अपनौ जिय कौ अनुषंग हरै।
तुय भ्रात गिरौ मुरझाइ मही।
रन देख गिरौ सर मारौ नही।
कछु लै दछिना तुम जाउ घरै।
तुमरी जननी जिय सोचु करै।
सुनिके लव यौ तन ज्वाल जरौ।
जियमै अतिही अनुषंग भरौ।
हनि वाननि सैनि विचलाई दई।
रन में सत्रुहा सर देह हई।
बहु वान चले नहि देह लगी।
सरसी रूह सर सो भजगौ।

भमरी सु चमू भजि भौम गई।
रघुनंदन कौ सुधि जाइ दई।। अध्याय 28 छंद 1

बुद्धिराज ने कई छंदों में लव की वीरता का बखान किया है। वास्तव में कथार्णव मुख्य रूप से युद्ध विषयक ग्रंथ है। संभवत: इसी कारण से बुद्धिराज ने अपने ग्रंथ का नाम कथार्णव रखा है। राम कथा का अपने ढंग का यह अपूर्ण ग्रंथ है। कवि ने बुन्देल खण्डी शब्दों का भी विशेष रूप से प्रयोग किया है।

नारायन जन कृत सैर सगुनावती

भक्त कवि नारायण जन के विषय में कोई विशेष जानकारी नहीं मिलती इनकी एकमात्र रचना सैर सगुनावती की संवत् 1928 वि. (सन् 1871 ई.) की हस्तलिखित पूर्ण प्रति प्राप्त है। नारायन जन ने इस ग्रंथ में राम कथा को अत्यंत संक्षेप में दोहा और सैर छंद में लिखा है। इसी कारण से इसका नाम सैर सगुनावती नाम रखा है। प्रति का संक्षिप्त विवरण प्रस्तुत है—

ग्रंथ का नाम-सैर सगुनावती, रचनाकार-नारायन जन, आधर देशी कागज; आकार 10.5 इंच लंबाई और 7.5 इंच चौड़ाई, पन्ने संख्या 14 पूर्ण, पंक्ति (प्रति पृष्ठ) 19, अक्षर (प्रति पंक्ति) 22 अनुष्टुप छंद संख्या 365 लिपि-नागरी, रचनाकाल-अज्ञात, लिपिकाल संवत् 1928 वि. प्राप्ति स्थान डॉ. राजेन्द मिश्र ग्राम व पोस्ट नौटा जिला झाँसी (उ. प्र.)।

आदि— श्री गनेस जू श्री सरसुती जू अथा लिष्यते सेर सगुनावती की पोथी दोहा—

राम सिया जस अगम अत पार न पावै कोई।
प्रभु चरित्र पावन परम कहत सुनत सुष होई।
तातै मन इछ्या भई करिये हरि गुन गान।
कहत जुग्ति संछेप सौ सुनहै साहिर जान।
रामायन यै राम रस आद मध्य भरपूर।
महावीर श्रोता सदा निसदिन रहत हजूर।
आगम रीत विचार जुत रूप रास कत रज्ज।
गुर प्रताप वरनन करौ सैर सार वर भज्ज।
छूट जाइ संसै सकल टूट जाइ भ्रम वैर।
डर प्रमोद उभगै सुनत रामायन कौ सैर।

× × × ×

अंत— सैर सरजू कौ घाट निरमल जह नीर बहत है
असनान करै नितही ध्यांन नर रंग चहत है
वागै तौ बाग तीर मुनि सिंध (सिद्ध) रहत है
करकै विराग जोग ध्यान भग्त लसत है

दोहा— चार वरन आश्रम चतुर चार धर्म श्रुत बोध
निज अनभवय सुष ऊपजै रहत जो आतम सोध— २३

इत श्री सैर सगुनावती रहस लीला नारायन जन क्रत संपूरन समाप्त जेठ वदी 10 सुमुवार के रोज संमद 1972 जैसी प्रत देषी तैसी लई उतार भूल चूक मो परै सुरजन लैव सम्हार मुकाम मौजे गुढा लिषतम अछेलाल जू जो वांचै ताको सीताराम पहुचै राम राम।

सैर सगुनावती की पुष्पिका से ज्ञात होता है कि संवत 1928 वि. के पूर्व नारायन जन इस ग्रंथ की रचना की थी। प्रति लिपिकार कोई अछेलाल जू थे जिन्होंने गुढा ग्राम में प्रति की प्रतिलिपि की थी। गुढा ग्राम ललितपुर जिले के महरौनी तहसील में पड़ता है। ललितपुर जिला भी बुन्देल खण्ड के अंतर्गत है। सैर सगुनावती की इस प्रति के साथ एक ही जिल्द में हनुमान अष्टक, हनुमान चालीसा, तुलसी कृत तथा मनीराम कवि रचित गोपाल जन्म मंगल ग्रंथ आबद्ध हैं। अछेलाल ने इन तीनों ग्रंथों की प्रतिलिपि संवत् 1930 वि. में की थी। संप्रति यह प्रति लेखक के संग्रह में है।

सैर सगुनावती पाँच प्रकरणों में विभक्त है 1. बाल लीला 2. ब्याह लीला 3. वन लीला 4. रन (रण) लीला और 5 रहस लीला। बाल लीला के शुभारंभ में कवि नारायन जन ने पाँच दोहों में राम का यश वर्णन कर छठे छंद सैर में अपने गुरू का स्मरण कर कथा का प्रारंभ किया है—

सैर—पढ़िये जु सैर मस्तक गुर कौ नवाइ कै।
धरिये जु ध्यान प्रभु कौ चित में लगाइ कै।
करिये जु ग्यान पुस्तक जग कौ सुनाइ कै।
हरिये कलेस जी कौ आनंद अछाइ कै।। बाल लीला छंद 9

राम और रामायण की प्रशंसा, गुरू का स्मरण कर कवि ने विघ्नेश्वर गणेश,

सरस्वती, भगवान शिव का ध्यान कर अयोध्या पुरी की महत्ता का वर्णन कर, राम कथा को प्रारंभ किया है। कवि ने प्रत्येक प्रकरण में एक दोहा के साथ एक सैर रखने का विधान अपनाया है। प्रथम प्रकरण में राम जन्म, राम का सरयू तट पर बालकों के साथ खेलना, राम का सौन्दर्य वर्णन के साथ बाल लीला पूरी हुई है—

दोहा–**मोहत मार अपार छवि अद्‌भुत करत चरित्र।**
वीथिन में विहरैं सदा लीला अतिहि पवित्र।।

प्रथम प्रकरण छंद 25

द्वितीय प्रकरण के अंतर्गत विश्वामित्र का अयोध्या आगमन, यज्ञ रक्षा हेतु राम लक्ष्मण को साथ लेकर सिद्धाश्रम पहुँचना, विश्वामित्र द्वारा यज्ञ प्रारंभ करना, राम–लक्ष्मण द्वारा यज्ञ की रक्षा करना—

दोहा— **चंदन अछित फूल फल विध सब समद समेत।**
लिये सहस दस सिष्य संग बैठे मख के हेत।।
सैर— **मख के हेत बैठे वन मध्य मुनि सबै**
ठाढ़े समीप तिनके जुग बंधहु तबै।
जारा सुबाहु पावक सर साध के अबै।
मारीच बैठ सागर तर चाहिनै जबै।। द्वितीय प्रकरण छंद 6–7

मिथिलापुर प्रस्थान, अहल्या उद्धार, जनक पुर में प्रवेश, जनक के बाग का अवलोकन, धनुष भंग, परशुराम आगमन, लक्ष्मण परशुराम संवाद, अयोध्या से बारात का आना, चारों भाइयों का विवाह अवध आगमन।

तृतीय प्रकरण केकैयी का दशरथ से मांगना, कवि ने इस प्रसंग को अति संक्षेप में लिखा है। अयोध्या में आनंद के बधावने बज रहे हैं। अयोध्यावासी हर्ष में डूबे हैं। केकैयी ने विघ्न डाल दिया—

सैर **नित नव जु चैन उमगै सबकौ अनंद है।**
बाजै धने बधावनै लागै जुमेद है।
केकयसुता कठोर रचै मन मैं फद है।
दासी सहाइ आई पाई जु संद है।

दोहा **पाई पूरब संद जब वर मागौ नृप पास।**
राज भरथ पुर वन बसैं रघुवर पूजै आस।।

सैर **पूजी जू आस मन की मुनि भेस कौ कियौ।**
सिय अनुज संग सोहैं धनु वान कर लियौ।
सिर नाइ मात पित कौ परदच्छिना दयौ।
गुर कौं प्रनाम करके गनपत कौ सुमरियौ।

तृतीय प्रकरण छंद 4-6

राम वन गमन, श्रृंगवेरपुर पहुँचना रात्रि विश्राम सुमंत को रथ सहित वापस अयोध्या भेजना, केवट प्रसंग, तीर्थराज का दर्शन भारद्वाज से मिलन, चित्रकूट प्रस्थान, चित्रकूट वास राम के दर्शनार्थ ऋषि मुनियों का आना सुमंत का अयोध्या लौटना, सुमंत से राम का संदेश सुनकर दशरथ का प्राण त्याग, भरत आगमन, राजा दशरथ का अंतिम संस्कार, भरत का चित्रकूट प्रस्थान एवं राम की पादुका लेकर अयोध्या वापस आना नंदी ग्राम वास।

चतुर्थ प्रकरण (वन लीला) राम काम अत्रि ऋषि के आश्रम पर जाना विराध वध, सुतीक्ष्ण मिलन, अगस्त ऋषि से भेंट, पंचवटी वास, शूपर्णखा विरूपण खर दूषण वध, शूपर्णखा का रावण के दरबार में पहुँच कर अपनी व्यथा कहना, मारीच वध, सीता हरण, जटायु रावण युद्ध, राम द्वारा जटायु का अंतिम संस्कार, कबंध निपात सेबरी आश्रम में राम, पंपासर वास, नारद मुनि का आगमन, राम-सुग्रीव मिलन, सीता की खोज हेतु हनुमान का लंका जाना, सीता को मुद्रिका देना, लंका को दग्ध करना, राम को चूड़ामणि प्रदान करना, सेतु बंध लंका प्रवेश, अंगद रावण संवाद, लंका पर आक्रमण, लक्ष्मण मेघनाद युद्ध, लक्ष्मण को शक्ति लगना, हनुमान द्वारा संजीवनी लाना और लक्ष्मण का जागृत होना, मेघनाद वध, कुंभकर्ण वध, राम रावण युद्ध, रावण वध, विभीषण का राज्याभिषेक, राम का अयोध्या आगमन और राज्याभिषेक।

कवि नारायण जन ने वन लीला और राज्याभिषेक की कथा का वर्णन एक ही प्रकरण में किया है।

पाँचवां प्रकरण (रहस लीला)— अठारहवीं शती से लेकर बीसवीं शती तक बुंदेलखण्ड में राम की माधुर्योपासना का व्यापक प्रभाव था। इस अवधि में इस क्षेत्र के अधिकांश राम कथा लिखने वाले कवियों ने अपने ग्रंथों रहस लीला (रास लीला) का वर्णन किया है। नारायण जन ने भी रहस लीला का वर्णन किया है।

इससे पता चलता है कि वे भी रसिक संप्रदाय के अनुयायी थे। रहस लीला के दो छंद यहाँ प्रस्तुत हैं—

दोहा— **कमला, विमला आदि सब सखी रहै सिय साथ।**
महल कुंज सेवा करै सुख पावै रघुनाथ।।
सैर **रघुनाथ सिया सुंदर मंदिर मै विराजे।**
गावैं अनेक सखियां बटु बाजने बाजे।
बीना सितार खजरी सारिन साजे।
उमगै अपार रंग संग मन मथ लाजे।। प्रकरण 5, छंद 5-6

भक्त कवि नारायण जन की रचना सैर सगुनावती ग्रंथ की भाषा सरल बोल चाल की भाषा है। उनके द्वारा रचित सैरों में उर्दू-फारसी के शब्दों का बहुत कम कहीं-कहीं प्रयोग हुआ है। सगुनावती अपने ढंग की निराली रचना है।

4. आचार्य कवि मोहनलाल मिश्र रचित राम बालचरित चन्द्रिका

आचार्य कवि मोहनलाल मिश्र का जन्म सवत् 1839 वि. में बुन्देलखण्ड की रियासत चरखारी में हुआ था। उनके पिता का नाम चूड़ामणि मिश्र था, जो राजकीय संस्कृत सभा चरखारी के प्रधानाचार्य थे। चरखारी के राजा विजय बहादुर विक्रमाजीत के दरबार में उनका बहुत सम्मान था। कवि मोहन लाल हनुमान के परमभक्त थे। इसी से इन्हें राज्य की ओर से कवि मार्तण्ड, कवि शार्दूल, कवि राज और मंत्र वाचस्पति की उपाधि प्राप्त थी। वे प्रतिभा संपन्न थे। दीर्घजीवी थे। संवत् 1944 वि. में उनका स्वर्गवास हुआ था।

अपने दीर्घजीवन काल में मोहनलाल मिश्र ने श्रृंगार और भक्तिपरक लगभग चालीस ग्रंथों की रचना की थी।[7] हनुमान के चरित को लेकर उन्होंने हनुमत अष्टक, हनुमत पचीसी, हनुमत रोग हरण षोडशी, हनुमान पचासा और हनुमान शतक ग्रंथ लिखा। इसी के साथ उन्होंने श्रीराम की बाल लीला को लेकर राम चरित बाल चंद्रिका ग्रंथ की रचना की। इस ग्रंथ में कुल मिलाकर 1150 (ग्यारह सौ पचास) छंद है। इस ग्रंथ की एक ही हस्तलिखित प्रति प्राप्त है जिसका विवरण इस प्रकार है—

ग्रंथ का नाम राम बाल चरित चन्द्रिका, रचायिता— मोहनलाल मिश्र, आधार देशी कागज, आकार 11 इंच लंबाई तथा 7.5 इंच चौड़ाई, पत्रसंख्या 177, पंक्ति

(प्रतिपृष्ठ) 20 अक्षर (प्रतिपंक्ति) 5-20, अनुष्टुपछंद संख्या 2425, रचना काल संवत् 1934 वि. लिपि काल संवत् 1924 वि. प्राप्ति स्थान श्री पंडित गुरुदेव बलभद्र प्रसाद मिश्र पुजारी श्री गोबर्द्धन नाथ मंदिर चररवारी, जिला हमीरपुर (उ.प्र)। संप्रति यह प्रति लेखक के संग्रह में है।

आदि— श्री गणेशाय नमः। राम बाल चरित्र चन्द्रिका प्रारम्भ।।
कवित्त। चार भुज चार चार बदन सुचार चार
तन छव चार तिन्हें उर धर ध्याऊं मैं।।
गुन गन मीले सत्त गुनन गुनीले वेद
वन्दन वसीले परसीले कौ रिझाऊं मैं।
मोहन भगत मन मोहन सुमन ताके
सुन्दर सु गुन सुन सुन सुख पाऊँ मै।
आद ब्रह्म ईश के पालन मुनीश के
ते रचुकूल ईश के चारु चरित्र सुगाऊँ मै।।1।।
अत छव जाला लाल लाल ओ विशाल
महाकालहू के काल ताह उर धर ध्यावनै।
कल मल नासबे कौ सुमत प्रकाशबे को
जग जस गासबे कौ पूजकै मनावनै।।
मोहन भनत वर देन वरदान मुद
मंगल महान हनूमान ही रिझावने।।
अतही अनंद बना भाव बहु छन्द ते
वै बन्दौं मम चरित पुनीत मन भावनै।।2।।

× × × × × ×

अंत—

चौपाई—
जे रघुवीर चरित यह गावैं
ते जन उर अनंद अति पावैं
सिद्ध मनोर्थ हौंय सब सोई
राम भक्त मुद मंगल होई 1244

कवित्त है
पर पूरन ब्रह्म सनातन गातन मैं दुत कोटन भान की
माया जु है सब विस्व बिकासक पालक नासक जीव जहान की

मोहन मोह न ये दुवौ दंपत संपत दउेत परापर थान की
सै करैं सिद्ध समृद्ध सबै करैं जै करैं राम बिजै करैं जानकी

1245 चौपही

संवत चार तीन नव येका
कातिक सुद छट रव दिन नेका
जोग नषत सब सुंदर ठयऊ
ता दिन चरित पूर्न यह भयऊ

इत श्री राम बाल चरित्र चंद्रका पं. श्री मोहन लाल सुकल विरचिते संपूर्व समाप्तः मिती वैसाख वदी 5 सं 1934 राम राम राम राम राम राम इत श्री कल कलुष विध्वुंसनी राम भक्त प्रदायनी सकल जन मनोल्लाह कारनी पं. श्री मोहन लाल सुकव विरचते श्री राम बाल चरित चंद्रका संपूर्न समाप्तः लिष्यते लाला दुर्गा प्रसाद मिती वैसाष वदी 5 सं: 1934।।

इस पुष्पिका की समाप्ति के नीचे मोहनलाल रचित हनुमान द्वारा समुद्र लंघन का एक छंद भी दूसरी कलम से लिखा गया है। प्रति का प्रथम पन्ना जीर्ण हो गया था। अत: किसी सज्जन ने दूसरे कागज पर छंदों की प्रतिलिपि कर मूल प्रति के साथ संलग्न कर दिया है। दूसरे पत्र से प्रतिमूल प्राचीन अवस्था में है। छूटे हुये शब्द, पंक्तियाँ संकेत चिन्ह लगाकर वार्डर पर लिख दिये गये हैं।

राम बाल चरित चंद्रिका मोहन लाल कवि कृत राम कथा से संबंधित महत्त्वपूर्ण काव्य ग्रंथ है। इसमें राम जन्म से लेकर विवाह तक की कथा का वर्णन है। कवि ने तुलसी दास कृत रामचरित मानस-बालकांड की कथा को आधार बनाया है और केशवदास कृत राम चंद्रिका की शैली को अपनाया है किन्तु छंदों की भरमार नहीं है। ग्रंथ की प्राप्त पाण्डुलिपि संवत् 1934 वि. की है। कवि ने संवत् 1934 वि. कार्तिक शुक्ल पक्ष षष्ठी रविवार के दिन ग्रंथ को पूर्ण किया तथा चररवारी के ही लाला दुर्गा प्रसाद ने वैशाख कृष्ण पाँच संवत् 1934 वि. को ग्रंथ की प्रतिलिपि पूर्ण की। प्रतिलिपिकार को राम बाल चरित चंद्रिका की प्रति तैयार करने में लगभग छः मास का समय लगाना पड़ा है। इससे हम अंदाज लगा सकते हैं कि प्राचीन ग्रंथों की प्रतिलिपि तैयार करने में लिखिया को कितना श्रम करना पड़ता था और कितना समय देना पड़ता था। सुकवि मोहन लाल ने अपने इस ग्रंथ में राम जन्मोत्सव का विशद वर्णन किया है। उससे भी अधिक कवि का मन राम-जानकी के विवाह में रमा है। राम जानकी का विवाह वैदिक रीति, देश रीति, कुल रीति

और लोकरीति से संपन्न हुआ है। राम विवाह के शुभ अवसर पर किये गये लोकरीति और कुल रीति का इतना विस्तारपूर्वक वर्णन किसी अन्य ग्रंथ में प्राप्त नहीं होता। जनकपुर में राम का नेग, गौर-गणेश की पूजा कुलदेवी का पूजन, जनकपुर की युवतियों द्वारा राम पटा पर बिठाकर हल्दी तेल चढ़ाना, मंगल गीत गाना। कुछ युवतियाँ राम के हाथ में बाँधने के लिये कंकन पुरा रही हैं वे रेशम के डोरे को दुगुना तिगुना चौगुना करके हल्दी दूब के साथ लोहे की अँगूठी के सहित राम के दायें हाथ में बाँध रही हैं। कंकण बँधने के उपरांत राम को उपटन लगाकर स्नान कराना, पुनः विवाह का वस्त्राभूषण पहनाकर सुसज्जित करना, राम के नेत्रों में अंजन लगाना, मुख में पान का वीरा खिलाना, जामा जर बाँधना, ललाट पर खौर लगाकर जनक पुर की युवतियों ने राम वनरा (दूल्हा) बना दिया। इसके पश्चात् कवि राछरा फिरने का वर्णन किया है। जिसमें पीनस, मयानै, सुखपाल, डोला, डोली, ताम-झाम, पालकी, नालकी, चंडोल के साथ सजे हुये हाथी, घोड़े, ऊँट भी हैं और विविध प्रकार के बाजे बज रहे हैं—

कवित्त—

झाँझ झननात रब्बी ढोल ठन ठनात
        गज घंटा, घननात सोर त्रभुवन झूला की।
बाज, गजराज, स्यंदन कौं साज बजैं,
        बाजे गाज-गाज औ अवाज रमतूला की।
मोहन मनत बना गावैं राजा रानी,
        होत भौत धूम-धानी रस रंग अनुकूला की।
अत छब छौंनी अत अतहीं निरौनी, लौनी
        राछा फरै नौनी नृप राम दिन दुला की।

राम राछरा फिरने के बाद विवाह मण्डप में आते हैं। कवि ने कल्पना की है कि राम एक स्वरूप (दूल्हा वेष भूषा) से अयोध्या में हैं तो उसी स्वरूप में जनकपुर में विद्यमान हैं। उनके विवाह का नेग दोनों जगह हो रहा है। विवाह मंडप में सीता जू का चढ़ावा चढ़ रहा है। कवि मोहन ने एक के बाद एक छंद लिखकर छंदों की लरी लगा दी है। इसी प्रकार विवाह के अवसर पर कवि कुलरीति का भी वर्णन किया है। कुलदेवी के पूजन का वर्णन प्रस्तुत है

पद्धरी— पुन कहिय मात हंस हाथ जोर। इत नेग आय करिये सु ओर।
उठ चले राम भैयन समेत। गुर भौन गईं लै के सहेत।।
बैठार पूज मुख लै बलाय। लक्ष्मी निध रानी कहिब आय।
पूजौ इनकौं श्री रामभूप। कुलदेवी ये हमरीं अनूप।।

कवित्त— पूजौ राम येबीं ये हमारी कुलदेवी,
भौत सेवी सुख देबीं, देवी इनसीं न दूजी जू।
रंग-रंग वारी छब वारी हैं पियारी,
चित्र करन सम्हारी ये मारी हैं तित्जी जू।
मोहन भनत सुन बोले भर्त वैन,
कहौ तुम सब अैन पै न हम इन्हैं छूजी जू।
हंस हंस अैसे कहौ बातैं छली जैसैं,
हम पूजै इन्हें कैसें ये सिया की पद पूजी जू।। छंद 968-970

इसी प्रकार दिया वाती मिलान, लौट पटा, धान बुआई, कलेउ आदि कुलरीतियों का वर्णन हुआ है। ग्रंथ में बुन्देली शब्दों का वाहुल्य है। मोहन कवि ने राम बाल चरित चंद्रिका में दोहा सोरठा, चौपाई, सवैया, कवित्त, छप्पय, तोटक, पद्धरी आदि छंदों का प्रयोग किया है। राम की बाल लीला और विवाह का यह विशिष्ठ मंगल काव्य है।

5. लक्ष्मण सूर कृत: पुष्प वाटिका प्रसंग

कवि लक्ष्मण सूर की एक रचना पुष्प वाटिका प्रसंग नाम से उपलब्ध है। जिसकी हस्तलिखित प्रति ब्रज संस्कृति शोध संस्थान पत्थरपुरा-वृन्दावन (उ.प्र.) के संग्रह में सुरक्षित है। यह प्रति शोध संस्थान को डॉ. मोहन लाल चातक बड़ा बाजार झाँसी (उ.प्र.) के संग्रह से प्राप्त हुई थी। यह कवि लक्ष्मण सूर की अपनी स्वतंत्र रचना नहीं है। तुलसी कृत रामचरित मानस में वर्णित पुष्प वाटिका प्रसंग की एक-एक अर्द्धाली को लेकर पहले कविता में पंक्तियों की गद्य में विस्तृत टीका की है पुनः उसी भाव के अनुरूप स्वतंत्र छंद और बड़े-बड़े पदों की रचना की है। यत्र-तत्र अन्य कवियों द्वारा रचित छंदों को भी स्थान दिया है। इससे पुष्प वाटिका प्रसंग एक बृहद ग्रंथ का रूप ले लिया है। सूर की इस रचना से अभी तक हिन्दी साहित्य जगत् अपरिचित रहा है।

इस ग्रंथ की हस्तलिखित प्रति मिल के बने कागज पर काली स्याही से लिखी

गई है। कहीं-कहीं विराम चिन्हों के लिए लाल स्याही भी प्रयुक्त है। प्रति आदि-अंत से अपूर्ण है। इसमें कुल 150 पत्र (300 पृष्ठ) हैं। प्रति का आकार 34.5 सें.मी. लंबाई और 22 सें.मी. चौड़ाई में है। प्रति पृष्ठ में प्रक्तियों की संख्या 17 तथा प्रति पंक्ति में 42 अक्षर हैं। ग्रंथ का परिणाम अनुष्टुप छंदों में 6693 है। मिल के कागज पर लिखी होने और पुरानी पड़ जाने से प्रति अत्यंत जर्जर अवस्था में है। इस प्रति के पत्रों को सुव्यवस्थित करने में संस्था के सदस्य डॉ. राजेश कुमार शर्मा ने मेरा बहुत सहयोग किया अन्यथा यह ग्रंथ बेठन में बँधा पड़ा रहता। इस सहयोग हेतु मैं शर्मा जी का आभारी हूँ।

लक्ष्मण सूर के विषय में कोई जानकारी नहीं मिलती है। ग्रंथ के अध्ययन से ज्ञात होता है कि वे एक कुशल कवि और मानस-कथावाचक थे तथा बुन्देलखण्ड के किसी क्षेत्र के निवासी थे। उन्होंने स्वरचित छंदों और पदों में लछिमन सूर सूर लक्षण, सूर लखन छाप का प्रयोग किया है। बहुत से ऐसे भी छंद हैं जिनमें छाप नहीं है। बुन्देलखण्ड में रामकथा वाचकों की लंबी परंपरा है उसी परंपरा में लक्ष्मण सूर को भी रखा जा सकता है। यहाँ पर पुष्ट वाटिका के कुछ अंश प्रस्तुत हैं—

गिरिजा पूजन जननि पठाई

इस पंक्ति के साथ, लक्ष्मण सूर ने सिया अली का एक छंद दिया है--

सुंदर सलौनी लौनी नवल सरिवन साथ,
नवल सिंगार कीन्हें राजै नवला सी है।
पहिरे नील सारी जरतारी किनारी,
मानो दीपत दिवाली घन बीच चपला सी है।
धरत पग धरा पै तरा सौ उअत आवै,
छूटत छटा छवि छाजै छला सी है।
सिया अली जात सिया पूजन भवानी भौन
होत उजियारी चन्द्र कोटिन कला सी है।

सर समीप गिरिजा गृह सोहा

सूर लखन ने इस पंक्ति को लेकर टीका प्रस्तुत की है— सूर समीप गिरिजा गृह सोहा, कहै सर समीप गिरि तो जायमात गृह है। गिरि-कैलाश घर बनो है सो कहै है—

श्लोक—

त्रिंशद्धस्तायामो दश भौमौ मंदरः शिखर युक्तः
कैलासोपि शिखर वा नष्टा विंशोऽष्ट भौमश्च।।9।।

कैलास गृह शिखर से युक्त (28), अट्ठाइस हाथ विस्तार,

आठ भूमिका कर के युक्त, औ षट कोन होय है से बर्नो है। और आगू सै फिर परिक्रमा में गर्भ कलिका के देवमूर्ति बनी है और मंत्रों पर प्रधान देवी जो गिरिजा विराजमान है—

8	1	6
3	5	7
4	9	2

अब मंत्रोद्धार कहे हैं— कैसे, पद संधरणन ते, सर कहै 5, पदच्छेद करै है-सर, रस रकार देहली दीपक न्याय है। औ सब पद हैं— समी, मीप, पगि, गिरि-रिजा, गृह, सोहा इति पदच्छेद। सर-5, रस-6, समी-3, मीप-4, पगि-8, गिरि-7, रिजा 2, गृह - 9 सो-1 ही तदुपरि इति मंत्रोद्धार, यंत्रो पर विराजमान है, सर्वशक्ति रूप हैं, भक्त प्रति पालका है, शीघ्र ही सिद्धिप्रद है।

अब मंत्रोप-प्रत्योद्धार कहे हैं-सर समीप गिरिजागृह सोहा—

ॐ मिति ॐ श्रीं ह्रीं क्रीं गिरिजे सरसं
गृह सोहं स्वाहा इति मंत्रोद्धारः।।

रामायन साबर है। साबर मंत्र की अधिकारिणी गिरिजा जी हैं—

कलि विलोकि जगहित हर गिरिजा।
साबर यंत्र जान जिन सिरजा।

''ॐ श्रीं ह्री क्रीं गिरिजे अमुक सोहा मेरी भक्ति महेश की शक्ति फुरो मंत्र ईश्वरो वाच-साबर क्रम—

मध्य बाग सर सोह सुहावा

मध्य कहै बीच बाग मैं, सर कहै तालाब, सोभ कहै सोभा दै रहौ है औ सुहावा है अति सुंदर है, औ मनि सोपान के दो भाव-एक तौ मनि जटित, कांचनमय सोपान है, दूसरे मनिमय हैं, का-हीरा, पन्ना, लाल, नीलम, पुष्प राजादि। अनेक

मनीन की सोपान कहैं सीढ़ी बनी है तिनमैं विचित्र बनाया कहै अनेकन कारीगरी करि बेल बूटा, चित्र-विचित्र बनी है। मूलार्थ भयौ। अब साकृति कहै है कि जिसमें अक्षर के भीतर अवरेव करि भाव आवै सो साकृत कहावै हैं। कवि कौ बाग मध्य सर कौ विलोकि आनंद मैं पूरित चित्त होय तीन दाय आनदं बस एक ही बात कहौ, का? कि मध्य बाग सर सोह फिर आवा सोह याते का, कि तीनहु अवस्था में सोभित। अब ए सर पद देहली दीपक न्याय है। मध्य बाग सर कहै सन्मुख यातै मुख्य रौस मैं राम चंद्र जी हैं। सोह कहै जीत पायौ जैसौ सोह सो सोभा बढ़ाया है। का? कि देखने वाले जिनकौ हाव भाव कर सनमान करै है।''

लोक में प्रचलित है कि तुलसीदास कृत रामचरितमानस की पंक्तियाँ मंत्र हैं। लक्ष्मण सूर ने ''सर समीप गिरिजा गृह सोहा'' पंक्ति की तांत्रिक व्याख्या कर लोक में प्रचलित मान्यता की पुष्टि की है। उन्होंने अर्द्धालियों की व्याख्या अपने ढंग से की है। रामकथा से संबंधित उनके द्वारा रचित छंद और पद भी भावपूर्ण हैं—जनक की पुष्प वाटिका में एक ओर से जानकी अपनी सखियों के साथ गिरिजा पूजन के लिये पहुँचती है, उसी समय दूसरी ओर से राम लक्ष्मण के साथ पुष्प-चयन हेतु पहुँच जाते हैं। कवि लखन सूर इस अवसर पर सगुन विचारने लगे हैं—

एक सखी सीता से कहती है—

पद—

सकुन समूह निहार सारदा सखिन समेत सियह दरसावत।
नारि पुरुष कृत सकुन मनोहर देखि-देखि आनंद बढावत।
ए सखि ! निरख सेत अहिफन पर खंजन बैठि भक्ष्य गहि खावै।
दक्षिन ओर प्रतापी बलनिधि सुंदर स्यामल पतिहि मिलावै।
स्यामा फूल-फूल ऊपर थिर सांत दिसा चुकुचाई।
चटकी चटक संग मिलि भलि होई सुदृढ़ मिताई।
ए सखि! काक चाष दोनों नभ लरत काक भय मान्यौ।
संम्रत ऋप मुख मोरि तोर धनु लैहै जस जग जान्यौ।
आगे वाय स्वान दक्षिन दिसि ओकरि सब्द सुनायौ।
या करि रहौ अबहि इति अवसर गुन निधि पति मिल जाये।
वह पेलकी संग पारी लीन्हैं प्रेम नीति सरसाई।
सांची कहत सुनहु भू नंदनि भाग्य विभव बहुताई।
उत्तर दिसि तै सत्र वेद धुनि गान दुंदुभी आई।

कहि व्याह बारात साथ सजि व्याहिहि चारिउ भाई।
ए सखि! कहा लखति लखु इहि दिसि सारस जुग उडि आये।
हंस, कपोत, मोर, चातक, चक्रवाक, कोकिला गाये।
यह पिंला संग छिक्करके बैठि सांत दिसि आई।
श्री जानकी संग निजि पति के राज्यतिलक छवि छाई।
लखु-लखु नकुल युग्म बैठे दोनौ मुख तै मुखहि मिलावै।
सुनु सखि सत्य जनकनंदनि तै मन मानै फल पावै।
हरषत हसत रुसावत बानी कहि-कहि सगुन अनूप।
लखन सूर लख सीय सराहति तव पति सुर नर भूप।।

लखन सूर ने पक्षियों के माध्यम से सीता को शुभ सगुन दिखाने का कितना सुंदर वर्णन प्रस्तुत किया है, ऐसा वर्णन अन्यत्र नहीं मिलता। अनूप सगुन के अनंतर एक दूसरी सखी राम के अंगों की रुचिरता का बखान करती है—

पद

सुनहु सखी हरि अंग रुचिराई।
छोटे-बड़े उठे गहिरे कल टेडे सूधे सबै सुनाई।
तीन अंग विस्तीर्ण तीन गंभीर ऊंच षट भाई।
चार अंग है छोट सात आरक्त पांच बडवाई।
पांच अंग हैं सूक्ष्म राम के सुनहु सखी चितलाई।
विलग-विलग मैं वरनि सुनावत वेद-पुरानन गाई।
छाति, ललाट, वदन विस्तृत गंभीर तीन मन भाई।
शदू नाभि अरु सत्व सुनौ षट ऊंच अमित छवि छाई।
काखि, छाति, नख, घेटु, नासिका, मुख, श्रुति छोट बताई।
लिंग, पीठ, ग्रीवा, जंघा ए सात लाल ललिताई।
पाद, हस्ततल, ओठ, षडलु, नख, जीभ नेत्र रुचिराई।
रद, त्वच, नख, अंगुली पर्व अरु केस पांच पतराई।
पांच और सुनु भुजा, नेत्र, तनु, नाक, हृदय बडवाई।
सब प्रकार सोभित रघुनंदन वेद पुकारि बताई।
प्रभु बोलत मृदंग सुर लाजत गरजन मृगपति भाई।
हसन भोरि गंभीर वृषभ सम सूर लखन रघुराई।।

लक्ष्मण सूर ने सीता द्वारा गिरिजा पूजन की विधि और पूजन का विधिपूर्वक वर्णन किया है—

पद

देखि देखि गिरजहि सिर नायौ।
चरन धोम कर पौछ जाय ढिग विनती सुनायौ।
पुनि दै पद्य अर्घ अचमन जल आनन सुभग दिखायौ।
पंचामृत नहवाय विमल फिर अस्नान करायौ।
अंग पौछ पहराय वसन भूषन सुदेस छवि छायौ।
केसर कीन लगाय अतर अंग फूल माल पहिरायौ।
टीकौ भाल नयन काजर करि जावक पाउ लगायौ।
धूप, दीप, नैवेद्य, पान-पुंगी फल लौंग लगायौ।
नारिकेरि धरे ध्वजपताक पालनौ सुधर लटकायौ।
छत्र-चमर, धनु वान चर्म असि कुंभ कनक मन भायौ।
निकट पूजि वाहन सुभ सुंदर सब देवन पुजवायौ।
करि कपूर आरतीवेद विधि फेरि बहुरि सिर नायौ।
करि परिक्रम मनाय देव सब पुनि गिरिजा ढिग जाई।
करि विनती सिर नाय संखिन युंत मंगल गान कराई।
अति अनुराग भरी पूजा कर दान विविध विधि दीनौ।
सूर कहत सब मातु कृपा करि सुफल मनोरथ कीनौ।

बरवै— हुलसि हुलसि पुजवावति सखी सयान।
सीतहि सबै बतावति कर रहीं गान।।

सुकवि लखन सूर ने पुष्प वाटिका प्रसंग को गद्य में टीका लिखकर, प्रसंगानुसार भावों को लंबे-लंबे पदों के अतिरिक्त कवित्त, सवैया, छप्पय, सोरठा, दोहा, छंदों के माध्यम से प्रकट किया है। रसिक संप्रदाय के कवियों के छंदों को अपनाया है जिनमें सिया अली, प्रेम सखी रचित छंदों का आधिक्य है। कुछ ऐसे भी कवित्त और सवैया छंद संग्रहीत हैं जिसमें किसी कवि की छाप नहीं है। तुलसी कृत रामचरित मानस में वर्णित पुष्प-वाटिका प्रसंग को लेकर गद्य और पद्य में इतना बड़ा ग्रंथ लिखना साधारण बात नहीं है। यह सुकवि लक्ष्मण सूर की प्रतिभा की देन है कि उन्होंने पुष्प वाटिका प्रसंग को व्यापक रूप प्रदान किया।

यह तो राम कथा से संबंधित पाण्डुलिपियों का संक्षिप्त विवरण है। इसी के

साथ एक ऐसी पाण्डुलिपि भी है जिसका विषय ब्रजयात्रा का है किन्तु उसके रचयिता ने बुन्देल राजाओं की बृहत वंशावली प्रस्तुत करते हुए एकसठ छंदों में अत्यंत संक्षेप में पूरी राम कथा का वर्णन किया है। विजय विलास।[8] विजय ब्रज विलास ग्रंथ के रचयिता कवि गदाधर भट्ट हैं। गदाधर भट्ट प्रसिद्ध कवि पद्माकर भट्ट के पौत्र थे। उनके पिता का नाम मिही लाल भट्ट था। जयपुर राज दरबार से उन्हें सुकवि की उपाधि मिली थी। उन्होंने सुकवि नाम से राम औतार ग्रंथ की रचना की जिसकी हस्तलिखित प्रति दतिया राजकीय पुस्तकालय में सुरक्षित है। पद्माकर भट्ट ने भी वाल्मीकि रामायण का हिन्दी अनुवाद राम रसायन नाम से किया था।

कवि गदाधर भट्ट दतिया के राजा विजय बहादुर के आश्रित थे। विजय बहादुर का शासन काल सन् 1839 ई. से लेकर सन् 1857 तक था। उन्होंने सन् 1847 ई. (संव्त 1904 वि.) में मय लाव लश्कर के साथ ब्रज की यात्रा की। इस तीर्थ यात्रा में कवि गदाधर भट्ट भी सम्मिलित थे। ब्रजयात्रा से लौटकर उन्होंने विजय विलास की संवत् 1904 वि. में रचना की। इस ग्रंथ की हस्तलिखित अपूर्णप्रति शिवगिरि मठ दतिया (म. प्र.) में सुरक्षित है, प्रति का विवरण अप्राप्त है।

बुन्देले अपने को राम के पुत्र लव का वंशज मानते हैं। अतः कवि ने अयोध्या के राजाओं का विवरण देते हुए तृतीय सर्ग में राम चरित्र का वर्णन किया। गदाधर भट्ट ने ओरछा की रामोपासिका रानी गणेश दे कुंवरि और महाराजा मधुकर शाह की प्रगाढ़भक्ति का वर्णन किया है—

पद्धरी— मधुकर महीप महिमा विसाल।
सु गणेश कुंवर रानी नृपाल।
तिहि न्हात अवधि सरजू अमंद।
प्रगटे सुभक्ति लखि राम चंद्र।।

दोहा— कोटि काम अभिराम छवि भक्त हेत द्रुम काम।
परब्रह्म पूरन पुरुष प्रगटे सीता राम।।

पंचम सर्ग छंद 30-31।

कवि गदाधर भट्ट ने राम कथा वर्णन के लिये दोहा, सोरठा, इंद्रबज्रा, पद्धरी, स्रग्धरा, हरिगीतिका, मालती, सवैया, कवित्त और संस्कृत के श्लोकों का सहारा लिया है। श्री राम के जन्म पर्व पर अयोध्या में आनंद की बधाइयाँ बज रही हैं।

गदाधर भट्ट आनंद का अपने शब्दों में वर्णन करते हैं—

कवित्वम्— निनद नगारन के नीरद समान साजे,
वीथिन मैं केसर सुगंध सरसे परै।
गदाधर कहैं तुंग तोरन तनै है द्वार,
कचंन कलस धरे केर परसै परै।
गावैं गीत मंगल उछाह भरी,
पावैं भोज वरषैं सुमन सुर वृंद दरसे परे।
भूप अज नंद के सुनंद राम चंद्र भये,
देखौ औधिपुर मैं अनंद बरसे परे।।

तृतीय सर्ग-छंद 12

गदाधर भट्ट बुन्देलखण्ड के एक मात्र कवि हैं, जिन्होंने ओरछा स्थित राम राजा का पाँच संस्कृत श्लोकों में यश गान किया है—

।।श्री रामचन्द्र पंच रत्नम्।।
प्रफुल्ल नीलाब्ज तनु प्रकाशं पूर्णेन्दु बिंबस्य लसद्विलासम्।
प्रसन्न किंजल्क मनोज वायं श्री रामचन्द्रं सततं नमामि।।1।।
फिरीटनं कंकण कौस्तुभभाढ्यं केयूर कर्णाभरणाभिरामम्।
विचित्र भूणांबर शोभितांगं श्री रामचन्द्रं सततं नमामि।।2।।
दोर्दंड कोदंड विराजमानं तूणीर चर्मासि शरं दधानम्।
प्रोदंड चंडाशु लसत्प्रतापं श्री रामचन्द्रं सततं नमामि।।3।।
धनुर्द्धरं धैर्यधरं धराधरं धाराधराभं धरणी जनुद्धरम्।
धुरंधरं धूर्जटि भक्ति बंधुरं श्रीरामचन्द्रं सततं नमामि।।4।।
श्री रामचन्द्रेस्तु रतिर्मदीया श्री रामचन्द्रेस्तु गतिर्मदीया।
श्रीरामचन्द्रेस्तु मतिर्मदीया श्री रामचन्द्रेस्तु नतिर्मदीया।।5।।
श्री रामचन्द्रस्थ परं पवित्र गदाभृता निर्मित पंचरत्नम्।
प्रातः पठेद्यो मनसागी भक्त्या भवेत्युमानस प्रभु भक्त मुख्यः।।

पंचम सर्ग 32-36

श्रीरामचन्द्र पंचरत्न लिखने के साथ ही गदाधर भट्ट ने महारानी गणेश दे की

राम के प्रति भक्ति, साकेत, ओरछा और रामराजा का एक श्लोक में स्मरण किया है—

श्री मन्यधोर्भूमिपतेर्महिष्या गणेश देव्या कृत भक्ति भावः।
साकेत तश्चौडछ पत्तनेस्मिन् विराजते श्री रघुराज रामः।।

–पंचम सर्ग छंद–37

गदाधर भट्ट ने विजय विलास में जिस प्रकार संक्षेप में राम कथा का वर्णन किया है, उसे देखते हुये यह कहा जा सकता है कि यदि कवि ने स्वतंत्र ढंग से राम कथा ग्रंथ लिखा होता तो वह एक राम कथा का विशिष्ट ग्रंथ होता।

उन्नीसवीं सदी से लेकर बीसवीं शती के मध्य बुन्देल खण्ड के कवियों द्वारा रामचरित्र को लेकर कई प्रबंध और खण्ड काव्यों की रचना हुई। इन कवियों में प्रमुख हैं— रसिक बिहारी जिनके द्वारा रचित रामरसायन ग्रंथ अत्यंत प्रसिद्ध हुआ। इसका प्रकाशन भी हो चुका है। इनके अतिरिक्त नवल सिंह प्रधान, हरिदास कवि, परमानंद प्रधान आदि द्वारा रचित विपुल रामकथा के ग्रंथ अपने प्रकाशन की घड़ियाँ गिन रहे हैं। बुन्देलखण्ड रियासतों की रामोपासिका रानियों ने भी राम कथा को लेकर सरस काव्यग्रंथों की रचना की जिनमें टीकमगढ़ की रानी वृषभान कुँवरि प्रमुख हैं। बुन्देलखण्ड में विष्णुदास के समय से लेकर अब तक निरंतर यहाँ के कवियों द्वारा रामकथा का सृजन होता आ रहा है। दतिया राज्य के मुसलमान कवि नबीबख्श फलक ने रामकथा विषयक बहुत से फुटकर छंदों की रचना की थी। फलक के इन छंदों की श्री माखनलाल चतुर्वेदी ने बड़ी सराहना की थी जो कि फलक द्वारा लिखी गई प्रति में सुरक्षित हैं।

सन्दर्भ-संकेत

1. हिन्दी साहित्य का इतिहास, रामचन्द्र शुक्ल, पृष्ठ 373–74, ना. प्र. सभा वाराणसी।
2. द्रष्टव्य कृतिपुरुष श्री पं. सुधाकर पाण्डेय अभिनंदन ग्रंथ में प्रकाशित लेखक का कृष्णायन की परंपरा शीर्षक लेख पृष्ठ 406–9, सन् 1997 ई.।
3. द्रष्टव्य विष्णुदास कृत रामायन कथा (1442 ई. का कथा काव्य) सं. पं लोक नाथ

द्विवेदी सिलाकारी, प्रकाशक साहित्य भवन (प्रा.) लिमिटेड इलाहाबाद।

4. श्री पं. नारायणदास पाठक दारुगर की पुलिया दतिया (म.प्र.) के संग्रह मे सुरक्षित दतिया राज्य की रामलीला के लिये तैयार की गईं हस्तलिखित प्रतियाँ। लेखक श्री पाठक जी के प्रति आभारी है।
5. हस्तलिखित हिन्दी पुस्तकों का संक्षिप्त विवरण, प्रथम खण्ड, पृष्ठ 483-84 न. प्र. सभा वाराणसी सं 2021
6. उपर्युक्त प्रथम एवं द्वितीय खण्ड।
7. विशेष विवरण के लिये बुन्देलखण्ड के अज्ञात रचनाकार ग्रंथ में प्रकाशित लेखक का शृंगार सागर के रचयिता मोहन लाल मिश्रः समय और साहित्य शीर्षक लेख, पृष्ठ 125-43 लेखक डॉ. गंगा प्रसार गुप्त 'बरसैया' सहयोगी उदय शंकर दुबे सार्थक प्रकाशन 100 ए. गौतम नगर, नई दिल्ली 91 सन् 2002 ई।
8. विजय विलास (विजय ब्रज विलास) की पाण्डुलिपि (अपूर्ण) शिवगिरि मठ दतिया (म.प्र.) के संग्रह में सुरक्षित हैं। हम मठ के महंत श्री भगवान गिरि जी महाराज के प्रति हृदय से अभारी हूँ, जिन्होंने मठ में सुरक्षित ग्रंथों के अध्ययन हेतु पूरी सुविधा प्रदान की थी।

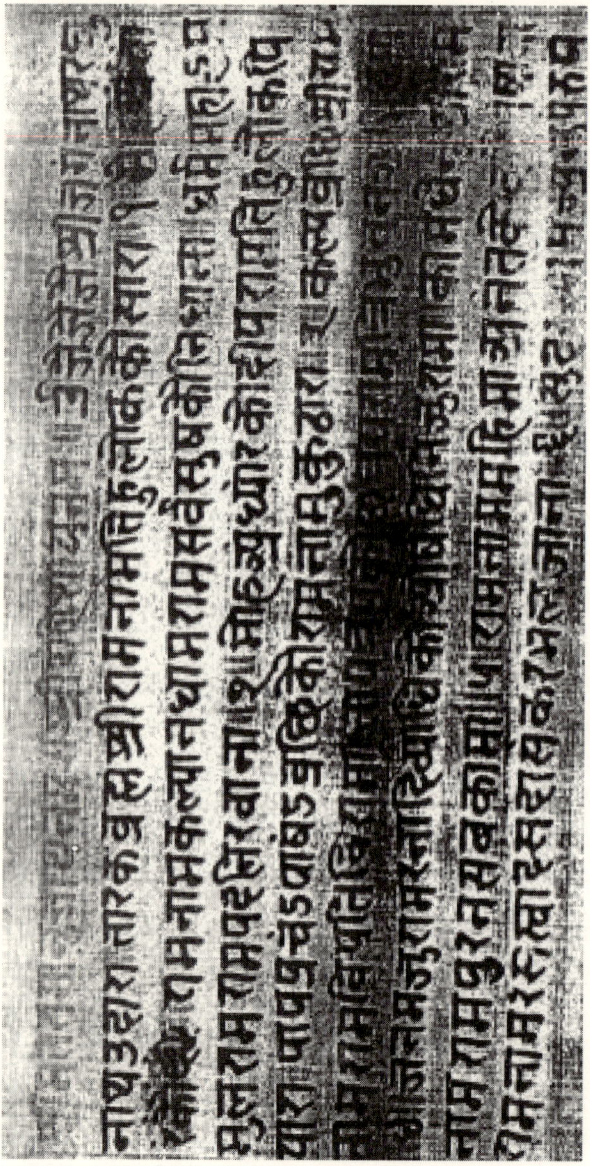

गोसाईं माधवदास कृत "रघुनाथ लीला" ग्रंथ का प्रथम पृष्ठ

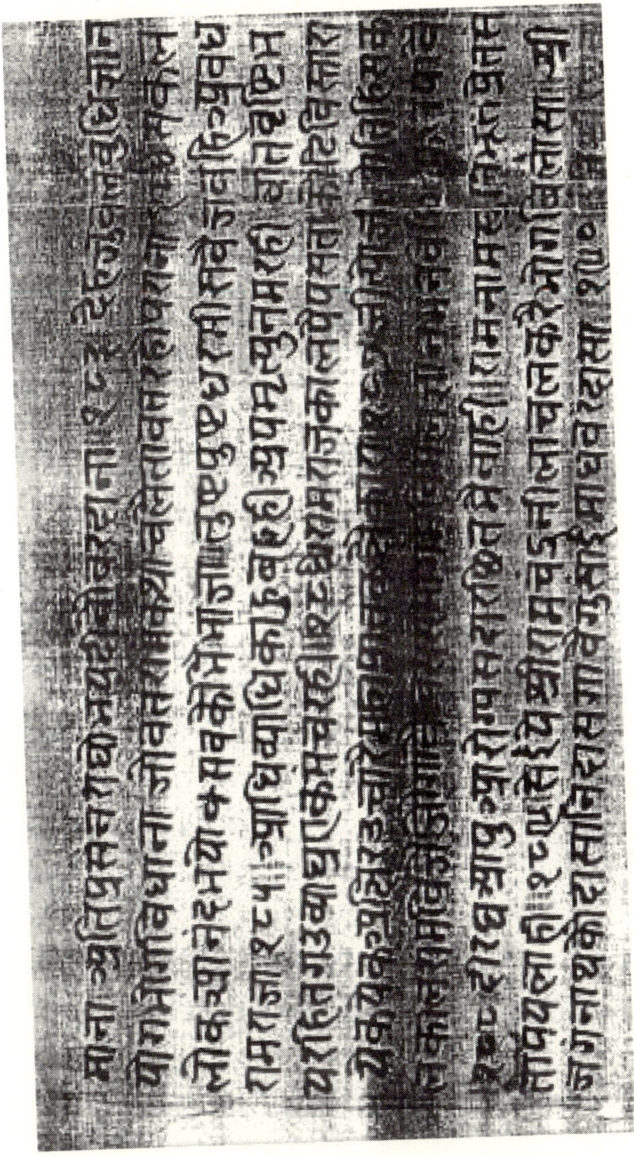

गोसाईं माधवदास कृत "रघुनाथ लीला"
ग्रंथ का अन्तिम पत्र (ए)

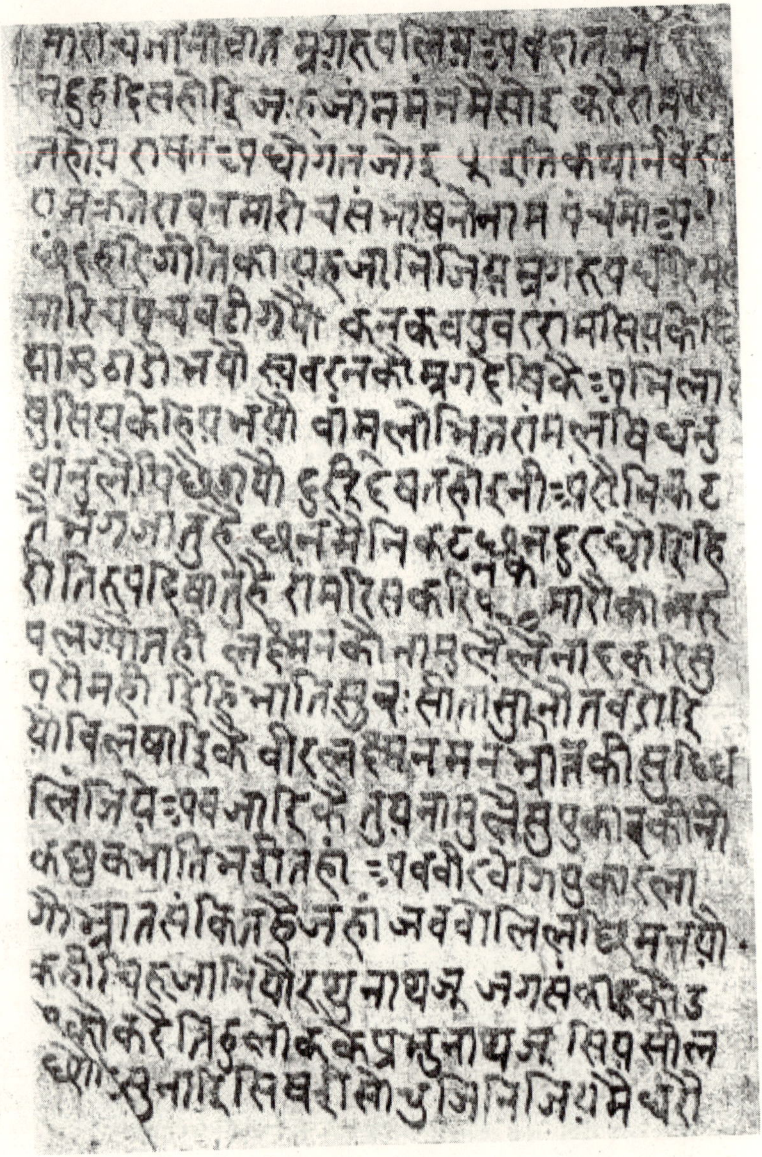

बुद्धिराज कृत कथार्णव ग्रंथ की हस्तलिखित
प्रति काक प्राप्त पत्र संख्या 8 (क)

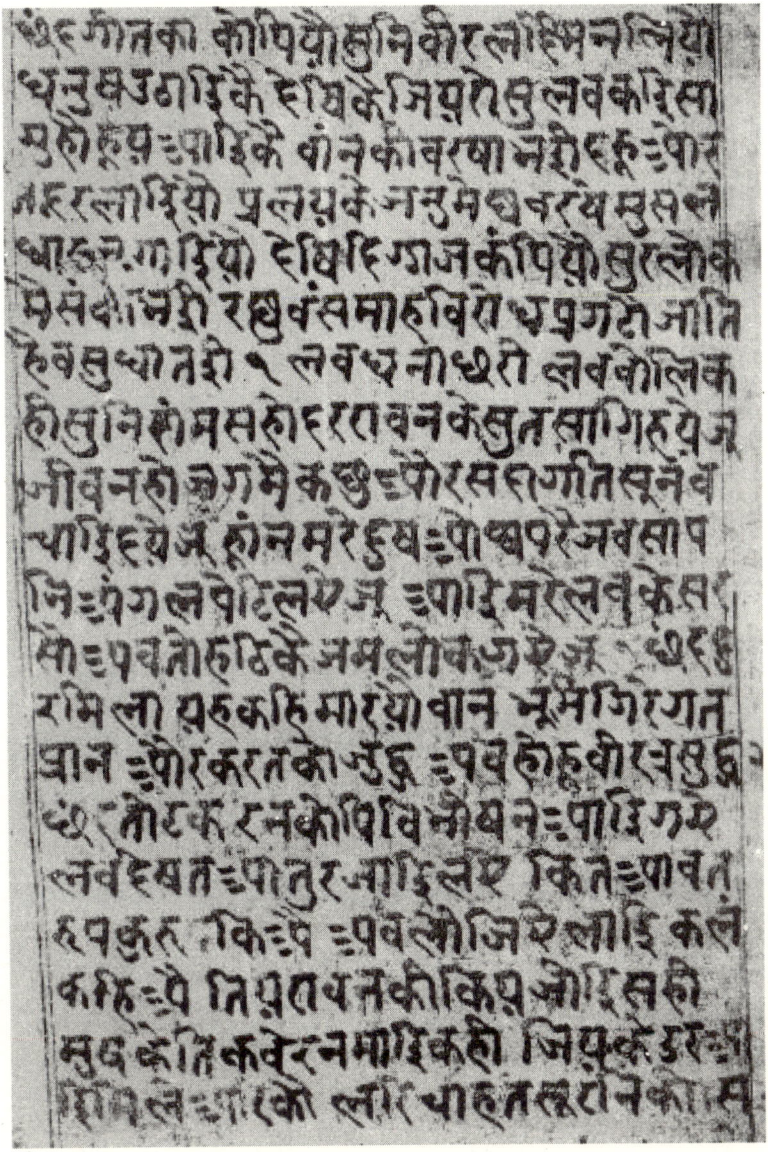

बुद्धिराज कृत कथार्णव ग्रंथ की हस्तलिखित प्रति काक प्राप्त पत्र संख्या 44 (ख)

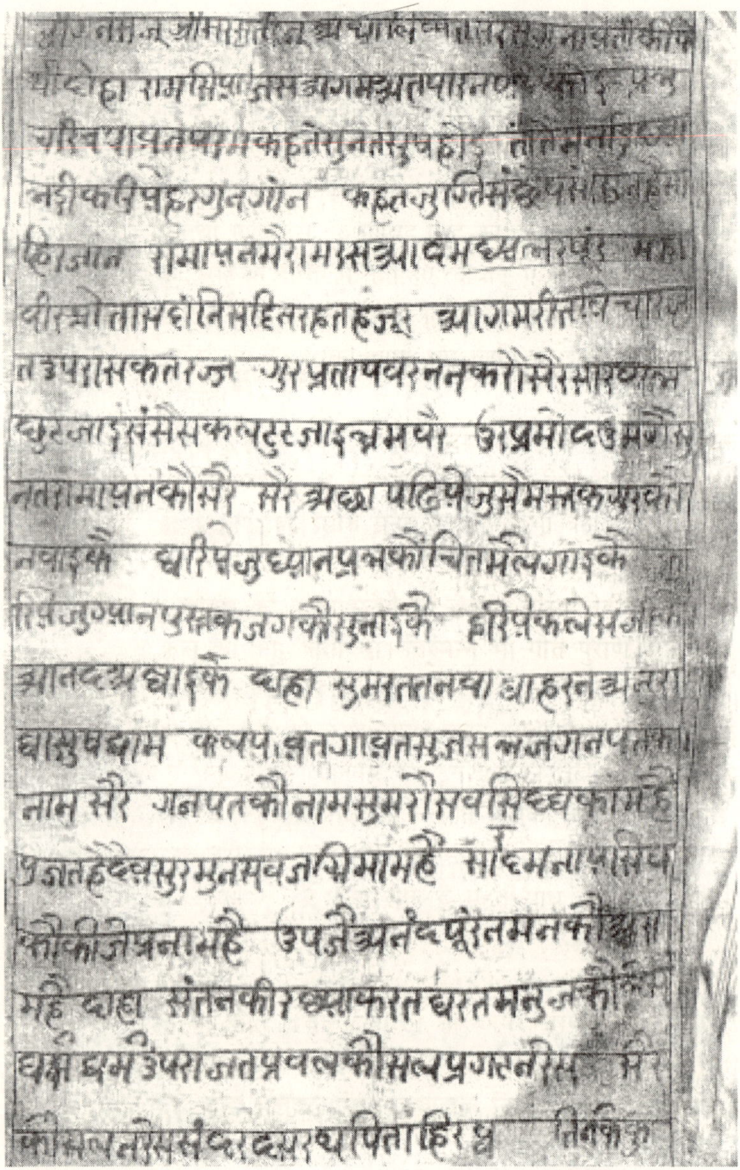

सुकवि नारायन जन कृत सगुनावती ग्रंथ की हस्तलिखित प्रति का प्रथम पृष्ठ

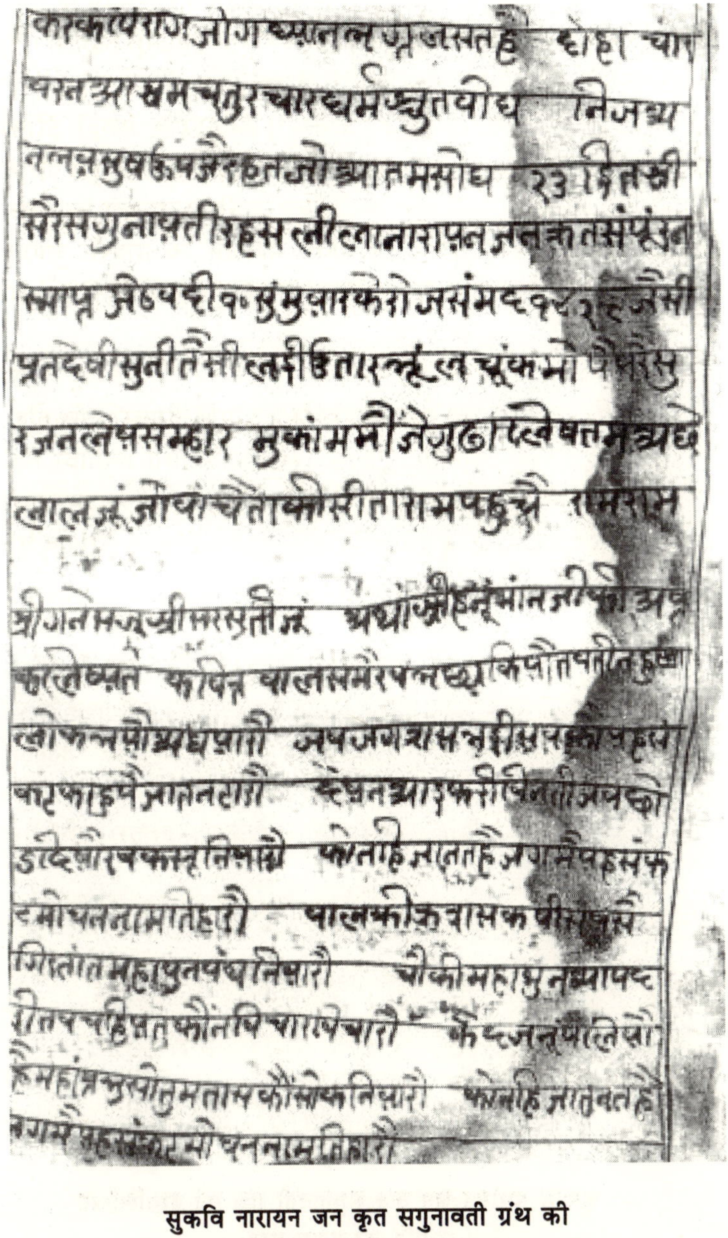

सुकवि नारायन जन कृत सगुनावती ग्रंथ की
हस्तलिखित प्रति का अंन्तिम पृष्ठ

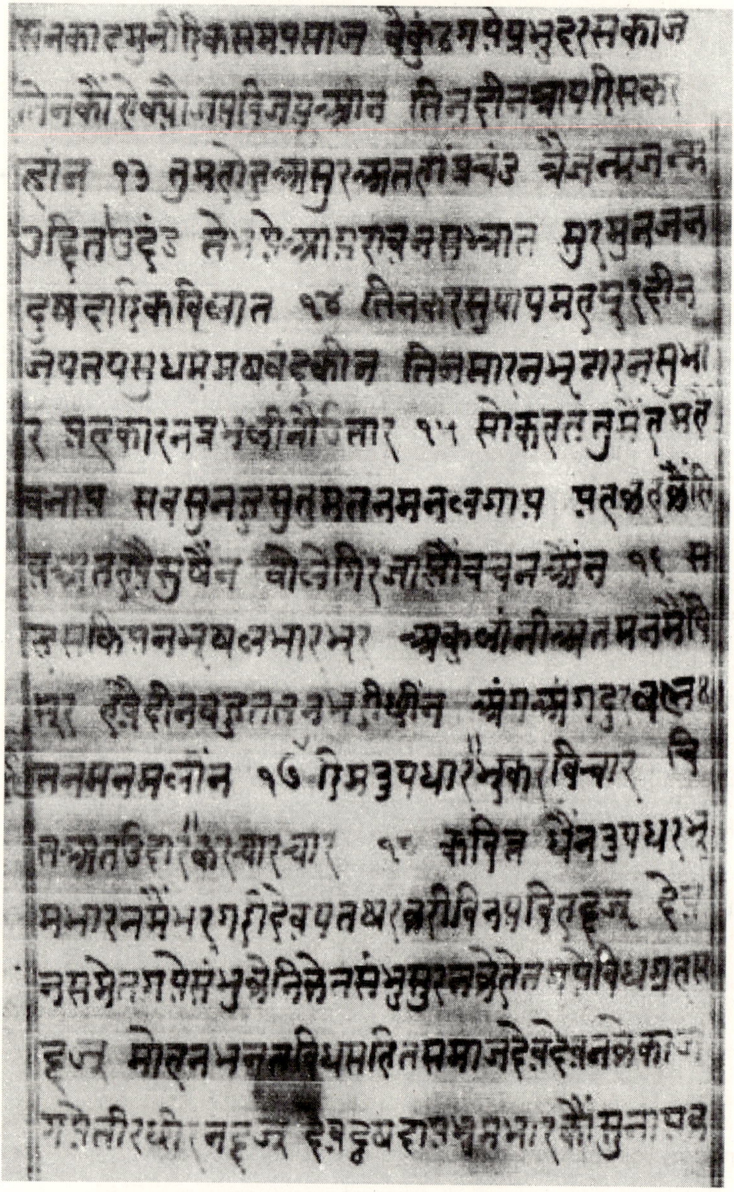

आचार्य कवि मोहन लाल कृत राम बालचरित चंद्रिका ग्रंथ
कीहस्तलिखित प्रति का द्वितीय पृष्ठ

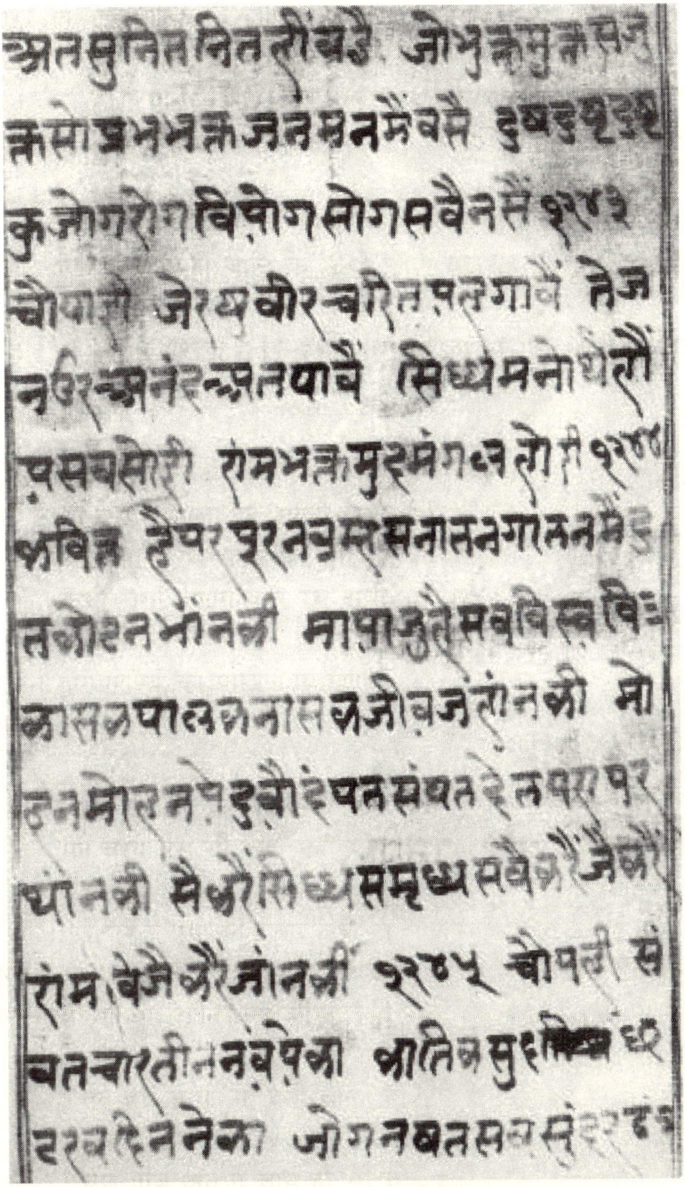

आचार्य कवि मोहन लाल कृत राम बालचरित चंद्रिका ग्रंथ कीहस्तलिखित प्रति का अन्तिम पृष्ठ (क)

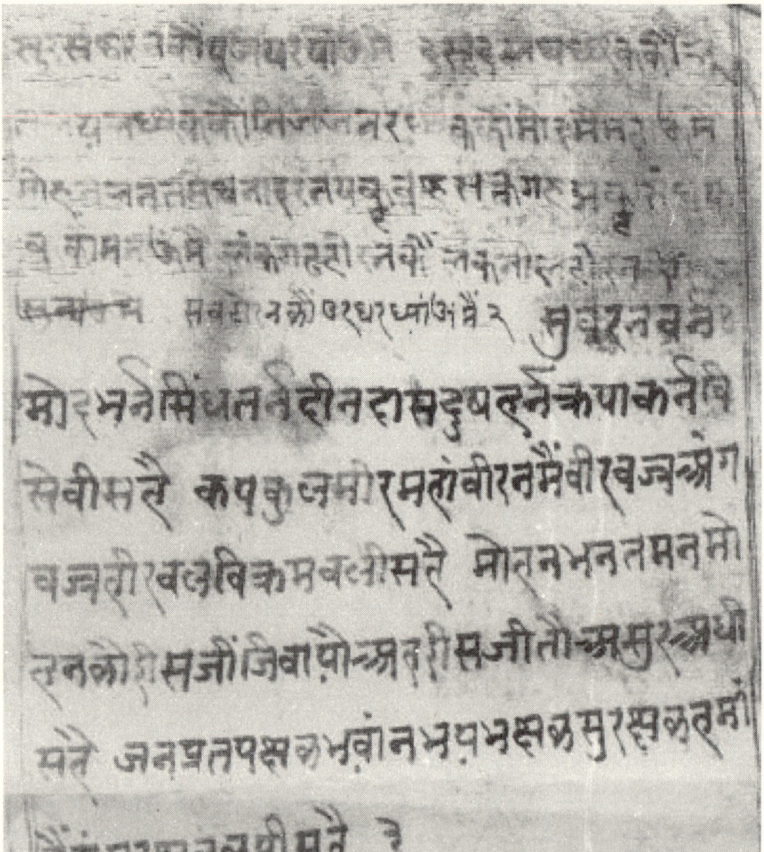

आचार्य कवि मोहन लाल कृत राम बालचरित चंद्रिका ग्रंथ कीहस्तलिखित प्रति का अन्मि पृष्ठ (ख)

18

तुलसीदास की कवितावली के पाठ संचरण पर कुछ विचार

इमरै बंघॉ
अनुवाद: गीता शर्मा

दूसरी सहस्त्राब्दी के मध्य में भारतीय साहित्यिक-संस्कृति की पहचान न केवल स्थानीय भाषाओं के प्रसार और संस्कृत में साहित्यिक लेखन की कमी होने से, बल्कि संस्कृत ज्ञान के स्थानीय भाषाओं में पैठ बनाने से भी होती है। उत्तर भारत के अनेक क्षेत्रों में संस्कृत ज्ञान का स्थानीकरण हो गया। उदाहरण के लिए, हिन्दी में संस्कृत के मानदंडों के आधार पर ज्योतिष, कामशास्त्र और काव्यशास्त्र आदि साहित्य प्रभूत मात्रा में लिखा गया। संस्कृत महाकाव्यों और पुराणों का लोकभाषाओं में व्यापक रूप से साहित्यिक पुनर्प्रस्तुतीकरण किया गया। पूरे के पूरे ग्रंथ का पुनर्प्रस्तुतीकरण करने के अलावा छुटपुट तरीकों से भी संस्कृत ज्ञान ने स्थानीय भाषाओं में पैठ बनाई। इन नए साहित्यिक ग्रंथों के आधार संस्कृत ग्रंथों में वर्णित नियम थे। इस प्रकार न केवल रीतिकाल की रीतिसिद्धि कविता ही संस्कृत परंपरा पर आधारित थी वरन् स्वच्छंद रूप से लिखा गया भक्ति काव्य भी अलंकारों से परिपूर्ण है, या उसका विवेचन भी संस्कृत की रस सिद्धांत परंपरा के साथ जोड़ा जा सकता है। स्थानीय भाषा रूपों ने संस्कृत जिन क्षेत्रों में अनुसरण किया उनमें से एक पांडुलिपि लेखन है। उत्तर भारत की हिन्दी पट्टी एक सहस्त्राब्दी से भी अधिक तक संस्कृत (प्राकृत और अपभ्रंश के साथ) से जुड़ी थी, तेरहवीं शताब्दी के बाद से फारसी व अरबी के साथ भी जुड़ी हिन्दी के महत्त्वपूर्ण भक्त कवियों ने चाहे अपना जीवन

पंद्रहवीं और सोलहवीं शताब्दी में जिया हो, पर भक्ति संबंधी रचनाएँ लिखित रूप में सोलहवीं शताब्दी के अंत में ही सामने आने लगीं। हालाँकि संस्कृत और फारसी व अरबी की पांडुलिपियाँ पहले से ही उपलब्ध होने लगी थीं, पर आजकल भी हिन्दी की 1600 से पहले की कुछ ही पांडुलिपियाँ उपलब्ध हैं। इनमें से अधिकांश जैनियों द्वारा रची गई हैं, जिनमें भक्ति साहित्य, लेशमात्र भी नहीं दिखाई देता। हालाँकि सोलहवीं शताब्दी या उससे भी पुरानी परम्परा को लेकर अनेक दावे किए गए, पर विद्वानों ने इन्हें लेकर शंकाएँ व्यक्त की हैं। देवनागरी की कुछ पाण्डुलिपियाँ, हालाँकि, संवत् 1600 से पुरानी हैं। मसलन जैन प्रद्युम्न चरित की क्रमशः संवत् 1548, 1577 और 1591 तीन पांडुलिपियाँ हैं। इसके अलावा भी जैन हिन्दी ग्रंथों की छह पांडुलिपियाँ 1493-1566 के बीच की हैं। जैनेतर पांडुलिपियों में कुतुबशतक 1576 की एक, बीसलदेव-रासो की 1576 और 1589 की दो और सूरदास, कबीरदास व अन्य भक्त कवियों के पदों वाली फतेहपुर पांडुलिपि 1582 की शामिल हैं। हालाँकि सत्रहवीं से उन्नीसवीं शताब्दी के मध्य अनेकानेक हिन्दी पांडुलिपियाँ उपलब्ध होती हैं जिनकी संख्या लाखों तक जाती है।

यह सर्वविदित है कि कबीर, मीराँबाई और सूरदास जैसे भक्त कवियों ने वाचिक साहित्य रचा था। इनकी रचनाएँ एक निश्चित लय-ताल और राग पर आधारित होती थीं। इनकी रचनाओं को साहित्यिक रचना (कवित्त अथवा कविता) नहीं, बल्कि भक्ति भाव व्यक्त करने वाले पद (आधुनिक शब्द में भजन) कहा जाता था। यह माना जाता है कि इनमें से कबीर ने तो कुछ दोहों में खुले रूप से किताबों व लेखन का विरोध भी किया है। इनकी अधिकांश रचनाएँ लंबे समय तक मौखिक परंपरा के रूप में संचरित होने के बाद लिपिबद्ध की गईं। इससे उनकी रचनाओं में गेयविकारों के रूप में अनेक परिवर्तन हुए और साथ ही इनका आकार-प्रकार सैकड़ों मुक्तकों से हजारों में बढ़ गया। मौखिक परंपरा के इन परिवर्तनों और विस्तारों को तिथ्यांकित पांडुलिपियों से ही पहचाना जा सकता है। उदाहरण के लिए कबीर के आलोचनात्मक संस्करण में 1582 से 1681 तक के मध्य प्राप्त पांडुलिपियों में से 593 पद संकलित किए गए हैं। जबकि एक अनुमान के अनुसार दो हजार से भी अधिक पद उनके नाम प्रकाशित किए गए हैं सूरदास की 1582 की, सबसे प्रचीन उपलब्ध पांडुलिपि में 239 पद है, 1624 की पांडुलिपि में 492 पद है और 1676 की पांडुलिपि में 1472 पद मिलते हैं, पर आधुनिक काल

में प्रकाशित सूरसागर में 5000 से भी अधिक पद हैं। मीराँबाई के पदों की संख्या में तो अपार वृद्धि हुई है। आजकल हमारे पास उनकी कविताओं की सत्रहवीं शताब्दी वाली पांडुलिपियों में छह पद ही मिलते हैं, पर विनंद कलवैर्त को बीसवीं शताब्दी के अंत में उनके नाम से 5197 पद मिले। व्यापक रूप से बढ़ाई गई उपलब्ध सामग्री के आधार पर हम यह निर्धारित नहीं कर सकते कि भक्ति काल के प्रारंभिक कवियों ने क्या लिखा था और क्या लोगों ने उनके नाम के साथ जोड़ दिया।

चौथे महान भक्त कवि गोस्वामी तुलसीदास पूर्ववर्ती कवियों से इस आधार पर भिन्न हैं, यही मेरे तर्क का आधार भी है, कि उन्होंने अपने अधिकांश ग्रंथों को लिखित रूप में प्रस्तुत किया था। हालाँकि, हो सकता है कि ऐसा करने वाले वह पहले भक्त कवि न हों, पर वे भक्ति काव्य में पांडुलिपि-संस्कृति की शुरुआत करने में सबसे अधिक सफल गोस्वामी तुलसीदास ही रहे। उन्होंने यह कार्य उत्तर भारत के संस्कृत ज्ञान के प्रमुख गढ़, उस बनारस शहर में रहकर किया जो अब तक संस्कृत की आश्रयस्थली है।

अम्रीकी विद्वान फिलिप लुट्गेंडॉर्फ ने मानस-पाठों व रामलीलाओं के अपने उच्च कोटि के अध्ययन 'द लाफ ऑफ ए टेक्स्ट'-फार्मिंग द रामचरितमानस (एक पाठ का जीवन-रामचरितमानस का Performing) के शीर्षक से यह व्यंजित किया है कि मौखिक पाठ अथवा नाटक के रूप में प्रस्तुत किये जाने पर ही कोई ग्रंथ जीवन पा लेता है। हालाँकि कहा जा सकता है कि ग्रंथ तभी सजीव होते हैं, जब संप्रेषित किए जाते हैं और संप्रेषण का अभिप्राय लिखित संचरण भी हो सकता है। लिखित संचरण में मौखिक संचरण की तुलना में कम परिवर्तन होने की संभावना होती है। हालाँकि इनमें भी काट-छाँट, शुद्धीकरण और जाने अथवा अनजाने में तब्दीली किए जाने की संभावना रहती है। भक्ति को लिखित संसार से जोड़ने के क्या अभिप्राय थे? लिखित रूप में भक्ति कैसे कार्य करती है? हमारे सामने भक्ति कविता के कुछ ही आलोचनात्मक संस्करण उपलब्ध हैं, इस कारण से हम लिखित संचरण के विषय में सुनिश्चित धारणा नहीं व्यक्त कर सकते। फिर भी अनेक ग्रंथों के आधार पर कुछ परंपराएँ खोजी जा सकती हैं।

पांडुलिपियों के आधुनिक काल पूर्व किए गए संपादन का अध्ययन कुछ महत्वपूर्ण प्रक्रियाओं पर प्रकाश डाल सकता है जिनका अन्य पांडुलिपियाँ लिखने के दौरान उपयोग किया गया होगा। लिखित संचरण के दौरान अनुच्छेदों

अथवा पंक्तियों में बदलाव किया जा सकता है। पंक्तियों पदबंधों, अथवा शब्दों के वैकल्पिक पाठ किये जा सकते हैं। ऐसे मामले भी सामने आए हैं जिनमें प्रतिलिपियाँ पूरी तरह से एक जैसी हैं और जो छुटपुट अंतर हैं, वे वर्तनी, शीर्षक व छंद के उदाहरण के रूप में पाठेतर सामग्री को सम्मिलित करना मात्र हैं जैसा कि बांगला चैतन्य चरितामृत के मामले में हुआ है। पाठ पुनर्प्रस्तुतीकरण पर गौडीय संप्रदाय का कठोर नियंत्रण होने पर पांडुलिपियों में विकल्पों की संख्या निश्चित तौर पर कम होती है। पर हिन्दी भाषा की सामग्री का मामला ऐसा नहीं है, जैसा कि अल्प संख्या में उपलब्ध आलोचनात्मक संस्करणों से पता चलता है, इन अधिकांश पुस्तकों का कभी लेखक की मृत्यु के बाद संपादन किया गया था।

ऐलैन ऐंट्विस्ट्ल ने अपने केवलराम (जन्म 1617) के 'रास मान' के पद की भूमिका में एक पुराने मिश्रित पाठ का अध्ययन किया गया है। ऐंट्विस्ट्ल इस निधान पर पहुँचे कि पुराने मिश्रित पाठ का संपादक ने दो पाठों का मिश्रण किया है। उसकी आदर्श प्रति के पन्ने कुछ इधर-उधर हुए थे और इस आदर्श प्रति के पाठ की एक दूसरे स्रोत से यदा-कदा तुलना की। इसका परिणाम क्रमश: विलोपन अथवा सम्मिश्र और कुछ विलोपनों का शुद्धीकरण तथा पदों का सन्निवेशन था।

पाठ स्थायीकरण के अध्ययन एक अन्य क्षेत्र, संत चरित, में भी रुचिकर परिणाम निकलते हैं। विनंद कलेवैर्त ने दादू दयाल के जन गोपाल नामक शिष्य द्वारा सोलहवीं शताब्दी के अंत के आसपास लिखी जीवनी दादू जन्म लीला के अध्ययन में पाया कि पाठ की सबसे प्रचीन स्तर पर प्राप्त चार पांडुलिपियों में छंदो की संख्या सबसे कम है। दूसरे स्तर की पांडुलिपियों (इसमें सबसे पुरानी 1654 की है) में अधिक है और 1947 के आधुनिक काल के संस्करण में उससे भी अधिक है। विस्तार और काट-छाँट के परिणामस्वरूप चमत्कारी पाठ उपलब्ध होता है। एक कहानी यह बताती है कि दादू का जन्म धुनिया के रूप में नहीं हुआ था, अपितु ब्राह्मण के रूप में हुआ था। इसमें एक छंद उसे अकबर जैसे महान व्यक्ति से भी महान सिद्ध करता है। यह परिवर्तन दादू की दिव्य उत्पत्ति दिखाने तथा हरि-न कि बाबा बूढ़ा-को उनके गुरु के रूप प्रस्तुत करने के लिए किया गया है। अनेक स्थानों पर जन गोपाल की गलत लय को द्वितीय स्तर की पांडुलिपियों में बदला गया है। उक्त चर्चा में शामिल ग्रंथों के

स्रोतों का अध्ययन करने पर कोई भी समझ सकता है कि रास मान के पद के अलावा, जिसके लिए दो पूरी पांडुलिपियों का सहयोग लिया गया है-संपादित संस्करणों (कभी-कभी एकाधिक संस्करण जैसा कि दादू जन्म लीला से पता चलता है) की स्थायीकरण की प्रवृत्ति थी। इसके अलावा केवल कुछ ही हस्तलिखित प्रचलित पुस्तकें बचीं। यह साम्प्रदायिक नियंत्रण का परिणाम हो सकता है अथवा संपादित पुस्तक की पुनर्निर्मित स्पष्टता का। चैतन्य चरितामृत का जैसा साम्प्रदायिक नियंत्रण वृन्दावन के हरित्रय-अर्थात् हित हरिवंश, स्वामी हरिदास और हरिराम व्यास-के मामले में भी था। सोलहवीं सदी के इन तीन भक्तों के सत्रहवीं अथवा अठारहवीं सदी के प्रारंभ में प्रचलित पाठों को लेकर लागू किया गया था। प्रारंभिक दो सौ साल के समरूपता के अभाव को इस तथ्य के साथ जोड़ा जा सकता है कि प्रारंभ में हित हरिवंश और स्वामी हरिदास ने मौखिक संचरण के लिए गीत रचे थे। स्थायीकरण के दौरान संशोधक ने या तो पाठों की गलतियों को दूर किया अथवा, जब मूल कठिन पदबंधों को समझ नहीं पाया, तो उनको सरलीकृत करके उन्हें स्पष्ट किया गया।

इस लेख में, मैं पूर्वाधुनिक काल की एक अन्य पाठसामग्री के संचरण की चर्चा करूँगा। गोस्वामी तुलसीदास का स्वर्गवास सन् 1623 में माना जाता है। उनके जीवन के उत्तरार्ध में रचित कवित्तों का संग्रह कवितावली है जो उनके देहांत के कुछ पहले या बाद संकलित किया गया था। यह रामभक्ति के लगभग साढ़े तीन सौ कवित्तों की रचना है जिसमें लेखक का व्यक्तिगत दृष्टिकोण उनकी दूसरी रचनाओं के मुकाबले अधिक प्रकट होता है। इसमें गोस्वामी तुलसीदास के मनपसंद विषय संकलित हैं। हालाँकि इसमें रामकथा की परंपरा के अनुसार सात काण्ड हैं फिर भी कथा की संपूर्णता का अभाव है।

यह संकलन बहुत ही लोकप्रिय रहा है। यद्यपि इसकी कोई भी लेखक-लिखित प्रति नहीं मिली है तथापि पाठांतरों को देखकर कहा जा सकता है कि इसका संचरण प्रारंभ से ही लिखित रूप में हुआ है। आजकल पिछले सवा तीन सौ सालों में लिखित लगभग 70 प्रतिलिपियाँ मिलती हैं जिनसे ऐसा लगता है कि गत शताब्दियों में इसकी सैकड़ों प्रतियाँ तैयार और नष्ट की गईं होंगी। 1815 में कवितावली का पहला मुद्रित संस्करण प्रकाशित हुआ था और पिछले दो सौ साल के दौरान इसके लगभग 120 संस्करण निकल चुके हैं।

कवित्त छंद

कवितावली के छंदों को परस्पर जोड़ने का कार्य मात्र कथा के द्वारा नहीं किया गया है, बल्कि कवित्तों छंद विशेष में लिखे जाने के कारण किया गया है। पूरी कवितावली कवित्तों में लिखी गई है। (पुराने जमाने में कवित्त छंद का अर्थ था कवित्त और सवैया और कभी-कभी छप्पय भी।) आधुनिक भारत में इस के शीर्षक कवितावली में कविता का आधुनिक अर्थ ग्रहण कर, 'कविताओं की आवली', के रूप में ग्रहण किया जाता है। पर यह सही नहीं है। अधिकांश पांडुलिपियों और प्रारंभिक प्रकाशित संस्करणों में इसका नाम कवित्त रामायण अथवा कवित्तबंध रामचरित है। यदि एक पांडुलिपि में मिले शीर्षक तुलसीकृत कवित्त को छोड़ दें तो शेष सभी शीर्षक यह संकेत करते हैं कि यह गोस्वामी तुलसीदास की पूर्व सुनिश्चित, सुगठित कार्य है न कि उनके कवित्तों का संकलन मात्र।

प्रारंभिक भक्त कवियों ने अपने भावों को सशक्त रूप में पदों के माध्यम से व्यक्त किया है। यह एक मात्रिक छंद है जिसे भावों को गाकर व्यक्त करने के लिए उपयुक्त माना जाता है। कवितावली एक भक्ति रचना है जो पदों में नहीं बल्कि कवित्तों में लिखी गई है। इस रूप के महत्व का निर्णय इस तथ्य से लगाया जा सकता है कि तुलसीदास की विभिन्न रचनाएँ उनके द्वारा प्रयुक्त छंद के आधार पर व्यवस्थित की गयी हैं रामलला नहछू, पार्वती मंगल और जानकी मंगल मूलतः हंसगति छंद में लिखी गई हैं। ये सभी अवधी भाषा में लिखे गए हैं। ये मंगल अवसर पर गाए जाने वाले गीत हैं और इनका रूप लोक-संस्कृति और मौखिक परंपरा-संचरण से निकट संबंध दिखाता है। कृष्ण गीतावली, गीतावली और विनय पत्रिका ब्रजभाषा के पदों में लिखी गई हैं जो भक्ति संगीत की ओर संकेत करता है। दोहावली और रामाज्ञा प्रश्न दोहों और सोरठों में लिखी गई हैं, और वैराग्य संदीपनी, रामचरितमानस तथा अन्य महाकाव्यों की तरह दोहा और चौपाइयों में लिखी गई हैं। चूंकि कवितावली, बरवै रामायण, गीतावली आदि कुछ कृतियाँ रामायण परंपरा के अनुसार सात कांडों में विभक्त हैं, यह लगता है कि तुलसीदास ने विभिन्न छंदों में रामकथा प्रस्तुत की थी।

भक्ति गायन का मुख्य रूप पद विभिन्न बोलियों में रचे गए थे, जबकि कवित्त छंद मुख्यतया ब्रजभाषा से ही जुड़ा हुआ है। हालाँकि जैसे मुक्तक रूप दोहा कवित्त भी भक्ति-संदेश का वाहन हो सकता था फिर भी 16वीं शताब्दी

के अंत से यह दरबारी कविता का प्रमुख छंद बन गया। घनाक्षरी कवित्त विशेष रूप से वीर रस अथवा भयानक रस व्यक्त करने के लिए उपयोगी ठहरता है। लंका दहन के वर्णन से भरा पूरा सुंदर कांड और लंका कांड का एक बहुत बड़ा अंश घनाक्षरी कवित्तों में ही लिखा गया है।

उद्देश्य व संरचना

कवितावली के पहले छह कांड कुछ महत्वपूर्ण घटनाओं को दर्शाते हुए रामकथा का अनुसरण करते हैं, जबकि उत्तरकांड कथा-कथन की संरचना को बाधित करता है। इसमें राम के नाम, उनके गुणों अथवा महानता, कलिकाल का वर्णन, तीर्थ स्थानों का वर्णन, गोपियों का श्री कृष्ण के प्रति प्रेम, शिव का वर्णन, प्राकृतिक आपदाओं-जैसे कि बनारस में प्लेग आदि-से बचाव को शामिल किया गया है। ऐसा प्रतीत होता है कि अनेक कविताओं में राम के गुणों का बखान तुलसीदास के जीवन के संदर्भ में किया गया है। कवितावली पूरे रूप से कथा नहीं है, बल्कि रामकथा के छोटे-छोटे वर्णनों-माताप्रसाद गुप्त के शब्दों में एक-एक सुंदर झाँकियों-की श्रृंखला लगता है। कविताएँ कभी-कभी ऐसे अलंकारों से भरी हुई हैं रीतिकाल का कोई भी कवि ऐसे प्रयोगों से गौरवान्वित महसूस करता।

आधुनिक संस्करणों में कवितावली की संरचना एक जैसी ही है। इस में 325 स्वतंत्र कवित्त संकलित हैं। इसे हम प्रचलित पाठ मान सकते हैं। वैकल्पिक पाठ के नाम पर इस तुलसी-ग्रंथावली की पादटिप्पणी में एक सवैया दिया गया है जिसे तुरंत ही अप्रमाणिक कहकर नकार दिया गाया है। इस संकलन की संरचना रामायण के सात कांडों के समान ही की गई है पर छंदों की संख्या असंतुलित है। पहले छह कांडों में कुल मिलाकर 142 कवित्त हैं। इनमें से अरण्य कांड और किष्किंधा कांड में केवल एक-एक छंद है। इस प्रकार कहें तो आधे से भी अधिक 183 कवित्त उत्तरकांड में ही संकलित हैं। कुछ संस्करणों में प्रचलित हनुमान बाहुक के 44 कवित्त कवितावली के परिशिष्ट के रूप में संकलित किए गए हैं।

सबसे पुरानी उपलब्ध पांडुलिपि 1691 की है, इसमें हनुमानबाहुक और उत्तरकांड ही संकलित हैं। 18वीं शताब्दी के अंत से हनुमानबाहुक रहीत कवितावली का तथा एक हनुमानबाहुक नामक रचना का अलग स्वतंत्र अस्तित्व भी दिखाई देने लगता है। हनुमानबाहुक या हनुमानबाहुक सर्वांगरक्षा

नाम से अनेक संकलन गोस्वामी तुलसीदास के नाम से जुड़ने लगे थे। इसका प्रयोग संभवतः बीमारियों से रक्षा के लिए किया जाता था। यह आजकल प्रचलित हनुमानबाहुक नहीं है। इसके सबसे प्रचलित संस्करण में, आजकल प्रचलित बाहुक के संस्करण के लगभग आधे छंद शामिल हैं। इसके अलावा इसमें कवितावली का एक और 36 के लगभग अप्रमाणिक छंद हैं। इन संस्करणों को ही पहले हनुमानबाहुक कहा गया था, सबसे प्राचीन हनुमानबाहुक (सर्वांगरक्षक) पांडुलिपि 1778 की है। मुझे 1860 से पहले की प्रचलित हनुमानबाहुक की कोई स्वतंत्र पांडुलिपि उपलब्ध नहीं हुई है। बाहुक के स्वतंत्र संग्रहण को हम हनुमान भक्ति के विकास से जोड़ सकते हैं।

संचरण

पांडुलिपि संचरण की एक प्रमुख विशेषता यह है कि किन्हीं दो पाडुलिपियों की सामग्री भी समान नहीं होती। पांडुलिपियों व प्रकाशित संस्करणों में होने वाले इन विभेदों को दो गुजराती प्रतिलिपिकारों की कहानी से समझा जा सकता है। एक प्रकाशित पत्रिका को दोनों ने पढ़ना शुरू किया। एक अपनी पत्रिका को जोर-जोर से पढ़ने लगा, दूसरा उसकी प्रति के छपे हुए शब्दों से तुलना करने लगा। जब उन्हें पता लगा कि दोनों प्रतियाँ शत-प्रतिशत एक दुसरे के समान हैं तो उन्हें अपार आश्चर्य हुआ। पांडुलिपि संचरण लेखक के लिखे पाठ के पुनर्निर्माण को यदि असंभव नहीं तो कम से कम मुश्किल अवश्य ही बना देता है। अच्छा पुनर्निर्माण पाठ के उस संचरण और ग्रहण के बारे में ही सूचना दे सकता है जो संभवतः प्रकाशित संस्करणों में उपलब्ध न हो। हस्तलेखन की विभिन्नताएँ, उदाहरण के लिए, कलम और कागज बदलने और लिखने वाले की एकाग्रता के बदलाव और लेखन के दौरान उसके मुद्रा परिवर्तन आदि के बारे में सूचना देता है।

विभिन्न स्तर के पाठ विभेदों वाली पुरानी पांडुलिपियाँ जटिल अंतर्संबंधों की द्योतक होती हैं। तुलसी के कम महत्वपूर्ण ग्रंथों के सभी आधुनिक संपादन व व्याख्याएँ, जैसे कि गीताप्रेस गोरखपुर की पुस्तकें प्रत्यक्षतः या अप्रत्यक्षतः अपनी सामग्री के लिए 1923 में प्रकाशित तुलसी ग्रंथावली पर निर्भर हैं। ग्रंथावली भी एक दूसरे ग्रंथ पर आधारित है-रामगुलाम द्विवेदी और लाला चक्कनलाल के 'दुबेजी संस्करण' (1886) पर।

तुलसी-ग्रंथावली एक आलोचनात्मक संस्करण नहीं है। अधिकतर रचनाओं

के लिए संपादकों ने, 'दुबेजी संस्करण' का पाठ लिया है, यदा-कदा ही पाठांतर दिए हैं। आज तक केवल रामचरितमानस और बरवै रामायण की ही महत्वपूर्ण पांडुलिपियों की निरंतर तुलना पर आधारित आलोचनात्मक संस्करण और तैयार किये गये हैं। तुलसीदास के पाठानुसंधान पर अभी तक 1942 में प्रथम बार प्रकाशित, माताप्रसाद गुप्त की लिखी पुस्तक ही प्रामाणिक मानी जाती है। केवल कुछ ही विद्वानों ने पाठ संबंधी समस्याओं को उठाया है। कवितावली के संचरण के इतिहास की चर्चा भी अनुपलब्ध है। **बुदापैश्त** और ऑक्सफर्ड के विद्वानों व छात्रों के एक तुलसीदास पाठ अध्ययन दल (Tulsidas textual study group) ने आगामी आलोचनात्मक संस्करण के लिए जो सामग्री संकलित की है वह इस रचना के व्यापक अध्ययन का आधार हो सकती है। पांडुलिपियों की बहुत बड़ी संख्या गायब है। जो सामग्री उपलब्ध है उसके आधार पर पाठ के इतिहास का पुनर्निर्माण आंशिक तौर पर करना ही संभव होगा। संस्करण के लिए मैंने पंजाब, राजस्थान, उत्तर प्रदेश, बिहार, ब्रिटैन और अमेरिका से पैंतीस पूर्ण अथवा अपूर्ण पांडुलिपियाँ संकलित की हैं। इसके अलावा चालीस और पांडुलिपियों के संर्दभ विभिन्न पुस्तकों में उपलब्ध हैं। इनमें से कुछ गायब हो चुकी हैं और संरक्षकों के तालों में बंद हैं।

इन पैंतीस पुस्तकों में से पच्चीस में तिथि सहित पुष्पिकाएँ हैं। ये पुष्पिकाएँ या तो कवितावली के अंत में, नहीं तो उसी हस्तलिपि में एक ही हाथ की लिखित किसी अन्य पुस्तक के अंत में उपलब्ध हैं। इनमें से बीस का समय सन् 1692 से 1887 के समयांतराल से है। यह स्वाभाविक ही है कि तिथिरहित पांडुलिपियों में से कुछ इस समय सीमा से बाहर की हों, पर मेरे पास यह निर्धारित करने के उपकरण नहीं हैं। उल्लेखनीय है कि जिन चालीस अपरीक्षित पांडुलिपियों का अन्य पुस्तकों में संदर्भ दिया गया है उनमें से कोई भी 1692 से पहले अथवा 1887 के बाद की नहीं है।

इन सत्तर-पचहत्तर पांडुलिपियों का क्षेत्रीय वितरण का नक्शा आगे दिया जा रहा है। यदि पांडुलिपियों में लिपिस्थान की चर्चा की गई है तो उसके अनुसार ही नक्शे पर स्थान दिया गया है। इन्हें काले बिंदुओं और वर्गों से दिखाया गया है। यदि लिपि स्थान का उल्लेख नहीं किया गया है तो उन्हें वर्तमान संरक्षण स्थल (लंदन और हार्वर्ड की पांडुलिपियाँ अपवाद हैं) पर रिक्त बिंदुओं व वर्गों से दिखाया गया है (वर्ग का अर्थ है, पांडुलिपि की जाँच मैंने स्वयं की है, बिंदु का अर्थ है, पांडुलिपि की जानकारी किसी और पुस्तक से मिली है)

यह तो स्पष्ट ही है कि उत्तर भारत में हस्तलिखित किताबों का बहुत प्रचलन था। यही कारण है कि एक ढाका में प्रतिलिपित पांडुलिपि का प्राप्ति स्थल इलाहाबाद है। फिर भी लिपि स्थान अंकित अधिकांश पांडुलिपियाँ नकल (अनुकृति) के स्थान के पास ही संरक्षित हैं।

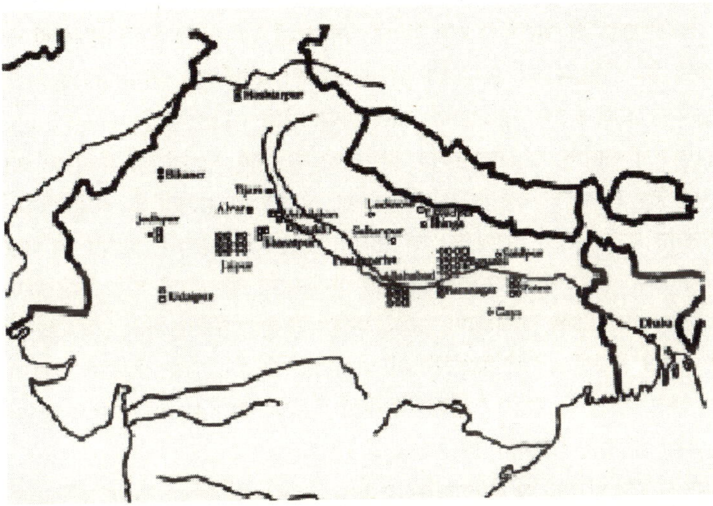

इस चित्र में कोई भी यह देख सकता है कि कवितावली की प्रतिलिपियाँ पूरे उत्तर भारत के हिन्दी क्षेत्र में लिपिबद्ध की गई थीं। आजकल के मध्यप्रदेश और छत्तीसगढ़ प्रांत इसके अपवाद हैं। जैसा कि होशियापुर और ढाका की पांडुलिपियों से पता चलता है, हिन्दी क्षेत्र के बाहर भी लिखी गई थीं। पांडुलिपियों का विस्तार आधुनिक काल पूर्व ब्रजभाषा का व्यवहार क्षेत्र दिखाता है, इसमें राजस्थान से लेकर बिहार तक के क्षेत्र शामिल हैं जो विभिन्न बोलियों का व्यवहार करते थे पर एक ही साहित्यक भाषा ब्रज में साहित्य सृजन करते थे। इस नक्शे के अनुसार साहित्यिक ब्रजभाषा का विस्तार भारतीय संपर्क भाषा हिंदुस्तानी की तुलना में कुछ सीमित था। हालाँकि ब्रजभाषा पांडुलिपि लेखन की सीमाएँ बदलती रहीं इन सीमाओं का निर्धारण धार्मिक, सांस्कृतिक और साहित्यिक तत्वों के आधार पर किया जा सकता है। ब्रज की साहित्यिक संस्कृति ने उत्तर पश्चिम और उत्तर के भारोफारसी और बुद्ध धर्म के संसार में पैठ नहीं बनाई थी जबकि पूर्व में इसे एक अन्य फलती-फूलती साहित्यिक

संस्कृति, बंगला का सामना करना पड़ा था। ब्रजभाषा के इतिहास से पता चलता है कि इसने गुजरात और दक्कन में सफलता पूर्वक पैठ बनाई थी हालाँकि यह उन क्षेत्रों की प्रभावशाली साहित्यिक भाषा कभी नहीं बन पाई। कवितावली की पांडुलिपियाँ इस क्षेत्र में न मिलने का यह एक कारण हो सकता है।

पांडुलिपियों की जाँच-पड़ताल करने पर हमें उनकी लिपि और लेखन पद्धति में स्थानीय विकल्प दृष्टिगत होते हैं। उदाहरण के लिए पूर्व से प्राप्त पांडुलिपियों की प्रवृत्ति है देवनागरी में केथी लिपि के वर्णों को मिलाने की। यहाँ 'स' और 'श' को लेकर भ्रम होने की संभावना रहती है। केथी लिपि का पूर्वी उत्तर प्रदेश और बिहार में व्यापक रूप से प्रचलन था, 19वीं शती के अंत में तो यह बिहार की आधिकारिक लिपि भी थी। संस्कृत और ब्रजभाषा के पांडुलिपि संचरण में एक बहुत बड़ा अंतर इस बात को लेकर है कि ब्रज में मानक व्याकरण और लिपि का अभाव है जिसके कारण से उच्चारण प्रदर्शित करने वाली लेखन व्यवस्था के अथवा इसके विपरीत, तत्समीकरण के विभिन्न स्तरों पर शब्दों के अंत व व्यंजनगुच्छों की विविधता दृष्टिगत होती है।

जहाँ तक कवितावली का प्रश्न है, कवित्त छंद का प्रयोग, कविताओं का लगभग समान रूप और क्रम उसे लिखित परंपरा से जुड़ा हुआ दिखाता है। वैकल्पिक पाठों की अल्पता से यह प्रकट होता है कि प्राप्त पाठों का मूल लिखित रूप ही है। फिर भी पाठ संचरण पर मौखिक परंपरा का प्रभाव अवश्य ही पड़ा होगा । (आजकाल भी अनेक लोगों को तुलसी के अनेक कवित्त याद हैं। कुछ पांडुलिपियों में पंक्तियों को उलट देना भी मौखिक संचरण के प्रभाव की ओर संकेत करता है।) फिलिप लुट्गेंडॉर्फ के शब्दों में, तुलसीदास की मौखिक परंपरा, एक सुप्रमाणिक साहित्यिक सामग्री की पूरक है। संचरित पाठ को पहले संस्करणों के निकट होना चाहिए जिनके स्वयं लेखक द्वारा तैयार किए जाने की पूरी संभावना होती है। बाद के संपादन में साहित्यिक सामग्री का कुछ विस्तार करने के साथ-साथ हम कवितावली की कमजोर कविताओं को अथवा एक ही विषय पर उपलब्ध कवित्तों को अनावश्यक मानकर अपने पाठ से हटाने की प्रवृत्ति भी देख सकते हैं।

लिपि-वर्तनी से इतर विकल्पों की कम संख्या और संग्रह के आकार पर प्रश्नचिन्ह न लगना इस तथ्य की ओर संकेत करता है कि कवितावली का स्रोत लिखित रहा होगा। ब्राह्मणों द्वारा विरोध किए जाने का कारण यह रहा होगा

कि तुलसीदास भक्ति के लिए अब तक लिखित रूप में चली आ रही संस्कृत (अथवा अपभ्रंश और प्राकृत) की संस्कृति से हट गये थे। अपने पुराने अवलोकन, निरीक्षण के आधार पर हम कवितावली के पाठ-इतिहास के पुनर्निर्माण की कोशिश कर सकते हैं। हो सकता है कि यह हमारा अनुमान मात्र ही हो।

कवितावली की संस्करणों की लगभग तीन शताब्दियों तक प्रतिलिपियाँ बनीं। इनमें कुछ कविताएँ जोड़ी गईं और कुछ हटा दी गईं, हालाँकि इस बात की पूरी संभावना है कि वे तुलसीदास-विरचित ही हैं। मीराँ और सूरदास के संकलनों के मामले में संग्राहक अति उत्साही थे जिसका परिणाम कविताओं कि संख्या में वृद्धि के रूप में सामने आया। पर कवितावली के मामले में लिखित परंपरा ने अनगिनत कवित्त जोड़ने की अनुमति नहीं दी। साथ ही शुद्धतावादी संपादक की काट-छाँट की प्रवृत्ति को आगे बढ़ने दिया। पांडुलिपियों की आधी संख्या मे से जो कविताएँ हटा दी गई हैं वे काव्यदोष दिखाती हैं न कि वैचारिक मतभेद। यह इस ओर संकेत करता है कि अठारहवीं और उन्नीसवीं शताब्दी के संपादकों का एक प्रिय शगल पाठ से वफादारी करने की अपेक्षा सौंदर्यपरक अथवा संरचनात्मक दोषों का निराकरण करना था। पदों के शुद्धतापरक चयन की तुलना में प्रारंभिक उपलब्ध पांडुलिपियों व संदिग्ध, अप्रामाणिक कविताएँ दोनों ही कवि को एक गलतियों, अपूर्णताओं और विनम्रता से परिपूर्ण, पर प्रतिभाशाली और मानवीय व्यक्ति होना प्रकट करती हैं।

19

बुन्देलखण्ड की दुर्लभ पाण्डुलिपिः भक्तिमनोहर

ओमप्रकाश लाल श्रीवास्तव

कवि निधानगिरि रचित 'भक्तिमनोहर' बुन्देलखण्ड में राम-काव्य परम्परा का एक महत्त्वपूर्ण अप्रकाशित ग्रंथ है। इसकी खोज लेखक द्वारा 1986 ई. में झाँसी जनपद (उत्तर प्रदेश) में बेतवा नदी के दायें तट पर स्थित एरच[1] के नृसिंह मन्दिर में की गयी थी। अध्ययन हेतु इस ग्रंथ को राजकीय संग्रहालय झाँसी में क्रय कर लिया गया था। इस ग्रंथ की रचना संवत् 1912 में की गयी थी-

जिहि विध हरि अवतार धर बरनत सहित हुलास।
संवत् भुज सिख निध ससी रामजन्म मधुमास।।

ग्रंथ के अनुसार निधानगिरि का निवास-स्थान 'एरच' और 'मोंठ' दोनों स्थानों पर था-

वेत्रवती दुहुं कूल पर कवि निधानगिर वास।
ऐरछ पुर थल तीर्थ सम दूजा मौंठ निवास।।

कवि ने बुन्देलखण्ड की सीमा बताते हुए कहा है कि इसके पूर्व में तीर्थराज प्रयाग, पश्चिम में ब्रज, उत्तर में गंगा-यमुना और दक्षिण में रेवा अर्थात् नर्मदा है-

पूरब तीरथराज पुन पच्छिम श्रीब्रजवास।
उत्तर गंग जमुन अवध दक्षिन रेवा आस।।

ग्रंथ-रचना के प्रयोजन के संदर्भ में निधानगिरि ने बताया है कि वेत्रवती से एक योजन की दूरी पर स्थित समथर नरेश चतुरसिंह श्रीराम के भक्त थे। उनके मंत्री ने हरिचरित्र के वर्णन हेतु कवि को आमंत्रित किया था-

वेत्रवती जोजन सु इक समतर पुर रमनीय।
चतुरसिंह महराज नृप रजधानी कमनीय।।
– –
चतुरसिंह महराज जुत सचिव प्रश्न असकीन।
हरिचरित्र वरनन करहु भक्तिभाव लवलीन।।
मीन कमठ जल जीव जे तिन तन हरि किम धार।
सूकर नरहरि श्रूप किम धरौ जक्त करतार।।
वामन तन कैसे कियौ विश्वरूप हरिनाम।
किम क्षत्री बिन धरन किय प्रगट परसधर राम।।
किहि कारन रविकुल कमल भान हरन महि भार।
कहहु नाथ विस्तार जुत प्रगट राम अवतार।।
कवन काज आभीर गृह प्रगटे कृश्न कृपाल।
विविध चरित किहि विध किये कहहु विचार दयाल।।

यह प्रबन्ध महाकाव्य मुख्य रूप से रामचरित्र (कहहु नाथ विस्तार जुत प्रगट राम अवतार) से सम्बन्धित है, फिर भी भगवान विष्णु के अन्य अवतारों का भी वर्णन इस ग्रंथ में किया है जिसमें अन्तर्कथाओं का भी सन्निवेश है। भगवत् कथा के सम्बन्ध में पूवतर्त्ती संदर्भों का उल्लेख करते हुए कवि ने कहा है-

जस विध गिरजा प्रत कहा व्यास सूत प्रत गाइ।
सूत सौनकादिकन सौं कहा अधिक सुख पाइ।।
तस विध चतुर महीप मन सादर सुनहु प्रसंग।
सावधान होकर सुचित मन अनुराग उमंग।।

कवि ने नवधा भक्ति का उल्लेख करते हुए भगवत् कीर्तन को श्रेष्ठ माना है। उनके अनुसार भक्ति-पथ में भिन्नता होते हुए भी सबका उद्देश्य एक ही ईश्वर की प्राप्ति है-

बहुर भक्ति नव विध कहत देत भागवत साख।
भिन्न भिन्न ताकौं सुनहु ऐक ठौर मन राख।।

× × × ×

भगवत कीर्तन सब सुख दाता। सहजहिं कलुष दमन विख्याता।
बाल्मीक नारद सुकदेवा। तुलसी सूरदास जयदेवा।।
पाइ परमपद हरि गुन गाई। अवहीं कहत सुनत तर जाई।।

× × × ×

अधिक होत क्रम क्रम भगत बरनी तीस प्रकार।
भक्ति भेद केवल यही समझहु सहित विचार।।
जस जस विध सैं मन लगे भक्तन कौ तस रीत।
होइ भक्ति सब ऐक सी प्रगट निरंतर प्रीत।।

भक्तिमनोहर का कवि निधानगिरि गोस्वामी तुलसीदास का परवर्त्ती एवं अनुगामी प्रतीत होता है। अत: 'रामचरितमानस' की भाँति यह ग्रंथ भी मंगलाचरण के श्लोकों के बाद क्रमश: सोरठा और चौपाई से प्रारम्भ होता है-

शार्दूलविक्रीड़ित- **हेरंवं गजआननं ससिधरं लम्बोदरं सुन्दरं**
गौरशंकरनन्दनं सिधनिधं ब्रह्माण्डपूज्यं वरम्।
कोटं कोट कलेस विघ्नसमनं भृत्यं कृपालंचिरं
पारावार अपार बुद्ध वरदं वन्दे निधानंगिरम्।।

सौरठा- **पुन सुमरहु गनराज सिवा शंभु नन्दन बरद।**
करहु सिद्ध शुभकाज बुध वारद मंगल भवन।।

चौपाई- **वंदहु चरन कमल सनकादी। जे समर्थ परमारथवादी।**
प्रनवहु जगदाधार अहीसा। व्यास आदि कवि कपल मुनीसा।।
कस्यप अत्र अगस्त समाजा। मरिच देवरिष भारद्वाजा।
जागबलंक पुलस्त पाराशर। मुनि वसिष्ठ वर गर्ग गुनागर।।
पुलह अंगरा गोतम गालव। कौसिक सतानंद जाबालव।
सौनकादि मुनिवृंद विसाला। वंदहु चरन कमल धर भाला।।

निधानगिरि ने ऋषियों से आशीर्वाद की प्रार्थना करने के बाद अपने पूर्ववर्त्ती कवियों एवं भगवत् भक्तों की वन्दना करके हरिचरित्र का वर्णन किया है-

पुन कलि कविन प्रनाम कर हरिचरित्र जिन भाख।
होहैं हैं जे हो गये प्रनवत पद सिर राख।।
भूसुर कोविद सुर असुर जे सुमिरत भगवान।
तिन पद कमल प्रनाम कर हरिजस करत बखान।।

गोस्वामी तुलसीदास की भाँति निधानगिरि ने भी अपने ग्रंथ में संत और असंत की वन्दना की है-

वंदहु संत चरन अरविन्दा।
जहाँ बसह मन मोर मलिन्दा।
मृदुल सुभाव परम कोमल चित।
जिमि जल तरु महि रवि ससि परहित।।
× × × ×
बहुर असंतन चरन नमामी। जिनह दर्प प्रिय मदहित कामी।
परनिन्दा जिनके प्रिय लागी। परगुन सुनत जरहिं बिन आगी।।

तुलसी का अनुगामी होने पर भी कवि ने कथा में अनेक परिवर्तन किया है। 'रामचरितमानस' में 'राम-केवल संवाद' राम वन-गमन के समय होता है, जब कि इस ग्रंथ में विश्वामित्र के साथ राम के जनकपुर जाने के मार्ग में यह कथा आ जाती है। इस प्रकार यहाँ पर स्थान और समय दोनों परिवर्तित हैं।

उल्लेखनीय है कि बाल्मीकि रामायण में गंगापार करने के बाद अहल्या-उद्धार की कथा वर्णित है, इससे पता चलता है कि गौतम ऋषि के आश्रम और जनकपुर के बीच गंगा नहीं पड़तीं, बल्कि आश्रम के पहले ही गंगा पड़ जाती हैं। निधानगिरि ने अहल्या-उद्धार के बाद गंगा पार करने की बात करते हुए राम-केवट संवाद को वहीं पर उपस्थित कर दिया है। इस प्रकार गौतम ऋषि के आश्रम और जनकपुर के बीच गंगा के होने की बात भौगोलिक दृष्टि से त्रुटिपूर्ण है, किन्तु कथानक की दृष्टि से यहाँ पर 'राम-केवट संवाद' समयानुकूल और कवि की प्रत्युत्पन्नमति का परिचायक है, क्योंकि अहल्या-उद्धार के तुरन्त बाद केवट द्वारा 'राम का चरण धोने की प्रार्थना अधिक स्वाभाविक है, जबकि तुलसीदास के ग्रंथ में 'राम-केवल संवाद' अहल्या-उद्धार के बहुत बाद की घटना है। अतः

निधानगिरि द्वारा राम-केवल संवाद के प्रसंग में समय और स्थान का परिवर्तन उनके काव्य में एक नया मोड़ ला देता है।

निधानगिरि अन्तर्कथाओं को जोड़ने में सिद्धहस्त हैं। धनुष यज्ञ के संदर्भ में फुलवाई प्रसंग के पूर्व ही राम की कोमलता और धनुष की कठोरता को सोचकर नगरवासी विविध प्रकार की कल्पना करते हैं। राजा जनक की कठोर प्रतिज्ञा की भी चर्चा करते हैं। राम लक्ष्मण के साथ समर्थ मुनि विश्वामित्र को देखकर उनमें विश्वास है कि राम और सीता का विवाह अवश्य होगा-

जिन मुनि भूप त्रिशंकु को स्वर्ग सेदह पठाइ।
विध सै कीन विवाद पुन सिस्ट नवीन बनाइ।।
तेई विश्वामित्र मुनि आये संग सहाह।
जान परत विध रच दियौ सिय रघुनाथ विवाह।।

'रामचरितमानस' में रावण द्वारा अपमानित होने पर विभीषण सीधे राम के पास जाते हैं, परन्तु निधानगिरि के अनुसार विभीषण माता केकसी के पास जाते हैं। यहाँ पर उनसे कुबेर मिलते हैं। भगवान शिव भी वहाँ आते हैं और विभीषण को राम के पास जाने की सलाह देते हैं। 'रामचरिमानस' से विपरीत विभीषण स्वयं न जाकर पहले मंत्री को भेजते हैं। 'भक्तिमनोहर' में रावण का दूत 'सुक' सुग्रीव को वापस लौट जाने के लिए कहता है, परन्तु 'रामचरितमानस' में ऐसा वर्णन नहीं है।

तुलसी के अनुसार लंका-युद्ध समाप्त होने के बाद अमृत-वर्षा से वानरों को जीवित किया गया था, परन्तु इस ग्रंथ में मेघनाथ के युद्ध के बाद ही वानरों को जीवित करने हेतु हनुमान द्वारा द्रोणागिरि लाये जाने का वर्णन है। निधानगिरि के अनुसार हनुमान श्रीराम से कहते हैं कि रावण रथ पर सवार है और आप के पास रथ नहीं है। अतः मेरी पीठ पर बैठकर युद्ध कीजिए। हनुमान की प्रार्थना के अनुसार श्रीराम उनकी पीठ पर बैठकर युद्ध करते हैं। यह कथा अन्य ग्रंथों से अलग है तथा युद्ध की विधा भी स्वयं में विचित्र है।

इस ग्रंथ में जगह-जगह काल-गणना भी प्राप्त होती है। इस संदर्भ में अयोध्या से वन-गमन तथा एक स्थान से दूसरे स्थान पर श्रीराम के पहुँचने का समय दिया गया है। समुद्र पर सेतु-निर्माण के बारे में भी बताया गया है कि पहले दिन 14 योजन दूसरे दिन 20 योजन, तीसरे दिन 21 योजन, चौथे दिन 22 योजन

और पाँचवें दिन 23 योजन मिलाकर कुल 100 योजन का पुल 5 दिन में बनाया गया था।

निधानगिरि के इस प्रबन्धकाव्य में 2969 चौपाई, 2324 दोहा, 3 तोटक, 2 झूलना, 4 मोतीदाम, 11 नाराच, 1 स्रग्धरा, 8 तोमर, 5 शिखरिणी, 13 चंचरी, 7 छप्पय, 7 भुजंगी, 1 शार्दूलविक्रीडित, 138 गीतक, 6 त्रिभंगी, 1 कुण्डलिया, 5 कवित्त और 46 सोरठा छन्दों का प्रयोग किया गया है।[2] कवि ने इन छन्दों की संख्या का योग (5551) भी सोरठा के माध्यम से कर दिया है-

पंच सहस सत पांच इक पचास ऊपर गनौ
श्रवन सुनत मन राच गावहिं सुजन समाज सुच।।

इस प्रकार इतिहास, भूगोल साहित्य,[3] धर्म, राजनीति (राजनीति वरनन करहु दुर्गम दुर्ग विचार) तथा छन्द आदि की दृष्टि से निधानगिरि कृत 'भक्तिमनोहर'[4] बुन्देलखण्ड की एक दुर्लभ एवं महत्त्वपूर्ण पाण्डुलिपि है।

सन्दर्भ-संकेत

1. एरच का 'ऐरछ' नाम चन्देलशासक परमर्दिदेव के विक्रम संवत् 1230 के महोबा ताम्रपत्रलेख में प्राप्त होता है। (इपिग्रैफिया इण्डिका, जिल्द 16, पृ. 12)। इसका प्राचीन नाम 'एरकछ' यहाँ के नगर-सिक्कों पर ईसा पूर्व तीसरी- दूसरी शताब्दी की ब्राह्मी लिपि में उत्कीर्ण है। द्रष्टव्य-श्रीवास्तव, ओमप्रकाश लालः टू टाइप्स ऑफ सिटी क्वायन्स ऑफ एरकछ, न्यूमिस्मैटिक डाइजेस्ट, जिल्द 21-22, पृ 1-3 थर्ड वेराइटी ऑफ सिटी क्वायन्स ऑफ एरकछ, जर्नल ऑफ न्यूमिस्मैटिक सोसाइटी ऑफ इण्डिया जिल्द 54-55, पृ. 10।

   परम्परानुसार एरच को हिरण्यकश्यपु की राजधानी कहा जाता है। यह एक महत्त्वपूर्ण पुरातात्त्विक स्थल है, जहाँ से प्राचीन सिक्के, मृद्भाण्ड, मृण्मूर्तियाँ, प्रस्तर मूर्तियाँ तथा अभिलेख आदि मिले हैं, जो भारतीय इतिहास में एक नवीन अध्याय जोड़ते हैं। द्रष्टव्य-श्रीवास्तव, ओमप्रकाश लालः ऑर्कियोलॉजी ऑफ एरच, डिस्कवरी ऑफ न्यू डाइनेस्टीज, सुलभ प्रकाश, वाराणसी, 1991, एरकछः ऐन ऐडमिनिस्ट्रेटिव न्यूक्लियस थ्रू द एजेज, चित्र वीथिका (इलाहाबाद संग्रहालय) जिल्द 5, 1999-2000, पृ. 223-227.
2. रच चौपही दो सहस नव सत उनत्तर ऊपर सही।
   दोहा कहे तेईस सत चौबीस तापर धारही।।

पुन तीन तोटक झूलना दो चार मौतीदाम है।
नाराच ऐकादस बखानै श्रगधरा इक नाम है।।
पुन अष्ट तोमर सिखरनी पच चंचरी तेरा भनी।
फिर सप्त छप्पद भुजंगीरिष सारदूल इका गनी।।
भन ऐक सत अरतीस गीतक त्रभंगी षटदीस हैं।
रच ऐक कुंडिलिया कवि पच सोरठा छ्यालीस हैं।। —निधानगिरि

3. भाषा भाषहु मानुषी छंद प्रबन्ध मिलाइ।
प्रगट अर्थ आखर करहिं सबको सुलभ सहाइ।। —निधानगिरि

4. तौ कारन यह ग्रंथ कौ भक्तमनोहर नाम।
सुनहै सज्जन प्रीत जुत लहहिं भक्ति कौ धाम।। —निधानगिरि

20

गुरुमुखी लिपि की राम एवं कृष्ण-कथा विषयक अल्पज्ञात पांडुलिपियाँ

सुनीता शर्मा

भारतीय जनमानस के समान ही पंजाब के कवियों को भी राम और कृष्ण की अद्‌भुत लीला ने प्रभावित किया। रामायण और महाभारत दोनों की कीर्ति की अक्षुण्णता पंजाब में आरंभ से बनी रही। पंजाब सीता का निर्वासन स्थान बना तो रामकथा भी यहीं रामतीर्थ, अमृतसर से रूपाकार लेती है जबकि भागवत के प्रचलन के संकेत भी 11वीं 12वीं शताब्दी से मिलते हैं। 12वीं शती में गीतकार जयदेव के प्रपितामह पुजारी पण्डित गिरधारी लाल ने पुत्रोत्पत्ति के लिए 'श्रीमद् भागवत' का पारायण किया था। पन्द्रहवीं शताब्दी में बद्‌दौकी, गुजरांवाला में भागवत दर्शन को अपनाकर 'गोसाईं मत' की स्थापना हुई और पंजाब के कई स्थानों पर इसके डेरे स्थापित हुए। इसी प्रकार धीरे-धीरे रामायण और महाभारत कथात्मक एवं लीलात्मक रूप में पंजाब की विचारधारा में आच्छादित होती रही जिसका परिणाम पंजाब में रचा जाने वाला विपुल राम और कृष्ण संबंधी साहित्य है। लोक के साथ-साथ कवियों ने अपनी भावाभिव्यक्ति हेतु ब्रजभाषा को अपनाया पर उसे लिखित रूप देते समय गुरुमुखी लिपि का सहारा लिया। अठाहरवीं और उन्नतीसवीं शती में दरबारों के प्रश्रय में रहने वाले कवियों ने ब्रजभाषा को गुरुमुखी लिपि में अपनी अभिव्यक्ति का माध्यम बनाया।

पंजाबी भाषा की विशिष्टता इसी में है कि वो गुरुमुखी लिपि में लिखी जाती है। गुरुमुखी लिपि की उत्पत्ति 'टक्क' लिपि से मानी गई है। दसवीं शताब्दी में डुग्गर क्षेत्र के टक्क राज्य में 'टाकरी लिपि' का प्रयोग डोगरी भाषा के लिए आरंभ हुआ और उस समय यह लिपि कश्मीर, डुग्गर और पंजाब के समस्त क्षेत्रों

में प्रयोग होने लगी। धीरे-धीरे इसका रूप संशोधित हुआ और अपने संशोधित रूप में यह कश्मीर में 'शारदा लिपि' कहलाई। पंजाब में टाकरी का विकृत रूप 'लंडे' अक्षरमाला के रूप में चला। 'लंडे लिपि' में लिखते समय स्वर चिह्न अकसर छूट जाते थे इसलिए 16वीं शताब्दी में गुरु अंगद देव जी ने नागरी लिपि से कुछ स्वर चिह्न लिए और लंडे के वर्णों का संशोधन कर 'गुरुमुखी' लिपि बनाई जो आज पंजाबी की लिपि है। दरबारों का प्रचलन होने के कारण राजाओं के आश्रय में इस लिपि ने खूब विकास किया।

दरबारों के समय कवियों द्वारा हुई पांडुलिपियां आज पंजाब के कई संग्रहालयों और पुस्तकालयों में सुरक्षित हैं। इसी संदर्भ में गुरु नानाक देव विश्वविद्यालय, अमृसतर के 'भाई गुरदास पुस्तकालय' में तीन सौ के करीब पांडुलिपियां हैं, इसमें राम और कृष्ण संबंधी लगभग पच्चीस के आसपास पूर्ण पांडुलिपियां हैं जो विभिन्न विषयों पर लिखी गई हैं। पूर्ण रामायण, महाभारत और गीता के अतिरिक्त पूतना विर्धन, गोप चरित्र, अरजनगीता, गीता भाष्य, सुदामा जी की बाराखड़ी, सप्तश्लोकी गीता, चतुष्लोकी भागवत, अवधूत गीता, शेष विरंच गीता, भीष्म स्तवराज स्तोत्र, गजेन्द्र मोक्ष, राम महिमा, राम जन्म, कष्किंधा कांड आदि शीर्षक लिए हुए हैं। गुरुमुखी लिपि में रचित इन दुर्लभ अल्पज्ञात राम एवं कृष्ण संबंधी पांडुलिपियों का परिचय निम्नलिखित है-

कृष्ण चरित्र संबंधी पांडुलिपियां : एक परिचय

1. गोप चलित्र (चरित्र) : कवि घनैया (M.S. 576) उक्त पांडुलिपि ग्रंथ संख्या 576 पर सुरक्षित है। रचना की जिल्द का आकार 14 × 23 सैं. मी. है। जबकि पृष्ठों का आकार 11.5 × 18सें.मी. हैं। कवि घनैया द्वारा रचित चार पांडुलिपियों का संग्रह इस ग्रंथ में है। देसी कागज पर लाल स्याही से हाशिया बनाकर कवि ने लेखनार्थ काली स्याही का प्रयोग किया है। संग्रह की पहली रचना 'गोप चरित्र' है जबकि अन्य तीन रचनाओं में 'पावसरुत', 'मुकरनी' तथा 'पटियाला दरबार की महिमा' आती है। 'गोप चरित्र' छः पृष्ठ छियालीस पदों की रचना है। रचना काल संवत् 1910 है।

कवि घनैया के जीवन संबंधी सूचनाएं साहित्येतिहासों में केवल कहीं-कहीं नाम के रूप में ही मिलती हैं पर इस पांडुलिपि के आधार पर इनके जीवनवृत्त पर जो प्रकाश पड़ता है उसके आधार पर पता चलता है कि कवि घनैया पटियाला के महाराज नरिंद्र सिंह के दरबारी कवि एवं पंडित थे जैसे-**"ग्रंथ गुरु भगवत कथा**

प्रिथम पहर करकार, श्री महाराज नरिंद्र सिंघ धरमती दरबार'' कवि ने इस ग्रंथ में महाराज नरिंद्र सिंह का यशोगान तो किया ही है इसके साथ ही उनके समयकालीन राजाओं, पूर्वजों तथा पड़ोसी राजाओं की सूचना भी दी है।

कृष्ण चरित्र से सम्बन्धित इस रचना का आरंभ चण्डी स्तुति से होता है। चार पदों में चण्डी का स्तवन करने के पश्चात् कवि ने 'गोप-चरित्र लिख्यते' से कथा का आरंभ किया गया है और कृष्ण कथा ऊधो के ब्रज पहुँचने के साथ आरंभ होती है। जैसे:-

ऊधो जी ब्रिज आइ के गयो यशोदा धाम।
चरणवंदना निज करी कहो किस्ण प्रमाण।। दोहा।।1।।

उद्धव के वहां पहुँचने पर माँ यशोदा कृष्ण के खानपान एवं सुख सुविधओं की चिंता व्यक्त करते हुए उद्धव से पूछती है-

''अब कौन गईआ दोवतो कौन देतो छाछ।
कौन माखन की चाट देते कौन दधमाट।।''

यशोदा उद्धव के सामने सारी कृष्णलीला को याद करती है और रोती है। यशोदा को दिलासा देने के पश्चात् जब उद्धव गोपियों के पास आता है तो वह गोपियों के साथ खड़ी राधा को योग की विभूति के बहाने कृष्ण का पत्र देता है-

''कंज काली मन मोहनी ललत वसावा साथ।
वटुया दीओ भवूत को पाती दीनी हाथु।। दोहा।।14।।

राधा कृष्ण को संदेश भेजते हुए कहती है केवल गोप-गोपियां ही नहीं गोकुल की गईयां भी घास नहीं खाती, बछड़े दूध नहीं पीते मोर भी वन में नाचते नहीं हैं। इस पांडुलिपि की यह विशिष्टता है कि उद्धव से योग शिक्षा सुनने के पश्चात् अंततः अपने प्रेम की दृढ़ता स्पष्ट करती हुई गोपियां भी कृष्ण को पत्र लिख भेजती हैं और कहती है-

"गोपी पाति लिख दई, दई द्वारका भेज।
वृजवालन के रिदै मैं सुरगुण ब्रह्म हमेज।। दोहा 42।।"

अंत में रचना का महत्त्व बताते हुए लिखा गया है:-

"गोपचलित्र विचित्र को पड़े सुने चितलाई।
ताको कार्य श्री क्रिस्म करे सद मनुलाई।। दोहा 46।।"

भाषा एवं लिपि-प्रस्तुत पांडुलिपि की भाषा ब्रज के जिसके साथ बहुत से गुरुमुखी लिपि के वर्ण भी प्रयुक्त किए हैं जिससे गुरुमुखी में रचना करने का आभास मिलता है। कवि के लिए 'कव' कविता के लिए 'कवता आदि कवि के गुरुमुखी प्रेम की ओर इंगित करते हैं। कवित और दोहा छन्द की इस रचना में कवि ने विरह के प्रभावशाली चित्र खींचे हैं।

2. रुकमनि मंगल लीला विनोदः नवीन कवि (MS. 933)

प्रस्तुत हस्तलिखित पांडुलिपि की मोटाई 1.2 सैं.मी. और जिल्द का आकार 10×6 सै.मी है। पृष्ठों का आकार 9.7 सैं.मी. और 5.5. सैं.मी. है। देसी कागज पर काली स्याही से साफ व स्पष्ट लिखा है। छन्द, शीर्षक तथा विशेष कथन लाल स्याही से लिखे गये हैं। रचना के कुल 86 पृष्ठ तथा 490 दोहे हैं। प्रत्येक पृष्ठ पर पंक्तियों की संख्या 12 से 17 तक है। कृति के अंत में कवि ने पुनः गणेश वंदना करके ईश्वरीय कृपा का गुणगान किया है। इसकी दोहा संख्या एवं अध्याय संख्या देखकर लगता है कि यह 'रुकमनि मंगल लीला विनोद ग्रंथ' का एक अंश है जिसे कवि ने स्वयं 'रुकमनि मंगल' शीर्षक के अंतर्गत रखा है जैसे कि पांडुलिपि के अध्याय समाप्ति से भी पता चलता है:-

"इति श्री लीला विनोद ग्रंथे आदी रुकमनि मंगल नृपबंस वर्णन रुकमनि बाललीला बरनन उनीसओध्याय।"

प्रस्तुत पांडुलिपि का रचनाकाल रचना में कहीं स्पष्ट नहीं होता अपितु जिल्द पर इस का रचनाकाल संवत् 1920 और सन् 1863 दिया गया है। कथा में किसी शासक अथवा महत्वपूर्ण व्यक्ति का संकेत मात्र भी नहीं है जिससे समय का

कोई अनुमान लगाया जा सके पर रचना की लिपि के वर्णों की बनावट देखकर हम इसका समय निर्धारण करने में कुछ सफल हाते हैं जैसे—'ੳ' वर्ण की संरचना। यह वर्ण 19वीं शताब्दी के आरम्भ में लिखा जाने लगा था अत: प्रस्तुत कृति का रचनाकाल उन्नीसवीं शतब्दी का ही हो सकता है।

कृति की जिल्द पर रचनाकार का नाम 'नवीन' कवि वृंदावन अंकित है। इससे कवि का पूर्ण परिचय नहीं मिल पाता। विषयवस्तु में नवीन कवि का नाम एक दो स्थानों पर इस प्रकार मिलता है—"छंदगिधा नवीन कृत" तथा पुन नवीन कृत सवैये। जैसे कि अंकित नाम के साथ। लिखा गया है नवीन कवि वृंदावन, इसके अनुसार लगता है कि कवि वृंदावन का रहने वाला है पर कृति की भाषा उसे पंजाबवासी बताती है क्योंकि पंजाबी शब्दावली के साथ गुरुमुखी लिपि भी अपनाई गई है। अत: यह अनुमान भी है कि नवीन कवि वृंदावन का रहने वाला होगा और रीतिकालीन कवि आलम के बुलाने पर वृंदावन से पंजाब आ गया होगा क्योंकि कृति में आलम की 'श्याम स्नेही' का प्रसंग भी आया है जैसे—

"आलम स्याम सनेही की मापे कही न जाए।
पठे सुने जो को कथा मनवांछित फल पाय।।" 891।

कृष्ण कथा से संबंधित इस कृति की मुख्य घटना रुक्मिणी विवाह की है जिसे कवि ने विभिन्न प्रसंगों के माध्यम से दर्शाया है। कथा का आरंभ राजा भीखमसेन द्वारा वंशवृद्धि हेतु शिव-पार्वती की आराधना से होता है। शिव के आशीर्वाद से राजा के चार पुत्र तथा पुत्री रुक्मिणी का जन्म होता है। अल्प समय में गुरु से ज्ञान प्राप्ति कर वह अपनी सखियों सहित राजा को गौरी मंदिर बनाने के लिए प्रेरित करती है। उसकी सखी उसके मन में कृष्ण के प्रति आकर्षण पैदा कर देती है तो रुक्मिणी नित्यप्रति गौरी मां से कृष्ण प्राप्ति की प्रार्थना करती है। उसे शादी योग्य देखकर उसके पिता कृष्ण को रुक्मिणी के लिए योग्य वर जानकर द्वारका पुरोहित को तिलक लेकर भेजते हैं पर उसका बड़ा भाई रुक्म कृष्ण को गौएं चराने वाला कहकर अपने मित्र शिशुपाल को रुक्मिणी के योग्य जानकर चंदेर नगरी टीका भिजवाता है। यह समाचार प्राप्त कर रुकिमणी ब्राह्मण द्वारा पत्र भिजवाकर कृष्ण को कुंदनपुर बुलवा लेती है। गौरी पूजा हेतु गई रुक्मिणी का कृष्ण अपहरण कर लेता है। शिशुपाल, दंतब्रक, दमघोष, जरासंध तथा स्वयं रुक्म कृष्ण को रोकते हुए युद्ध करते हैं और पराजय का मुख देखते हैं। तब राजा भीखमसेन

स्वयं– कृष्ण-रुक्मिणी का विवाह कर एवम् समुचित दहेज देकर द्वारका के लिए विदा करते हैं। यथाः पुनः सूर्य ग्रहण के पर्व पर कृष्ण कुरुक्षेत्र जाते हैं। कृष्ण के वहां जाने पर समाचार सुन सभी राजा, पांडव तथा ब्रजवासी भी वहीं पहुंच जाते हैं। सबसे मिलने के पश्चात् कृष्ण रुक्मिणी को राधा से परिचित करवाते हैं। ग्रहण के अवसर पर सभी राजा कृष्ण की स्तुति कर अपने-अपने राज्यों को लौट जाते हैं और गणेश स्तुति के साथ ही कथा का अंत होता है–

''गज हये महि खरू गोधन जोई।। भाजन मुखन वसतर सोई।।
विविध भांत का दाज जो कीना। सोसभ रुकमणि संगहु दीना।।786।।

भाषा एवं लिपि की दृष्टि से यदि विचार किया जाए तो गेयता से परिपूर्ण इस पांडुलिपि की भाषा मूलतः ब्रज है पर पंजाब प्रांत में रहने के कारण कृति पर पंजाबी का प्रभाव भी है। यद्यपि कवि ने ब्रज भाषा और देवनागरी लिपि का प्रयोग किया है तो भी पंजाबी शब्द तथा गुरुमुखी लिपि भी कई स्थानों पर मिल जाती है। पंजाबी भाषा के प्रभावातंर्गत राजा भीष्मसेन को भीखमसेन, कुंवर को कंउर, अमृत को अंवृत, कृष्ण को क्रीसन, कृहम्, कृन्स शब्दों का प्रयोग किया है। कुछ विशेष वर्णो की संरचना हेतु देवनागरी के स्थान पर गुरुमुखी को ही अपनाया है जैसेः उ के लिए ਡ, ड के लिए ਙ, ख के लिए ਖ, झ के लिए ਝ, आदि। पंजाबी रूप देते हुए 'सिंहासन' को 'संघासन', 'ध्वजा' को 'दूजा' आभूषण को भुखन सरस्वती को सारसुती, देत वखत आदि के साथ-साथ पंजाबी शब्द दाज, मिलती साला, दधना, कंगना धनुष, फंवारों आदि शब्दों का प्रयोग किया गया है। विश्लेषण करने पर यह शब्दावली कवि की बहुज्ञता को तो स्पष्ट करती ही है साथ ही ऐसा लगता है कि कवि अपनी रचना को पंजाब प्रदेश में रहते हुए पंजाबी गुरुमुखी रूप देने में सफल हुआ है।

3. क्रस्म औतारः नंदलाल (MS 694-ग)

उक्त पांडुलिपि चार रचनाओं का संग्रह है जिसमें से पहली विक्रम अवतार शरणं दूसरी 'जनक सगाई' का 'क्रस्म औतार' तथा अन्तिम 'राम महिमा' शीर्षक से हैं। पांडुलिपि में दोनों ओर लिखे गये सैंतालीस पृष्ठ हैं। जिल्द का आकार 21 × 14 सैं.मी. है जबकि पृष्ठों का आकार 19 × 12 सैं.मी. है। लेखनार्थ कवि ने काली और लाल स्याही का प्रयोग किया है। हर वर्ण अलग-अलग लिखा गया

है जिसे शोधार्थी को जोड़कर पढ़ना है। जनक सगाई में कवि ने रचना काल संवत् 1772, माघ महीना लिखा है। 'क्रस्म औतार' रचना अठ्ठाईस पृष्ठों की है जो पृष्ठ सत्रह से चवालीस तक चलती है। पृष्ठ पुराने पड़ चुके हैं। रचना के अंत में कवि का नाम नंदलाल मिलता है यथा-**'लिखत हरसेवग नंदलाल'** पंजाब के साहित्येतिहासों में नंदलाल नाम के तीन चार कवि मिलते हैं उक्त कवि का समय रचना शैली, लिपि तथा भाषा उसे गुरु गोविंद सिंह का दरबारी कवि सिद्ध करती है इन्होंने गुरु गोबिन्द सिंह के दरबार में रहते हुए 'दीवान-ए-गाथा,' जीत विकास, और 'जंगनामा' आदि कृतियों की रचना की जो ज्ञात हो चुकी है। 'क्रस्म औतार' उनकी अल्पज्ञात पांडुलिपि है। इसकी भाषा और लिपि भी इनके पंजाबी भाषा ज्ञान को संकेतित करती है।

रचना की विषयवस्तु कृष्ण जन्म से लेकर कंस वध तक चलती है। वीनायक एवं चण्डी स्तुति से रचना का आरंभ कर कवि ने लिखा है कि वह कान्ह अवतार की कथा सुना रहा है और फिर इसके सुनने का महत्व भी बनाया है यथा—

''कन्हु औतार की कथा सुनैहै सौ बैकुंठे वासा लेही।।
किश्र कंस का कहु वाती सा। निरमन्न भा गोत पुराणं।।'' ध॰

वसुदेव-देवकी के विवाह से कथा आरंभ करते हुए कवि ने लिखा है कि विदाई के अवसर पर आकाशवाणी सुनकर कंस उन दोनों को विदा न कर कारावास में डाल देता है। स्वरक्षा हेतु वह उन दोनों के सात बालकों को मार डालता है। कृष्ण के समय जब उसे पता चलता है कि कन्या का जन्म हुआ है तो वह क्रोधित होकर पंडित को ही घर बुला लेता है मुहूर्त साध कर वह ज्योतिषी विश्वासपूर्वक कहता है :

''जै कन्या जऐ देवकी नारि। तौ अपरै हाथै गरदन मारै।।
हमारो जोउध सांचो होयो। सुत जायो तस कर ले गयो।
विप्र कहे कोई क्षलवल भयो।। बालक निहचै गोकल गयो।।''

उक्त पांडुलिपि की भाषा पंजाबी लिए ब्रज भाषा है पर लिपि में देवनागरी के साथ गुरुमुखी वर्णों का प्रयोग हुआ है। कवि की यह रचना संवादात्मक शैली में है तथा सभी पात्र गुरुमुखी लिपि तथा पंजाबी भाषा के हैं। जैसे-करूर ਓवचै,

कुन्हुवां वाउिवाचै, कंस उिवाचे, क्रहन उिवाचे। सिरी क्रिष्ण उिवाचै, राधारानी उिवाचै आदि।। ए ख, उ श्री आदि वर्णों के लिए पंजाबी के ਖ, ੳ, सिरी, कृष्ण के लिए क्रिहम क्रह्म, कन्हुवां, किश्र आदि शब्दों का प्रयोग किया है जो कवि के गुरुमुखी ज्ञान का संकेत करता है। इसके अतिरिक्त-'कुख' (गर्भ) 'राये' (राजा) ਖਾਣੀ (वखान) गोत (गोत्र) 'औतार' (अवतार) आदि पंजाबी भाषा के शब्दों का प्रयोग भी सराहनीय है।

4. भागवत दशम स्कन्धः कवि कृस्मदास (कृष्णदास) MS-695—गत्ते कपड़े में सजिल्द इस पांडुलिपि के 182 पृष्ठ हैं। जिल्द का आकार 29 × 24 सैं.मी. है जबकि लिखित पृष्ठों का आकार 20 × 18 सैं. मी. है पृष्ठ के दोनों ओर लाल स्याही से हाशिया खींचा है। प्रत्येक पृष्ठ में 20 पंक्तियाँ है और रचना में कुल नब्बे अध्याय हैं। कृति पर रचना काल संवत् 1908 दिया है। पांडुलिपि का आरम्भ माघ मास की नवमीं तिथि को तथा समाप्ति चैत्र मास की दशमीं तिथि को हुई है। जैसे **"संवत 1908 चेत्रवदि चंद्रवासरा लिष्यंत लक्ष्मणदास भणेत गोते मध्य पठनार्थ भवानदास।"** कथा के आरंभ और अंत में ही कवि का नाम कृस्म दास (कृष्णदास) मिल जाता है। जबकि लिपिकार लक्ष्मणदास है जिसने भवानदास के पठनार्थ इसका लिप्यंतरण किया है। ऐसा लगता है कि कृति की रचना किसी सम्प्रदाय विशेष के लिए की गई है।

रचना का आरंभ गणेश वंदना से करते हुए—**"अथ भागवत दशम स्कंद भाषा कृस्म दास कृति लिख्यते"** कवि ने स्वयं के विषय में बताया है कि पहले वह निर्गुण विचारधारा से सम्बन्धित था पर अब सगुणवादी हो गया है। जैसे-

दो मति घट महि परसपर बोलत एक समान।
इक गावै गुण स्याम के इक वर्जे सुर ज्ञान।।"

इस कृति की यह विशिष्टता है कि इसमें कृष्ण स्वयं अपने अवतार का कारण उस अनंत प्रभु की आज्ञा बताते हैं यथा:

"आज्ञा भई अनंत की मानुख धरों शरीर।
जदुकुल महि अवतार धरसकल उतारो पीर।।"

कवि द्वारा कृष्ण जन्म का यह प्रसंग गुरु गोबिन्द सिंह के विचित्र नाटक से

प्रभावित है क्योंकि गुरु गोबिंद सिंह भी कहते हैं कि यह कीट उस अनंत प्रभु की आज्ञा से ही इस जगत में अवतार लेता है। तत्पश्चात् कृष्ण लीला के विविध प्रसंगों जैसे बचपन में अनेक राक्षसों का वध करने के पश्चात् कृष्ण का मथुरा आना, कंस वध तत्पश्चात् द्वारका प्रस्थान और फिर कृष्ण-अर्जुन का संवाद व अंततः सूर्य ग्रहण के अवसर पर सभी यादववंशियों का कुरुक्षेत्र में एकत्र होना आदि पर प्रकाश डाला है। यथा:

"सूर्य ग्रहण जगत महि आयो। जोत कीयां कहि प्रगटि सुनायो।।
हरि कहियो कुरुक्षेत्र जाहिं।। करहि दानु सति कर्म कमाहि।।"
"चली सभो ही यादव जाति। तिनि सो सैना नाना भाँति।।
प्रधम्न आदि हरिपूत सुजान। तिन वी जीवन श्री भगवान।।"
"चले क्षेत्र को श्री भगवान।। चले राम जी पूर्ध पुराना।।
चले पिता वसुदेव महान।। हरि के पूत चले सुद ज्ञान।।"

इसी समय कृष्ण सब को उपदेश देते हैं और कवि रचना का अंत करता है।

रचना की भाषा ब्रज है जिस पर पंजाबियत का प्रभाव है। दोहा-चौपाई शैली में रचित इस कृति में कवि ने सिठनियों का समावेश भी किया है जो विवाहादि के अवसर पर वधु पक्ष की ओर से वर-पक्ष की दी जाती है और पंजाब की संस्कृति की यह विशिष्टता है। गेय शैली में रचित यह पांडुलिपि भागवत् के दशम स्कन्ध से प्रभावित होने पर भी कवि की मौलिकता की परिचायक है।

5. स्नेह लीला: श्री मोहनदास (MSG.46ध)—संग्रह की चौथी रचना है जो पृष्ठ 47 से 57 तक चलती है। रचना का आकार 16 ×14 सैं. मी. है जबकि पृष्ठों का आकार 11 × 11 सैं. मी. है। लेखनार्थ काली स्याही का प्रयोग किया गया है तथा पूर्ण विराम एवं रचना के आदि अंत के लिए लाल स्याही का प्रयोग हुआ है। पृष्ठों के ऊपर-नीचे काली तथा लाल स्याही के फूलदार बोर्डर बने हैं जबकि चारों ओर लाल स्याही का हाशिया बना है। एक सौ पच्चीस पदों वाली इस पांडुलिपि के अंत में कवि का नाम श्रीस्वामी मोहनदास मिलता है यथा-"इति श्री स्नेह लीला श्री मोहनदास कृत संपूर्ण।" जबकि रचना स्थान मुजफ्फरनगर मिलता है। इस पांडुलिपि का लिपिकार मिश्र अनूपराय है जिसने मुजफ्फरनगर में इसे लिपिबद्ध किया। रचना में श्री स्वामी मोहनदास ने श्री मुकंद दास को स्मरण किया है यथा-**"श्री मुकंद भने मधुप्रजा सकल संत अनुराग।"** इससे यह भी

लगता है कि उक्त पांडुलिपि की रचना सम्प्रदाय विशेष के लिए की गई है।

रचना की विषयवस्तु उद्वव के ब्रज जाने से लेकर स्नेहलीला के महत्त्व पर समाप्त होती है। कथा का आरंभ गणेशवदंना के पश्चात् **"अथ स्नेह लीला लिख्यते।"** से होता है तथा सीधे रूप से कथा आगे बढ़ाते हुए कवि ने लिखा है-

"एक समै ब्रजवास की सुरति करी हरिराय।
निज जन अपनो जानि के ऊधो लिया बुलाय।।"

कृति की यह विशिष्टता है कि इसमें कृष्ण उद्धव को अपने वस्त्र किरीट-मुकुट पहनाने के पश्चात् अपने ही रथ पर ही ब्रज भेजता है यथा-

"बागो अपने अंग को किरीट मुकट परिहानि।
श्री कुंडल माला इर्द अपनो वेए वषानि।
अह अपनो रथ साजि के संग सारथी दीन्ह।
ऊधो चरन प्रणाम करि रथ आरोहन कीन्ह।।7।।"

ऊधो द्वारा गोपियों को समझाने पर गोपियाँ अपने जन्म का कारण बताती हुई कहती हैं-

"देह धरी जा कारनै लगिये जाके काम।
मन वरया रस सौ भयो नहीं योग सौ ठाम।। 99।।"

अंततः गोपियों से प्रभावित होकर ऊधो भी कृष्ण स्तुति करते हैं और अन्त में मथुरा आकर कृष्ण को ब्रज की सारी स्थिति से परिचित करवाता है तब कृष्ण अपना गोपी प्रेम और अपने जन्म का उद्देश्य बताते हुए कहते हैं-

"तब हरि ऊधो सौ कहै जानत हौ सब अंग।।
मैं कबहूं छोड़ नहीं ब्रज वासिन को संग ।।118।।"
"ब्रज तजि अंत न जाय हौं मेरे तोय हु टेक।।
भूतल भार उतारि हौ धरि हौ रूप अनेक।।118।।"

भाषा-लिपि की दृष्टि से प्रस्तुत पांडुलिपि ब्रजभाषा में लिखी गई है। सारी रचना दोहा छंद में है। लिपि देवनागरी है शैली संवादात्मक है। सारे प्रसंग में कवि की मौलिकता के भी दर्शन होते हैं। जैसे ऊधो को ब्रज भेजने का कारण, गोपियों के जन्म का उद्देश्य, कृष्ण अवतार का लक्ष्य तथा स्नेह लीला नामकरण की विशिष्टता आदि स्थल दृष्टव्य हैं।

6. **श्री भगवते महापुराण दसम स्कन्धः कृहमदास (MS-1037)**—संग्रह की पांचवीं पांडुलिपि पन्द्रह पृष्ठों की है। जिल्द का आकार 12 × 16 सैं.मी. है जबकि पृष्ठों का आकार 8 × 13 सैं.मी, है लिखाई साफ एवं पठनीय है। रचनाकार का नाम कृहमदास (कृष्णदास) है यह कवि सिंध क्षेत्र के रहने वाला था जो आजकल पाकिस्तान में है रचना के आरम्भ में कवि ने स्वयं को सिंध क्षेत्र का निवासी बताया है यथा-

"षीरसिंध वासी सुषरासी सदा विगासी किर्पा करो।।
वासदेव लील्हा जो कीनी सो हमारे घर माह करो।।"

गणेश स्तुति से पांडुलिपि का आरंभ करते हुए उस परम पुरुषोत्तम को भी स्मरण किया है और रचना के महात्म्य पर प्रकाश डाला है। इस रचना की यह विशिष्टता है कि इसमें कृष्ण अपने जन्म का उद्देश्य बताते हुए कहते हैं कि अंनत प्रभु की आज्ञा से ही मैंने जदुकुल में अवतार लिया है यथा-

"वानी भई अंनत देव की जद्कुल में औतार धरों।।
दृष्ट संघार उधारो सभ जन जग में परम आनंद करो।"

कृष्ण अपने अवतार ग्रहण से पूर्व देवताओं को धरती पर अवतरित होने की आज्ञा देते हुए कहते हैं-

"सभी देव जदगुल में पृगटो पृगट हमारी टहल करो।
हों होवो देवकी सुत नंदन चलो वचन ले सीस धरो।।"

वसुदेव-देवकी के विवाह अवसर पर आकाशवाणी और फिर दोनों को बंदी बनाना और फिर देवकी की अष्टम संतान के जन्म पूर्व प्रभु द्वारा उन्हें साक्षात्

दर्शन देकर यह कहना कि आपके गर्भ से मेरा जन्म आपके तप का ही परिणाम है ऐसी घटनाएं हैं जो कथा को गति देती हैं। तत्पश्चात् ब्रज में कृष्ण लीलाओं पर संक्षिप्त रूप प्रकाश डालते हए अक्रूर का ब्रज में आना और कृष्ण को लेकर जाते समय यमुना स्नान और स्नान करते हुए कृष्ण दर्शन प्रसंग भी बहुत ही प्रभावशाली बन पड़ा है। सर्वज्ञ होते हुए भी कृष्ण अक्रूर से पूछते हैं-

"प्रभु बोले क्यु चकत चाचा जी कछु देषयों जलमांही।
जन बोले तुम पूज जगत के तुम तें ऐ अचरज नांही।।"

तत्पश्चात् उद्धव का ब्रज आना, मथुरा को त्याग कर कृष्ण का द्वारका में बस जाना आदि प्रसंग इतने चित्रात्मक ढंग से वर्णित है कि पाठक के सम्मुख फिल्म का सा दृश्य आ जाता है। जैसे सुदामा प्रसंग का उदाहरण प्रस्तुत है-

"संत सुदामा प्रभु कीसर्न दुआर्का माह गया।
सचुखा लोक ते सुंदर अत ऊँचे द्वज को ग्रहप्रभ किया।।"

कृष्ण द्वारा सभी राजाओं को भयरहित कर व्रजवासियों के साथ कुरुक्षेत्र में सबका मिलन व सबको याद करते हुए कृष्ण का पुनः द्वारका आना भी विशेष महत्व रखता है जैसे-

"गोपी भूप विदया सभ कीने तक ही हरि पुन फिर आए।
बीच दुआरका आन विराजे नारद हरि के जस गाए।।"

अंत में कृष्ण की लीलाओं का वर्णन करते हुए कवि ने लिखा है-

"ब्रहम्न के बालक सब आने अरजन की कीरत कीनी
जल करोडा तीया संग पुन माधो वह विध कीनी।"

इसके साथ ही कवि ने रचना के अंत में प्रेम भक्ति के विकास हेतु प्रार्थना की है यथा-

"कृहमदास की यही याचना प्रेम भगती वधती जाये।।"

भाषा-लिपि की दृष्टि से उक्त पांडुलिपि सरल ढंग से दोहों में लिखी गई है देवनागरी लिपि का प्रयोग करते हुए भी पंजाबी लहजा अपनाया गया है। गुरुमुखी लिपि का प्रयोग भी यथास्थान हुआ है। पूर्ण दशम स्कंन्ध को एक फिल्म की तरह पाठकों के सम्मुख रखा है कृष्ण का पूर्ण जीवन सहसा चित्र पट की तरह आँखों के आगे आ जाता है।

7. श्री सुदामा जी की वाराधरी रचनाकार अज्ञात (MS 1159ट) संग्रह की ग्यारवीं दस पृष्ठीय पांडुलिपि। हर पृष्ठ पर काली एवं संतरी स्याही से हाशिया बना है। लिखित पृष्ठों का आकार 12 × 7 सैं. मी. है। पैंतीस दोहों की इस रचना की लिखाई साफ एवं सुन्दर है। इस पांडुलिपि की यह विशिष्टता है कि इसमें 'क' से लेकर 'ह' तक एक व्यंजन के साथ एक दोहा लिखा है जैसे-

"जजा जयों जगतपति ईसा।। जाकों ध्यावे सुर तैंतीसा।।"

तथा

"ददा देखन ही को जग व्योहारा।। माया जाल बध्यो संसारा।।"

और

"भभा भोलेमन समझावौ।। जामै भवजल फिरि नहीं आवै।
ऐसी भक्ति करो मन मोरा।। जासे जरा मरन होय न तोरा।।"

दोहों में लिखी गई इस रचना में गेय, लय और तुकांत शैली का प्रयोग हुआ है। इसमें ज्ञान-गुणों का वर्णन किया गया है तथा मानव को आत्मा परमात्मा का भेद बताते हुए गुरु के महत्व का परिचय दिया है।

रामचरित्र संबंधी पांडुलिपियांः एक परिचय

1. रामचरित्रः माधोदास (MS. 5099-ख)

प्रस्तुत पांडुलिपि गुरु नानक देव विश्वविद्यालय, अमृतसर के पुस्तकालय में पांडुलिपि संख्या 5099 पर सुरक्षित संग्रह की दूसरी रचना है। संग्रह की पहली रचना में बैताल पचीसी है। इस रचना की मोटाई 1.2 इंच है जबकि जिल्द का

आकार 15 × 22 सैं.मी. और पृष्ठों का आकार 11.5 × 17 सैं.मी. है। देसी कागज पर काली स्याही से लिखा गया है। सत्रह पृष्ठों की इस रचना में दोहे हैं। रचनाकाल कृति में कहीं स्पष्ट नहीं होता अपितु संग्रह की पहली रचना पर संवत् 1804 श्रावणवदि 14 शनिवासरे शुभ लिखा गया है। ऐसा लगता है लाहौर के राजा दलीप सिंह के दरबार में दो दरबारी कवि थे। कवि प्रह्लाद तथा कवि माधोदास। इस संग्रह में दोनों की पांडुलिपियां सुरक्षित हैं।

रचना के अंत में कवि का नाम मिल जाता है जैसे-**''इती श्री माधोदास कृत रामचरित्र संपूर्ण'**। लाहौर दरबार के राजा दलीप सिंह की पत्नी ब्यालदेवी की साहित्य के प्रति रुचि थी। प्रस्तुत पांडुलिपियों में कवियों ने यह संकेत भी दिया है कि उक्त रचना दिलीप सिंह की पत्नी व्यालदेवी के निर्देशन में लिखी गई। जैसे-**श्रीमहाराज दलीप सिंह पत्नी श्री राणी देवी व्यालदेवी पीत्यै लिषेत' तथा 'शुभ भवतु चं व्यालदेवी आयुष्मान भव'**।

रचना की विषय वस्तु अयोध्या पति राम पर आधारित है। गणेश स्तुति के पश्चात् कवि ने रचना परिचय देते हुए लिखा है 'रामचरित्र लीष्या'।। राग घनासरी।।

सर्वप्रथम अयोध्या नगरी का परिचय देते हुए लिखा है-

''सात पुरी के सीरे आजोध्या उत्तम नगरी।। तहा वसे नृप दसरथ जाके नवनिध सगरी।''

रागों में लिखी इस रचना में राम जन्म से लेकर राम बनवास के पश्चात् अयोध्या लौटने तक की कथा है। कवि की यह विशिष्टता है कि उसने कौशल्या द्वारा राम जन्म का उद्देश्य पाठकों के सम्मुख रखा है। राम के अयोध्या लौटने पर माता कौशल्या कहती हैं-

''मात कुसल्या हरषया देषे राजा राम।।
जिह कारन अवतार लियो है करया सोई काम।।''

फिर कवि ने राम राज्य की सुख समृद्धि एव लीला का महत्त्व निम्नलिखित पंक्तियों में किया है यथा-

''राज करत राजा राम पाय दोष सभा जावे।।
जो एह लीला सुणे तेंह जो मांगत सोइं पावे।।'

अंत में "असुध लिखे का गुनाह माफ करना।" लिखकर कथा समाप्ति की है।

प्रस्तुत रचना की भाषा ब्रज है जबकि लिपि गुरुमुखी है। जहां तक कि इस रागबद्ध रचना में कवि ने उन्हीं रागों का प्रयोग किया है जो लगभग गुरु साहिब में प्रयुक्त किए गये हैं। शैली में भी पंजाबीपन है।

2. राम महिमा एवं राम महिमन्: अज्ञात एवं भवानीदास (M.S. 694ध MSG 35)

'राम महिमा' नामक पांडुलिपि का रचनाकार कवि नंदलाल प्रतीत होता है क्योंकि कवि की रचना शैली 'क्रस्म औतार' पांडुलिपि के समान है जो इस संग्रह की तीसरी रचना है। जबकि 'राम महिमन्' कवि भवानीदास द्वारा लिखी गई है। पहली पांडुलिपि मात्र चार पृष्ठों की है तथा दूसरी की पृष्ठ संख्या आठ है। भवानीदास पंजाब के पटियाला दरबार के कवि थे। भवानीदास कृत राम महिमन् के पृष्ठों का आकार 11.5 × 22 सैं. मी. है। प्रति पृष्ठ 25 पंक्तियों वाली इस रचना में 52 दोहे हैं। इसमें राम की अद्‌भुत कीर्ति का वर्णन किया है।

'राम महिमा' में नाम सिमरण और संकट मोचन राम के गुणों और प्रभाव का वर्णन किया है। यथा–

"संकट के हरसदा है साथी।। नांव लैत ਓवारे हाथी।
पड़े पुकार आंतर होय घऐ।। संहट मैं गाज ग्राह छुटाये।।"

भाषा एवं लिपि की दृष्टि में भवानीदास ने संस्कृतनिष्ठ भाषा का प्रयोग किया है जबकि दूसरी रचना पंजाबियत का रंग लिए गुरुमुखी लिपि की है जो सरल एवं आकर्षक भी है यथा–

गज का पाप भल्या हरे काट। लंका राव भभिछन थापा।
रावण के मनि मिथ्या आई। हर के हाथि मुयें गति पाई।।

दोनों पांडुलिपियां दोहा छन्द में हैं कई उदाहरणों एवं दृष्टान्तों के माध्यम से राम कृपा पाने के लिए भक्त को प्रेरित किया है।

3. जनक सगाई : रचनाकार अज्ञात (MS. 694ख)

दो पृष्ठीय इस पांडुलिपि में दोनों तरफ लाल स्याही के हाशिये हैं। काली स्याही का प्रयोग लेखनार्थ किया है। मंगला स्तुति के पश्चात् रचनाकाल संवत् 1773 दिया गया है यथा—

"सवत् सत्र: सै तिवोत्रउत्र महीना माह।।
जिव सैं पतल उचारी मेरे मन मै भयो उछाह।।"

तत्पश्चात् कवि ने जनक द्वारा सीता की सगाई का वर्णन करते हुए लिखा है—

"प्रर्थ जनक सगाई कीन्हीं सुंद्र वरं कुं कन्या दीन्ही।
आनंद रहो सगरा परवार।। अवला गावै मंगलचार।।"

तत्पश्चात् जनकपुरी में विवाह की तैयारियों का वर्णन भी किया है यथा—

"जब ही लिध अडेवा दीया।। पीछे साज व्याह का किया।" कवि ने सीता की सुंदरता का वर्णन करते हुए लिखा है—

"चंगे धेस सुनरी घड़ी।। मंग विराजै मोती जड़ी।"

पंजाबी भाषा के शब्दों और देवनागरी के साथ गुरुमुखी लिपि का प्रयोग किया है।

उक्त पांडुलिपियों की विशेषताएं

1. गुरुमुखी लिपि का प्रयोग करने पर भी इन कवियों के प्रदेश विशेष के उच्चारणगत प्रभाव को भी देखा जा सकता है। पंजाब में पंजाबी के दो तीन रूप मिलते हैं और इन दोनों तीनों रूपों के दर्शन इस पांडुलिपियों में मिल जाते हैं जैसे कवि नंदलाल की 'क्रस्म औतार' की भाषा पूरा पंजाबी का प्रभाव लिए हुए हैं: **"कन्हु और औतार की कथा सुणेहे सौ बैकुंठे वासा लेहे।"** तथा **"ईत लग जात कहा तेरो जाय"** आदि तथा कवि घनैया की भाषा उसे पटियाला क्षेत्र की मलवई पंजाबी सिद्ध करती है जैसे **'वृजवालन के विरै मैं सरगुण ब्रह्म हमेज।।"**

जबहि कवि माधेदास की भाषा का उच्चारण लहजा उसे लाहौर में बोली जाने वाली पंजाबी की सिद्ध करती है यथा—

"मात कुसल्या हरख्व्या देवे राजा राम"।

2. राम एवं कृष्ण संबंधी कृतियों की रचना करते हुए भी तत्कालीन कवि इतिहासपक्ष का भी जटिल प्रयास कर रहे थे जैसे माधोदास अपनी रचनाओं के माध्यम से एक ओर संवत् 1804 में महाराज दलीप सिंह के राज्य का वर्णन कर रहे हैं तो दूसरी ओर राजा की पत्नी व्याल देवी तथा अपने समकालीन कवि प्रहलाद का संकेत भी दे रहे हैं इसी प्रकार कवि घनैया संवत् 1910 में पटियाला सिंहासन पर महाराज नरेन्द्र सिंह के असीन होने का संकेत दे रहे जो कि ऐतिहासिक दृष्टि से ठीक बैठता है। फिर कवि नंदलाल गुरु गोबिंद की शासन प्रणाली का संकेत करते हैं जैसे-**"ग्रंथ गुरु भगवत कथा प्रथम पहर फरकार, श्री माहराज निरंद्र सिंह, धरमनीत दरवार।।"**

3. किसी न किसी तरह इन कृतियों के माध्यम से उक्त कवि अपने सम्प्रदाय के सिद्धान्तों का पालन भी कर रहे थे और सम्प्रदाय के विकास हेतु रचना भी कर रहे थे।

4. इन पांडुलिपियों के अध्ययन से पंजाब के सांस्कृतिक और धार्मिक परिवेश का पता भी चलता है जैसे नवीन कवि का रुकिमणी मंगल में कन्या के विवाह पर उन सब रीतियों का पालन किया गया है जो पंजाब में स्त्रियों द्वारा सम्पन्न की जाती है। दाज देने की प्रथा, विवाह के समय पंजाब में सयानी स्त्रियों को वैवाहिक गीत गाने के लिए बुलाया जाता है। सभी रीतियों के उपलक्ष्य में वो गीत गाती हैं। रुक्मिणी के विवाह में भी यह कार्य किया जाता है यथा—**"नगर नार सेयानी भली। गावत गीत बधाई चली।।"** इसी प्रकार पंजाब के धार्मिक वातावरण का भी पता चलता है कि पंजाबवासी यदि स्वयं वीर एवं साहसी थे तो उन्होंने अपने धार्मिक नेताओं राम एवं कृष्ण में भी उन गुणों को देखा है और उनका गुणगान भी अपनी कृतियों में किया है।

निष्कर्षत: कहा जा सकता है कि राम एवं कृष्ण का चरित्र जहाँ कवियों की मनस चेतना को उर्वरा बना रहा था वहीं पंजाब में राम एवं कृष्ण भक्ति धारा की अजस्र धारा को भी प्रवाहित करता था। इन महापुरुषों में दिव्य चरित्र में एक ओर तो पंजाबी समाज का मार्गदर्शन किया दूसरी ओर इनके व्यक्तित्व के विभिन्न

पहलुओं ने तत्कालीन कवियों को इतना प्रभावित किया कि अपार संख्या में लिखी गई कृष्ण और राम चरित्र संबंधी यह पांडुलिपियाँ– आज न केवल गुरु नानक देव विश्वविद्यालय के भाई गुरुदास पुस्तकालय में अपितु भाषा विभाग पटियाला, सेंट्रल लाईबेरी पटियाला, साधुराम आश्रम पुस्तकालय, होशियारपुर, सिख रैफरैंस पुस्तकालय, अमृतसर, गुरु रामदास पुस्तकालय, अमृतसर, जैन पुस्तकालय, अमृतसर में भी उपलब्ध है। इन अल्पज्ञात पांडुलिपियों का अगर अध्ययन किया जाए, तो न केवल पंजाब का बल्कि हिन्दी साहित्य के नये इतिहास लेखन आवश्यकता होगी।

21

एशियाटिक सोसाइटी बंगाल में संग्रहीत कतिपय वैष्णव पाण्डुलिपियाँ

सूफिया यास्मिन

मध्यकालीन, विशेष रूप से उत्तरमध्यकालीन भारतीय समाज और साहित्य की मुख्य प्रवृत्ति वैष्णव भक्ति थी। इसमें विष्णु के राम, कृष्ण आदि अवतारों की उपासना प्रमुख धार्मिकता थी। इस तरह इस समय को वैष्णव धर्म के उत्कर्ष का युग कह सकते हैं। धार्मिक उपासना की तीन पद्धतियों— कर्मकाण्ड, ज्ञानकाण्ड, भक्तिकाण्ड में से इस युग में भक्तिकाण्ड की प्रधानता रही जिससे यह समय भक्ति का युग भी कहा जाता है।

भारत के विभिन्न क्षेत्रों से प्राप्त हस्तलिखित ग्रंथों से विदित होता है कि इस युग में वैदिक देवता विष्णु प्रधान अवश्य थे परन्तु उनके प्रमुख अवतार राम और कृष्ण ने विष्णु से भी आगे बढ़कर प्रधानता ही प्राप्त नहीं की अपितु वे विष्णु से भी ऊपर परब्रह्म के रूप में आराध्य हो गये थे। जन-जन में इनकी लीलाओं के गान और श्रवण के साथ इनकी उपासना खूब लोकप्रिय हुई तथा विभिन्न कवियों के द्वारा बड़ी मात्रा में इनसे सम्बन्धित साहित्य की रचना हुई।

यहाँ यह भी उल्लेखनीय है कि राम और कृष्ण की उपासना के क्षेत्र में विभिन्न भक्ति संप्रदायों का प्रवर्तन हुआ, जिसमे आराध्य तो राम और कृष्ण ही थे लेकिन उनमें तत्व निरूपण, उपासना पद्धति आदि को लेकर भिन्नताएं भी थीं। इन सम्प्रदायों के बड़ी संख्या में लोग अनुयायी हुए जो अपने-अपने संप्रदायानुसार उपासना करते थे।

बंगाल के हस्तलिखित ग्रंथों को देखने से ज्ञात होता है कि इस समय में विष्णु से सम्बन्धित तात्विक ग्रंथों की रचना हुई जिसमें विष्णु का परब्रह्म के रूप में

तात्विक विवेचन तथा सम्बन्धित भक्ति दर्शन का निरूपण किया गया। बंगाल मुख्यतः देवी उपासना का क्षेत्र रहा है फिर भी यह युगीन प्रभाव ही था कि यहाँ वैष्णव भक्ति के रूप में, रामोपासना का तो उतना महत्व नहीं था लेकिन कृष्ण-उपासना का व्यापक प्रचार-प्रसार हुआ।

17वीं 18वीं शताब्दियों से ही उपलब्ध वैष्णव भक्ति परक हस्तलिखित ग्रंथों से ज्ञात होता है कि बंगाल में मुख्य रूप से कृष्ण भक्ति के श्रीचैतन्य गौड़ीय सम्प्रदाय का प्रचार-प्रसार खूब हुआ। इसका केन्द्र गौड़क्षेत्रीय नवद्वीप था। वस्तुतः बंगाल में कृष्ण-भक्ति की धारा चैतन्य महाप्रभु ने ही प्रवाहित की जिसमें उत्तर भारत को भी व्यापक रूप से प्रभावित किया। लेकिन-बंगाल में प्राप्त हस्तलिखित ग्रंथों में चेतन्य गौड़ीय सम्प्रदाय के अलावा अन्य कृष्ण भक्ति संप्रदायों से सम्बंधित ग्रंथ भी उपलब्ध हैं जिसमें श्रीमद् वल्लभाचार्या का शुद्धाद्वैत या पुष्टिमार्ग विशिष्ट रूप से उल्लेखनीय है।

बंगाल में हस्तलिखित ग्रंथ विभिन्न मठों, मन्दिरों, व्यक्तिगत संग्रहों व विभिन्न संस्थाओं में भी हैं परन्तु मुख्य रूप से एशियाटिक सोसाइटी कोलकता में संगृहीत हैं। प्रस्तुत लेख में A Descriptive Catalogue of The Sanskrit Manuscripts in the Collections of the Asiatic Society-Government Collection by Mahamahopadhyaya Harprasada Sastri—Revised and edited by Narendra Chandra Vedantatirtha and Chintahara Chakravarti, vol. XI, Published by The Asitatic Society 1957 (जिसे आगे संक्षेप में **डीसीएसएम** लिखा गया है) में सूचीबद्ध तथा एशियाटिक सोसाइटी कोलकाता के हस्तालिखित ग्रंथालय में उपलब्ध वैष्णव धर्म से सम्बन्धित कुछ अल्पज्ञात पाण्डुलिपियों का विवरण प्रस्तुत है।

(1) अवतारवादावली लेखक— पुरुषोत्तम पुत्र पीताम्बर (डीसीएसएम पृष्ठांक 890 कैटलॉग 8800/1323 IO Catl. No. 2497): यह ग्रंथ विभिन्न वैष्णव सम्प्रदायों के सिद्धांतों से वल्लभमत अथवा पुष्टिमार्ग के सिद्धांतों का तुलनात्मक अध्ययन प्रस्तुत करता है। यह मूल ग्रंथ का प्रथम भाग है जिसमें आठवां, दसवां और ग्याहरवां अध्याय है जबकि मूल ग्रंथ में 38 टिप्पणियाँ और 13 अध्याय हैं। इस ग्रंथ में शिवपुराण, अथर्व्वशिरः, सूदर्शनाचार्य्य, हरिवंश, अथर्व्वशिखा, नीलकण्ठ, चन्द्रशेखर, नृसिंहतापनीय, अमृतबिन्दु, नादबिन्दु, तैत्तिरीय-गीता, याज्ञवल्क्य, माण्डूक्य, मैत्रेयोपनिषत्, शङ्कराचार्य्यभाष्य, नृसिंहोत्तर-तापनी, विष्णुपुराण, पराशरोपपुराण, अप्पयदीक्षित, ब्रह्माण्डपुराण, आदित्यपुराण, संक्षेपशारीरक,

केनोपनिषत्, नारायणोपनिषत्, कैवल्योपनिषत्, ईश्वरगीता, छान्दोग्य, शिवतत्त्वविवेक, उत्तरगीता, मात्स्य व मोक्षधर्म्म को प्रमाण स्वरूप उल्लिखित किया गया है।

(2) विष्णुतत्त्व प्रकाश लेखक वनमालि मिश्र (डीसीएसएम पृष्ठ 778 कैटलॉग नं. 8695/1206) इस ग्रंथ का लेखक सूचना देता है कि वह वृन्दावन से 12 मील पूर्व में स्थित गांव का रहने वाला है। इस ग्रंथ में मध्व संप्रदाय की स्मृति पर कार्य किया गया है।

(3) **भावदीप** विष्णुतत्त्वनिर्णयपञ्चिकाटीका-लेखक आनन्दतीर्थ, टीकाकार राघवेन्द्रयति (डीसीएसएम पृष्ठ 786 कैटलॉग नं 876) स्थानीय कागज से निर्मित, आकार 10 × 4 इंच पत्र सं. 81, प्रत्येक पृष्ठ पर 16 पंक्तियाँ, 4000 श्लोक, टीका प्राचीन गद्य में। प्रारम्भ अथवा कलश इस प्रकार हैं—

श्री वेदव्यासाय नमः।।
श्रीमत्पूर्णप्रज्ञाचार्य्यगुरुभ्यो नमः।। अविघ्नमस्तु।। हरि ॐ।।
देवं नारायणं नत्वा पूर्णबोधादिकान् गुरून्।।
विवृणोमि यथाबोधं तत्त्वनिर्णयपञ्चिकाम्।।

ग्रन्थादौ मङ्गलमाचरति-विश्वस्येति।। विश्वोत्पत्त्यादिहेतुं रमावल्लभं वन्दे इत्युक्त्या ग्रन्थादाववश्यं वन्दनीयाया: सकलवाङ्मनसनियामिकाया देव्या अपि भगवदुपसर्ज्जनतो वन्दनं कृतं भवति।

ग्रंथ की समाप्ति अथवा पुष्पिका-
अमन्दानन्दसन्दोहदेहा इन्दीवरत्विषे।
नमः श्रीप्राणनाथाय भक्तभीष्टप्रदायिने।
इति श्रीमद्विष्णुतत्त्वटीका भावदीपे राघवेन्द्रयतिकृते तृतीय परिच्छेद:।।

वस्ततु यह आनन्दतीर्थ के ग्रंथ विष्णुतत्त्वनिर्णय पर टीका नहीं है अपितु इस पर कुछ स्पष्टीकरण दिये गये हैं। इस तरह इसमें जयतीर्थ कृत टीका पर टिप्पणियाँ है।

(4) **वैष्णवसुधा** (डीसीएसएम पृष्ठ 792 कैटलॉन नं. 8708/8481) स्थानीय कागज से निर्मित आकार 10×4 पत्र संख्या 78, प्रत्येक पृष्ठ पर 7 पंक्तियां, श्लोक 1200, नागरी-लिपि। यह ग्रंथ निम्बार्क संप्रदाय के अनुयायियों हेतु धार्मिक अभ्यासों के लिए मार्गदर्शक है। ग्रंथ के प्रारंभ में विष्णु को परब्रह्म प्रतिपादित कर लिखा गया है कि इसके भक्त ही मोक्ष के अधिकारी हैं। ग्रंथ के कुछ अंश इस प्रकार हैं-

श्री गणेशाय नमः।।
सर्व्वज्ञो जगतः कर्त्ता भक्ताभीष्टप्रदो विभुः।
यः केशवो नमामस्तं शरण्यं भक्तवत्सलम्।।

इह खलु निःशेषगुणत्रयकार्य्यजममृत्युजराव्याधिन्दुः खनिवृत्तिपूर्व्वकमनन्नुसुखावाप्तिः परमपुरुषार्थः इत्यादि।

सत्संप्रदायिनां भगवदनन्याश्रयाणां वैष्णवानामेव भगवत्प्राप्ति लक्षणो मोक्षो नेतरेषामिति प्रसिद्धं। अथ तथाविधवैष्णवानां ब्राह्मलक्षणान्युच्यन्ते, तानि च तुलसीमालिकोर्द्धवपुंड्रशंखचक्राद्यंकनानि। एवं सत्संप्रदा यिनामनन्यवैष्णवानां तुलसीमालिकोर्ध्वपुंड्रशंखचक्रादिचिह्नधारणं बाह्मलक्षणमिति सिद्धम्। इदानीं तेषां भजनीयं भजनप्रकारं चाहुः। ग्रंथ समाप्त इस प्रकार होता है-अलमतिविस्तरेण। पूर्व्वाचार्य्यैः सदाचारादिग्रन्थेषु सर्व्वविधोक्तः धर्माणां विस्तरेण निरूपितत्वादिह मदमतीनामुपकाराय संक्षेपः कृतः।

सद्धर्मसेविनः पुंसो भगवान् भक्तवत्सलः।
स्वपदं प्रापयत्येन माधवस्तं सदाश्रये।।
श्रीनिंबार्क्कपदाम्भोजस्मरणौद्रुद्धबुद्धिना।
संक्षिप्तोयं सास्त्रसारो जिज्ञासूनां हिताय वै।।

(5) विष्णुतत्त्ववसुधा (डीसीएसएम पृष्ठ 795 केटलॉग नं. 8712/8996) स्थानीय कागज से निर्मित, आकार $10\frac{1}{2} \times 4\frac{1}{2}$ पत्र संख्या 138, प्रत्येक पृष्ठ पर 7 पंक्तियाँ श्लोक संख्या 2750 नागरी-लिपि। ग्रंथ का प्रारंभ अथवा कलश इस प्रकार है-इह खलु धर्मार्थकाममोक्षेषु चतुर्विधपुरुषार्थेषु मोक्ष एव परमपुरुषार्थः नित्यत्वात्। तथाच श्रुतिः न स पुनरावर्त्तते इति शास्त्रान्ते व्याससूत्रं अनावृत्तिः शब्दात् अनावृत्ति शब्दादिति। न चेतरस्यामनित्यत्वं शंक्यं, तद् यथेह कर्मचितो लोकः क्षीयते एवमेवामुत्र पुण्यचितो लोकः क्षीयते एवमेवामुत्र पुण्यचितः लोकः क्षीयत् इत्यादि श्रुतिः, क्षीणे मृत्युलोकं विशन्तीत्यादिस्मृतेश्चानित्यत्वावगमात्। स च मोक्षः समस्तोपनिषत्समधि ागम्यब्रह्मज्ञानादेव भवति। तमेव विदित्वातिमृत्युमेति नान्यः पान्या विद्यतेऽयनाय इत्यादिश्रुतेः। तत्र सकलश्रुतिस्मृतिपुराणेतिहासेषु ब्रह्मपदेन परमात्मा पुरुषोत्तमो भगवान् श्रीविष्णुरेवाभिधीयते। स च निर्गुणः सगुणश्चेति द्वेधा। तथा हि ब्रह्मपदे व्रीहि बृद्धाविति धातुर्वृद्धिमाचष्टे। सा च प्रतियोगिविशेषानुपादानात् निरतिशयैव च विवक्षिता। सति च वस्त्वन्तरं तेन। परिच्छेदात् निरतिशयत्वं भज्येत।

(6) वैष्णवसिद्धान्तवैजयन्ती-प्रकाशिकासहिता लेखक-राघवेन्द्र मुनी (डीसीएसएम पृष्ठ 420, केटलॉग 8820 / 1113) स्थानीय कागज से निर्मित, आकार 14 × 7½" पत्र संख्या 98, प्रत्येक पृष्ठ पर 13 पंक्तियां, नागरी लिपि, अन्तिम भाग अपूर्ण है।

(7) **वल्लभाचार्यभगवत्वनिरूपण** लेखक-बिट्ठल राय पुत्र गोस्वामी दामोदर (डीसीएसएम पृष्ठ सं 924, केटलॉग 8825/10288) स्थानीय कागज से निर्मित, आकार 10× 5 पत्र संख्या 8, प्रत्येक पृष्ठ पर 9 पंक्तियाँ श्लोक संख्या 112, नागरी लिपि, लिपिकाल संवत 1934। पुष्पिका में इस ग्रंथ को ब्रजभूषणदास द्वारा संवत 1934 आश्विन कृष्ण पक्ष 3 में रचा गया है। ग्रंथ में वल्लभाचार्य को परमात्मा का अवतार निरूपित किया गया है। प्रारम्भ इस प्रकार है-भजेश्रीवल्लभाचार्य्यान् अनल्पकरूणार्णवान्।

सुधानिधिरभूदाविर्यतः श्रीविट्ठलेश्वरः। अथ चतुर्षु युगेषु यदा धर्म्मानिवृत्तिरधर्म्म-वृद्धिश्च स्यात् तदा तदा धर्म्मरक्षार्थमधर्म्मनिवृत्त्यर्थश्च भगवदवतारा भवन्ति। ग्रंथ की पुष्पिका इस प्रकार है-इति श्री मद्गोस्वामिदामोदरतनुज-श्रीविट्ठलरायविरचितं श्रीमद्वल्लभाचार्य्याणां साक्षाद्-भगवत्वनिरूपणं समाप्तिगात्। व्रजभूषणदासेन लिखितं। संवत् 1934 आश्विन कृष्ण 3। लेखक ने अपना मत इस प्रकार लिखा है-वल्लभपदस्य प्रियवाचकत्वेपि प्रियत्वस्यानन्दरूपात्वात् आनन्दस्य च परब्रह्मरूपत्वात् वल्लभाचार्य्याणां साक्षात्परब्रह्मरूपत्वं। निर्विवाद मिति दिक्।

(8) **विष्णुधर्ममीमांसा** (डीसीएसएम पृष्ठ संख्या 938 केटलॉग 8836/8440) लेखक नरसिंहभट्ट पुत्र सोमभट्ट। स्थानीय कागज से निर्मित, आकार 11×4½ | पत्र संख्या 149 प्रत्येक पृष्ठ पर 11 पंक्तियां, श्लोक संख्या 4900 लिपिकाल 18 वीं शताब्दी। इस ग्रंथ में विष्णु-पूजा की पद्धति दी गई है। पुष्पिका-इति पदवाक्यप्रमाणज्ञसोमभट्टतदनूजश्रीनृसिंहभट्टविरचिता श्रीविष्णुधर्म्ममीमांसा समाप्ता।

(9) **विष्णुप्रीति** (डीसीएसएम पृष्ठ संख्या 953, केटलॉग 8855/6519) स्थानीय कागज से निर्मित, पत्र संख्या 2 प्रत्येक पृष्ठ पर 6 पंक्तियां श्लोक संख्या 60 बंगाली लिपि, लिपिकाल 18वीं शबाब्दी। इस ग्रंथ में भगवान को ऐसे व्यक्ति के रूप में निरूपित किया गया है जो प्रेम व कृपा से परिपूर्ण है। ग्रंथ चैतन्य सम्प्रदाय से संबंधित है। ग्रंथ का आरम्भ इस प्रकार होता है-अथ देवताचैतन्यवादिमतेपि यत्र विष्णुप्रीत्यादिरूपफलकामसमभिव्याहारस्तत्रागतिरेव विष्णावीश्वरे प्रीतिपदार्थस्य सुखस्य नैयायिकादिभिर-नभ्युपगमात् ईश्वरसुखाङ्गीकर्त्तृभिरपि तत्सुखस्य जन्यत्वानभ्युपगमेन तत्फलत्वाप्रसङ्गे।

(10) **श्रीकृष्णसन्दर्भ अथवा भागवतसन्दर्भ** (डीसीएसएम पृष्ठ संख्या 842, केटलॉग 8760/3551) स्थानीय कागज से निर्मित, आकार 17½× 4¼" पत्र संख्या 172 प्रत्येक पृष्ठ पर 10 पंक्तियां, श्लोक संख्या 7300, बंगाली लिपि, लिपिकाल शक 1690 इसमें मूल ग्रंथ का केवल प्रथम और चतुर्थ संदर्भ दिया गया है। प्रथम संदर्भ इस प्रकार आरम्भ होता है-

श्रीश्रीकृष्णाय नमः।

कृष्णवणं त्विषा कृष्णं साङ्गोंपाङ्गास्त्रपार्श्वदम्।
यज्ञैः सङ्कीर्त्तनप्रायैर्यजयन्ति हि सुमेधसः।
अन्तः कृष्णं बहिगौरं दर्शिताङ्गादिवैभवम्।
कलौ सङ्कीर्त्तनाद्यैश्च कृष्णचैतन्यमाश्रिताः।

पुष्पिका-

श्रीकलियुगपावनस्वभजनविभजनप्रयोजनावतार श्रीश्री भगवत्कृष्ण चैतन्यदेवचरणानुचरविश्ववैष्णवराज सभाजनभाजन श्रीरूपसनातनानुशासन भारतीगर्भे। श्रीभागवतसंदर्भे तत्त्वसंदर्भो नाम प्रथमः संदर्भः। चतुर्थ संदर्भ की पुष्पिका-इति श्रीकलियुग ··· श्रीकृष्णसन्दर्भो नाम चतुर्थः सन्दर्भः समाप्तः। शकाब्दाः 1690। तारिख 14 इ ज्येष्ठ। श्रीमृत्युञ्जयदेवशर्म्मण स्वाक्षरमिदं पुस्तकञ्च। ॐ नमो भगवतेवासुदेवाय।

(11) **भक्तिरसमंजरी** (डीसीएसएम पृष्ठ संख्या 814 केटलॉग 8732/3724) स्थानीय कागज से निर्मित आकार 14×4½" पत्र संख्या 6, प्रत्येक पृष्ठ पर 9 पंक्तियां, श्लोक संख्या 120, बंगालीलिपि, लिपिकाल 19वीं शताब्दी। यह ग्रंथ ब्रह्मसंहिता के तीसरे अध्याय पर टीका है जो एक सौ अध्यायों में विभाजित हैं। इस ग्रंथ को बंगाल के वैष्णवों में आदर्श ग्रंथ माना जाता है। चैतन्य महाप्रभु कहते है कि वे इसे उत्तर भारत से लाए थे। प्रारम्भ-

श्री कृष्णरूपमहिमा मम चित्ते महीयताम्।
यस्य प्रसादाद् व्याकर्तुमिच्छामि ब्रह्मसंहिताम्।
दुर्य्योजनाऽपि मुक्तार्था सुविचारा दृशि स्मृतिः।
विचारे तु ममात्र स्याद्वाषीणां स ऋषिगति।।

यद्यप्याध्य शतयुक् संहिता सा तथाप्यसौ।
अध्यायसूत्ररूपत्वात्तस्याः सर्व्वाङ्गतां गतः।।
श्रीमद्भागवताद्येषु दृष्टं यत् मृष्टबुद्धिभिः।
तदेवात्र परामृष्टं ततो हृष्ट मनो मम।।

(12) **भक्तिरसामृतसिंधु** लेखक रूप-सनातन गोस्वामी (डीसीएसएम पृष्ठ संख्या 814, केटलॉग 8733/3312) स्थानीय कागज से निर्मित, आकार पत्र 16½× 4" पत्र संख्या 115, प्रत्येक पृष्ठ पर 60 पंक्तियां हैं, श्लोक संख्या 2800, लिपिकाल 19वीं शताब्दी। लिपिकर्त्ता दर्पनारायण शर्मा। ग्रंथ एकदम शुद्ध और बहुत अच्छे हस्तलेख में लिखा गया है। इसमें भक्तिरस का सुन्दर निरूपण किया गया है। पुष्पिका इस प्रकार है-इति भक्तिरसामृतसिन्धौ गौणभक्तिरसादिनिरूपण नाम चतुर्थः। समाप्तश्चायं भक्तिरसामृतसिन्धुरिति।। श्रीलदर्पनारायणादेवशर्मणः स्वाक्षरं पुस्तकोऽयम्।।

(13) **भक्तिरसामृतसिंधु-भक्तिसारप्रदर्शिनी** लेखक सनातन गोस्वामी, लिपिकर्ता विश्वनाथ (डीसीएसएम पृष्ठ संख्या 818) स्थानीय कागज से निर्मित आकार 15×5" पत्र पत्र संख्या 105 त्रीपथ फौर्म, 'बंगालीलिपि, लिपिकाल 19वीं शताब्दी। इसमें मूल ग्रंथ के साथ विश्वनाथ के द्वारा टीका की गई है। टीका का आरम्भ इस प्रकार होता है श्रीकृष्णचैतन्यचन्द्राय नमः। श्रीमद्रूप प्रसीद मे।। नमस्तस्मै भगवते कृष्णायाकुण्ठमेधसे। भो धत्ते सर्वभूतानामभयाः शाश्वतीः कलाः।।

(14) **षट्संदर्भ और भागवततत्त्वसंदर्भ** लेखक जीव गोस्वामी (डीसीएसएम पृष्ठ संख्या 818, केटलॉग 8740/ 679), (क) षट्संदर्भ-तत्त्वसंदर्भ, भागवतसंदर्भ, परमात्मन्संदर्भ, श्रीकृष्णसंदर्भ, भक्तिसंदर्भ, प्रीतिसंदर्भ। ग्रंथ का यह भाग स्थानीय कागज से निर्मित, आकार 12½×5½" पत्र संख्या 20 प्रत्येक पृष्ठ पर 8 पंक्तियां हैं, श्लोक संख्या 500 नागरी लिपि, गद्य पद्य में लिखित है। (ख) भागवतसंदर्भ-ग्रंथ के प्रारंभिक पत्र यूरोपियन कागज से निर्मित हैं, तत्पश्चात् पृष्ठ 92 से 103 तक स्थानीय कागज से निर्मित हैं। एक पृष्ठ पर 8 पंक्तियां हैं, ग्रंथ नागरीलिपि में है, गद्य-पद्य में लिखित है। जीव गोस्वामी ने इस ग्रंथ की रचना मथुरा में रूप और सनातन के अनुरोध पर की थी। इस प्रति का लिपिकाल संवत् 1921 है।

(15) **भावप्रकाशिका** (डीसीएसएम पृष्ठ संख्या 760 केटलॉग 8681/346) स्थानीय कागज से निर्मित, आकार 9½×4½" पत्र संख्या 17, प्रत्येक पृष्ठ पर 12 पंक्तियां, नागरीलिपि, रचनाकाल संवत् 1798। लेखन गद्य में है। यह आनन्दतीर्थ की कृति मायावाद-खण्डन पर जयतीर्थ की टीका है जो इस प्रकार प्रारम्भ होती

है-श्रीवेदव्यासाय नमः।। श्रीआनन्दतीर्थ भगवत्पादाचार्य्यगुरुभ्यो नमः।

ॐ कमलारमणं नत्वा पूर्णबोधेष्टदैचतम्।
व्याकुर्व्वे गहनमायावादखण्डनपञ्चिकाम्।।
स्पष्टार्थो य इह ग्रंथ स न व्याक्रियते मया।
ग्रंथगौरवभीरुत्वात् . . . .(?) ।।

मङ्गलाचरणपूर्व्वकं चिकीर्षितं निर्द्दिशतिः-नरसिंहमिति। नरसिंहस्यैष प्रणम्यत्वे हेतुः असह्योरुप्रत्यूहतिमिरापहमिति।

पुष्पिका-अत्रापि सर्व्वार्थान् साधयामि इत्यनेन नारायणोत्तमस्यैष सर्वशास्त्रार्थत्वोक्तेः सान्द्रा भक्तिर्मम अदांर्द्र (?) मध्वमानसपङ्कजे। वसंतं सन्तते कंसध्वंसिहंस भजेऽनिशम्।। इति श्रीब्रह्मण्यपूज्यपादानां शिष्येण व्यासयतिना भावप्रकाशिका समाप्ता।

(16) **भक्तिरसायन** लेखक मधुसूदन सरस्वती (डीसीएसएम पृष्ठ संख्या 672 केटलॉग 8546/654) इसमें मूल ग्रंथ का प्रथम अध्याय दिया गया है। अध्याय के अन्त में लेखक कहता है कि शेष भाग 'प्रेमन' शीर्षक से लिखा प्रथम गया है। यहां यह भी उल्लेख है कि लेखक सिद्धांतबिन्दु नामक ग्रंथ का भी लेखक है-सा चेयं प्रक्रिया चस्माभिर्विस्तरेण सिद्धान्तबिन्दौ प्रतिपादिता।

(17) **विष्णुतत्त्वनिर्णय** लेखक आनन्दतीर्थ अथवा मध्वाचार्य (डीसीएमएस पृष्ठ संख्या 749, केटलॉग 8670/133) स्थानीय कागज से निर्मित, आकार 9 × 4½" पत्र संख्या 21 प्रत्येक पृष्ठ में 14 पंक्तियां, श्लोक संख्या 600, नागरलिपि, प्राचीन और सामान्यतः सही व पूर्ण है, ग्रंथ के अन्त में लिखा है-

यस्य त्री युदितानि वेदवचने रूपाणि दिव्यान्यलं षट्तद्दर्शनमित्थमेव निहितं देवस्य भर्गो महत्। वायो रामवचोनयं प्रथमकं पक्षो द्वितीयं वपुः मध्वो यत्तु तृतीयमेतदमुना ग्रंथः कृतः केशवै।

(18) कृष्णामृतमहार्णव लेखक आनन्दीर्थ, टीकाकार कृष्णाचार्य (डीसीएसएम पृष्ठ संख्या 750, केटलॉग 8671/1334) स्थानीय कागज से निर्मित, आकार 13 × 6" पत्र संख्या 32, नागरलिपि, ग्रंथ प्राचीन और सामान्यतः सही व पूर्ण है। टीका का प्रारम्भ इस प्रकार है-

श्रीकृष्ण रुक्मिणीसत्या सहितं पाण्डवप्रियं।
नत्वा श्रीपूर्णबोधार्य्यन् गुरुनपि भजे गिरम्।।

पूर्व्वव्याख्या (न) कृतो नत्वा बालबोधाय सादरम्।
व्याख्यास्यामि यथाबोधं कृष्णामृतमहार्णवम्।।
अस्मद्गुरुपसादेन कृष्णचार्य्योऽहमञ्जसा।।

(19) रघुवरसत्सागरसंग्रह(डीसीएसएम पृष्ठ संख्या 778, केटलॉग संख्या 8696/8388) स्थानीय कागज से निर्मित, आकार 10½" × 5" पत्र संख्या 36 प्रत्येक पृष्ठ में 8 पंक्तियां, श्लोक संख्या 720, आधुनिक नागरलिपि में है। ग्रंथ का मंगलाचरण इस प्रकार है-

श्रीमन्नृत्यरारघावाय नमः।

दिव्यानन्तगुणार्णवस्त्रिगुणतः शून्यः सदाः यः स्वराट् वेदान्तापुरुषोत्तमोत्तम इति प्रज्ञाश्च गायन्ती यं। (?)

अंशा यस्य विरिञ्चिशम्भुहरयः सर्व्वेऽवतारास्तथा जन्माद्याश्च यतो भवन्ति जगतो यद्वा परब्रह्म वै।।

ग्रंथ रचना का उद्देश्य-श्रीमद्रामसखेन्द्रस्य पादपद्यमे प्राण्म्य च। मध्वाचार्य्यस्य सतां सद्भयः कुर्वे सत्सारसंग्रहं।। समाप्ति श्रीरामतत्त्वप्रकाशे उद्यद्भानुसपत्नरत्न-खचितस्तम्भालिसम्भाविते सोमस्तोमसमानमौक्तिकलतोन्मीलद् वितानोत्तमे। तिष्ठन्माण्डलिके प्रकाशपटलैरक्तातनक्तन्दिवेऽयोध्यामण्डलमण्डपे दशरथोत्सङ्गे हसन्तं भजे।। नारायणसहस्राणि कृष्णादिशतकोटिशः। कोटिकोट्वताराश्च जाता रामाङ्घ्रचिह्नतः।।

(20) **कृष्णवर्णन** (डीसीएसएम पृष्ठ सख्यां 790, केटलॉग संख्या 8706/1396) स्थानीय कागज से निर्मित, आकार 9½ × 4¼" पत्र संख्या 76 प्रत्येक पृष्ठ में 110 पंक्तियां, श्लोक संख्या 1824 नागरलिपि, प्राचनी और सामान्यतः सही। लिपिकाल 17वी शताब्दी। इस ग्रंथ में वाद-विवाद पूर्ण शैली में यह सिद्ध किया गया है कि उपनिषदों के ब्रह्म और शैवों के सदाशिव की तरह ही कृष्ण हैं। इसमें वेदान्त सूत्र के शैवभाष्यकार श्रीकण्ठ के अनुयायियों के विरुद्ध निर्देश दिये गये हैं। लगता है कि यह ग्रंथ पूर्ण नहीं है। ग्रंथ निर्माण का उद्देश्य इस प्रकार लिखा गया है-

पाषण्डखण्डनव्याजं सामश्रित्यात्मनुत्तये।
श्रीकृष्णवर्णनं कुर्वे गोविन्दं गुरुभक्तितः।।

श्रीकण्ठ कृतभाष्यस्थं तथा तट्टिप्पनोत्थितम्।
श्रीकृष्णवर्णनार्थं तु पाषण्डं किञ्चिदुच्यते।।

इह खलु जमु (?) स्तोतारः पूर्वां यथाविधीत्यादिश्रुतेः येन केनाप्युपायेन मनः कृष्णे निवेशयेदित्याद्यपवृंहणात् यथाकथञ्चित् श्रीकृष्णवर्णनस्य पुरुषार्थहेतुत्वप्रतिपत्तेः तान्येव कानिचिदधिकरणानि लिखयन्ते यन्निराकरणे श्रीकृष्णवर्णनं सम्भवति। प्रथमेऽध्याये तृतीयपादे ज्योतिर्दर्शनादित्यस्मिन्नधिकरणे यत्तत्र पाषण्डमुक्तं तत्तावल्लिख्यते छान्दोग्येऽस्य प्रजापतिविद्यायामाम्नायते विषयः। एष सम्प्रसादः।

(21) **निम्बादित्यप्रस्ताव** (डीसीएसएम पृष्ठ संख्या 793, केटलॉग संख्या 8790/1742) स्थानीय कागज से निर्मित, आकार 10×5" पत्र संख्या 19 प्रत्येक पृष्ठ में 9 पंक्तियां श्लोक संख्या 266 नागरलिपि। ग्रंथ का अन्तिम भाग पूर्ण नहीं है। यह ग्रंथ निम्बार्क सम्प्रदाय से संबंधित है। ग्रंथ का प्रारम्भ इस प्रकार है ॐ श्री गणेशाय नमः।। श्रीमते निम्बादित्याय नमः।।

यक्ष्यन्ति ख्यापयिष्यन्ति निम्बादित्यप्रवर्त्तिताः।
निम्बार्कस्यावतारित्वान्निदानत्वमिहोद्यतां।।
गदातनुशिवा ह्यत्वा शिवैतिह्यं स यक्ष्यति।
पद्मात्मा ब्रह्मतातस्तु ब्रह्मैतिह्यं स यक्ष्यति।।

(22) **हरिभक्तिरसामृतसिंधु** लेखक रूप गोस्वामी (डीसीएसएम पृष्ठ संख्या 816 केटलॉग संख्या 8709/1742) भोजपत्र से निर्मित है, आकार 14½×1½" पत्र संख्या 102, प्रत्येक पृष्ठ पर 5 या 6 पंक्तियां है। ग्रंथ उड़िया भाषा-लिपि में अलंकृत ढंग से लिखा गया है। लिपिकाल-महाराज दिव्यसिंहदेव के शासन का 18वां वर्ष। ग्रंथ अच्छी स्थिति में है और पूर्ण है। ग्रंथ की पुष्पिका इस प्रकार है-

इति हरिभक्तिरसामृतसिन्धौ गौगभक्तिरसादिनिरूपणो नाम चतुर्थो विभागः (समाप्तोऽयं भक्तिरसामृतसिन्धुः)।

श्रीदिव्यसिंहदेवस्य अष्टादशाङ्के श्रावणे मासि लिखतमिदं पुस्तकं। भीमस्यापि इत्यादि श्रीगोपालः शरणम्।

(23) **उज्ज्वलनीलमणिविकिरणलेश** (डीसीएसएम पृष्ठ संख्या 820 केटलॉग 8742/ 681) स्थानीय कागज से निर्मित आकार 16½× 4पत्र संख्यां 11, प्रत्येक पृष्ठ में 7 पंक्तियां, श्लोक संख्या 275, लिपि बंगाली। ग्रंथ प्राचीन और अच्छी

स्थिति में है। ग्रंथ की रचना गद्य पद्य में है। सुप्रसिद्ध विद्वान राजेन्द्रलाल ने इस कृति को जीव गोस्वामी की न मानकर रूप गोस्वामी की माना है। ग्रंथ का प्रारम्भ इस प्रकार है श्रीराधाकृष्ण अस्मिन्नाम्ना प्रोक्ता कृष्णस्तस्य च वल्लभा तत्र विषयालम्बनो नायकचूडामणिः।।

(24) **सर्वसंवादिनी** (डीसीएसएम पृष्ठ संख्या 821, केटलॉग 8743/1454) आकार 12½ × 4" पत्र संख्यां 25 प्रत्येक पृष्ठ पर 8 पंक्तियां, श्लोक संख्या 600 लिपि बंगाली। ग्रंथ सामान्यतः सही स्थिति में है। यह ग्रंथ जीव गोस्वामी कृत सुप्रसिद्ध षटसंदर्भ से संबंधित है। इसमें प्रथम तत्त्व सन्दर्भ तथा द्वितीय भागवतसंदर्भ पर संक्षिप्त टीका लिखी गई है। ग्रंथ का प्रारम्भ या मंगलाचरण इस प्रकार है-

श्रीकृष्णं नमता नाम सर्वसंवादिनी मया।
श्री भागवतसन्दर्भानुव्याख्या विरच्यते।।

ग्रंथ का उद्देश्य भागवत पुराण के अनुसार चैतन्य महाप्रभु को विष्णु का अवतार सिद्ध करना है। प्रारम्भ इस प्रकार है-

अथ श्रीभागवतसन्दर्भनामानं ग्रंथमारंभमाणो महाभागवतकोटिबहिरन्तर्दृष्टिनिष्टङ्कत भगवद्भावं निजावतार प्रचारितस्वरूपभगवत्पदकमलावलम्बितदुर्लभप्रेम-पीयूषयगङ्गाप्रवाहसहस्रं स्वसम्प्रदायसहस्राधिदैवं श्रीश्रीकृष्णचैतन्यदेवनामानं श्रीभगवन्तं कलियुगेऽस्मिन् वैष्णवजनोपास्यावतारतया अर्थविशेषालिङ्गितेन श्रीभागवतपद्य संवादेन स्तौति कृष्णेति।। एकादशस्कन्धे कलियुगोपास्यप्रसङ्गे पद्यमिदम् अर्थश्चत्विषा कान्त्यायोऽकृष्णोगौरः तं सुमेधसो कलौ यजन्ति।

दूसरे सन्दर्भ की टीका इस प्रकार प्रारम्भ होती है-अथ श्रीभगवत्सन्दर्भमा-रम्भताषिति तौ पूर्वोक्तरीत्या प्रसिद्धौ। अर्थवमिति। सत्ता प्रकाशः।

(25) **सारात्सारतत्त्वसंग्रह** लेखक रघुनाथदास-(डीसीएसएम पृष्ठ संख्या 822, केटलॉग 8744/3440) आकार 14 × 3¼" प्रत्येक पृष्ठ 5 पंक्तियां, श्लोक संख्या 540, लिपि बंगाली, लिपिकाल सम्वत 1728, ग्रंथ बदरंग हो चुका है परन्तु पूर्ण है। रघुनाथदास चैतन्य का अनुयायी था। ग्रंथ में पंचतत्त्वों का पांच अध्यायों में निरूपण किया गया है। छठे अध्याय में इन्हें लेकर वैष्णवौ के लिए विशेष विश्लेषण प्रस्तुत किया गया है। ग्रंथ का प्रारम्भ पंचतत्त्व के रूप में इस प्रकार किया गया है-

गुरु कृष्णः कृष्णनाम तद्भक्तिस्तज्जनस्तथा।
एते पञ्च निरूप्यन्ते त्यक्त्वा तद्विमुखान् जनान।

पुष्पिका इस प्रकार है-इति सारात्सारतत्त्वसंग्रहे पञ्चतत्त्वाख्यानं समाप्तम्। श्रीमद्गुरुप्रसादेन सारात्सारतत्त्वसंग्रहः। नानाशास्त्रोदयं रामवल्लभेन समुद्धृतम्।।

(26)**भक्तिभावप्रदीपक** लेखक-सुन्दरानन्द का एक शिष्य (डीसीएसएम पृष्ठ संख्या 826 केटलॉग सं. 8748/3354) स्थानीय कागज से निर्मित, आकार 16½× 4" पत्र संख्या 8 प्रत्येक पृष्ठ पर 8 पंक्तियां, लिपि बंगाली, लिपिकाल 18 वीं शताब्दी। अंतिम भाग अपूर्ण। चैतन्य सम्प्रदाय के भागवत पर आधारित इस ग्रंथ में श्रीकृष्ण के प्रति आस्था निरूपित की गई है। ग्रंथ का प्रारम्भ इस प्राकर है-

श्रीकृष्णाय नमः। गुरुं श्रीसुन्दरानन्दं सुन्दरानन्दविग्रहम्।
वन्दे यास्मात् प्रवक्ष्यामि भक्तिभावप्रदीपकम्।।
यश्चैतन्यं जगतां जनयति कृष्णप्रकाशभावेन।
नित्यसुखप्रदमनिशं काञ्चनगौरं नमस्यामि।
वन्दामहे भक्तजनान् भक्तिं चैवेश्वरं तथा।
भक्तात् प्रकाशते भक्तिः भक्त्या तं भजते यतः।।

(27) कृष्णभक्तिप्रकाशः (डीसीएसएम पृष्ठ संख्या 837 केटलॉग सं. 8756/3546) स्थानीय कागज से निर्मित, आकार 16 × 4½", पत्र संख्या 33 प्रत्येक पृष्ठ पर 7 पंक्तियां श्लोक संख्या 925 लिपि-बंगाली, लिपिकाल सम्वत 1696, ग्रंथ बदरंग हो चुका है परन्तु पूर्ण है। यह बाँकुड़ा के बालू रामवल्लभ भट्टाचार्य के लिए लिखा गया था। ग्रंथ की पुष्पिका इस प्रकार है-

रसाङ्कषडिन्दुदुतशाकेव्यलेखि कृतिना श्रीहरिरामेण। श्रीकृष्णभक्तिप्रकाशनामा जनकः परमानन्दसाधकानाम् कृष्णहरे। ... यदि भक्तिर्भवत्येषा कृष्णे सर्वेश्वरेश्वरे। तदाधिकारिणः सर्व्वे चण्डालान्ता मनीषिणः।

(28) **कृष्णभक्तिसुधार्णव** लेखक-राधामोहन गोस्वामी (डीसीएसएम पृष्ठ संख्या 837 केटलॉग सं. 8757/4508) स्थानीय पीतवर्ण कागज से निर्मित, आकार 17×5½", पत्र संख्या 150 प्रत्येक पृष्ठ पर 8 पंक्तियां, श्लोक संख्या 5500 लिपि बंगाली (आधुनिक स्वरूप में) ग्रंथ पूर्ण है। ग्रंथ में भक्ति के स्वरूप और भक्तिपूर्ण

आराधना का निरूपण किया गया है। ग्रंथ का प्रारम्भ इस प्रकार है-वन्दे राधामुखाम्भोजमधुसम्भोगलम्पटम्। गोविन्दं परमानन्दं वृन्दाकानननायकम्।। इस ग्रंथ में दो भाग हैं, जिनमें से प्रथम भाग का अन्त इस प्रकार है-श्रीकृष्णभक्तिसुधार्णवे भक्तिस्वरूपनिरूपणं पूर्व्वविभागः। अथोपास्यः।। दूसरे भाग की पुष्पिका इस प्रकार है- इति श्रीकृष्णभक्ति सुधार्णवे नैमित्तिकविवरणं नाम उत्तरविभागः। श्रीकृष्ण-भावमधुरामृतलेशलिप्सामम्प्रेरितेन विवृतं किल मोहनेन। एतच्च सात्वतमतं स्वमतिप्रचार मय्यांदमुत्सुकधिया रुचिरप्रबन्धम्।।

(29) **हरिनाम पटल** (एशियाटिक सोसाइटी हस्तलिखित ग्रंथालय संख्या 3581) स्थानीय कागज से निर्मित, आकार 12 × 4" लिपि -बंगाली, लिपिकाल बंगाब्द 1111 (सन् 1704 ई.) ग्रंथ पूर्ण है। अज्ञात लेखक कृत इस ग्रंथ में चैतन्यदेव और सनातन गोस्वामी के पारस्परिक संवाद के रूप में वैष्णव धर्म का निरूपण किया गया है। ग्रंथ में संस्कृत के संदर्भों को उद्धृत कर लेखक द्वारा उन्हें विश्लेषित किया गया है।

(30) **चैतन्यभागवत** लेखक वृन्दावनदास (ऐशियाटिक सोसाइटी हस्तलिखित ग्रंथालय संख्या जी-10715) तालपत्र से निर्मित आकार 41×14 सेंटीमीटर, भाषा लिपि-मध्यकालीन बंगाली, पत्र संख्या 227 चित्र संख्या 4, लिपिकाल 1850 ई.। तीन खण्डों आदिखण्ड, मध्यखण्ड, अंत्यखण्ड में विभाजित इस ग्रंथ में प्राचीन बंगाली वैष्णवौं का परिचय दिया गया है।

(31) **भक्तिप्रदीप** (एशियाटिक सोसाइटी हस्तलिखित ग्रंथालय संख्या जी 5378) बाकं आगलूचम से निर्मित इस ग्रंथ की भाषा लिपि आसामी है। ग्रंथ का लिपिकाल शक 1563 (सन् 1641 ई.) है। ग्रंथ में वैष्णव भक्ति के निरूपण से आसाम में वैष्णव धर्म का स्वरूप तथा प्रसार ज्ञात होता है।

(32) **गौरगणोद्देशदीपिका** रचयिता कवि कर्णपूर गोस्वामी (डीसीएसएम पृष्ठ संख्या 823, कैटलॉग 8745/677) फूलस्केप कागज पर लिखित, आकार 16 × 5¾" पत्र संख्या 8, प्रत्येक पृष्ठ पर 10 पंक्तियां, श्लोक संख्या 140, लिपि बंगाली प्रारम्भ इस प्रकार है-

श्री गौराङ्गो जयति। अथ गौरगणोद्देशदीपिका।
यः श्रीवृन्दावनभुवि पुरा सच्चिदानन्दसान्द्रो
गौराङ्गीभिः सदृशरुचिभिः श्यामाधामानन्र्त्त (?)
तासां शश्वत् दृढ़तपरिरम्भसम्भेदतः किं

गोराङ्ग सन् जयति स नवद्वीपमालम्बमानः।
अंतिम भाग-
खण्डवासौ नरहरेः साहचर्य्यान्महोत्तराः।
गौराङ्गकान्तशरणश्चिरं जीव सुलोचनं।।
गुरोर्नाम न मृह्णीयाद् ऋषिशास्त्रानुसारतः।
आत्मन्यपण्डितश्चैव श्रीचैतन्य · · · (?)

इति श्रीकविकर्णपूरगोस्वामिना विरचिता श्रीगौरगणोद्देशदीपिका।

विशेष-इस ग्रंथ में चैतन्य को श्रीकृष्ण की सहचरियों तथा श्रीराम के वानरों के तुल्य निरूपित किया गया है।

(33) **प्रमेयरत्नावली**-सटीक, लेखक बलदेव विद्याभूषण (डीसीएसएम पृष्ठ संख्या 828 केटलॉग 8749/1071) स्थानीय कागज से निर्मित, आकार 12¾ × 4¾" पत्र संख्या 20 प्रत्येक पृष्ठ पर 11 पंक्तियां, श्लोक संख्या 650 नागर लिपि, गद्य पद्य में लिखित सामान्यतः सही और पूर्ण।

प्रारम्भ-श्रीश्यामसुन्दरो जयतु।। जयति श्रीगोविन्दो गोपीनाथः समदनगोपालः।

वक्ष्यामि यस्य कृपया प्रमेयरत्नावलिं सूक्ष्मां।।

समाप्ति-नित्य निवसतु हृदय चैतन्यात्मा मुरारिर्नः निरवधिनिवृतिमान गजपतिमान् गजपतिरनुकम्पया यस्य।।

इति प्रमेयरत्नावली पूर्त्तिमागता।

इस रचना की टीका भी ग्रंथ में संयुक्त है। टीकाकार वेदान्त वागीश ने टीका का नामकरण कान्तिमाला किया है।

(34) प्रेमपत्तन-सटीक, लेखक नरोत्तमदास (डीसीएसएम पृष्ठ सख्या 831 केटलॉग 8751/1319) स्थानीय कागज से निर्मित, आकार 13 × 7½" पत्र संख्या 81 प्रत्येक पृष्ठ पर 12 पंक्तियां श्लोक संख्या 2880 नागर लिपि, लिपिकाल संवत् 1936, मूल रचना पद्य में है तथा टीका गद्य में है। यह बंगाली के ग्रंथ प्रेमरहाट पर आधारित है। ग्रंथ की टीका रसिकोत्तांश ने की है। यह चैतन्य सम्प्रदायानुसार माधुर्यपूर्ण कृति है।

(35) **संक्षेप भागवतामृत**-लेखक रूप गोस्वामी (डीसीएसएम पृष्ठ संख्या 840 केटलॉग 8759!10738) स्थानीय कागज से निर्मित, आकार 15 × 5" पत्र संख्या 23 प्रत्येक पृष्ठ पर 13 पंक्तियां, श्लोक संख्या 750 बंगाली लिपि, रचना काल 1714।

प्रारम्भ-

ॐ नमो गणेशायः।।
नमस्तस्मै भगवते कृष्णायाकुण्ठमेधसे।
यो धत्ते सर्व्वभूतानामभयायोशतीः कलाः।।

समाप्ति-इति श्रीसंक्षेपभागवातामृतं नाम सम्पूर्ण। शक 1714 श्री नियमानन्द-देवशर्मण लिखितमिति पुस्तकञ्च।

(36) **श्रीकृष्णसन्दर्भ अथवा भागवतसन्दर्भ**-लेखक जीव गोस्वामी (डीसीएसएम पृष्ठ संख्या 842, केटलॉग 8760/3551) स्थानीय कागज से निर्मित आकार 17¼ × 4½", पत्र संख्या 172 प्रत्येक पृष्ठ पर 10 पंक्तियां श्लोक संख्या 7300 बंगाली लिपि, रचनाकाल संवद 1690। इसमें जीव गोस्वामी कृत षट्सन्दर्भ का पहला और चौथा सन्दर्भ लिखा गया है।

प्रारम्भ- **श्रीश्रीकृष्णाय नमः।।**

कृष्णवर्ण त्विषां कृष्णं साङ्गोपाङ्गागास्त्रपार्श्वदम्।
यज्ञै सङ्कीर्त्तनप्रायैर्यजन्ति हि सुमेधसः।।

समाप्ति-शकाब्दा 1690 तारिख 14इ ज्येष्ठ। श्रीमृत्युञ्जयदेवशर्म्मन स्वाक्षरमिदं पुस्तकञ्च।

(37) **माधुर्य्यकादम्बिनी**-लेखक गोविन्द (डीसीएसएम पृष्ठ संख्या 843 केटलॉग 8768/4101) स्थानीय कागज से निर्मित, आकार 11½× 1½", पत्र संख्या 32, प्रत्येक पृष्ठ पर 6 पंक्तियाँ श्लोक संख्या 960 उड़िया लिपि, सही और पूर्ण। रचनाकाल 1706।

प्रारम्भ-हृद्वप्रेनवभक्तिशस्यवितते सञ्जीवनी स्वागमारम्भे कामतापर्त्तुदाहृदमनी विद्यापगोल्लासनी।

समाप्ति-इति माधुर्य्यकादम्बिन्यां पूर्णमनोरथा नामाष्टमामृतवृष्टिः। षडुत्तरे सप्तदशशतसंख्ये शकाब्दके।

गोविन्देनात्र माधुर्य्यः कादम्बिन्यन्वलिख्यत।

(38) **राधाकुण्ड**-(डीसीएसएम पृष्ठ संख्या 845 केटलॉग 8762/408) इसमें दो चित्र दिये गये हैं जिसमें से एक राधाकुण्ड का है जो वृन्दावन से कुछ

मील की दूरी पर है। दूसरा चित्र वृन्दावन का है। पहला चित्र वर्गाकार है जबकि दूसरा गुम्बदाकार है। पहले का केन्द्र राधा का मन्दिर है। जिसे मणिमन्दिर लिखा गया है। दूसरे का केन्द्र राधागोविन्द का मन्दिर है। इसमें चारों ओर राधा-कृष्ण व गोपियों के चित्र तथा चैतन्य अनुयायियों के घर बने हुए हैं।

(39) कृष्णाश्रय- लेखक वल्लभाचार्य्य (डीसीएसएम पृष्ठ संख्या 851 केटलॉग 8770/84554) स्थानीय कागज से निर्मित, आकार 10 × 4¾" पत्र संख्या प्रत्येक पृष्ठ पर 9 पंक्तियां, आधुनिक नागर लिपि, लिपिकाल संवत् 1935। लिपिकर्त्ता व्रजभूषणदास।

प्रारम्भ-सर्व्वमार्गेषु नष्टेषु कलौं च खलधर्म्मिणि। पाषण्डप्रचुरे लोके कृष्ण एव गतिर्मम।।

समाप्ति-इति श्रीवल्लभचायार्य्यजी विरचितं श्रीकृष्णाश्रयविवरणं सटीकं सम्पूर्ण। यादृशमित्यादि। काशीमध्ये व्रजभूषणदासेन लिखितं। श्रीशुभं। मी. पौषशुक्लपूर्णिमा संवत् 1935 विजयपठनार्थं।।

मध्यकालीन 17वीं-18वीं शताब्दी से प्राप्त पाण्डुलिपियों से यह जानकारी प्राप्त होती है कि मध्यकाल में उत्कर्षित वैष्णव धर्म की देश-व्यापी प्रवृत्ति बंगाल में भी सक्रिय थी। मुख्यतः विष्णु और उसके अवतारों-राम व कृष्ण से सम्बंधित कथानकों, स्तोत्रों, अनुष्ठानात्मक ग्रंथों, तत्त्वनिरूपक ग्रंथों एवं कथाओं-गाथाओं की रचनाएं बड़ी मात्रा में हुई। इन रचनाओं का मुख्य प्रतिपाद्य वैष्णव भक्ति है। इस समय उपासना के क्षेत्र में भक्ति की प्रधानता केवल वैष्णव सम्प्रदायों तक ही सीमित नही रही अपितु शैव, शाक्त आदि धर्म सम्प्रदायों में भी इसका (प्रयास) हुआ। बंगाल में प्राप्त हस्तलिखित ग्रंथों से विभिन्न वैष्णव सम्प्रदायों में तात्विक एवं पूजा-पद्धति विषयक अंतर दृष्टिगोचर होता है, परन्तु भक्ति की प्रधानता सभी में है।

यहां यह उल्लेखनीय है कि विष्णु के दस अवतारों में से केवल राम व कृष्ण से सम्बंधित पाण्डुलिपियां ही उपलब्ध होती हैं जिसमें भी सार्वाधिक कृष्ण विषयक ही हैं। वैष्णव सम्प्रदायों में से बंगाल में चैतन्य सम्प्रदाय की प्रधानता है, साथ ही पुष्टिमार्गीय हस्तलिखित ग्रंथ भी उपलब्ध हैं। इन हस्तलिखित ग्रंथों में बहुत से ग्रंथों के शीर्षक विष्णु से सम्बंधित दिए गए हैं, परन्तु सामान्यतः इनमें कृष्ण के भगवत अथवा परब्रह्म स्वरूप तथा उनके प्रति अगाघ भक्ति का निरूपण है। इन ग्रंथों से बंगाल में कृष्ण भक्ति की लोकप्रियता ज्ञात होती है। कतिपय ग्रंथों में लेखक -वैष्णवों के अपने अपने सम्प्रदायों के प्रति आग्रह भी प्रदर्शित हैं। इन ग्रंथों से भारतीय संस्कृति में अवतारवाद का गहरा प्रभाव लक्षित होता है जिसके कारण बहुत से ग्रंथ लेखक

अपने-अपने सम्प्रदायों के प्रवर्तकों अथवा आचार्यों को साक्षात भगवान मानते हैं।

इन हस्तलिखित ग्रंथों में जहां मौलिक ग्रंथों की प्रतिलिपियां हैं तो अधिसंख्य विभिन्न मौलिक ग्रंथो पर टीकाएं हैं जिन्हें प्रकाशिका, भावदीप, प्रदर्शनी इत्यादि नामों से लिखा गया है। ये ग्रंथ भारतीय संस्कृति के धार्मिक-अध्यात्मिक स्वरूप को प्रकट करते हैं। इन हस्तलिखित ग्रंथों से मध्यकालीन संस्कृत गद्य-पद्य व देवनागरीलिपि तथा तत्कालीन व आधुनिक बंगाली भाषा लिपि के स्वरूप का ज्ञान भी होता है जो भाषा-लिपि के अध्येताओं के लिए विशेष उपयोगी है।

22

पंजाब विश्वविद्यालय (लाहौर) में उपलब्ध संस्कृत की वैष्णव पाण्डुलिपियाँ

राजेश सरकार

पाण्डुलिपियाँ न केवल भारत के परिप्रेक्ष्य में अपितु वैश्विक दृष्टि से अपना महत्त्व रखती हैं। पाण्डुलिपि के द्वारा कोई भी समाज अपने अतीत की निष्पक्ष एवं प्रमाणिक जानकारी प्राप्त कर सकता है। हमारी प्राचीन ज्ञान-विज्ञान विद्या कला का अक्षय भण्डार पाण्डुलिपियों में ही निहित होता है। आज भी भारत की प्राच्य भाषाओं (संस्कृत, पालि, प्राकृत, अपभ्रंश, अरबी, फारसी) की विभिन्न लिपियों में लिखी हुई पाण्डुलिपियाँ न केवल भारत अपितु दक्षिण-ऐशियाई देशों, दक्षिण-पूर्व एशिया, मध्य-एशिया, चीन, तिब्बत इत्यादि में प्रचुर मात्रा में प्राप्त होती हैं। महापंडित राहुल सांकृत्यायन द्वारा तिब्बत से खच्चरों पर लाद कर लाई गई अथाह पाण्डुलिपियों की कथा आज भी जनमानस में प्रचलित है। इसी क्रम में अनेक राष्ट्रीय एवं अन्तर्राष्ट्रीय विद्वानों के द्वारा पाण्डुलिपियों के क्षेत्र में महत्त्वपर्ण कार्य किया गया है। उन विद्वानों के अवदान से ही आज न जाने हमारी कितनी अमूल्य सांस्कृतिक धरोहरें सुरक्षित हैं। प्रो. टी. गणपति शास्त्री द्वारा त्रावणकोर (केरल) से प्राप्त भास के तेरह नाटक, पं. शाम शास्त्री द्वारा मैसूर से प्राप्त अर्थशास्त्र, डॉ. व्यूहलर द्वारा राजपूताना से प्राप्त पृथ्वीराज विजय, पं. हरप्रसाद शास्त्री द्वारा नेपाल से प्राप्त सौन्दरानन्द एवं राजपूताना से प्राप्त शालिहोत्र, प्रो. ल्यूडर्स के द्वारा मंगोलिया के तुर्फान से प्राप्त शारिपुत्रप्रकरण की पाण्डुलिपि इसके कुछ उदाहरण मात्र हैं। आज भी इनका अन्वेषण निरन्तर जारी है।

10 अक्टूबर, 1956 ई. को मौलाना अबुल कलाम आज़ाद के शिक्षा मंत्रित्व

काल में डॉ. सुनीति कुमार चटर्जी की अध्यक्षता में 7 सदस्यीय केन्द्रीय संस्कृत आयोग का गठन किया गया। जिसने 30 नवम्बर, 1957 ई. को अपनी रिपोर्ट प्रस्तुत की। 20 फरवरी, 1959 ई. में तत्कालीन शिक्षामंत्री श्री कालूराम श्रीमाली ने इसे सदन में प्रस्तुत किया जिसकी छठवीं संस्तुति पाण्डुलिपि के संदर्भ में भी– **''संस्कृत पाण्डुलिपियों की खोज, पड़ताल, संरक्षण, संग्रह करने एवं उसकी सूची तैयार करने के लिए केन्द्रीय पाण्डुलिपि सर्वे की स्थापना की जाये।''** जिसके बाद भारत सरकार द्वारा केन्द्रीय पाण्डुलिपि मिशन (National Manuscript Mission) की स्थापना की गई। आज भारत में पाण्डुलिपियों के संग्रह एवं संरक्षण के निमित्त अनेक संस्थाएँ कार्यरत हैं जिनमें सैयाजीराव गायकवाड पुस्तकालय (काशी हिन्दू विश्वविद्यालय), सरस्वती भवन (सम्पूर्णानन्द संस्कृत विश्वविद्यालय), कामेश्वर सिंह संस्कृत विश्वविद्यालय, दरभंगा, मद्रास विश्वविद्यालय, तंजौर पुस्तकालय, मैसूर विश्वविद्यालय, इकबाल पुस्तकालय (श्रीनगर जम्मू कश्मीर), रजा लाइब्रेरी रामपुर (उ.प्र.), रॉयल, एशियाटिक सोसायटी कलकत्ता, बड़ोदा केन्द्रीय पुस्तकालय, कलकत्ता संस्कृत कॉलेज, डेक्कन कॉलेज, महाराज अलवर पुस्तकालय, महाराजा बीकानेर पुस्तकालय, ब्रज संस्कृति शोध संस्थान इत्यादि। इसी क्रम में पाकिस्तन के पंजाब प्रान्त में स्थित पंजाब विश्वविद्यालय लाहौर का ग्रन्थालय थी पाण्डुलिपियों की दृष्टि से समृद्ध है। ब्रिटिश भारत में पूरब का ऑक्सफोर्ड कहे जाने वाले इस विश्वविद्यालय का संस्कृत विभाग समृद्ध रहा है। यहाँ के विभागाध्यक्ष डॉ. व्यूलर और डॉ. रघुवीर जैसे मूर्धन्य विद्वान रहे हैं। यहाँ से न जाने कितने संस्कृत के ग्रंथ एवं पत्र-पत्रिकाएँ प्रकाशित होते रहे हैं।

विगत कुछ वर्ष पूर्व मुझे विश्वविद्यालय के मुख्य पुस्तकालयाध्यक्ष डॉ. हारून उस्मानी द्वारा संस्कृत पाण्डुलिपियों की सूची प्रेषित की गई। जिससे ज्ञात हुआ कि यहाँ पर संस्कृत की पाण्डुलिपियों का समृद्ध भण्डार है। यह विश्वविद्यालय लाहौर नगर में स्थित है। लाहौर पाकिस्तान का एक महत्वपूर्ण नगर है। सांस्कृतिक दृष्टि से भी यह नगर संसार में अपना एक अलग स्थान रखता है। पौराणिक दृष्टि से माना जाता है कि यह नगर भगवान श्रीरामचन्द्र के पुत्र लव ने बसाया था जिनके नाम से यह लाहौर कहा जाता है। आज भी उनका मंदिर लाहौर किले के अन्दर है। आज भी लाहौर में हिन्दू, सिक्ख, जैन संस्कृति के अवशेष दृष्टिगोचर होते हैं। लाहौर में न जाने कितने मंदिर, गुरुद्वारा, पाठशालाएँ दिखाई देते हैं– आर्य समाज मंदिर, महादेव मंदिर, शीतला मंदिर, भैरव मंदिर, कृष्ण मंदिर (रावी रोड़), अकबरी मंडी मंदिर, दूधवाली माता मंदिर, महाराजा रणजीत सिंह समाधि, डोरा साहिब,

प्रकाश स्थान श्री गुरु रामदास जी, जैन दिगम्बर मंदिर भाभारियान, जैन श्वेताम्बर मंदिर भभारियान आदि। हिन्दू, मुगल, सिक्ख, पठान एवं ब्रिटिश साम्राज्य के मिश्रित संस्कृति वाला यह नगर कभी आर्य समाज का गढ़ रहा है। यहाँ से संस्कृत विद्या का व्यापक प्रचार-प्रसार हुआ। यहाँ से न जाने कितने संस्कृत ग्रंथ प्रकाशित हुए हैं। संस्कृत एवं भारत विद्या का सुप्रसिद्ध प्रकाशन मोतीलाल बनारसीदास की स्थापना भी लाहौर में हुई।

स्वामी दयानन्द सरस्वती के द्वारा उच्च शिक्षा के लिए 1882 ई. में लाहौर में दयानन्द एंग्लो वैदिक कॉलेज (डी.ए.वी.) की स्थापना भी इसी नगर में हुई थी। ब्रिटिश सरकार द्वारा उच्च शिक्षा के लिए 1882 ई. में लाहौर में पंजाब विश्वविद्यालय की स्थापना की गई। वर्तमान में इस विश्वविद्यालय के चार परिसर, 13 संकाय, 9 संबंधित कॉलेज एवं 64 विभाग हैं। इस विश्वविद्यालय में एक केन्द्रीय पुस्तकालय एवं 45 अन्य विभागीय पुस्तकालय कार्यरत हैं। केन्द्रीय पुस्तकालय की स्थापना 1873 ई. में पंजाब कॉलेज लाइब्रेरी के नाम से हुई। 1882 ई. में इस कॉलेज को विश्वविद्यालय की मान्यता होने पर यह लाइब्रेरी भी विश्वविद्यालय से सम्बद्ध हो गई। यह पुस्तकालय अत्यन्त समृद्ध है। इस पुस्तकालय के पाण्डुलिपि विभाग (Manuscript Section) की स्थापना 31 जुलाई 1920 ई. को हुई। यह पाकिस्तान में पाण्डुलिपियों का सर्वाधिक विशाल भण्डार है। इस पाण्डुलिपि विभाग में लगभग 22 हजार पाण्डुलिपियाँ सुरक्षित हैं। इसमें से अरबी, तुर्की फारसी, उर्दू एवं अन्य क्षेत्रीय भाषाओं की पाण्डुलिपियों की संख्या लगभग 13167 एवं संस्कृत हिन्दी की पाण्डुलिपियों की संख्या लगभग 8,671 है। 1936 ई. में पंजाब विश्वविद्यालय, लाहौर ग्रंथागार की संस्कृत पाण्डुलिपियों का नामकरण डॉ. ए.सी. वूलनर के नाम पर वूलनर कलेक्शन किया गया। डॉ. ए.सी. वूलनर इस विश्वविद्यालय के सुप्रसिद्ध संस्कृत विद्वान एवं विभागाध्यक्ष भी रहे। आज भी आपकी भव्य प्रतिमा विश्वविद्यालय में स्थापित है। इस विश्वविद्यालय को पाकिस्तान के विभिन्न विश्वविद्यालयों से पाण्डुलिपियों का संकलन प्राप्त हुआ जिसका विवरण इस प्रकार है–

सिन्ध विश्वविद्यालय (625), कायद-ए-आजम विश्वविद्यालय (266), पेशावर विश्वविद्यालय (685), हमदर्द विश्वविद्यालय (1500+)। विश्वविद्यालय के पाण्डुलिपि विभाग में उपलब्ध पाण्डुलिपियों का संख्यात्मक विवरण इस प्रकार है–

प्रथम भाग		द्वितीय भाग		तृतीय भाग	
वेद	469	सिखमाता	2	मीमांसा	161
वेदलक्षण	274	कोश	116	न्याय	366
उपनिषद्	251	महात्म्य	147	वैशेषिक	18
श्रौत सूत्र	918	भक्ति	60	सांख्य	12
गृह्यसूत्र	290	स्तोत्र	559	योग	51
धर्मसूत्र	1028	संगीत	12	वेदान्त	552
कुल	**3230**	कामशास्त्र	19	जैन	74
		वैद्यक	111	बौद्ध	1
		काव्य	475	तंत्र	513
		नीति	24	शैव	97
		गद्य एवं कथानिका	35	व्याकरण	323
		छन्द	43	पुराण	336
		इतिहास	216	गीता	118
		व्रत	120	**कुल**	**2622**
		वल्लभ मत	28		
		अलंकार	118		
		शिल्प	13		
		ज्योतिष	875		
		रत्नाशास्त्र	5		
		चम्पू	51		
		सूची पत्र	2		
		नाटक	181		
		कुल	**3212**		

आज भी पाकिस्तान में संस्कृत विद्वानों के अभाव में संस्कृत पाण्डुलिपियों का वर्गीकरण संदिग्ध बना हुआ है। इस क्षेत्र में अभी बहुत सा कार्य किया जाना शेष है। कर्मचारियों के भाषा-ज्ञान के अभाव के कारण संस्कृत पाण्डुलिपियों का सूचीकरण Accession Number पर आधारित है। वर्तमान में ग्रन्थालय ने संस्कृत हिन्दी पाण्डुलिपियों की खरीददारी बन्द कर दी है। संस्कृत पाण्डुलिपि का स्कैन किया हुआ केटलॉग पंजाब विश्वविद्यालय की वेबसाइट (http://

www.pulibrary.edu.pk) पर अपलोड की गई है जो किन्हीं कारणों से देखी नहीं जा सकती है।

वर्तमान में इन पाण्डुलिपियों के डिजिटाइजेशन का कार्य किया जा रहा है। पाकिस्तान की विभिन्न संस्थाएँ एवं पुस्तकालय इस कार्य में लगे हुए हैं। 'यूनाइटेड नेशन डिजिटल लाइब्रेरी इस्लामाबाद' भी इस कार्य में सहयोग प्रदान कर रहा है। फारसी पाण्डुलिपियों के संग्रह, संरक्षण एवं प्रकाशन में ईरान का सांस्कृति दूतावास Iran Culture House इस कार्य में व्यापक सहयोग कर रहा है। किन्तु राजनीतिक कारणों से भारत द्वारा सहयोग न उपलब्ध होने के कारण संस्कृत पाण्डुलिपियाँ उपेक्षित हैं। भाषाविदों के अभाव के कारण हिन्दी एवं संस्कृत की पाण्डुलिपियों का पृथक सूचीकरण अद्यतन दुरूह बना हुआ है। संस्कृत पाण्डुलिपियों में वैष्णव साहित्य से संबंधित पाण्डुलिपियों का संग्रह भी उपलब्ध है। वैष्णव साहित्य में वल्लभ मत से संबंधित समस्त पाण्डुलिपियों की संख्या 28 है। जिसका विवरण इस प्रकार है–

सूची पत्र संख्या	ग्रन्थ, ग्रन्थकार, टीका	पृष्ठ	लिपि	टिप्पणी
446	कृष्णकवच	1	देवनागरी-pp	
2126	कृष्णशरणस्तोत्र	2B-3a	देवनागरी-pp	
1446	कृष्णाष्टोत्तरशतनाम	2	देवनागरी-pp	
1446	गिरिधराचार्याष्टक (वल्लभाचार्य)	1	देवनागरी-pp	
2126	गोकुलाष्टक (विट्ठलेश्वर)	5-a5-b	देवनागरी-pp	
2126	चतुश्लोकी (वल्लभाचार्य)	5-b	देवनागरी-pp	
1523	जलभेद (वल्लभाचार्य)	5	देवनागरी-pp	संवत् 1864
2126	नवरत्नस्तोत्र	2a2b	देवनागरी-pp	
4181	निर्णीतप्रेमामृत (श्रीधर गोस्वामी)	9	देवनागरी-pp	संवत् 1889
1446	पुरुषबोधिनी	38-41	देवनागरी-pp	संवत् 1932
2126	पुष्टिप्रवाहमर्यादा (वल्लभाचार्य)	7-8	देवनागरी-pp	
6459	पुष्टिप्रवाहमर्यादाभेद	263	देवनागरी-pp	

	(हिन्दी टीका सह), वल्लभ मू, हरिराय टीका			
851	प्रेमामृत विवरणसह (वल्लभ मूल-विट्ठलेश विवरण)	28-54	देवनागरी-pp	
6458	बोलबोध टीकासह	87-141	देवनागरी-pp	
2126	भक्तिवर्धिनी (वल्लभ मूल)	11-a11b	देवनागरी-pp	
2126	मथुराष्टक (वल्लभ)	5b-6a	देवनागरी-pp	
2126	यमुनाष्टक (वल्लभ मूल)	1-2a	देवनागरी-pp	
6458	यमुनाष्टक टीका (हरिराय)	1-63	देवनागरी-pp	
1523	रतिप्रादुर्भावस्तोत्र (वल्लभ)	6-8	देवनागरी-pp	
1446	वल्लभपंचाक्षरस्तोत्र (हरिदास)	1	देवनागरी-pp	
2126	वल्लभस्तोत्र एवं सप्तश्लोकी भागवत	9a11a	देवनागरी-pp	
5963	विद्वन्मण्डन (विट्ठलेश)	90	देवनागरी-pp	1 to 10 page mising
1405	विद्वन्मण्डनविवरण (पुरुषोत्तम)	172	देवनागरी-pp	संवत् 1863
2126	विवेकधैर्याश्रम (वल्लभ)	6-7	देवनागरी-pp	
2126	सप्तश्लोकी विट्ठलेश	6a-6b	देवनागरी-pp	
2126	सर्वोत्तिमस्तोत्र अग्निकुमार प्रोक्ता	3a=5a	देवनागरी-pp	
6458	सिद्धान्तमुक्तावली व्याख्यया सह (वल्लभ, हरिराय)	64 = 87a	देवनागरी-pp	
4575	सिद्धान्तरहस्य (वल्लभ, गोकुलनाथ)	9	देवनागरी-pp	

इसी क्रम में विश्वविद्यालय के ग्रन्थागार में माहात्म्य से संबंधित पाण्डुलिपियों की संख्या 147 है जिसमें अनेक पाण्डुलिपियाँ वैष्णव साहित्य से संबंधित हैं जो इस प्रकार है–

सूची पत्र संख्या	ग्रन्थ, ग्रन्थकार	पृष्ठ	लिपि	टिप्पणी
49	रामायणमाहात्म्य (स्कन्दपुराण)	14	देवनागरीpp	
7847	वेंकटगिरिमाहात्म्य (वराहपुराण)	52	देवनागरीpp	
5351	वेंकटेशमाहात्म्य (भविष्योत्तरपुराण)	74	द्रविड़ (तमिल)pl	1845 संवत्
4642	ब्रदीमाहात्म्य (सनत्कुमारसंहिता)	16	देवनागरीpp	1869 संवत्
2986	बद्रीमाहात्म्य (सनत्कुमारसंहिता)	22	देवनागरीpp	
5009	वृन्दावनमाहात्म्य (पद्मपुराण)	39	देवनागरीpp	
301	वृंदावनमाहात्म्य (आदिपुराण)	53	देवनागरीpp	
4172	वृंदावनमाहात्म्य (आदिपुराण)	39	देवनागरीpp	
5236	भागवतमाहात्म्य (पद्मपुराण)	4	देवनागरीpp	
13	भागवतमाहात्म्य (पद्मपुराण)	13	देवनागरीpp	
4623	मथुरामाहात्म्य (आदिवराहपुराण)	18	देवनागरीpp	
926	मथुरामाहात्म्य	2-85	देवनागरीpp	
2763	मल्लारिमाहात्म्य (ब्रह्माण्डपुराण)	2-60	देवनागरीpp	
4858	तोताद्रिमाहात्म्य (ब्रह्माण्डपुराण)	63	देवनागरीpp	
1422	पुरुषोत्तममाहात्म्य	102	देवनागरीpp	1800 संवत्

	(स्कंदपुराण)			
2173	पुरुषोत्तममाहात्म्य (स्कंदपुराण)	197	देवनागरीpp	1896 संवत्
2960	पुरुषोत्तममाहात्म्य (स्कंदपुराण)	83	देवनागरीpp	1927 संवत्
2764	पुरुषोत्तममाहात्म्य (पुराणसमुच्चय)	3-23	देवनागरीpp	
4019	पौष एकादशी (माहात्म्य ब्रह्मपुराण)	4	देवनागरीpp	

एकादशी माहात्म्य की यहाँ पर कुल 8 पाण्डुलिपियाँ सुरक्षित हैं। भक्ति क्षेत्र से संबंधित कुल पाण्डुलिपियों की संख्या 60 है जिनमें से कुछ का विवरण इस प्रकार है-

सूची पत्र संख्या	ग्रन्थ, ग्रन्थकार, टीका	पृष्ठ	लिपि	टिप्पणी
5240	कृष्णचरणपरिचर्या विवृतिविद्यारण	52	देवनागरी-pp	
941	चैतन्यचन्द्रामृतम् प्रबोधानन्दसरस्वती	2-12	देवनागरी-pp	
1272	नन्दोत्सव निम्बार्कमतानुसारी	16	देवनागरी-pp	1935 संवत्
3100	भक्तिभूषणसन्दर्भ नारायणभट्ट	60	देवनागरी-pp	3 परिच्छेद 1937

सनातन गोस्वामी विरचित 'भक्तिरसामृतसिन्धु' की तीन पाण्डुलिपियाँ विद्यमान हैं। इसके अतिरिक्त 'भगवद्गुणदर्पण' एवं भगवद्भक्तिमाहात्म्य' की पाण्डुलिपियाँ भी हैं, जिसका विवरण इस प्रकार है-

सूची पत्र संख्या	**ग्रन्थ, ग्रन्थकार, टीका**	**पृष्ठ**	**लिपि**	**टिप्पणी**
6988	भक्तिरसामृतसिन्धु	46-78	देवनागरी-pp	
1154	भक्तिरसामृतसिन्धु	101-181	देवनागरी-pp	178-181

	व्याख्या	157-304		195-262 267-277 missing
1273	भक्तिरसामृतसिन्धु बिन्दु	16	देवनागरी-pp	
2240	भगवद्गुणदर्पण मथुराचार्य	41	देवनागरी-pp	1936 संवत्
4705	भगवद्भक्तिमाहात्म्य भक्तमाल (चन्द्रदत्त)	274	देवनागरी	1904 संवत्

विष्णुपुरी द्वारा विरचित 'भगवद्भक्तिरत्नावली' (भक्ति रत्नावली) की कुल 12 पाण्डुलिपियाँ उपलब्ध हैं। गोपालभट्ट विरचित ''भगवद्भक्तिविलास' की कुल 3 पाण्डुलिपियाँ हैं जिसमें से एक 'दिग्दर्शिनी' टीका के साथ है। 'हरिभक्ति शुद्धोदय' वरदराजाचार्य सूरि विरचित 'भावार्थचन्द्रिका' टीका के साथ उपलब्ध है जिसकी संख्या-5 है ये सभी द्रविड़ (तमिल) लिपि में हैं। 'शाण्डिल्यसूत्र' जिसका अपर नाम 'भक्तिमीमांसासूत्र' भी है, की कुल 5 पाण्डुलिपियाँ हैं। जिसमें 2 पर स्वप्नेश्वर की एवं 1 पर रघुनाथ की व्याख्या है। इसमें से 3 पाण्डुलिपियाँ देवनागरी एवं 2 द्रविड़ (तमिल) लिपि में है। इस ग्रन्थागार में स्तोत्रों का एक विशाल संग्रह उपलब्ध है जिसकी कुल संख्या 559 है जिसमें से अनेक पाण्डुलिपियाँ वैष्णव मत से संबंधित हैं। भगवान कृष्ण से संबंधित नारायण कवि विरचित 'कृष्णस्तोत्र' की पाँच पाण्डुलिपियाँ हैं जिसका विवरण इस प्रकार है-

सूची पत्र संख्या	ग्रन्थ, ग्रन्थकार	पृष्ठ	लिपि	टिप्पणी
2728	कृष्णस्तोत्र	4	देवनागरी pp	
6750	कृष्णस्तोत्र	2-4	नन्दिनागरी pl	
7056	कृष्णस्तोत्र	106-111	मलयालम pl	
7923	कृष्णस्तोत्र	48	द्रविड़ (तमिल) pl	
4824	कृष्णस्तोत्र व्याख्यासह	37	द्रविड (तमिल) pl	

आनन्दतीर्थ विरचित कृष्णामृतमहार्णवम् की कुल 3 पाण्डुलिपियाँ हैं जिसमें से 1 पर तीर्थवर्यशिष्य की व्याख्या भी है। ये तीनों पाण्डुलिपियाँ क्रमशः देवनागरी, नन्दिनागरी एवं देवनागरी में हैं। महाभारत के शांतिपर्व में वर्णित गजेन्द्रमोक्ष की 3 पाण्डुलिपियाँ हैं जो क्रमशः (तमिल) एवं देवनागरी में है। श्री आदिशंकराचार्य विरचित 'हरिमीडेस्तोत्र' की समस्त पाण्डुलिपियों की संख्या 9 है जिसमें से 5 पर स्वयंप्रकाश विरचित 'हरितत्त्व-मुक्तावली' एवं 1 पर 'लघुदीपिका' टीका उपलब्ध है। इनमें से कई देवनागरी में एवं शेष द्रविड़ लिपि में है इसका विवरण इस प्रकार है-

सूची पत्र संख्या	ग्रन्थ, ग्रन्थकार	पृष्ठ	लिपि	टिप्पणी
7109	हरिमीडेस्तोत्र	4	द्रविड़ (तमिल) pl	
7880	हरिमीडेस्तोत्र	4	द्रविड़ (तमिल)pl	
8052	हरिमीडेस्तोत्र लघुदीपिका टीका	24	द्रविड़ (तमिल)pl	
1218	हरिमीडेस्तोत्र हरितत्त्वमुक्तावली	53	द्रविड़ (तमिल) pl	
6864	हरिमीडेस्तोत्र हरितत्त्वमुक्तावली	92	द्रविड़ (तमिल) pl	
707	हरिमीडेस्तोत्र हरितत्त्वमुक्तावली	46	द्रविड़ (तमिल) pl	1905 संवत्
4775	हरिमीडेस्तोत्र हरितत्त्वमुक्तावली	79	द्रविड़ (तमिल) pl	
4728	हरिमीडेस्तोत्र हरितत्त्वमुक्तावली	15	द्रविड़ (तमिल) pl	

इसके अतिरिक्त कालिदास विरचित श्यामलदण्डक, श्यामस्तोत्र, सीतारामयुगल सहस्त्रनाम, वैष्णवभुजंगस्तोत्र, विष्णुसहस्त्रनामभाष्य, विष्णुसहस्त्रनामकारिका, वेंकटेशसहस्त्रनामावली, विष्णुभुजंगस्तोत्र, विष्णुशतनाम, अष्टाविंशतिनामस्तोत्र इत्यादि मुख्य हैं। विष्णुसहस्त्रनाम की कुल तेरह पाण्डुलिपियाँ हैं जिसमें अनेक पर टीकाएँ भी हैं।

इस ग्रंथालय में वैष्णव मत से संबंधित अनेक पुराण उपलब्ध हैं। गरूण पुराण की तेरह पाण्डुलिपियाँ हैं जिसमें पाँच के प्रेतकल्प एवं एक ही व्याख्याधर्मतरंगिणी उपलब्ध है। अन्य वैष्णव पुराणों में पद्मपुराण (सृष्टि खण्ड) की चार पाण्डुलिपियाँ, पद्मपुराण (उत्तर खण्ड) की तीन पाण्डुलिपियाँ स्वर्गखण्ड की एक, पातालखण्ड की तीन पाण्डुलिपियाँ पातालखण्ड रामाश्वमेध की तीन पाण्डुलिपियाँ उपलब्ध हैं। ब्रह्मवैवर्तपुराण के विभिन्न खण्डों की उन्नीस पाण्डुलिपियाँ उपलब्ध हैं। श्रीमद्भागवतपुराण की लगभग 100 पाण्डुलिपियाँ हैं जिन पर वल्लभाचार्य, श्रीधर स्वामी, जीवगोस्वामी की पाण्डुलिपियाँ भी उपलब्ध हैं। इसके अतिरिक्त अन्य वैष्णव पुराणों में वराहपुराण, नारदपुराण, विष्णुपुराण इत्यादि की पाण्डुलिपियाँ भी उपलब्ध हैं। इस ग्रन्थागार में गीता के अन्तर्गत श्रीमद्भगवद्गीता, अष्टावक्रगीता, ईश्वरगीता (कूर्मपुराण) उत्तरगीता, गर्भगीता, गुरुगीता की कुल 118 पाण्डुलिपियाँ हैं।

इस ग्रंथागार में व्रत कथा से संबंधित पाण्डुलिपियों की संख्या 120 हैं। जिसमें अनेक का संबंध वैष्णव मत से है। रामनवमीव्रत कथा की कुल 3 पाण्डुलिपियाँ हैं जो इस प्रकार है–

सूची पत्र संख्या	ग्रन्थ, ग्रन्थकार, टीका	पृष्ठ	लिपि
6013	रामन्नवमीव्रतकथा	10	शारदालिपि pp
5292	रामनवमीव्रतकथा	5	देवनागरी pp
4818	रामनवमीव्रतादि	50	तेलुगु लिपि pl

इसके अतिरिक्त विष्णुपंचमीव्रत, सत्यनारायण व्रत, एकादशी व्रत, अनन्त व्रत इत्यादि वैष्णव मत से संबंधित प्रमुख व्रत कथाओं की पाण्डुलिपियाँ हैं जो इस ग्रंथागार की अमूल्य संपदा है। इस प्रकार न जाने कितनी ऐसी दुर्लभ पाण्डुलिपियाँ हैं जो इस विप्लवमय राष्ट्र में उपेखित पड़ी हुई हैं। विभाजन के झंझावात से न जाने कितनी संपदाएँ नष्ट हुईं जिनमें से सर्वाधिक क्षति हमारी बौद्धिक सम्पदा की थी। आज आवश्यकता इस बात की है कि जिस प्रकार दोनों ही राष्ट्रों में उपस्थित अल्पसंख्यकों की रक्षा के लिए पं. जवाहरलाल नेहरू ने पाकिस्तान के प्रधानमंत्री मो. लियाकत अली से समझौता किया था उसी प्रकार एक ऐसा दृढ़ एवं विश्वसनीय समझौता जो इस अमूल्य सम्पदा की रक्षा कर सके, इस्लामी

गणराज्य पाकिस्तान की सरकार से किया जाना चाहिए।

संदर्भ ग्रन्थः

1. Warraich Nosheen Fatima, Tahira Muzammil (2010), Manuscript Collection in Punjab University Library : Assessing Management Issue, Chinese Librarianship an International Electronic Journal.
2. A Handlist of Sanskrit Manuscripts in the Punjab University Library. Vol. I, II & III, Lahore-Pakistan.
3. WWW.britanica.com
4. www.wikipedia.com

23

काशी नागरीप्रचारिणी सभा में संग्रहीत कृष्ण भक्ति काव्य की अल्पज्ञात-अज्ञात पाण्डुलिपियाँ

देवेन्द्र कुमार सिंह

आज से 122 वर्ष पूर्व 16 जुलाई 1893 को ठाकुर गदाधर सिंह, पं. रामनारायण मिश्र और श्यामसुन्दर दास द्वारा हिन्दी देवनागरी के विकास के उद्देश्य से नागरीप्रचारिणी सभा की स्थापना की गयी। इसके अध्यक्ष भारतेन्दु जी के फुफेरे भाई राधाकृष्ण दास जी थे। सभा ने हिन्दी के विकास के लिए देशव्यापी आन्दोलन चलाया, जिसमें हिन्दी प्रांत के विद्वानों एवं राजपरिवारों का पूर्णतः सहयोग था। राजपरिवारों में काशी, उदयपुर, ग्वालियर, खेतड़ी, जोधपुर, बीकानेर, कोटा, बूँदी, रींवा, गढ़वाल मुख्य थे। सभा ने प्रामाणिक अभिलेखों के आधार पर अँगरेज सरकार द्वारा देवनागरी लिपि को वैज्ञानिक लिपि की मान्यता दिलाने में सफलता प्राप्त की।

नागरीप्रचारिणी सभा द्वारा वर्ष 1902 में भाषा सम्मेलन हुआ जिसके अध्यक्ष सर आर.सी. दत्त थे। इस सम्मेलन में बाल गंगाधर तिलक ने कहा था-"हिन्दी ही भारत की राष्ट्रभाषा हो सकती है और देवनागरी लिपि वैकल्पिक रूप से भारत की सभी भाषाओं के लिए प्रयुक्त की जानी चाहिए और यह कार्य सभा को करना चाहिए।"

वर्ष 1916 ई. में नागरीप्रचारिणी सभा में राष्ट्रपिता महात्मा गाँधी ने कहा था कि "मैं समझता हूँ कि हमारे राष्ट्रीय आन्दोलन को पूरे देश के लिए एक आम भाषा की जरूरत हैं। एक आम भाषा का होना राष्ट्रीयता का महत्त्वपूर्ण तत्त्व है। वह आम भाषा ही होती है जिसके द्वारा हम अपने विचारों को दूसरों तक पहुँचाते हैं। इसलिए यदि हम इस देश को एक साथ लाना चाहते हैं तो सबके लिए एक

आम भाषा से बढ़कर दूसरी और भाषा नहीं हो सकती और यह सभा का भी उद्देश्य रहा है।''

नागरीप्रचारिणी सभा वाराणसी हस्तलिखित ग्रन्थों के अन्वेषण का कार्य एशियाटिक सोसायटी बंगाल द्वारा प्रारम्भ कराया गया। सभा ने स्वतंत्र रूप से हस्तलिखित ग्रंथों को अन्वेषित करना आरम्भ किया। हस्तलिखित हिन्दी ग्रंथों का स्थान मुख्यतः उत्तर प्रदेश, मध्य प्रदेश, बिहार, पंजाब, राजस्थान, जैसे प्रांत थे। इन ग्रन्थों के अन्वेषण में डॉ. काशी प्रसाद जायसवाल, राय बहादुर डॉ. हीरालाल, रायबहादुर गौरीचन्द हीराचन्द ओझा, डॉ. पीताम्बर दत्त बड़थ्वाल, डॉ वासुदेवशरण अग्रवाल, पं. दौलतराम जुयाल इत्यादि का सहयोग रहा।

सभा में संरक्षित हस्तलिखित हिंदी ग्रंथों में निम्न विषयों से सम्बन्धित ग्रंथ है-

साधारण काव्य संग्रह, प्रेम और शृंगार, संगीत शास्त्र और गीतिकाव्य, कथा, कहानी, नाटक, रीति और पिंगल, अलंकार, भक्ति और स्तोत्र, दार्शनिक, पौराणिक, ऐतिहासिक, धार्मिक, संत काव्य, लीला बिहार, नीति-उपदेश, ज्यौतिष और रमल, तंत्र-मंत्र और स्वरोदय, वैद्यक, कोकशास्त्र, प्रबन्ध काव्य, जीवनचरित इत्यादि।

कृष्ण भक्ति काव्य विषयक हस्तलिखित ग्रंथों में लगभग 200-250 अल्प ज्ञात/अज्ञात रचनाकारों की पाण्डुलिपियाँ सभा में संरक्षित है। इन पर पूर्णतया अध्ययन करना अनुसंधानपरक होगा। जिसमें कृष्ण भक्ति काव्य से सम्बन्धित लीला विषयक ग्रंथों में उधव लीला, सनेह लीला, गेंद लीला, गोकुल लीला, वंशी लीला, गोवर्धन लीला, दान लीला, नाग लीला, फाग लीला, कृष्ण लीला प्रमुख स्थान रखते हैं। कृष्ण काव्य चरित के अन्तर्गत सभा में संरक्षित हस्तलेखों में उषा चरित्र, देवकी चरित्र, कृष्ण चरित्र, ब्रज चरित्र, कृष्णचन्द्र चन्द्रिका के साथ स्तुति विषयक हस्तलेख भी अपना एक निश्चित महत्त्व रखते हैं। इसी तरह कृष्ण काव्य विषयक कथा, अष्टक, स्तोत्र, विनोद, ककहरा जैसी पाण्डुलिपियाँ सभा में संरक्षित हैं, जो साहित्यिक श्रीसम्पन्नता को रेखांकित करती हैं।

नागरीप्रचारिणी सभा में संरक्षित कृष्ण काव्य से सम्बन्धित कुछ हस्तलिखित हिंदी ग्रंथों के सूचनात्मक विवरण निम्नवत् है-

1. **उद्धव लीला या सनेह लीला**-

इसके ग्रंथकार हरिराय है। देवनागरी लिपि में देसी कागज पर लिखे गये इस ग्रंथ में 14 पत्र हैं। प्रतिपृष्ठ में 12 पंक्तियाँ तथा प्रति पंक्तियों में 15 अक्षर है। ग्रंथ

के पृष्ठों का आकार 15.6 ×11.7 सेंमी. तथा ग्रंथ पूर्ण है। ग्रंथ का आरम्भ ' इस प्रकार है—

श्री कृष्णाय नमः' अथ उद्धव लीला लिख्यते!
एक समै ब्रजवास की सुरत भई हरिराय
निज जन आपनों जानि के उद्धव लीये वुलाय

तथा अंत इस प्रकार है-

इति श्री हरिराय जी कृत स्नेहलीला ब्रज भक्तं उद्धव संवाद सम्पूर्णः।

2. **उधवाप्रसंग-**

गोसाई धरनीदास जी द्वारा देसी कागज पर देवनागरी लिपि में लिखे गये इस ग्रंथ में पत्रों की संख्या 4 है। प्रत्येक पत्र में 12 पंक्तियाँ है और प्रत्येक पंक्ति में 20 अक्षर है। ग्रन्थ पूर्ण है तथा प्रत्येक पृष्ठ का आकार 15.5 × 12.3 सेंमी. है।

ग्रंथ के अंश निम्नवत हैं-

धरनी धरम करम कलि हों कछु यो न काम।
मन बच क्रम भजु हों करता राम।।

3. उधो बृजगमन चरित्र-

रसीले नामक ग्रंथकार द्वारा संवत 1945 में लिखित ग्रंथ के प्रत्येक पृष्ठ का आकार 20.4 × 16.0 से.मी है। ग्रंथ देसी कागज पर देवनागरी लिपि में लिखा गया है। ग्रंथ में पत्रों की संख्या 80 है। इसके प्रत्येक पृष्ठ में 20 पंक्तियाँ है तथा प्रत्येक पंक्ति में 25 अक्षर है।

ग्रंथ का आरम्भ इस प्रकार है-

श्री गणेशाय नमः। अथ उधो वृज गमन चरित्र लिख्यते × ×।

श्रीसंवत् 1945

4. ऊषा अनिरुद्ध विवाह (उषा चरित्र)-

इस ग्रंथ के ग्रंथकार रामदास है। ग्रंथ देसी कागज पर देवनागरी लिपि में

लिखा गया है। ग्रंथ में पत्रों की संख्या 85 हैं। ग्रंथ के प्रत्येक पृष्ठ का आकार 20.6 × 11.5 सेंमी. है। प्रत्येक पृष्ठ में 10 पंक्तियाँ है। प्रत्येक पंक्तियों में 26 अक्षर है। ग्रंथ अपूर्ण है, जो संवत् 1879 में लिखा गया है। विवरण इस प्रकार है-

श्री भागवत सार।
राम दास की वुधि लघु पंडित कविनु अमार
× × × ×
सुकदेव कौ मुनि सनाथ कर मोही × ×

ॐ श्री हरि चरित्रे दसम स्कन्धै श्री भागवते महापुराणे उषा अनिरुद्ध विवाह वरननो नामः त्रोदसमो अध्याई। संवत 1879 ।

5. उषा चरित्र बारहखड़ी-

इस ग्रंथ के ग्रंथकार कुंजजन है। देसी कागज पर देवनागरी लिपि में लिखे गये इस ग्रंथ में पत्रों की संख्या 10 है। प्रत्येक पत्र में 12 पंक्तियाँ तथा प्रत्येक पंक्तियों में अक्षरों की सख्या 32 है। ग्रंथ के पत्रों का आकार 20.4 × 12 सेंमी. है। ग्रंथ पूर्ण है। इसके विवरण निम्नवत् हैं-

श्रीगणेशाय नमः।। अथ उषा चरित्र बारहषरी कुंज जन की लिष्यते।। कके।।
कृष्ण कुवर गोविंद मनाऊँ।। × ×
भयो कुलाहल सब्द जहाँ भिरत वान सूं वान।।
मानो दामिनि गरज के गिरति धरन पर आन ।।35।।

6. **ओखाहरण (उषा हरण)—**

देवीदास द्वारा डिंगल भाषा में लिखित यह ग्रंथ है। ग्रंथ की लिपि देवनागरी है तथा देसी कागज पर लिखा गया है। ग्रंथ पूर्ण है। ग्रंथ में पत्रों की संख्या 124 है। प्रत्येक पत्र में 8 पंक्तियाँ है तथा प्रत्येक पंक्तियों में अक्षरों की संख्या 17 है। ग्रंथ के पत्र का आकार 15.2 × 10.8 सेंमी. है। विवरण निम्नवत् है-

श्रीगणेशाय नमः।
श्री अखाहर्ण लिख्यते।। सगगोडी। प्रथम गणाधिपत्य देव गाइये।।
× × × ×

'देवी दास परम कृपा ज्यो कीजे। × ×
दश द्वारते रूधी पांथ पांते अशांत।।
पोहोर एक बोल्या नहीं कम लाते केरो पंथ ।।24।। × ×
इति श्री ओषा हर्ण सम्पूर्ण। मीती ज्येष्ठ कृष्ण 11 ×× संवत् 1847।

7. **कुंडलिया–**

शिवबक्स सिंह सोमवंशी द्वारा देसी कागज पर देवनागरी लिपि में लिखा गया यह ग्रंथ अपूर्ण है किंतु प्राचीन है। ग्रंथ के पत्रों का आकार 25.6 ×17.1 सेंमी. है। ग्रंथ के पत्रों की कुल संख्या 69 है। प्रत्येक पत्र में 14 पंक्तियाँ तथा प्रत्येक पंक्ति में 13 अक्षर है। इस ग्रंथ का आरम्भ इस प्रकार है–

कुंडलिया।

राधा राधा रमन के सुषदायक संवाद।
बीच जानि अनुराग के उधो हरत विशाद।
उधो हरत विषाद जाइ इत उत समुझावत।
तजि अनभाव की रीति विनै कर प्रीति बढ़ावत।।
× × × ×
पंडित जन सो विनती मोरि। टट अक्षर लेब सब जोरि।।

8. **कृष्ण कीर्तन–**

इस ग्रंथ में रचयिता का नाम नहीं है। अज्ञात ग्रंथकार के इस ग्रंथ में कुल पत्रों की संख्या 4 है। ग्रंथ देसी कागज पर देवनागरी लिपि में लिखा गया है। प्रत्येक पृष्ठ पत्रों की संख्या 4 है। ग्रंथ देसी कागज पर देवनागरी लिपि में लिखा गया है। प्रत्येक पृष्ठ का आकार 15.2 × 10.7 सेंमी. है। इसके एक पृष्ठ में 8 पंक्तियाँ है तथा प्रत्येक पंक्ति में 22 अक्षर है।

ग्रंथ का आरम्भ इस प्रकार से होता है–

सुधा स्वाद रस तीन्हौं
कृष्ण नाम यह ब्रज मंडन। कृष्ण नाम कोटिक ब्रह्म मंडंन।। × ×
कुंज विहारि निकुंज विहारी 57। जुगल विहारी × ×

9. कृष्ण परीक्षा-

उदय कृत इस ग्रंथ में कुल पत्रों की संख्या 13 है। ग्रंथ देसी कागज पर देवनागरी लिपि में लिखा गया है। प्रत्येक पत्र का आकार 21.1×14.5 सेंमी. है। एक पत्र में 15 पंक्तियाँ तथा प्रत्येक पंक्ति में 15 अक्षर है।

ग्रंथ का आरम्भ और अंत इस प्रकार है-

श्रीराम जी।।

ॐ करहु कृपा करुणा निधि राधे व्रजनारीः।
वरनिहु प्रीती प्रतीति कौ करकै मतिस्यानीः।। × ×
प्रीत परिष्या कृष्ण की राधे तब लीनी
उदै उकति जेती सुमति वरनन कीनी।

।। दोहा।।

जोगा वैसीषे सुनै गुणै सहज रस रीती।
उदै होई उर मैं तवै पुरन प्रेम परतीतिः।। 85।।
इति श्री कृष्ण परीक्षा सम्पूर्ण।।

10. **कृष्ण लीला (पद संग्रह)**—

परमानंद, गोविन्ददास और नंददास के पदों का संग्रह है। यह ग्रंथ देसी कागज पर देवनागरी लिपि में लिखा गया है। ग्रंथ में पत्रों का आकार 31.1 × 16.0 सेंमी. है। कुल पत्रों की संख्या 108 है। प्रत्येक पत्र में 13 पंक्तियाँ तथा प्रत्येक पंक्ति में 31 अक्षर है। ग्रंथ पूर्ण है तथा इसका आरम्भ इस प्रकार है-

श्री हरि अथ। जन्माष्टमी के पद × × **सुनी।**
आनंद दे सब लोक गोकुल गनक गुनी।
× × **काहे को रे मन भटकत डोलत जौ चाहे फल का री भरोसो।।**× ×

11. **कृष्ण लीला (पद संग्रह)**—

इस ग्रंथ में परमानंद दास, गरीब दास और माधो दास के पदों का संग्रह है। ग्रंथ देसी कागज पर देवनागरी लिपि में लिखा गया है। ग्रंथ अपूर्ण है। इसमें कुल पृष्ठों की संख्या 16 है। प्रत्येक पृष्ठ में 20 पंक्तियाँ तथा प्रत्येक पंक्ति में 16 अक्षर लिखे गये है। ग्रंथ के पत्र का आकार 22 × 2 14.2 सेंमी. है। इसका

आरम्भ निम्नवत् है-

श्रीकृष्णय नमः। अथ चंदन तृतीया अक्षय तृतीया।। टोडी।।
चंदन पहिरि नाव हरि वैठे श्री वृषभान दुलारी हो।
जमुना पुलिन सोभित सुंदर जहाँ षेलत लाल विहारी हो। × ×
गारी दैहि वकै मोदि सचहि पकरै आय पलोरी।। × ×

12 **(श्री) कृष्ण लीला ककहरा-**

इस ग्रंथ के ग्रंथकार दृगपाल है। ग्रंथ देसी कागज पर देवनागरी लिपि में लिखा गया है। इसमें कुल पत्रों की संख्या 9 है। प्रत्येक पृष्ठ में 12 पंक्तियाँ है और प्रत्येक पंक्ति में 19 अक्षर है। इसके प्रत्येक पृष्ठ का आकार 17.4 ×10.5 सेंमी. है। ग्रंथ प्राचीन है और पूर्ण है। इसके आरम्भ और अंत का संदर्भ निम्नवत् है-

श्री गणेशाय नमः। अथ लिख्यते श्रीकृष्ण लीला ककहरा।
वंदौ गौरी सुवन पद औ गुरु चरन मनांव। ×
× × **रियासत छुइ खदान में करी।**
भूपति स्याम किशोर चरन धरी।
संवत् 1953। × ×
चार इर्दु अरु लग्न सुहावन। किये राधापति पतित को पावन ।
इति श्री भक्ति ज्ञान ककहरा सम्पूर्णम्। संवत् 1953।

13. **कृष्ण विलास-**

इस ग्रंथ के ग्रंथकार उदैनाथ है। ग्रंथ देवनागरी लिपि में देसी कागज पर लिखा गया है। इसमें कुल 12 पत्र है। प्रत्येक पत्र में 15 पंक्तियाँ है और प्रत्येक पंक्तियों में अक्षरों की संख्या 14 है। पत्र का आकार 21.3×12.7 सेंमी. है।

ग्रंथ का आरम्भ और अंत इस प्रकार है-

कृष्ण बेलास।। श्री।। कृष्ण बेलास।। कै।। काट हकीकत लिखते।।
।होरी।।
होरी खेलत राधे श्याम सों।
लग्न लगी हरि नाम सों।।

पायल वाजै कि तेरो रुनुक झुनुक दूना।।
कहते कि उदैनाथ चाँद श्रवणन सूना।।
की नागर थइयां।। कहते हका हका । ईयो के नाहिंयों सदा।।
इति श्री कृष्ण विलास संपूर्ण। रचनाकाल संवत् 1994 तारीक 23 नम्बर 1907 ई.।

14. गोकुलाष्टक—

इस ग्रंथ के रचनाकार का नाम अज्ञात है। ग्रंथ देसी कागज पर देवनागरी लिपि में लिखा गया है। ग्रंथ में पत्रों की संख्या 2 हैं। प्रत्येक पत्र में 15 पंक्तियाँ हैं तथा प्रत्येक पंक्ति में 18 अक्षर है। ग्रंथ के पृष्ठ का आकार 20.6 × 15 सेंमी. है। ग्रंथ है। ग्रंथ के आरम्भ तथा अंत निम्नवत् है-

।।अथ गोकुलाष्टक लिष्यते।। कवित्त।।
जाऊँ कहाँ जित ही निकसौ तित ही लषिये अति उधम भारौं।
× × × ×
औरेहु गाँव सखी बहुतै पर गोकुल गाँव को पथ मोहि न्यारौ।।
इति गोकुलाष्टक सम्पूर्ण।

15. गोविन्द चंद्र चंद्रिका-

इस ग्रंथ के ग्रंथकार इच्छाराम है। ग्रंथ देसी कागज पर देवनागरी लिपि में लिखा गया है। इसमें पत्रों की कुल संख्या 301 है और ग्रंथ पूर्ण है। इसके एक पत्र में 12 पंक्तियाँ है और प्रत्येक पंक्ति में 22 अक्षर है। ग्रंथ के पत्र का आकार 23 × 14.2 सेंमी. है। ग्रंथ के आदि और अंत का विवरण निम्नवत् है-

श्री गनेसजूयानमह श्री सरस्वती देवी नमह री परमात्मा
इति श्रीमद गोविन्द चन्द्रचन्द्रिका श्री वैष्णवइंछाराम विरंचिता × ×
इति सूत्र सम्पूर्णसुभमंस्तू। प्रथम जेठवदियबुधे संवतु 1877 षरनाम संवतसरे लिषत।।

16. **ग्वालिनी झगरो**-

इस ग्रंथ के ग्रंथकार का नाम अज्ञात है। ग्रंथ देसी कागज पर देवनागरी लिपि

में लिखा गया है। ग्रंथ में कुल 6 पत्र है। प्रत्येक पत्र में 10 पंक्तियाँ है और प्रत्येक पंक्तियों में अक्षरों की संख्या 16 है। पत्र का आकार 17.9 × 12.9 सेंमी. है। ग्रंथ पूर्ण है। प्रथम और अंत का विवरण निम्न है–

श्रीगणेशाय नमः।
प्रथम स्याम गुन क × वरि के सुतै मनाऊँ।
गुर के लागू पाय जौर कछु अज्ञा पाऊँ।
× × **जौ याकू सीषै सुनै तो परधाम तू जाय।**
इति श्री गवालिनी झगरो सम्पूर्णं।

17 **जुगल विलास**–

इस ग्रंथ के ग्रंथकार महाराज रामसिंह है। ग्रंथ देसी कागज पर देवनागरी लिपि में लिखा गया है। ग्रंथ में कुल 23 पत्र है। प्रत्येक पत्र में 18 पंक्ति है और प्रत्येक पंक्ति में 15 अक्षर है। ग्रंथ के पत्र का आकार 25 × 17 सेंमी. है। ग्रंथ पूर्ण है। इस ग्रंथ में निम्न विवरण प्रस्तुत है–

श्री गणेशाय नमः अथ जुगुल विलास लिष्यते।
सोहत मुकुट सीस कुंडल श्रवन सोहै
मुरली अधर मुनि मोहै त्रिभुवन कौ।
प्रगट्यौ जुगल विलास है × ×
इति श्री मन्महाराजाधिराज श्री रामसिंह विरचिताया जुगल विलास वर्नन सम्पूर्ण।।
श्रीरस्तु।

18. **दानलीला नागलीला आदि**–

अज्ञात रचनाकार द्वारा लिखित यह ग्रंथ देसी कागज पर देवनागरी लिपि में लिखा गया है। पुस्तक में 19 पत्र है जिसमें 16 पंक्तियाँ है और प्रत्येक पंक्तियों में 10 अक्षर है। पत्र का आकार 26.1×16 . 2 सेंमी. है।
ग्रंथ का आरम्भ और इति निम्नवत् है–

श्री गणेशाय नमः। अथ दान लीला लिष्यते।
हूए महवूब गोकुल के कीया घर नंदकुल रोसन। × ×

स्याम सनेह जागे उर भीत भव संकठ सबहू री करै।
इति श्री नागलीला समाप्तं।

19. **राधे हरिमिलन सतसई-**

इस ग्रंथ के ग्रंथकार शिववक्स सिंह सोमवंशी है। ग्रंथ में कुल 2 पत्र है। प्रत्येक पत्र में 10 पंक्तियाँ है और प्रत्येक पंक्ति में 37 अक्षर है। पत्र का आकार 12.4 × 15.2 सेंमी. है। ग्रंथ देसी कागज पर देवनागरी लिपि में लिखा गया है। ग्रंथ का आरम्भ और अंत इस प्रकार है-

श्रीगणेशाय नम्हः।।
ऐक रदन कुंजर वदन जेहि सुमिरै सीधि होइ। × ×
हरि सर होत कुठार सम काटत अधिक चोषाई।। × ×
संवत 1880।

20. **वृंदावन विनोद**-

इस ग्रंथ के ग्रंथकार ठाकुर अभय राम है। सभा में संरक्षित ग्रंथ मूल ग्रंथ की टीका है। जिसमें टीकाकार का नाम नहीं है। ग्रंथ देसी कागज पर देवनागरी लिपि में लिखा गया है। ग्रंथ में कुल पत्रों की संख्या 54 है। प्रत्येक पत्र में 11 पंक्तियाँ है और प्रत्येक पंक्ति में अक्षरों की संख्या 24 है। ग्रंथ प्राचीन है किन्तु अपूर्ण है। ग्रंथ की आरम्भिक और अन्तिम पंक्तियाँ निम्नवत् है-

श्रीगणेशाय नमः
अथ अभैराम कृत वृंदावन विनोद लिख्यते × ×
इति श्री व्रज विनोद ठाकुर अभैराम जी कृत समाप्त।। सुभस्तु।।

21. वृंदावन सत—

इस ग्रंथ के ग्रंथकार अज्ञात है। ग्रंथ में कुल 36 पत्र है। प्रत्येक पत्र में 7 पंक्तियाँ तथा प्रत्येक पंक्तियों में 27 अक्षर है। पत्र का आकार 22.8 ×10.2 सेंमी. है। देसी कागज पर देवनागरी लिपि में लिखा गया यह ग्रंथ पूर्ण है। ग्रंथ के आरम्भ और अंत का विवरण निम्नवत् है-

श्री राधागोविन्दों जयति।
अथ वृंदावन सत लिख्यते
।।कवित्त।।
जै कृष्ण चैतन्य जै जै बिहारी × ×
इति श्री वृंदावन सत सम्पूर्ण। शुभमस्तु।
मुद्रित-भगवत रचनाकाल-1707

22. **कालियदमन वत्तीसी–**

देवीप्रसाद द्वारा लिखित ग्रंथ देसी कागज पर देवनागरी लिपि में है। ग्रंथ में पत्रों की संख्या 17 है, प्रत्येक पत्र में 9 पंक्तियाँ है और प्रत्येक पंक्ति में 21 अक्षर है। ग्रंथ पूर्ण है। ग्रंथ के आंशिक अंश प्रस्तुत है-

ग्वाल बाल संग लिये तरनि तनूजा तीर खेलैं गेंद खेंल। × ×
देवीदास हिये छायो आनंद अपार प्यारे। जै जै नंदलाल सबे बोलो हरखाइ के।

23. कृष्ण जू की बारहमासी-

इस ग्रंथ के ग्रंथकार का नाम अज्ञात है। ग्रंथ देसी कागज पर देवनागरी लिपि में लिखा हुआ है। ग्रंथ के कुल 24 पत्र है। प्रत्येक पत्र में 12 पंक्तियाँ तथा प्रत्येक पंक्ति में 10 अक्षर है। पत्र के आकार 15 × 12 सेंमी. है। ग्रंथ के कुछ अंश निम्नवत् है-

जहाँ पर प्रश्न का चिन्ह फावै।
की की सुज मोल आवै तेरी।।

24. कृष्ण पचीसी-

इस ग्रंथ के ग्रंथकार अज्ञात है। ग्रंथ देसी कागज पर देवनागरी लिपि में लिखा गया है। इसमें कुल 6 पत्र है। प्रत्येक पत्र में कुल 14 पंक्तियाँ है तथा प्रत्येक पंक्ति में अक्षरों की संख्या 18 है। ग्रंथ का आकार 16×12 सेंमी. है। ग्रंथ पूर्ण है। इसके आरम्भ और अंत का विवरण इस प्रकार है-

श्री गनेसाय नमः श्री सरस्वती जु नमः
अथ श्री कृष्ण पचीसी लिष्यते।। × ×

इति चंद्रावली कथा सम्पूर्ण समाप्ता।

25 व्रज कथा-

यह ग्रंथ अज्ञात ग्रंथकार द्वारा निर्मित है। ग्रंथ देसी कागज पर देवनागरी लिपि में लिखा गया है। ग्रंथ में कुल 32 पत्र है। प्रत्येक पत्र में पंक्तियों की संख्या 15 है तथा प्रत्येक पंक्ति में 18 अक्षर है। ग्रंथ के पत्रों का आकार 16× 12 सेंमी. है। ग्रंथ में विवरण निम्नवत् है-

श्री गोपाल जु या नम्हा अथ व्रज कथा लिष्यते
इहि विधि ग्वाल वजौ गयो।

26. **राधाकवच-**

इस ग्रंथ के ग्रंथकार का नाम ज्ञात नही है। ग्रंथ देसी कागज पर देवनागरी लिपि में लिखा गया है। ग्रंथ में कुल 6 पत्र है। प्रत्येक पत्र मे 6 पंक्तियाँ है और प्रत्येक पंक्ति में 12 अक्षर है। ग्रंथ के पत्रों का आकार 11.5 × 8.5 सेंमी. है। ग्रंथ के आरम्भ और अंत का लेखन निम्नवत है-

श्री राधावल्लभोजयति।।
इति श्री ब्रह्माजामिलेराधा कवचं समाप्तं।।

27. **स्याम सुदामा रस कथा-**

इस ग्रंथ के ग्रंथकार गोपाल कवि है। ग्रंथ देवनागरी लिपि में देसी कागज पर लिखा गया है। ग्रंथ में कुल पत्रों की संख्या 15 है। ग्रंथ में कुल 9 पंक्तियाँ है और प्रत्येक पंक्ति में अक्षरों की संख्या 25 है। ग्रंथ के पत्रों का आकार 24 × 16 सेंमी. है। ग्रंथ पूर्ण है। ग्रंथ के आरम्भ और अंत का विवरण निम्नवत है-

श्रीगणेशाय नमः।
।। दोहा।।
सुन्दर श्री गजबदन सुभ मंगल करन।। × ×
इति श्री सुदामाचरित समाप्तं सुभमस्तु।

संवत् 2870 के साल कार्तिक वदि 9 कहलिषा संतदास वैदमोपैयषराबैठे।

कृष्ण काव्य विषयक इन हस्तलेखों के अतिरिक्त सभा में लगभग 200-250 हस्तलेख संरक्षित हैं किन्तु ये प्रकाशित नहीं है। उन्हें प्रकाशित करने के उपक्रम

को पूरा करते हुए जन सुलभ कराया जाना समीचीन होगा। ये ग्रंथ साहित्य, इतिहास के साथ साथ भाषिक सम्पदा की भी परिपूर्ति करते हैं। यदि इस विषय से सम्बन्धित अथवा रचनाकारों की पाण्डुलिपियाँ अन्यत्र कहीं मिल सकती है तो पाठ भेद की दृष्टि के साथ-साथ भाषा सौष्ठव हेतु साहित्यिक उपलब्धि के लिए एक नया मानदण्ड बन सकती है।

24

सूकरक्षेत्र शोध संस्थान के पाण्डुलिपि संग्रह में सगुण भक्ति के धर्म सम्प्रदायों की दुर्लभ पाण्डुलिपियाँ
(राम भक्ति एवं कृष्ण भक्ति)

रंजना

सूकक्षेत्र शोध संस्थान पौराणिक प्रसिद्ध तीर्थ 'रामचरितमानस' के रचयिता महात्मा तुलसीदास की जन्मभूमि सूकरक्षेत्र (सोरों) भागीरथी के पार्श्व में स्थित है यह सूकरक्षेत्र शोध समिति (पंजी.) के अन्तर्गत विगत कई वर्षों से ब्रज, पंचाल और भारतीय संस्कृति, साहित्य, लोक कला के क्षेत्र में निष्ठापूर्वक कार्यरत है। वर्तमान में यह किला शंकरगढ़, कासगंज के अति सुरम्य और सुरक्षित परिसर में विविध शोध प्रकल्पों और उद्देश्यों की प्रतिपूर्ति हेतु मिशन मानकर सक्रिय है।

देश के विभिन्न भागों में बिखरी पड़ी कलानिधियों, शिल्परत्नों, पाण्डुलिपियों, अभिलेखों, प्राचीन सिक्कों, डाक टिकटों तथा तीर्थ पुरोहितों के वंशजों के बहीं एवं अन्य सम्बन्धित रिकार्डों आदि को संग्रहीत और संरक्षित करना, आदि कार्य संस्थान के लक्ष्य रहे हैं।

'भक्ति' संस्कृत के 'भज्' धातु से सम्बद्ध है जिसका अर्थ है सेवा करना। इसमें 'क्ति' प्रत्यय लगाकर 'भक्ति' शब्द निर्मित किया गया। 'क्ति' से आशय है-प्रेम। इस प्रकार भक्ति में भुज (सेवा) तथा क्ति (प्रेम) का समन्वय है और यह शब्द धातु तथा प्रत्यय के सम्मिलित योग से अपने अर्थ को ध्वनित करता है। पाणिनि ने इसे विवेचित किया है। सम्भवतः सेवा को मानसिक, आध्यात्मिक आधार देने के लिए उसमें प्रेमभावना की नियोजना की गई। अन्यथा सेवा स्वयं में सर्वोपरि गुण नहीं है, क्योंकि उसके प्रयोजन अनेक हो सकते हैं।

भक्ति काव्य का मूल आधार है-'भक्ति'। कविता यहाँ साधन है, साध्य तो

भक्ति ही है। भक्ति एक शुद्ध रागात्मक वृत्ति है। इसके साधन लौकिक अवश्य हैं पर साध्य एक ऐसी लोकोत्तर अनुभूति है जिससे भक्त के चित्त को अनुपम शान्ति और आनन्द की अनुभूति होती है। भारतीय भक्ति साधना मे वैष्णव भक्ति का प्रमुख स्थान है। यों तो वैदिक काल से भक्ति का विकास तथा विष्णु देवता के रूप में भगवान को उपासना, आराधना का उल्लेख हमें वेद की ऋचाओं और परवर्ती वैदिक वाङमय में उपलब्ध होता है किन्तु जिसे हम शुद्ध वैष्णव भक्ति कहते हैं वह भी महाभारत काल से अपने पूर्ण विकसित रूप में देखी जा सकती है।

भक्ति के सन्दर्भ में विष्णु की कथा-यात्रा को जाने बिना राम और कृष्ण के स्वरूप को नहीं समझा जा सकता। मध्यकाल तक आते-आते राम और कृष्ण के व्यक्तित्व में अनेक रूपान्तरण हुए क्योंकि जिन विष्णु देवता से उनका सम्बन्ध है वे स्वयं अनेक परिवर्तनों से गुजरते हैं। वैष्णव भक्ति का प्रभाव भारतीय चिन्तन पर स्पष्ट है और कला, संस्कृति, साहित्य सभी क्षेत्रों में विष्णु तथा उनके अवतारों विशेषतया राम और कृष्ण ने अपनी छाया डाली है। वास्तविक स्थिति यह है कि वैष्णव धर्म जो मूलतः विष्णु के अवतारी रूप को लेकर अग्रसर हआ। यदि समस्त बाधा बिध्नों को पार करता हुआ आगे न बढ़ता तो राम और कृष्ण का व्यक्तित्व जनता में इस सीमा तक प्रसारित नहीं होने पाता कि उनके बिना प्राचीन भारतीय मानस की कल्पना ही नहीं की जा सकतीं। विष्णु और उनके व्यक्तित्व से निर्मित वैष्णव धर्म भारत की सांस्कृतिक व्यापकता का प्रतीक भी कहा जा सकता है क्योंकि विष्णु ही वह प्रतिमा है जो विभिन्न आकार ग्रहण करती हुई देश के एक छोर से लेकर दूसरे छोर तक पहुँच गई। विष्णु ही वह कल्पना है जो अनेक इकाइयों में विभाजित देश को पर्याप्त समय तक बाँधे रहने के लिए यत्नशील रही है और मध्यकाल मे विदेशी सत्ता से आक्रान्त राष्ट्र में भी विष्णु को दो प्रधान छवियाँ : राम और कृष्ण सक्रिय रहीं थीं तथा व्यापक प्रभाव, पूर्व-पश्चिम सीमान्तों में जा सकता है। 'विष्णु ने जब अवतार का रूप पाया तब से वे इतने लोकप्रिय हुए कि वैष्णव धर्म भक्ति मार्ग के पर्याय रूप में प्रस्तुत होने लगा और विष्णु को भागवत, पुरुषोत्तम, नारायण, हरि आदि सम्बोधनों से विभूषित किया गया।[1]

भारतीय संस्कृति की ठीक पहचान के लिए पुराणों को समझना आवश्यक है। उपनिषद् काल में अध्यात्म प्रज्ञान का परिचायक है, उसे पुराणों तक पहुँचाने की चेष्टा की। वैष्णवधर्म के विकास में इनका विशिष्ट योग है। विद्वानों का विचार है:

वैष्णवधर्म का वर्तमान रूप पुराणों द्वारा समर्थित होकर ही सार्वजनिक बना है। पुराणों की रचना से वैष्णवधर्म का सूक्ष्म रूप ही प्रकाश में आया था जिसे पौराणिक कथानक अर्थवाद, विनियोग और व्याख्या द्वारा स्पष्ट और व्यापक रूप प्राप्त हुआ।[2]

इसी विकसित वैष्णव भक्ति में अवतारवाद और विग्रह रूप को समग्रता में ग्रहण किया गया और सगुण साकार भगवान की विधिपूर्वक सेवा-पूजा भक्ति को स्वीकार किया गया। सगुण ब्रह्म क लोकरक्षक के रूप में आराध्यदेव राम रहे तो लोकरंजन के अधिष्ठाता कृष्ण बने। भगवान राम और भगवान कृष्ण की उपासना, सेवा-पूजा आदि में निष्ठा आस्था रखने वाले वैष्णव भक्तों ने अपने आराध्य के रूप, गुण, शील आदि के अनुसार उनके विविध रूपों की भी कल्पना की तथा उनकी समग्रता के लिए विष्णु भगवान की शक्ति स्वरूपा लक्ष्मी को भी आराधना में समाविष्ट कर लिया। श्रीराम के साथ सीता तथा श्रीकृष्ण के साथ राधा को स्थान दिया है। कृष्णोपासक भक्तों की साम्प्रदायिक परम्परा का विकास भी होता रहा और भक्तों की आराध्या श्रीराधाजी भी साम्प्रदायिक स्तर पर अपना स्वरूप बहुआयामी बनाती गईं। कहीं शक्ति स्वरूपा, कहीं कृष्णाराध्या, कहीं भक्तों द्वारा सर्वोपरि पराशक्ति बनकर वह दर्शन मात्र से भक्तजनों की उद्धारक बन गईं।

वैष्णव भक्ति के प्रचारक दक्षिण के आचार्यों ने जिस विष्णु भगवान को आराध्य बनाया था, वह अद्वैतमत के विरोध में होने पर भी अद्वैत-सिद्धान्त से किसी न किसी रूप से जुड़ा था। विशिष्टाद्वैत, द्वैताद्वैत, शुद्धाद्वैत आदि दार्शनिक सिद्धान्तों में अद्वैतमत का खंडन होने पर भी अद्वैताभास लक्षित होता है अर्थात् रामानुज, विष्णुस्वामी, निम्बार्क, वल्लभाचार्य, चैतन्यादि के मत भी कहीं न कहीं खंडन-मंडन शैली में ब्रह्मवाद समर्थित अद्वैत से सम्पृक्त अवश्य थे। इस दार्शनिक अद्वैत संश्लिष्ट मताग्रह का परित्याग ब्रजमण्डल में व्याप्त कृष्णभक्ति सम्प्रदायों में हुआ। ब्रजमण्डल के उच्चकोटि के भक्तों ने अपनी भक्ति भावना को किसी दार्शनिक मत के साथ नहीं जोड़ा और अपने सम्प्रदायों को विशुद्ध भक्ति भाव की सुदृढ़ नींव पर ही खड़ा किया। यही ब्रजभूमि का भक्तिमार्ग के लिए सबसे बड़ा योगदान है।

वल्लभ, चैतन्य, हितहरिवंश, स्वामी हरिदास और भक्ति-भक्ति के अगले उत्थान में वल्लभाचार्य और चैतन्य, हितहरिवंश और स्वामी हरिदास आते हैं। ये

चारों प्रायः सम-सामयिक हैं। इनके भक्ति सिद्धान्तों का विवेचन पृथक-पृथक रूप में किया गया है। एक बात ध्यान देने योग्य है कि वल्लभ तक आते-आते भक्ति ने पूर्ण रूप से प्रेम का रूप धारण कर लिया था। चैतन्य महाप्रभु ने 'प्रेमा पुमर्थो महान्' की चतुर्दिक गूँज मचा दी थी। हितहरिवंश और स्वामी हरिदास ने युगलकिशोर की उपासना में रसभक्ति के अतिरिक्त किसी दार्शनिक मत के प्रतिपादन की चेष्टा नहीं की। भक्ति को पूर्णतया रस की कोटि तक आस्वादन योग्य बना दिया। भक्ति के पंच भावों में से शान्त, दास्य, सख्य और वात्सल्य न जाने कितनी दूर पड़ गए। किसी प्रकार सूर ने सख्य और वात्सल्य को सँभाला किन्तु सूरसागर में मधुर भाव के सामने इनका रंग फीका है। चैतन्य, हितहरिवंश और स्वामी हरिदास में तो ये भाव खोजने से भी नहीं मिलेंगे।

ब्रजभूमि में श्रीकृष्ण भगवान की भक्ति का उदय अपने पूरे उत्साह और उमंग के साथ 15वीं शताब्दी से प्रारम्भ हुआ। 16वीं शताब्दी में यह भक्ति संस्कृत भाषा से हटकर प्रधान रूप से लोक भाषाओं में सवंमित हुई। ब्रजभाषा मुख्य रूप से भक्त कवियों की उद्‌गार-भाषा बनी। अवधी, बुन्देली, भोजपुरी, राजस्थानी, हरियाणवी आदि लोकभाषाओं में भक्तकवियों ने अपनी भक्ति-भावना का परिचय देना प्रारम्भ किया। यह क्रम लगभग पाँच सौ वर्ष तक निरन्तर जारी रहा। साम्प्रदायिक तथा सम्प्रदायेतर अनेक भक्तों ने अपनी वाणी द्वारा ब्रज मण्डल को श्रीकृष्ण तथा राधा की भक्ति के दिव्य आलोक से जगमगा दिया। भक्त कवियों और ब्रजभाषा प्रेमियों की यह लम्बी परम्परा बताती है कि रचना की प्रेरक शक्ति न तो सांसारिक प्रलोभन होता है और न कोई बाह्य दबाव ही भक्त-मन को रचना के लिए प्रेरित करता है। ब्रजभाषा और ब्रजभूमि भी आकर्षण का केन्द्र थे जिन्होंने रसखान जैसे कवियों को कलधौत के धाम करील के कुंजों पर न्यौछावर करने की प्रेरणा दी थी। घनानन्द जैसे मर्मी कवि दिल्ली की शाही गलियाँ छोड़कर वृन्दावन के कुजों में भाग आए थे। इस भूमि का आकर्षण कितने भक्तों और काव्य प्रेमी कवियों को ब्रजभूमि में खींच लाया था, यह उस युग के ऐतिहासिक पृष्ठों में अंकित है। इसी आधार पर हम सूकरक्षेत्र शोध संस्थान के पाण्डुलिपि संग्रह में सगुण भक्ति (राम एवं कृष्ण भक्ति) के धर्म सम्प्रदायों, भागवत धर्म साधना की ज्ञात, अज्ञात, अल्पज्ञात, दुर्लभ पाण्डुलिपियों को यहाँ सूचीबद्ध रूप में प्रदर्शित करने का विनम्र प्रयास कर रहे हैं—

1. रामानंदी श्रीसम्प्रदाय (राम भक्ति)

क्रम	पाण्डुलिपि का शीर्षक	ग्रन्थकार	पाण्डु. क्र.	लिपिकर्ता	लिपिकाल	विषय	भाषा	विशेष ज्ञातव्य
1.	भक्तमाल	नारायणदास	312	–	सं. 1771 1776 के मध्य	भक्ति	ब्रज	रचनाकार के गुरु अग्रदास, संभवतः नारायणदास ही नाभादास नाम से प्रसिद्ध हुए। भक्तिदाम का लोक प्रचलित नाम भक्तमाल हुआ किन्तु विं.सं 1769 में प्रियादास की प्रसिद्ध टीका उसका भक्तिरस बोधिनी टीका लोक विश्रुत हुआ।
2.	श्रीरामनवमी के पद	तुलसीदास	324	तुलीदास	सं. 1740	भक्ति	ब्रज	–
3.	श्रीभक्तमाल टीका सहित	नाभादास व प्रियादास	345	सेवदास	सं 1874	भक्ति	ब्रज	–
4.	रानी मंगो	अग्रदासजी	452	–	–	भक्ति	ब्रज	–
5.	कुण्डलियाँ	स्वामी अग्रदास	493	–	सं. 1754	भक्ति	ब्रज	–
6.	कुण्डलियाँ	स्वामी अग्रदास	494	–	सं. 1879	भक्ति	ब्रज	–
7.	हरिचरित (भागवत महापुराण दशम स्कन्ध)	रामदास	82	–	सं 1922	भक्ति	ब्रज	ब्रजभाषा पद्यानुवाद, दोहा चौपाई शैली। ग्रंथकार के पिता मनोहरदास। रचनाकाल सं. 1721। ग्वालियरी भाषा।

8.	विज्ञान गीता	तुलसीदास	163	–	सं. 1866	भक्ति	ब्रज	दोहो की संख्या 573।
9.	रामशलाका	तुलसीदास	165	–	सं. 1866	–	ब्रज	सात सर्ग! तुलसीदास
10.	अग्रदास की कुण्डलियाँ	अग्रदास जी	551	–	सं. 1884	भक्ति	अवधी	–
11.	कुण्डलियाँ	अग्रदास जी	556	–	सं 1776	भक्ति	ब्रज	–
12.	भक्तमाल टीका	–	564	–	–	भक्ति	ब्रज	प्राप्त पत्र सं –1, 2, 14, 20, 49, 50, 52, 53, 55, 59
13.	ध्यान मंजरी	अग्रदास जी	566	–	–	भक्ति	ब्रज	वृन्दावन मध्य लिखी रामादीन पठनार्थ
14.	रामचरितमानस (बालकाण्ड)	तुलसीदास	550	–	सं. 1884	भक्ति	अवधी	हस्ताक्षर सुखराम जी मिश्र चंदौसी लाला भोलाराम महाजन पठनार्थ।

2. राधावल्लभ सम्प्रदाय (कृष्ण भक्ति)

क्रम	पाण्डुलिपि का शीर्षक	ग्रन्थकार	पाण्डु. क्र.	लिपिकर्ता	लिपिकाल	विषय	भाषा	विशेष ज्ञातव्य
1.	राधाकृष्ण विहार लीला	श्रीहरिवंश	3	नवलदास	सं.1877	भक्ति	ब्रज	काव्य, राधावल्लभ सम्प्रदाय का लीला काव्य नित्य बिहार, विभिन्न रागरागनियों में निबद्ध उच्च कोटि का रस भक्ति काव्य अप्रकाशित
2.	व्यास जू कौ मंगल	बल्लभदास	4	नवलदास	सं. 1877	भक्ति	ब्रज	लाल जी महाराजा के पठनार्थ,

								मंगल काव्य, राधावल्लभ सम्प्रदाय के प्रवर्तक हित हरिवंश महाप्रभु जी के पूजास्पद पिता श्रीव्यास जी की जन्म बधाई: सम्प्रदाय का आनुष्ठानिक काव्य
3.	गुसाई रूपलाल जी की माँझ	गोस्वामी रूपलाल	6	नवलदास	सं. 1877	भक्ति	ब्रज	काव्य, गोस्वामी हरीलाल के शिष्य गो. हित हरिवंश की छठवीं पीढ़ी में वर्तमान वृन्दावन निवास सं. 1738 हित चाचा वृन्दावनदास गुरु, नागरी प्रचारिणाी खोज रिपोट 12-196
4.	राधावल्लभीय गोस्वामी परम्परा	गोस्वामी रूपलाल	7	नलदास	सं. 1877	भक्ति	ब्रज	तदैव, सम्प्रदाय प्रणालियाँ आकार में भले ही लघु है पर ऐतिहासिक दृष्टि से बड़ा महत्त्व है। प्रकाशन योग्य
5.	गुरुपरनारी (प्रणाली)	गोस्वमी रूपलाल	8	नलदास	सं. 1877	भक्ति	ब्रज	तदैव, लिपिकार ने प्रणाली को परनारी लिखा है। वैयाकरण पाणिनी ने ईसा से शताब्दी पूर्व

								र एवं ल में अभेद को व्यक्त करने वाला सूत्र दिया है। यहाँ परनारी से गुरु की परकीया अर्थ नहीं है।
6.	साधना विलास (द्वितीय)	अतिबल्लभ	9	नवलदास	सं. 1877	भक्ति	ब्रज	काव्य. सं. 1732 के लगभग वर्तमान, इस सम्प्रदाय के प्रकाण्डपण्डित और टीकाकार राधाबल्लभ सिद्धान्त व्याख्याता अप्रकाशित।
7.	मंत्र ध्यान (हित पद्धति)	बल्लभदास	10	नवलदास	सं. 1877	भक्ति	ब्रज	उपरिवत्, राधावल्लभ सम्प्रदाय की आचार पद्धति। खोज रिपोर्ट सं. 12-54। राधावल्लभ सम्प्रदाय की उपासना की मार्ग दर्शक रचनाएँ जो रामभक्ति के रसिक सम्प्रदाय रामानंद श्री संप्रदाय में स्वामी अग्रदासजी के ध्यान मंजरी व चैतन्य सम्प्रदाय में महामहिम जीव गोस्वामी के शिष्यों में

								वैल्यनाट्यीय तैलंग भट्ट ब्रजभाषा के सशक्त भक्त-कवि गदाधर भट्ट द्वारा रचित ध्यान लीला (पद्य) परम्परा का काव्य।
8.	भक्तनामावली	ध्रुवदास	11	नवलदास	सं. 1815	भक्ति	ब्रज	जहाँगीर काल के राधा-वल्लभीय उद्भट विद्वान्, अप्रतिम रस व्याख्याता और अनेक ग्रन्थों के प्रेणता सुकवि। कृष्ण भक्त कवियों के जीवनवृत्त तैयार करने हेतु आकार रचना। ना.प्र. खो. -00-15, 09-73जी, 17-51 सी ऐतिहासिक तथ्यों से भरपूर वृहत टिप्पणियों सहित इसका सम्पादन अत्यन्त उपादेय।
9.	वृहदबावन पुराण की (भाषा)	ध्रुवदास	12	नवलदास	सं. 1815	भक्ति	ब्रज	अनुवाद, शेष विवरण उपरिवत्। ना. प्र. खो. रि. बावनवृहद पुराण की भाषा (पद्य)

								-00-14, 09-73 एच इसका कविताकाल वि.सं. 1650-1700 तक माना जा सकता है रसानन्द लीला का रचनाकाल स्वयं कवि ने सं. 1650 दिया है। प्रेमवाटिका का 1671, सभामण्डली 1681 और रहस्यमंजरी का सं. 1698 प्रेम और सौन्दर्य का सैद्धान्तिक व्याख्याता और अनुसारी ललित काव्य का प्रणेता भी है।
10.	सिद्धान्त विचार	ध्रुवदास	13	-	सं. 1815	भक्ति	ब्रज	भक्ति रस सिद्धान्त विषयक सदुर्लभ ग्रन्थ। कविता काल सं. 1660-1700। गो. हितहरिवंश जी के शिष्य चैतन्य सम्प्रदाय में सट्संदर्भ ग्रंथ के प्रणेताजीव गोस्वामी के सदृश, राधावल्लभ सम्प्रदाय के दार्शनिक तत्ववाद

								को प्रथमवार लोकग्राहीय भाषा में मुखरित करने वाला रचनाकार।
11.	प्रीतिचौवन लीला	ध्रुवदास	14	–	सं. 1815	भक्ति	ब्रज	राधावल्लभीय उपासना को विवृत करने वाला ग्रंथ समास शैली प्रकाशन होने योग्य। (अप्रकाशित)
12.	आनंदाष्टक	ध्रुवदास	15	–	सं. 1815	भक्ति	ब्रज	हिन्दी काव्य धारा में अष्टक रचनाएँ अर्थात संख्यापरक रचनाएँ संस्कृत वाङमय के अनुकरण से पायी। आनंदाष्टक (पद्य) 41–117 झ एवं त्र, सं. 01–174 ख।
13.	वृन्दावन सत्	ध्रुवदास	19	–	सं. 1815	भक्ति	ब्रज	संवत 1686 में पूर्ण (प्रबंध काव्य)। वृन्दावन कृष्णोंपासकों की सैद्धान्तिक दृष्टि से साधना और सिद्धभूमि मानी जाती है। इस पाण्डु. में श्रीधाम वृन्दावन की बहुआयामी महिमा लोक छंद

								में गायी गई है।
14.	हित सिंगार लीला	ध्रुवदास	22	–	सं. 1815	भक्ति	ब्रज	हित शब्द राधावल्लभ सम्प्रदाय का परम्पारिभाषिक अर्थगर्भ शब्द है। जो प्रेम का पर्याय है
15.	रसमुक्तावली	ध्रुवदास	24	–	सं. 1815	भक्ति	ब्रज	ना.प्र. खो. रि. रसमुक्तावली लीला (पद्य) 00–2006–159बी, 09–73 ओ, 41–54073 अप्रकाशित
16.	रहस्यमंजरी लीला	ध्रुवदास	29	–	सं. 1815	भक्ति	ब्रज	अन्तः साक्ष्य में रचनाकाल सं. 1698 मंजरी तुलसी के छुप को कहते हैं और गौड़ीय वैष्णव सम्प्रदाय में विष्णु प्रिया तुलसी की मंजरी उपासना के क्षेत्र में मंजरी भाव की प्रेरक बनी।
17.	रस हीरावली	ध्रुवदास	25	–	सं. 1815	भक्ति	ब्रज	अप्रकाशित
18.	रस रत्नावली	ध्रुवदास	26	–	सं. 1815	भक्ति	ब्रज	–
19.	प्रिया जी की नामावली	ध्रुवदास	28	–	सं. 1815	भक्ति	ब्रज	पद्य

20.	रहस्य मंजरी लीला	ध्रुवदास	29	–	सं. 1815	भक्ति	ब्रज	पद्य
21.	सुषमंजरी लीला	ध्रुवदास	30	–	सं. 1815	भक्ति	ब्रज	पद्य
22.	रतिमंजरी लीला	ध्रुवदास	31	–	सं. 1815	भक्ति	ब्रज	पद्य
23.	नेहमंजरी लीला	ध्रुवदास	32	–	सं. 1815	भक्ति	ब्रज	पद्य
24.	वन विहार लीला	ध्रुवदास	33	–	सं. 1815	भक्ति	ब्रज	पद्य
25.	रंग विहार लीला	ध्रुवदास	34	–	सं. 1815	भक्ति	ब्रज	पद्य
26.	रस विहार	ध्रुवदास	35	–	सं. 1815	भक्ति	ब्रज	पद्य
27.	रंग हुलास लीला	ध्रुवदास	36	–	सं. 1815	भक्ति	ब्रज	पद्य
28.	रंग विनोद लीला	ध्रुवदास	37	–	सं. 1815	भक्ति	ब्रज	–
29.	आनंददस विनोद	ध्रुवदास	38	–	सं. 1815	भक्ति	ब्रज	–
30.	रहसिलता लीला	ध्रुवदास	39	–	सं. 1815	भक्ति	ब्रज	–
31.	आनन्दलता लीला	ध्रुवदास	40	–	सं. 1815	भक्ति	ब्रज	–
32.	अनुरागलता लीला	ध्रुवदास	41	–	सं 1815	भक्ति	ब्रज	–
33.	प्रेमलता लीला	ध्रुवदास	42	–	सं 1815	भक्ति	ब्रज	–
34.	रसानेद लीला	ध्रुवदास	43	–	सं 1815	भक्ति	ब्रज	–
35.	होरी	वीरेश्वर	57	–	–	भक्ति	ब्रज	ईसा से 5 शताब्दी पूर्व महर्षि पाणिनि के काल से र और ल में अभेद है। अतः कृष्णभक्ति से सम्बद्ध हर सम्प्रदाय में होरी अथवा होली

								विषयक ब्रजलीला को महत्व देते हुए प्रचुर काव्य रचनाएँ हुई है।
36.	होरी दूसरी	वीरेश्वर	58	–	–	भक्ति	ब्रज	तदैव
37.	राधे जू के प्रेम की उत्तम अवस्था	वीरेश्वर	59	–	–	भक्ति	ब्रज	श्रीराधा प्रेम की महाभाव स्वरूपा, आह्लादिनी शक्ति और प्रेमप्रकर्षा तथा रसोत्कर्षिणी मानी गई है।
38.	बकासुर वध	वीरेश्वर	61	–	–	भक्ति	ब्रज	ब्रजलीला-द्रष्टव्य श्रीमद्-भागवत, प्रतीक काव्य। (अप्रकाशित)।
39.	पद	गो. हित प्रीतम	77	–	सं. 1907	भक्ति	ब्रज	रागनिबद्ध, श्रीराधावल्लभ सम्प्रदाय के बिंदु परम्परा के कवि, संगीत और काव्य की दृष्टि से महत्वपूर्ण।
40.	(हित) चतुरासी	गो. हित प्रीतम	79	–	सं. 1907	भक्ति	ब्रज	राधावल्लभ सम्प्रदाय के संस्थापक आचार्य हित हरिवंश द्वारा प्रणीत एक अद्भुत काव्य राग और रसपूर्ण।

41.	फुटकर पद	गो. हित प्रीतम	81	–	सं. 1907	भक्ति	ब्रज	इसमें हरिवंशी और उनके परिवार की वंशावली दी है संगीत की विविध राग–रागनियों में निबद्ध है।
42.	खीर स्तव	लाड़लीदास	151	केलिदास	–	भक्ति	ब्रज	राधावल्लभीय
43.	रसमुक्तावली	हित ध्रुवदास	153	कलिदास	–	भक्ति	ब्रज	चाचा वृन्दावनदास के लिखिया प्रिय शिष्य राधावल्लभ सम्प्रदाय।
44.	वृन्दाावन सत्	ध्रुवदास	155	–	–	भक्ति	ब्रज	वृन्दावन तत्व मीमांसा।
45.	श्रीकृष्ण सगाई	श्रीहित वृन्दावनदास	177	–	सं.1832	भक्ति	ब्रज	–
46.	श्री लाड़ली जू प्रति माता के तथा सखी के वचन	चाचा वृन्दावास दास	205	–	सं. 1832	भक्ति	ब्रज	लाड़सागर का भाग। पाठानुसंघान हेतु महत्त्व–पूर्ण।
47.	यमुनाष्टक	हित चंदलाल गो.	149	–	–	स्तुति	–	कवित्त छंद सवा दो सौ वर्ष।
48.	समय पचीसी	गुसाई चन्दलाल	545	रामहरी जौहरी	सं. 1822	भक्ति	ब्रज	वे महाभारतकालीन महिमनगरवासी अर्थात महमिया कहलाते हैं। कछवाहा

49.	सूर पचीसी	गुसाई चन्दलाल	546	रामहरी जौहरी	सं. 1822	भक्ति	ब्रज	महाराजा जयसिंह ने वि सं. 1784 में जयपुर की स्थापना
50.	ब्रह्म पचीसी	गुसाई चन्दलाल	547	रामहरी जौहरी	सं. 1822	भक्ति	ब्रज	की तो इन जौहरी को हीरे का व्यापार करने हेतु सादर
51.	मोर पचीसी	गुसाई चन्दलाल	548	रामहरी जौहरी	सं. 1822	भक्ति	ब्रज	आमंत्रित किया। विदुषी डॉ. उषा बहिन इसी परिवार से
52.	ब्रह्म सतसई	गुसाई चन्दलाल	549	रामहरी जौहरी	सं. 1822	भक्ति	ब्रज	हैं। दोहा छंद 74 प्राप्त
53.	सत्संगाष्टक	प्रियादास	501	फकीरदास	सं.1874	भक्ति	ब्रज	–
54.	नवधा भक्ति अष्टक	प्रियादास	502	फकीरदास	सं.1874	भक्ति	ब्रज	–
55.	वैराग्य अष्टक	प्रियादास	503	फकीरदास	सं.1874	भक्ति	ब्रज	–
56.	विरहाष्टक	प्रियादास	505	फकीरदास	सं.1874	भक्ति	ब्रज	–
57.	प्रेम स्वप्न दर्शनाष्टक	प्रियादास	506	फकीरदास	सं.1874	भक्ति	ब्रज	–
58.	प्रेम परिपाक अष्टक	प्रियादास	507	फकीरदास	सं.1874	भक्ति	ब्रज	–
59.	प्रार्थना अष्टक	प्रियादास	508	फकीरदास	सं.1874	भक्ति	ब्रज	–
60.	राधाष्टक	प्रियादास	509			भक्ति	ब्रज	–
61.	कवित्तर	दयानिधि	553			भक्ति	ब्रज	–
62.	पत्तरि	रामराय	560	फकीरदास	सं.1911	भक्ति	ब्रज	पन्तरि (जस काव्य)

3. व्लभ सम्प्रदाय
(कृष्ण भक्ति)

क्रम	पाण्डुलिपि का शीर्षक	ग्रन्थकार	पाण्डु. क्र.	लिपिकर्ता	लिपिकाल	विषय	भाषा	विशेष ज्ञातव्य
1.	पद संग्रह	सूरदास	267	–	सं.1832	भक्ति	ब्रज	–
2.	पद संग्रह	चतुर्भुजदास	268	–	सं 1832	भक्ति	ब्रज	–
3.	बधाई के पद	सूरदास	272	–	सं 1832	भक्ति	ब्रज	–
4.	बला लीला	परमानंद	274	–	सं 1832	भक्ति	ब्रज	–
5.	पालना	परमानंद	275	–	सं 1832	भक्ति	ब्रज	–
6.	छठी के पद	परमानंद	276	–	सं 1832	भक्ति	ब्रज	–
7.	मास दिनों के चोक के पद	श्री बिठ्ठल	277	–	सं 1832	भक्ति	ब्रज	–
8.	अन्न प्राशन के पद	सूरदास	278	–	सं 1832	भक्ति	ब्रज	–
9.	वेध के कारण पद	कृष्णदास	279	–	सं 1832	भक्ति	ब्रज	–
10.	दानलीला	चतुर्भुजदास	283	–	सं 1832	भक्ति	ब्रज	–
11.	दानलीला	कुम्भनदास	284	–	सं 1832	भक्ति	ब्रज	–
12.	साँझी के पद	सूरदास	285	–	सं 1832	भक्ति	ब्रज	–
13.	पद	कृष्णदास	287	–	सं 1832	भक्ति	ब्रज	–
14.	फूल मंडनी के पद	चतुर्भुजदास	326	भट्ट गंगाराम	सं. 1740	भक्ति	ब्रज	–
15.	चंदन यात्रा	परमानंददास	327	भट्ट गंगाराम	सं. 1740	भक्ति	ब्रज	–

16.	नरसिंही उत्सव	परमानंददास	328	भट्ट गंगाराम	सं. 1740	भक्ति	ब्रज	–
17.	जलक्रीड़ा	परमानंददास	329	भट्ट गंगाराम	सं. 1740	भक्ति	ब्रज	–
18.	हिंडोरा	परमानंददास	330	भट्ट गंगाराम	सं. 1740	भक्ति	ब्रज	–
19.	प्रभु को सिंगार	परमानंददास	335	भट्ट गंगाराम	सं. 1740	भक्ति	ब्रज	–
20.	पद भोजन समय	परमानंददास	336	भट्ट गंगाराम	सं. 1740	भक्ति	ब्रज	–
21.	मान समय के पद	परमानंददास	339	भट्ट गंगाराम	सं. 1750	भक्ति	ब्रज	–
22.	राधा जी के जन्म के पद	परमानंददास	340	भट्ट गंगाराम	सं. 1750	भक्ति	ब्रज	–
23.	फुटकर पद	परमानंददास	341	भट्ट गंगाराम	सं. 1750	भक्ति	ब्रज	–
24.	बिहार चन्द्रिका	नागरी दास	516	रामहरी जौहरी	सं. 1822	भक्ति	ब्रज	–
25.	सभा मण्डप	नागरी दास	517	रामहरी जौहरी	सं. 1822	भक्ति	ब्रज	–
26.	पद मुक्तावली	नागरी दास	518	रामहरी जौहरी	सं. 1822	भक्ति	ब्रज	–
27.	ब्रज विलास	नागरी दास	519	रामहरी जौहरी	सं. 1822	भक्ति	ब्रज	–
28.	ब्रज लीला	नागरी दास	520	रामहरी जौहरी	सं. 1822	भक्ति	ब्रज	ब्रज लीला दशम स्कन्ध। पूर्वार्द्धा-नुसार
29.	भक्ति विनोद	–	521	रामहरी जौहरी	सं. 1822	भक्ति	ब्रज	–
30.	छंद मालती	चंद कवि	522	रामहरी जौहरी	सं. 1822	भक्ति	ब्रज	–
31.	चौमासा	परमानंददास	526	रामहरी जौहरी	सं. 1822	भक्ति	ब्रज	–

32.	विहर मंजरी	नंददास	529	रामहरी जौहरी	सं. 1822	भक्ति	ब्रज	–
33.	ध्रुव चरित	परमानंद दास	540	रामहरी जौहरी	सं. 1822	भक्ति	ब्रज	–
34.	लाड़लीलाल जी का ब्याह	सूरदास	541	रामहरी जौहरी	सं. 1822	भक्ति	ब्रज	–
35.	श्रृंगार सिंधु	भगवतदास	589	कुँवर जी मेहता	सं. 1784	भक्ति	ब्रज	ल ` ख ा क कृष्णदास के वंश में उत्पन्न, लिपिकार–नवीनपुर अ ि ह छ ৯ ा नागरजाति मेहता कुँवरजी के पुत्र
36.	कवित्त	रज्जब	590	–	–	भक्ति	ब्रज	–
37.	नयनरूपारस	महाराजा सावंत सिंह नागरीदास	148	–	–	प्रेमभक्ति	ब्रज	प्रदर्शन योग्य पाण्डुलिपि (चित्र और लेखनकला) अप्रकाशित

4. चैतन्य सम्प्रदाय
(कृष्ण भक्ति)

क्रम	पाण्डुलिपि का शीर्षक	ग्रन्थकार	पाण्डु. क्र.	लिपिकर्ता	लिपिकाल	विषय	भाषा	विशेष ज्ञातव्य
1.	करुणा बत्तीसी	मोधोदास जगन्नाथी	2	–	सं.1888	भक्ति	ब्रज	उड़ीसावासी चैतन्य सम्प्रदाय में दीक्षित माधवदास जगन्नाथी द्वारा रचित करुणा बत्तीसी जो सोलहवीं सदी के भक्ति कवि थे। उनकी पुण्डु. संस्थान में है। इन्होंने तुलसीदास से 80 वर्ष पूर्व ब्रजभाषा में रघुनाथ लीला नामक सशक्त काव्य की रचना की। हिन्दी भाषी न होने के कारण यह राष्ट्रीय महत्व के कवि हैं
2.	माँझ बल्लभ रसिक	बल्लभ रसिक	5	नवलदास	सं. 1877	भक्ति	ब्रज	पाण्डु. की भावभरित गतिशील रचना देश के अनेक क्षेत्रों में उपलब्ध है। पाठानुसंधान में प्रकाश योग्य।

3.	बारह बाट अठारह पैड़े	बल्लभ रसिक	102	–	–	भक्ति	ब्रज	पाठानुसंधान में प्रकाशन योग्य
4.	होरी की माँझ	बल्लभ रसिक	103	–	–	भक्ति	ब्रज	पाठानुसंधान में प्रकाशन योग्य
5.	चित्रमान लीला	ललित किशोरी	108	–	–	कृष्णलीला	ब्रज	रत्नकोश से उद्धरण
6.	गोचारन लीला	ललित किशोरी	109	–	–	कृष्णलीला	ब्रज	खर्रा पाण्डुलिपि। गद्य वर्तिक, राग पीलू, रागौरी राग सरकारी, सम्भवतः अवध नरेश वाजिद अली शाह की पसंद। राग खेमटा, बरवै, दोहा।
7.	चित्र निरमान मान लीला	ललित किशोर	110	–	–	रासलीला	ब्रज	खर्रा पाण्डुलिपि। ललित माधुरी के पद।
8.	विपरीत व्याहुला	ललित किशोरी	111	–	–	रासलीला	ब्रज	खर्रा हवन, संस्कार अग्नि स्थापन विधि, विवाह संबंधी लौकिक रीतियाँ, दोहा, सवैया।
9.	विनय श्रृंगार शतक	ललित किशोरी	121	–	–	भक्ति	ब्रज	–
10.	जलकेलि लीला	ललित किशोरी	125	–	–	भक्ति	ब्रज	बीच-बीच में ललित माधुरी के पद

11.	आशिक लीला	ललित किशोरी	129	–	–	भक्ति	ब्रज	गज़ल और उर्दू लेख। ललित माधुरी का भी पद।
12.	रास पंचाध्यायी	ललित किशोरी	131	–	–	भक्ति	ब्रज	अल्प कीट नष्ट
13.	जलबिहाराष्टक	ललित किशोरी	132	–	–	भक्ति	ब्रज	–
14.	मधुलीला	ललित किशोरी	133	–	–	भक्ति	ब्रज	–
15.	पहेली	ललित किशोरी	134	–	–	भक्ति	ब्रज	
16.	वृन्दावन चक्रवेधी परिक्रमा (वृन्दावनधामानुरागावली)	गोपाल कविराय	164	गोपाल कविराय	सं. 1900	वृन्दावन	ब्रज	रचनाकार के निज हस्तलेख में वृन्दावन का विलक्षण दुर्लभ इतिहास।
17.	दम्पति वाक्य विलास	गोपाल कविराय	168	गोपाल कविराय	–	वृन्दावन इतिहास	ब्रज	1 और 92 मिसिंग। गोपाल राय नवीन प्रश्नोत्तर शैली में विरचित प्रखर समाजिक संचेतना का परिचायक (पति पत्नी संवाद) पाठानुसंधान हेतु महत्वशाली स्वहस्तलेख।
18.	भागवत पुराण भाषा	रसजानि वैष्णवदास	169	गोपाल कविराय	सं 1882	पुराण	ब्रज	अनुवांद। तृतीय स्कन्ध सं. 1882 पंचम्, स्कन्ध।
19.	गुरु चंद्रोदय कौमुदी	रामनारायण	170	गोपाला		सखीभाव	ब्रज	लि.का 1883 सं.।

		विष्णु सख्यापन्न चन्द्रभागा सखी		कविराय				हस्तलेख गोपाल कविराय। संस्कृत से अनुवाद
20.	भक्तमालटिप्पण के कवित्त	गोपाल कविराय	171	गोपाल कविराय	सं. 1874	संतचरित्र	ब्रज	–
21.	वृन्दावनवासिन के कवित्त	गोपाल कविराय	172	गोपाल कविराय	सं 1874	संतचरित्र	ब्रज	वृन्दावन के महानुभावो के प्रचुर विवरण, ऐतिहासिक काव्य। मूल पाण्डु, गोपालकविराय का हस्तलेख।
22.	सभा वर्णन	गोपाल कविराय	173	गोपाल कविराय	सं. 1874	संतचरित्र	ब्रज	–
23.	काव्य शास्त्र	गोपाल कविराय	174	गोपाल	सं. 1874	काव्य	ब्रज	रस, नायिका भेद आदि। गोपाल कविराय का निज लेख।
24.	सुवलवेष लीला	ललित किशोरी	562	–	–	भक्ति	ब्रज	
25.	वृन्दासखी	ललित किशोरी	563	–	–	भक्ति	ब्रज	प्रारम्भ के 18 अप्राप्त तथा 19–85 तक प्राप्त
26.	जल विहार लीला (सुबह के बखत की)	ललित किशोरी	567	–	सं. 1918	भक्ति	ब्रज	–

5. निम्बार्क सम्प्रदाय/ स्वामी हरिदास
(कृष्ण भक्ति)

क्रम	पाण्डुलिपि का शीर्षक	ग्रन्थकार	पाण्डु. क्र.	लिपिकर्ता	लिपिकाल	विषय	भाषा	विशेष ज्ञातव्य
1.	इश्कलता	आनंदघन	96	–	सं. 1946	भक्ति	ब्रज	हिन्दी रीतिमुक्त काव्य धारा के सर्वाधिक सशक्त कवि का मूल नाम 'आनंन्दघन' था। ऑक्सफोर्ड यूनि. के डॉ. इमरै बंधा ने अपने ग्रंथ सनेह कौ मारग में सर्वप्रथम इस तथ्य को पाण्डुलिपियों के आधार पर उद्घाटित किया। इश्कचमन की रचना किशनगढ़ के राजा महाराज सावंत सिंह नागरीदास ने की।
2.	भागवत् महात्म्य	सुन्दरि कुँवरि	72	–	सं.1878	भक्ति	ब्रज	रूप नगर के राजसिंह की

	(स्कन्द पुराणोक्त) पद							पुत्री–सुन्दरि कुँवरि र.सं 1823। महाराजा नागरीदास की बहिन वृन्दावन की दानमान गली के भीतर यमुना–तटवर्ती नागरीदास जी की कुंज और पार्श्ववर्ती आवास नागरीदास घेरा में जीवन के भक्ति भरित काल का यापन किया। यह अपने परिजनों के साथ सूकरक्षेत्र पधारे–18।
3.	स्वामी हरिदास के पद	स्वामी हरिदास	150	–	–	भक्ति	ब्रज	सिद्धान्त
4.	पद संग्रह	विभिन्न	271	–	सं. 1832	भक्ति	ब्रज	श्रीभट्ट, आसकरण, परमानंद, गोविन्द, माधौ सूर, नन्ददास, किशोरीदास के पद।

6. शुक सम्प्रदाय

(कृष्ण भक्ति)

क्रम	पाण्डुलिपि का शीर्षक	ग्रन्थकार	पाण्डु. क्र.	लिपिकर्ता	लिपिकाल	विषय	भाषा	विशेष ज्ञातव्य
1.	नासिकेत भाषा	चरणदास	74	मोतीराम	सं. 1852	भक्ति	ब्रज	प्रारम्भ के तथा अन्तिम पत्रों का भिन्न लेख। सम्भवतः रूपनगरवासी पं. हेमराज जोशी द्वारा रचित?
2.	अष्टावक्र गुरु शिष्य उपदेश ज्ञान	चरणदास	427	हरसहाय कायस्थ	सं. 1897	भक्ति	ब्रज	–

खेद का विषय है कि कुछ ऐसे भी सम्प्रदाय ब्रजभूमि में हैं जिनके विषय में अभी तक पर्याप्त सामग्री प्रकाश में नहीं आई है। कुछ ऐसे विद्वान भक्त और संत भी हैं जिन्होंने उच्च स्तरीय काव्य लिखा किन्तु वह पाण्डुलिपि के रूप में निजी मंदिरों या व्यक्तियों के पास पड़ा रहा। किसी ने उनके प्रकाशन की व्यवस्था तो क्या चिंता भी नहीं की।

सूकरक्षेत्र शोध संस्थान ज्ञान मंदिर इतना प्रभावशाली है कि इसमें प्रवेश करते ही माँ सरस्वती की विद्या की वर्षा प्रारम्भ हो जाती है। यहाँ अमूल्य, दुर्लभ साहित्य का अपार भण्डार है जो ज्ञान-पिपासुओं, शोधार्थियों के लिए अति उपयोगी, ज्ञान-वर्धक व मार्गदर्शक है। विशेष रूप से ब्रजक्षेत्र तथा सूकरक्षेत्र के विशेष संदर्भ में। सूकरक्षेत्र शोध संस्थान ने जनपद का गौरव बढ़ाया है।

संदर्भ-संकेत

1. हेमचन्द्र राय चौधरी : म.फा. द. स्ट. आ. द. अली हिस्ट्री आफ द वैष्णव सैक्ट, पृ. 10
2. विजयेन्द्र स्नातक: राधावल्लभ सम्प्रदाय: सिद्धान्त और साहित्य, पृ. 13

25

भागवत की एक सचित्र पाण्डुलिपि

सुरेन्द्र बाबू

मैं इस शोध पत्र के माध्यम से परमादरणीय गुरु श्रद्धेय डॉ. नरेशचन्द्र बंसल द्वारा संस्थापित सूकर क्षेत्र शोध संस्थान, कासगंज में संग्रहीत वैष्णव धर्म से सम्बन्धित पाण्डुलिपियों में से एक लगभग पाँच सौ वर्ष प्राचीन श्रीधर स्वामी कृत भावार्थ दीपिका टीका सहित सचित्र 'श्रीभागवत' को प्रकाश में लाने का प्रयास कर रहा हूँ।

यह पाण्डुलिपि, गंगा के पावन तट पर स्थित भगवान वराह की निर्वाण स्थली एवं भगवान राम के पावन चरित्र को विश्व में स्थापित कराने में सक्षम गो. तुलसीदासजी की जन्मस्थली, सोरों सूकरक्षेत्र से प्राप्त हुई, जो हमारे घर के परिपार्श्व में स्थित श्रीसत्यनारायणजी के प्राचीन मन्दिर के सेवायतों के संरक्षण में थी। जैसे-जैसे मैं शोध में प्रवृत्त होता गया और मैंने यह देखा कि इसके चित्र आपस में चिपके हुए, पृष्ठ कीट-भक्षित, गाय के गोबर से लसित हैं। मैंने इसके चित्रण को नष्ट हो जाने को ध्यान में रखकर और राष्ट्रीय विरासत समझ कर इसे डॉ. नरेशचन्द्र बंसल द्वारा स्थापित सूकर क्षेत्र शोध संस्थान में देश-विदेश के चित्रों की मीमांसा करने वाले शोधार्थियों और विद्वानों के हित में इसे सौंप दिया। पाण्डुलिपि संरक्षिका समादरणरीय स्व. श्रीमती शारदा देवी, जो एक संस्कृत की विदुषी अध्यापिका भी थीं, मेरे प्रति उनके लाल्य भाव से ही यह संभव हो सका। आज यह शोध संस्थान की सर्वोत्तम निधि है।

भागवत श्रीकृष्ण का महात्म्य है। भागवत भगवान की साक्षात शब्दमयी मूर्ति है। भागवत के श्रवण से, दर्शन से और पूजन से पापों का नाश होता है। जो शक्ति भगवान में है वही दिव्य शक्ति इस भागवत महापुराण में है। भागवत में श्री कृष्ण के जिस मधुर, आकर्षक, सुन्दर, सुरुचिपूर्ण, कौतूहल युक्त, विनोद प्रिय आदि स्वरूपों का वर्णन किया है। रस के जितने विविध भेद एवं उपादान हैं, वे सभी भागवत द्वारा वर्णित कृष्ण के स्वरूपों में पूर्णतः विद्यमान हैं।

भागवत पर टीकाओं की तो एक लम्बी परम्परा है। जिसके देखने पर पता लगता है कि सभी वैष्णव सिद्धांतों के प्रतिपादकों ने टीकाएँ लिखीं। प्रचलित जितने भी वैष्णव सम्प्रदाय हैं, उन सभी में भागवत का अनुशीलन-परिशीलन परम पुनीत कर्तव्य रहा तथा इन सम्प्रदायों में दीक्षित सभी भक्तों ने कृष्ण काव्य की रचनाएँ की।

दाक्षिणात्य श्रीधर स्वामी ने वि.सं. 1350 से पूर्व श्री भागवत की भावार्थ दीपिका टीका लिखी थी। जिसे चैतन्य महाप्रभु ने भाष्य स्वरूप माना। श्रीभागवत की अष्ट टीकाओं में यह सर्वोत्तम टीका है। आज भी भागवताचार्य देश-विदेश में श्रीमद्भागवत सप्ताह कथा में इस श्रीधर टीका को सर्वाधिक महत्व प्रदान करते हैं।

लगभग 500 वर्ष प्राचीन यह पाण्डुलिपि 31.5 से.मी. लम्बे तथा 13.5 से.मी. चौड़े हस्त निर्मित कागज पर संस्कृत भाषा में लिपिबद्ध है। इसमें शताधिक चित्र हैं, जिनका पंजीकरण कराया जा चुका है तथा चल रहा है। इसकी लेखन कला तथा चित्रकला अद्वितीय है। लेखन कला की दृष्टि से अध्ययन करने पर इस पाण्डुलिपि को जैन पाण्डुलिपि के लक्षणों से युक्त पाते हैं। यथा-पाण्डुलिपि का मंडन, हाशिया, रतिकाएँ तथा पृष्ठों में लाल बिन्दुओं का प्रयोगादि। चित्रों के शीर्षक नागरी अक्षरों में हैं, किन्तु चित्रकला तथा लेखन गुर्जरी (गुजराती) शैली में है। पाण्डुलिपि अपूर्ण है, पुष्पिका प्राप्त नहीं होने के कारण लिखक/चित्रकार का नाम-निर्धारण कर पाना संभव नहीं है। लेकिन पाण्डुलिपि का संस्कृत भाषा में सुलेखीय लिप्यांकन तथा विषयानुरूप भाव-चित्रांकन से यह तो सिद्ध है कि लिपिकार संस्कृत भाषा का विद्वान होने के साथ-साथ गुजराती जैन धर्मावलंबी है चित्रकार निबद्ध भावों को तूलिका द्वारा चित्रों में उकेरने में सफल हो सका। आज भी यह रंग अपनी चमक बिखेरने

में सक्षम हैं। चित्रकला सम्वेदनाओं और प्राकृतिक उपादनों को सजीव और साकार रूप में प्रस्तुत करने में सक्षम है। हमारे मस्तिष्क का प्राकृतिक विधान ही ऐसा है कि हम दृश्य रूपों की मानसी कल्पना सुगमता से कर लेते हैं, चित्रकला दृश्य रूपों का विधान है अनुभूतियों की विराट भाव-संपदाओं से पोषित, चित्र सहजता के साथ जन सामान्य में सम्प्रेषित होने में सक्षम हैं। इन चित्रों में ब्रज, वृन्दावन के मनोरम पशु-पक्षी यथा-सवत्साधेनु, सुरभि, बछड़े-बैल और अश्वों का तो कहना ही क्या? इस पाण्डुलिपि के अश्वों के चित्रों में उत्तम चित्रकार की लालित्य चेतना का संपूजीभूत स्वरूप मिलता है। चित्रकला स्थिति में गति पैदा करती है। इस चित्रकार की रेखीय लय और रंग योजना प्राकृतिक सीमित रंगों को लेकर चली है, किन्तु इन चित्रों में स्वर्ण व चांदी की तूलिका/कलम का काम है। उनमें वैविध्य हैं और संभवत: यह भारत के कच्छीय अथवा ईरानी, कठियावाड़ी घोड़े हैं। ऐसा लगता है कि चित्रकार इन लाड़ले उपयोगी पशुओं के इर्द-गिर्द हमेशा रहता है। यह चित्र भारतवर्षीय अश्व गाथा में अपनी सानी नहीं रखते। वन्य-संस्कृति, जल, थल, आकाश यहाँ तक कि वैकुण्ठ का चित्रण उसने किया है। कुंज-निकुंज की, वन उपवनों की, पादप-संस्कृति को, प्रकृति-पर्यावरण को, उस चित्रकार ने समाहारित चित्र से अभ्यंकित करने में इति कर दी है। जल में खिलता हुआ प्रफुल्ल कमल हो, गदरायें कदम्ब तरु हों, हरिताभ तमाल तरु हों, चित्रकार में प्रकृति पर्यवेक्षण की पूरी शक्ति है। यह मुसव्विर अर्थात् चितेरा है, लेखक है। असल में लेखन कला का सम्बन्ध चित्रकला और लेखन कला दोनों से है। याद करिये मथुरा के कविवर बिहारीलाल का दोहा -

लखन बैठि जाकि सबिहि गहि-गहि गरव गरूर।
भये न केते जगत कें चतुर चितेरे कूर।।

कविवर बिहारी लाल की तरह ही इस चित्रकार ने गागर में सागर भरी है। एक चित्र में कई-कई चित्र गुम्फित कर लाघव चित्र शैली का प्रदर्शन तथा कई प्रसंगों का सघन चित्रण किया है। चित्रों में मौलिकता है। लोक-शैली में निर्मित यह चित्र भाव-सम्प्रेषण में प्रवीण हैं।

भारतीय सनातन संस्कृति तथा शाश्वत युगान्तकारी चित्रों के चित्रण में जो पीढ़ियाँ बीत गईं और जो आगे आने वाली हैं, उनके मन को अवदात्त, उन्मत्त

तथा रसोद्रिक करने के लिए कृष्ण और राम जैसे लोक-ललित, लोक रंजक, लोकरक्षक, सत्यं, शिवं सुन्दरम् की सच्चिदानन्द परमात्म चेतना को व्यक्त करने के लिए लोक शैली में पूरे तन्मयी भाव से साधक मन से चित्रित किया है। पोथी चित्रण परम्परा का निर्वाह करते हुए अधिकांश पुरुष-नारी चित्र एक चश्मी हैं, नारी पात्रों की वैणी गुथीं हुई हैं तथा काननचारी नैनों का चित्रण है। पुरुष पात्रों का चित्रण घटना सापेक्ष है, बहुसंख्य पुरुष पात्रों में दाढ़ी का चित्रण भी प्रदर्शित किया गया है। विष्णु तथा विष्णु अवतारों तथा देवियों व मातृ शक्ति के चित्र द्विचश्मी भी हैं।

मैं न तो चित्रकार हूँ और न ही चित्रकला विशेषज्ञ, लेकिन मेरी जो समझ है, उससे मुझे यह जोर देकर कहना है कि इन चित्रों में चित्रकला के पक्षों का शोध पूर्ण तरीके से अध्ययन सापेक्ष उद्घाटन होना है। चित्रकला की विविध शैलियों के, भंगिमाओं के, बिम्ब योजनाओं के, रंग विन्यास के, रेखांकन के, कागज पर चित्रण की दीर्घ जीवी परिपाटी सिद्धहस्त, उच्च संस्कृति का आदर्श और यथार्थ भाव और विचार, भाव दशा और ज्ञान-दशा, कर्म-सौष्ठव सब मिलाकर भागवती चेतना को बिम्बांकित किया है। उपलब्ध चित्रों से एक अनिवर्चनीय आनन्द आता है चित्रकार की मौलिकता, अपनापन, परम्परा सापेक्ष और श्रीधर स्वामी की टीका से उनका साम्य-वैषम्यगत अध्ययन किया जाना भी आवश्यक होगा।

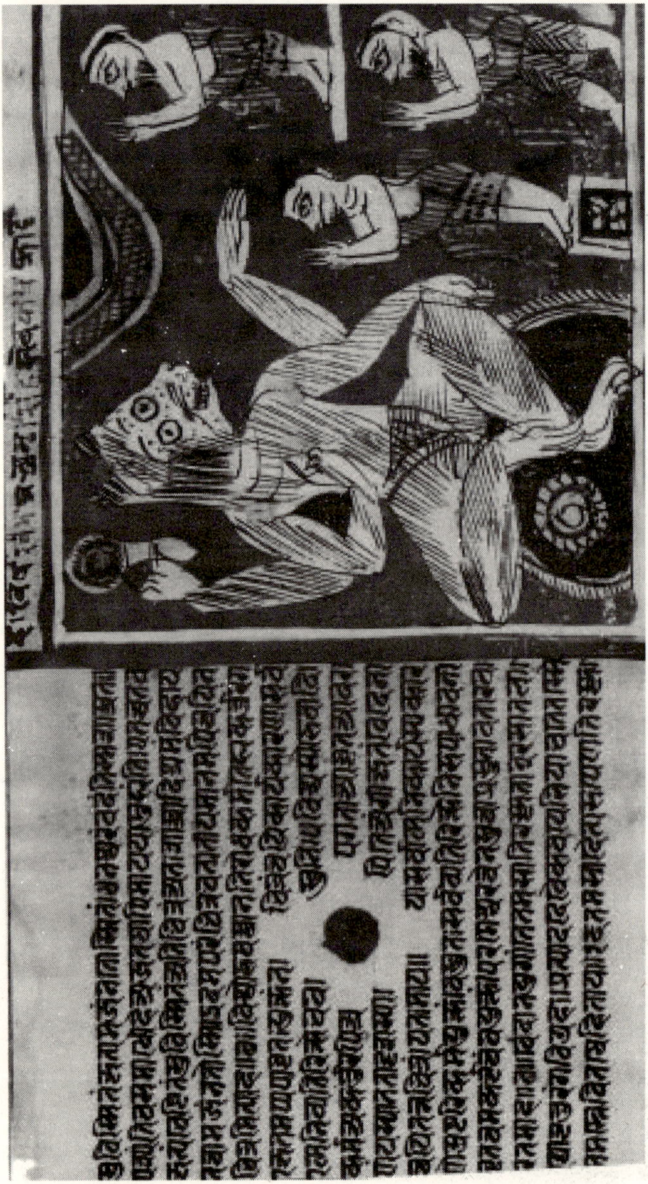

भागवत की सचित्र पाण्डुलिपि का पत्र
(नृसिंह अवतार लीला)

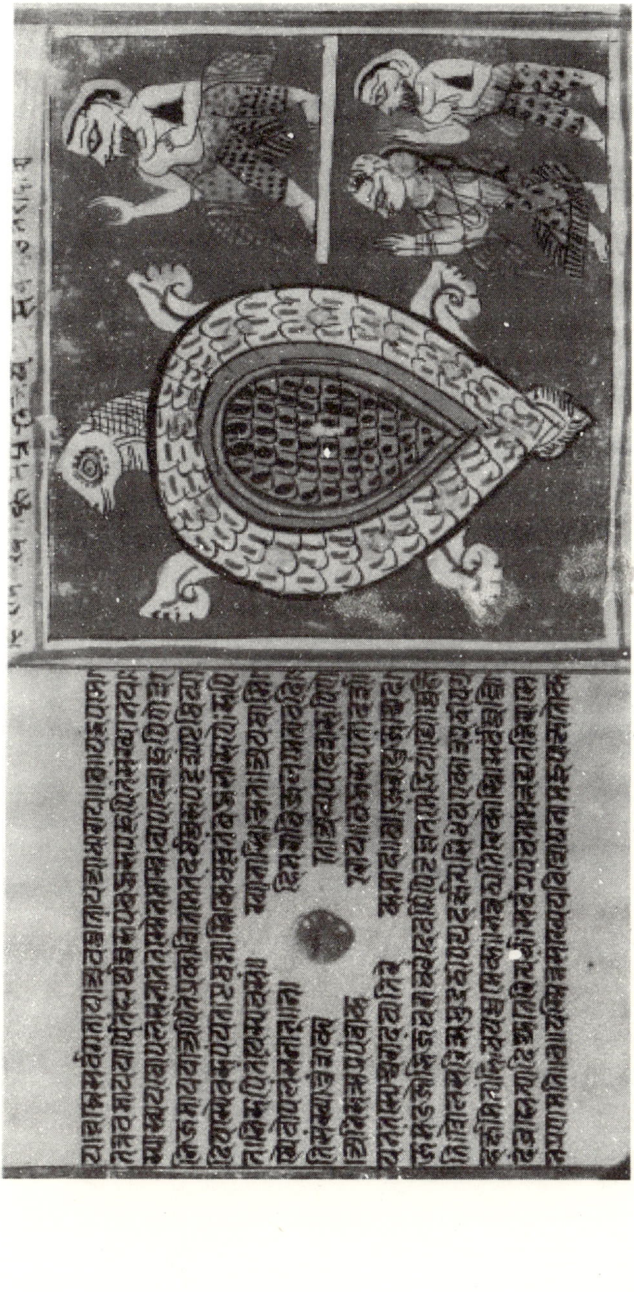

भागवत की सचित्र पाण्डुलिपि का पत्र
(कूर्म अवतार लीला)

भागवत की सचित्र पाण्डुलिपि का पत्र (राम अवतार लीला)

भागवत की सचित्र पाण्डुलिपि का पत्र
(कृष्ण अवतार लीला)

प्रतिभागी लेखक

- **श्री आर. शौरिराजन**
  वरिष्ठ अध्येता एवं पत्रकार :
  चेन्नई (तमिलनाडु)
- **श्री बि. आर. गोपालाचार्य**
  निदेशक: श्रीवादिराज संशोधन प्रतिष्ठान,
  उडुपि (कर्नाटक)
- **श्री लक्ष्मीनारायण तिवारी**
  सचिव :
  ब्रज संस्कृति शोध संस्थान,
  वृन्दावन (उत्तर प्रदेश)
- **श्री उपेन्द्रनाथ राय**
  वरिष्ठ अध्येता:
  अलीपुर द्वार (प. बंगाल)
- **डॉ. उषा गोयल**
  पूर्व वरिष्ठ व्याख्याता:
  सत्य साँई कॉलेज फॉर वीमैन,
  जयपुर (राजस्थान)
- **डॉ. देम्यन मर्तिंस**
  शोध अध्येता:
  (ब्राज़ील)
- **डॉ. जयेश खण्डेलवाल**
  निदेशक: रस भारती संस्थान,

वृन्दावन, (उत्तर प्रदेश)

- **आचार्य श्री विष्णुमोहन नागार्च**
  भागवत प्रवक्ता:
  वृन्दावन (उत्तर प्रदेश)
- **डॉ. कृष्णचन्द्र गोस्वामी**
  पूर्व अध्यक्ष:
  राजस्थान ब्रजभाषा अकादमी,
  भरतपुर (राजस्थान)
- **डॉ. सर्वेश शर्मा**
  वरिष्ठ शोध अधिकारी:
  राजस्थान प्राच्य विद्या प्रतिष्ठान,
  अलवर (राजस्थान)
- **डॉ. राजेश शर्मा**
  अध्येता एवं पाण्डुलिपिविद्
  वृन्दावन (उत्तर प्रदेश)
- **श्री ब्रजेन्द्रकुमार सिंहल**
  संत साहित्य के ख्याति प्राप्त अध्येता:
  (दिल्ली)
- **श्रीमती प्रगति शर्मा**
  प्रभारी: शोध एवं प्रकाशन विभाग,
  ब्रज संस्कृति शोध संस्थान,
  वृन्दावन (उत्तर प्रदेश)
- **डॉ. मनहरगोपाल भार्गव**
  वरिष्ठ अध्येता:
  मिर्ज़ापुर (उत्तर प्रदेश)
- **प्रो. सत्यनारायण समदानी**
  सम्पादक: मीरायन
  मीरा स्मृति संस्थान,
  चित्तौड़गढ़ (राजस्थान)

- **डॉ. उदयप्रताप सिंह**
  व्याख्याता: हिन्दी विभाग,
  श्रीमहंत रामाश्रयदास स्नातकोत्तर महाविद्यालय,
  गाज़ीपुर (उत्तर प्रदेश)
- **पं. श्री उदयशंकर दुबे**
  वरिष्ठ पांडुलिपिविद्:
  नागरी प्रचारिणी सभा,
  वाराणसी (उत्तर प्रदेश)
- **डॉ. इमरै बंघॉ**
  हिन्दी प्रवक्ता:
  ऑक्सफ़र्ड विश्वविद्यालय,
  (लंदन)
- **डॉ. गीता शर्मा**
  एसोसिएट प्रोफेसर: हिन्दी विभाग,
  श्यामा प्रसाद मुखर्जी महाविद्यालय,
  (दिल्ली)
- **डॉ. ओमप्रकाश लाल श्रीवास्तव**
  पूर्व रजिस्ट्रीकरण अधिकारी:
  पुरावशेष एवं बहुमूल्य कलाकृति,
  इलाहाबाद (उत्तर प्रदेश)
- **डॉ. सुनीता शर्मा**
  सहायक प्रोफेसर:
  गुरुनानक देव विश्वविद्यालय,
  अमृतसर (पंजाब)
- **डॉ. सूफिया यास्मिन**
  हिन्दी व्याख्याता:
  आर.बी.सी. कॉलेज फॉर वीमैन,
  नैहाटी (पं. बंगाल)

- **श्री राजेश सरकार**
  शोध अध्येता: बनारस हिन्दू विश्वविद्यालय,
  वाराणसी (उत्तर प्रदेश)
- **डॉ. देवेन्द्रकुमार सिंह**
  वरिष्ठ अध्येता:
  वाराणसी (उत्तर प्रदेश)
- **डॉ. रंजना**
  शोध अध्येता: सूकरक्षेत्र शोध संस्थान,
  कासगंज (उत्तर प्रदेश)
- **डॉ. सुरेन्द्र बाबू**
  वरिष्ठ अध्येता: सूकरक्षेत्र शोध संस्थान,
  कासगंज (उत्तर प्रदेश)